国家哲学社会科学成果文库

NATIONAL ACHIEVEMENTS LIBRARY
OF PHILOSOPHY AND SOCIAL SCIENCES

康藏史（古代卷）

石　硕　主　编
邹立波　副主编
石　硕　玉珠措姆　李志英　等　著

社会科学文献出版社
SOCIAL SCIENCES ACADEMIC PRESS (CHINA)

石硕 四川大学历史文化学院教授，教育部"长江学者"特聘教授。研究领域为中国民族史、藏彝走廊、汉藏关系史等。出版《西藏文明东向发展史》《藏族族源与藏东古文明》《青藏高原碉楼研究》《藏彝走廊：文明起源与民族源流》等14部学术专著，发表学术论文160余篇。

《国家哲学社会科学成果文库》
出版说明

为充分发挥哲学社会科学研究优秀成果和优秀人才的示范带动作用，促进我国哲学社会科学繁荣发展，全国哲学社会科学工作领导小组决定自2010年始，设立《国家哲学社会科学成果文库》，每年评审一次。入选成果经过了同行专家严格评审，代表当前相关领域学术研究的前沿水平，体现我国哲学社会科学界的学术创造力，按照"统一标识、统一封面、统一版式、统一标准"的总体要求组织出版。

全国哲学社会科学工作办公室

2021 年 3 月

内容摘要

本书是首部全面、系统勾勒和呈现康区整体历史面貌的通史著作。基于康区历史基本脉络及特点，分"古代卷""近代卷"两册。

康区又称"康藏"，是藏族传统三大历史地理区域之一。该区域地处横断山区，是青藏高原与川西平原、云贵高原的重要连接地带，既是藏族同西南各民族密切接触交往的地区，也是历代中央王朝经营和治理西藏地方的通道和关键区域之一。本书以通史体例，将康藏历史置于历代中央王朝、西藏地方及汉藏民族交流互动之中，系统梳理和呈现了该区域的历史发展脉络。通过对康藏地区历史发展脉络的梳理，我们不仅可以更清晰地认识西藏以及青藏高原各民族同内地的政治交往、贸易往来和多民族文化交流，同时对理解藏族逐步融入中华民族的历史轨迹会有更清晰的认识。

本书是一部集资料与研究成果之大成的康藏史基础性著作。

目　　录

Contents

第　一　章

康区在藏族三大传统区域中的
特点与地位

第一节　藏族的地域特点

今天的藏族，作为一个分布于青藏高原大部分地域的民族，总体上说，有两个鲜明特点。

（1）**高原地域特点**。青藏高原是世界上海拔最高、面积最大的高原，被人们形象地称作"世界屋脊"。藏族的传统分布地域大体同青藏高原的主体部分相当。因此，藏族的生活方式是为了适应高海拔地区自然地理环境而产生的一种生存智慧与策略。例如，高海拔地区因为气压低、氧气薄，饭煮不熟，于是藏族创造了将青稞加工为炒面（糌粑），食用时调以茶和酥油的传统饮食方式；又如，高海拔地区往往植被稀少、气候寒冷，于是藏族创造了将牛粪晒干用作燃料来取暖、煮食的方式。总之，藏族的生活方式集中体现了人类对高海拔地区自然环境的适应。而这种为了适应高海拔地区自然环境而形成的衣、食、住、行等一整套独特的生活方式，正是藏族区别于其他民族的重要特征。所以，藏族是一个典型的高原地域民族。其衣、食、住、行等各个方面无不深深打上高原地域的烙印。

（2）**藏传佛教文化特点**。藏传佛教是藏地本土的苯教及其文化同外来佛教相互融合形成的一个独特信仰体系。它是藏地本土的信仰及文化观念与佛教这一外来宗教的融合体，或者说是"藏"化了的佛教。从这个意义上说，藏传佛教是同青藏高原地域环境相匹配的信仰与价值系统。藏传佛教信仰及文化也成为藏族传统文化的主体。① 因此，藏传佛教信仰或基于此信仰而产生的共同文化心理与认同即成为藏族的突出文化特征。虽然不能说信仰藏传佛教的民族都是藏族，但对藏传佛教的信仰或对藏传佛教文化在心理、行为和思维方式上的认同无疑是藏族的重要文化特征。

以上两个特点，一个偏重于自然属性，一个偏重于文化属性，二者共同构成了藏族的基本特征。如果我们广义地将"文化"理解为生活方式及价值系统，那么，藏族文化即大体由上述两方面构成：高原地域特点主要体现于藏族的生活方式；藏传佛教文化特点则主要代表了藏族的价值系统。

尽管以上两点构成了藏族的基本特征，青藏高原各地的藏族均大体具备以上两个特点，但绝不是如许多人所想象的那样，藏族是一个在外观以及文化面貌上呈现高度一致并具有统一形象的民族。青藏高原地域辽阔，各地的自然生态环境、生计方式、文化传统、社会类型均存在较大差异，这使得青藏高原各地的藏族在文化面貌上存在着明显的地域性差异。这一点不但构成了藏族文化的复杂性与多样性，也成为人们认识和理解藏文化的一个难点。20 世纪 20 年代，在西藏旅行和考察的意大利藏学家杜齐，对于藏族及其文化的地域性差异作过如下描述：

> 藏族人口远非出于一源……虽然在今天，这里语言和宗教是相同的，习俗也是一致的，但我们愈往西部和南部走，就愈发现人们在身体特征上有很大的差异……虽然是几个世纪的混合和共同生活把许多来源不同的种族融合在一起，但这个差异还是明显的。②

法国藏学家石泰安也指出：

---

① 除藏传佛教信仰外，藏族还有苯教及其他民间宗教信仰，但从藏传佛教是充分吸收藏地本土的信仰及其文化（包括苯教）基础上形成的信仰体系看，我们大体可以说，藏传佛教信仰及其文化乃是藏族传统文化的主体。
② 杜齐：《西藏中世纪史》，李有义、邓锐龄译，中国社会科学院民族研究所 1980 年版，第 7—8 页。

西藏的文明包括许多因素……它的方言和习俗也参差纷繁。西藏在民族组成方面的情况也基本如此。各种具有不同特征的人和睦相处或者是杂居。①

那么，我们应当如何认识和把握藏族文化的地域性特点？如何认识和理解藏族文化的地域性结构及由此带来的文化与社会的多样性与复杂性？毫无疑问，最有效的视角与途径，乃是深入认识和了解藏族的三大传统地理区域。

第二节　关于藏族三大传统区域

传统上，藏族将其居住的地域分为三大区域。

（1）西藏拉萨、山南和日喀则一带被称作"卫藏"。

（2）位于青藏高原东北部甘、青及川西北一带的广阔牧区被称作"安多"。安多的地理范围包括青海省的果洛藏族自治州、海西蒙古族藏族自治州、海南藏族自治州、海北藏族自治州、海东市和黄南藏族自治州，甘肃省的甘南藏族自治州、天祝藏族自治县，四川省的阿坝藏族羌族自治州北部等地区。

（3）川西高原的大部、滇西北及藏东一带被称作"康"。习惯上是指西藏丹达山以东地区，大致包括今西藏昌都市、四川甘孜藏族自治州、云南迪庆藏族自治州的全部以及青海玉树藏族自治州的操藏语康方言的广大地区。

这三个区域既是藏语的三大方言区，也是三个不同的人文地理单元（见图1-1）。

那么，藏族三大传统区域是如何形成的？为什么会形成这三大传统区域？这一点对我们理解藏族及其文化的地域性差异至关重要。藏族的三大传统区域也常被人们称作"三大历史地理区划"。这一称谓清楚地表明三大传统区域的形成有着明显的历史与政治原因。从总体上看，藏族三大传统区域的形成大致经历了如下的历史演变过程。

---

① 石泰安：《西藏的文明》，耿昇译，王尧审订，中国藏学出版社2005年版，第11页。

图 1-1　藏族三大传统区域

吐蕃时期由于大幅度向东扩张，吐蕃人占领了今甘、青及川西和滇西北高原这一辽阔区域，征服了该区域众多部落并建立起自己的统治，在此背景下，他们逐渐产生了两个比较固定的指称东部占领区的地理概念：一个是 mdo smad（多麦，又译"多思麻"），一个是 mdo gams（朵甘思）。① 这两个词均频繁出现在吐蕃时期遗留下来的敦煌藏文文献中。但这两个词语具体是指什么范围？二者的内涵各有何不同？因敦煌藏文文献的记载过于简略，我们对这些问题尚无从知晓。

所幸的是，产生于吐蕃时期的这两个指称东部地区的地理概念 mdo smad（多麦）和 mdo gams（朵甘思）在元代仍得到沿用。这为我们认识其内涵及其所指区域提供了可能。元朝统治藏区后，曾先后用了近 50 年时间，逐步设置了三个军政机构来实施对藏区的统治与管理。这三个军政机构分别是"乌思藏纳里速古鲁孙等三路宣慰使司都元帅府"、"吐蕃等处宣慰司都元帅府"和"土蕃等路宣慰使司都元帅府"。② 除"乌思藏纳里速古鲁孙等

---

① 黄布凡、马德：《敦煌藏文吐蕃史文献译注》，甘肃教育出版社 2000 年版，第 46—49 页。对 mdo smad 一词，王尧译为"多思麻"，黄布凡等则译为"多麦"。参见王尧、陈践译注《敦煌本吐蕃历史文书（增订本）》，民族出版社 1992 年版，第 149—151 页。

② 《元史》卷 87《百官志三》，中华书局 1973 年版。

三路宣慰使司都元帅府"管辖卫藏和阿里地区外，① "吐蕃等处宣慰司都元帅府"和"土蕃等路宣慰使司都元帅府"均是元朝管辖东部藏区的军政机构。因这两个机构名称冗长且较接近，使用不便且易混淆，故《元史》中常将两者简称为"朵思麻"和"朵甘思"。如《元史·成宗本纪》记："（大德元年六月）丙辰……赐……朵思麻一十三站贫民五千余锭。……（冬十月）戊午……以朵甘思十九站贫乏，赐马牛羊有差。"② 此记载提到元朝中央对两个所辖区域之驿站百姓的赏赐，一是"朵思麻一十三站"，二是"朵甘思十九站"。可见，"朵思麻"与"朵甘思"是两个不同的区域，其境内驿站数量也各不相同。③ 尤为难得的是，《元史》中不但记载了管辖东部藏区两个军政机构的官员编制，还对设于其辖区各地的下属机构名称作了详细记载。④ 学者们根据两个军政机构下属机构所含治所名称，分别对其管辖地域作详细考证之后发现，元朝管理东部藏区两个军政机构划分的管辖区域已基本上同今天"安多"和"康"两大区域相吻合："朵思麻宣慰司"的管辖范围大体为今青海黄河以南、黄河源以东的地区及今甘南藏族自治州的西部、四川阿坝藏族羌族自治州的北部一带，即今安多藏区；"朵甘思宣慰司"的管辖地域则包括今西藏昌都、青海玉树地区和四川甘孜藏族自治州一带，大体是今康区的范围。⑤

---

① "乌思藏纳里速古鲁孙等三路宣慰使司都元帅府"管辖范围是乌思、藏、纳里速古鲁孙三部分，亦即所谓"三路"。"乌思"系"卫"的蒙古语读音，即清代所称的前藏地区；"藏"指后藏；"纳里速古鲁孙"系指阿里三围地方。故陈庆英认为"乌思藏纳里速古鲁孙"所指的范围大体"包括今西藏自治区除昌都专区以外的地区和现在国境以外的列城等地"。参见陈庆英《元朝在藏族地区设置的军政机构——简析元代藏族地区的三个宣慰司》，《西藏研究》1992年第3期。

② 《元史》卷19《成宗本纪二》，第412—415页。

③ 有关元朝在藏区设立驿站情况，《汉藏史集》中有详细记载，称："从汉藏交界之处起，直到萨迦以下，总计设置了二十七个大驿站。若分别叙述，由朵思麻站户（支应）七个大站，在朵甘思设立了九个大站，在乌斯藏设置了十一个大站。"参见达仓宗巴·班觉桑布《汉藏史集》，陈庆英译，西藏人民出版社1986年版，第168页。另参见张云《元朝中央政府治藏制度研究》，黑龙江教育出版社2013年版，第171—198页。《元史·文宗本纪》还记："发朵甘思、朵思麻及巩昌诸处军万三千人，人乘马三匹。彻里铁木儿同镇西武靖王搠思班等由四川，教化从豫王阿剌忒纳失里等由八番，分道进军。"参见《元史》卷34《文宗本纪三》，第759页。

④ 见《元史》卷87《百官志三》。

⑤ 任乃强、泽旺夺吉：《"朵甘思"考略》，《中国藏学》1989年第1期；陈庆英：《元朝在藏族地区设置的军政机构——简析元代藏族地区的三个宣慰司》，《西藏研究》1992年第3期；张云：《元代吐蕃等路宣慰司史地考证》，《民族研究》1994年第6期。

需要注意的是，mdo smad 与 mdo gams 是吐蕃时期吐蕃指称东部地区的两个地理概念。而元朝设置于东部藏区的两个宣慰司竟完全采用 mdo smad 与 mdo gams 之藏语音译，即"朵思麻"和"朵甘思"来称谓。这说明元朝在东部藏区划分两个管辖区很大程度是接受藏人传统地域概念的结果。也就是说，吐蕃时期业已产生的 mdo smad 与 mdo gams 两个地理概念在吐蕃王朝以后仍然得以延续，并且至少在宋元时期已经成为藏人约定俗成的两个有关东部藏区的传统地理概念。① 这正是元朝将东部藏区划分为两个行政区的基础。

元朝在藏区划分的三个行政区不同于传统地理区域。由于它是行政区划，故有相对固定的区域范围，边界也相对清晰。这种由行政区划形成地域范围的规定性与明确性，已奠定了藏族三大传统区域的基本轮廓。

从藏文史籍的记载看，我们可以发现两个重要事实。

其一，藏地"三区"概念产生于元代后期。最早记载藏地"三区"概念的是大司徒·绛曲坚赞（1302—1371）的《朗氏家族史》。该书记有元朝都元帅德杰卧鼓动绛曲坚赞去白兰王座前说的一段话：

> 你已在前藏停留四年，前藏人已尽力服侍了，现在请前往后藏留居四年，再前往阿里盘桓四年，这样遂为十二年。然后请移居多康十二年，居住多麦十二年。②

这段记载反映的是绛曲坚赞劝说白兰王在三个地方各居十二年。从该记载看，在当时藏人心目中藏地"三区"的概念已十分清晰。而"三区"所对应的正好是元朝所设的三个行政区。大司徒·绛曲坚赞生活于元代中后期，是帕竹政权的开创者和第一代执政王。因其势力在元后期迅速崛起，曾被元廷晋封为"大司徒"。书中关于藏地"三个地方"的记述真实反映了元

---

① "朵甘思"一词在宋代仍被沿用。《宋史》卷91《河渠志一》记："今西蕃朵甘思南鄙曰星宿海者，其源也。四山之间，有泉近百泓，汇而为海，登高望之，若星宿布列，故名。"（中华书局1985年版，第2255页）

② 大司徒·绛求坚赞：《朗氏家族史》，赞拉·阿旺、佘万治译，西藏人民出版社1989年版，第110—111页。

后期藏人之语境，说明藏地"三区"概念在元后期已经形成。

其二，藏文史籍谈及藏地"三区"的来历时，均将其追溯至元代忽必烈向八思巴奉献一事。藏文史籍中最早比较清楚地记载藏地"三区"的要数达仓宗巴·班觉桑布写成于1434年的《汉藏史集》。该书虽写成于明代中叶，所记却是元代忽必烈向八思巴奉献"三却喀"的史实：

> 作为第一次灌顶的供养，奉献了乌斯藏十三个万户。……作为第二次灌顶的供养，奉献了三个却喀。这三个却喀是：由嘉玉阿里贡塘以下到索拉甲沃以上为正教法区，自索拉甲沃以下到黄河河曲以上为黑头人区，自黄河河曲以下到汉地大白塔以上为俯行马区。人、马、法三却喀虽是按照奉献供养的例规奉献的，但各个却喀都有一位本钦，是按照皇帝与上师商议决定而任命的。①

关于"三却喀"，该书还有一个明确解释：

> "却喀"这个词，是对蒙古皇帝作为接受灌顶的供养而奉献给上师的朵甘思、脱思麻、乌斯藏三个地区的称呼。②

《汉藏史集》中有关藏地"三区"来历的说法，被后来的藏文史籍普遍承袭。在之后的藏文史籍中，凡谈到藏地"三区"来历，均记载忽必烈作为第二次灌顶的供养向八思巴奉献藏地"三区"一事。③

以上两个事实充分说明，元朝在藏区划分三个行政区正是藏族三大传统地理区域形成的起点和直接基础。换言之，元朝以藏区传统地理概念为基础设置的三个行政区及由此产生的规定性，对藏族三大传统区域的最终形成起到决定性作用。

---

① 达仓宗巴·班觉桑布：《汉藏史集》，第170—171页。
② 达仓宗巴·班觉桑布：《汉藏史集》，第166页。
③ 《西藏王臣记》记忽必烈作为接受灌顶的供养，"第二次供以全藏三区"。参见五世达赖喇嘛《西藏王臣记》，刘立千译注，民族出版社2000年版，第66页。《新红史》记："薛禅汗向喇嘛八思巴献了西藏二区。"参见班钦索南查巴《新红史》，黄颢译，西藏人民出版社2002年版，第55页。此外，《萨迦世系史》《土观宗派源流》《塔尔寺志》《安多政教史》等藏文史籍的记载均大体相同。

不过，需要指出的是，藏族三大传统区域的形成除了政治因素外，还有自然环境的影响。三者之所以成为各具特点的人文地理单元，乃与各自所处的自然环境存在密切关联。换言之，这三大方言区及其所代表的三个人文地理单元的形成，有着深厚的自然环境基础。从总体上看，青藏高原的主体部分主要存在着三个大的自然区域。

（1）**藏南谷地**。位于冈底斯山脉—念青唐古拉山脉和喜马拉雅山脉之间，主要处于雅鲁藏布江中游的"一江两河"地带。雅鲁藏布江中游地段，江面开阔，水流平缓。年楚河、拉萨河、雅砻河等重要支流形成较大的冲积平原，使这里成为青藏高原腹地地势最为平坦、开阔的区域。加之雅鲁藏布江众多支流在这里汇聚，水道纵横、土地肥沃，利于灌溉和耕作。这里海拔多在 3400—3800 米，气候相对温暖宜人，日照充足。所以，藏南谷地成为青藏高原腹地最大的高原农区。早在新石器时代，藏南谷地已出现发达的农业。[1] 进入历史时期，位于青藏高原腹地的藏南谷地因拥有广阔的良田沃野，富庶丰饶，不仅成为吐蕃文明的发祥之地，也一直是藏地文明的一个核心区。这里因农业发达，形成了主要以定居为主的生活模式。同时因为富饶和经济繁荣，也成为青藏高原人口密度最大的地区。

（2）**从藏北至甘青、川西北的高原牧区**。在青藏高原的北部及东北部一带，亦即从西藏阿里、那曲、昌都北部一直延伸至青海玉树、果洛以及甘南、川西北一带，是青藏高原的主要牧区。这一区域主要属高寒荒漠带、高寒草原带及高寒灌丛草甸带。因为海拔较高（大多数地区的海拔在 4000 米以上），已不适宜农作物生长，但因地势相对平坦，所以整体上连成一个大的区域。该区域的特点是地域辽阔、地广人稀，游牧生活方式占主导。

（3）**青藏高原东南高山峡谷区**。青藏高原的东南部，处于著名的横断山脉区域，在此区域，由西藏向东延伸的一系列东西走向的山脉、河流均逐渐转为南北走向。故这一区域主要呈现"两山夹一川"和"两川夹一山"的地形面貌。由于高山纵贯，河流密布，此地形成了异常多样化的自然生态环境：既有处于河流上游高原面上的广阔草原，也有险峻的雪山；既有绵延

---

① 中国社会科学院考古研究所、西藏自治区文物局编著《拉萨曲贡》，中国大百科全书出版社1999 年版，第 222—223 页。

起伏的丘陵，也有气候相对温暖、湿润的河谷盆地；既有牧区，也有农区。许多地方呈现农牧混合的状态。由于高山峡谷地貌，该区域的地理环境、文化面貌及社会类型也呈现罕见的多样性和复杂性，历史上形成了政治多元的格局。

以上三个区域可以说是青藏高原范围内面积最大、最具特点的自然地理区域。事实上，我们不难发现，作为藏族三大传统区域亦即三个人文地理单元（同时也是三个方言区）的卫藏、安多与康，同上述三个自然区域之间存在着明显的对应关系。首先，其中两个自然区域与人文地理单元完全对应：藏南谷地这一自然区域所对应的是"卫藏"这一人文地理单元；青藏高原东南高山峡谷区所对应的是"康"这一人文地理单元。唯有"安多"地区有些例外。从藏北至甘青、川西北的高原牧区虽然总体上是一个自然地理区域，但其中部有唐古拉山脉形成阻隔，将这一自然区域一分为二，加之历史上唐古拉山脉以南的藏北和阿里一带在政治上更多地受到卫藏政治力量的管辖与统属，因此，传统上的"安多"地区主要指唐古拉山脉以北和以东的甘青及川西北一带，并不包括唐古拉山脉以南的藏北、阿里的牧区。但"安多"无疑是以高原牧区为自然基础而形成的一个人文地理单元。

综上所述，我们可以看到，作为藏族三大传统区域的卫藏、安多和康，首先是以青藏高原三大自然地理区域为基础而形成的。也就是说，自然地理区域乃是藏族三大传统区域形成的最重要、最直接的自然基础。这正如哲学家黑格尔所言："助成民族精神的产生的那种自然的联系，就是地理的基础。"[1] 卫藏、安多和康之所以成为各具特点的人文地埋区域，很大程度上正是由其各自所处的自然地理区域的特点和自然生态环境之间的差异所决定的。

那么，藏族三大传统区域的根本差异是什么？对于藏族三大传统区域各自的特点和差异，藏文史籍中有一个简约而精辟的概括，称卫藏为"法区"，安多为"马区"，康为"人区"。[2] 这就是说，卫藏的特色是"法"即宗教；安多的特色是"马"即牧业；康的特色是"人"。藏族的民间谚语中

---

① 黑格尔：《历史哲学》，王造时译，上海书店出版社1999年版，第85页。

② 智观巴·贡却乎丹巴绕吉：《安多政教史》，吴均、毛继祖、马世林译，甘肃民族出版社1989年版，第5页。

还有这样的表述："卫藏人是热心宗教的，康巴人是好斗士，安多人会做生意。"这些均反映了藏人自身对于三大区域之特点的归纳和认识。

称卫藏为"法区"与"卫藏人是热心宗教的"二者的意思一致，均说明卫藏地区以藏传佛教的正统与昌盛繁荣著称。卫藏的中心拉萨被称为"圣城"和"圣地"，成为藏传佛教的朝圣中心，即是很好的说明。称安多为"马区"，表明安多是以牧业为特色。"安多人会做生意"则反映出安多的另一个特点。安多地区地处唐蕃大道，又扼丝绸之路著名贸易商道，历史上自来是藏区与汉地之间以及同北方游牧民族之间发生交往联系的重要通道，加之安多地区主要为牧区，地势相对平缓，社会的流动性较大，这些均赋予了该地区较之于卫藏和康更多的商业传统。"安多人会做生意"所反映的正是这一特点。

总体上说，在藏人对三大人文地理单元特点的总结与概括中，"卫藏"法区和"安多"马区相对较好理解，唯较难理解的是作为"人区"的康。在藏人的眼中，康为何会成为"人区"？"人区"的含义是什么？如何从"人区"的视角来认识和把握康区的特点？这是一个值得探讨的问题。

民间谚语所称"康巴人是好斗士"，或可帮助我们理解"人区"。在藏区，常常以"康巴汉子"一词来指称康区的男人。"康巴汉子"在卫藏和安多地区藏人心目中，也往往以体形高大、性格强悍、好斗、讲义气著称。以下三个事实或有助于我们加强对康被称作"人区"的理解。

20世纪初，戴烈斯勒（F. Delisle）、杜纳尔（W. Turner）、莫仁德（Morant）三位外国人类学者曾先后对60多个藏人头颅进行测量和研究。根据测量结果，他们把藏人划分为两种不同的体质类型：藏 A 型和藏 B 型。藏 A 型又称"僧侣型"，其特点是短头型、面孔宽、身材较矮小。藏 B 型又称"武士型"或"康区型"，其特点是长头型、面孔相对窄、身材较为高大。他们认为康区即今天的横断山脉地区是藏 B 型的故乡，藏 A 型则以卫藏地区为代表。[①] 此研究结果与藏人的实际情况相符。即便在今天，康区藏人的体格也普遍较卫藏地区藏人要高大。

---

① 古瑟普·詹纳：《西藏拉萨出土的古人类遗骸》，杨元芳、陈宗祥译，《中国藏学》1990 年第4 期。

10 世纪后期藏传佛教后弘期以来，藏族社会逐渐转变为一个宗教性社会。藏传佛教信仰成为社会的主导性力量，不仅支配着人们的行为方式，也支配着人们的思想观念。此宗教性社会凸显的是神性至上，是对神的敬畏和对人的约束。然而，10 世纪以后，在康区地域却产生了一部《格萨尔》英雄史诗。[①]《格萨尔》史诗所彰显的是对人性的颂扬。它以歌颂英雄气概、勇敢、积极进取、不畏强暴、敢爱敢恨等这样一些体现人性的因素和内容为基调。这同宗教社会所彰显的神性和对神的敬畏，以及虔诚、神秘、恐惧、忍让、约己、对虚幻世界的追求及对现实世界的逃避的基调形成鲜明对比。因此，在 10 世纪以后的藏族社会中，我们看到了两个极其鲜明的层次，一个是对神的信仰、敬畏和服从，另一个是由对英雄的赞美而体现的对人性的颂扬。前者以宗教为代表，后者则以《格萨尔》英雄史诗为体现。《格萨尔》英雄史诗恰恰诞生于康区，这就很能说明康区的地域文化特点。

康巴人具有个性张扬、强悍好斗和敢于开拓进取的性格特点。藏族民间谚语"康巴人是好斗士"，颇能反映康巴人的这一特点。从历史上看，康区人的强悍好斗特点表现得十分突出。吐蕃王朝末年的奴隶大起义即"初发难于康，寝而及于全藏"。[②] 近代以来，康区始终是各种武装冲突和暴力事件频发之地，如"大小金川事件""瞻对事件""巴塘之乱""布鲁曼起义"等。发生于康区的各种武装冲突还往往成为西藏事变的导火索。这些历史事实都充分反映了康区人强悍好斗的性格特点。这一性格特点实际上也反映了康区人性格中有较多的冒险和开拓进取精神。康巴人的这些性格特点与《格萨尔》史诗所彰显的英雄气概颇相契合。

毫无疑问，"人区"仅是藏人相较于卫藏和安多对康区特点的一个概括。藏文史籍中将康区称作"人区"最早出现于 1434 年成书的《汉藏史集》。[③] 此称法被后来的藏文史籍普遍承袭。因此，将"康"概括为"人区"的说法出现较早。其所反映的应是"康"在 15 世纪时同卫藏、安多相比较为突出的特点。在 15 世纪以后，尤其是在清代和民国时期，随着中央王朝力量

---

① 石硕：《〈格萨尔〉与康巴文化精神》，《西藏研究》2004 年第 4 期。
② 刘立千译《续藏史鉴》，成都华西大学 1945 年版，第 1 页；五世达赖喇嘛：《西藏王臣记》，第 52 页。
③ 达仓宗巴·班觉桑布：《汉藏史集》，第 170—171 页。

大规模进入康区，康区的社会状况和人文面貌均发生了不少改变，出现了一些新的特点。所以，"人区"是我们认识康区地域特色的一个视角。

第三节　康区的范围与地理环境

有关康区的地理范围历来众说纷纭，不同的学者往往有不同的理解。大体而言，目前所见有关康区的范围，主要有以下三种观点。

其一，西藏自治区昌都市，那曲市东部的聂荣、巴青、索、比如、嘉黎五县，林芝市东部的察隅、波密、墨脱三县，青海省玉树藏族自治州（治多县西部除外），四川省甘孜藏族自治州和云南省迪庆藏族自治州。[①]

其二，四川甘孜藏族自治州、西藏昌都市、青海玉树藏族自治州和果洛藏族自治州、云南迪庆藏族自治州、四川凉山木里藏族自治县，加上原属康区范围的四川阿坝藏族自治州的金川、小金县，20世纪50年代后从昌都陆续划至西藏那曲市的比如、索、聂荣、巴青四县，林芝市的波密和察隅两县。

其三，"现今的康区包括西藏的昌都地区、四川的甘孜藏族自治州、云南迪庆藏族自治州、青海的玉树藏族自治州等藏语康方言的分布区"。[②] 这是目前有关康区范围最流行、最常见的说法。现今康区地方及大多数学者通常按今之行政区划把康区范围确定为"三州一地"。

以上有关康区地理范围的三种说法，分歧主要源于两种不同的倾向：一种似乎更强调历史传统和藏语康方言所覆盖的区域，另一种则更侧重于从今行政区划的整体性来确定康区的主体范围。这里有一个问题需要讨论：康区是否为藏语康方言覆盖区？其实，康区虽然主要是指操藏语康方言的地区，但并不完全只是一个藏语方言区的概念，它还是一个人文地理单元。事实上，我们不难发现康方言覆盖的地理范围要比传统康区的范围大得多（见图1-2）。

---

① A. Gruschke, *The Cultural Monuments of Tibet's Outer Provinces：Kham*, 2 vols, Bangkok：White Lotus Press, 2004.

② 王尧、陈庆英主编《西藏历史文化辞典》，西藏人民出版社、浙江人民出版社1998年版，第134页。

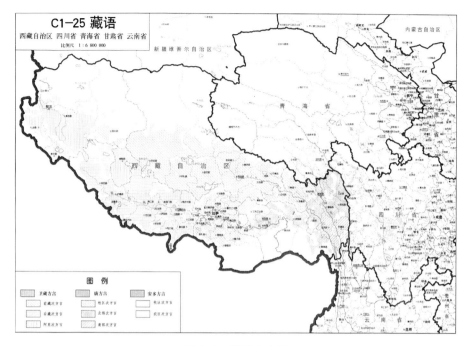

图 1-2　藏语方言区

资料来源：中国社会科学院语言研究所、中国社会科学院民族学与人类学研究所、香港城市大学语言资讯科学研究中心编《中国语言地图集（第 2 版）·少数民族语言卷》，商务印书馆 2012 年版，"C1-25 藏语"。

所以，康区虽然主体上是一个操康方言的地区，却并不是一个单纯按照方言来划分的区域。这一点是特别需要强调的。另一点需要指出的是，康区只是一传统的人文地理区域概念，并非一个严格的行政区划。因此，我们不可能像行政区划那样给它划出一个精确而清晰的范围与边界。从此意义上说，对康区范围的认定存在分歧和不同看法反倒是正常的。

那么，应当如何正确认识和理解康区的范围？事实上，依据藏人的传统认识，"康"（khams）这一概念及所指称的范围，大体为西藏丹达山以东，四川大渡河以西，青海巴颜喀拉山脉以南，云南高黎贡山以北的地区。由此我们也不难看到，康区的范围主要是以山脉、河流为自然坐标来框定和进行划分的。让我们先来看康区的四方边界。

作为康区西界的丹达山（藏语名为"夏贡拉"）位于今西藏昌都市边

坝县，是念青唐古拉山脉的一个重要山口，海拔 5900 多米（号称 6000 米）。此山是怒江水系和雅鲁藏布江水系的分水岭。丹达山以东的河水经丹达塘流到边坝河，汇入怒江；以西的河水则经恩朱格、阿兰多流往波密地区，汇入雅鲁藏布江。

作为康区北界的巴颜喀拉山脉，不仅是横亘于康区北部最大的地理屏障，也是长江水系与黄河水系的分水岭，即巴颜喀拉山脉以北的河水流入黄河，以南的河水流入长江。

作为康区东界的大渡河则紧靠邛崃山脉，而邛崃山脉为青藏高原在东南部的边界。因此，大渡河在历史上也正好成为藏族与其他民族在分布上的一个重要地理界线。

作为康区南界的高黎贡山则是属于青藏高原范围的滇西北高原与属于云贵高原的滇西南之间的一个重要地理分界线，也是康区南部最大和最具标志性的地理屏障。

所以，从康区的自然范围来看，它的西部是以怒江水系和雅鲁藏布江水系的分水岭丹达山为界；北部是以长江水系和黄河水系的分水岭巴颜喀拉山脉为界；东部是以作为青藏高原东南部边缘的邛崃山脉及大渡河为界；南部是以青藏高原与云贵高原之间最大的地理屏障高黎贡山为界。由此，我们不难看到，这意味着康区的地理范围主要是依照其周边最重要的一些地理坐标，特别是作为分水岭的山脉与河流来加以框定的。需要指出的是，以上所述康区的地理范围，正好同横断山脉的地理范围大体一致。横断山脉位于青藏高原东南部，是对四川、云南两省西部和西藏自治区东部一系列南北向山脉的总称，是中国最长、最宽和最典型的由南北向山系构成的一个独特地理单元，同时也是唯一兼有太平洋和印度洋水系的地区。广义的横断山脉地理范围，介于北纬 23°—33° 和东经 97°—103° 之间。此范围正好是东起邛崃山脉，西抵由念青唐古拉山脉和唐古拉山脉转向而来的伯舒拉岭，北起巴颜喀拉山脉，南抵高黎贡山。[①] 由此，我们可以清楚地看到康区地域的一个重要特点：从很大意义上说，康区是以横断山区为范围和自然基础而形成的一个

---

① "横断山"名称源于清末江西贡生黄懋材，当时他受四川总督丁宝桢派遣从四川经云南到印度考察"黑水"源流，因看到澜沧江、怒江间的山脉并行迤南，横阻断路，便给这一带山脉取了个形象的名称——"横断山"。参见单之蔷《横断山与东南亚》，《中国国家地理》2006 年第 4 期。

人文地理区域。

基于以上的认识，对于康区的范围我们大体上可以作如下的认定：今天的西藏昌都、四川甘孜藏族自治州、青海玉树藏族自治州和云南迪庆藏族自治州，即所谓"三州一地"就地理位置而言乃是康区的核心区域，也是康区的主体。倘若考虑历史与传统的因素，则历史上的三十九族地区即今西藏那曲的比如、索、聂荣、巴青四县原属昌都，20世纪50年代以后才从昌都陆续划归那曲管辖。该地区因为主要操藏语康方言，在文化和传统上与康区联系更为紧密。人们习惯上将其视为康区的一部分，故将其归入康区的范围内应较为合理。除此而外，西藏林芝市的波密和察隅两县以及四川凉山彝族自治州的木里藏族自治县大体亦应归入康区的范围。如此，则康区的总面积大约为60万平方公里，大约占整个藏区面积的30%。据2020年第七次全国人口普查数据，康区的人口约为300万人，约占藏族总人口的43%。也就是说，康区虽仅占藏区总面积的约1/3，人口却占了藏族总人口的约一半。这意味着康区在藏族三大人文地理区域中属于人口相对稠密之地。

康区既然是以横断山区为其范围和自然基础而形成的一个人文地理区域，其范围又大致与横断山区重合，故横断山区给康区的地理环境带来以下几个极为突出而鲜明的特点。

1. 山川纵贯、东西骈列，呈典型的高山峡谷地形

横断山脉是由一系列南北向的山系、河流构成，自西向东排列的山脉有伯舒拉岭、高黎贡山、怒山、宁静山、云岭、沙鲁里山、大雪山、邛崃山脉。在这些山脉之间从西向东排列了五条由北向南穿流的大江：在伯舒拉岭—高黎贡山与怒山之间是怒江；在怒山与宁静山（芒康山）之间是澜沧江；在宁静山与沙鲁里山之间是金沙江；在沙鲁里山与大雪山之间是雅砻江；在大雪山与邛崃山脉之间是大渡河。因此，康区的高山峡谷地貌在整体上大致呈现出"两山夹一川"和"两川夹一山"的形态。此外，岭谷之间巨大的高差也是康区的独特地理景观。由于山岭的海拔大多在4000—5000米，加之河流深切，从河谷底部到山顶的相对高差一般多在1000—2000米，一些地方甚至达到5000—6000米。例如，大雪山主峰贡嘎山海拔7508.9米，为横断山脉最高峰。其东坡从大渡河谷底到山顶水平距离仅29公里，

但相对高差却达 6400 米。邛崃山脉岭脊海拔在 3000 米以上，主峰四姑娘山海拔 6247.8 米。其东南坡相对高差也达到 5000 余米。当地有所谓"相对可闻声，见面要十天""一山有四季，十里不同天"的奇特现象。由于山高谷深，相对高差极大，康区可以说是青藏高原山最大、谷最深的地区，也是高原地区典型的"V"字形高山深谷区。

2. 康区总体地势北高南低、西高东低，处于中国第一级阶梯与第二级阶梯交界处，既是青藏高原向云贵高原及川西平原的地理过渡带，也是青藏高原的重要出水口

从更大的地理范围来看，康区尽管属于青藏高原的地理单元，却是一个地理过渡带。它处在中国第一级阶梯与第二级阶梯的交接地带。确切地说，康区处在青藏高原向云贵高原及川西平原的地理过渡带上。

这种位于地理过渡带的特征使康区的总体地势呈现出北高南低、西高东低的特点。康区总体地势是自西向东呈阶梯状逐渐下降，而自北向南则是顺水流方向逐渐降低。因此，西高东低、北高南低成为康区地势的基本趋势。这一趋势决定了康区的地理环境在南北与东西两个方向上均存在着较大的差异。康区北部大多处于海拔较高的高原面上，地势相对平缓，气候寒冷，植被稀少，形成以高山草甸、高山灌丛带为主的大片高原牧场。由北向南，虽然海拔高度逐渐下降，植被逐渐茂密，但随着河流深切，岭谷之间的相对高差加大，高山深谷的地貌特点愈显突出。气候、植被的垂直分布亦愈加显著。在东西方向上，自西向东横列的怒江、澜沧江、金沙江、雅砻江、大渡河五条大江，则犹如一级级逐级下降的大地阶梯，愈东则海拔愈低，而每一条大江的流域地带也往往成为一个有诸多共性的自然地域带。因此，在地理上的过渡性以及北高南低、西高东低所造成的南北之间与东西之间存在的明显差异，成为康区地理环境的重要特点。

此外，西高东低和北高南低的总体地势趋势还给康区带来了一个重要结果，即使康区成为青藏高原的一个重要出水口。从卫星俯拍照片看，康区处于一个异常明显的地球褶皱地带。但这个褶皱地带是青藏高原河流外流的一个主要出水口。如果说"卫藏"和"安多"两个区域是处在青藏高原的主体高原面上，其特点是海拔较高且地势相对平缓，那么，康区则是青藏高原从高原面逐渐向东、向南倾斜和下降的阶梯。这种向东、向南倾斜的地势也

使康区的地域成为一个巨大的漏斗，来自青藏高原整个东部及北部高原面的水系大多是经康区向外倾泄而出。从空中俯瞰，我们可以看到这样壮观的景象：五条大江自北向南呈并列状地从康区的地域蜿蜒流过，它们自西向东分别是怒江、澜沧江、金沙江、雅砻江、大渡河。这五条大江中怒江、澜沧江属于印度洋水系；金沙江、雅砻江、大渡河则属于太平洋水系。此外，康区的北部即玉树藏族自治州一带为青藏高原腹地的顶点，这里不但是长江、黄河的发源地，也是众多大江大河的发源地。因此，康区的北部一带也被人们形象地称作"中国水塔"。康区的五条大江事实上也均发源于康区的北部区域。怒江、澜沧江、金沙江发源于藏北腹地的唐古拉山。雅砻江和大渡河则发源于康区北界的巴颜喀拉山脉。这五条大江及其众多支流犹如一把把利剑，在崇山峻岭之中切割出一道道深陷的河谷。从某种意义上说，康区既是江河发源地，也是青藏高原河流外泄的重要出水口。故江河众多、水道纵横、河谷深切为康区地理环境的重要特点。

3. 气候、植被垂直分布特点显著

特殊的高原型高山峡谷地貌，造成了康区气候类型多样、气候与植被的垂直变化极为显著的特点。特别是从河谷到高山分水岭，气候往往呈现出从亚热带气候到永久积雪带的垂直变化。一般说来，海拔 2000 米以下的河谷地带属亚热带气候，海拔 2000—3000 米属山地暖温带、温带气候，海拔 3000—4000 米属高山亚寒带、高原寒冷带气候，海拔 4600—5500 米属高山寒冻带气候，海拔 5500 米以上则属永久积雪带。多种气候带在同一局部区域往往同时存在。一般海拔每升高 100 米，气温下降 0.6℃，由于河谷与山岭之间的高差极大，所以在康区，气候垂直分布现象极为显著，形成所谓"一山有四季"和"山顶寒冷、山腰暖和、河谷干热"的奇特现象。这种现象在康区十分普遍。一些地区当河谷开始收割小麦时，山坡上的小麦却仅有数寸。气候的垂直变化也使得植被呈典型的垂直分布。一般说来，海拔 4200 米以上主要是高山草甸、高山灌丛带；海拔 3900—4200 米为冷杉、红杉林带；海拔 2800—3800 米为高山松、云杉分布带；海拔 2800 米以下为针阔叶混合林带；海拔 2300 米以下则以阔叶林带为主，并有茶、油桐、核桃、板栗等经济林木。在康区的许多地区，由于海拔高度的骤然变化，从高山草甸、高山灌丛到针叶林带，到针阔叶混合林带，到以阔叶林带为主并有茶、油桐、核桃、板栗等经济林木等不同的生态植被带几乎同时存在于一个局部区域，形成奇特的立体自然生态景观。所以，康区的气候、植被与生态环境几乎无不与海拔高度密切相关，呈显著的垂直分布特点。这同高山峡谷的地理环境相对应。

4. 地理环境具有阻隔性、分散性和多样性特点

横断山区"两山夹一川""两川夹一山"的高山峡谷地形，给康区的地理环境带来了很大的阻隔性和分散性。由于河谷深切和岭谷高差极大，地形的阻隔程度为世所罕见，所谓"峡谷一线天，把人隔两边，对岸能说话，相逢需一天"的奇特现象，就是对其地形阻隔性最生动的写照。高山峡谷地貌不仅造成地形的险峻、破碎，也带来了地形的阻隔性和分散性。从整个青藏高原范围看，康区的山脉海拔高度虽不是最高的，但是由于河谷深切，所以就相对高度而言，康区无疑是青藏高原岭谷之间高差最悬殊的地区。康区也是整个青藏高原范围内通行难度最大、交通条件最为艰苦的地区。在康区普遍存在着一种"沟"域文化带现象，即所谓"一条沟，一种话""每条沟有自己的习俗，每条沟有自己的土话"，正是因为地形的阻隔和分散所致。所以，从总体上说，康区是一个交通阻隔和地域分散、偏僻之地。

此外，康区的地理环境也以多样性著称。康区地理环境的多样性主要由两点决定。其一，康区是一个地理过渡地带，因此，从平面空间上看，无论是从北向南还是从东到西，康区的地理环境存在着较大差异。其二，康区主要为高山峡谷区地形，由于岭谷之间高差极大，气候与植被均呈明显的垂直分布特点。因此，从立体空间看，即便是在同一局部区域，由于海拔高度不同，其环境也同样呈现出明显的差异与变化。所以，康区既有宽阔的高原牧场，也有温暖湿润的河谷盆地；既有嵯峨的冰山雪岭，也有茂密的原始森林；既有众多澄澈碧蓝的高原湖泊和在山谷间奔涌的急流大川，也有如绸缎般绵延起伏的高山草甸、雄伟壮观的高山和挺拔陡峭的奇峰；既有成片的湿地，也有干热的河谷；既有喧闹且人口稠密的农耕区，也有地广人稀且海拔较高的高原牧区。事实上，在康区的许多地方，雪山、森林、牧场、耕地与河流往往如一幅立体画卷，由远及近地同时映入眼帘。因此，从某种意义上说，康区地理环境的多样性同样具有垂直分布的特点。

总体上，康区自然地理环境的特点可以用三个词来概括：江河并流区域、横断山脉地区、青藏高原高山峡谷区。由此我们不难看到，康区是一个自然地理及环境特点极为鲜明的地区。

第四节 康区的社会面貌与人文特点

从很大意义上说，对康区社会面貌及人文特点的深入了解，是我们认识康区这一人文地理区域的关键与基础。因此，当我们欲对康区的历史脉络进行整体观照时，首先有必要对康区的社会面貌及人文特点作一个大致的梳理和讨论。那么，应当如何认识和把握康区社会及人文的基本特点？众所周知，事物的特点总是相比较而凸显的。如果我们跳出单纯以康区论康区的狭窄视野，将康区置于更大的地域与文化背景之中，置于青藏高原藏族分布地域及青藏高原东缘周边地带更为开阔的地域与文化背景之中，同时从一个相对长的历史时段来审视，那么，我们可以清楚地看到，康区社会面貌及人文特点主要表现为以下六个方面。

1. 康区是农牧混合与农牧过渡地带

如果说"卫藏"是依托于得天独厚的"一江两河"河谷地带而形成以高原农业为主体的经济生活方式，安多是以"牧"为特点，那么康区则是介于两者之间的一个中间形态：以农牧混合为特色。

康区的地理环境总体上为高山峡谷地貌。其地形特点是高差大、植被及气候的垂直分布显著。所以，康区既有海拔高度相对较低的河谷地带，也有海拔较高的雪山草甸。河谷地带由于海拔较低，气候相对温暖湿润，土地肥沃，故往往形成以农业和定居为主的经济生活方式。而在靠近雪线的山岭地带则大多形成海拔较高的高原面，由于海拔较高，气候寒冷，已不适宜农业耕作，故而成为天然的高原牧场。所以，农牧兼有、农牧混合是康区的一个突出特点。康区的农牧兼有、农牧混合主要表现在以下两个方面：其一，从康区的整体区域看，既有农区，也有牧区，农牧兼有；其二，即便是在河谷地带以农耕和定居为主的人群，也普遍从事一定程度的牧业，他们在高山上往往有属于自己的草场和牛羊。草场还有"冬牧场""夏牧场"之分。距今2100多年前成书的《史记》在描述川西高原地区人们的生活状况时，称

"或土箸，或移徙"，①这与康区的面貌是相吻合的。

不过，需要指出的是，康区也是一个农牧过渡地带。康区在地理上是一个十分重要的连接与过渡地带。在东西方向上，它是青藏高原向川西平原的一个过渡地带；在南北方向上，它则处于青藏高原向云贵高原的过渡与连接地带。这种特点也决定了康区在农、牧两种生产方式上同样处于过渡地带。康区北部是以牧业为主的安多地区。它的南部随着海拔高度的逐渐下降，在川西南和滇北一带则是以山地农耕为主。所以，从南北方向来看，康区恰好处在从北部牧区向南部山地农耕地带过渡的一个地理带。这种格局决定了康区"牧"的成分是自北向南逐步递减，而"农"的成分则自北向南逐步递增。也就是说，在康区，越北"牧"的色彩越浓，越南"农"的成分越重。在东西方向上也呈现同样的情形，由于康区总体地势是西高东低，处在青藏高原向川西平原的过渡地带。所以从东西方向看，同样是"牧"的成分自西向东逐步递减，"农"的成分则自西向东逐步递增。所以，康区虽然整体上为农牧兼有和农牧混合地区，但又是一个十分重要的农牧过渡地带。无论是自北向南还是由西向东，其"牧"的成分逐渐递减而"农"的成分则逐渐递增。

在康区，既有气候相对温暖湿润、人口较稠密的典型河谷农区，也有海拔相对较高、地广人稀、气候寒冷的高原牧区，还大量存在农牧兼有、农牧混合，即人们常说的"半农半牧"地区。农、牧的交织和二者的相互依存，乃是康区的一种较为普遍的生产与生活方式。康区的社会既有农耕社会之特点，也兼有浓厚的牧区特色，农、牧的兼有与混合正是康区同卫藏地区和安多地区相比一个显著的特点。同时需要指出的是，在康区地域内"农""牧"两种成分自北向南和由西向东呈现的交替与变化，也是我们认识康区社会面貌及人文特点的一个重要视角。

2. 康区地处民族走廊地带，是藏族与西南众多民族互动和交融的地区

康区是以横断山区为自然基础而形成的一个藏区人文地理单元。横断山区的山脉、河流均呈南北走向，自西向东有怒江、澜沧江、金沙江、雅砻江、大渡河五条大江，分别自北向南从这里穿过，在峰峦叠嶂的高山峻岭中

---

① 《史记》卷116《西南夷列传》，中华书局1982年版，第2991页。

开辟出的一条条南北走向天然河谷通道，自古以来成为众多民族或族群南来北往、频繁迁徙流动的场所，也是历史上西北与西南民族之间沟通往来的重要孔道，是中国一条重要的民族迁徙走廊。费孝通称之为"藏彝走廊"，①也有学者称"横断山民族走廊"。②康区正处于民族走廊地带，自古以来有众多的民族在这里迁徙、流动、冲突、交融。民族间的交融与互动十分明显和频繁。这构成了康区社会及人文面貌的另一个重要特点。

历史上起源于西北地区的古藏缅语民族系统（习惯上被称作"氐羌民族系统"）主要是经康区南下而逐渐散布于整个横断山脉地区。同时历史上的百越、壮傣和苗瑶等南方民族系统的人群也有经此民族走廊北上迁徙的。康区自古以来无论在南北方向还是东西方向上都是多民族的流动与交融荟萃之地。众多民族及族群在这里频繁地发生接触、冲突、交融与互动。民族走廊这一特殊背景构成了康巴地区民族分布众多、民族构成复杂多元的局面。目前，康巴地区的主体民族虽为藏族，但同时也有汉、彝、蒙古、纳西、羌、回等多个民族。他们均形成了与康巴藏族相互比邻或混居的局面。而单就康巴藏族的形成来看，其成分也是相当的多元与复杂。从总体上说，康区的藏族是以汉代以来当地原有的氐、羌、夷等众多民族成分为主体，在自吐蕃向康区扩张以来不断受到吐蕃和藏文化的融合与同化的基础上形成的。康区藏族的形成大致经历了如下几个演变过程：其一，吐蕃时期，吐蕃王朝对康区诸羌各部进行了长达两百余年的军事征服和政治统治，使他们在相当程度上受到吐蕃文化的同化；其二，吐蕃王朝以后，大量吐蕃部落及奴部流散于康区一带，遂与当地原为吐蕃属部的诸羌居民相杂处，彼此走上了相互依存、交融发展的道路；其三，10 世纪以后，随着藏传佛教后弘期兴起，藏传佛教不断由卫藏地区向康区传播和渗透，从而使康区居民与卫藏地区居民在文化心理素质和语言文字上逐渐趋于一致。③ 自 12 世纪以来，由于民族间的迁徙、冲突与交融，陆续有若干民族成分以各种方式融合到康区

①　石硕：《"藏彝走廊"：一个独具价值的民族区域——论费孝通先生提出的"藏彝走廊"概念与区域》，石硕主编《藏彝走廊：历史与文化》，四川人民出版社 2005 年版，第 13—31 页。

②　泽波、格勒主编《横断山民族文化走廊——康巴文化名人论坛文集》，中国藏学出版社 2004年版。

③　石硕：《试论康区藏族的形成及其特点》，《西南民族学院学报》1993 年第 2 期。

藏族之中。这些民族成分包括汉、彝、回、蒙古、纳西、羌等。正因为康巴藏族在族源构成上的复杂、多元特点，所以今天在康巴地区藏族内部仍存在着众多支系。这些人群支系不少仍使用着自己的母语，如在康巴地区有讲木雅语的木雅藏人；有讲道孚（尔龚）语的藏族自称"布巴"；有讲扎巴语的藏族自称"扎巴"；有讲贵琼语的藏族自称"贵琼"；有讲却域语的藏族自称"却域"；等等。这些不同支系的藏人彼此在文化和风俗上均存在一定差异。这种在同一民族内部存在众多人群及语言支系的情况极具典型意义，是康区作为民族走廊地区的一种特有的文化现象，有极高的民族学和人类学的研究价值。

3. 康区是藏、汉民族交流互动以及西藏与汉地之间交往的连接通道

康区西接卫藏，东面与川西平原的汉地相接，地域上介于西藏与汉地之间，所以康区在东西方向上是藏、汉民族之间的过渡带与连接带，是藏、汉民族接触、交流、互动的通道，也是汉、藏文化相互影响和交融的地区。正因为如此，有学者从汉、藏联系角度也将康区称作"汉藏走廊"。①

自7世纪吐蕃向东扩张，康区即成为吐蕃与唐朝相互交锋、不断拉锯的前线，并成为青藏高原文明与中原文明之间最重要的交汇与连接地带。以吐蕃向东扩张征服和统治康区的众多部落为起点，也开启了康区众多部落与民族一个全面和长期的"吐蕃化"与"藏化"的过程。此过程在7—9世纪主要表现为吐蕃的势力（包括吐蕃本部军队及移民）大规模进入康区及对康区各部落及民族进行的长达两百余年的征服和统治；在吐蕃王朝崩溃以后则主要表现为自10世纪后期一直到明清时期藏传佛教向康区的大规模传播。这两个过程使"康"这一区域最终完成"藏"化过程，成为藏族三大方言区和三大历史地理区划之一。

自宋代以来，汉、藏之间发生的大规模茶马互市亦主要经由康区进行，并在康区形成了著名的"茶马古道"。明清以来，康区进一步成为中央与西藏地方之间一个重要的连接枢纽和通道。康区是明代的"贡道"和清代的

---

① 石泰安：《汉藏走廊古部族》，耿昇译，王尧校订，中国藏学出版社2013年版；任新建：《康巴文化的特点与形成的历史地理背景》，泽波、格勒主编《横断山民族文化走廊——康巴文化名人论坛文集》，第95页。

"官道"横贯区域。驻藏大臣入藏也多取道康区。自明清以来，康区日渐成为西藏与汉地之间政治交往、汉藏贸易和汉藏文化交流的通道与桥梁地带，成为历代中央政权经营西藏的前哨和依托之地。在 1904 年英军入侵拉萨，西藏面临空前危局之际，清政府首先提出了"固川保藏"和"治藏必先安康"的思路，率先在康区（时称"川边"）推行"改土归流"和社会改革。民国时期，康区先后发生的三次康藏纠纷以及西康建省等一系列重大事件，也使康区成为影响中央政府与西藏地方政治走向及汉藏民族关系的关键区域。

康区的另一个重要特点则是藏、汉民族的互动与交融。尽管秦汉以来已有汉人进入岷江上游、大渡河中下游和雅砻江下游一带，[①] 但到明代以前，汉人在康区的活动主要限于大渡河以东地区。但这种局面在明清时期开始发生改变。明中叶以后，从东向西穿越藏彝走廊的川藏路开始成为联结汉地与西藏的交通要道。[②] 1720 年、1727 年清廷两度经四川向西藏进兵，使川藏线的地位和重要性得到进一步凸显。为了保障川藏线畅通，清康熙时期开始在川藏线沿途及重要隘口设置塘汛和粮台，并派四川绿营汉兵进行驻守。这产生了两个重要结果：其一，驻扎于川藏沿线的汉人官兵逐渐开店经商、垦荒耕种，并与当地藏民通婚，相当一部分开始向移民转化；[③] 其二，随着汉人官兵驻防带来安全保障，汉地的商人、官员及其随从、夫役、船工、流民、矿工以及土司雇募的文书、通事等各类身份的汉人也接踵而至，汉人开始呈点线状分布于川藏线沿途，其中尤以汉商居多。从乾隆到嘉庆时期，受川省人口膨胀与土地压力的影响，有相当数量的汉人进入当地从事垦殖与开矿。[④] 故清代以绿营驻军入驻川藏沿线为先导，开启了汉人向康区大规模移民的浪潮。

清末民国时期汉人进入康区的数量、规模进一步扩大。1904 年英军入

---

① 沈仲常、李复华：《石棺葬文化中所见的汉文化因素初探》，《考古与文物》1983 年第 4 期。

② 明英宗和明宪宗时，曾屡屡下令要求乌思藏往来汉地使臣须取道四川，不得经河州。此后汉藏使臣往返也主要取道四川，以四川为正驿。参见赵毅《明代内地与西藏的交通》，《中国藏学》1992 年第 2 期。

③ 时人称："大凡康藏大道沿线汉民，十分之九，皆军台丁吏之遗裔。"参见伍非百编《清代对大小金川及西康青海用兵纪要》，1935 年铅印本，第 163 页。

④ 刘正刚、唐伟华：《清代移民与川西藏区开发》，《西藏研究》2002 年第 1 期。

侵拉萨，为应对严峻的边疆危机，清朝加强川边经营，派赵尔丰在川边地区"改土归流"，大力推行办学、屯垦、练兵、开矿与通商等新政措施，以各种优惠措施吸引汉人前往垦殖，导致大量汉人迁入。据载当时"移民开垦，裹粮出关者以万计"。① 进入民国时期，从 1912 年尹昌衡率军五千西征，到1930 年"大白事件"及之后刘文辉 24 军进驻康区，由于其时川藏纠纷和局部战事不断，陆续调戍的汉人军队普遍分布于康定、巴塘、理塘、甘孜、昌都等各主要城镇，他们中许多人后来就在当地落籍。据统计，仅民国之初的十年间，进入川西藏区的汉人就达七八万之多。② 其后，抗战爆发、西康建省和汉藏商贸复苏等因素，再次推动了汉人向康区迁移的浪潮。此时进入的汉人身份类型也更趋多元，包括采药夫、各类工匠、政府官员及杂役人员、背夫、无业流民、各类考察人员等，其中又以垦民、矿工与商贾为主。周太玄《西康通志·工商志》载："康定人口自抗战以来已年有增加。据最近调查，实已超过二万。其中汉人约占十分之六七。"③

　　需要指出，清代民国时期大量迁入康区的汉人迅速同当地藏人发生密切交融。交融的主要途径是通婚。由于清代民国时期进入的汉人主要为官兵、商人、垦民和各类工匠，均为单身男性，加之边地遥远，条件艰苦，故汉藏通婚往往成为迁入汉人的普遍选择。《西康之种族情形》对当时康地汉藏通婚情形曾有如下描述：

　　　　官商兵卒，在西康各地，安家落业，娶夷为妻者，尤指不胜计，近今三十年，西康之歧种人（歧种人，即蛮娘汉父之称谓），已遍布于城市村镇各地，真正夷族，则须深山内地，始能寻觅矣。盖清末之数万边军，及各地垦民，无不在西康娶妻生子，川陕各地商民，在村镇经营商业者，亦多娶夷女辅助。④

---

　　① 黄树滋：《梦轩遗稿》，《开发西北》第 2 卷第 6 期，1934 年。

　　② 陈重为：《西康问题》，中华书局 1930 年版，第 90 页。

　　③ 周太玄：《西康通志·工商志》，四川省档案馆藏，历史资料其他类，分类号：11（121-1/1）111，第 37 页。

　　④ 佚名：《西康之种族情形》，《四川月报》第 9 卷第 4 期，1936 年。文中"西康"指西康建省后之康属范围。

　　此记载足见汉藏通婚的程度之广泛。① 汉藏通婚不但使大批汉人落籍于当地，同时也使汉、藏民族间的交融更加深入。由于当地为高原，迁入汉人不得不选择藏族的生活方式以适应高原环境，加之汉藏通婚，所以汉藏通婚家庭中的汉人在两三代以后，无论其本人还是后裔的生活方式几与当地藏族无别。所以，清代民国时期大量汉人迁入康区所带来的汉、藏互动，其结果主要表现为"汉"向"藏"的融入。民国时期长期驻防理塘的曾言枢作了这样的阐释："汉人每每存意同化康人，入康久居，娶妻生子，亦自不觉间，装、靴、带、剑、语言、皮肤，俱康化矣。入其环境，有其环境之需要，所以理想不胜事实，固有其必然性在。"② 不过，这种交融实际上是双向的。一方面，因为通婚和适应环境的需要，落籍当地的汉人几代之后大多融入藏族之中；另一方面，这些汉人又把汉文化因素带入当地的藏文化之中，形成当地人所说的"倒藏不汉""汉人不纯，藏人不藏"，③ 即汉、藏杂糅的文化状态。对这种状态，格勒作过如下生动描述：

　　　　在康定、巴塘一带，一个家庭就享受着汉藏两种文化交汇的日常生活，他们既过藏历春节，也过汉族中秋节；既讲汉语，又讲藏语；既供佛像，又贴对联；既吃大米、蔬菜，又吃糌粑、牛肉；既穿藏装，又穿汉装、西装；既相信山神、信仰来世，又相信市场、信仰金钱；既崇拜大慈大悲的佛教精神，又崇尚能文能武的英雄精神。④

　　清代民国时期，汉人大量迁入康区所造成的大规模汉、藏互动与文化交融，不但提升了当地藏族在藏、汉文化之间的兼容性与中间性，增强了康区作为"汉藏边界"在汉、藏之间的连接性与纽带作用，也使康区在东西方

---

　　① 据 1938 年粗略调查显示，康定"除少数来自内地者，本地所谓汉人，十九皆汉夫康妇之混血儿"。见柯象峰《西康纪行》，《边政公论》第 1 卷第 3—4 期合刊，1941 年。据调查，1938 年前后的道孚县城汉藏混血儿约占 2/3。见赵留芳《道孚县浅影》，《康导月刊》创刊号，1938 年。

　　② 曾言枢：《宣抚康南日记》，《康导月刊》第 5 卷第 6 期，1943 年。

　　③ 伍呷：《九龙藏族社会的历史考察》，李绍明、刘俊波编《尔苏藏族研究》，民族出版社 2007 年版，第 268 页。

　　④ 格勒：《略论康巴人和康巴文化》，《中国藏学》2004 年第 3 期。

向上进一步成为"汉藏民族走廊"。①

4. 康区是一条历史文化沉积带，保留着许多古老的历史文化遗存

作为青藏高原东缘的高山峡谷地区，康区就如同是一个密集的地球皱褶地带。在这个皱褶带中至今保留着许多古老而独特的社会形态、文化现象与文化遗存。比如，据文献记载康巴地区东汉时已有"贵妇人，党母族"的部落，隋唐时代出现了著名的"东女国"。② 令人惊讶的是，一千多年过去，至今在康巴地区仍较完整地保留着女性中心的社会形态。今天在川滇交界的泸沽湖沿岸的摩梭人和甘孜藏族自治州道孚、雅江两县交界处鲜水河流域的扎巴人中，仍完整地延续着以母系为中心的家庭结构和"走婚"形态。与母系中心社会相对应，康区也保留了不少父系氏族的社会组织形态。在金沙江河谷深处的三岩地方保存着一种被称作"戈巴"或"巴错"的父系社会组织。在今康北牧区还完整地保留着一种以"骨系"（父系血缘）为纽带的游牧单位和血缘组织。同时康巴地区至今还存留着相当数量独立和尚待认识的语言，即费孝通所称的"被某一通用语言所淹没而并没有完全消亡的基层语言"。③ 这些语言在当地被称作"地脚话"。其使用人群多则上万人，少则仅有几千或几百人。他们与外界交流时多使用藏语、彝语或汉语，回家则说"地脚话"。这些有着"活化石"之称的"地脚话"引起语言学者的广泛关注。④ 在康巴地区迄今还保留着大量独特的古代石碉，即《后汉书》中已见记载的"邛笼"。⑤ 在今大渡河上游的丹巴县境内古碉之密集着实令人惊叹，号为"千碉之国"。这些石碉今天虽已丧失实际功用，但作为一种独特的历史遗产，其文化价值与丰富的社会内涵正日益受到人们的重视。今天，在康巴地区保留下来的宗教种类及各种原始宗教形态也极为丰富和复杂多样。康区不仅集中了现今藏传佛教的所有教派，甚至连历史上几乎完全消

---

① 任新建：《康巴文化的特点与形成的历史地理背景》，泽波、格勒主编《横断山民族文化走廊——康巴文化名人论坛文集》，第 95 页。

② 参见《后汉书》卷 86《南蛮西南夷列传》、《隋书》卷 83《西域传·女国》、《旧唐书》卷 197《南蛮西南蛮传·东女国》。另参见石硕《〈旧唐书·东女国传〉所记川西高原女国的史料篡乱及相关问题》，《中国藏学》2009 年第 3 期。

③ 费孝通：《关于我国民族的识别问题》，《中国社会科学》1980 年第 1 期。

④ 黄布凡：《川西藏区的语言关系》，《中国藏学》1988 年第 3 期。

⑤ 《后汉书》卷 86《南蛮西南夷列传》，中华书局 1965 年版，第 2858 页。

失的一些教派如觉囊派等以及佛教传入以前存在于藏区的最古老的苯教也在康区有较好的保留，金川一带还流行"入寺信黄教，在家信苯教"之俗。即便是在藏传佛教覆盖地区，在民间的社会生活层面仍大量保留着可称作"底层"的各种原始宗教成分。在康区不少地方至今仍普遍存在着一些不属于任何寺庙被人们称作"工巴""达巴"的民间巫师。一些地区还保留有用象形文字写成的经书等。所以，古老原始文化的大量存留可以说是康区一个异常突出的特点。康区可以说是目前中国民族文化的原生形态保留最完好、历史积淀最丰富同时又是疑难问题最多的地区，有极高的考古、民族、历史、语言等学科的研究价值。

5. 康区地域文化具有突出的多样性、复合性与兼容性特征

多样化的自然环境、地处农牧混合与农牧过渡带、民族走廊地带的多民族交融与互动，作为西藏与历代中央政权连接通道带来的藏、汉民族互动，以及由横断山脉高山峡谷地形环境造就的历史文化沉积带，上述这一系列因素给康区地域文化带来了一个显著特点——使康区地域文化具有突出的多样性、复合性与兼容性特征，使之成为藏族三大传统区域中极富特色的一个人文地理单元。就多样性而言，青藏高原范围内恐怕很少有一种地域文化能够与康区相媲美。在藏族三大传统区划（三大方言区）中，康区在语言、服饰、建筑、宗教信仰、风俗习惯、婚姻形态、社会类型等各个方面呈现的多样性、丰富性都堪称首屈一指，其中任何一个方面均可用"异彩纷呈"来形容。康区地域文化的多样性在流传于当地的谚语中也得到充分反映："一条沟，一种话"；"每条沟有自己的习俗，每条沟有自己的土话"；"五里不同音，十里不同俗"；"一山一文，一沟一寺，一坝一节"。这些谚语是对康区文化多样性的生动概括。例如，甘孜藏族自治州首府康定市即是一个典型的多元文化荟萃之所，在不足几平方公里的康定城内，就集中了天主堂、清真寺和藏佛佛教主要教派的各大寺院。在昌都芒康县盐井区则形成基督教、藏传佛教与东巴教并存的和谐局面。除了多样性，康区文化还有突出的复合性（或称多重性）和兼容性的特点。康区各民族间（乃至同一民族内部的不同族群间）在文化上"你中有我""我中有你""你来我往"的状态达到一种奇特的和谐与融洽。以至于在康区你很难在"民族"与"文化"之间画等号，也很难在"民族"与"文化"之间找到清晰的界限。对于康区地

域文化的复合性和兼容性，任新建作过如下论述：

> 由于藏族文化与汉文化和其他民族文化在这里汇聚。在长期的互动交流过程中，逐渐发生文化的相互渗透、交融，从而使康巴文化又呈现出复合性特点。例如，在艺术方面，康区的"噶孜"画派在技法、色彩等方面大量吸收了汉地国画的成就，将其巧妙地融入宗教画之中；康区的藏戏充分吸收汉地的戏曲艺术，加入内地的乐器和表演程式，形成了独具风韵的格萨尔藏戏等颇具复合色彩的戏剧；康区的南派藏医药大量地吸取了内地中医药的成果，将其与藏族传统医药学有机结合，创造出卓越的康巴藏医药文化。这种文化的复合性在康巴地区的东南部尤为明显：康定大年初一早上的"抢头水"风俗，汉历春节与藏历年同样过的习惯，是年节的一种复合；康定特有的"锅庄"，融藏式交换习惯与汉式客栈为一体，是藏汉贸易习俗复合的典型；新都桥到塔公一带的汉式的人字屋顶和藏式的石砌屋墙结合的民居，是建筑艺术的复合；九龙一带早餐藏式（酥油茶、馍馍）、午餐彝式（砣砣肉、洋芋）、晚餐汉式（大米饭、炒菜、火锅）的习惯，表现了饮食文化的复合性。[①]

康区文化的复合性、兼容性不仅凸显了康巴人开放、宽宏大度的文化态度与精神气质，更体现出康区各民族、族群间长期形成的人与人和谐共处的人文风貌。正是鉴于康区文化与人文面貌的这种独特性，近年，学术界曾提出了"康巴文化"的概念，并致力于对"康巴文化"特点与内涵的探讨。[②]格勒曾这样描述"康巴文化"的特点：

> 在一个多样化的自然环境和多民族、多种文化经常交流相融的人文环境中，形成了康巴文化的宽宏、开放、兼容性的特点。[③]

---

① 任新建：《康巴文化的特点与形成的历史地理背景》，泽波、格勒主编《横断山民族文化走廊——康巴文化名人论坛文集》，第 96 页。
② 石硕：《关于"康巴学"概念的提出及相关问题——兼论康巴文化的特点、内涵与研究价值》，《西藏研究》2006 年第 3 期。
③ 格勒：《略论康巴人与康巴文化的特点》，泽波、格勒主编《横断山民族文化走廊——康巴文化名人论坛文集》，第 7 页。

任新建对"康巴文化"也有这样的概括：

> 康巴文化具有历史积淀丰富、内涵博大精深、形态多姿多彩、地方特色浓郁的特点和独特的人文魅力。康巴文化的核心是人与自然的和谐统一、人与人的和谐共处、不同文化间的和谐共存的"香格里拉"理念和集勇敢、坚忍、精进、博爱、乐天、睿智为一体的格萨尔人文精神。①

这些概括无疑可帮助我们更好地理解和认识康区的社会及人文面貌。

6. 康区历史上是一个政治多元地区

由于地形破碎、地理环境多样，历史上康区从未产生过一个覆盖全境的地方政权。在元以前，有许多大大小小互不统属的部落，较大的有白狼、附国等。从元代起在原部落的基础上开始形成众多土司。明清时期康区范围的大小土司已多达百余个，其中最大的有德格、明正、巴塘、理塘四大土司。这些土司受中央王朝册封，其权力在家族内部世代相袭。土司之间彼此互不统属，并常为争夺地界、属民发生冲突。在清末民初"改土归流"过程中许多土司虽被废除，但因政局动荡，土司统治在很多地区纷纷得到恢复。康区以土司为主的多元政治格局一直延续到20世纪50年代初。所以，历史上康区是一个政治多元地区，从未形成统一全境的地方政权。这种政治多元所造成的地域分割性对后世仍有一定影响。

以上所归纳的六点可以说是康区最为突出的人文特点。这些特点一定程度上可以为我们进一步理解康区的社会及文化面貌提供一个基本的认识框架。不过，需要指出的是，康区作为藏族传统的三大人文地理区域之一，无论是自然地理特点还是人文特点均十分显著且复杂。这也决定了我们对康区社会及其历史发展脉络的认识与把握，必须要有一种更为宽广的视野，需要将康区的历史发展置于横断山区民族走廊地带多民族互动、交融的背景中，置于历代中央政权与西藏地方以及汉、藏民族交流与互动

---

① 任新建：《康巴文化的特点与形成的历史地理背景》，泽波、格勒主编《横断山民族文化走廊——康巴文化名人论坛文集》，第94页。

乃至康区同卫藏、安多关系的大背景中来加以考察和梳理。唯其如此，我们才可能获得对康区社会、历史的全方位认识和完整阐述，揭示康区历史演进的基本轮廓和整体面貌，并在与卫藏、安多以及汉地之间错综复杂的历史关系中，认识康区的民族源流、社会面貌以及独特的人文特点。

第五节　学术界对康区的认识与研究

从现代学术角度对康区开展研究肇始于 20 世纪上半叶。

20 世纪上半叶，促成并推动康区研究的主要有两个重要背景：一是西康建省，二是抗战时期大批高校内迁入川。国内一些著名学者开始关注和涉足康区研究。这也提升了康区研究的水准。此外，20 世纪上半叶一些进入康区的国外学者、传教士和探险家等也以他们的视角记述了康区情况及其亲历，亦留下了珍贵资料。

西康建省动议始于清末赵尔丰经营康区时期，自此，"西康建省"遂成为推动近代康区研究的一个重要杠杆。作为清末经营康区的亲历者，傅嵩炑的《西康建省记》（上、中、下三卷）和刘赞廷的《边藏资料底稿》，不但忠实记录了清末康区经营之历程，也对康区的山川地貌、风土人情和社会面貌作了全面勾勒与描述，可视作近代对康区地域进行整体观照的开端。不过，在 20 世纪上半叶，现代康藏研究最具开拓性的奠基者当首推任乃强。康藏史首部专著是任乃强的《康藏史地大纲》（1942），该书约 10 万字，分"康藏鸟瞰""康藏古史""康藏近史""康藏现况"四部分概述西藏与西康的历史、现状及二者之间的关系。该书虽涉及康藏史内容，但因其主要着眼于西康建省背景，故描述西藏与西康关系以及西康建省内容较多，真正涉及康藏史的内容不多，尚为"大纲"性质。任乃强的另一著作《西康图经》（1932—1935），在实地调查基础上详细描述了民国时期西康之境域、民俗及康、藏地界之变化，保存了大量珍贵资料，是现代康藏研究的奠基之作。除此而外，民国时期李安宅、马长寿、林耀华、谭英华等一批学术先辈均不同程度地涉足康区历史、社会和文化的调查与研究，取得了不少颇具学术水准的成果。①

在西康建省背景下，民国时期还先后出现了《康藏前锋》（1933—1937）、《康导月刊》（1938—1948）、《康藏研究月刊》（1946—1948）三种有关康区的现代期刊，登载了不少有关康区的调查、研究成果及政论文章。民国时期，涉及康藏地区历史、社会与文化的著作还有：陈重为《西康问题》、李亦人《西康综览》、法国传教士古纯仁（Francis Gore）《川滇之藏边》等。这些著作均不同程度地记述了西康之境域、社会与历史沿革。但 20 世纪上半叶，康区研究尚处于起步阶段。一些著述虽涉及康藏史，但多为表面描述，内容也主要偏重近代康藏历史。但民国时期的康藏研究为日后的康藏研究奠定了初步基础，保存了不少近代康藏史珍贵史料，这些史料是进行康区研究的重要资料。

1950 年以后，特别是 1955 年撤销西康省，使康区研究一度相对沉寂。20 世纪 50 年代，除了在康区进行社会历史调查并取得一批基础性社会历史调查成果外，研究性的成果相对较少。直到 1978 年改革开放以后，康区研究才逐渐趋于活跃。康区研究及资料整理受到重视，先后整理出版了一批涉及康藏历史的珍贵资料，特别是档案资料，如《康区藏族社会珍稀资料辑要》《近代康区档案资料选编》《民国藏事史料汇编》《康藏纠纷档案选编》《清代藏事辑要》《西藏学汉文文献汇刻》《中国西藏及甘青川滇藏区方志汇编》《清末川滇边务档案史料》《赵尔丰川边奏牍》《元以来西藏地方与中央政府关系档案史料汇编》等。此外，一批有关康区的新、旧方志及社会历史调查、文史资料也先后整理出版，如嘉庆《四川通志》、乾隆《雅州府志》、道光《巴塘志略》、刘赞廷所撰康区各地方志、《甘孜藏族自治州民族志》、《甘孜州文史资料选辑》以及《四川省甘孜州藏族社会历史调查》《雅砻江上游考察报告》《四川甘孜藏族自治州康定、道孚、丹巴调查材料》《西藏昌都地区社会调查资料选》等。这也为康藏史的研究创造了较好条件。

---

① 李安宅：《西康德格之历史与人口》，《边政公论》第 5 卷第 2 期，1946 年；马长寿、金祖孟：《川康边境之民族分布及其文化特质》，《青年月刊·边疆问题》第 3 期，1939 年；林耀华：《康北藏民的社会状况》，《流星月刊》第 1 卷第 1、2、3—4、5 期，1945 年；谭英华：《康人农业家庭组织的研究》，《边政公论》第 3 卷第 6、8、9 期，第 4 卷第 2—3 期，1944 年。

　　不过，尽管康区研究取得长足进展，成果也日益丰富，但目前而论，对康区历史的整体观照与研究始终是康区研究中的一个薄弱环节。由于康区在区位上处于藏区之东南边缘地带，地跨藏、川、滇、青多个行政区并处于四省区接合部，加之地理环境复杂多样，交通相对不便，所以，不仅在卫藏人的心目中一直被定位为"边地"，① 即便在川、滇、青各省也属边缘之地。现已出版的《四川通史》《云南通史》《青海通史》《西藏通史》，② 尽管多少都涉及康区的历史，但往往着墨甚少，更缺乏对康区史的整体观照。现已出版的多部"西藏史"（如《西藏简史》《西藏通史》），以及由中国藏学研究中心组织编写的大型《西藏通史》，也都相对忽略康区的历史。③ 不过，在康区范围内却出现了一些按行政区划编写的区域性通史，如格勒的《甘孜藏族自治州史话》以甘孜藏族自治州为单元，依据汉、藏文献及考古资料和民间调查材料，上起石器时代，下至 1950 年，通俗地描述了甘孜藏族自治州历史发展面貌，内容涉及政治、经济、文化、民族诸方面。该书是较早出现的康区内一局部区域的通俗类史话。后来，格勒又在原书基础上进行适当扩充和修订出版了《康巴史话》一书。④ 林俊华的《康巴历史与文化》也大体承袭此脉络，对甘孜藏族自治州历史与文化作了较全面的描述，采用了不少新资料，也吸收了一些学术界研究成果，在内容上更为丰富全面，但总体而言仍属介绍性和通俗性读物。⑤ 此外，属于康区局部区域史的著作还有王恒杰的《迪庆藏族社会史》，该书以社会史的视角梳理了迪庆藏族自治

---

　　① 藏语"康"（khams）的含义，据更敦群培《白史》解释，"所谓'康'是指'边地'而言，如同'边地小国'被称作'康吉结称'一样"。参见更敦群培《更敦群培文集精要》，格桑曲批译，周季文校，中国藏学出版社 1996 年版，第 130 页。

　　② 陈世松、贾大泉主编《四川通史》，四川人民出版社 1970 年版；何耀华总主编《云南通史》，中国社会科学出版社 2011 年版；崔永红、张得祖、杜常顺主编《青海通史》，青海人民出版社 1999 年版；陈庆英、高淑芬主编《西藏通史》，中州古籍出版社 2003 年版；周伟洲、周源主编《西藏通史（民国卷）》，中国藏学出版社 2008 年版；恰白·次旦平措、诺章·吴坚、平措次仁：《西藏通史——松石宝串》，陈庆英、格桑益西、何宗英、许德存译，西藏社会科学院、中国西藏杂志社、西藏古籍出版社 2008 年版。

　　③ 拉巴平措、陈庆英总主编《西藏通史》，中国藏学出版社 2015 年版。

　　④ 格勒：《甘孜藏族自治州史话》，四川民族出版社 1984 年版；格勒：《康巴史话》，四川美术出版社 2014 年版。

　　⑤ 林俊华：《康巴历史与文化》，天地出版社 2002 年版。

州藏族社会的发展历程。① 谢廷杰、洛桑群觉编著的《西藏昌都史地纲要》，纲要式地考察了昌都的历史源流、宗教、政治与社会发展及其与清朝中央政府的关系。② 李光文、杨松、格勒主编的《西藏昌都：历史·传统·现代化》分三编，其中第一编按照通史体例叙述了昌都历史的大致脉络，但较概略，多为粗线条的勾勒。③ 目前在康区范围，按行政区划勾勒其历史轮廓的仅有四川甘孜藏族自治州、云南迪庆藏族自治州和西藏昌都市三地，尽管按行政区划描述历史脉络存在较大局限，且勾勒总体上较粗略并带有介绍性质，但其开拓性与建设性不可忽视。它们均为康藏史整体脉络的构建奠定了一定基础。

毫无疑问，学界对康区整体历史脉络缺乏全面、系统的梳理和研究，迄今为止，还没有一部在区域上囊括整个康区范围的完整、系统的《康藏史》问世，这不能不说是藏学领域的一个重要空白和缺失。此空白和缺失造成目前康藏史研究相对细碎化，缺乏整体视野和整体观照，也使得我们对康区历史、社会及区域文化特点的解释力明显不足。缺乏对康区历史整体脉络的全面把握与认识，在很大程度上也制约了当前藏族历史研究的整体发展。

以上的背景，正是笔者编纂《康藏史》的依据与缘由。

---

① 王恒杰：《迪庆藏族社会史》，中国藏学出版社 1995 年版。

② 谢廷杰、洛桑群觉编著《西藏昌都史地纲要》，西藏人民出版社 2000 年版。

③ 李光文、杨松、格勒主编《西藏昌都：历史·传统·现代化》，重庆出版社 2000 年版。

第 二 章
7世纪以前的康区历史源流

康区作为藏族的三大传统区域之一，严格说，它的历史应始于7世纪吐蕃王朝的崛起及其向青藏高原东部地区的扩张。吐蕃的扩张不仅是"康"逐渐被作为一个特定区域看待的起点，同时也是"康"作为一个特定区域，同卫藏地区（吐蕃本部）与安多地区逐渐发生联系与产生区分的开端。但是，有一个事实不容置疑——在7世纪吐蕃向康地扩张之时，康区地域并非一块无人之地。相反，这里不仅从石器时代开始就已有原始人类的活动遗迹，而且继石器时代以后也活动着众多的人群部落，自汉代起，该地区的一些部落还初具政权形式。那么，在7世纪以前存在于康区各地的部落呈现了什么样的特点与文化面貌？他们是当地世居人群还是由周边地区迁入的？他们属于什么样的人群系统？他们的社会状况如何？这些均直接或间接与康区的历史相关，也是我们认识和理解康区历史的基础与背景。所以，在正式开始康区历史的叙述以前，我们有必要对7世纪以前康区部落、人群系属及其历史演进脉络作一大致的梳理。

第一节　旧石器时代康区的人类活动遗迹

在康区这样一个地处横断山脉的高原峡谷地区，最早的人类活动遗迹可追溯到什么时候？从目前的考古发现看，至少在旧石器时代晚期康区已有古人类活动的踪迹。

1983年，中国科学院青藏高原综合科学考察队古脊椎动物组在雅砻江上游地区，即今四川甘孜藏族自治州炉霍县虾拉沱附近鲜水河东岸的宜木和亚巴两个地点，分别发现了含有古人类和旧石器材料及哺乳动物化石的地层层位。共发现四枚人类牙齿化石、人工打制石制品和13种哺乳动物的化石。虽然这批古人类牙齿化石与人工打制石制品分别发现于两个不同地点，古人类牙齿化石是在虾拉沱亚巴村东山坡地层剖面上采集到的，而人工打制石制品则是在虾拉沱宜木村后干沟地层剖面上获得的，两处地点相距约2公里，但这两个地点的地层剖面所反映的岩性、岩相及伴生的哺乳动物化石性质完全一致，因此两处地点应属于相同的地质层位。① 根据对出土动物骨化石所作的碳14年代测定，其年代是距今11500±200年。此外，根据其伴生的哺乳动物性质及种群来判断，其地质年代应为晚更新世晚期，当属于旧石器时代晚期的人类遗存。②

炉霍县发现的这批古人类和旧石器材料，是迄今为止在康区境内发现的唯一有原生地层层位的旧石器时代人类活动遗迹。③ 它的发现表明，在距今约1万年以前，横断山脉高山峡谷地区已经有人类活动和居住。虽然由于发现资料所限，我们对他们的具体生活情况所知甚少，但从发现旧石器遗物和古人类材料的两个地点均处于雅砻江支流鲜水河岸台阶地来看，当时的人类主要是活动于该地区的河谷地带，这不仅是为了解决水源问题，同时也与河谷地带相对温暖湿润及植被丰富有关。他们已经掌握了打制石核和石片工具的技术，是我们目前所知康区地域内最早的古人类。

1985年7月，在由中国西南民族研究学会组织的"六江流域民族综合科学考察"过程中，在炉霍县鲜水河两岸的色得龙、宜绒、若海、吾都、固依、戈巴龙、热巴共七个地点采集到打制石器标本32件，这些人工打制石器主要是石核和石片，其中石核石器占了23件，从石核石器的器形看，大致可分为砍砸器、盘状器、凿形器、斧、锤、矛六种。这批打制石器因系地面采集，缺乏地层层位，目前尚难以断定其年代。④ 不过，这批打制石器

---

① 李淼、李海鹰：《炉霍的打制石器》，《六江流域民族综合科学考察报告之二：雅砻江上游考察报告》，中国西南民族研究学会、甘孜藏族自治州人民政府编印本，1985年，第103—107页。

② 宗冠福、陈万勇、黄学诗：《四川省甘孜藏族自治州炉霍县发现的古人类与旧石器材料》，《史前研究》1987年第3期。

③ 宗冠福、陈万勇、黄学诗：《四川省甘孜藏族自治州炉霍县发现的古人类与旧石器材料》，《史前研究》1987年第3期。

④ 李淼、李海鹰：《炉霍的打制石器》，《六江流域民族综合科学考察报告之二：雅砻江上游考察报告》，第103—107页。

的发现一定程度上可与当地发现的古人类和旧石器材料相互印证，它们说明至少在旧石器时代晚期，炉霍县鲜水河流域一带是人类活动较为频繁的一个地区。

有一个现象颇值得注意，与炉霍旧石器文化遗存相伴生的哺乳动物属于典型的北方类型，发掘报告指出："虾拉沱，与人类和石器材料共生的哺乳动物群是典型的北方类型，与四川省南部资阳人动物群完全不同。虾拉沱动物群种类少，但基本上都可以在我国北方晚更世晚期的周口店山顶洞人动物群中见到，其时代显然晚于后者。"① 从同旧石器遗存伴生的哺乳动物群属于典型的北方类型来看，说明在距今 1 万年左右炉霍一带的气候环境应与北方相一致。同时也说明，炉霍的古人类很可能属于北方人群系统。

第二节　新石器时代康区的大型聚落遗址

进入新石器时代，康区的人类活动遗迹已相当丰富。主要表现于两点：其一，新石器时代遗址在康区的分布较为广泛，目前，在康区西部的澜沧江流域地区、东部大渡河上游地区均发现了新石器时代遗址；其二，新石器时代，在康区已出现了一些文化堆积极厚大型聚落遗址，这些大型聚落遗址延续的时间相当长，有的甚至达千年以上。这表明，在康区这一横断山脉高山峡谷地区，新石器时代文明发展水平并不逊于周边其他地区。

一　卡若遗址：澜沧江流域的大型聚落遗址

该遗址位于昌都城东南 12 公里处澜沧江西岸江边的二级台地上，海拔3100 米，遗址面积约 1 万平方米，文化层堆积厚达 1—1.6 米。经 1978 年和1979 年前后两次科学发掘，发掘面积共 1800 平方米。在已发掘的 1800 平方米范围内，发现房屋基址 28 座及烧灶、圆形台面、道路、石墙、圆石台、石围圈和灰坑等各类遗迹，打制石器 6000 余件，磨制石器 511 件，细石器629 件，骨器 366 件以及 2 万多片陶片，陶片中可复原或大部复原的陶器 46

---

① 宗冠福、陈万勇、黄学诗：《四川省甘孜藏族自治州炉霍县发现的古人类与旧石器材料》，《史前研究》1987 年第 3 期。

件，能辨认器形者有 1234 件，此外，遗址中还发现农作物品种粟和 10 余种动物骨骼。根据放射性碳素测定数据和文化堆积层中包含物的变化，卡若遗址的绝对年代大致在距今 5000—4000 年。① 这意味着卡若遗址使用的时间相当长，至少延续了 1000 年左右。卡若遗址规模大，文化堆积层厚，出土遗物、遗迹相对丰富，这为我们全面了解、认识卡若居民的生产、生活面貌及其精神生活提供了可能。

卡若遗址的生产工具主要分为与锄耕农业有关和与狩猎或畜养有关两大类。② 从与锄耕农业有关的生产工具占绝对优势看，锄耕农业在其经济生活中应占主导地位。这或许正是卡若居民能够维持比较稳定的定居生活并形成大型居住聚落的原因。那么，卡若遗址居民的锄耕农业主要种植什么作物？在卡若遗址一座半地穴式房屋（发掘报告编号为 F8）基址内，曾发现堆积谷物，其中有保存甚好未经碳化的谷物种壳，该谷物种壳经中国科学院植物研究所有关专家鉴定，品种为粟（俗称小米）。2002 年，在对卡若遗址进行的第四次考古发掘中，也发现了一些农作物种子，经西南农业大学有关专家鉴定，结果仍然是粟。③ 因在卡若遗址中未发现其他农作物品种，所以从目前考古发掘的证据看，可以确定卡若遗址居民的锄耕农业是以种植粟这一农作物为特点。

卡若遗址中还发现了大量与狩猎有关的石制工具，狩猎应是卡若居民经济生活的另一项重要内容。这从遗址中发现大量兽骨可得到印证。卡若遗址的兽骨共包含 13 种动物骨骼，经鉴定，其中可确定为猎获动物品种者有狐、獐、马鹿、狍、藏原羊、青羊、鬣羚等，④ 这些动物既作为卡若居民的肉食来源，同时也可提供骨料和毛皮原料。遗址中出土的不少兽类骨骼上还留有

---

① 卡若遗址可分为三期，即早期前段、早期后段和晚期。早期前段的年代为距今 4955±100 年（树轮校正 5555±125 年）；早期后段的年代为距今 4280±100 年（树轮校正 4750±145 年）；晚期的年代为距今 3930±80 年（树轮校正 4315±135 年）。参见西藏自治区文物管理委员会、四川大学历史系《昌都卡若》，文物出版社 1985 年版，第 150 页。

② 石应平：《卡若遗存若干问题的研究》，《西藏考古》第 1 辑，四川大学出版社 1994 年版，第 82 页。

③ 参见霍巍《论横断山脉地带先秦两汉时期考古学文化的交流与互动》，石硕主编《藏彝走廊：历史与文化》，第 274 页。

④ 黄万波、冷健：《卡若遗址兽骨鉴定与高原气候的研究》，西藏自治区文物管理委员会、四川大学历史系：《昌都卡若》，"附录一"，第 160—166 页。

人工砍砸或切割的痕迹。根据孢粉分析，5000 年前卡若遗址所在区域气候要比今日更温暖湿润，自然环境也远比现在优越，山坡地带有茂密的森林，阴坡发育有松林，阳坡发育着栎林，林下生长有各种蕨类和草林植物。① 可以想象，在当时的自然环境中，各种兽类及其他动物是十分普遍和常见的，且出没频繁，所以狩猎活动不仅是卡若居民经济生活的一个重要部分，同时其所提供的肉食、取暖的毛皮及制作骨器之骨料，对卡若遗址居民生产、生活之维系不可或缺。

一般来说，家畜饲养是以定居农耕为前提而产生的。在卡若遗址中发现了猪骨骼标本，经鉴定，标本"个体比野猪小，个体的年岁都为老年或幼年，还有牙齿的构造比野猪的简单一点，故确定为饲养动物"。② 可见卡若遗址的居民已开始进行家畜饲养。此外，在 1978 年和 1979 年两次发掘中，因遗址中未见网坠、钓钩和鱼标等捕鱼工具，亦未发现鱼骨，故发掘报告中曾提出，卡若遗址人群可能存在着以鱼为"禁忌食物"的习俗。③ 此观点曾被藏学界（亦包括笔者）所广泛引用。因后来藏族曾普遍以鱼为"禁忌食物"，故人们据此将西藏以鱼为"禁忌食物"习俗之起源上溯至距今 5000 年左右的卡若遗址时代。事实证明这种看法并不成立。2002 年在对卡若遗址进行的补充发掘中，确切地在遗址中发现了鱼骨，且经科学鉴定其品种属澜沧江中的鱼类。④ 这就确凿地证明卡若遗址居民在生产力低下、生存条件尚很艰难的新石器时代，并不存在所谓以鱼为"禁忌食物"的习俗。因此，我们可以确定，卡若遗址居民的经济生活大体是以锄耕农业为主，兼以狩猎、家畜饲养和渔业作为经济来源的重要补充。这正如《昌都卡若》中所言，卡若遗址"呈现出新石器时代的全部特征"。⑤

陶器是卡若居民的日常生活器具。从陶器组合看，在卡若居民日常生活用的陶器中，以汲水、烧煮食物和储藏粮食之用的罐为主。说明卡若居民显

---

① 西藏自治区文物管理委员会、四川大学历史系：《昌都卡若》，第 153—154 页。

② 黄万波：《西藏昌都卡若新石器时代遗址动物群》，《古脊椎动物与古人类》1980 年第 2 期。

③ 童恩正、冷健：《西藏昌都卡若新石器时代遗址的发掘及其相关问题》，《民族研究》1983 年第 1 期。

④ 相关资料报告承发掘者四川大学李永宪教授、吕红亮教授见告。

⑤ 西藏自治区文物管理委员会、四川大学历史系：《昌都卡若》，第 150 页。

然是以食物的熟加工为主要饮食。①

卡若遗址是一处大型的居住聚落遗址。遗址中不仅发现了房屋基址，同时还发现烧灶、圆形台面、道路、石墙、圆石台、石围圈和灰坑等各种当时卡若居民留下的生活遗迹。遗址中共发现房屋基址 28 座。从卡若遗址的房屋建筑来看，主要是以圜底房屋和半地穴式房屋为主，这两类房屋的共同特点是居住面下凹成半地穴式，这样做的好处是有助于保暖和避风。同时这两类房屋的面积均不大，多在 10—16 平方米，火堂置于房屋的中央，说明当时人们的居住与生活乃是以火堂为中心。据此，我们可以判断卡若遗址是一处以家庭为基本单位的居住聚落遗址，虽然我们不知道其家庭是血缘家庭还是对偶家庭，不清楚其家庭的具体内涵与结构，但从房屋的面积大多仅有10—16 平方米看，卡若遗址家庭的规模显然不大，至多在 4—6 人，这可能是受当时生产力水平的制约。这种以家庭为基本单位的居住格局，乃是卡若聚落社会的基本特点。

卡若遗址中发现一座面积达 69.6 平方米的大双室房屋基址，是遗址中面积最大的一座房屋；此外，还发现一座面积仅 5 平方米专门用于储藏的房屋。发掘报告认为二者可能是公共性质的建筑遗存。② 说明在卡若居民中很可能已有公共性质的氏族及社会组织存在。

卡若遗址中还发现两座圆石台和三处石围圈遗迹。主持卡若遗址发掘的童恩正认为"圆石台、石围圈等可能和原始宗教信仰有关"。③ 从卡若遗址发现众多石砌建筑遗迹看，卡若居民应是擅长石砌建筑的人群；从圆石台、石围圈这类可能与原始宗教有关的祭祀性石砌建筑遗迹看，在他们的原始信仰和宗教观念中可能已包含了某种对"石"的独特理解或崇拜。

二 澜沧江上游的小恩达遗址

在距卡若遗址约 17 公里处的澜沧江上游小恩达乡支流昂曲河东岸的二级台地上，也发现了一处新石器时代遗址。1986 年，西藏自治区文物管理委员会文物普查队对该遗址进行了试掘，发掘面积 60 平方米，共发现较完

① 西藏自治区文物管理委员会、四川大学历史系：《昌都卡若》，第 140 页。
② 西藏自治区文物管理委员会、四川大学历史系：《昌都卡若》，第 31 页。
③ 西藏自治区文物管理委员会、四川大学历史系：《昌都卡若》，第 47 页。

整的房屋遗迹三座、灰坑一处、窖穴五处，出土大量打制石器、细石器、磨制石器、骨器和陶片。从小恩达遗址的出土物和遗迹看，其基本文化面貌与卡若遗址大体相同。如两处的石器都是打制石器、细石器和磨制石器三者并存，并以打制石器占大多数。磨制石器制作精细并同样以长宽比值极大的长条形锛和刃部开在弓背部的半月形石刀为典型。陶器均以罐、盆、碗为基本组合，主要为平底器，陶质均为夹砂陶，纹饰也都以刻划纹、锥刺纹和附加堆纹为主。

不过，小恩达遗址与卡若遗址之间也存在一些差异。如小恩达遗址的陶器中出现了卡若遗址中所不见的圈足器，陶色也以灰陶为主，这与卡若遗址中主要以黄、灰色陶为主的风格已有所不同。此外，小恩达遗址陶器的火候较卡若遗址要高，陶质也更为细密，并出现了陶质细密的磨光黑皮陶，反映其制陶工艺水平已较卡若遗址有所进步。据碳14测定数据，小恩达遗址的年代为距今3775±80年（树轮校正4125±100年），[①] 较卡若遗址要晚。所以，不能排除小恩达遗址与卡若遗址之间的差异很大可能是发展程度和发展阶段不同所导致的。正如小恩达遗址发掘者所指出的："小恩达遗址虽同属于卡诺文化范畴，但从遗址文化内涵来看，比之卡诺文化具有明显程度的进步性。"[②] 从基本文化特征的比较上我们可以认为，小恩达遗址与卡若遗址基本上属同一个文化系统。

卡若遗址和小恩达遗址这两处同处澜沧江边且相距仅17公里的新石器时代居住聚落遗址的发现，尤其是像卡若遗址这样面积极大、使用绵延达千余年的大型聚落遗址，证明远在四五千年前，在康区范围的横断山区今藏、川、滇交界的三江（怒江、澜沧江、金沙江）并流地区，新石器时代文化已相当繁荣。

三　大渡河上游的聚落遗址——罕额依遗址

如果说卡若遗址和小恩达遗址代表了康区西部澜沧江流域的新石器时代文化遗存，反映了新石器时代该地区的活动及文化面貌，那么，四川丹巴县

---

① 西藏文管会文物普查队：《西藏小恩达新石器时代遗址试掘简报》，《考古与文物》1990年第1期。
② 西藏文管会文物普查队：《西藏小恩达新石器时代遗址试掘简报》，《考古与文物》1990年第1期。

中路乡的罕额依遗址则是康区东部大渡河上游一处大型的新石器时代聚落遗址。

罕额依遗址位于四川丹巴县东北约 3 公里的中路乡罕额依村，地处大渡河上游支流小金河南岸的半山上，遗址高出河面约 600 米，海拔 2300 米，遗址面积约有 2 万平方米，文化堆积层厚达 3—8 米。1989 年 10 月至 1990 年 12 月，由四川省文物考古研究所和甘孜藏族自治州文化局联合组成考古队对罕额依遗址进行了发掘，发掘面积共 123 平方米，发现了大量打制石器、磨制石器、细石器、陶器、骨器等，后因遗址中发现完整的石砌建筑，限于发掘条件而暂时对遗址作保护性回填。

据碳 14 测定数据，罕额依遗址的年代可分为三期：第一期约在距今 5000—4500 年；第二期约在距今 4500—4100 年；第三期大致距今 3800—3200 年。[①] 可见，罕额依遗址使用和绵延的时间相当漫长。不过需要注意的是，从第一期到第二期，罕额依遗址是被连续使用的。但第二期的下限和第三期上限之间并不衔接，两者之间存在断档。

罕额依遗址同样是一处大型定居聚落遗址。遗址中发现房屋建筑和大量作为生活用品的陶器。这只有在定居条件下才有可能。另外，从遗址中出土石质生产工具的类型看，既有与锄耕农业有关的砍砸器、双缺石刀、穿孔石刀、杵、斧等，也有明显同狩猎有关的刮削器、镞、锛、凿、亚腰形石器、圆石饼及细石器等，因此，罕额依遗址居民的生计方式大体应与卡若遗址居民相似，即以锄耕农业为主，并以狩猎作为重要补充。遗址中虽未有经过鉴定的畜养动物品种，但从遗址中出土数量丰富的骨器，且大多用牛、羊肢骨制成来看，牛、羊很可能是罕额依居民的畜养动物品种。

罕额依遗址所代表的考古文化是一个延续时间较长并具有较为清晰的内在传承脉络与发展的文化。这个文化的整体性或特点均较为鲜明和突出。

那么，应当如何来认识康区这一地处横断山脉地带的新石器时代文化？卡若遗址的发掘者曾将代表澜沧江区域类型的卡若文化同澜沧江以东的川西

---

① 四川省文物考古研究所、甘孜藏族自治州文化局：《丹巴县中路乡罕额依遗址发掘简报》，四川省文物考古研究所编《四川考古报告集》，文物出版社 1998 年版，第 74 页。

高原和云南西部的新石器时代文化作过系统对比。对比的结果，发现卡若文化与川西高原和云南西部的新石器时代文化之间存在着异常广泛且密切的联系。对这一联系，卡若遗址发掘者童恩正先生在《昌都卡若》中作了如下描述：

　　在澜沧江以东、川西高原、滇西北横断山脉区域的诸原始文化中，可追见卡若文化的部分因素。1930—1931 年，美国学者包罗士（Gordon T. Bowles）曾在四川雅砻江流域、大渡河流域黄土堆积中发现过一批打制石器，其中的刮削器、尖状器、砍砸器等很接近卡若的同类器物。在建国以后的考古发现中，如大渡河流域汉源县狮子山遗址磨制石器中的梯形石斧，陶器中以罐、盆、碗（钵）为主体的组合，折卷边的口沿，压印纹和附加堆纹的纹饰；青衣江流域雅安地区、澜沧江流域云南的福贡、云县的有肩石斧；四川岷江上游理县、汶川等地的磨制条形石斧和石锛；安宁河流域西昌礼州遗址石器中的半月形石刀，陶器中夹砂陶的陶质，用平行点刺纹组成的三角纹和菱形纹等纹饰，罐（壶）、钵等器形；云南龙川江流域元谋大墩子遗址石器中的弧背凹刃双孔石刀和半月形双孔石刀、双刃石凿、柳叶形和三角形石镞、梯形石斧和石锛，骨器中的骨锥、骨抿子，陶器中夹砂陶的陶质，绳纹、篮纹、刻划纹、附加堆纹、剔刺纹、篦齿纹等纹饰，小口深腹罐、深腹罐、盆、钵等器形，以及地面红烧土墙长方形平顶房屋；云南洱海区域宾川白羊村遗址石器中的半月形石刀、平背凹刃石刀、条形石斧和石锛、宽叶形石镞，陶器中夹砂陶的陶质，绳纹、划纹、剔刺纹、压印纹、附加堆纹等纹饰，小口罐、高颈罐等器形，以及地面长方形草拌泥墙房屋等，都与卡若文化有相似之处。[①]

　　根据卡若文化与川西高原、滇西北横断山脉区域诸原始文化存在大量共同特征的事实，卡若遗址的发掘者在《昌都卡若》中指出：

---

①　西藏自治区文物管理委员会、四川大学历史系：《昌都卡若》，第 151 页。

概言之，这一地区（指属于藏彝走廊区域的藏东澜沧江流域地区、川西高原和滇西北横断山脉地区——引者注）新石器时代文化的共同特征是：石器有长条形石斧、石锛和刃开在弓背部的半月形石刀；陶器都为夹砂陶，其纹饰以绳纹、刻划纹、压印纹和剔刺纹为主，器形中缺乏三足器；房屋建筑有木骨泥墙房，早期为圜底式或半地穴式，后期出现了地面建筑。这也许意味着它们都属于古代中国西南地区一个大的文化系统中的不同分支。①

这里，《昌都卡若》的撰写者已提出一个重要观点：卡若文化与川西高原、滇西北横断山脉区域诸原始文化应同属于古代中国西南地区一个大的文化系统。换言之，卡若文化在系统上主要与川西高原、滇西北横断山脉区域诸原始文化相接近，它们应同属于一个大的文化系统。至于卡若文化与川西高原、滇西北横断山脉区域诸原始文化之间的差异，则应视为同一文化系统中不同文化类型之间的差异。

第三节 康区新石器文化与黄河上游的渊源关系

需要注意的是，康区的新石器时代文化并不是一个孤立的文化系统。当我们把康区新石器时代文化放在一个更大的地域空间来审视其与周边新石器文化的联系时，我们可以发现一个显著事实：康区的新石器时代文化同黄河上游甘青地区的新石器文化之间存在广泛且紧密的联系。换言之，在康区的新石器时代文化中，存在着大量来自黄河上游甘青地区的文化因素。其中，最突出的表现是彩陶和人工栽培作物粟。

彩陶是黄河上游甘青地区新石器文化最突出的特点之一，其中尤以距今约5000年左右的马家窑文化的彩陶最为发达。而目前康区新石器时代大型聚落遗址卡若遗址和丹巴罕额依遗址中，均发现了彩陶。在大渡河上游丹巴罕额依遗址第一期地层中，出土了遗址中唯一一件彩陶残片，彩陶片为泥质红陶，表面施红彩，陶底再饰以单线黑彩。同一地层中所出土的陶器均用当

---

① 西藏自治区文物管理委员会、四川大学历史系：《昌都卡若》，第151页。

地含有大量云母片的泥土为原料烧制，唯独这件彩陶片中不含云母片，故遗址的发掘者认为："这件彩陶片的胎土中未发现云母片，固其彩陶风格与同时期的马家窑文化很相似，故推测它极有可能是因某种原因从其北边的马家窑文化中传至此地的。"① 在澜沧江流域卡若遗址中，出土了两件完整的彩绘陶器和27片带彩绘的陶片，"卡若的彩绘是直接绘在夹砂陶的磨光面上，无色衣，黑彩暗淡，容易脱落，这种情况与一种马厂类型（甘青地区的新石器文化类型）的彩陶相似"。② 此外，在汉源狮子山遗址中发现的彩陶，其纹饰风格也与马家窑文化系统基本一致。③

在卡若遗址发现的人工栽培作物粟（即小米），也是典型的来自黄河流域的作物。粟最早发现于黄河流域的河南新郑裴李岗遗址④和河北武安磁山遗址⑤，在干旱草原区的内蒙古赤峰市敖汉旗大甸子遗址中也有发现，在黄河上游马家窑、半山、马厂系统的遗址中也普遍发现有粟。童恩正认为："卡若文化的粟米，很可能就是从马家窑等文化传播而来。"⑥ 粟这一黄河流域的传统作物作为栽培品种出现于卡若遗址中，很难单纯理解为是粟这一作物品种的传播，而很可能预示着黄河上游地区人群的南迁，因为他们不但栽种粟这一黄河流域的传统作物，其石器工具传统也完全呈北方类型。这正如发掘报告所指出的："卡若遗址出土的磨制石器的制造工艺……与仰韶、龙山文化的传统工艺没有大的出入，尤其是切割石料和穿孔技术，与庙底沟龙山文化以及甘肃马家窑文化基本一致。"⑦

除彩陶和粟之外，康区与黄河上游甘青地区的新石器文化还存在大量共同文化因素。这些共同文化因素主要有以下几点。

（1）康区新石器文化的特征性器物之一是一种长宽比值很大的磨制条

---

① 四川省文物考古研究所、甘孜藏族自治州文化局：《丹巴县中路乡罕额依遗址发掘简报》，四川省文物考古研究所编《四川考古报告集》，第74页。

② 西藏自治区文物管理委员会、四川大学历史系：《昌都卡若》，第139、153页。

③ 马继贤：《汉源县狮子山新石器时代遗址》，《中国考古学年鉴（1991）》，文物出版社1992年版。

④ 开封地区文管会、新郑县文管会：《河南新郑裴李岗新石器时代遗址》，《考古》1978年第2期；开封地区文物管理委员会等：《裴李岗遗址一九七八年发掘简报》，《考古》1979年第3期。

⑤ 邯郸市文物保管所、邯郸地区磁山考古队短训班：《河北磁山新石器遗址试掘》，《考古》1977年第6期。

⑥ 西藏自治区文物管理委员会、四川大学历史系：《昌都卡若》，第153页。

⑦ 西藏自治区文物管理委员会、四川大学历史系：《昌都卡若》，第116页。

形石斧和石锛，这种石斧和石锛见于昌都卡若遗址，汶川、理县新石器遗址，丹巴中路遗址。这种长宽比值很大的磨制条形石斧或石锛同样是黄河上游甘青地区新石器文化中的常见器物。在甘肃兰州东乡林家的马家窑文化遗址、武威皇娘娘台齐家文化遗址和青海民和县核桃庄马厂类型遗址中均有普遍发现。

（2）康区新石器文化另一特征性器物是单孔或双孔的长方形、半月形凹背直刃石刀。在卡若遗址、丹巴中路遗址、岷江上游新石器遗址中均有发现。而这类石刀同样是甘青地区新石器文化中的常见器物。在甘肃大地湾遗址、东乡林家的马家窑文化遗址、甘肃白龙江流域的巩家坪遗址、青海贵德县罗汉堂遗址、西宁朱家寨遗址中均有普遍发现。

（3）康区新石器文化系统的陶器以小平底占绝对优势，完全不见三足器，器形以罐、盆、碗、壶为多。而在甘青地区马家窑、半山、马厂诸文化系统中，陶器同样是以平底器占绝对优势，不见三足器，器形同样以罐、壶、盆、碗为多。此外，从一些典型陶器看，两者也十分接近。如"卡若陶罐的基本类型是小口直颈鼓腹罐，这与马家窑、半山、马厂文化中罐、壶的轮廓很接近。深腹盆和陶碗在马厂、半山文化中亦为常见者"。① 四川丹巴罕额依遗址第一期中出土的陶瓶，也是甘青地区新石器文化中较为常见的器物。②

（4）康区新石器文化的陶器是以夹砂陶为主，所施纹饰以绳纹、刻划纹、压印纹、剔刺纹和附另堆纹为主。而黄河上游马家窑诸文化系统的陶器上亦常见刻划纹、附另堆纹、绳纹、剔刺纹等纹饰，且多见于夹砂陶上。

（5）在卡若遗址和丹巴罕额依遗址中均发现有钻孔修补陶器的方法，其中尤以罕额依遗址中的钻孔陶器最为突出，而这种钻孔修补陶器的方法亦常见于黄河上游的半山、马厂文化类型的遗址中，如甘肃广河地巴坪和永昌鸳鸯池马厂墓葬中均发现过钻孔修补的陶器。③

---

① 西藏自治区文物管理委员会、四川大学历史系：《昌都卡若》，第 152 页。

② 参见四川省文物考古研究所、甘孜藏族自治州文化局《丹巴县中路乡罕额依遗址发掘简报》，四川省文物考古研究所编《四川考古报告集》，第 74 页。

③ 甘肃省博物馆文物工作队、武威地区文物普查队：《永昌鸳鸯池新石器时代墓地的发掘》，《考古》1974 年第 5 期。

（6）康区新石器文化系统的房屋建筑也与甘青地区新石器文化系统相接近。如："卡若文化早期的圆形或方形半地穴房屋，处理过的红烧土墙壁和居住面则为甘肃、青海等地马家窑文化系统传统的居住形式，它见于兰州青岗岔、临夏马家湾等地。卡若某些房屋居住面的红烧土下有铺设木条的情况，这与西安半坡仰韶文化 24 号房屋居住面下铺一层木板的情况相似。"①

那么，应如何看待康区与黄河上游两地新石器时代文化间存在大量共同文化因素这一现象？童恩正在《昌都卡若》中，在将卡若文化与同时代的黄河上游甘青地区马家窑、半山、马厂文化系统进行全面、系统的比较后，对两者间存在的大量相同或相似文化内涵曾提出如下看法：

> 卡若文化与马家窑、半山、马厂等文化在时代上基本是平行的，它们在文化内涵上的相似性，可能是因其有着共同的渊源，或者是互相影响的结果。②

用"有着共同的渊源"来解释康区与黄河上游地区两地新石器在文化内涵上存在的大量相似性，是一个极具原创性和启示性的认识。童恩正是最早提出这一认识的学者。但或许是出于谨慎和稳妥的考虑，或许是当时材料所限尚不足以得出明确和过于肯定的结论，故对于卡若文化与黄河上游地区马家窑、半山、马厂文化系统在文化内涵上的大量相似性，童恩正并未给出肯定的答案，而仅谨慎地给出"是因其有着共同的渊源"这一可能性。

有一个事实不容忽视，黄河上游地区的新石器时代文化无论在时间还是发展程度与文明水平上，均远远领先于地处横断山脉地带的康区。目前在甘青地区发现的新石器文化遗址中，年代最早的是甘肃秦安大地湾遗址。该遗址的考古断代年代为距今 7800—4800 年，是西北地区新石器考古研究的重要突破。③ 除大地湾遗址外，在黄河上游地区发现的年代较早的新

---

① 西藏自治区文物管理委员会、四川大学历史系：《昌都卡若》，第 153 页。

② 西藏自治区文物管理委员会、四川大学历史系：《昌都卡若》，第 153 页。

③ 甘肃省文物考古研究所编著《秦安大地湾：新石器时代遗址发掘报告》，文物出版社 2006 年版，第 694 页。

石器文化遗址还有属于仰韶文化的西安半坡遗址，其年代为距今 6900—5700 年。[①] 黄河上游地区新石器文化不但年代早，而且发展程度和文明水平也远在康区之上。以大地湾遗址为例，在距今约 8000 年的大地湾一期地层中，即出土了 200 多件彩陶，是中国迄今为止发现的时间最早的一批彩陶，说明西北黄河上游地区很可能是中国彩陶的起源地。到距今约 6000 年的大地湾二期，彩陶制作技术已达到相当高的水平，出土了雕塑水平极高的人头形器口彩陶瓶和一套成系列的彩陶圆底鱼纹盆，其中最大的一件鱼纹盆直径达 51 厘米。此外，在大地湾遗址中，还出现了目前中国史前时期面积最大、工艺水平最高的房屋建筑。整座建筑高度为 6—7 米，建筑主室面积达 130 多平方米。更为奇特的是，主室的地面为料礓石和砂石混凝而成，类似现代水泥地面。这座规模宏大、结构复杂和带有宫殿性质的主室建筑，开创了中国后世宫殿建筑的先河。[②] 说明远在 6000 年以前，黄河上游甘青一带的新石器时代文化已经相当繁荣，并达到了极高的文明水平。所以，就这一点而言，黄河上游地区有充分条件成为横断山脉地带康区新石器时代文化的一个源头。

那么，黄河上游地区是否确为康区新石器时代文化的来源地？对这一问题，真正取得实质性的突破，得力于分子生物学领域的最新研究成果。

复旦大学遗传学研究所的金力、卢大儒等科研人员首次系统利用 Y 染色体上的单核苷酸多态性位点（SNP）为遗传标记，调查东亚人群 Y 染色体单倍型的类型及频率分布规律，进而探讨东亚人群的起源、迁徙及其相互之间的遗传关系。该项研究历时 3 年，取得了重要突破。他们通过对汉藏语系代表民族的 Y-SNP 分析，发现该语系的人群祖先具有共同的起源。他们得出的结论是：汉藏语系的"祖先可能是远在 3 万年前由南方迁移并定居在黄河中上游地区的氐羌氏族，约 6000 年前，氐羌氏族的一支通过藏彝走廊向西、南迁徙进入喜马拉雅地区，并由此产生了汉藏语系内的汉语

---

① 中国科学院考古研究所、陕西省西安半坡博物馆编《西安半坡：原始氏族公社聚落遗址》，文物出版社 1963 年版，第 211 页。

② 郎树德：《大地湾遗址房屋遗存的初步研究》，《考古与文物》2002 年第 5 期；郎树德：《大地湾遗址的发现和初步研究》，《甘肃社会科学》2002 年第 5 期。

语族和藏缅语族的分化"，① 这对于我们理解康区新石器时代人群的来源有极为重要的价值。尤值得重视的是，该研究成果所得出的黄河中上游地区的人群中的一支通过藏彝走廊向南迁移并由此导致汉藏语系祖先人群中汉语语族和藏缅语族人群分化的时间是距今约 6000 年前。这一根据对东亚人群 Y 染色体单倍型类型及频率分布规律所得出的时间，与考古材料显示的甘青地区人群南下的时间惊人地吻合。事实上，我们目前无论在康区还是在藏彝走廊地区发现的新石器时代遗址，其年代均没有超过距今 5500 年。这与上述结论中得出的黄河中上游地区汉藏语系祖先人群中汉语语族和藏缅语族人群分化的时间是在距今 6000 年前后完全吻合。这就充分印证了当年童恩正根据卡若文化与黄河上游地区马家窑、半山、马厂文化系统存在大量共同文化因素而得出的两地新石器文化"有着共同的渊源"这一判断。

在距今 6000 年前后，促使黄河上游地区的新石器时代人群向南迁移，并由此产生汉语语族和藏缅语族分化的原因，极可能是气候变化。据古气候学的研究，中国在距今 8000 年到距今 5500 年这一时期中，气候的变化是由温暖湿润渐趋寒冷干燥。根据中原地区从距今 10000 年到距今 5000 年这一时期降水量的变化曲线，我们可以大体了解中国北方在这一时期气候由温暖湿润渐趋寒冷干燥的主要变化特征。

从图 2-1 所反映的中原黄河流域从距今 10000 年到距今 5000 年降水量的变化曲线可以清楚地看到，在距今 6000 年前后气候变化极为显著，降水量曲线几乎是垂直下降，气候由湿润多雨急骤地转向干旱少雨，变化强度极大，但时间跨度仅 100 余年，并且恰好在距今 6000 年前后降水量曲线跌至谷底，达到极端干燥的程度。这就预示着一个很大的可能性：在距今 6000 年前后，北方黄河流域地区气候由温暖湿润急骤地转向了寒冷干燥，给黄河流域地带人群的生存带来了很大压力和困难，迫使黄河上游新石器时代居民中的一部分人群开始沿着河流通道南下，向着纬度较低并有着较为温暖湿润

---

① 摘自《我国专家破解东亚人群起源之谜获重大突破》，《中国青年报》2003 年 4 月 7 日。该研究结论中将藏缅语族人群的祖先确定为"氐羌氏族"的看法，显然受中国民族史学界传统的"泛羌论"的影响。这一提法是否妥当尚值得商榷。因为用后来历史时期才出现的族称去指称或分类新石器时代人群的做法显然有些欠妥，既不科学也不合适。

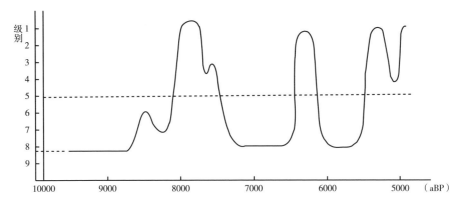

图 2-1　中原地区距今 10000 年到距今 5000 年降水量变化曲线

　　说明：纵坐标为降雨丰枯级别。1. 降雨特多；2. 湿润多雨；3. 降雨较多；4. 降雨稍多；
5. 降雨正常；6. 降雨稍少；7. 降雨较少；8. 干旱少雨；9. 严重干旱。

　　资料来源：李文漪《中国第四纪植被与环境》，科学出版社 1998 年版，第 894 页。

的河流谷地的横断山脉地区迁徙，去寻求和开辟新的生存空间。

　　古气候学的研究成果揭示黄河流域在距今 6000 年前后气候发生显著变化，分子生物学研究显示黄河上游地区新石器时代人群南下向横断山脉地区迁移的时间也正好是距今 6000 年前后，二者在时间上完全吻合显然不是巧合，说明气候急骤地趋向寒冷干燥，可能正是促使黄河上游地区的新石器时代人群向南迁移的重要原因。

　　6000 年前从黄河上游地区南迁的新石器时代居民，显然不是从同一路线或通道南下的。他们可能结成若干分散和零星的群体，各自经由不同的通道或路线逐渐向南迁徙。具体说来，澜沧江上游地区以卡若遗址为代表的新石器时代人群很可能是从长江源头处的通天河草原一带向南迁徙的一支。这支人群最初可能由黄河上游地区向西迁徙，进入位于巴颜喀拉山脉以西和唐古拉山北侧的今青海玉树藏族自治州的通天河草原一带，因当地地势高峻、气候寒冷，不适宜人类居住，于是他们遂沿着通天河草原地区的澜沧江（扎曲河）、金沙江（通天河）上游河谷及两江之间的宁静山、云岭山南下，进入今藏东昌都一带的澜沧江上游地区，并在昌都一带的澜沧江边气候较为温暖湿润的河谷地带建立了稳定和规模较大的居住聚落。1987 年，青海省文物考古研究所在青海南部与藏东昌都地区和川西高原相毗连的玉树、果洛两个藏族自治州进行考古调查的过程中，在当地发现许多新石器时代的文化遗址。这些遗址"其分布区域相对集中，以通天河（金沙江上游——引者注）、扎曲河（澜沧江上游——引者注）、麻尔柯河、黄河源分布较为密集，多分布于在这四条河谷两岸较平坦的台地或山坡上"。① 这至少说明两个问题。第一，今天被认为是地广人稀和荒芜之地的通天河草原地区，在新石器时代曾是一个古人类活动频繁的区域。第二，古人类在这一区域的活动主要是以河流为中心，并以河谷台地为主要生活场所，这也表明该地区的河谷地带曾是古人类迁移流动的一个重要通道。从该地区新石器时代遗址采集到的陶片特点来看，一方面具有黄河、湟水流域新石器文化的主要因素和特点，另一方面又与藏彝走廊北部地区的新石器文化之间存在密切联系。如调查者在调查简报中明确指出："青南地区又有西南古代文化的一些因素：如分布在通天河流域的文化遗物与西藏卡若文化的陶质、纹饰也有很多近似之处，两者可能存在一些渊源关系。"② 调查者根据青海玉树境内通天河流域的新石器文化遗物与澜沧江上游地区的卡若文化遗物有颇多相似之处而提出两者之间可能存在渊源关系的认识，对我们了解澜沧江上游地区以卡若文化为代表的人群支系的南下路线提供了极为重要的线索，它暗示这一人群支系极有可能正是从今青海玉树一带的通天河草原地区沿着通天河、扎曲河的河谷及两江之间的宁静山、云岭山南下，进入了今藏东昌都境内的澜沧江上游地区。

大渡河上游地区以丹巴中路罕额依文化为代表的新石器时代人群支系则有可能是沿着黄河南岸及巴颜喀拉山脉东北侧，进入川西北高原及大渡河上游地区，而后顺大渡河上游河谷南下进入今丹巴一带。其具体路线可能是从青海果洛境内的黄河和麻尔柯河沿河流向东南方向迁徙，由果洛藏族自治州的班玛县、玛沁县等一带进入川西北地区，再沿着大渡河上游支流如梭磨河等迁入大渡河上游河谷地区。根据目前对青海南部地区的考古调查，"扎曲河流域发现的陶片，与川西地区石器时代遗址的厚胎粗质红陶特点相近；麻

① 吴平：《青海省玉树、果洛藏族自治州考古调查简报》，《西藏考古》第 1 辑，第 30 页。
② 吴平：《青海省玉树、果洛藏族自治州考古调查简报》，《西藏考古》第 1 辑，第 36 页。

尔柯河流域遗址分布最为密集，陶器中的灰、黑陶或饰黑陶衣等特点亦与川西的黑陶衣具有相似的文化特点"。① 从这些迹象看，这一人群支系由青海南部果洛境内的麻尔柯河流域迁入的可能性较大。

岷江上游地区新石器遗址所代表的人群支系，其南下迁徙的路线则可能是沿阿尼玛卿山（积石山）两侧，从黄河大拐弯处向东经川西北草原南下进入岷江上游地区；或是从甘南洮河上游地区向南，经甘肃岷县、武都一带沿白龙江流域向南发展，从岷山西侧进入岷江上游地区。目前在甘肃白龙江流域地区发现了较多的新石器时代遗址，这些遗址中出土的陶器、石器的类型和风格与岷江上游地区存在大量共同特点，② 特别是武都境内大李家坪新石器时代遗址中的出土器物与岷江上游地区新石器遗址的出土器物异常接近，③ 故有学者提出："岷江上游流域新石器文化主要受到来自白龙江下游流域第四期文化（即仰韶文化晚期晚段文化）的影响，而且很可能是后者居民中南下迁徙的一支。"④ 此外从地理环境看，白龙江流域与川西岷江上游一带也颇为相似，二者"均以海拔较高的河流谷地为主，古文化遗址也多坐落于河流两岸或两河交汇处的山前谷地，背山依水，条件适宜。相同或相似的地理环境可能更易于使文化得以传播。而经由白水江过松潘草地，沿岷江南下的入川路径似乎更便捷"。⑤ 所以，从文化内涵与地理环境来看，岷江上游地区的新石器人群支系可能主要是经由白龙江流域地区逐步进入的。

6000 年前从黄河上游甘青地区南下的新石器时代人群，大约在距今5000 年前后，已分别在澜沧江上游、大渡河上游和岷江上游一带建立起了一些规模较大的居住聚落，形成了相对成熟和繁荣的新石器文化。由于他们是各自经由不同通道或路线南下的，所以彼此在文化面貌上也逐渐产生一些

①　吴平：《青海省玉树、果洛藏族自治州考古调查简报》，《西藏考古》第 1 辑，第 36 页。

②　张强禄、赵朝洪：《武都县大李家坪新石器时代遗址》，《中国考古学年鉴（1997）》，文物出版社 1999 年版。

③　张强禄、赵朝洪：《白龙江流域新石器时代遗址》，《中国考古学年鉴（1997）》。

④　张强禄：《试论白龙江流域新石器文化与川西、川北新石器文化的关系》，《四川大学考古专业创建三十五周年纪念文集》，四川大学出版社 1998 年版，第 72 页。

⑤　张强禄：《试论白龙江流域新石器文化与川西、川北新石器文化的关系》，《四川大学考古专业创建三十五周年纪念文集》，第 72 页。

差异和自己的特点。在以后的漫长岁月中，他们中的一部分沿着横断山脉的河谷通道自北向南移动，在距今 4000 年前后，进入滇西和滇西北地区。目前在横断山脉地带的康区，其新石器时代遗址明显呈现出北早南晚以及黄河上游文化因素自北向南逐渐衰减的趋势，[①]　均说明黄河上游新石器时代文化向南的发展和延伸乃是一个逐渐推进的过程。

综上所述，对于康区新石器时代文化的性质与人群面貌，我们大体可得出以下两个认识。

其一，就考古材料而言，我们在康区新石器时代文化中可以看到大量来自黄河上游甘青地区的文化因素，特别是构成康区新石器文化主要特点和面貌的许多文化因素及文化现象均能在甘青地区新石器文化中找到原型。这说明康区的新石器文化直接渊源于黄河上游甘青地区，是甘青地区新石器文化向南辐射和发展形成的一个系统。

其二，根据对东亚人群 Y 染色体单倍型的类型及频率分布规律的调查，甘青地区的原始居民中的一支大约在 6000 年前很可能由于气候急变即骤然转向寒冷干燥而开始南下向横断山脉地带迁徙，并由此产生了汉语语族和藏缅语族人群的分化。这些经由不同路线和通道南下的新石器时代居民不仅是康区新石器时代文明的主要开拓者和创造者，也是藏缅语族最早的祖先人群。

第四节　康区石棺葬文化与白狼部落的联系

继新石器时代文化之后，康区古代先民留下的普遍的考古遗存，是一种

---

①　目前在藏彝走廊地区的新石器时代遗址中，年代最早的遗址均出现在藏彝走廊的北部区域。其中年代在距今 5000 年以上的三个新石器时代遗址——岷江上游的营盘山遗址、大渡河上游丹巴中路罕额依遗址和澜沧江上游的昌都卡若遗址，均无一例外地位于藏彝走廊北部地区。据碳 14 年代测定，营盘山遗址的上限可达距今 5500 年，是迄今藏彝走廊中发现的年代最早的新石器时代遗址。参见成都市文物考古研究所、阿坝藏族羌族自治州文管所《四川茂县营盘山遗址试掘报告》，成都市文物考古研究所编《成都考古发现（2000）》，科学出版社 2002 年版，第 1—77 页。澜沧江上游的昌都卡若遗址，发掘报告中将其绝对年代定在距今 5000—4000 年。参见西藏自治区文物管理委员会、四川大学历史系《昌都卡若》，第 150 页。不过，王仁湘根据对卡若遗址各地层层位中木炭所做的 41 个碳 14 测定数据的分析，提出了略微不同的看法，他认为卡若遗址的年代跨度应定在距今 5300—4300 年。参见王仁湘《关于曲贡文化的几个问题》，《西藏考古》第 1 辑，第 66 页。

被学术界称作"石棺葬"的墓葬文化。①

石棺葬在横断山区分布地域甚广,不仅在澜沧江上游流域、金沙江上游流域、大渡河中上游流域和滇西北地区均有分布,而且在岷江上游地区、青衣江流域乃至滇中地区也有广泛的分布。所以,石棺葬不仅是康区的考古遗存,也是覆盖整个横断山区及藏彝走廊地区的一种考古文化遗存。

石棺葬墓地多分布于横断山区各流域的河谷台地上,墓地中石棺葬密集排列,或数十座、数百座乃至数千座不等。许多石棺葬墓地不仅规模大,墓葬数量众多,而且延续的时间也较长。

需要指出的是,以石板或石块垒砌墓室的石棺葬并非横断山区独有的葬式。石棺葬在中国的东北、华北北部及西北的甘青地区均有发现。童恩正在《试论我国从东北至西南的边地半月形文化传播带》一文中,曾对广泛分布于从东北、西北到藏彝走廊地带的石棺葬作过比较和讨论,他得出的结论是:"在此广袤的地域之内,石棺葬又有地区的差别。每一局部地区的石棺葬均与不同的考古学文化、不同的民族集团相联系。"② 目前,在中国东北、西北和横断山区这三个石棺葬分布较为集中的区域中,横断山区是石棺葬分布数量最大、最密集和最普遍的一个区域。

最初,学术界多倾向于将康区或横断山区石棺葬同外来人群相联系,曾有"月氏说"③"古羌说"等观点。④ 但进入20世纪90年代以后,随着石棺葬发现资料的不断积累和丰富,学界对横断山区石棺葬的认识逐渐发生了改变。罗开玉在《川滇西部及藏东石棺墓研究》一文中,根据碳14测定数据、随葬器物的特点与变化以及墓葬的整体面貌、类型等因素,对横断山区石棺葬的年代作过系统的分期研究,发现两个重要事实。一是石棺葬与当地新石器文化遗址之间存在明显衔接关系。早期的石棺葬墓中,无任何金属

---

① 所谓"石棺葬",又被称作"石棺墓""石板葬""石板墓",是一种以石板或石块垒砌墓室为主要葬制的考古文化遗存。陈祖军:《西南地区的石棺墓分期研究——关于"石棺葬文化"的新认识》,四川省文物考古研究所编《四川考古论文集》,文物出版社1996年版。

② 童恩正:《试论我国从东北至西南的边地半月形文化传播带》,《文物与考古论集》,文物出版社1986年版,第20页。

③ 由西北南下的月氏人所遗留。参见冯汉骥《岷江上游的石棺葬文化》,《成都工商导报》"学林副刊"1951年5月20日。

④ 罗开玉:《川滇西部及藏东石棺墓研究》,《考古学报》1992年第4期。

器，出土的陶器、石器与当地新石器时期遗址所出同类器物在质地、形制、制法上基本一致。① 所以石棺葬应是直接从当地新石器文化发展而来。二是从新石器时代晚期到西汉末年或东汉初，横断山区的石棺葬表现出完整和相互衔接不间断的年代序列，呈现绵延持续和未曾中断的发展脉络。

既然当地的石棺葬呈现绵延持续和未曾中断的年代序列与发展脉络，显然就很难将其与某一外来民族相联系。鉴于此，罗开玉认为："从大量考古资料看，它主要是土著民族的葬俗。"② 童恩正对石棺葬的研究也认为横断山区石棺葬"应视为本地区主要的一种土著民族的遗留"。③

可见，从新石器时代末一直到西汉，石棺葬均是生活在横断山区的古代人群普遍采用的葬俗和埋葬方式，也是他们留下的主要考古文化遗存。

那么，横断山区的石棺葬与一些什么样的部落相对应？对此，学术界根据《史记·西南夷列传》《华阳国志》《后汉书》所记载的活动于该区域的部落及其地望进行了充分研究，并取得相对一致的看法。目前学界对于从春秋战国至秦汉时代横断山脉各区域石棺葬所对应的部落人群，主要得出了以下认识。

第一，岷江上游地区特别是今汶川县、理县、茂县境内的石棺葬可与秦及西汉前期已存在于该地区并被史籍称作"冉駹夷"的部落相对应。

第二，青衣江—大渡河流域地区即今雅安宝兴—汉源一带发现的石棺葬可与西汉前期分布于该地区并被史籍称作"笮都夷"的部落相对应。

第三，在大渡河以西（汉代的"旄牛徼外"）的川西高原地带即今甘孜藏族自治州境内的雅砻江和金沙江诸流域及邻近地区发现的石棺葬可同汉代活动于该区域的白狼、槃木、楼薄等部落相对应。

第四，滇西北—丽江区域发现的石棺葬可同历史上活动于该区域的摩沙夷部落相对应。

第五，洱海东部至川西南地区的石棺葬则可同嶲、昆明等部落相

---

① 罗开玉：《川滇西部及藏东石棺墓研究》，《考古学报》1992 年第 4 期。

② 罗开玉：《川滇西部及藏东石棺墓研究》，《考古学报》1992 年第 4 期。

③ 童恩正：《四川西北地区石棺葬族属试探——附谈有关古代氐族的几个问题》，《思想战线》1978 年第 1 期。

对应。①

可见，不同区域的石棺葬乃与不同的部落人群相联系。

需要指出的是，石棺葬的分布地域显然比康区的范围要大。那么，具体而言，在春秋战国至秦汉时期，活动于康区范围的是哪些部落？他们的文化面貌与社会状况如何？

目前学术界的普遍看法是，主要把分布于大渡河以西的川西高原地带即今甘孜藏族自治州境内雅砻江和金沙江诸流域地区的石棺葬，同汉代活动于该区域的白狼、槃木、楼薄等部落相对应。

在汉代白狼、槃木、楼薄等部落活动的所谓"旄牛徼外"区域，即今天雅安以西的甘孜藏族自治州境内，的确发现了数量丰富的石棺墓葬。目前经正式清理和发掘的石棺葬地点虽然主要有雅砻江流域雅江县呷拉、新龙县、炉霍县、康定东俄洛，金沙江流域的巴塘扎金顶等处，② 但据已调查掌握的情况，石棺葬在甘孜藏族自治州及邻近地区分布非常广泛，诚如童恩正指出：

> （石棺葬）遍及巴塘、康定、雅江、新龙、义敦、石渠等县，以及与甘孜州交界的西藏芒康、贡觉，西昌木里藏族自治县等地。而在同一县内，葬地也颇为密集，如雅江县除本家地生产队以外，在呷拉大队呷拉生产队、足泥堡大队的足泥堡生产队和白姑生产队，以及雅砻江上游的喜地大队和白孜大队均有发现。沿雅砻江而下，直到与凉山州木里县相邻的牙衣河公社江中堂大队等地也有分布。在巴塘县城附近，除扎金顶外，在夹坡顶、核桃坪、黄草坪亦有此类墓葬。③

上述石棺葬的分布区域，正好是汉代白狼的活动区域。早在20世纪80年代初，李绍明就撰文指出，分布于康区南部即甘孜藏族自治州康定、雅江、新龙、巴塘及金沙江西岸的西藏芒康、贡觉和凉山木里县的石棺葬应为

---

① 童恩正：《试论我国从东北至西南的边地半月形文化传播带》，《文物与考古论集》，第23页。
② 甘孜考古队：《四川巴塘、雅江的石板墓》，《考古》1981年第3期。
③ 甘孜考古队：《四川巴塘、雅江的石板墓》，《考古》1981年第3期。

汉代白狼部落之遗留。① 参加甘孜藏族自治州巴塘、雅江石棺葬清理工作的
童恩正、曾文琼两位学者也指出：

> 这批墓葬的器物与岷江上游石棺葬相一致，其时代可能亦大致相
> 近，即战国至秦汉之际。据《后汉书·南蛮西南夷列传》的记载，在
> 西汉时，"汶山以西"，"旄牛徼外"，大致即今雅江、义敦巴塘一带有
> 白狼、槃木、楼薄等部族，这批古墓葬可能即是他们的遗留。②

分布于今川西高原大渡河以西雅砻江、金沙江流域地区的石棺葬主要同
汉代活动于该区域的白狼、槃木、楼薄等部落相关，应无疑义。

由于史料匮乏，我们对槃木、楼薄等部落的情况所知甚少。比较而言，
史籍对白狼部落的记载相对丰富，白狼部落也是汉代康区范围内最有名、最
重要的部落。

白狼部落在《后汉书》中始见于记载。其见于记载的原因，是东汉时
白狼、槃木、唐菆等部落前往东汉朝廷都城洛阳朝贡，并归义内属。《后汉
书·南蛮西南夷列传》记载了这一事件：

> 永平中，益州刺史梁国朱辅，好立功名，慷慨有大略。在州数岁，
> 宣示汉德，威怀远夷。自汶山以西，前世所不至，正朔所未加。白狼、
> 槃木、唐菆等百余国，户百三十余万，口六百万以上，举种奉贡，称为
> 臣仆。③

从文中"自汶山以西，前世所不至，正朔所未加"的描述看，白狼部
落在此前与汉朝显然并无往来。这也是司马迁《史记》中未记载白狼部落
的原因。

《后汉书·南蛮西南夷列传》又记：

---

① 李绍明：《康南石板墓族属初探——兼论纳西族的族源》，《思想战线》1981 年第 6 期。
② 甘孜考古队：《四川巴塘、雅江的石板墓》，《考古》1981 年第 3 期。
③ 《后汉书》卷 86《南蛮西南夷列传》，第 2854—2855 页。

和帝永元十二年，旄牛徼外白狼、楼薄蛮夷王唐缯等，遂率种人十七万口，归义内属。①

　　蜀郡"旄牛徼外"中的"旄牛"指汉代"旄牛县"，"旄牛徼外"则指汉代旄牛县以西非东汉王朝直接控制的区域。② 故白狼部落位于蜀郡旄牛县（即今汉源县）大渡河以西今四川甘孜藏族自治州境内毫无疑问。《后汉书·南蛮西南夷列传》还记，白狼部落前来朝贡，是"路经邛来大山零高坂，峭危峻险，百倍岐道"，③ 也说是翻越"邛来大山"（即今邛崃山脉），而邛崃山脉自来是甘孜藏族自治州通往今雅安地区的巨大地理屏障，其路"峭危峻险，百倍岐道"，亦与之相吻合。此外，白狼部落献给东汉朝廷的《白狼歌》中，称其地"冬多霜雪"，"荒服之外，土地墝埆，食肉衣皮，不见盐谷"，④ 也反映出其地应处在高寒并以游牧业为主的高原环境中。所以，白狼部落分布于大渡河以西的川西高原腹心地带应无问题。

　　需要注意的是，对于白狼部落的人口规模，《后汉书·南蛮西南夷列传》给出了两个不同的数字，东汉明帝永平年间，白狼率槃木、唐菆等部前往东汉朝廷朝贡时，记曰："白狼、槃木、唐菆等百余国，户百三十余万，口六百万以上，举种奉贡，称为臣仆。"但东汉和帝永元十二年（公元100 年），则记白狼等部落"遂率种人十七万口，归义内属"。前后两个数字差异甚大。考虑到永平年间白狼等部落前往洛阳朝贡，系由益州刺史梁国朱辅一手促成，《后汉书》也称朱辅"好立功名"，故前一组数字即"白狼、槃木、唐菆等百余国，户百三十余万，口六百万以上"明显有夸大成分和意在向朝廷邀功之嫌，实不可信。比较而言，后一数字即和帝永元十二年称"白狼、楼薄蛮夷王唐缯等，遂率种人十七万口，归义内属"，相对真实一些。倘以十七万人口而论，在当时的川西高原地区来说其规模也较为可观。此外，在东汉时期的旄牛徼外地区的白狼、楼薄等部落能举种内属，也表明

　　① 《后汉书》卷 86《南蛮西南夷列传》，第 2857 页。
　　② 石硕：《汉代的"笮都夷"、"旄牛徼外"与"徼外夷"——论汉代川西高原的"徼"之划分及部落分布》，《四川大学学报》2004 年第 4 期。
　　③ 《后汉书》卷 86《南蛮西南夷列传》，第 2855 页。
　　④ 《后汉书》卷 86《南蛮西南夷列传》，第 2857 页。

这些部落不仅有相当规模的人口，而且部落的整合与组织化程度已较高，已非分散和互不统属的状态。

由于缺乏更多的记载，目前要比较准确地判定汉代白狼部落的分布范围及其西部地界尚有较大难度。不过从后世史籍记载及传说所提供的一些线索中，我们或可大体窥见汉代白狼分布地域的一些情形。

值得注意的是，在汉代以后的史籍中，白狼部落仍时常见于记载。《隋书·高祖纪》记：开皇元年（581）三月"壬午，白狼国献方物"。① 《旧唐书·南蛮西南蛮传·东女国》亦记："东女国……东与茂州、党项接，东南与雅州接，界隔罗女蛮及白狼夷。"② 隋代白狼部落尚向隋朝"献方物"的记载非常重要，此记载意味着白狼部落的存在一直延续到隋朝。《旧唐书·南蛮西南蛮传·东女国》记东女国"东南与雅州接，界隔罗女蛮及白狼夷"，"罗女蛮"自称"吕汝""鲁汝"，分布于今甘孜藏族自治州九龙县境内。③ 按此，则白狼夷应分布在罗女蛮以西地域。《隋书·高祖纪》和《旧唐书·南蛮西南蛮传·东女国》这两条记载，似乎证明白狼部落的存在一直延续到隋代或唐初。但是否如此，尚需要更多史料的支撑和佐证。

《太平寰宇记》卷77"雅州"条云：

> 灵关山，在（卢山）县北二十里，峰岭嵯峨，山耸十里，傍夹大路，下有山峡，口阔三丈，长二百步，俗呼为重关，通蛮貊之乡，入白狼夷之界。④

此记载称，出雅州灵关之西即"入白狼夷之界"，这意味着至少在宋时人们传统上仍将雅州以西的地区视为"白狼夷之界"。这说明汉代白狼部落的活动范围可能曾经同雅州西界相接。清人李元《蜀水经》卷8记："打箭炉（今康定——引者注），汉旄牛徼外白狼王地也。"⑤ 也证明雅州之西曾为

---

① 《隋书》卷1《高祖纪》，中华书局1973年版，第14页。
② 《旧唐书》卷197《南蛮西南蛮传·东女国》，中华书局1975年版，第5277页。
③ 李敬洵：《七至九世纪川西高原部族考》，《中国藏学》1989年第1期。
④ 乐史：《太平寰宇记》卷77《剑南西道六》，王文楚等校，中华书局2007年版，第1552页。
⑤ 李元：《蜀水经》卷8，巴蜀书社1985年版，第458页。

白狼地界。

明嘉靖时所修《木氏宦谱》载第三世木氏土司阿良之时，称"其所属者，越析郡，柏兴府，永宁府，北胜府，澹蒗州，罗罗斯，白狼，盘木，夷僚等处地方，无不管束"。①

这里所说的白狼、槃木等，可能是指过去白狼、槃木部落之地界，并非指其部落。但也可见，白狼部落的南界曾达到今甘孜藏族自治州的南部一带。这一点在清末傅嵩炑《西康建省记》中也有记载：

> 康南之巴塘为古之白狼国，后汉和帝时，旄牛徼外百狼、貘薄蛮夷内属，而里塘、毛丫、毛茂丫、曲登、崇喜在巴塘之东，距旄牛徼近……其同巴塘内属无疑。②

清代民国时期，对于"白狼"一词还出现了一个很有意思的诠释，称"巴塘"一名即"白狼"之音转。清光绪时黄沛翘所撰《西藏图考》称"白狼"即巴塘。③ 民国《巴安县县志初集》亦记："巴安原名巴塘，系白狼之转音。"④ 清人著作及民国时地方志中普遍记古之"白狼"即"巴塘"转音一说，或许是出自当地民间的一种传说，或许是确有历史依据，对此我们目前尚无法断定，但此说或许可以表明一点，即地处金沙江流域的巴塘一带很可能曾经是白狼部落的中心区域。可与之相佐证的是，民国《巴安县县志初集》中还进一步记载：

> 白狼城，在城西小土包之南，巴楚河东岸柳林内，相传为白狼王所都，遗址尚存。⑤

① 《民族问题五种丛书》云南省编辑委员会编《纳西族社会历史调查》，云南民族出版社 1983 年版，第 96 页。

② 傅嵩炑：《西康建省记》，中华印刷公司 1932 年版，第 245—246 页。

③ 黄沛翘：《西藏图考》，西藏人民出版社 1982 年版，第 84 页。

④ 民国《巴安县县志初集》手抄本，现藏四川省民族研究所图书资料室，转引自李绍明《李绍明民族学文选》，成都出版社 1995 年版，第 776 页。

⑤ 民国《巴安县县志初集》手抄本，现藏四川省民族研究所图书资料室，转引自李绍明《李绍明民族学文选》，第 776 页。

尽管这一记载同样包含着民间传说成分，尚难以得到确证，但这些当地流传的民间传说对于我们认识历史上白狼部落的地域仍具有重要参考价值。民国《理化县志稿》亦云：

> 白狼或以为巴塘……虽不必即为里塘，但既云百余国，亦当兼有理塘部落，而汉则概名之为旄牛徼外焉。又白狼诸部逾二十六年而再言内属，则对于所属州郡亦叛复无常矣。[①]

根据以上记载和源自当地的种种传说，我们大体可以认定，汉代位于旄牛徼外的白狼部落中心位置可能在今甘孜藏族自治州巴塘一带的金沙江流域地区，但其分布地域则可能包括了从当时旄牛县的大渡河以西直到金沙江沿岸的大片地区，即大体包括了今甘孜藏族自治州的康定、雅江、理塘、新龙、炉霍、甘孜、巴塘这一广阔地带。

综上所述，白狼部落应是以巴塘一带金沙江流域地区为中心，分布地域辽阔且大体覆盖了今川西高原范围的一个大部落，人口规模也较为可观。从其在后世所具有的广泛影响来看，白狼部落无疑是汉代（乃至唐以前）康区最大和最重要的部落。

第五节　从"白狼歌"语料看康区部落的族系面貌

白狼部落最为有名的语料是用白狼语记音的三首"白狼歌"。这是目前留存下来的最早的古藏缅语语料，弥足珍贵。关于《白狼歌》产生的背景，《后汉书·南蛮西南夷列传》作了如下记载：

> 永平中，益州刺使梁国朱辅，好立功名，慷慨有大略。在州数岁，宣示汉德，咸怀远夷。自汶山以西，前世所不至，正朔所未加。白狼、槃木、唐菆等百余国，户百三十余万，口六百万以上，举种奉贡，称为臣仆。辅上疏曰："臣闻诗云：'彼徂者岐，有夷之行。'传曰：'岐道

---

① 贺觉非：《理化县志稿》卷1《沿革》，1945年铅印本。

虽僻，而人不远。'诗人诵咏，以为符验。今白狼王唐菆等慕化归义，作诗三章。路经邛来大山零高坂，峭危峻险，百倍岐道。襁负老幼，若归慈母。远夷之语，辞意难正。草木异种，鸟兽殊类。有犍为郡掾田恭与之习狎，颇晓其言，臣辄令讯其风俗，译其辞语。今遣从事史李陵与恭护送诣阙，并上其乐诗。昔在圣帝，舞四夷之乐；今之所上，庶备其一。"帝嘉之，事下史官，录其歌焉。①

根据以上记载，《白狼歌》是在东汉明帝永平中即公元58—75年间，由"白狼王唐菆等慕化归义"所作，是先以"夷之语"所作，后由一名叫田恭的官员"译其辞语"，再呈献于朝廷。对这段记载，唐李贤注曰：

　　《东观记》载其歌，并载夷人本语，并重译训诂为华言，今范史所载者是也，今录《东观》夷言，以为此注也。②

范晔《后汉书》中原仅录《白狼歌》的汉文译本，因《东观记》一书中录有以汉字记音的"夷人本语"之《白狼歌》，唐代李贤等注《后汉书》时，乃将《东观记》中所载"夷人本语"之《白狼歌》文本录入《后汉书》。事实上，今存之《白狼歌》最具价值的地方，正在于它同时有两种语言文本：一种是以"夷人本语"写成而以汉字记音，歌辞共44句，每句4个字，共176字；另一种文本则是对前者逐词对译之汉文译本，也是44句，每句4个字，共176字。两个文本相加，共88句352字。所存汉文译本完全是对古白狼写成的歌辞文本的逐词对译，这使得人们以汉文译本来解读这一近两千年前的"夷人本语"文本并进而了解其词汇和语言面貌成为可能。

由于《白狼歌》经田恭译成汉语，且列原白狼语于每句汉语之后，不知曲调，故又叫《白狼歌诗》，兹录于下，共三首。

《远夷乐德歌诗》曰：

---

① 《后汉书》卷86《南蛮西南夷列传》，第2854—2855页。
② 《后汉书》卷86《南蛮西南夷列传》，第2856页。

大汉是治（堤官隈构），与天合意（魏冒逾糟）。吏译平端（冈驿刘脾），不从我来（旁莫支留）。闻风向化（征衣随旅），所见奇异（知唐桑艾）。多赐（赠）〔缯〕布（邪毗缊绣），甘美酒食（推潭仆远）。昌乐肉飞〔拓拒苏（使）〔便〕〕，屈申悉备（局后仍离）。蛮夷贫薄（偻让龙洞），无所报嗣（莫支度由）。愿主长寿（阳雒僧鳞），子孙昌炽（莫穉角存）。

《远夷慕德歌诗》曰：

蛮夷所处（偻让皮尼），日入之部（且交陵悟）。慕义向化（绳动随旅），归日出主（路旦拣雒）。圣德深恩（圣德渡诺），与人富厚（魏菌度洗）。冬多霜雪（综邪流藩），夏多和雨（莋邪寻螺）。寒温时适（藐浮泸漓），部人多有（菌补邪推）。涉危历险（辟危归险），不远万里（莫受万柳）。去俗归德（术叠附德），心归慈母（仍路孳摸）。

《远夷怀德歌诗》曰：

荒服之外（荒服之仪），土地硗埆（犁籍怜怜）。食肉衣皮（阻苏邪犁），不见盐谷（莫砀粗沐）。吏译传风（冈译传微），大汉安乐（是汉夜拒）。携负归仁（踪优路仁），触冒险陕（雷折险龙）。高山岐峻（伦狼藏幢），缘崖磻石（扶路侧禄）。木薄发家（息落服淫），百宿到洛（理历髭雒）。父子同赐（捕苴菌毗），怀抱匹帛（怀稿匹漏）。传告种人（传室乎敕），长愿臣仆（陵阳臣仆）。①

《白狼歌》这一东汉时留存下来的珍贵语言材料受到学术界的高度重视。自 20 世纪以来，中外学者纷纷运用现代语言学尤其是比较语言学的方法对《白狼歌》展开研究。其中，研究的一个重点，是探讨《白狼歌》作为古藏缅语的一种语言，与现代藏缅语族各语言之间是一种什么样的渊源关

---

① 《白狼歌》参见《后汉书》卷 86《南蛮西南夷列传》，第 2856—2857 页。

系？白狼语同今藏缅语族各语言中哪一个语支和哪一种语言最为接近？这是语言学者和历史学者普遍关注的问题。有意思的是，在将白狼语同今藏缅语族各种语言进行比较后，学术界主要得出了以下几种看法。

（1）彝语说。1920年丁文江通过对白狼语与彝语的比较研究，发现《白狼歌》中与彝语相同的词有二十多个，故首次提出《白狼歌》与彝语的关系密切，应属于彝语的认识。① 1931年杨成志发表《云南倮罗族的巫师与经典》一文，赞同丁文江的看法，也认为《白狼歌》之本语应为彝语。②

（2）纳西语说。方国瑜20世纪40年代发表的《麽些民族考》中，对白狼语与纳西语两者作了比较研究，其结论认为："《白狼歌》与今麽些语大都相同或相近，可见白狼语即为麽些古语，或白狼语与麽些古语最相近。《古今图书集成·职方典》卷一五零五丽江府部，载《白狼王歌》三章，盖亦认为麽些古语也。"③ 董作宾也认为："麽些语远承白狼语系统。"④ 这种认为白狼语与纳西语最相近的看法，亦多为后来从事纳西族研究的学者所认同。如1994年出版的《纳西族史》中，作者即认为："白狼王歌三首44句176言，除去借汉字和难解形容词约80音外，余下90余音，为基本词汇，与纳西语最接近。"⑤

（3）藏语说。值得注意的是，白狼语与藏语之间也有着非常密切的关系。陈庆英在《〈白狼歌〉新探》一文中，对白狼语与藏语同源的词语和语法习惯进行了系统探讨，他发现在白狼语和藏语中至少下列词语是同源或相同的⑥：

"白狼语"	汉文译义	藏语
"冒"	天	rmu
"莫"	不	ma，mi

① 丁文江编《爨文丛刻》，商务印书馆1936年版，"序"。

② 杨成志：《云南罗罗族的巫师及其经典》，《国立中山大学文史研究所辑刊》第1卷第1册，1931年7月，载刘昭瑞编《杨成志文集》，中山大学出版社2004年版，第40—73页。

③ 方国瑜：《麽些民族考》，《民族学研究集刊》第4期，1944年。

④ 董作宾：《读方编麽些文字甲种》，《中国文化研究所集刊》第1卷第2号。

⑤ 郭大烈、和志武：《纳西族史》，四川民族出版社1994年版，第100页。

⑥ 陈庆英：《〈白狼歌〉新探》，《江河源文化研究》1992年第2期。

"徵"	闻	phrin
"随"	向	phyogs
"唐"	见	mthong
"桑艾"	奇异	sing-nge
"毗"	赐	byin
"邪"	多	che-ba
"推"	甘	thud
"偻让"	蛮夷	'o-rang
"龙洞"	贫薄	lung-ston
"僧鳞"	长寿	tshe-ring
"渡"	深、厚	mthug-po，vtng-pa
"综"	冬夏	grang drod
"推"	有	'dug
"粗沐"	盐谷	tshwa-'bru
"木"	息	shing
"薄"	落	lo-ma
"淫"	家	khyim
"服"	发	bud-pa
"陵阳"	长愿	nam-yang

格勒也曾用藏语同白狼语进行对比，他发现两者的同音同义词有"盐、父、不、见、来、赐、木、人、合、看、我、户、多、肉、飞、长、处、出、心、食、山、家"，共 22 个。[1] 另外，还有学者从《白狼歌》的"夷人本语"的各句句义出发进行分析，认为白狼语"有不少词、句与藏语有相同或相近之处"。[2] 因此，对于白狼语与藏语的关系，陈庆英得出了这样的认识：

> 我们认为从《白狼歌》看，白狼语属于汉藏语系的藏缅语族，它与彝语支、缅语支在词汇对比上是比较接近的。但是它与藏语支也很接

---

[1] 格勒：《论藏族文化的起源形成与周围民族的关系》，中山大学出版社 1988 年版，第 354—355 页。

[2] 王兴先：《〈格萨尔〉论要》，甘肃民族出版社 1991 年版，第 344—346 页。

近，甚至藏语与白狼语的接近程度还有可能更深一些。①

（4）嘉绒语说。此说系马长寿于 1940 年提出，他在《四川古代民族历史考证》一文中对白狼语与嘉绒语、彝语、羌语和西番语进行了比较，其结论是："总比较结果，嘉戎与白狼语同者有三十语；罗语同者有二十四语；羌语同者九语；西番语同者有九语。故嘉戎语与白狼语最相近。"②

（5）普米语说。陈宗祥、邓文峰二人通过对普米族地区的调查及将白狼语同普米语相比较的结果，认为白狼语与普米语非常接近，因而提出白狼语应属普米语。③

把近两千年前的存在于康区地域的白狼语同今藏缅语族各语言进行比较，能得出如此多样的认识，这对于我们理解白狼语乃至白狼部落同藏族以及彝族的渊源关系无疑具有十分重要的价值。

有一点毋庸置疑，白狼语作为近两千年前的一种古代藏缅语族语言，与今天藏缅语族的各语言之间绝不是平行的关系，而是"源"与"流"的关系。同一个"源"派生出众多的"流"，或是与众多的"流"存在联系，这是十分正常的事情。故白狼语与今天藏缅语族的多种语言存在密切关系是不难理解的，并不存在非此即彼和相互排斥的问题。这正如方国瑜指出：

> （白狼语）与现在彝语、纳西语、普米语、藏语和西夏语都很相同或相近，语言亲属的关系密切，则可以肯定。……总之，同属一个语族的各族，其族源的亲属关系密切，这样的提法应该是正确的。④

王静如发表于 1930 年的《东汉西南夷白狼慕汉歌诗本语译证》一文，也就白狼语的语言系属提出精辟见解："白狼语与彝语支接近，但也与藏语支接近。"⑤

---

①　陈庆英：《〈白狼歌〉新探》，《江河源文化研究》1992 年第 2 期。
②　马长寿：《四川古代民族历史考证》，《青年中国季刊》第 1 卷第 4 期，1940 年。
③　参见陈宗祥、邓文峰《〈白狼歌〉研究述评》，《西南师范学院学报》1979 年第 4 期。
④　方国瑜：《彝族史稿》，四川民族出版社 1984 年版，第 26 页。
⑤　王静如：《东汉西南夷白狼慕汉歌诗本语译证》，《西夏研究》第 1 辑，1930 年。

需要注意的是，在今藏缅语中，藏语支和彝语支是两个最大的语支，不但涵盖的民族多，人口数量也最多。而前面提到与白狼语较为接近的藏语、嘉绒语和普米语等均属于藏语支系统。那么，问题在于，为什么东汉时代分布于川西高原地区的白狼部落所使用的语言——白狼语竟会与藏语支的藏语、嘉绒语和普米语相接近？应当如何来解释和理解这一现象？

其实，关于这一点分子生物学的研究成果已经为我们揭开了谜底。这就是前面提到依据调查东亚人群 Y 染色体单倍型的类型及频率分布规律所得出的，约 6000 年前黄河中上游地区的原始人群中的一支开始向西、南迁徙进入喜马拉雅地区，"并由此产生了汉藏语系内的汉语语族和藏缅语族的分化"。① 这一结论不仅显示出藏缅语族同汉语语族发生分化的时间是距今约6000 年前，而且意味着黄河上游地区乃是藏缅语族先民的原始发源地，② 藏缅语族先民与汉语语族发生分化的起点是他们从黄河上游地区开始向西和向南进入青藏高原地区。

向南迁徙的原始居民主要进入了藏彝走廊地区，他们是沿着横断山区的河谷地带南迁，大约在距今 5000 年前后，这些南迁的人群已在康区即藏彝走廊的北部建立起一些大型的居住聚落，他们不仅是康区即青藏高原东部地区新石器时代文明的主要开拓者和创造者，也是当地藏缅语族最早的祖先人群。

向西迁徙的原始藏缅语族居民则可能是沿着唐蕃古道逐渐西迁。整个新石器时代，西藏高原存在一种以藏北高原为中心分布极为广泛的细石器文化。目前，西藏的细石器文化在石器特征、类型和技术传统方面均属于中国北方细石器系统。故贾兰坡认为，西藏的细石器是从华北"向西分布的过程中，大概是沿黄河上游也向南传播……一直分布到喜马拉雅山下的聂拉木县"。③ 藏北细石器文化与黄河上游甘青地区也存在密切联系。藏北细石器的许多特点，如以石片石器为主，多采用锤击法打片，二次修理不普遍，且多由劈裂面向背面加工，器形主要为刮削器，均同样为青海拉乙亥和达玉台

---

① 《我国专家破解东亚人群起源之谜获重大突破》，《中国青年报》2003 年 4 月 7 日。
② 参见吴安其《汉藏语同源研究》，中央民族大学出版社 2002 年版，第 67—71 页。
③ 贾兰坡：《中国细石器的特征和它的传统、起源与分布》，《古脊椎动物与古人类》1978 年第2 期。

等地点发现的细石器所共有。① 汤惠生指出："华北细石器和藏北细石器在工艺传统上和器形上几乎完全一致，前者在时代上比后者要早得多；加之青海拉乙亥和达玉台细石器在时间上、器形以及传播路线上都起到中介作用，所以藏北细石器与华北细石器之间的渊源关系是无法否认的。"② 青海的拉乙亥和达玉台两个地点的细石器器形较藏北地区的细石器在面貌上要显得原始一些，③ 此情况也预示着西藏地区的细石器文化应是由青海地区向西传播和移动的结果。

此外，我们尚不能排除横断山区石器文化向西藏传播的可能性。正如研究西藏考古的汤惠生教授指出："卡若遗址对我们探讨西南石器传统向藏南传播的路线极富启示意义：即西南地区的石器传统很可能由藏东进入藏区，然后沿雅鲁藏布江流域朝纵深方向发展。"④

我们不难看到，约6000年前藏缅语族与汉语语族的分化，是源于藏缅语民族的原始居民从黄河上游地区向西和向南迁徙。但无论是向西迁徙进入西藏高原的原始居民还是向南迁徙进入青藏高原东部横断山脉地区的原始居民，都源自黄河上游地区，他们不仅有着共同渊源，而且都是原始藏缅语族的祖先人群。这决定了向西迁徙进入西藏地区的原始居民同向南迁徙进入青藏高原东部横断山脉地区的人群之间存在着天然联系。

如果说，新石器时代是黄河上游人群向南和向西迁徙的第一个高潮，那么，在进入历史时期以后，尤其在春秋战国至秦汉时期，黄河上游地区人群向西和向南迁徙的趋势很大程度上仍然得到延续，并形成藏缅语民族南迁的第二个高潮。这个高潮主要是氐羌人群的南下。《后汉书·西羌传》记载秦献公在位（前384—前362年）之时：

（羌人首领）忍季父卬畏秦之威，将其种人附落而南，出赐支河曲西数千里，与众羌绝远，不复交通。其后子孙分别，各自为种，任随所

① 盖培、王国道：《黄河上游拉乙亥中石器时代遗址发掘报告》，《人类学学报》1983年第1期。

② 汤惠生：《略论青藏高原的旧石器和细石器》，汤惠生：《青藏高原古代文明》，三秦出版社2003年版，第17页。

③ 汤惠生：《略论青藏高原的旧石器和细石器》，汤惠生：《青藏高原古代文明》，第11页。

④ 汤惠生：《略论青藏高原的旧石器和细石器》，汤惠生：《青藏高原古代文明》，第20页。

之。或为牦牛种，越嶲羌是也；或为白马种，广汉羌是也；或为参狼种，武都羌是也。①

此记载描述的实际上是南下和西迁的两支人群。"将其种人附落而南"，指的是南迁进入藏彝走廊及横断山区的人群。南迁的人群后来衍生出各个分散的羌部，即"或为牦牛种，越嶲羌是也；或为白马种，广汉羌是也；或为参狼种，武都羌是也"。

而"出赐支河曲西数千里，与众羌绝远，不复交通"，所描述的则应是向西迁徙的人群。赐支河指黄河上游的沱沱河一带，在今青海玉树境内。既然是"出赐支河曲西数千里，与众羌绝远，不复交通"，显然是指向西迁徙的人群。从"出赐支河曲西数千里"来看，西迁的人群显然进入了西藏高原地区。

需要注意的是，对于《后汉书·西羌传》所记秦献公时代"畏秦之威"而"出赐支河曲西数千里"的羌人，《新唐书·吐蕃传》述及吐蕃来历时不但同样有所反映，而且两书的记载很大程度上竟能相互对接和吻合：

> 吐蕃本西羌属，盖百有五十种，散处河、湟、江、岷间，有发羌、唐旄等，然未始与中国通。居析支水西。祖曰鹘提勃悉野，健武多智，稍并诸羌，据其地。蕃、发声近，故其子孙曰吐蕃，而姓勃窣野。或曰南凉秃发利鹿孤之后。二子，曰樊尼，曰傉檀。傉檀嗣，为乞佛炽盘所灭。樊尼挈残部臣沮渠蒙逊，以为临松太守。蒙逊灭，樊尼率兵西济河，逾积石，遂抚有群羌云。②

《新唐书·吐蕃传》记载，羌人是"散处河、湟、江、岷间"，河指黄河，湟则指湟水，古人所言的"河湟"主要指黄河上游今青海地区，"江、岷"则主要指岷山山脉及岷江上游一带，主要指今甘南及川西北一带。按照记载，西藏的吐蕃既然属于"发羌"，他们自然就与黄河上游甘青及川西

---

① 《后汉书》卷 87《西羌传》，第 2875—2876 页。
② 《新唐书》卷 216 上《吐蕃上》，中华书局 1975 年版，第 6071 页。

北地区的羌人同属一个大的人群系统。

以上的背景和基本格局使我们不难理解汉代分布于康区横断山脉地带的白狼部落所操的白狼语，何以会同西藏地区的藏语之间存在亲缘关系。需要指出，汉代康区的白狼部落所使用的语言同藏语之间存在亲缘关系这一事实，也成为后来康区与西藏地区在文化面貌和语言系属上发生密切联系的重要基础。

第六节　7 世纪以前康区部落与卫藏的联系和交往

需要注意的是，在 7 世纪以前，西藏地区已与包括康区在内的川西高原地区存在密切联系与交往。一个突出现象是源自象雄的苯教文化由西藏向川西高原地区传播。

《后汉书·南蛮西南夷列传》对东汉时分布于今川西北岷江上游地区的冉駹夷有这样一段记载：

> 冉駹夷者，武帝所开。元鼎六年，以为汶山郡。……皆依山居止，累石为室，高者至十余丈，为邛笼。①

这种"高者至十余丈"的"邛笼"，即今青藏高原广泛分布的碉楼。对于"邛笼"的含义，唐初李贤注《后汉书》云："今彼土夷人呼为'雕'也。"②"雕"在汉语中特指大型飞鸟。李贤此注释并非指"邛笼"一词的发音，而是言其意。也就是说，李贤从熟知当地情况的人那里了解到，按"彼土夷人"的说法，"邛笼"的含义是指一种大型飞鸟。李贤比照其意，同时为使汉文化背景的人易于理解，遂将"彼土夷人"所言的这种大型飞鸟（即"邛笼"）转译为汉语中的"雕"。③

《隋书·西域传·附国》描述隋时川西高原地区附国与嘉良夷的风土情况，也记载了当地的碉楼：

---

① 《后汉书》卷 86《南蛮西南夷列传》，第 2857—2858 页。
② 《后汉书》卷 86《南蛮西南夷列传》，第 2858 页。
③ "碉"字的原型和母本乃是"雕"。

　　无城栅，近川谷，傍山险。俗好复仇，故垒石为碉而居，以避其患。其碉高至十余丈，下至五六丈，每级丈余，以木隔之。基方三四步，碉上方二三步，状似浮图。于下级开小门，从内上通，夜必关闭，以防贼盗。[①]

　　这里所描述的与今康区和川西高原的碉楼完全吻合。有意思的是，该记载中称碉楼为"碟"。事实上，只有在以鸟的名称来称呼碉楼，或碉楼与鸟有密切联系的背景下，才可能出现称碉为"碟"的记载。这反映出隋或唐初的史家，已经知晓川西高原的碉在当地"土夷人"眼中是一种与"鸟"有联系的建筑，这应是称碉为"碟"的真正原因。[②]

　　那么，与"邛笼"有关的"雕"即"大鸟"是一种什么鸟？其实，这种鸟是古代象雄苯教信仰中作为崇拜对象的一种神鸟——"琼鸟"（khyung），它起源于古代象雄地区（今西藏阿里）。[③] 由此，我们可以看到一个惊人的事实："邛笼"一词仅不在发音上与"象雄"的藏文发音 khyung lung（琼隆）完全相同，而且"邛笼"的含义是指一种鸟，也与象雄 khyung 的内涵完全一致。今西藏山南碉楼分布地区也同样将碉称作"琼仓"（khyung tshang），"琼"指"琼鸟"，"仓"（tshang）指住所，意即"琼鸟栖息之所"。这与东汉时川西高原出现的将碉称作"邛笼"乃同出一辙。

　　川西高原出现"邛笼"应与象雄琼氏部落的东迁有密切关系。才让太指出：

　　　　穹氏部落起源于古代象雄，并且在后来向藏区传播苯教的历史中扮演了非常重要的角色，《阿里历史宝典》介绍的穹氏后裔在整个藏区建立的苯教寺院和修行地就有 100 多……产生了许多非常有名的苯教大师。如今，他们的苯教传乘和他们的后裔已经遍布整个那曲、穹布、安

---

　　① 《隋书》卷 83《西域传·附国》，第 1858 页。
　　② 在汉字中"巢"特指"鸟栖之所"。值得注意的是，这里的"碟"同样以"石"作偏旁。此字最早同样出现于《北史》和《隋书》。故"碟"与"碉"不仅产生时间相同，其性质也完全相同，均是在"巢"与"雕"基础上添加"石"旁而成，这两个字的创制均与当时川西高原地区高耸的石砌建筑有关，且均因用以指称川西高原地区高耸的石砌建筑而产生。
　　③ 石硕：《青藏高原碉楼的起源与苯教文化》，《民族研究》2012 年第 5 期。

多和康区，并且很多地区都有许多有关穹氏后裔的传说，甚至许多地名仍然保留着"穹"字。[①]

琼氏部落最初由象雄中心地区迁往琼布，再由琼布地区向安多和康区一带迁徙。现有确凿材料证明，在象雄琼氏东迁过程中，确有琼氏部落自西藏琼布（今西藏丁青一带）迁入川西北的嘉绒地区。今嘉绒自称"古汝"，诚如嘉绒藏族学者赞拉·阿旺措成所指出的："嘉莫绒的人自称为'古汝'，'古汝'一词在象雄语中的含意为'引进或迁徙之人'。《苯教十万大法界史》中也说，'古汝'为'引进或迁徙之人'之意。这又从另一个侧面说明嘉绒人中有迁徙而来的琼氏部众。"[②] 他们的迁入不仅带来了作为他们崇拜始祖与信仰标志的"琼鸟"这一符号，而且在当地建造起含义为大型飞鸟（其本义为"琼"，汉人士大夫意译为"雕"）并被呼为"邛笼"的碉，正因为他们所带来的文化颇为奇特且具有浓厚的异质性，故汉人士大夫特用代表"不纯"与"杂色"的"駹"这一名称来称呼其部落。[③] 从隋代康区境内的附国已广泛存在碉楼建筑，川西北一带还出现被称作"千碉"的部落来看，[④] 苯教与"琼鸟"信仰在康区一带显然已得到广泛传播。从东汉时期川西高原范围出现被称作"邛笼"的碉这一建筑来看，琼氏部落由西藏琼布迁入川西北和康区的时间至少可上溯到西汉中叶至东汉时期，比7世纪初吐蕃王朝兴起早了约400年。

此外，在吐蕃王朝建立以前，西藏腹心地区部落与康区部落之间的联系，还体现在两地之间可能存在部落间的联姻。

① 才让太：《再探古老的象雄文明》，《中国藏学》2005年第1期。
② 赞拉·阿旺措成：《浅谈嘉绒研究》，甘孜州文化体育和广播电视局、中共丹巴县委、丹巴县人民政府编《2012中国首届嘉绒文化研讨会文集》，2013年铅印本，第85页。
③ "駹"的本义是指"杂色"和"不纯"。《周礼·秋官》记："犬人凡几珥沈辜，用駹可也。"郑玄注："駹，谓不纯色也。"贾公彦疏："駹，杂色牲。"可知，駹的引申含义是"杂色"和"不纯"。汉人士大夫用特指"不纯"和"杂色"之马的"駹"一词来称呼一个蜀之西的部落，至少透露出两个重要信息：第一，在汉之士大夫眼中，该部落颇为异类，呈现出浓厚的异质性；第二，该部落的面貌同当地的世居部落颇为不同，犹如在某种纯色中点缀了"不纯"和"杂色"。这两点极可能正是汉之士大夫用代表"不纯"和"杂色"的"駹"来冠名该部落的原因。参见石硕《川西北嘉绒藏人与象雄琼氏渊源关系探讨》，《民族研究》2017年第3期。
④ 见《隋书》卷83《西域传·附国》。

在藏地的祖源传说中，流传最广、最具本地色彩的是猕猴与刹女交配繁衍藏人的传说。① 有关此传说的内涵，《西藏王统记》记：

> 如是此雪域人种，其父为猕猴，母为岩魔二者之所繁衍，故亦分为二类种性：父猴菩萨所成种性，性情驯良，信心坚固，富悲悯心，极能勤奋，心喜善品，出语和蔼，善于言辞，此皆父之特性也。
>
> 母岩魔所成种性，贪欲嗔恚，俱极强烈，从事商贾，贪求营利，仇心极盛，喜于讥笑，强健勇敢，行不坚定，刹那变易，思虑烦多，动作敏捷，五毒炽盛，喜窥人过，轻易恼恶。此皆母之特性也。②

《汉藏史集》亦记：

> 这些小孩（指猴与罗刹女之后代——引者注）中，父亲的血统占主要成份的具有信仰和智慧，慈悲勤奋，信奉教法和善业，所以对这些具有大智慧的后裔称为菩萨聪慧之种，母亲的血统占主要成份的，爱食肉饮血，精于买卖盘算，固执顽劣，大声说话，脸色无常，爱揭别人短处，不能虔敬信仰，轻浮好动，不顾别人，这些尽是赭面食肉之种。③

以上记载，将好的品性归功于父猕猴之血统，而将不良品性归咎于母罗刹女之血统，并称母罗刹女为"赭面食肉之种"。这揭示了一个事实：在关于猕猴与罗刹女结合衍生藏人这一祖源传说中，父系猕猴与母系罗刹女二者之血统是有明显差异和严格区别的。事实上，在这一传说中，"猕猴"与"罗刹女"应理解为是标志两个不同血缘氏族的"图腾"符号，因此，这一传说的确切意义隐含了远古时代两个不同血缘氏族部落人群的联姻。

有意思的是，在敦煌古藏文写卷中，我们发现了一份记叙藏地远古时代

---

① 布顿大师《佛教史大宝藏论》中记："又西藏的传说故事中说，（西藏人——引者注）是由猴和罗刹女交配而来的。"参见布顿大师《佛教史大宝藏论》，郭和卿译，民族出版社1986年版，第167页。

② 索南坚赞：《西藏王统记》，刘立千译注，西藏人民出版社1985年版，第32页。

③ 达仓宗巴·班觉桑布：《汉藏史集》，第80页。

"恰"和"穆"两大氏族进行通婚往来的文献。该文献用敦煌古藏文写卷中通常为非佛教内容写卷所采用的比较潦草的字体写成，现存63行，行文较为古朴。写卷一开始便写道：

> 远古之初，辟荒之始，"穆"与"恰"联姻时代，"恰"之使臣到了"穆"之地界。①

可见，在藏人的祖源记忆中，远古时代确实存在"穆""恰"两大氏族的联姻。"恰"是吐蕃赞普王族所出氏族。吐蕃时代《工布第穆刻石》记："最初，恰·雅拉达楚之子中的聂赤赞普为做人间之主而降到神山降多……"② 敦煌古藏文写卷 P. T. 2188 记："荒古时代纯净藏土，'恰'安置大地，怙佑天地。"③ 褚俊杰认为"恰"最初的位置应在今天的后藏一带，后来才逐渐迁到雅砻河谷。④

此外，敦煌古藏文写卷 P. T. 1038 还记：

> 若说赞普世系，则谓源于天空顶上，称作天神古切赛尔者，他是一切玛桑之主，统辖一切世间，亦称"恰中之恰"。第二种说法则谓源于原初时代食肉族、赭面王之族。⑤

可见，"恰"在传说中又被认为是"源于原初时代食肉族、赭面王之族"，而前面所引《汉藏史集》亦称"罗刹女"血统所传种系为"赭面食肉之种"，由此"恰"为藏地腹心地区的氏族当可以肯定。

那么，"穆"的地理位置何在？敦煌古藏文写卷 P. T. 126 II 记载当抵达

---

① 褚俊杰：《吐蕃远古氏族"恰""穆"研究》附一《P. T. 126 II 译文》，《藏学研究论丛》第2辑，西藏人民出版社1990年版，第29页。

② 恰白·次旦平措：《论工布地区第穆摩崖文字》，何宗英译，《中国藏学》1988年第3期。该摩崖文字的藏文录文，参见王尧编《吐蕃金石录》，文物出版社1982年版，第95—99页。

③ 转引自褚俊杰《吐蕃远古氏族"恰""穆"研究》，《藏学研究论丛》第2辑，第8页。

④ 褚俊杰：《吐蕃远古氏族"恰""穆"研究》，《藏学研究论丛》第2辑，第19页。

⑤ 麦克唐纳：《敦煌吐蕃历史文书考释》，耿昇译，王尧校，青海人民出版社1991年版，第34—35页。

"穆"地方并受到"穆"王的盘问时，"恰"的使者有如下一段回答：

> 我们是从下藏河头来的，迷了路，山谷险峻，河滩宽阔，曾遇到过人，那人头发是赭色的，眼睛是黄色的，声音嘶哑，手脚向里窝卷，他问我们："你们是谁的属民？"我们如实做了回答，说："（我们）是到'穆'国去的'恰'的使者。"他说："如此你们便是走错了路。这地方是恶鬼之地，而'穆'国是在东南边。"说着便给指路。就这样（我们）到了"穆"国地带。①

这里明确提到"穆"是在"恰"的东南方向。"恰"使者称"我们是从下藏河头来"，说明其前往"穆"的路线当是顺河而下。既然"穆"是在"恰"之东部，而其使者行进方向又是顺河而下，那么其所指向的地区显然应该是青藏高原东缘的横断山脉地区。而从"恰"使者前往"穆"地途中曾经过"山谷险峻，河滩宽阔"之地，并"遇到过獐子虎豹，也遇到熊和马熊"② 等环境描述来看，均与青藏高原东缘地区的自然生态环境相吻合。此外，关于"穆"所处之环境，敦煌古藏文写卷 P. T. 126 Ⅱ 中还有以下两则重要记载，一则曰：

> "穆"氏说："吾之'穆'地。尊崇喜乐天神而早无破晓，温暖阳光照耀而晚无黄昏。此地山崖尽头有岩石环绕，苍天尽头也有界绳环绕，高处鸟禽无以飞越，低处鼠类不能钻过。"③

另一则是"穆"王对"恰"使者进行盘问时的一段对话：

> "穆"王说："我们这个邦国中，在边界达昌赤古塔（虎关万道弯）地

---

① 褚俊杰：《吐蕃远古氏族"恰""穆"研究》附一《P. T. 126 Ⅱ译文》、附二《P. T. 126 Ⅱ原文》，《藏学研究论丛》第 2 辑，第 30 页。
② 褚俊杰：《吐蕃远古氏族"恰""穆"研究》附一《P. T. 126 Ⅱ译文》、附二《P. T. 126 Ⅱ原文》，《藏学研究论丛》第 2 辑，第 31 页。
③ 褚俊杰：《吐蕃远古氏族"恰""穆"研究》附一《P. T. 126 Ⅱ译文》、附二《P. T. 126 Ⅱ原文》，《藏学研究论丛》第 2 辑，第 29 页。

方，有许多獐子、虎及豹、熊、马熊等等。所有这些，只要遇到一种（就过不来），若你们从天上飞来，（你们却）没有翅膀，若从地下钻来，（你们却）不是鼠类。你们的话中谎话太多，还是回去吧！"使者回答说："我等小人丝毫没有狡诈诡计，在'穆'王（所说）的虎关豹关之地，遇到过獐子虎豹，也遇到熊和马熊，（但我们）遇到山口则交过山费，遇到人则酬劳费，所以（他们）为我们指路，这样才能到达'穆'王跟前。"①

从以上记载可以看到，"穆"所处地理环境为地势险峻之地，即所谓"高处鸟禽无以飞越，低处鼠类不能钻过"。同时记载中提到"穆"地"早无破晓，温暖阳光照耀而晚无黄昏"，从这一描述看，"穆"地当是处在山谷险峻及峰峦遮蔽的河谷地带，因为只有这样的峡谷地带才符合"早无破晓""晚无黄昏"的条件。另从"穆"王与"恰"使者的对话说明从"恰"到"穆"的地界不但路途曲折、遥远（以至于"恰"的使者迷了路），而且要经过许多山口，道路极为艰险，会途经所谓"虎关豹关之地"，并"有许多獐子、虎及豹、熊、马熊等等"来判断，这个所谓"虎关豹关之地"，很显然是位于青藏高原东缘地区，更确切地说，应是指今天的藏东和藏东南的横断山脉地带。在以上所列几种动物中，我们姑且撇开熊和马熊（棕熊的一个亚种）不论，仅以虎、豹、獐子这三种动物可大体确定所谓"虎关豹关之地"的位置。

虎在青藏高原的分布仅限于西藏东南部地区，而豹和獐子这两种动物在西藏的分布也同样限于藏东及藏东南一带。② 此方位正好与"恰"使者所称他们是从"河头来"相吻合。既然"穆"是位于"恰"的东南方向，那么"恰"使者前往"穆"的路线就必是沿着雅鲁藏布江或其支流尼洋河向东行进，趋往藏东和藏东南一带。这一沿河道向东行进的路线不仅是历史上沟通

---

① 褚俊杰：《吐蕃远古氏族"恰""穆"研究》附一《P.T.126 Ⅱ译文》、附二《P.T.126 Ⅱ原文》，《藏学研究论丛》第 2 辑，第 30—31 页。

② 獐子，学名为麝，麝在西藏虽非珍稀动物，但其分布同样也仅限于藏东及藏东南一带。西藏的麝主要有马麝和林麝两种。马麝分布于西藏东南部的山坡灌丛草甸和针叶林地带中；林麝则分布于察隅、波密、芒康、左贡等地的暗针叶林、针阔混交林和常绿阔叶林中。参见《西藏国土资源》第 6 章第 4 节"野生动物资源"，西藏人民出版社 1988 年版，第 345 页。另参见中国科学院《中国自然地理》编辑委员会《中国自然地理·动物地理》，科学出版社 1979 年版。由此来判断，敦煌古藏文写卷 P.T.126 Ⅱ中提到"恰"的使者前往"穆"地时所途经的同时存在虎、豹、獐子等动物的"虎关豹关之地"，显然应在今天的藏东及藏东南一带。

西藏与川西高原的主要通道，也是今天作为川藏干道的川藏公路的南线，是川藏之间最直接和最宜通行的一条道路。需要指出，从敦煌古藏文写卷P. T. 126 Ⅱ的记载看，位于藏东及藏东南一带作为"穆"之边界的"虎关豹关之地"，显然只是"恰"使者前往"穆"之地界的一个途经之地，而并非其目的地。"恰"使者显然是经由这一地带继续向前行，最后才到达了"穆"王居住之地。而由藏东南一带继续前行，自然即进入了今天的川西高原地区。所以，由敦煌古藏文写卷P. T. 126 Ⅱ所反映的"恰"使者的行进路线和方位来判断，"穆"之地界以及"穆"王居住之地当主要在川西高原一带。

关于"恰"是在今西藏腹心地区而"穆"是在青藏高原东缘的朵康之地这一点，我们尚可从敦煌古藏文写卷P. T. 126 Ⅱ中记载的另一个事实得到印证。该写卷记载，当"恰"的使者来到"穆"地时，首先被"穆"的仆人发现，仆人呼喊道："有几个木桩般大的小人、黄羊般大的小马过来啦！"[①] 在穆王对他们进行盘问时，"恰"的使者始终以"我等小人"自称。可见，在"穆"人眼中，"恰"人个头矮小，且此特点亦为"恰"人自己所认同。"恰"人的矮小在这里显然是相对于"穆"人而言，它说明与"恰"人相比，"穆"人的体格要普遍高大。这与前面提到的外国人类学者依据体制测量结果把藏族人划分为藏 A 型和藏 B 型两种不同的体质类型——藏 A 型以卫藏地区为代表，特点是身材较矮小，藏 B 型以康区为代表，特点是身材较为高大的情况颇相契合。[②] 即便在今天，康区一带（主要为横断山脉地区）的藏人体格也普遍较卫藏地区藏人要高大。需要说明，戴氏等外国人类学者的研究结论乃是依据 20 世纪初的藏人体质材料作出的，而在自 7 世纪吐蕃王朝向康区扩张以后的一千多年中，卫藏与康区两地居民实际上已发生了很大程度的混血。因此可以断定，在藏族传说中的所谓"远古之初"，两地居民在体质上的差异要比今天更为突出和显著。因此，"恰"人个头矮小而"穆"人体格高大这一点，也足以印证"恰"为卫藏地方之氏族而"穆"则很可能是康区即横断山脉地区之氏族。

---

① 褚俊杰：《吐蕃远古氏族"恰""穆"研究》附一《P. T. 126 Ⅱ译文》，《藏学研究论丛》第 2 辑，第 29 页。

② 古瑟普·詹纳：《西藏拉萨出土的古人类遗骸》，杨元芳、陈宗祥译，《中国藏学》1990 年第 4 期。

对于"穆"的位置是在川西高原一带这一点，法国学者石泰安从语义学和古地名途径所进行的研究也得出了同样的认识。他认为，在今四川松潘县境内有"毛尔盖"（dmu dge，dmu 的藏文音读作"穆"）这一地名；在今西宁附近宗喀地方有穆苏（mu zu）家族；在今四川丹巴县东北有一嘉绒（金川）苯教神山叫穆多山（mu rdo 或 mur rdo）；在西宁河下游有一条河名穆日河（dmu ri chu）。这些广泛存在于青海以南至川西高原一带含有"穆"的地名、山名、河名和族名等地名学材料，也证明"穆"氏族最初的地理位置应在今天青藏高原东缘地区的川西高原一带。[①]

很显然，敦煌古藏文写卷 P. T. 126 II 所记"远古之初，辟荒之始，'穆'与'恰'联姻时代"，是藏文产生以后对藏地祖源传说记忆的一个追记。从其被追记的情形看，该记忆在藏地不但异常古老，而且流传广泛。我们有理由认为，"远古之初，辟荒之始，'穆'与'恰'联姻"可能正是"猕猴"与"罗刹女"结合繁衍藏人传说的原型和母本。也就是说，民间流传的"猕猴"与"罗刹女"结合繁衍藏人的传说，可能正是对远古时代的"穆""恰"联姻之祖源记忆的一种反映，是"穆""恰"联姻的一个民间化版本，是对"穆"与"恰"联姻的一个民间化的记忆、塑造与解读。

在"猕猴"与"罗刹女"交配繁衍藏人的传说中，如果说，被称作"赭面食肉之种"的罗刹女代表的是藏地本地人，那么，"猕猴"之种系出自何地？有意思的是，在青藏高原东缘今川西高原一带，我们确实发现有被称作"猕猴种"的氏族部落，而这些部落中正好包括了汉代以来分布于康区地域的白狼部落。《北史·党项传》记："党项羌者……其种有宕昌、白狼，皆自称猕猴种。"[②]《隋书·西域传·党项》亦记："党项羌者……其种有宕昌、白狼，皆自称猕猴种。"[③] 所以，敦煌古藏文写卷 P. T. 126 II 所记远古时代的"穆""恰"联姻，在民间被演义为"猕猴"与"罗刹女"交配繁衍藏人的传说绝不是偶然的，它反映的是远古时代藏地腹心地区氏族与青藏高原东缘今川西高原地区部落之间的联姻这一历史记忆。

这样，我们可以看到一个惊人的事实，无论是敦煌古藏文写卷

① 石泰安：《川甘青藏走廊古部落》，耿昇译，王尧校，四川民族出版社 1992 年版，第 98 页。
② 《北史》卷 96《党项传》，中华书局 1974 年版，第 3192 页。
③ 《隋书》卷 83《西域传·党项》，第 1845 页。

P. T. 126 Ⅱ所记远古时代的"穆""恰"联姻，还是"猕猴"与"罗刹女"结合衍生藏人的传说，两者在内涵上竟有一个完全一致的共同点，即均反映了在藏人的记忆中，在"远古之初，辟荒之始"，曾经发生过藏地腹心地区氏族与青藏高原东缘横断山区即康区地域的氏族部落之间的联姻。尽管由于时代久远，这一史实和记忆大多湮没或隐藏于一些传说之中，变得较为模糊，但其反映的藏地腹心地带的人群曾与青藏高原东缘横断山区即康区人群发生过联系这一基本轮廓与线索仍然是清晰的。[1]

第七节　隋代康区的附国及与白狼的继承关系

隋代，在康区地域出现了一个较大的政权，这就是《隋书》和《北史》所记载的"附国"。《隋书·西域传·附国》对附国情况有如下详细记载：

> 附国者，蜀郡西北二千余里，即汉之西南夷也。有嘉良夷，即其东部，所居种姓自相率领，土俗与附国同，言语少殊，不相统一。其人并无姓氏。附国王字宜缯。其国南北八百里，东南千五百里……国有二万余家，号令自王出。嘉良夷政令系之酋帅，重罪者死，轻刑罚牛。
>
> 人皆轻捷，便于击剑。漆皮为牟甲，弓长六尺，以竹为弦。妻其群母及嫂，儿弟死，父兄亦纳其妻。好歌舞，鼓簧，吹长笛。有死者，无服制，置尸高床之上，沐浴衣服，被以牟甲，覆以兽皮。子孙不哭，带甲舞剑而呼云："我父为鬼所取，我欲报冤杀鬼。"自余亲戚哭三声而止。妇人哭，必以两手掩面。死家杀牛，亲属以猪酒相遗，共饮啖而瘗之。死后十年而大葬，其葬必集亲宾，杀马动至数十匹。立其祖父神而事之。其俗以皮为帽，形圆如钵，或带羃䍦。衣多毛毼皮裘，全剥牛脚皮为靴。项系铁锁，手贯铁钏。王与酋帅，金为首饰，胸前悬一金花，径三寸。其土高，气候凉，多风少雨。土宜小麦、青稞。山出金、银，多白雉。水有嘉鱼，长四尺而鳞细。

---

[1]　石硕：《一个隐含藏族起源真相的文本——对藏族始祖传说中"猕猴"与"罗刹女"含义的释读》，《中国社会科学》2000年第4期。

大业四年，其王遣使素福等八人入朝。明年，又遣其弟子宜林率嘉良夷六十人朝贡。欲献良马，以路险不通，请开山道以修职贡。炀帝以劳人不许。

嘉良有水，阔六七十丈，附国有水，阔百余丈，并南流，用皮为舟而济。

附国南有薄缘夷，风俗亦同。西有女国。其东北连山，绵亘数千里，接于党项。往往有羌：大、小左封，昔卫，葛延，白狗，向人，望族，林台，春桑，利豆，迷桑，婢药，大硖，白兰，叱利摸徒，那鄂，当迷，渠步，桑悟，千碉，并在深山穷谷，无大君长。其风俗略同于党项，或役属吐谷浑，或附附国。

大业中，来朝贡。缘西南边置诸道总管，以遥管之。①

这是自汉以来汉文史籍对康区之部落状况最详细的记载，也是吐蕃东扩以前康区的主要文化面貌。

附国的地理位置，任乃强认为其中心"在今甘孜附近，辖地包今道孚、炉霍、甘孜、德格、邓柯、康定六县，为一狭长农业地带"。② 这完全正确。而从"其土高，气候凉，多风少雨"的记载看，其在川西高原即康区范围应无问题。附国既然是隋代康区地域一个大的政权，且"其国南北八百里，东南千五百里……国有二万余家，号令自王出"，那么它同汉代白狼部落之间显然应存在继承关系，且不排除其地理范围有所扩大。

有一点颇值得注意，《隋书·高祖纪》记：开皇元年三月"壬午，白狼国献方物"，③ 这似意味着白狼部落在隋开皇年间（581—600）仍然存在。《旧唐书·南蛮西南蛮传·东女国》亦记："东女国……东与茂州、党项接，东南与雅州接，界隔罗女蛮及白狼夷。"④ 这两条记载，似表明白狼部落在隋代或唐初仍然存在。不过，有两种可能：其一，附国在整合并统率包括白狼等诸多部落基础上形成一个统一政权，但在附国统治下，白狼部落仍保留

---

① 《隋书》卷83《西域传·附国》，第1858—1859页。
② 任乃强：《附国非吐蕃——质岑仲勉先生》，《康藏研究月刊》第4期，1947年。
③ 《隋书》卷1《高祖纪》，第14页。
④ 《旧唐书》卷197《南蛮西南蛮传·东女国》，第5277页。

一定的独立性；其二，白狼部落虽已被附国兼并，但外界仍延续了对其传统地域及部落名称的称谓。到底是哪一种，目前尚难以确认。

有一个证据似乎表明白狼部落与附国之间存在继承关系。《后汉书·南蛮西南夷列传》记："白狼、楼薄蛮夷王唐缯等，遂率种人十七万口，归义内属。"[①] 可见白狼部落与楼薄关系密切。楼薄应是附属于白狼的小部落。楼薄，亦见于《后汉书·和帝纪》《续汉书·天文志》，字或写作"貗薄"。而《隋书·西域传·附国》则记载"附国南有薄缘夷，风俗亦同"。这里我们不难发现，《后汉书》所记的"楼薄"与《隋书》之"薄缘"字形极为相近，所以"薄缘"为"貗薄"之讹的可能性极大。[②] 童恩正则认为，附国之南的"薄缘夷"可能是《后汉书》所记与白狼部落关系密切的"槃木"，因译音不同而异写。[③]

不过，从史籍对附国和嘉良夷境内所存在的碉楼的详细描述来看，可以判断其时碉楼在康区境内的分布已远较东汉时期更为普遍。而且，在附国的东北方向分布的众多部落中，还出现了名为"千碉"的部落。这说明，在隋代，来自西藏地区的苯教文化在康区和川西高原地域已经得到了广泛的传播。这也进一步说明，在7世纪吐蕃王朝建立以前，康区在文化以及信仰上已与西藏地区发生了广泛且深刻的联系。

---

① 《后汉书》卷 86《南蛮西南夷列传》，第 2857 页。
② 石硕：《藏族族源与藏东古文明》，四川人民出版社 2001 年版，第 234 页。
③ 童恩正：《近年来中国西南民族地区战国秦汉时代的考古发现及其研究》，《考古学报》1980 年第 4 期。

第 三 章
吐蕃王朝的崛起与东扩

第一节　吐蕃王朝建立与康区部落状况

7世纪初叶，青藏高原的历史因松赞干布建立吐蕃王朝而翻开了崭新的一页。这正如范文澜所言：

> 原来寂寞无所闻见的中国广大西部，因强有力的吐蕃国出现，变得有声有色了。这是吐蕃历史的大进步时期，也是中国西部居民开始参加历史活动的时期。[①]

吐蕃王朝的诞生正式开启了康区被整合于后来藏区三大传统区域的历史进程。

可以说，在7世纪以前的漫长历史岁月中，青藏高原尤其是今西藏地区的历史总体上是较为寂静和默默无闻的。从诸多传说及吐蕃时期流传下来的较为零散的藏文文献记载看，7世纪以前青藏高原的历史大致经历了如下演变轨迹。最初是一个延续时间较长的由众多小邦并存的"小邦时代"，一开始有"二十五小邦"，后来又有"十二小邦"及零星的"四十小邦"。[②]《敦煌本吐蕃历史文书》记："当初分散（不统一）局面即如此说。古昔各地小邦王子及其家臣应世而出。"[③] 所谓"小邦"，实际上是指存在于青藏高原各

---

① 范文澜：《中国通史简编（修订本）》第3编第2册，人民出版社1965年版，第490页。
② 石硕：《西藏文明东向发展史》，四川人民出版社1994年版，第47页。
③ 王尧、陈践译注《敦煌本吐蕃历史文书（增订本）》，第173页。

地一些分散和互不统属的部落与氏族。各"小邦"之间时常相互征战残杀，为了在征战中不被别的"小邦"吞并，各小邦往往"不住平坦大地而去占据坚实山崖"。① 故《敦煌本吐蕃历史文书·小邦表》说："在各个小邦境内，遍布一个个堡寨。"② 据藏文史料的记载，各小邦已有了自己的"王"和"大臣"，③ 出现了与"大众相分离的公共权力"（恩格斯语），处于从部落制到国家制的过渡形态。

继"小邦时代"之后，在各小邦相互征战和兼并基础上，青藏高原逐渐形成了三个势力较大的部落联盟政权，分别是位于西藏西部的象雄（Zhang zhung）、位于雅鲁藏布江中游雅砻地区的吐蕃（tev bod）和位于雅鲁藏布江以北藏北地区的苏毗（Sum Pa）。三者之中，最早崛起并成为西藏早期文明中心的是位于今西藏西部阿里的象雄。

象雄的都城为穹窿银城（Khyung lung Dngul mkhar），位于今天阿里的噶尔县境内。④ 古老的象雄曾一度拥有以西藏北部和西部为中心的非常辽阔的地域，并产生过极高的文明，不仅出现了自己独特的文字——象雄文，而且还成为在广泛吸纳印度湿婆派及中亚文化因素基础上形成的西藏最古老的宗教——苯教的发源地。但象雄并非严格意义上的国家。从藏文史籍《五部遗教》称"一切象雄部落"，⑤《玛旁湖的历史》亦称除象雄王室之外，还有"象雄十八王"⑥ 等记载看，象雄可能是一个有着辽阔地域、由众多部落组成并较为松散的部落联盟组织。但象雄所产生的高度文明，尤其是源自象雄的苯教，却对吐蕃和苏毗以及后世的西藏社会产生了深远的影响。

吐蕃是继象雄之后形成于雅鲁藏布江中游雅砻地区（今西藏山南市）的一个部落联盟。最初雅砻地区的"吐蕃牦牛六部"彼此产生了联盟需要，并共同推举聂赤赞普来做"吐蕃牦牛六部"的"王"。⑦ 聂赤赞普遂成为雅

---

① 巴卧·祖拉陈哇著，黄颢译注《〈贤者喜宴〉摘译》，《西藏民族学院学报》1980 年第 4 期。

② 王尧、陈践译注《敦煌本吐蕃历史文书（增订本）》，第 173 页。

③ 王尧、陈践译注《敦煌本吐蕃历史文书（增订本）》，第 173 页。

④ 才让太：《再探古老的象雄文明》，《中国藏学》2005 年第 1 期。

⑤ 石硕：《关于唐以前西藏文明若干问题的探讨》，《西藏艺术研究》1992 年第 4 期。

⑥ 石硕：《关于唐以前西藏文明若干问题的探讨》，《西藏艺术研究》1992 年第 4 期；才让太：《古老象雄文明》，《西藏研究》1985 年第 2 期。

⑦ 石硕：《聂赤赞普"天神之子入主人间"说考》，《民族研究》1998 年第 3 期。

砻吐蕃部落联盟的第一代赞普，号"鹘提悉补野"，时间大约是公元前 350 年。① 因自聂赤赞普肇始的吐蕃王统世系一直未曾中断，至松赞干布之前共有 32 任赞普，故聂赤赞普也被誉为"藏地最初之王"。② 自聂赤赞普开始，雅砻吐蕃的势力开始崛起，先后征服了不少小邦，逐渐扩大领地。《敦煌本吐蕃历史文书》记载：

> 古昔各地小邦王子及其家臣应世而出，众人之主宰，掌一大地面之首领，王者威猛相臣贤明，谋略深沉者相互剿灭，并入治下收为编氓，最终，以鹘提悉补野之位势莫敌最为崇高。③

此记载即反映了雅砻部落联盟不断征服周边各部落并逐渐壮大的发展过程。

苏毗部落位于雅砻部落以北的唐古拉山脉南北一带。在小邦时代的"十二小邦"中，已有"亚松"小邦，此即后来的苏毗。④ 苏毗最初曾长期受象雄统治，其宗教文化也受到象雄的强烈影响。大约在公元前 4 世纪，苏毗作为西藏高原诸部的一支出现于历史舞台。苏毗最早的地域中心是在襄曲河流域（即今藏北、青海玉树及川西北一带），后其势力逐渐向几曲河（即拉萨河）流域发展。至 6 世纪，苏毗逐渐成为雅鲁藏布江北岸以今彭波（Vphan Po）地区为统治中心的一个强大部落联盟。

象雄、吐蕃、苏毗这三大部落联盟经历了漫长的发展过程，在 6 世纪前后，它们在西藏高原逐渐形成三足鼎立的局面。

在 6 世纪前后，位于雅砻河谷的吐蕃迅速强大和崛起，社会经济实力和政治组织进一步增强，成为继象雄之后西藏高原一个新的政治、经济、文化中心，并开始由雅砻河谷向北扩张，从而揭开了统一青藏高原

---

① 关于聂赤赞普在位时间，众说纷纭，未有定论。有人做过一些探讨，见陈崇凯《聂赤赞普在位时间及吐蕃悉补野时期历史坐标考略》，《西藏研究》2003 年第 2 期。公元前 350 年是一个参考性的意见，参见石硕《西藏文明东向发展史》，第 52 页。

② 多杰杰博整理《五部遗教·王者遗教》，民族出版社 1986 年版，第 13 页。

③ 王尧、陈践译注《敦煌本吐蕃历史文书（增订本）》，第 173 页。

④ 杨正刚：《苏毗初探（续）》，《中国藏学》1989 年第 4 期。

的序幕。

吐蕃的统一事业始于松赞干布的祖父达日年色执政之时。《贤者喜宴》记，其时，吐蕃将"三分之二的小邦均纳入（吐蕃）统治之下，本巴王（ban pa rje）、吐谷浑王（va zha rje）、昌格王（drang gar rje）、森巴王（zin po rje）及香雄王（zhang zhung rje）等均被征服。娘（nyang）、贝（sbas）、嫩（gnon）等氏族也被纳为属民"。① 吐蕃势力向北扩张，首先遇到的强大对手即是处于雅鲁藏布江北岸的苏毗。《新唐书》载，苏毗"在诸部最大。东与多弥接，西距鹘莽硖，户三万"。② 达日年色在位时，恰逢苏毗王森波杰·达甲吾为政昏乱，引起苏毗豪族的不满。苏毗豪族遂秘密遣使邀吐蕃兴师北伐，并允为内应。达日年色因年迈去世，其子朗日松赞继承王位。朗日松赞于 600 年率精兵万人，在苏毗豪族的策应下，向苏毗发起进攻，"遇大河于渡口涉渡，仔细查明行军道路。遂攻破宇那堡寨，灭顽敌魁渠森波杰"，③ 一举灭掉了苏毗。这使吐蕃的势力范围大为扩展，成为横跨雅鲁藏布江南北的一个强大政权。

但这一新组建的部落联盟并不稳固，朗日松赞对苏毗豪强的笼络与优待加剧了内部新、旧贵族之间的矛盾。《敦煌本吐蕃历史文书》记其时："所属民庶心怀怨望，母后（指原来的苏毗王——引者注）所属民庶公开叛离，外戚如象雄（羊同）、牦牛苏毗、聂尼达布、工布、娘布等均公开叛变。"④ 629 年，朗日松赞被叛党"进毒遇弑而薨逝"。⑤

朗日松赞之子松赞干布幼年继位（传说其继位时年仅 13 岁）。史载其"性骁武，多英略"，⑥ "为人慷慨才雄"。⑦ 他很快以铁腕戡平贵族叛乱，"对进毒为首者诸人等断然尽行斩灭，令其绝嗣"。⑧ 又采纳宰相娘·莽布杰尚囊的建议，"对苏毗一切部落不用发兵征讨，有如种羊领群之方

---

① 巴卧·祖拉陈哇著，黄颢译注《〈贤者喜宴〉摘译》，《西藏民族学院学报》1980 年第 4 期。此记载的内容显然存在夸大成分，但其时吐蕃势力向北推进，征服若干小部落是可以肯定的。

② 《新唐书》卷 221 下《西域下》，第 6257 页。

③ 王尧、陈践译注《敦煌本吐蕃历史文书（增订本）》，第 161 页。

④ 王尧、陈践译注《敦煌本吐蕃历史文书（增订本）》，第 165 页。

⑤ 王尧、陈践译注《敦煌本吐蕃历史文书（增订本）》，第 165 页。

⑥ 《旧唐书》卷 196 上《吐蕃上》，第 5221 页。

⑦ 《新唐书》卷 216 上《吐蕃上》，第 6073 页。

⑧ 王尧、陈践译注《敦煌本吐蕃历史文书（增订本）》，第 165 页。

法，以舌剑唇枪服之"，① 使得"叛离之民庶复归辖治之下"，② 重新稳定了政权。

随后，松赞干布采取了一系列建政立制、巩固赞普王权的措施。在巩固和加强自身权力地位的同时，建立起了较为成熟的赞普王权政体。接着，松赞干布开始积极做征伐象雄的准备。他先将其妹嫁给象雄王李迷夏，并面授机宜，让她作为内应。641 年，松赞干布得其妹送来的乘虚兴兵暗语，乃"发兵，灭李迷夏……统其国政，象雄王李迷夏失国，象雄一切部众咸归于辖下收为编氓"。③ 至此，松赞干布最终完成了统一西藏高原的大业，并迁都逻些（今拉萨），建立了吐蕃王朝。

如果我们不是把康区当作一个自然区域，而是将其视为后来藏族三大传统地理区域的一个有机组成部分，那么，我们有理由认为，吐蕃王朝的建立乃是康区历史的一个起点。正是吐蕃王朝的崛起和向东扩张，正式开启了康区被逐步纳入和整合于藏族三大传统区域的历史进程。

那么，吐蕃王朝建立初期，康区地域内呈现出什么样的局面呢？

7 世纪初，当吐蕃王朝建立之时，在吐蕃东部方向，即在吐蕃与唐朝之间尚存在一个辽阔的中间地带。这个中间地带主要存在两个较大的政权：一个是位于吐蕃东北方向的吐谷浑；一个则是位于康区的附国。这一点在史料记载中有清晰的反映。《隋书·西域传·附国》载：

> （附国）其东北连山，绵亘数千里，接于党项。往往有羌：大、小左封，昔卫，葛延，白狗，向人，望族，林台，春桑，利豆，迷桑，婢药，大硤，白兰，叱利摸徒，那鄂，当迷，渠步，桑悟，千碉，并在深山穷谷，无大君长。其风俗略同于党项，或役属吐谷浑，或附附国。④

也就是说，当时在吐蕃东部及东北部方向"绵亘数千里"的地方，存

---

① 王尧、陈践译注《敦煌本吐蕃历史文书（增订本）》，第 165 页。
② 王尧、陈践译注《敦煌本吐蕃历史文书（增订本）》，第 165 页。
③ 王尧、陈践译注《敦煌本吐蕃历史文书（增订本）》，第 168 页。
④ 《隋书》卷 83《西域传·附国》，第 1859 页。

在着大大小小的众多部落，它们的特点和面貌是"并在深山穷谷，无大君长。其风俗略同于党项"，而它们在政治上则是"或役属吐谷浑，或附附国"。这也说明，当时在新兴的吐蕃与唐朝之间，主要存在两个较大的政权，一个是吐谷浑，一个是附国。其他介于两者之间众多大大小小的部落，则大多在政治上依附或从属于这两个政权。

从诸多史籍的记载看，在吐蕃建立之初，附国当是位于吐蕃东部即康区地域内一个较大的地方政权。

一　附国

附国在隋代已存在，隋大业年间因其曾遣使向隋朝贡，故其情况为隋朝的史官所记录。

关于附国的性质，学术界历来众说纷纭，争论颇多，主要有两种意见：一种意见认为"附国即吐蕃"；另一种意见则认为附国为川西高原地区的一个独立的地方政权。[①]

其实，关于附国是否是吐蕃，尽管岑仲勉与任乃强在民国时期已展开过激烈争论，但对这一问题提出最重要证据的是汤开建的《〈隋书〉之附国非吐蕃》一文。在该文中，汤开建提出了附国在吐蕃建立后仍然存在并曾向唐朝贡的关键证据。《广川画跋》中关于唐初由阎立本所绘之《王会图》有这样一段文字记录："鸿胪导客，次序而列，凡国之异，各依其方。东首三韩……西首以吐蕃……其南首以交趾……而板楯、尾濮、西爨、附国、筰等次……"[②] 关于阎立本作《王会图》的时间，《图画见闻志》卷5载是在贞观三年（629），《广川画跋》卷2载为贞观十七年（643）。但其为贞观时所画可以肯定。既然在贞观年间"吐蕃"与"附国"均作为向唐进贡之国出现于同一幅图画中，这就清楚地说明至少在吐蕃于贞观八年（634）首次遣使入唐朝贡之际，附国也同样是向唐朝贡之国。贞观时由阎立本所作的另一

---

① 岑仲勉：《〈隋书〉之吐蕃——附国》，《民族学研究集刊》第5期，1946年；任乃强：《附国非吐蕃——质岑仲勉先生》，《康藏研究月刊》第4期，1947年；岑仲勉：《从女国地位再讨论附国即吐蕃（附任乃强答案）》，《康藏研究月刊》第10期，1947年；李敬洵：《七至九世纪川西高原部族考》，《中国藏学》1989年第1期；唐嘉弘：《吐蕃族源及相关问题》，《中国藏学》1988年第2期；马长寿：《氐与羌》，上海人民出版社1984年版；田晓岫：《吐蕃王族族源新考》，《中国藏学》1994年第1期。

② 董逌：《广川画跋》卷2《上〈王会图〉叙录》，《翠琅玕馆丛书》本，1916年。

幅画《西域图》中也列有附国，并有关于附国服饰的文字记录。该文字保存于《剡源文集》中。①

此外，需要注意的是，《旧唐书》中未立附国传，但北宋由欧阳修重修的《新唐书》中却立有附国传。对此，学者作了这样的解释："《新唐书》既立吐蕃传，又立附国传，是因为太宗时，吐蕃与附国都与唐有政治上、外交上的联系，也都曾入贡于唐，虽然附国后已亡于吐蕃，如要全面反映唐之外交关系，则附国也应列传，其他如苏毗、羊同、东女莫不如此。《旧唐书》对这类'亡国'多不立传，实为其疏，此亦见新书之见地较旧书为高。"② 由此可知，在唐朝贞观年间，附国与吐蕃一样，均与唐朝有政治、外交上的联系。这就充分表明，在吐蕃王朝建立后，附国仍是康区范围内一个势力强大的地方政权。

其实，关于附国不是吐蕃，从史籍有关附国地理位置的记载也可得到更充分的证明。《隋书·西域传·附国》中对附国的地理位置及周边部落情况有如下记载：

> 附国者，蜀郡西北二千余里，即汉之西南夷也。有嘉良夷，即其东部，所居种姓自相率领，土俗与附国同，言语少殊，不相统一。其人并无姓氏。附国王字宜缯。其国南北八百里，东西千五百里，无城栅，近川谷，傍山险……嘉良有水，阔六七十丈，附国有水，阔百余丈，并南流，用皮为舟而济。③

这段记载给我们判定附国的地理位置提供了两个重要参照坐标，一个是"嘉良夷"，一个是"水"。记载称"有嘉良夷，即其东部"。这意味着附国东部紧接嘉良夷。这也是《隋书·西域传·附国》将附国与嘉良夷一并记述的原因。而关于嘉良夷的地理位置，学术界的意见较为一致，均认为是在

---

① 戴元表：《剡源文集》卷 4《唐画〈西域图〉记》，《文渊阁四库全书》本，上海古籍出版社 2002 年版。

② 汤开建：《〈隋书〉之附国非吐蕃》，《思想战线》1986 年第 4 期。

③ 《隋书》卷 83《西域传·附国》，第 1858—1859 页。

今大渡河上游的大、小金川地区。① 记载中提供的有关附国地理位置的另一个重要参照坐标则是"水"。一般来说，"水"即河流的位置相对固定，千百年来并无大的变化。既然附国的东面紧接嘉良夷，而嘉良夷又在大渡河上游的大、小金川地区，那么从"嘉良有水，阔六七十丈，附国有水，阔百余丈，并南流"的记载，即可确定"附国有水，阔百余丈"的"水"当指大渡河上游大金川之西的雅砻江。大金川与雅砻江均自北向南流。雅砻江的水面较大金川宽阔，且二者相邻，符合"阔六七十丈……阔百余丈，并南流"的记述。同时，很重要的一点是，记载称附国"国有二万余家"，而雅砻江所流经的今川西高原甘孜县一带正是一个地势开阔的平原，正如任乃强所言："雅龙江在甘孜县境，扩为东西长 50 公里，南北阔 25 公里之大冲积平原。而其海拔高度为 3400 米。因此带雪线较高之故，克成北道农业兴盛，人口稠密，财赋最高之区。"② 雅砻江在川西高原甘孜县境内所形成的这一开阔的冲积平原，正符合孕育附国这样一个规模较大"国有两万余家"的政权实体之地理环境。所以，从"附国有水，阔百余丈"的记载看，附国的中心位置当在今甘孜藏族自治州甘孜县所在的地势开阔、平坦的雅砻江冲积平原。按隋代的里程计算，附国在"蜀郡西北二千余里"，其位置亦正好能与雅砻江所流经的今甘孜县一带相吻合。③

不过，关于附国的范围，《隋书》的记载还提到"其国南北八百里，东南千五百里"。这意味着附国所辖的范围显然比今甘孜县所在的甘孜平原要大，是一个东西长、南北相对狭窄的地域。那么，附国的范围究竟包括了哪些地方？《隋书·西域传·附国》载："大业四年，（附国）其王遣使素福等八人入朝。明年，又遣其弟子宜林率嘉良夷六十人朝贡。"④ 附国能够率嘉良夷一同向隋朝贡，不但说明二者关系密切，也说明二者地域相邻。故附国东部疆域显然应紧接嘉良夷所在之大、小金川地区。也就是说，出大、小金

---

① 任乃强：《四川第十六区民族之分布》，《任乃强民族研究文集》，民族出版社 1990 年版；李绍明：《唐代西山诸羌考略》，《四川大学学报》1980 年第 1 期；格勒：《古代藏族同化、融合西山诸羌与嘉戎藏族的形成》，《西藏研究》1988 年第 2 期。

② 任乃强：《西康图经·地文篇》，西藏古籍出版社 2000 年版，第 524 页。

③ 石硕：《附国与吐蕃》，《中国藏学》2003 年第 3 期。

④ 《隋书》卷 83《西域传·附国》，第 1859 页。

川地区向西，即应是附国的范围。因此，附国的东部疆界，至少可从位于大、小金川河谷之外的今四川甘孜藏族自治州的道孚县一带算起。我们知道，从道孚向西，恰好有一个由鲜水河（雅砻江的重要支流）和雅砻江所形成的较为宽阔且大体呈东西走向的河谷地带。任乃强《西康图经·境域篇》记："今甘孜、炉霍、道孚三县地，为西康高原北方海拔 3000 米高之一大河谷平原地带。西康河谷农作物面积之广阔，当以此为首屈。"①

关于附国疆域是分布于道孚、炉霍、甘孜这一广阔的东西向河谷地带，还可以从语言学上得到重要佐证。因中古无清唇音，清唇音均读重唇音，故"附国"之"附"并不读"fu"，而读"bod"。诚如岑仲勉指出，"附"是bod 的对音，即"附国"之"附"读 bod。② 马长寿也认为："'附'于古重唇音读'包'，或即博巴自称之番族也。"③ 正如马长寿所言，"附"即 bod是源于自称，而"国"系隋人所加。从此意义上言，所谓"附国"即应是自称 bod 的人群或部落所建立的政权。值得注意的是，今在道孚、炉霍、甘孜这一河谷地带尚存一种被学界称为"尔龚语"（亦称"道孚语"）的地方方言（当地亦称为"地脚话"）。而操尔龚语的人群正是以 bod 或 bod-pa为自称。孙宏开在对六江流域的语言进行调查后指出："尔龚语主要分布在四川省甘孜藏族自治州丹巴、道孚、炉霍、新龙等县以及阿坝藏族自治州金川观音桥的部分地区……操尔龚语的居民自称 bod-pa。"④ 也就是说，今川西高原操尔龚语并自称 bod（"博"）或 bod-pa（"博巴"）的人群的分布范围在很大程度上正好与我们前面所说的附国疆域相吻合。

关于道孚、炉霍、甘孜、新龙一带居民主要以"博"或"博巴"自称，还可由另一件事得到印证。1935—1936 年，红军长征途经川西高原时，曾在今甘孜县建立苏维埃地方自治政府，即称"波巴（或译'博巴'）自治政府"。波巴自治政府主要管辖道孚、炉霍、甘孜、瞻化（今新龙）一带。⑤该政府之所以取名"波巴"，原因正在于其所辖人群主要是操尔龚语并且自

① 任乃强：《西康图经》，第 186 页。
② 岑仲勉：《〈隋书〉之吐蕃——附国》，《民族学研究集刊》第 5 期，1946 年。
③ 马长寿：《嘉戎民族社会史》，《民族学研究集刊》第 4 期，1944 年。
④ 孙宏开：《川西民族走廊地区的语言》，中国西南民族研究会编《西南民族研究》，四川民族出版社 1983 年版，第 439—440 页。
⑤ 康定民族师专编写组编纂《甘孜藏族自治州民族志》，当代中国出版社 1994 年版，第 292—293 页。

称为"波"或"波巴"的藏人。由此，我们有理由认为，隋时之附（bod）国，可能正是以自称为 bod 的人群之分布范围为基础而建立起来的一个政权。为此，任乃强认为："甘孜东至道孚，西连德格、邓柯等县，从古为一特独之政治区域。……吐蕃未兴以前，此间固应有一大国。"[1] 他又指出："隋附国……国都在今甘孜附近，辖地包今道孚、炉霍、甘孜、德格、邓柯、康定六县，为一狭长农业地带。"[2] 这大体是正确的。但有两点需要补充：其一，从"南北八百里"和今甘孜南部新龙县一带尚有操尔龚语且自称"博巴"者看，附国的疆域显然应包括今新龙县一带；其二，尽管从"东西千五百里"的记载看，附国的西部疆域很可能延伸到了金沙江流域地区，但其中心区域无疑应当在今四川甘孜藏族自治州的道孚、炉霍、甘孜和新龙县一带。[3]

很显然，从疆域范围即"其国南北八百里，东西千五百里"和"国有两万余家"的政权规模看，附国无疑是隋和唐初康区地域最大的政权。隋朝仅存在 37 年，时间甚短。入唐以后亦即吐蕃王朝建立之初，附国与吐谷浑皆为吐蕃以东较大的政权。在附国之东北至吐谷浑之间，存在包括党项在内的近 20 个叫得出名称的大大小小"无君长"的部落。从这些部落"役属吐谷浑，或附附国"的情况看，如果说青海一带的吐谷浑是吐蕃东北方向最大的政权，那么位于康区地域的附国则是吐蕃东部方向最大的政权。

除附国外，7 世纪初，在康区及康区周边地域范围内，还存在若干大小不等的部落政权，其中较大且比较有实力的部落政权主要有以下几个。

二 党项

为羌的一支。《旧唐书·西戎传·党项羌》记："其界东至松州，西接叶护，南杂春桑、迷桑等羌，北连吐谷浑。处山谷间，亘三千里。"[4] 松州在今四川松潘县。叶护指西突厥，在今新疆以西，春桑、迷桑在今川西北

---

① 任乃强：《附国非吐蕃——质岑仲勉先生》，《康藏研究月刊》第 4 期，1947 年。
② 任乃强：《附国非吐蕃——质岑仲勉先生》，《康藏研究月刊》第 4 期，1947 年。
③ 石硕：《附国与吐蕃》，《中国藏学》2003 年第 3 期；石硕：《从唐初的史料记载看"附国"与"吐蕃"》，《民族研究》2003 年第 4 期。
④ 《旧唐书》卷 198《西戎传·党项羌》，第 5290 页。

一带。由此，党项羌大约分布在今青海东部南部、甘肃西南部和四川西北部这一范围之内。但在 7 世纪初，党项羌尚是一个居住分散、组织松散的游牧部族。史载其部"以姓别为部，一姓又分为小部落，大者万骑，小数千，不能相统"。① 又载其"无法令，各为生业，有战阵则屯聚，无徭役，不相往来"。②

三　白兰

《北史》记："白兰者，羌之别种也。其地东北接吐谷浑，西北利摸徒，南界那鄂。"③《新唐书》载白兰诸羌"左属党项，右与多弥接"。④ 由此，白兰羌的地理位置大体是东北接吐谷浑，东与党项相接，南接西藏高原东部，西与多弥相连。

四　东女国

俗以女为王，故名。《旧唐书·南蛮西南蛮传·东女国》记其地：

> 东与茂州、党项接，东南与雅州接，界隔罗女蛮及白狼夷。⑤

由此可知，东女国在今茂县之西、雅安之西北，其位置大约为今丹巴县一带。不过，需要注意的是，《隋书》所言之"东女国"与《旧唐书》记载的"东女国"不是一回事。《新唐书》把两者混为一谈，以至于出现严重的史料篡乱，⑥ 进一步导致学界对"女国"的认识有颇多歧异和错误。如《隋书·西域传·附国》中记附国"西有女国"。此女国指《隋书·西域传·女国》所载"葱岭之南"的女国。因隋时尚不知吐蕃而仅知女国，故《隋书·西域传·附国》记附国"西有女国"。这并不是说附国的西边紧接

---

① 《新唐书》卷 221 上《西域上》，第 6214 页。
② 《北史》卷 96《党项传》，第 3192 页。
③ 《北史》卷 96《白兰传》，第 3191 页。
④ 《新唐书》卷 221 上《西域上》，第 6215 页。
⑤ 《旧唐书》卷 197《南蛮西南蛮传·东女国》，第 5277 页。
⑥ 石硕：《〈旧唐书·东女国传〉所记川西高原女国的史料篡乱及相关问题》，《中国藏学》2009年第 3 期。

女国，而是说有女国在附国之西。

以上是 7 世纪初分布于吐蕃东部康区及周边地域的主要部落情况。

在上述部落中，党项、白兰等部落严格说并不在康区地域内，而是分布于康区的北部，位于附国与青海吐谷浑两大政权之间。因其同后来吐蕃征服康区密切相关，我们就将其纳入视野。而分布于康区地域的部落，大抵以附国为中心。在附国的东部即大渡河上游的丹巴一带有东女国（疑"东女国"为《隋书》所记嘉良夷的一部分）。附国的西部则有多弥或苏毗等部落。附国的南部有薄良夷。附国的东南部或有罗女蛮及白狼夷。附国的西南部即今滇西北一带，则有大大小小被史籍称作"松外蛮"的部落。需要指出的是，除以上这些部落外，在康区地域内可能还杂居着一些相对较小的部落，只因其地域环境封闭，缺乏与外部交往而不为人们所知。

综上所述，我们不难看到，在 7 世纪初，当松赞干布统一西藏高原建立吐蕃王朝之际，介于吐蕃与唐朝之间的康区地域，乃是一个既辽阔又薄弱的中间地带。隋朝虽将附国纳入"西南边置诸道总管，以遥管之"，[①] 但其管辖主要是象征性的。自隋末中原战乱以后，唐与吐蕃之间的附国、吐谷浑、党项、白兰及松外蛮等都处于相对自主的状态。

随着唐朝的建立，唐廷遂以高度的政治威望和发达的经济、文化率先赢得唐、蕃之间各部落的内向与归附。在此背景下，唐也将其势力迅速延伸至青藏高原的东缘地区。武德六年（623），"白兰、白狗羌……吐谷浑，并遣使朝贡"。[②] 武德七年（624），唐朝"以白狗等羌地置维、恭二州"。[③] "及贞观初，诸羌归附"，[④] 不久，党项羌归附，唐"以其地为懿、嵯、麟、可三十二州……于是自河首积石山而东，皆为中国地"。[⑤] 同时，唐还向吐蕃东南隅的松外蛮发起进攻，当地部落也纷纷归附。[⑥]

---

① 《隋书》卷 83《西域传·附国》，第 1859 页。
② 王钦若等：《册府元龟》卷 970《外臣部·朝贡三》，中华书局 1960 年版，第 11397 页上。
③ 《资治通鉴》卷 190，中华书局 2007 年版，第 5976 页。
④ 《旧唐书》卷 198《西戎传·党项羌》，第 5291 页。
⑤ 《新唐书》卷 221 上《西域上》，第 6215 页。
⑥ 石硕：《西藏文明东向发展史》，第 149 页。

第二节　松州战役与吐蕃进兵川西高原

武德年间，在东部的白兰、白狗、党项及西洱河蛮等部落纷纷归附唐朝，唐朝于其地大量设置羁縻州的形势下，新兴的吐蕃王朝显然感受到了强大的压力。特别是贞观六年（632）党项羌前后归附于唐朝者近三十万口。① 为了谋求更有利的发展空间，吐蕃同样采取了主动向唐朝靠拢的战略。贞观八年，松赞干布首次派遣使者入唐朝贡。对吐蕃首次入唐朝贡，史籍记载简略。《旧唐书·吐蕃传》记："贞观八年，其赞普弃宗弄赞始遣使朝贡。"② 《册府元龟》记："（贞观八年）十一月，吐蕃……并遣使朝贡。"③ 但从唐朝紧接着即派使臣冯德遐随吐蕃使臣到逻些回访来看，唐朝对吐蕃首次朝贡显然十分重视，并给予了很高礼遇。唐朝派往逻些的使臣冯德遐在吐蕃同样受到了较高礼遇，松赞干布亲自会见了冯德遐。关于这次会见，《旧唐书·吐蕃传》有如下关键性记述：

> （松赞干布）见德遐，大悦。闻突厥及吐谷浑皆尚公主，乃遣使随德遐入朝，多赍金宝，奉表求婚，太宗未之许。使者既返，言于弄赞曰："初至大国，待我甚厚，许嫁公主。会吐谷浑王入朝，有相离间，由是礼薄，遂不许嫁。"④

这段记载透露出三个重要信息。第一，贞观八年，吐蕃使臣首次入唐朝贡，显然已向唐朝提出了请婚要求，并得到了唐朝允诺。《旧唐书·吐蕃传》所记"初至大国，待我甚厚，许嫁公主"亦为其他记载所印证。《新唐书·吐蕃传》云："天子遇我厚，几得公主。"⑤《资治通鉴》云："臣初至唐，唐待我甚厚，许尚公主。"⑥ 第二，在唐朝使臣冯德遐回访逻些期间，

① 见《旧唐书》卷 3《太宗下》。
② 《旧唐书》卷 196 上《吐蕃上》，第 5221 页。
③ 王钦若等：《册府元龟》卷 970《外臣部·朝贡三》，第 11398 页上。
④ 《旧唐书》卷 196 上《吐蕃上》，第 5221 页。
⑤ 《新唐书》卷 216 上《吐蕃上》，第 6073 页。
⑥ 《资治通鉴》卷 195，第 6139 页。

松赞干布闻知"突厥及吐谷浑皆尚公主"，"乃遣使随德遐入朝，多赍金宝，奉表求婚，太宗未之许"。第三，吐蕃将唐朝先前"许嫁公主"，后又"未之许"的原因归咎于吐谷浑从中"离间"，称："会吐谷浑王入朝，有相离间，由是礼薄，遂不许嫁。"

那么唐朝为何在贞观八年吐蕃使臣首次朝贡时"许嫁公主"，而当吐蕃再次遣使随冯德遐入朝"奉表求婚"之时，却出尔反尔，予以拒绝呢？其中的原因是否如吐蕃所揣度的"会吐谷浑王入朝，有相离间"？

一般来说，唐朝对吐蕃的政策与态度似不太可能受吐谷浑左右。其实，受吐谷浑"离间"只是吐蕃为攻击吐谷浑而寻找的一个借口。从当时的形势看，唐朝出尔反尔的原因表面上是出于实用主义的考虑，真正原因却是对吐蕃的实力尚缺乏充分认识。

贞观八年，吐蕃首次入朝时，正值唐朝征伐吐谷浑前夕，为了抚慰和笼络吐蕃，不让吐谷浑与之结盟，唐对吐蕃使臣的来访表现出极大的友好，并慨然允许其"尚公主"要求是完全不难理解的。而当吐蕃使臣"随德遐入朝……奉表求婚"时，情形则大不一样了。吐蕃使臣随德遐入朝的时间已经是贞观十年（636）。[①] 这时，唐朝已成功完成了对吐谷浑的征服，将吐谷浑变成了自己的属国。因此，唐朝抚慰和笼络吐蕃的前提已不复存在。唐朝在征服吐谷浑以后，主要目标是要急于经营西域，打通中西陆路交通。吐蕃并不地当西域，而处于西域以南的偏远之地。另外，当时吐蕃的势力还仅仅局限于西藏高原的范围，尚未显示出强大的迹象。这样，唐朝与吐蕃的关系短期内就显得并不十分重要。此外，还有很重要的一点，当时唐朝与吐蕃并未直接接壤，双方也未曾发生任何直接的武力对抗，因而，唐朝对新兴的吐蕃王朝的军事能力尚缺乏足够的认识。正是在这一情况下，唐朝对吐蕃采取了非常实用的外交策略，于贞观十年推翻了曾经做出的对吐蕃"许嫁公主"的允诺。

唐朝的食言对吐蕃来说是一个重大打击。吐蕃向唐请婚并非一个轻率之举。从当时的情况看，吐蕃积极向唐请婚，主要有两个重要的政治目的。其

---

① 参见《旧唐书》卷196上《吐蕃上》；《新唐书》卷216上《吐蕃上》；《资治通鉴》卷195；《册府元龟》卷978；苏晋仁、萧錬子校证《〈册府元龟〉吐蕃史料校证》，四川民族出版社1981年版。

一，随着其东部的党项、白兰诸羌，东南隅的松外蛮以及东北部强大的吐谷浑先后归附唐朝，成为唐的属地，吐蕃已越来越感到来自唐朝的强大威胁。为了获得安全感，也为了争取更有利的发展地位，吐蕃迫切需要与唐建立某种形式的结盟，而联姻实为理想的结盟方式。其二，贞观年间，唐朝处于向外开拓的全盛时期，在周边邻近诸部中声威显赫。当时，"西北诸蕃咸请上（指唐太宗）尊号为'天可汗'"，①并均以与唐的联姻为荣。吐蕃立国不久，迫切需要借助唐的声威来提高和加强自己在西北诸蕃中的声望与地位。故积极向唐请婚，对新兴的吐蕃王朝来说乃是一种谋求发展的重要手段。因此，吐蕃向唐请婚，除了对"大国"仰慕，更重要的还是一种政治上的需要。闻"突厥及吐谷浑皆尚公主"而自己的请婚又遭拒绝后，吐蕃的失落与愤懑可想而知。在此背景下，吐蕃遂向唐的属地发动了两次大的攻击，力图以示威的方式来达到目的。

一次是以吐谷浑"离间"为借口，攻击吐谷浑。《新唐书·吐蕃传》记此次战争云："弄赞（松赞干布）怒，率羊同共击吐谷浑，吐谷浑不能亢，走青海之阴，尽取其资畜。"吐谷浑因于贞观九年（635）遭唐打击，后又发生内乱，力量大为削弱，自然非吐蕃的对手，故被迫逃往青海湖之北。②此事大致发生在贞观十一年至十二年（637—638）之间。③

紧接着，在贞观十二年（638），吐蕃发动了直接针对唐朝的松州战役。松州即今天松潘县一带，地处岷江发源地，为农、牧交接地区。关于松州战役，《旧唐书·吐蕃传》记：

> 于是进兵攻破党项及白兰诸羌，率其众二十余万，顿于松州西境。遣使贡金帛，云来迎公主，又谓其属曰："若大国不嫁公主与我，即当入寇。"遂进攻松州。都督韩威轻骑觇贼，反为所败，边人大扰。太宗遣吏部尚书侯君集为当弥道行营大总管，右领军大将军执失思力为白兰道行军总管，左武卫将军牛进达为阔水道行军总管，右领军将军刘兰为

①　《旧唐书》卷3《太宗下》，第39页。
②　《新唐书》卷216上《吐蕃上》为"走青海之阴"。《册府元龟》卷978作"走青海之北"。按古以湖阴为南，故《新唐书》的记载似不合情理，此从《册府元龟》。
③　见《旧唐书》卷196上《吐蕃上》。

洮河道行军总管，率步骑五万以击之。进达先锋自松州夜袭其营，斩千余级。弄赞大惧，引兵而退，遣使谢罪，因复请婚，太宗许之。[①]

从以上记载我们可以看到两点：其一，松州战役是松赞干布（弃宗弄赞）亲率大军发动的；其二，吐蕃发动松州战役目的纯粹是请婚。故其二十万大军仅"顿于松州西境。遣使贡金帛，云来迎公主，又谓其属曰：'若大国不嫁公主与我，即当入寇。'"请婚要求遭拒绝后，才"进攻松州"。

面对吐蕃大军的进攻，特别是松州都督韩威为吐蕃所败后，唐太宗不敢怠慢，派吏部尚书侯君集担任此次战役总指挥，即"行营大总管"，率五万步骑兵分四路向松州进发。侯君集由当弥道、执失思力由白兰道、牛进达由阔水道、刘兰由洮河道进发。唐军四路兵马主要是从西面和北面向松州进发。对松州战事的结果，《资治通鉴》记：

吐蕃攻城十余日，进达为先锋，九月，辛亥，掩其不备，败吐蕃于松州城下，斩首千余级。弄赞惧，引兵退，遣使谢罪，因复请婚。上许之。[②]

显然，从"吐蕃攻城十余日"的记载看，吐蕃并未攻陷松州城，至唐军前锋牛进达抵达，"夜袭其营，斩千余级"，吐蕃乃引兵而退，并遣使谢罪。松州战役对唐朝来说是事倍而功半。其四路大军五万步骑，结果仅前锋一路抵达，"夜袭其营"即结束战事。对吐蕃来说则是事半而功倍。吐蕃进攻松州，不但攻破白兰、党项等原已归附唐朝的诸羌部落，得以率其众二十万进攻松州，且刚与唐军交锋即"引兵而退"，代价甚小却换得了唐朝允婚的许诺。这说明吐蕃攻松州并无真正与唐进行大规模军事对抗的意图，不过是为达到与唐朝联姻目的而进行的一次示威罢了。

需要注意的是，吐蕃在唐朝拒嫁公主后，攻击吐谷浑和松州乃是一个连

---

① 《旧唐书》卷 196 上《吐蕃上》，第 5221 页。
② 《资治通鉴》卷 195，第 6139—6140 页。

贯的军事行动。《新唐书》记："弄赞怒，率羊同共击吐谷浑……勒兵二十万入寇松州。"这表明吐蕃先是"率羊同共击吐谷浑"，在吐谷浑败走青海之北后，乃挥师南下，击破位于吐谷浑之南即阿尼玛卿山一带的党项、白兰诸羌，然后率其众二十万，进攻松州。此次军事行动不仅由松赞干布亲自率领大军发动的，而且是由青海之南沿着今青海和甘肃南部的草原地带长驱而入，直抵当时唐在蜀西的重镇松州。从此次军事行动看，吐蕃进入松州的速度相当快。《资治通鉴》载，吐蕃攻吐谷浑的时间是贞观十二年二月，而进逼松州的时间是贞观十三年（639）一月。也就是说，吐蕃用了一年多的时间，不仅击溃吐谷浑，使其逃往青海之北，而且还击破了位于吐谷浑之南的党项、白兰诸羌部，并率党项、白兰一路南下，直逼松州。吐蕃能够在如此短的时间内，横扫青海湖以南至今川西北和甘肃南部的大片区域，直抵松州，一方面显示出吐蕃军队在高原地区作战具有强大的优势和实力；另一方面，也与该区域地势平坦，多为草原牧区有极大关系。尽管史料未记载吐蕃此次出兵所经的具体路线，但从贞观十五年（641）文成公主前往吐蕃，是在青海湖东南的日月山折向南，穿过今果洛草原抵达玉树，再由玉树向西渡金沙江经藏北即今那曲而至拉萨的路线看，[①] 吐蕃出击吐谷浑和党项、白兰也应当是走的这条路线，即经那曲一带向东，经玉树、果洛击溃吐谷浑，后再经阿尼玛卿山南下，取白兰道而直抵松州之西。这一点从吐蕃进攻松州后唐军分四道出击，试图对吐蕃军队形成合围之势可得到证明。唐军主帅侯君集兵出"当弥道"。《新唐书·吐蕃传》云："多弥，亦西羌族，役属吐蕃，号难磨。滨犁牛河，土多黄金。贞观六年，遣使者朝贡，赐遣之。"[②]　"当弥"即"多弥"，可知当弥道在牦牛河（通天河上游）一带，是吐蕃北向进入青海的交通枢纽。唐军主力取此道，或出于两方面的考虑：一方面意在扼制吐蕃再度北上；另一方面亦有截断吐蕃后路的意图。另三路是"白兰道""阔水道""洮河道"，即今甘肃洮河流域，可见唐军进讨吐蕃军队的四路大军，均是从今甘、青之北向南部推进。这证明位于松州境内的吐蕃主力主要集中在今川西北若尔盖、红原及甘南草原一带。需要注意的

---

　　① 黄显铭：《文成公主入藏路线初探》，《西北民族大学学报》1980 年第 1 期；黄显铭：《文成公主入藏路线再探》，《西藏研究》1984 年第 1 期。

　　② 《新唐书》卷 221 下《西域下》，第 6257 页。

是，吐蕃由东北方向出入主要有一条呈 Y 字形的路线，这就是从今那曲向东进入玉树的牦牛河，在此分成两条路线：向北即经鄂陵湖、扎陵湖通往青海湖一带，由此接唐蕃大道直通长安；另一条路则是由牦牛河上游向东，经果洛草原、阿尼玛卿山南部进入川西北地区，此路线多为高原草场，一马平川，地势开阔平坦，人烟稀少。因此条道路主要分布于黄河以南，学术界将之称作"河南道"。河南道从玉树向东，穿越今青海南部和甘南与川西北毗邻地带，即可进入到岷江上游地区。这条从玉树向东横亘于康区北部的河南道，也是后来吐蕃与唐朝在岷江上游地区展开长期争夺的一条重要进兵路线。吐蕃进攻松州，很大程度上利用了此路线。所以，松州战役实为吐蕃正式利用和开辟此路线之始，由此也拉开了唐、蕃在剑南之西特别是岷江上游地区展开长期争夺的序幕。

吐蕃发动松州战役旨在谋求与唐联姻，并无与之进行大规模军事对抗之意图。但松州战役却是唐蕃间的第一次正面交锋，不但向唐展示了新兴的吐蕃王朝的实力，也由此揭开了唐蕃之间在剑南、西川一带长达两百多年的争夺战之序幕。

第三节　吐蕃在剑南西川的战事与进兵路线

吐蕃自贞观十五年文成公主入嫁以后，与唐朝保持了一段时间的和睦友好关系。这不但缓解了唐朝对吐蕃造成的压力，也使新兴吐蕃借助与唐的联姻，大大提升和加强了自己在西北诸蕃中的政治地位，从而为其崛起提供了极佳的发展空间。

贞观二十一年（647），吐蕃应唐征召，派兵参加唐朝平定龟兹的战役。这使吐蕃的势力首次越过昆仑山脉进入西域，为后来吐蕃向西域的扩张奠定了基础。

贞观二十二年（648），唐王玄策使团出使天竺受阻，吐蕃以助王玄策为名，派兵率属国尼婆罗进攻南天竺，大破之，并向唐朝遣使献捷，从而将势力扩张到喜马拉雅山脉以南的南亚地区。

贞观二十三年（649），唐太宗去世，唐高宗继位。赞普松赞干布致书唐宰相长孙无忌曰："天子初即位，若臣下有不忠之心者，当勒兵以赴国除讨。"① 唐高宗遂下诏，册封吐蕃赞普弄赞为驸马都尉，封"西海郡王"。

吐蕃借助与唐联姻来谋求发展的战略获得了极大成功，短短十余年间，吐蕃借助唐的声威，北攻龟兹，南掠天竺，收尼婆罗为属国，国势日渐强大。松赞干布于 650 年去世。其孙芒松芒赞年幼继位。吐蕃军政大权悉归于大论噶尔·东赞。羽翼渐丰的吐蕃选择了向东扩张，并与唐朝相较量的发展策略。

在东部方向上，吐蕃最大的对手无疑是已为唐之属国的吐谷浑。为了给进攻吐谷浑扫清障碍，显庆元年（656），噶尔·东赞首先率兵十二万攻击位于吐谷浑西南的白兰（今青海都兰、巴隆一带），"吐蕃初败后胜，杀白兰千余人，屯军境上以侵掠之"。② 这是吐蕃进攻吐谷浑的前奏。此后在多次迷惑和试探唐朝态度后，龙朔三年（663），由噶尔·东赞亲率吐蕃大军对吐谷浑发起了全面进攻。在吐谷浑贵族的策应下，吐蕃彻底击溃吐谷浑军队，占领吐谷浑全境。

灭掉吐谷浑，吐蕃占领了青海及新疆东南部大片领土。其东北领土直接与唐朝相接，威胁到唐朝的西域及河西陇右之地。唐朝始感到吐谷浑灭亡使自己处于不利地位，试图以武力迫使吐蕃退出所占领的吐谷浑之地，但因内部意见不一，未付诸行动。此时，实力大增的吐蕃开始采取直接与唐对抗的军事行动。灭吐谷浑的第四年，即乾封二年（667），吐蕃再次向东部隶属于唐朝的诸羌发起进攻，"尽破有诸羌羁縻十二州"。③ 接着又向唐控制的西域发动进攻，"吐蕃陷西域十八州，又与于阗袭龟兹拔换城，陷之。罢龟兹、于阗、焉耆、疏勒四镇"。④ 自此唐朝认识到吐蕃已对其西南和西北疆域构成严重威胁，自己再无犹豫之余地。咸亨元年（670）四月，唐朝派薛仁贵等率十万大军出击吐蕃，目的是"以讨吐蕃，且援送吐谷浑还故地"。⑤ 吐蕃方面遣禄东赞（即噶尔·东赞）子钦陵率兵四十万迎战唐军。双方在

---

① 《旧唐书》卷 196 上《吐蕃上》，第 5222 页。
② 王钦若等：《册府元龟》卷 995《外臣部·交侵》，第 11687 页上。
③ 《新唐书》卷 216 上《吐蕃上》，第 6075 页。
④ 《资治通鉴》卷 201，第 6363 页。
⑤ 《资治通鉴》卷 201，第 6363 页。

大川非（今青海惠渠南切吉旷原）进行决战。结果唐军大败，几乎全军覆没。这就是历史上著名的大非川之战。大非川之战标志着吐蕃的强盛，拉开了近一百余年唐蕃大规模直接军事对抗的序幕。大非川之战使唐朝彻底改变了对吐蕃的认识。《旧唐书》曾这样评述大非川之战后的吐蕃：

> 尽收羊同、党项及诸羌之地，东与凉、松、茂、巂等州相接，南至婆罗门，西又攻陷龟兹、疏勒等四镇，北抵突厥，地方万余里，自汉、魏已来，西戎之盛，未之有也。①

在大非川之战后，吐蕃东部的版图获得了极大的扩展，不但占据原属吐谷浑的青海及新疆东南部的大片领土，而且"尽收羊同、党项及诸羌之地，东与凉、松、茂、巂等州相接"。也就是说，吐蕃的东部地界已直接同唐之松（今松潘）、茂（今茂县）等州相接。

吐蕃既然"东与凉、松、茂、巂等州相接"，那么其采取的是什么样的进兵路线进入到东部地区？其与东部地区沿线即康区地域的部落之间又发生了怎样的关系？这是颇值得关注的问题。

有一点值得注意，在大非川之战以前，吐蕃军队向东出击，几乎都提及对党项、白兰的征服。如贞观十二年，松赞干布进攻松州，即"率羊同共击吐谷浑"，随后又"进兵攻破党项及白兰诸羌，率其众二十余万，顿于松州西境"。吐蕃在龙朔三年击灭吐谷浑之前，亦曾于显庆元年先进攻白兰，为出击吐谷浑扫清障碍。那么，白兰的位置何在？《新唐书·西域传·党项》云：

> 有白兰羌，吐蕃谓之丁零，左属党项，右与多弥接。胜兵万人，勇战斗，善作兵，俗与党项同。②

前已提到，多弥在牦牛河即青海玉树境内一带，白兰既然"右与多弥

---

① 《旧唐书》卷 196 上《吐蕃上》，第 5224 页。
② 《新唐书》卷 221 上《西域上》，第 6215 页。

接"，说明白兰的西界已到今玉树一带。这与《魏书》《北史》称"白兰"在吐谷浑西南的记载相吻合。[①] 而从白兰"左属党项"看，其东部边界则大体延伸到今川西北地区。据周伟洲和黄颢考证，唐初白兰的分布分为青海湖西南和今川西北两大部分，[②] 可见白兰的分布范围相当广，从今青海玉树一直延伸至川西北地区，是唐初分布于康区北部一个强大的部落政权。关于白兰的地界范围，任乃强等认为，白兰的南界到了康北一线："今四川省甘孜自治州的康北石渠、色达、甘孜、炉霍、道孚诸县的草原，皆其故地。"[③] 至于白兰的东部地界，李敬洵认为主要在今大小金川上游地区。[④] 但至高宗龙朔年间以后，白兰已完全被吐蕃征服。《新唐书·西域传·党项》记："龙朔后，白兰、春桑及白狗羌为吐蕃所臣，籍其兵为前驱。"[⑤] 到唐天宝年间，史籍已将其称作"吐蕃白兰"。[⑥]

吐蕃在大非川之战前，几次向东出击都以攻破白兰为前奏，这说明两个问题。

第一，在大非川之战前，吐蕃向东出击的道路均是由藏北即今那曲一带向东行，经过玉树多弥部落所在的通天河（金沙江上游）上游一带，在此又分为两条路，朝东北方向则通往青海湖地区，是吐蕃进攻吐谷浑的主要道路；向东则由川西北的石渠、色达、甘孜、炉霍、道孚的草原地带抵达今四川省阿坝藏族自治州的大金川上游地区。由于白兰"右与多弥接"，即其西部边界延伸到通天河上游地区，地扼吐蕃向东出击之咽喉，又处于吐蕃向东和向东北出入的交通要道，所以，吐蕃每向东出击必先征服白兰。这也是无论是松赞干布进攻松州还是吐蕃击灭吐谷浑均以击破白兰为前奏的原因。

第二，从白兰分布的地域看，其南界包括今康北的一些地区。有一现象颇值得注意，隋时，康区的部落政权以附国最为强大，但入唐以后，除由《王会图》可知附国曾与吐蕃同被列为向唐朝贡之国外，已再不见附国之踪

---

① 《魏书》卷 101《吐谷浑传》载："吐谷浑遂徙上陇……从洮水西南极白兰数千里中。"《北史》卷 96《吐谷浑传》载："吐谷浑遂从上陇……从洮水西南极白兰……"
② 周伟洲、黄颢：《白兰考》，《青海民族学院学报》1983 年第 2 期。
③ 任乃强、曾文琼：《〈吐蕃传〉地名考释（二）》，《西藏研究》1982 年第 2 期。
④ 李敬洵：《七至九世纪川西高原部族考》，《中国藏学》1989 年第 1 期。
⑤ 《新唐书》卷 221 上《西域上》，第 6216 页。
⑥ 王钦若：《册府元龟》卷 977《外臣部·降附》，第 11482 页上。

影。任乃强等曾提出一个推测，认为"甘孜州这个地区，隋代是附国强大。唐代附国被吐蕃灭亡了……白兰代之而兴，成为东方最大的一个藩部"。[①]从吐蕃多次向东出击都仅提及对白兰的征服而未提及附国来看，我们不能排除唐初白兰部落强盛以后极可能向南蚕食了不少属于附国的地域，特别是附国北部与白兰相接的草原地带。故任乃强等认为，唐初，"今四川省甘孜自治州的康北石渠、色达、甘孜、炉霍、道孚诸县的草原，皆其故地"。[②] 因此可以断定，在大非川之战以前，吐蕃数次经牦牛河地区向东出击以及对白兰的征服，使其不但控制了金沙江上游通天河地区即今属于康区范围的青海玉树一带，并以此作为向外出击的重要通道，而且在龙朔以后，随着对白兰的征服，吐蕃的势力显然已延伸到今康区北部的石渠、色达、甘孜、炉霍、道孚诸县的草原地带。所以，吐蕃对康区的征服，主要由藏北向东，先征服位于牦牛河地区的多弥，控制了今青海玉树地区，再通过对白兰的征服，将势力延伸到位于白兰之南的康区北部一带。也就是说，吐蕃向东扩张，主要是经青海玉树一带的多弥向东，经白兰道进入川西北大金川上游和岷江上游的松州、茂州地区。这也决定了吐蕃的势力最初主要是从北部进入康区，并可能将康北的今石渠、色达、炉霍、甘孜、道孚一带纳入其势力范围。

需要指出，横跨康区北部的白兰道不但是大非川之战以前，也是随后吐蕃势力进入川西高原，特别是进入川西北大渡河、岷江上游地带并与唐朝在剑南道西山的松、茂一带进行长期拉锯和争夺的主要进攻路线。

在大非川之战以后，吐蕃还开辟了由滇西北南下，经今迪庆、丽江至西洱河地区，再由今川西南的嶲州（今西昌）一带北上黎州（今汉源）、雅州（今雅安）的进兵路线。这是吐蕃向西南出击与扩张的另一条重要线路。吐蕃开辟这条道路的时间应在大非川之战之后，特别是 680 年前后。[③] 两条材料可以证明在 680 年前后，吐蕃的势力已经从滇西北南下，进入了西洱河及嶲州之西一带。《旧唐书·吐蕃传》记仪凤三年（678）：

---

① 任乃强、曾文琼：《〈吐蕃传〉地名考释（二）》，《西藏研究》1982 年第 2 期。
② 任乃强、曾文琼：《〈吐蕃传〉地名考释（二）》，《西藏研究》1982 年第 2 期。
③ 尽管有学者认为 7 世纪 50 年代时已开辟，但证据不足，多为揣测。参见赵橹《南诏北臣吐蕃发微》，《西藏研究》1990 年第 4 期。

令益州长史李孝逸、巂州都督拓王奉等发剑南、山南兵募以防御之。①

这条记载清楚地表明，当时吐蕃势力已对唐之巂州一带构成威胁。另一条材料是《资治通鉴》记永隆元年（680）：

先是，剑南募兵，于茂州西南筑安戎城，以断吐蕃通蛮之路。吐蕃以生羌为乡导，攻陷其城，以兵据之，由是西洱诸蛮皆降于吐蕃。吐蕃尽据羊同、党项及诸羌之地，东接凉、松、茂、巂等州。②

此记载称吐蕃攻陷安戎城后，"由是西洱诸蛮皆降于吐蕃"。将攻陷安戎城作为西洱诸蛮降于吐蕃的原因是否成立，尚有待考证。关于安戎城的位置，尽管学界有不同看法，但大多数意见倾向于认为在今汶川县境内的薛城一带。③ 西洱河诸蛮则在今云南大理洱海一带。安戎城与西洱河两地相距甚远，似不太可能出现因吐蕃攻陷安戎城而导致西洱诸蛮皆降于吐蕃的情况。④ 此记载的缘起，恐怕与唐筑安戎城的目的有关。有学者称，唐朝在茂州之西筑安戎城是为了"想方设法阻断吐蕃通蛮之路"。⑤ 也就是说，唐筑安戎城的目的是防止从北边由白兰道进入剑南山地区的吐蕃势力向南发展。而防止吐蕃自北向南发展的一个重要背景，即是南边由滇西北向东出击的吐蕃势力已对西洱河及巂州之西构成了威胁，故要防止吐蕃南、北两路贯通。对吐蕃攻陷安戎城以后的情况，以《旧唐书·吐蕃传》的记载较为客观：

于茂州之西南筑安戎城以压其境。俄有生羌为吐蕃乡导，攻陷其城，遂引兵守之。时吐蕃尽收羊同、党项及诸羌之地，东与凉、松、

---

① 《旧唐书》卷 196 上《吐蕃上》，第 5223 页。

② 《资治通鉴》卷 202，第 6396 页。

③ 任乃强、曾文琼：《〈吐蕃传〉地名考释（五）》，《西藏研究》1983 年第 4 期。

④ 赵心愚：《纳西族与藏族关系史》，四川人民出版社 2004 年版，第 172—173 页；查尔斯·巴克斯：《南诏国与唐代的西南边疆》，林超民译，云南人民出版社 1988 年版，第 33—34 页。

⑤ 陈楠：《吐蕃与南诏及洱河诸蛮关系丛考》，《藏史丛考》，民族出版社 1998 年版，第 125 页。

茂、巂等州相接……①

这里并未提到吐蕃攻陷安戎城导致西洱河诸蛮尽降的情况，而仅提及吐蕃攻陷安戎城之后，其东境已与巂州相接，表明在控制安戎城之后，吐蕃在南线的势力已到达巂州一带。不过，由于缺乏史料记载，我们对680年前后吐蕃势力在滇西北、川西南一带扩张的具体情形并不十分清楚。

藏文资料却明确记载了吐蕃向滇西北地区扩张的情况。敦煌藏文写卷P. T. 1287记载赞普赤都松执政时期（676—704年在位）"夺取六诏之疆土，征白蛮之赋税，收乌蛮为属民"。② 敦煌藏文写卷P. T. 1288"编年史"记：兔年（武后长安三年，703）"冬，赞普赴姜地（六诏），并攻陷之"。又记：龙年（武后长安四年，704）"冬，赞普于赴蛮地主政期间升天"。③ 对吐蕃赞普薨于征伐南诏期间一事，《资治通鉴》中也记载："吐蕃南境诸部皆叛，赞普器弩悉弄自将击之，卒于军中。"④ 从汉文史料把南诏之地称作"吐蕃南境"，且赤都松（器弩悉弄）是卒于"南境诸部皆叛"而亲自率兵前往平息过程中可知，吐蕃占据该地区显然已有些时日。从敦煌藏文写卷记赞普赤都松之时已"征白蛮之赋税，以乌蛮为属民"看，至少在703年以前，吐蕃不仅占据了滇西北一带，而且还由该地区南下控制了今丽江及西洱河地区的白蛮、乌蛮等。在此之后，南诏一直北臣于吐蕃，特别是在赤德祖赞执政时期，双方结为"兄弟之国"，吐蕃赞普赤德祖赞娶南诏公主姜摩赤尊为妃，南诏王阁罗凤也亲自出访吐蕃，受到了极高的礼遇。⑤

在征服南诏并与之结盟以后，由滇西北地区南下，再经西洱河和巂州一带北上，即成为吐蕃向唐之剑南西川发动进攻的另一条重要路线。正如《资治通鉴》所载：

---

① 《旧唐书》卷196上《吐蕃上》，第5224页。
② 黄布凡、马德：《敦煌藏文吐蕃史文献译注》，第254页。白蛮在唐代主要分布在云南东南部洱海地区，为西爨主要居民，居于今洱海地区，与白族有亲缘关系。参见黄布凡、马德《敦煌藏文吐蕃史文献译注》，第265页。乌蛮在唐代指分布于四川、云南一带的东爨，大致是纳西、傈僳、彝族的先民。参见王尧、陈践译注《敦煌古藏文文献探索集》，上海古籍出版社2008年版，第143页。
③ 黄布凡、马德：《敦煌藏文吐蕃史文献译注》，第46页。
④ 《资治通鉴》卷207，第6569页。
⑤ 杨铭：《敦煌藏文文献所见的南诏及其与吐蕃的关系》，《敦煌研究》2008年第2期。

吐蕃每入寇，常以云南为前锋，赋敛重数，又夺其险要立城堡，岁征兵助防，云南苦之。①

吐蕃由南线发动的进攻，常联合南诏数十万军队进行。《新唐书·肃宗本纪》记至德元载（756）"是岁，吐蕃陷巂州"。② 而敦煌藏文写卷则记载此年："论泣藏、尚悉东赞、阁罗凤三人所率军旅陷巂州。"③ 由于有南诏军队的襄助，吐蕃势力如虎添翼，在滇西和川西南一带先后占领姚州、巂州一带，并取得对昆明（今盐源）、登台等重要战略据点的控制。正如《旧唐书·吐蕃传》所记："武德以来，开置州县，立军防，即汉之筰路，乾元之后，亦陷于吐蕃。"④ 在控制川南地区后，该地区遂成为吐蕃北上黎、雅的前沿阵地，并与北线的进攻形成相互策应之势，对唐的剑南西川地区构成了更大的威胁。《旧唐书·吐蕃传》记大历十四年（779）：

吐蕃率南蛮众二十万来寇，一入茂州，过汶川及灌口；一入扶、文，过方维、白坝；一自黎、雅过邛崃关，连陷郡邑。⑤

这说明吐蕃联合南诏诸部北上，已对唐之剑南西川地区形成南、北两路夹击之势。这恰如宋人胡元质所说："唐之季年，吐蕃入寇，必入扶、文，南诏入寇，必入沈黎，吐蕃、南诏联合入寇，必出灌口。"⑥ 直到唐德宗贞元年间，唐朝北联回鹘，南与南诏修好，以断吐蕃之右臂。特别是贞元五年（789），唐朝与东蛮合力"大破吐蕃于故巂州"，"竟复巂州"。⑦ 南诏在唐朝的支持下大败吐蕃于神川铁桥之后，才最终遏止了吐蕃由南线的进攻。至此，吐蕃退到金沙江以北，失去了对洱海地区的影响力和在丽江一带的控制权，但中甸及维西、德钦一带仍在吐蕃控制之下。

---

① 《资治通鉴》卷232，第7480页。
② 《新唐书》卷6《肃宗本纪》，第157页。
③ 黄布凡、马德：《敦煌藏文吐蕃史文献译注》，第56页。
④ 《旧唐书》卷196下《吐蕃下》，第5237页。
⑤ 《旧唐书》卷196下《吐蕃下》，第5245页。
⑥ 王象之：《舆地纪胜》卷149《茂州风俗形胜》，中华书局2003年版，第4011页。
⑦ 《旧唐书》卷13《德宗下》，第368页。

　　综上所述，我们可以看到，在7—9世纪，吐蕃与唐朝在西南的战事主要集中于剑南西川一带，尤其是集中在松、茂、黎、雅、巂等州一线。双方在此进行了长期的拉锯战。吐蕃对剑南西川地区的进攻主要分南、北两线。北线穿越横亘于康区北部的白兰地界，经草原地带长驱直入，直达今川西北大渡河上游及岷江上游地区。北线开辟时间早——贞观十二年吐蕃发动松州战役时即已开通，而且在兼并白兰特别是在安史之乱前，吐蕃向剑南西川的进攻大多是以北线为主。尤其是趁唐爆发安史之乱，占据河西陇右地区之后，吐蕃在松茂地区与唐的战事往往还与其陇右战场形成呼应和互动。吐蕃军队亦常从河西陇右一带沿凉（今武威）、文（今文县）、扶（今九寨沟）等州南下攻松茂地区。

　　但从8世纪起，在吐蕃征服南诏并与之结盟以后，南下滇西北，再由川西南一带北上黎、雅地区，逐渐成为吐蕃进攻剑南西川的南线。南线主要是以南诏为依托，多为吐蕃与南诏军队联合作战。南线在安史之乱后逐渐活跃，成为吐蕃在巂州、黎州、雅州一带与唐交锋和争夺的主要进攻路线。在安史之乱后，吐蕃由南、北两条线路向剑南西川地区发起的进攻，最终形成了南、北呼应和贯通之势。早在仪凤三年唐朝即在茂州西南筑安戎城，意在防御北路的吐蕃由剑南西川地区南下的"通蛮之路"。但在安史之乱以后，吐蕃联合南诏由南线展开进攻之势大为强劲，使南线成为吐蕃进攻剑南西川地区的主要路线。所以，在8世纪后期，吐蕃在剑南西川地区的进攻最终实现了南、北两路的策应与贯通。《旧唐书·吐蕃传》记：

　　　　（大历十四年）十月吐蕃率南蛮众二十万来寇，一入茂州，过汶川及灌口；一入扶、文，过方维、白坝；一自黎、雅过邛崃关，连陷郡邑。①

对此次进攻，《新唐书·南蛮传》亦记：

　　　　（南诏王）异牟寻立，悉众二十万入寇，与吐蕃并力。一趋茂州，

---

①　《旧唐书》卷196下《吐蕃下》，第5245页。

逾文川，扰灌口；一趋扶、文，掠方维、白坝；一侵黎、雅，叩邛郲关。①

由以上记载看，此次兵分三路进攻剑南西川，当是吐蕃与南诏联合发起的一次大规模进攻。可以肯定，三路进攻中，"侵黎、雅，叩邛郲关"一路，当以南诏军队为主力，是由南线即滇西和川西南一带北上而来。"趋扶、文，掠方维、白坝"一路，则应是北线即由今甘南一带南下的吐蕃军队为主。② 至于"趋茂州，逾文川，扰灌口"一路，具体由谁主导不详。但既然是南诏王异牟寻亲率大军参战，则很可能是由南诏与吐蕃双方军队联合组成。从此次吐蕃与南诏共同兵分三路向剑南西川进攻不难看出，吐蕃势力对剑南西川的进攻已完全实现了南、北两条进攻路线的贯通与相互配合。7世纪末唐朝于茂州筑安戎城的目的是"断吐蕃通蛮之路"，但此措施并未奏效。在8世纪后期唐朝的担忧也最终成为现实。不过，出乎唐朝意料的是，吐蕃的"通蛮之路"主要并不是由剑南西川地区南下，而是由吐蕃南下滇西北地区，通过与南诏结盟，再由今川西南北上，对剑南西川地区形成强劲攻势，最终实现由南、北两线对剑南西川地区的夹击。毫无疑问，吐蕃由南、北两路对剑南西川地区的进攻给唐朝带来了极大压力。为此，唐德宗时期采纳韦皋的建议，通过寻求与南诏的结盟来瓦解吐蕃由南线对剑南西川地区的进攻。所以，在贞元十年（794），唐朝与南诏重新结盟之后，尤其是收复"巂州全境"以后，就再也未见到吐蕃军队进攻黎、雅的记载。这说明吐蕃在南线的进攻主要是以南诏为依托，并取道巂州北上来进攻黎、雅地区。

纵观吐蕃在其东部和东南方向与唐朝展开的战事，我们可以看到两个异常明显的事实。

第一，吐蕃与唐朝在西南地区的战事主要集中于剑南西川（今成都平原西部边缘）的松州、茂州、黎州、雅州、巂州一带，双方在此展开了长期的拉锯战。由于唐朝着力防御和有效抵抗，加之剑南西川地区有邛崃山、

---

① 《新唐书》卷222上《南蛮上》，第6272页。
② 王海兵：《唐蕃西川战争及相关路线考辨》，《江汉论坛》2008年第1期。

岷山和龙门山等山脉形成的巨大地理屏障，吐蕃始终未能突破剑南西川防线，进入川西平原地区。[①]

第二，吐蕃对剑南西川地区的进攻主要由南、北两条路线进行，北线大抵为"白兰道"，即从今青海玉树境内的通天河上游地区向东，沿巴颜喀拉山脉与阿尼玛卿山以南的草原地带进入今川西北，抵达岷江上游和大金川上游地区，或是由河西陇右地区南下。南线则大体是由今藏东的昌都一带南下云南迪庆，由神川铁桥过金沙江，进入今丽江及西洱河地区，再由姚州、巂州北上，抵达剑南西川的黎州、雅州一带。

以上两点大体构成了吐蕃与唐朝在川西高原及剑南西川地区长达两百年战争的基本格局和特点。

需要注意的是，在7—9世纪，吐蕃进攻剑南西川地区的南、北两条路线，实际上均是大范围迂回绕行的路线。北路绕行于康区北部的草原地带，再由草原地带南下川西北及岷江上游地区；南路是从今昌都一带南下滇西北的迪庆、丽江和西洱河地区，再经川西南地区北上，由巂州向北抵达黎州、雅州一带，其迂回绕行的幅度比北路更大。特别需要指出的是，吐蕃军队前往剑南西川地区的南、北两条进军路线，其迂回绕行都恰恰避开了东部康区的地域——今甘孜藏族自治州的地域范围。北线从康区的北部绕道而过，南线则绕行于康区的南部。我们知道，吐蕃自西向东进入蜀之西的剑南西川地区，最直线的距离乃是自西向东越过金沙江，穿越东部康区地域即今甘孜藏族自治州境内，直抵临近蜀地的剑南西川地区。今川藏线公路的南线318国道和北线317国道均循此而行。这是距离最短也是最便捷的线路。那么在7—9世纪，吐蕃为何不由此道东进，而是舍近求远，采取大范围地绕过东部康区地域，即分别从东部康区的北面和南面迂回绕行来抵达剑南西川地区呢？

上述事实，过去曾长期受到学术界的忽视，以至于出现一种模糊的认识，认为吐蕃一开始即征服了东部康区地域，并以康区为基地向剑南西川地区展开强有力的进攻。其实，这种认识明显是一种误解，不但无史料依据，

---

① 吐蕃进攻剑南西川地区的最大目标乃是要攻取成都，实现以"蜀为东土"。参见王海兵《唐蕃西川战争及相关路线考辨》，《江汉论坛》2008年第1期。

也不客观。那么，问题是吐蕃军队对剑南西川地区发起的进攻，为何需要分别从北、南两个方向大范围地迂回绕过东部康区的地域呢？这只有一个合理的解释，那就是受到交通条件的制约，即当时从东部康区前往剑南西川地区的道路尚未开通，尤其是缺乏适宜军队大规模通行的道路。

我们知道，东部康区尤其是今川西甘孜藏族自治州境内处于横断山脉的核心区，自金沙江向东，分别有三条南北走向的巨大山脉，它们分别是：位于金沙江和雅砻江之间的沙鲁里山；位于雅砻江和大渡河之间的大雪山；位于大渡河与岷江之间的邛崃山脉。这三座自北向南蜿蜒的巨大山脉形成了无数崇山峻岭和巨壑深谷，成为横断山区东西向交通的主要障碍。虽然不排除在该区域内民间一直有小路相通，但这些小路显然不适宜作战军队通行，尤其是不适宜动辄上万人的吐蕃军队通行。这一点，在隋大业四年（608）附国向隋朝朝贡时已得到了充分体现。附国向隋朝贡之时，向隋朝提出一个请求："以路险不通，请开山道以修职贡。炀帝以劳人不许。"[1] 这说明附国向隋朝贡的道路虽有小道可行，但总体是"路险不通"。这显然正是附国向隋朝提出"请开山道以修职贡"的原因。而隋炀帝"以劳人不许"，拒绝附国的要求，亦说明要开通从东部康区通往外界的山道工程浩大，殊非易事。

入唐以后，从蜀西雅州开辟通向康区道路一事再次被提上议事日程。不过，这次提出动议的并非康区的部落，而是唐朝。史载武则天垂拱四年（688）：

> 太后欲发梁、凤、巴蜀，自雅州开山通道，出击生羌，因袭吐蕃。[2]

也就是说，武则天欲派遣梁州（今汉中）、凤州（今凤县）和巴州（今巴中）之民，"自雅州开山通道……因袭吐蕃"。所谓"自雅州开山通道"，即指由雅州向西通往康区地域的道路。[3] 武则天欲打通此条道路的动机，显然是要通过此道来出击吐蕃。诚如陈子昂所言："国家欲开蜀山，自雅州道入讨生羌，因以袭击吐蕃。"[4] 但这个"自雅州开山通道"的动议，却遭到

---

① 《隋书》卷83《西域传·附国》，第1859页。

② 《资治通鉴》卷204，第6455页。

③ 今由成都向西通往康区及西藏的318国道正是经此而行。

④ 陈子昂：《谏雅州讨生羌书》，《全唐文》卷212，中华书局1983年版，第2149页。

朝臣反对，反对最力者当数陈子昂。陈子昂提出的反对理由是：

> 臣闻吐蕃羁虏，爱蜀之珍富，欲盗之久有日矣，然其势不能举者，徒以山川阻绝，障隘不通，此其所以顿饿狼之喙，而不得窃食也。[①]

很显然，主张"自雅州开山通道……因袭吐蕃"的人只想到开通此道可为唐朝出击吐蕃提供便利，却未考虑到此道开通亦会为吐蕃犯蜀大开方便之门。故陈子昂提出"山川阻绝，障隘不通"，对吐蕃向蜀的进攻何尝不是一种有效制约。这一理由显然颇具说服力，故"自雅州开山通道"的工程最后是"役不果兴"。[②] 原因是武则天听从了朝臣建议，以可能为吐蕃来犯提供便利和劳民两个理由取消了这一工程。所以，终唐一代，始终不存在由雅州向西通往康区的适合作战军队通行的道路。这也正是吐蕃进攻剑南西川不得不从南、北两条线路大范围绕过康区地域的原因。

有关唐宋时期由雅州向西前往康区交通闭塞的情况，在史籍记载中也多有反映。

《太平寰宇记》提到邛州：

> 西南至羌戎界一百三十里，以山为界，以西无郡县相接，绝无道路。[③]

《通典》描述黎州向西的道路亦云：

> 西南去郡一里，高山万重，西北去郡五里，高山万重。[④]

《太平寰宇记》还记：

---

① 陈子昂：《谏雅州讨生羌书》，《全唐文》卷 212，第 2149 页。

② 《资治通鉴》卷 204，第 6456 页。

③ 乐史：《太平寰宇记》卷 75《剑南西道四》，第 1523 页。

④ 杜佑：《通典》卷 176《州郡六》，中华书局 1988 年版，第 4637 页。

灵关路，在县界，去蕃界八日程，从界去吐蕃野城三日程，其险地，以绳为桥，其外不知里数。[①]

这些记载均反映了当时从黎州、雅州和邛州（今邛崃）一带向西通行的道路异常险峻难行，或"高山万重"，或"以绳为桥"。从"其外不知里数"的记述看，当时从黎州、雅州、邛州一带越过"高山万重"的险峻小道向西通行的人显然极少。由于"高山万重""以绳为桥"的小道难以作为作战军队通行的道路，后勤补给也存在极大困难，所以，在7—9世纪，吐蕃军队向东出击并不是自西向东直接穿越东部康区，而是选择避开康区所在的横断山区，从南、北两路大范围迂回绕行进入剑南西川地区的进攻路线。

---

①　乐史：《太平寰宇记》卷 77《剑南西道六》，第 1552 页。

第 四 章

吐蕃对康区部落的役属与联盟

第一节　吐蕃对康区部落的役属与控制

7—9世纪吐蕃自西向东直接穿越东部康区为巨大的山脉所阻挡，其不得不选择从南、北两路大范围迂回绕行来进攻剑南西川。由此，当我们立足于康区这一区域来审视7—9世纪吐蕃与唐朝在川西高原地区发生战事的史料时，即遭遇一个很大的麻烦——我们很难找到吐蕃在康区活动情况的相关史料记载。首先，吐蕃与唐朝之间的战事绝大多数发生在松州、茂州、黎州、雅州、巂州一带，上述地区主要在邛崃山脉以东，为今川西北或川西南地区，而这些地区大多并不在今天的康区范围内。其次，吐蕃进攻剑南西川地区的北路是绕过康区的北部再南下松州、茂州，南路则是迂回绕过康区的南部，由今川西南的巂州北上黎、雅地区。也就是说，无论是北路还是南路都恰好绕过了康区。这就存在一个问题，在7—9世纪，吐蕃的势力是否全面进入了康区？又是否实现了对康区部落的征服与统治？这显然是一个需要细致梳理史料才能明了的问题。下面，让我们来看看吐蕃与康区部落的关系。

1. 吐蕃与苏毗

有一点确定无疑，由于吐蕃势力的扩张是自西向东进行的，就康区地域而言，吐蕃首先控制的是今玉树、昌都和迪庆一带，即康区的西部。今玉树一带当为吐蕃最早向东出击的通道。贞观十二年吐蕃发动松州战役即是经玉树地区东进，击破白兰、党项后直趋松州西境。而在7世纪初，在今玉树和昌都一带，最大的部落当为苏毗。《新唐书·西域传》记：

苏毗，本西羌族，为吐蕃所并，号孙波，在诸部最大。东与多弥接，西距鹘莽碛，户三万。天宝中，王没陵赞欲举国内附，为吐蕃所杀。子悉诺率首领奔陇右，节度使哥舒翰护送阙下，玄宗厚礼之。[①]

《册府元龟》卷977《外臣部·降附》引唐陇右节度使哥舒翰上奏亦云：

苏毗王子悉诺逻率其首领数十人来降。陇右节度使哥舒翰奏曰："苏毗一蕃，最近河北吐泽部落，数倍居人。盖是吐蕃举国强授，军粮兵马，半出其中。"[②]

苏毗为吐蕃所并后，被称作"孙波"，且在诸部中势力最强大，达到"户三万"，以致"吐蕃举国强授，军粮兵马，半出其中"。从"东与多弥接，西距鹘莽碛"看，苏毗的地理位置大致为金沙江上游通天河以西，跨唐古拉山脉南北一带，西至今青海索曲北源上游，北与吐谷浑以黄河相邻，大致包括今青海玉树西部的大部分地区。[③] 松赞干布时期已将吐蕃地域划分为"五茹"，而将原苏毗故地划分为"孙波茹"。对"孙波茹"的范围，藏文史籍《贤者喜宴》有如下记载：

东至聂域朋纳（guye yol bum nag），南至弥地曲纳（smri ti chu nag），西至叶晓丁波切（yel zhabs sding po che），北至纳雪斯柴（nags shod gzi vphrd），以仓甲雪达巴园（chang rgya shod stag pa tsal）为中心。[④]

---

① 《新唐书》卷221下《西域下》，第6257页。"鹘莽碛"在《新唐书·地理志》的注释和《册府元龟·外臣部·风土三》中均有较详记载。学者经考证与实地考察，认为鹘莽碛为吐蕃古道上之要冲，其地点在唐古拉山附近今青海杂多县索曲北源的上游。参见陈小平《唐蕃古道》，三秦出版社1989年版，第96—97页。

② 王钦若等：《册府元龟》卷977《外臣部·降附》，第11482页上。苏晋仁注"吐泽"疑"吐浑"之讹。参见苏晋仁、萧鍊子校证《〈册府元龟〉吐蕃史料校证》，第164页。

③ 杨铭：《唐代吐蕃与西北民族关系史研究》，兰州大学出版社2012年版，第44页。

④ 巴卧·祖拉陈哇著，黄颢译注《〈贤者喜宴〉摘译（二）》，《西藏民族学院学报》1981年第1期。

据日本藏学家佐藤长对其四至地望的考证，孙波茹的中心"仓甲雪达巴园"在今边坝以西丹达塘，东至的聂域朋纳在今昂曲（噶木楚河）中下游，西界的叶晓丁波切在今扎加藏布河北侧之叶尔诺札湖，北至的纳雪斯柴在今唐古拉山脉以北尕尔曲南雁石坪一带，南界之弥地曲纳在今黑河嘉黎县境麦地藏布。[①]

由此看来，孙波茹的范围大抵以今西藏昌都的边坝为中心，北抵青海玉树西部和那曲东部，东南至昌都昂曲一带。此范围不仅与苏毗故地大致吻合，而且正好大体覆盖了今属康区西部的大部分地区。

可见，在吐蕃设置的五茹中，分布于东部昌都、玉树和那曲东部一带的主要是以苏毗之故地为中心的孙波茹。孙波茹地当吐蕃向东部川西北和滇西北出击之门户和要冲，由此我们也就不难理解苏毗部落"盖是吐蕃举国强授，军粮兵马，半出其中"了。

需要指出的是，有关苏毗，过去曾有一个错误认识，即将苏毗与女国相混淆和联系。原因是《隋书·西域传·女国》中对女国有如下一条记载："女国……王姓苏毗，字末羯，在位二十年。"[②]因有女国"王姓苏毗"这一记载，故某些学者遂将"女国"与"苏毗"等同视之，或认为二者为藩国关系，不仅使用《隋书》和《北史》所载葱岭之南的女国材料来探讨和说明苏毗之社会面貌，[③]甚或认为女国之地望即"其王所居名康延川"在今昌都一带。[④]其实，这种看法并无依据。从史料系统看，除《隋书》《北史》中出现了"世以女为王，王姓苏毗"的记载外，在同时代且更为直接和详细记述女国情况的《大唐西域记》《释迦方志》《往五天竺国传》等文献中均完全不见此记载。在唐代清晰地记载葱岭以南和川西高原两个女国情况的《唐会要》中亦无此记载。[⑤]所以，从史料传承系统看，《隋书》《北史》记女国"王姓苏毗"明显是一误载。佐藤长认为记载中的"苏毗"应为"苏

　　① 佐藤长：《チベット历史地理の研究》，岩波书店1978年版。

　　② 《隋书》卷83《西域传·女国》，第1850页。

　　③ 杨正刚：《苏毗初探（续）》，《中国藏学》1989年第4期。

　　④ 任乃强：《隋唐之女国》，《任乃强民族研究文集》，第156页。结合《隋书》卷83《西域传·附国》中"西有女国"的记载。

　　⑤ 石硕：《女国是苏毗吗？——论女国与苏毗之差异及女国即苏毗说之缘起》，《西藏研究》2009年第3期。

伐（金）"之误。① 周伟洲也指出："无论在四川西部之'东女国'或在葱岭南之'女国'均非由苏毗直接建立。苏毗即女国的论点更是不可取的。"② 所以，在吐蕃孙波茹的范围，即属于康区地域的今玉树、昌都一带，主要是苏毗部落的所在，并无所谓"女国"。

吐蕃总体上是一个军事联盟政体。苏毗尽管被吐蕃征服，但其部落建制和首领均一仍其旧。苏毗部落"户三万"，势力强大，又地当藏北、玉树和昌都等吐蕃向东的枢纽和门户地带，自然成为吐蕃向东出击的重要军事同盟。整个吐蕃时期，苏毗与象雄、吐谷浑、弥药并称为"吐蕃外四族"，是与吐蕃王室联姻的重要部落。其首领也大多身居高位，担任吐蕃尚、论等要职。

敦煌藏文写卷 P. T. 1288 之"编年史"中即记猪年（天宝六载，747）：

> 冬季大会，于"磋之寨卓"由大论穷桑，末·东则布、论莽布支、尚没陵赞等人召集议盟，牧场大料集之尾数扫清。③

此处提到的"尚没陵赞"应是汉文史籍所记天宝四载（745）欲率部降唐的苏毗王没陵赞。"尚"表明其是与吐蕃王室联姻之贵族。④ 天宝十四载（755），苏毗王没陵赞"举国内附，为吐蕃所杀。子悉诺率首领奔陇右，节度使哥舒翰护送阙下，玄宗厚礼之"。⑤ 苏毗部落发生如此大规模降唐内附的事件，一方面表明苏毗部落实力强大，不甘于长期受制于吐蕃；另一方面也与吐蕃东征过程中对苏毗部落的盘剥甚重，即"举国强授，军粮兵马，半出其中"有密切关系。

天宝年间，苏毗王没陵赞及其子悉诺率部附唐一事在当时引起了较大震动。恰如唐朝著名将领哥舒翰在《奏苏毗王子悉诺逻降附状》中所言：

---

① 佐藤长：《チベット历史地理の研究》。

② 周伟洲：《苏毗与女国》，《边疆民族历史与文物考论》，黑龙江教育出版社 2000 年版，第 36 页。

③ 王尧、陈践译注《敦煌本吐蕃历史文书（增订本）》，第 154—155 页。

④ 《资治通鉴》卷 246 引《国史补》记，"吐蕃国法不呼本姓，但王族则曰论，官（宦）族则曰尚"。参见韩儒林《吐蕃之王族与宦族》，《中国文化研究所集刊》第 1 卷第 1 期，1941 年；陈楠《吐蕃的"尚"与"论"》，《藏史丛考》，第 162—166 页。

⑤ 《新唐书》卷 221 下《西域下》，第 6257 页。

自没凌替送款事彰，家族遇害二千余人，悉其种落，皆为猜阻。今此王子，又复归降，临行事泄，还遭掩袭，一千余人，悉被诛夷，犹独与左右苦战获免。且吐蕃、苏毗，互相屠戮，心腹自溃、灭亡可期。①

尽管天宝年间发生了苏毗王及王子率部降唐事件，但整个吐蕃时期，苏毗部落始终是吐蕃军事部落联盟政权的重要同盟，也是吐蕃向东扩张的主力。在安史之乱后，吐蕃先后占据河西陇右地区，也征调苏毗部落的各千户驻守于上述地区。这在敦煌藏文写卷中得到反映。P. T. 1080《比丘尼为养女事诉状》载："往昔，兔年，于蕃波（bod sum）部落与退浑（va zha）部落附近，多人饥寒交迫，行将待毙……"② P. T. 1089 号文书记："吐蕃与孙波（bod sum）的千户长之下为通颊（mthong khyab）与吐谷浑（va zha）的千户长……孙波的小千户长……"③ 以上写卷中提到的"蕃波""孙波"又译为"蕃苏"（bod sum）一词，有学者研究后认为，该词应指"蕃化了的苏毗人"。④ 从这些藏文写卷的内容看，"蕃苏"（bod sum）的地位及任职序列均在吐谷浑人之上，基本与吐蕃人平等。可见，苏毗人因被征调于河陇地区，并长期驻守，后多留居于该地。⑤

周伟洲指出：

> 敦煌发现之 P. T. 1080、1083、1089 号卷子中，经常提到所谓的"吐蕃·苏毗"（bod sum）部落或"吐蕃·苏毗小千户"（bod sum gyi stong chumg）。有的研究者认为，bod sum 应译作"蕃苏"部落，意即"蕃化了的苏毗人"，其地位及任职序列均在后为吐蕃征服的吐谷浑等人之上，基本与吐蕃人平等。这些藏文卷子均反映了苏毗军队被征调至河陇地区，长期驻守，以后就留居于该地区的情况。至今在青海一些地方还保留有以"苏毗"命名的村落。⑥

---

① 哥舒翰：《奏苏毗王子悉诺逻降附状》，《全唐文》卷 406，第 4151 页。
② 王尧、陈践译注《敦煌吐蕃文献选》，四川民族出版社 1983 年版，第 48 页。
③ 杨铭：《吐蕃统治敦煌研究》，台北：新文丰出版公司 1997 年版，第 118—119 页。
④ 杨正刚：《苏毗初探（一）》，《中国藏学》1989 年第 3 期。
⑤ 杨铭：《唐代吐蕃与西北民族关系史研究》，第 53 页。
⑥ 周伟洲：《苏毗与女国》，《边疆民族历史与文物考论》，第 26 页。

总之，苏毗部落在吐蕃王朝向东部地区扩张过程中一直扮演着重要角色，充当着主力。苏毗传统地域最初主要在以今昌都、玉树为中心的康区西部地区，但随着吐蕃王朝的向东扩张，苏毗人在东部地区广为扩散，不但大量分布于河西陇右地区，在吐蕃末年，一部分驻守河陇地区的苏毗人还曾由西北南下，向康区一带扩散。

2. 多弥与"南部族"

吐蕃东扩过程中，在金沙江上游地区征服的部落中还有多弥。

《新唐书·西域传》称多弥"滨犁牛河，土多黄金"。① 犁牛河应为牦牛河，即今通天河上游。② 可见，多弥的位置在今青海玉树境内的通天河上游，地当吐蕃由东北方向进入青海吐谷浑地界的交通枢纽。《通典》记："其国出鄯城五百里，过乌海，入吐谷浑部落、弥多弥、苏毗及白兰等国，至吐蕃界。"③ 这里的"弥多弥"应即多弥。可见，由吐谷浑通往吐蕃，需经过多弥、苏毗、白兰等部落的地界。④ 《新唐书》记多弥贞观六年曾遣使者贡朝，说明其时多弥尚是一个独立政权实体，但后来"役属吐蕃"。有学者依据多弥"号难磨"的记载，提出古藏文文献中 nam 一词，当与"多弥"有关。《敦煌本吐蕃历史文书·大事纪年》中记载，710 年、720 年、722年、723 年、730 年、757 年、758 年吐蕃于多思麻地区的会盟，均曾在一个名叫"则·南木禾"（gtse nam yor）的地方举行。⑤ 不少学者认为其地名与"南磨"相近。⑥ 此地是否即是指多弥之地域目前还不能确定。但可以肯定，既然地当吐蕃通往东北方向之交通要冲，并与苏毗和白兰相邻，故多弥被吐蕃征服的时间应当比较早。吐蕃发动松州战役时"进兵攻破党项及白兰诸

① 《新唐书》卷 221 下《西域下》，第 6257 页。
② 谭其骧主编《中国历史地图集》（五），中国地图出版社 1982 年版。
③ 杜佑：《通典》卷 190《边防六》，第 5171 页。相同记载亦可见《唐会要》卷 99《吐蕃》。
④ 唐代道宣撰《释迦方志》记唐使者赴印度的道路："其东道者，从河州西北度大河，上漫天岭，减四百里至鄯州。又西南减百里至鄯城镇，古州地也。又西南减百里至故承风戍，是隋互市地也。又西减二百里至清海，海中有小山，海周七百余里。海西南至吐谷浑衙帐。又西南至国界，名白兰羌，北界至积鱼城，西北至多弥国。又西南至苏毗国，又西南至敢国。又南少东至吐蕃国，又西南至小羊同国。"参见道宣《释迦方志·遗迹篇第四》，中华书局 1983 年版，第 14 页。
⑤ 王尧、陈践译注《敦煌本吐蕃历史文书（增订本）》，第 150—152、155 页。
⑥ 杨铭：《有关藏文史料 nam "难磨"的记载补正》，《藏学学刊》第 5 辑，四川大学出版社 2010年版。

羌。率其众二十余万，顿于松州西境"。这之中可能已包括了多弥。多弥在松赞干布向东北方向扩张时已"役属吐蕃"。被征服的多弥虽在政治、军事上服从于吐蕃，但其部落仍得以延续。《新唐书·吐蕃传》记开元十七年（729）"吐蕃令曩骨委书塞下，言：'论莽热、论泣热皆万人将，以赞普命，谢都督刺史；二国有舅甥好，昨弥、不弄羌、党项交构二国，故失欢，此不听，唐亦不应听'"。其中所说"昨弥"应为多弥。"不弄羌"应指白兰。①

　　关于多弥，有一个问题颇值得注意，"多弥"一称是汉文文献的称谓，那么吐蕃是怎么称呼该部落的呢？汉文文献记多弥"号南磨"（nam mo）。英国学者 F. W. 托马斯在敦煌古藏文写卷中，发现了一种于 8—9 世纪用古藏文书写的近似藏语而尚不确知的语言。② 此种语言，托马斯研究后，将之定名为"南语"，并撰写了《南语——汉藏民族走廊的一种古代语言》一书。③ 在此书中，托马斯指出，他通过整编《关于新疆的藏文文献集》，发现《于阗教法史》中记载浑末（Hu Mar）王与于阗王通婚的史实，才知道藏北曾有一个叫作"南"的邦国存在。他发现古藏文写本里的"南"语、"南巴"、"南地"（Nam-tig）以及佉卢文中的 Namig'a 等名称，同古藏文写本中有关藏东北古代民间文学卷子中所引用的一些名称相同。故托马斯把这种在敦煌获得的用古藏文书写的近似藏语而尚不确知的语言确定为"南语"，认为这份记载藏东北民间传说的写卷是自南语译为藏文的一个文本，④并提出"操这种南语的可能是中国古代史上所称羌人的后裔"，⑤ 将南语与南凉相联系。著名语言学家闻宥虽不同意将"南语"与南凉相联系（"南凉"之"南"乃后人据其方位所加），但认为托马斯提出操南语的部族是古代羌人的一支完全可能，认为文献所记古代羌人中确有称为 Nam 的一支。⑥周伟洲也认为白兰羌与卑湳等羌有渊源关系，并指出："白兰应为南部中的

　　① 周伟洲：《唐代吐蕃与近代西藏史论稿》，中国藏学出版社 2006 年版，第 45 页。
　　② 陶玛士（托马斯）：《南语——选自〈敦煌南语文本简介〉》，玉文华、杨元芳译，《西藏研究》1992 年第 4 期。
　　③ 陶玛士：《南语——汉藏民族走廊的一种古代语言》，玉文华、杨元芳译，云南丽江普米文化研究室编印，2003 年。
　　④ 陶玛士：《南语——汉藏民族走廊的一种古代语言》，第 47 页。
　　⑤ 周伟洲：《唐代吐蕃与近代西藏史论稿》，第 47 页。
　　⑥ 闻宥：《论所谓南语》，《民族语文》1981 年第 1 期。

一支，即 SPhrom（白色的）Nam（南）部。即是说，多弥（南部）与白兰均源于汉代以来西羌中的卑湳等羌部。"①

"南语"的发现以及操"南语"的人群是古代羌人后裔这一事实，提出了两个很重要的问题。

其一，吐蕃征服的藏东北一带的党项、白兰、多弥等，甚至可能包括苏毗，这些部落所操的语言和吐蕃本部所操的藏语可能是不一样的，至少在7世纪这些部落被吐蕃征服之初是不一样的。正因为如此，敦煌古藏文写卷中才出现了将南语译为古藏文的写本。这表明吐蕃向青藏高原东部方向的扩张，实际是把许多不同语言、不同文化甚至不同信仰的部落收入麾下，并把它们在政治、军事上联系为一体。

其二，过去学界多仅将"南语"与"号南磨"的多弥相联系，这种理解可能存在很大偏差。事实上，正如周伟洲所言："南"应同"白兰羌与卑湳等羌有渊源关系"。② 这就意味着操"南语"的可能不只多弥，而应当是一个相当庞大的人群系统。这个人群系统不仅分布于藏东北地区，甚至还包括了今青海南部、川西北地区的众多部落。在汉文史籍中，这些部落人群大多被归为"西羌"或"羌之别种"。他们应大多属于操"南语"的西羌类部落，周伟洲把他们称为"南"部族。③ 事实上，我们在川西北地区也发现有被称作"南"的部落，史籍作"南国"。《册府元龟》卷971《外臣部·朝贡四》记：开元二十九年（741）"十二月，女子王国赵曳夫及拂誓国王、喃国王各遣其子来朝，具献方物"。同书卷965《外臣部·封册三》记："唐玄宗天宝元年正月，封女国王赵曳夫为归昌王，授左金吾卫大将军；佛逝国王刘滕未恭为宾义王，授右金吾卫大将军；喃国王杨多过为怀宁王，授左羽林大将军，并员外置。各赐帛八十匹，放还部落。"同书卷170《帝王部·来远》载：天宝"十三载，女国、南国、狗国并率部落内属。其大首领皆授员外中郎将以安慰"。

从以上记载我们可发现一个事实，文中提到的来唐朝的"南国"两次

①　周伟洲：《唐代吐蕃与近代西藏史论稿》，第48页。
②　周伟洲：《唐代吐蕃与近代西藏史论稿》，第47页。
③　周伟洲：《唐代吐蕃与近代西藏史论稿》，第49页。

都是与位于川西高原的女国和狗国一同朝贡。① 既然两次都是和川西高原的部落一同朝贡，说明此"南国"亦应在川西高原一带。从记载看，或记"南国"，或记"喃国"，说明是按照音来记载的国名，显然应属于操南语的西羌小国。

3. 附国的下落

吐蕃崛起及向康区扩张中，一个比较大的疑惑是附国的下落和踪迹。前已指出，附国是隋时康区范围地域辽阔且势力强大的地方政权，但是在入唐以后特别是吐蕃东扩过程中，却完全不见其踪影。史籍中亦无吐蕃征服附国的任何记载。为何隋时康区一个"南北八百里，东西千五百里"的大国，入唐以后竟消失得全无踪影？

其实有史料证明，在唐初附国仍然存在，并曾与吐蕃一道向唐朝贡。《广川画跋》中有一段关于唐初阎立本所绘《王会图》的文字记录："鸿胪导客，次序而列，凡国之异，各依其方。东首三韩……西首以吐蕃……其南首以交趾……而板楯、尾濮、西爨、附国、笮等次……"② 关于阎立本作《王会图》的时间，《图画见闻志》卷 5 记载是在贞观三年。但《广川画跋》卷 2 记载是贞观十七年，因据汉文史籍记载，吐蕃首次派使臣入唐是贞观八年，故贞观十七年显然较准确。此外，贞观时由阎立本所作的另一幅画《西域图》中也列有附国，并有关于附国服饰的记录。该文字保存于《剡源文集》中。③ 以上事实说明，附国至少在贞观十七年还独立存在，并曾与吐蕃一同派使臣向唐朝贡。但这之后，就再未见到史籍中有任何关于附国的记载。附国到哪里去了？是否被吐蕃所征服？因缺乏史籍记载，对这些问题我们不得而知。但是，从种种迹象看，唐贞观后附国的销声匿迹可能是因为自身逐渐衰落，《隋书·西域传·附国》记载，其国"所居种姓自相率领……言语少殊，不相统一"。可知附国的内部是较为松散的，政权有很大的脆弱性。其因失去了影响力而逐渐不见于记载。附国的地位被与之相邻的新崛起

---

① 此女国可以肯定是位于川西高原大渡河"东与茂州、党项接，东南与雅州接，界隔罗女蛮及白狼夷"的东女国。《旧唐书》卷 197《南蛮西南蛮传·东女国》中亦记有开元二十九年的朝贡，其王的名称同样为"赵曳夫"。

② 董逌：《广川画跋》卷 2《上〈王会图〉叙录》，《翠琅玕馆丛书》本，1916 年。

③ 戴元表：《剡源文集》卷 4《唐画〈西域图〉记》，《文渊阁四库全书》本。

的地方政权所取代，其疆域大部分也被新崛起的新兴政权所兼并。而这个新兴的政权极有可能即是唐初兴起于大渡河上游地区的东女国。

4. 吐蕃对东女国的控制

《旧唐书·南蛮西南蛮传·东女国》记：

> 东女国，西羌之别种，以西海中复有女国，故称东女焉。俗以女为王。东与茂州、党项接，东南与雅州接，界隔罗女蛮及白狼夷。其境东西九日行，南北二十日行。有大小八十余城。其王所居名康延川，中有弱水南流，用牛皮为船以渡。户四万余众，胜兵万余人，散在山谷间。①

从"东与茂州、党项接，东南与雅州接，界隔罗女蛮及白狼夷"来看，东女国的地域范围相当大，即在茂州之西，雅州之西北，南界抵罗女蛮（即今九龙雅砻江下游地区），西部边界直抵白狼夷。这一范围大致包括了大渡河上游的大、小金川地区，今甘孜藏族自治州康定、九龙，其西侧延伸到了汉代白狼部落的地界。从这一地理范围看，东女国无疑是吐蕃时期东部康区地盘最大的一个邦国。东女国地域的辽阔，从"其境东西九日行，南北二十日行。有大小八十余城"的记载也可得到证实。此外，从"户四万余众，胜兵万余人，散在山谷间"来看，东女国应当具有相当的实力。也正因为如此，《旧唐书·南蛮西南蛮传》中才专门列有《东女国传》。

不过，需要注意的是，对于川西高原的女国，由于史料记载颇多错乱谬误，② 过去一直存在很大的误解。最大的误解有两个。

第一个误解是关于川西高原东女国的地理位置。由于《隋书·西域传》中所记的葱岭之南的女国在隋和唐前期也曾被称作"东女国"，而《隋书·西域传·附国》又记附国"西有女国"，故长期以来一些学者即认为川西高原的女国应在附国之西，因此认为东国在今昌都一带，把"其王所居名康延川"解释为昌都澜沧江。但鉴于昌都地方距剑南西川太远，从诸多迹象

---

① 《旧唐书》卷197《南蛮西南蛮传·东女国》，第5277页。

② 参见石硕《〈旧唐书·东女国传〉所记川西高原女国的史料篡乱及相关问题》，《中国藏学》2009年第3期。

看川西高原女国似距蜀地不远，故一些学者乃提出女国最初在昌都一带，后逐渐东迁的说法。其实这些说法的缘起很大程度均与史料记载的错乱有关。事实上，从《旧唐书·南蛮西南蛮传·东女国》所记"其王所居名康延川，中有弱水南流"看，东女国的中心位置应在"弱水"即大渡河流域，既然"中有弱水南流"同"其王所居名康延川"相并列，说明"康延川"非指河流，而是指弱水河畔一块较大的平原。① 结合今大渡河上游大、小金川地区尚存在诸多与"女王"有关的地名和传说看，东女国"其王所居名康延川"的位置应在大渡河上游地区一个较大的河谷平原地带。

有关东女国的第二个误解是：由于史料记载的紊乱，无论是《旧唐书·南蛮西南蛮传·东女国》还是《新唐书·东女国传》中都明显混入了一些《隋书·西域传》对葱岭以南"女国"风俗面貌的记载。倘若我们仔细比较，不难发现，在《旧唐书·南蛮西南蛮传·东女国》对川西高原女国的记载中，至少出现了以下四段与《隋书·西域传·女国》几乎大体相同的文字。

其一："其俗每至十月，令巫者赍楮诣山中，散糟麦于空，大咒呼鸟。俄而有鸟如鸡，飞入巫者之怀，因剖腹而视之，每有一谷，来岁必登，若有霜雪，必多灾异。其俗信之，名为鸟卜。"

其二："贵人死者，或剥其皮而藏之，内骨于瓶中，糅以金屑而埋之。"

其三："女王若死，国中多敛金钱，动至数万，更于王族求令女二人而立之。大者为王，其次为小王。"

其四："其王侍女数百人，五日一听政……其所居，皆起重屋，王至九层，国人至六层。"②

产生这种误载的原因在于葱岭之南和川西高原两个不同的女国在隋和唐前期均曾被称作"东女国"，致使唐代的一些史家如苏冕等不明就里地混淆了两者的史料。③ 由于这一情况，长期以来，人们对川西高原女国的理解和

---

① 古人语境中的"川"本有平野、平地之意。如《新五代史·周德威传》："平川广野，骑兵之所长也。"

② 《旧唐书》卷197《南蛮西南蛮传·东女国》，第5277—5278页。

③ 石硕：《〈旧唐书·东女国传〉所记川西高原女国的史料篡乱及相关问题》，《中国藏学》2009年第3期。

认识颇多谬误和困惑。那么，唐代川西高原东女国的实际情况是怎样的，其与吐蕃之间关系如何？从《旧唐书·南蛮西南蛮传·东女国》的记载看，这个位于茂州之西、雅州之西北，且很可能是吐蕃时期东部康区最大的地方政权的东女国，大体呈现出如下几个特点。

第一，该政权在隋大业年间（605—618）已存在。史载："隋大业中，蜀王秀遣使招之，拒而不受。"[①] 入唐以后，东女国与唐朝之间一直维持着密切友好的朝贡关系。《旧唐书·南蛮西南蛮传·东女国》记：

> 女王汤滂氏始遣使贡方物，高祖厚资而遣之。还至陇右，会突厥入寇，被掠于虏庭。及颉利平，其使复来入朝。太宗送令反国，并降玺书慰抚之。垂拱二年，其王敛臂遣大臣汤剑左来朝，仍请官号。则天册拜敛臂为左玉钤卫员外将军，仍以瑞锦制蕃服以赐之。天授三年，其王俄琰儿来朝。万岁通天元年，遣使来朝。开元二十九年十二月，其王赵曳夫遣子献方物。天宝元年，命有司宴于曲江，令宰臣已下同宴。又封曳夫为归昌王，授左金吾卫大将军，赐其子帛八十四。[②]

由上可见，东女国从武德年间（618—626）开始，至唐太宗、武则天和唐玄宗时期均频繁向唐朝进贡和请官号，并颇得唐朝之厚恩。特别是天宝元年（742），因其王赵曳夫遣子献物，赵曳夫还被唐封为"归昌王"，并授左金吾卫大将军。也就是说，从唐初到天宝年间川西高原的东女国与唐朝保持着密切友好的关系。

第二，关于东女国女性执政情况，《旧唐书》透露出以下信息："女王汤滂氏"，又提到垂拱二年（686）"其王敛臂遣大臣汤剑左来朝"。此来朝的大臣很可能为王族子弟。史料还提到，自从其王赵曳夫遣子朝贡并被封为"归昌王"授"左金吾卫大将军"以后，东女国"复以男子为王"。也就是说，东女国从唐初到唐中叶，大抵是由女性执政。从赵曳夫开始，"复以男子为王"（从被唐授予"左金吾卫大将军"来看，赵曳夫显然应为男性），故"东

---

① 《旧唐书》卷 197《南蛮西南蛮传·东女国》，第 5278 页。
② 《旧唐书》卷 197《南蛮西南蛮传·东女国》，第 5278 页。

女国"的所谓"女国"，即女性执政的情况实际上只限于唐前期。

那么应如何理解唐前期出现于川西高原、大渡河及雅砻江上游地区被汉文史籍所记载的"女国"呢？有一个背景甚为重要，即《后汉书·南蛮西南夷列传》在记载东汉时川西高原地区的冉駹夷时，曾称其"贵妇人，党母族"。① 其实，汉文文献中所称"女国"，可能正是指"贵妇人，党母族"的情况。《旧唐书》记载"东女国"俗"重妇人而轻丈夫"，也正与此吻合。可以肯定，"女国"显然是出自中原士大夫及史家语境的一个词语。当有着"贵妇人，党母族""重妇人而轻丈夫"之俗的部落政权使者赴唐朝贡，被问及其首领为女性，着实会让男性占统治地位的中原士大夫和史家印象深刻，遂冠之以"女国"称谓。其实，这些所谓"女国"部落可能只是存在着"贵妇人，党母族"的传统与社会结构，并不意味着政治上始终是以女性为首领。②

那么唐代"东女国"作为东部康区占地较大的一个地方政权，其与吐蕃发生了什么关系？从史籍记载看，东女国显然是游离于唐和吐蕃之间。在唐天宝以前，东女国显然主要倚重于唐朝并频频上贡、请官。但自唐中叶以后，史载"自中原多故，皆为吐蕃所役属"，且"土有丝絮，岁输于吐蕃"。③ 尽管如此，有时因不堪吐蕃的盘剥压榨，东女国也会请求内附倒向唐朝，如贞元九年（793）：

> 其王汤立悉与哥邻国王董卧庭、白狗国王罗陀忽、逋租国王弟邓吉知、南水国王侄薛尚悉曩、弱水国王董辟和、悉董国王汤息赞、清远国王苏唐磨、咄霸国王董藐蓬，各率其种落诣剑南西川内附。其哥邻国等，皆散居山川。弱水王即国初女国之弱水部落。其悉董国，在弱水西，故亦谓之弱水西悉董王。旧皆分隶边郡，祖、父例授将军、中郎、果毅等官。④

---

① 《后汉书》卷 86《南蛮西南夷列传》，第 2858 页。
② 今川西高原鲜水河流域的扎巴人和大渡河上游地区至今仍保留"党母族"及重女性的社会风俗与传统。参见冯敏《扎巴藏族——21 世纪人类学母系制社会田野调查》，民族出版社 2010 年版，第 23—27 页；刘勇、冯敏等《鲜水河畔的道孚藏族多元文化》，四川民族出版社 2005 年版。
③ 《旧唐书》卷 197《南蛮西南蛮传·东女国》，第 5279 页。
④ 《旧唐书》卷 197《南蛮西南蛮传·东女国》，第 5278—5279 页。

这就是以东女国为首的"西山八国"大规模内附的事件。在内附以后，这些部落虽得到唐朝的安置，"给以种粮耕牛，咸乐生业"，[①] 其首领被唐朝加官晋爵，获得各种封号，但正如《旧唐书》所载："寻诏加韦皋统押近界羌、蛮及西山八国使，其部落代袭刺史等官，然亦潜通吐蕃，故谓之'两面羌'。"[②]

由此可见，川西高原以东女国为代表的所谓"西山八国"，大多摇摆于唐朝与吐蕃之间。唐强时倚重于唐，吐蕃强时则役属于吐蕃。不堪于吐蕃役属时也请求内附，但即便内附，也仍"潜通吐蕃"，故被称作"两面羌"。

从东女国的疆域主要在大渡河上游和雅砻江上游地区，其南部和西部覆盖今康区东部地域，且"自中原多故，皆为吐蕃所役属"来看，吐蕃的势力显然已及于东部康区大渡河及雅砻江上游之间地带。但因吐蕃与唐对该地区的争夺处于拉锯状态，双方势力此消彼长，时强时弱，故这一带的部落大多摇摆于唐朝与吐蕃之间。所以，吐蕃对康区东部东女国的征服与控制实际上呈现出两个特点：一是阶段性，其部落被吐蕃"役属"主要是在"中原多故"即安史之乱以后；二是有限度，这些部落政权因介于吐蕃与唐朝之间，当不堪吐蕃"役属"时，往往投唐内附，即便投唐内附，也时常"潜通吐蕃"，故被形象地称作"两面羌"。

5. 吐蕃与南诏

吐蕃向东部扩张过程中，所征服并与之结盟的最大政权与部落，自然要算其东南方向的南诏。从吐蕃与南诏的关系，我们可大体窥见吐蕃对征服部落的"役属"与统治方式。

7 世纪 60 年代前后，在今洱海周围先后形成"六诏"或"八诏"的部落政权。《新唐书·南蛮传》记："夷语王为'诏'。"[③] 其中蒙舍诏在五诏之南，又名南诏，其地在今巍山蒙化坝。自 7 世纪 70 年代起，唐朝开始支持离吐蕃较远的南诏，以抗吐蕃，由此开启了南诏兼并五诏之进程。至开元二十六年（738），南诏在唐朝的支持下基本兼并五诏之地，并徙都太和城（今大理）。唐朝因南诏征西洱河诸蛮之功，封皮逻阁为云南王，赐名归义。这标志着南诏统一五诏的完成。

---

① 《旧唐书》卷 197《南蛮西南蛮传·东女国》，第 5279 页。
② 《旧唐书》卷 197《南蛮西南蛮传·东女国》，第 5279 页。
③ 《新唐书》卷 222 上《南蛮上》，第 6267 页。

吐蕃势力大规模南下，进入滇西西洱河诸蛮地区应始于 7 世纪末 8 世纪初，即墀都松赞（676—704）执政时期。《资治通鉴》记：永昌元年（689）五月，有"浪穹州（原属唐姚州都督府属州之一，即后来的浪穹诏——引者注）蛮酋傍时昔等二十五部，先附吐蕃，至是来降；以傍时昔为浪穹州刺史，令统其众"。[①] 浪穹诏既然"先附吐蕃"，后又降唐，说明在 689 年吐蕃的势力已进入滇西北。敦煌藏文写卷中称南诏及西洱河诸蛮为"降"（vjang），称今丽江及洱海一带为"绛域"（vjang yul）。据敦煌藏文写卷 P. T. 1288"编年史"记：

> 及至兔年（中宗嗣圣二十年，太后长安三年，癸卯，703）……冬，赞普（墀都松赞）赴南诏（原藏文为"vjang yul"，译作绛域，是吐蕃对今丽江及洱海一带的称呼，后也指南诏——引者注），攻克之。
> 及至龙年（中宗嗣圣二十一年，太后长安四年，甲辰，704）……冬，赞普牙帐赴蛮地，薨。[②]

敦煌藏文写卷 P. T. 1287"赞普传记"亦记墀都松赞：

> 又推行政令于南诏（vjang），使白蛮（mywa dkar po）来贡赋税，收乌蛮（mywa nag po）归于治下。[③]

从吐蕃赞普死于征绛地的情况，可见战事进行得十分激烈。不过，从敦煌藏文写卷"赞普传记"的记载来看，吐蕃在 8 世纪初对西洱河诸蛮的征服显然获得了较大成功。在征服西洱河诸蛮后，吐蕃对征服地派兵戍守，并于剑川北金沙江畔架设铁桥，设神川都督府。[④] 1992 年，在丽江金沙江畔格

---

① 《资治通鉴》卷 204，第 6457 页。
② 王尧、陈践译注《敦煌本吐蕃历史文书（增订本）》，第 149 页。《旧唐书·吐蕃传》记吐蕃赞普南征泥婆罗门"卒于军中"，显然正是指 704 年墀都松赞死于征讨西洱河诸蛮的战事。
③ 王尧、陈践译注《敦煌本吐蕃历史文书（增订本）》，第 166 页。
④ 设置"神川都督府"一事在《新唐书·南蛮传》和樊绰《蛮书》中均有记载，但藏文文献阙载，且设置时间不详。有学者依据吐蕃完全据有西洱河诸蛮的记载，认为应在 703 年。参见周伟洲《藏史论考》，兰州大学出版社 2010 年版，第 38 页。

子村发现一通古藏文碑，碑正面列五行藏文，其余三面无字。据王尧译注，
全文如下：

> 诏戎木陇拉达（mtsho-rum-long-la-dag）：初，唐王仅［允予］部曲
> 编氓，不予世侯［之封］，故倾心投靠赞普天子，遂致礼于论结桑，祖
> 公策桑芒弥获大金字［告身］，陇拉达获将军［名衔］，祖公年登九十
> 而薨……后嗣繁衍……①

碑文内容讲述"诏戎木陇拉达"即一蛮族首领不满于唐朝仅［允予］
部曲编氓，不予世侯［之封］而转投吐蕃，其祖公获大金字［告身］的事
件。由发现的位置和内容看，此碑当立于吐蕃神川都督府设立以后。不过，
吐蕃加强对南诏的控制并与之建立牢固联盟当在唐安史之乱后。天宝十载
（751），唐朝分别派鲜于仲通和李宓两度率大军征讨南诏，均为南诏所败。
但因惧怕强大的唐朝再发兵进攻，南诏遂完全降服于吐蕃，双方相互结盟，
约为"兄弟之国"。正如《南诏德化碑》所载：

> 遂遣男铎传、旧大酋望赵佺邓、杨传磨伴及子弟六十人，赍重帛珍
> 宝等物，西朝献凯。属赞普仁明，重酬我勋效。……赐为兄弟之国。天
> 宝十一载正月一日，于邓川册诏为赞普钟南国大诏，授长男凤迦异大瑟
> 瑟告身、都知兵马大将。凡在官寮，宠幸咸被。山河约誓，永固维城。
> 改年为赞普钟元年。②

此后，直到贞元九年南诏重新依附唐朝为止，吐蕃与南诏之间的联盟关
系持续了近半个世纪。这期间，特别是趁唐安史之乱，吐蕃联合南诏军队频
频向唐发动进攻，先后攻陷唐之巂州、会州（会理）、固台登（今四川西昌
北）、昆明城（今四川）一线，特别是大历十四年，吐蕃与南诏约十万联军
分三路进攻剑南西川，企图攻取成都，给唐朝造成极大困扰。

---

① 据王尧考证，此碑文系吐蕃"厘定译语"（826 年）之前的古藏文。参见王尧《云南丽江吐蕃
古碑释读札记》，《唐研究》第 7 卷，北京大学出版社 2001 年版，第 421—427 页。
② 樊绰撰，向达校注《蛮书校注》附录《南诏德化碑》，中华书局 2018 年版，第 322—323 页。

　　那么，吐蕃与南诏的联盟具体是一种什么样的形态和方式呢？这在《旧唐书·南蛮西南蛮传·南诏蛮》中得到清晰的呈现。在与吐蕃结盟期间，尽管南诏有较大的独立性，南诏王职官体制及辖地属民均一仍其旧，但吐蕃对南诏的控制着重体现在两个方面：一是对南诏征税，而且税甚重；二是有向南诏"索兵"之权。尽管吐蕃并不直接控制和掌握南诏军队，但一旦有需要，吐蕃可要求南诏王派兵。以上两点，在《旧唐书·南蛮西南蛮传·南诏蛮》的记载中均得到清楚的反映。史载：

　　　　吐蕃役赋南蛮重数，又夺诸蛮险地立城堡，岁征兵以助镇防，牟寻益厌苦之。[1]

　　时任南诏清平官（宰相）的被俘唐臣郑回在说服南诏王异牟寻重新归附唐朝时亦云：

　　　　今弃蕃归唐，无远戍之劳、重税之困，利莫大焉。[2]

　　关于吐蕃征兵于南诏，《旧唐书·南蛮西南蛮传·南诏蛮》的另一段记载也有生动反映：

　　　　吐蕃因争北庭，与回鹘大战，死伤颇众，乃征兵于牟寻，须万人。牟寻既定计归我，欲因征兵以袭之，乃示寡弱，谓吐蕃曰："蛮军素少，仅可发三千人。"吐蕃少之，请益至五千，乃许。牟寻遽遣兵五千人戍吐蕃。[3]

　　这段记载说明，吐蕃一旦有需要，即可向南诏"索兵"，一般来说南诏无法拒绝，但可在派兵数量上与吐蕃进行一定程度的"讨价还价"。

　　吐蕃为保有对南诏的"征税"和"索兵"两项特权，还有一个重要举

---

① 《旧唐书》卷197《南蛮西南蛮传·南诏蛮》，第5281页。
② 《旧唐书》卷197《南蛮西南蛮传·南诏蛮》，第5281页。
③ 《旧唐书》卷197《南蛮西南蛮传·南诏蛮》，第5283页。

措，这就是时刻对南诏政权进行严密监视和控制。吐蕃监控南诏的具体措施主要包括以下几方面。

首先，"夺诸蛮险地立城堡"。这主要是在军事上对南诏进行震慑，以防范其反叛。

其次，召南诏大臣之子为质。《旧唐书·南蛮西南蛮传·南诏蛮》记：贞元七年（791），唐剑南西川节度使韦皋派使者招怀南诏，这位使者是本地人，其"道出磨些蛮，其魁主潜告吐蕃。使至云南，吐蕃已知之，令诘牟寻。牟寻惧，因绐吐蕃曰：'唐使，本蛮也，韦皋许其求归，无他谋。'遂执送吐蕃。吐蕃益疑之，多召南诏大臣之子为质，牟寻愈怨"。[①]

此记载所称"多召南诏大臣之子为质"明显透露出一个信息，"召南诏大臣之子为质"应是吐蕃平常就对南诏采取的措施，所不同的是，当吐蕃得知南诏私自接纳唐朝派出的招怀使者后，为防范南诏"弃蕃归唐"，乃"多召南诏大臣之子为质"，这愈发激起南诏王异牟寻的怨恨。

为监控南诏，吐蕃还委派原六诏中的其他部落对南诏进行监督。如南诏在给韦皋的帛书中即提到吐蕃"神川都督论讷舌使浪人利罗式眩惑部姓，发兵无时，今十二年"，又云："今吐蕃委利罗式甲士六十侍卫，因知怀恶不谬。"[②]吐蕃"神川都督论讷舌"，应指吐蕃具体管理南诏的"论"一级的高官。而"浪人利罗式"，据学者考证，应是原八诏中矣罗识诏主。[③]

除此之外，吐蕃还对南诏与外部尤其是与唐朝的往来进行严密监控，不但"绍函信节，皆送蕃廷"，南诏派出的使臣也受到吐蕃严密监控。贞元九年，南诏王异牟寻与属下商定"弃蕃归唐"，为了突破吐蕃的严密封锁，确保遣使成功，遂派出了三路使臣。一路由"两川"，一路由黔中，一路由安南。"各赍生金丹砂为贽。三分前皋所与牟寻书，各持其一为信。"[④]

从诸多迹象看，吐蕃派有官员常驻南诏宫廷。最能反映吐蕃对南诏实施

---

① 《旧唐书》卷 197《南蛮西南蛮传·南诏蛮》，第 5282 页。

② 《新唐书》卷 222 上《南蛮上》，第 6272—6273 页。

③ 周伟洲：《藏史论考》，第 48 页；王忠：《新唐书南诏传笺证》，中华书局 1963 年版，第 57—58 页。

④ 《旧唐书》卷 197《南蛮西南蛮传·南诏蛮》，第 5282 页。

严密监控的是南诏归附唐朝前的一段惊险和曲折的历程。其时，得知南诏欲"弃蕃归唐"，韦皋遂派巡官佐时前往南诏王异牟寻所都的阳苴咩城，接洽归唐事宜。史载：

> 是时也，吐蕃使数百人，先佐时在南诏，牟寻悉召诸种落与议归化，或未毕至，未敢公言，密令佐时称牂牁使，衣以牂牁服而入。佐时不肯，曰："我大唐使，安得服小夷之服。"牟寻不得已，乃夜迎佐时，设位陈灯烛。佐时乃大宣诏书，牟寻恐吐蕃知，顾左右无色，而业已归唐，久之，歔欷流涕，皆俯伏受命。①

以上情况说明，吐蕃和南诏之间虽是一种结盟关系，但吐蕃对南诏的防范和监控甚严。通过以上事实，我们对于吐蕃与南诏之间的联盟关系已有一个比较整体的认识。即这种关系的实质乃是建立在吐蕃对南诏的军事征服基础上的。在这种联盟关系之下，尽管南诏政权仍保有较大的独立性，其政权体制、职官体系、所属部落及统治区域均一仍其旧，却不仅要向吐蕃纳税，随时响应吐蕃的需要出兵，而且还受到吐蕃的严密控制和监视，包括以其大臣之子入蕃为质，吐蕃派员常驻南诏宫廷，在南诏的险峻处立城堡，对外文书均送吐蕃，等等。所以，在与吐蕃的联盟关系中，南诏显然是处于从属地位。南诏与吐蕃的这种联盟关系，事实上正是吐蕃向东扩张征服东部地区众多政权与部落，并与之结成联盟关系的一种主要形式。

第二节　吐蕃在康区的活动遗迹

吐蕃王朝对康区的征服和役属达百余年，那么，吐蕃在康区留下了什么样的活动遗迹？从目前的考古发现来看，我们在康区地域已发现不少吐蕃时期遗留下来的遗物和遗迹。归纳起来，这些遗物和遗迹主要可以分为两大类：一类是非佛教的遗迹，主要包括冶铁炉遗址、铁桥遗址、城堡遗址、藏

---

① 《旧唐书》卷 197《南蛮西南蛮传·南诏蛮》，第 5282 页。

文石碑等；另一类则是与佛教相关的遗址，主要包括摩崖造像、石刻文字等。兹依据现有发现及文物考古专家对这些遗迹的调查与发掘，试对吐蕃在康区的活动遗迹及面貌作一勾勒和梳理。

一 非佛教类遗迹

1. 炉霍呷拉宗冶铁炉遗址

呷拉宗冶铁炉遗迹位于四川省甘孜藏族自治州炉霍县仁达乡呷拉宗村东南部鲜水河左岸的缓坡上，海拔 3113 米。"呷拉宗"是藏语的音译，意为"铁匠铺"。[①] 2009 年，四川省文物考古研究院联合日本九州大学考古系、炉霍县文化旅游局等单位对此遗址进行了考古发掘。

该遗址包括窑炉、炉内堆积两部分。窑炉平面为椭圆形，长 1.6 米、宽 1.4 米、深 1 米，西部带有一较长的呈斜坡的通风道。窑炉建在一高台上，高台一侧用石块垒砌而成，内填纯净的黄土，高台长 15 米、宽 12 米。当地人认为窑炉是格萨尔王骑马留下的遗迹，故考古队未对高台进行发掘。窑炉的通风道呈斜坡状，由断崖一端向窑体开挖，断崖处较低，窑体内较高，形成长 8.8 米、直径 1 米的圆孔，便于通风。窑炉上部堆积，包括有 1 号人骨（窑炉北部）和 2 号人骨（窑炉南部）。1 号人骨的下部为牛骨、羊头骨、大量鸟类肢骨及大量石块，人骨的右腿有残疾现象；其下为 2 号人骨，周围堆积着大量的石块，包含有人骨、兽骨、炼渣等，并随葬有陶罐、铁带扣（原报告称为带钩）、铁凿和铜耳坠等物。窑炉下部堆积，根据土质土色的变化可分为 6 层，各层主要为红烧土块、炼渣、含铁锈砂石、灰烬等。随葬品见于炉内上部堆积，主要出自 2 号人骨，共出土 9 件器物，分别是夹细砂灰黑陶单耳罐 1 件；铜耳坠 2 件，铜耳坠整体呈椭圆形，上部呈钩状，下部铸刻有圆点纹；铁箭镞 1 件；圆形铁带扣 1 件；长方形铁凿 1 件；骨针 1 件；红色片状漆器 1 件，上有排列整齐的圆孔；切成两半的海螺 1 件。发掘者取窑炉底部的两个木炭标本进行检测，测年结果为公元 530—639 年、533—644 年。[②]

---

① 李映福：《四川炉霍县呷拉宗吐蕃时期炼铁炉研究》，《四川大学学报》2014 年第 1 期。
② 四川省文物考古研究院等：《四川炉霍县呷拉宗遗址发掘简报》，《四川文物》2012 年第 3 期；席琳等：《四川炉霍呷拉宗吐蕃墓研究》，《文博》2017 年第 1 期。

目前，学界普遍认为该遗址是一处唐代早期的冶铁炉遗迹，有研究者主张其很可能是吐蕃留下的活动遗迹。根据李映福的研究，从冶炼技术、炼炉形制和冶炼生成物三方面来看，炉霍呷拉宗冶铁炉采用的是自然抽风冶炼技术，形制为平面半圆形，有一次性使用的前壁以及竖井式炉身，冶炼生成物为块冶铁，这与中原地区以及受中原冶铁技术影响而出现的朝鲜半岛、日本列岛的冶铁炉属于不同的冶炼技术体系。李映福进一步认为，呷拉宗冶铁炉所采用的技术和炉型应是源于南亚地区的斯里兰卡，传播的途径可能是由印度经西藏高原西部的象雄王国传入川西高原的原属"附国"的地带。[①] 由此看来，呷拉宗冶铁炉遗址属吐蕃遗迹的可能性极大。

有关西藏高原冶铁的记载最早见于《贤者喜宴》："烧木为炭：炼矿石而为金、银、铜、铁。"[②] 如果呷拉宗冶铁炉确为吐蕃留下的活动遗迹，则可与相关文献形成照应，并和吐蕃留下的铁桥遗迹可相互印证。

2. 滇西北铁桥遗址

在今云南玉龙县塔城乡塔城村的金沙江边，立有一座"古铁桥遗址"碑，江对岸，是香格里拉市上江乡木高村。8世纪，在此地江面之上，曾架有一座铁桥，江水两侧，依桥而筑有东、西两座铁桥城，因此地为吐蕃时期神川都督府所在，故该桥又名神川铁桥。

自20世纪70年代起，陆续有学者前往神川铁桥遗址进行实地调查，对神川铁桥遗址的历史背景、建造者、建造时间、位置和结构等进行考察。目前已知神川铁桥遗址由笔架石、平台、石梯和石门关等遗物组成。笔架石呈三杈竖立，形如笔架，故名曰笔架石，又称照壁石。在笔架石中的两杈上，分别凿有一个直径约1米的圆洞，这很可能是修建铁桥"穴石锢铁"的位置之一。1958年，疏浚金沙江河道时，笔架石被炸塌，当时它高出江面许多，两杈的石洞过心二三尺，目前，被炸塌的笔架石横卧于厚石旁。在笔架石东北方向的山坡上，有一处荒石坡，长约50米、宽约15米，据当地人介绍，这里以前是一个平台，能容纳三百多人居住，后被落石填堵。在平台

---

① 李映福：《四川炉霍县呷拉宗吐蕃时期炼铁炉研究》，《四川大学学报》2014年第1期。
② 巴卧·祖拉陈哇著，黄颢译注《〈贤者喜宴〉摘译》，《西藏民族学院学报》1980年第4期。

图 4-1　古铁桥遗址碑

资料来源：http://www.sohu.com/a/119166100_ 117970。

下，有一"之"字形石梯，过去修路时被炸去了上下两段，尚存中间一段，冯智认为，这可能是吐蕃驻军时所用的通道。在平台以北约 500 米，有一石门关，此关有一夫当关、万夫莫开之险。①

关于神川铁桥的建造者，有"隋建造"、"吐蕃建造"、"南诏建造"和"纳西族先民建造"等多种说法，目前学界普遍采用"吐蕃建造"的观点，并认为该铁桥建造于 680 年前后，为吐蕃墀都松赞赞普时期。② 但

---

① 冯智：《滇西北吐蕃铁索桥遗址及古藏文石碑考略》，《中国藏学》1994 年第 4 期。

② 杰当·西饶江措：《吐蕃铁索桥考》，《中央民族学院学报》1988 年第 3 期；冯智：《滇西北铁索桥遗址及古藏文石碑考略》，《中国藏学》1994 年第 4 期；冯智：《吐蕃南诏神川铁桥》，《西藏研究》1992 年第 2 期；杨增适：《神川铁桥是吐蕃建造的》，《云南政协报》2010 年 8 月 27 日，第 6 版；潘发生：《"神川"考》，《西藏研究》1993 年第 1 期。

神川铁桥也有可能建造于 750 年前后，即唐天宝年间吐蕃与南诏结盟之后。[①]

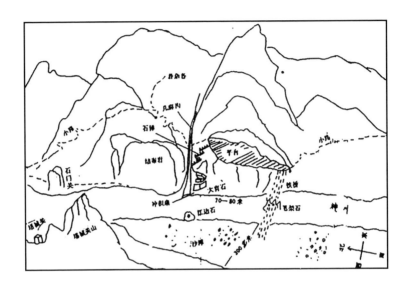

图 4-2　铁桥遗址示意

资料来源：冯智《滇西北吐蕃铁索桥遗址及古藏文石碑考略》，《中国藏学》1994 年第 4 期。

除了神川铁桥外，约在 703 年，吐蕃墀都松赞赞普率兵赴南诏，就曾在漾濞江上架设了一座铁索桥。707 年，唐朝派姚巂道讨击使唐九征率兵征讨姚州叛蛮时毁掉了此桥。[②] 在今云南大理漾濞县城附近的江上，存有一座 15

---

① 虽然有记载显示，从 678 年开始，吐蕃就开始持续征讨云南地区，而且 703 年吐蕃攻打丽江之时曾在漾、濞二水上建过铁索桥（参见杨增适《神川铁桥是吐蕃建造的》，《云南政协报》2010 年 8 月 27 日，第 6 版），但尚未发现有记载显示吐蕃在 680 年在神川铁桥所在地修建铁桥。然而，有史料明确记载了南诏在天宝年间，即 750 年前后建造了神川铁桥，《云南志校释》卷 6 转引《方舆纪要》亦云：“天宝初，南诏谋叛唐，于磨些九贩地置铁桥跨金沙江，以通吐蕃往来之道。”《滇云历年传》载：“天宝九年（750），十月，云南王阁罗凤反……凤阳修城堡，结吐蕃，置铁桥于金沙以通往来。”仅看建造时间，相比之下，神川铁桥建造于 750 年前后更为可信。虽然根据上述史料显示，南诏为铁桥的建造者，但是，吐蕃自和南诏结盟起就占据着神川铁桥并通过此桥控制南诏，该铁桥一直是南诏的心腹大患，并且 784 年南诏反叛吐蕃，南诏王异牟寻所做的第一件事就是将铁桥拆毁。因此，从铁桥的控制权和南诏的利益考虑，该铁桥更可能是吐蕃所建，而非南诏。

② 王尧、陈践译注《敦煌本吐蕃历史文书（增订本）》，第 149 页；《旧唐书》卷 7《中宗本纪》。

世纪建造的铁索桥，有学者认为该铁索桥可能就是在吐蕃漾濞江铁索桥遗址上建造的，但目前并没有实物证据能证实这一说法。[①]

神川铁桥及其都督府，曾是吐蕃征服、经营南诏的军事政治中心。滇西北发现的吐蕃时期的铁桥遗迹，反映了吐蕃在云南扩张的历史。

3. 丽江格子藏文碑

1992 年，在云南丽江古城西北石鼓镇格子村，发掘出一块吐蕃时期的藏文碑刻，碑质为层岩石，高 206 厘米、宽 88 厘米、厚 12 厘米，正面刻有纹饰、古藏文、人物图和动物图案，其余三面无内容。[②]

学者们对丽江格子藏文碑（以下简称格子碑）的时代、纹饰、碑文、图案以及相关的告身制度和历史背景进行了详细的考证，普遍认为其是吐蕃在经营滇西北时留下的物证，建造年代在 794 年以前。[③]

格子碑上古藏文碑文，由于抄写存在差异，学者们的分析也有所不同。目前学界最新的一个版本为巴桑旺堆的抄写本，释文摘录如下：

> 措绒之龙拉塔，本系汉之臣民，奈汉帝不可奉作永世之主，故倾心于赞普天子，遂投拜于论结藏麾下。颇慈藏芒被赐予大金子［告身］，龙拉塔授予藏钦一职。年界九十而终之墓穴也。[④]

根据冯智的分析，碑文下的人物图案，展现的是措绒部落向吐蕃臣服的

---

① 杰当·西绕江措：《吐蕃铁索桥考》，《中央民族学院学报》1988 年第 3 期。冯智转引这种说法，参见《滇西北吐蕃铁索桥遗址及古藏文石碑考略》，《中国藏学》1994 年第 4 期。

② 巴桑旺堆：《丽江格子吐蕃墓碑补考》，《西藏研究》2014 年第 1 期。目前学界对该碑的称谓口径不一，有格子吐蕃碑、格子藏文碑、丽江格子吐蕃墓碑等。

③ 冯智：《滇西北吐蕃铁索桥遗址及古藏文石碑考略》，《中国藏学》1994 年第 4 期；冯智：《一块发现于滇西北的藏文石碑——格子石碑》，《云南社会科学》1994 年第 6 期；冯智：《发现于滇西北的藏文石碑——格子石碑》，《西藏研究》1994 年第 3 期；瑟格·苏郎甲楚：《格子吐蕃藏文石碑之我见》，《西藏研究》1995 年第 4 期；王尧：《云南丽江吐蕃古碑释读札记》，《敦煌古藏文文献论文集》上册，上海古籍出版社 2007 年版；赵心愚：《格子藏文碑与吐蕃告身制度的几个问题》，《纳西族考古文物资料汇编》，云南民族出版社 2011 年版，第 288、293、294 页。转引自巴桑旺堆《丽江格子吐蕃墓碑补考》，《西藏研究》2014 年第 1 期。文中还提到了杨林军的《格子吐蕃藏文画像碑》、恰嘎·旦正的《格子吐蕃碑解读》以及多拉的《格子吐蕃碑再考》。

④ 巴桑旺堆曾前往丽江详细考察格子碑实物及拓片，在参考此前所有抄写本的基础上，重新进行了抄写和翻译。参见巴桑旺堆《丽江格子吐蕃墓碑补考》，《西藏研究》2014 年第 1 期。

图 4-3　丽江格子藏文碑复制品

资料来源：http：//blog.sina.com.cn/s/blog_ 1673acb340102x1cc.html。

景象，动物图案分别象征着吐蕃（马）、南诏（狮）、麽些（虎）以及唐朝（龙），碑面的纹饰和顶部的图案，则应与当地麽些部落的信仰有关。[1] 可见，格子碑集中反映了当时吐蕃、唐朝、南诏以及麽些部落在滇西北的政治关系，也体现了各种文化在此地交汇的历史面貌。

4. 婆陵甲萨古城

婆陵甲萨古城遗址位于四川省阿坝州马尔康市马尔康镇俄尔雅村 5 组阿木沟西北侧地势较高的半山坡上，长 500 余米、宽 100 余米，总占地面积达

---

[1] 冯智：《滇西北吐蕃铁索桥遗址及古藏文石碑考略》，《中国藏学》1994 年第 4 期。

图 4-4　丽江格子藏文碑临摹

资料来源：冯智《滇西北吐蕃铁索桥遗址及古藏文
石碑考略》，《中国藏学》1994 年第 4 期。

到 6 万平方米，地表现存大中小堡（土墩）27 座。

婆陵甲萨古城依山而建，最高处约 8 米，底层有石基，堡垒之间有相连
的土木建筑，主体为黄土夹筋、层叠夯筑而成。婆陵甲萨是当地人对古城遗
址的称呼，有"保宁官府"之意。在古城墙壁内侧，曾发现一枚唐代的
"开元通宝"钱币，有人据此认为，城堡的建造时期可能是在唐代。①

---

①　这些夹筋，细的类似当地出产的箭竹或一种被人们称为油柘子的树条，粗的是排列有序的柏木。
婆陵既可以是当地部落的称谓，也可以是"保宁"的音译，"甲萨"一般意译是官寨，也可以认为是官
府，所以婆陵甲萨可以理解为"保宁官府"。参见《待揭谜底的婆陵甲萨》，《中国民族报》2003 年 12
月 16 日，第 8 版。

图 4-5　婆陵甲萨古城遗址的一座土墩

资料来源：http://blog.sina.com.cn/s/blog_ 4b998d760101eox5.html。

目前，关于婆陵甲萨城堡的学术研究比较有限。1999 年，曾有专家组专门对婆陵甲萨古城遗址进行研讨和实地考察。根据初步考证，古堡筑于地势险要的高山之上，既有利于瞭望，又有利于战时的防守，攻防兼备，可同时驻守约 600 人，很可能是一处军事城堡群。[1] 此外，有学者明确主张马尔康发现的婆陵甲萨古城遗址即为唐时所建之保宁都护府驻所，并认为吐蕃在758 年（乾元元年）攻陷了保宁都护府，而后长期占据此地。[2]

由于缺乏关键性证据，学界对婆陵甲萨遗址的性质还无定论，但根据相关历史背景推测，婆陵甲萨遗址所在位置附近，应该存在过吐蕃控制的军事要塞。其很可能与吐蕃在唐朝深陷安史之乱的情况下进一步扩张的历史有关。

---

① 参见 http://ab.newssc.org/system/20130807/001153572.html。
② 郭声波：《唐弱水西山羁縻州及保宁都护府考》，《中国史研究》1999 年第 4 期。

二　佛教摩崖造像遗址

目前，在康区地域陆续发现了一大批吐蕃时期遗留下来的佛教摩崖造像遗址。这些遗址自北向南主要分布在四川石渠、青海玉树、西藏察雅和芒康，建造年代集中于 8 世纪末期至 9 世纪初期，有些明确标记其年代是赤德松赞在位时的 804 年和 806 年。内容题材主要为大日如来佛像、菩萨像等，部分造像附有藏、汉、梵文题记。

1. 照阿拉姆摩崖造像遗址

照阿拉姆摩崖造像[①]雕凿于四川省甘孜藏族自治州石渠县洛须镇丹达沟内的崖石之上，海拔约 3800 米，造像内容为一佛二菩萨，阴线刻成，附有藏文题记和汉文题记。[②]

对于照阿拉姆摩崖造像的内容，学界观点基本一致，多认为中央的造像应为大日如来佛，左右两侧的胁侍菩萨分别为金刚手与观世音菩萨。[③] 其开凿年代大约在 8 世纪晚期至 9 世纪初，有的学者将其时间精确到了赤松德赞（755—794）时期至赤德松赞在位的 804 年。[④] 但在造像的风格特点方面，学者意见纷纭。"学者认为其具有较为明显的尼泊尔风格，如阿

---

① 照阿拉姆（Brag Lha mo）是藏语译音，意为岩石上的仙女，参见故宫博物院、四川省文物考古研究院《四川石渠县洛须"照阿拉姆"摩崖石刻》，《四川文物》2006 年第 3 期；亦有学者认为此地地名实为赞拉姆，赞为神灵之意，参见霍巍《青藏高原东麓吐蕃时期佛教摩崖造像的发现与研究》，《考古学报》2011 年第 3 期。照阿拉姆摩崖石刻也被记为照阿拉姆摩崖造像，如霍巍《青藏高原东麓吐蕃时期佛教摩崖造像的发现与研究》，《考古学报》2011 年第 3 期；或者查拉姆造像，如谢继胜《川青藏交界地区藏传摩崖石刻造像与题记分析——兼论吐蕃时期大日如来与八大菩萨造像渊源》，《中国藏学》2009 年第 1 期。

② 故宫博物院、四川省文物考古研究院：《四川石渠县洛须"照阿拉姆"摩崖石刻》，《四川文物》2006 年第 3 期。

③ H. E. 理查德森、阿米·海勒、霍巍、谢继胜等学者皆持此说，当地人认为主尊为无量寿佛的观点应是误解。

④ 阿米·海勒主张此说，霍巍亦采纳，参见霍巍《青藏高原东麓吐蕃时期佛教摩崖造像的发现与研究》，《考古学报》2011 年第 3 期。关于赤松德赞的在位时间，记载不一，此处为阿米·海勒的观点。王森认为赤松德赞的在位时间为 755—797 年，参见王森《西藏佛教发展史略》，中国藏学出版社 2009 年版，第 21 页。谢继胜认为此处造像雕凿年代在 8 世纪后半叶，参见谢继胜《川青藏交界地区藏传摩崖石刻造像与题记分析——兼论吐蕃时期大日如来与八大菩萨造像渊源》，《中国藏学》2009 年第 1 期。有关"雕凿年代上限为 755 年，下限为 826 年"的说法，参见故宫博物院、四川省文物考古研究院《四川石渠县洛须"照阿拉姆"摩崖石刻》，《四川文物》2006 年第 3 期。

米·海勒。但也有学者认为此处造像一方面具有东印度波罗艺术风格，与尼泊尔同时期的佛教造像风格相似，但另一方面也许受到中亚、西亚或者汉式造像风格的影响，特别是金刚手菩萨的头部，其高发髻的式样与中晚唐时期中原地区流行的妇女发式相似。还有学者认为这处石刻的观音像为敦煌式样，与尼泊尔风格并不相同，没有文献例证可以表明在 9 世纪前后尼泊尔工匠已经到达康区。"①

此外，照阿拉姆摩崖造像附有数处藏文题记，但多已模糊不清，不可辨读，只右侧菩萨像右侧的 7 行藏文题记较为完整，学者多引阿米·海勒的记录。释文摘录如下②：

> 菩萨赞普赤松德赞之世，积大功德：拓展圣冕之权势（即政权），远播四境十方，弘扬佛法，设立译场，所译大乘经典渊博宏富，如弥药王等得入解脱之道者，逾百千人。广建寺庙……敬奉供养者臣民……缘觉之正法……皈依大乘，将长寿永生，久住世间。

在此藏文题记之下，有竖书的汉文题记"杨□杨二造仏也"。在右侧菩萨座下，还可见汉文题记"杨二□造""杨"。③

依据藏文题记，可知赤松德赞在位时，佛教在康区等吐蕃地方广为传播，结合汉文题记，又可推测照阿拉姆摩崖造像应该是由藏汉工匠共同开凿而成。

---

① 霍巍：《青藏高原东麓吐蕃时期佛教摩崖造像的发现与研究》，《考古学报》2011 年第 3 期。参见谢继胜《川青藏交界地区藏传摩崖石刻造像与题记分析——兼论吐蕃时期大日如来与八大菩萨造像渊源》，《中国藏学》2009 年第 1 期；故宫博物院、四川省文物考古研究院《四川石渠县洛须"照阿拉姆"摩崖石刻》，《四川文物》2006 年第 3 期；艾米·赫勒：《公元 8—10 世纪东藏的佛教造像及摩崖刻石》，杨莉译，《国外藏学研究译文集》第 15 辑，西藏人民出版社 2001 年版；Amy Heller, "Early Ninth Century Images of Vairochana from Eastern Tibet," *Art of Tibet*, 1994。

② 艾米·赫勒：《公元 8—10 世纪东藏的佛教造像及摩崖刻石》，《国外藏学研究译文集》第 15 辑，第 195 页；转引自谢继胜《川青藏交界地区藏传摩崖石刻造像与题记分析——兼论吐蕃时期大日如来与八大菩萨造像渊源》，《中国藏学》2009 年第 1 期。Amy Heller, "Early Ninth Century Images of Vairochana from Eastern Tibet," *Art of Tibet*, 1994；转引自霍巍《青藏高原东麓吐蕃时期佛教摩崖造像的发现与研究》，《考古学报》2011 年第 3 期。

③ 霍巍：《青藏高原东麓吐蕃时期佛教摩崖造像的发现与研究》，《考古学报》2011 年第 3 期。

图 4-6　照阿拉姆摩崖造像

资料来源：故宫博物院、四川省文物考古研究院《四川石渠县洛须"照阿拉姆"摩崖石刻》，《四川文物》2006 年第 3 期。

2. 贝纳沟摩崖造像遗址

贝纳沟摩崖造像①位于青海省玉树藏族自治州首府结古镇贝纳沟内的一块峭壁上，共有 9 尊浮雕佛像，造像东、西崖面上刻有藏、汉、梵文题记。②

---

①　有研究将贝纳沟记为贝考、贝库或贝维沟，后世在沟内造像处建有庙堂，当地人称作文成公主庙或大日如来佛堂，故亦有学者将此处造像称为"文成公主寺"，参见谢继胜《川青藏交界地区藏传摩崖石刻造像与题记分析——兼论吐蕃时期大日如来与八大菩萨造像渊源》，《中国藏学》2009 年第 1 期。

②　霍巍：《青藏高原东麓吐蕃时期佛教摩崖造像的发现与研究》，《考古学报》2011 年第 3 期；霍巍：《藏东吐蕃佛教摩崖造像背景初探》，《民族研究》2015 年第 5 期。

　　此处造像发现较早，研究较为充分，① 造像的内容基本可以确定。学者一般认为中间主尊为大日如来佛像，两侧各 4 尊菩萨像，上排从左至右第一位是弥勒菩萨，第二位是虚空藏菩萨，第三位是普贤菩萨，第四位是金刚手菩萨；下排从左至右第一位是地藏菩萨，第二位是观世音菩萨，第三位是文殊菩萨，第四位是除盖障菩萨。从风格上看，此处造像可能受到汉地和印度、尼泊尔同类型佛教造像风格的影响。②

　　造像西侧分别雕刻有藏文的"大日如来与八大菩萨赞"及"狗年题记"；造像东侧分别雕刻有梵、汉、藏三种文字的"般若波罗蜜多心经"、藏文"无量寿佛经"等题铭。③ 其中，"狗年题记"为判断此处造像的雕凿年代提供了最为关键的证据，其藏文题铭的释文如下：

　　　　狗年，浮雕众佛像及缮写如上所有经文之祝愿等等，为今上赞普墀德松赞之世君臣、施主及一切众生之故也。此乃比丘大译师益西扬主持、工巧比丘仁钦囊则、佳布藏、华丹及工匠人等均行妙善事业，具无上福德之力，在崖面刻写佛像、经文及三宝之所依，众生之任何人或目睹，或触摸、或听闻，或忆念，其福德及智慧之力，均回向赞普父子及

---

　　①　贝纳沟摩崖造像最早由赵生琛于 1957 年首次引入学术界。参见赵生琛《青海古代文化》，青海人民出版社 1991 年版，第 120—121 页。霍巍做过梳理，指出 20 世纪 80 年代以来，有聂贡·官却才旦、白玛朋、张宝玺、汤惠生、王尧、罗文华、谢继胜等学者对此做过专题研究或有所论及，国外学者如 H. E. 理查德森、阿米·海勒、安德努斯·格努斯切克（Andreas Gruschke）等人有过介绍和论述。详见聂贡·官却才旦、白玛朋《玉树地区吐蕃时期石窟雕像及摩崖介绍》，《中国藏学》1988 年第 4 期；张宝玺《青海境内丝绸之路及唐蕃故道上的石窟》，《段文杰敦煌研究五十年纪念文集》，世界图书出版公司北京分公司 1996 年版；汤惠生《青海玉树地区唐代佛教摩崖考述》，《中国藏学》1998 年第 1 期；王尧《青海玉树地区贝考石窟摩崖吐蕃碑文释读》，《唐研究》第 10 卷，北京大学出版社 2004 年版；罗文华《四川甘孜地区民族与考古综合考察综述》，《故宫学刊》总第 2 辑，2005 年；谢继胜《川青藏交界地区藏传摩崖石刻造像与题记分析——兼论吐蕃时期大日如来与八大菩萨造像渊源》，《中国藏学》2009 年第 1 期；H. E. 理查德森《吐蕃摩崖石刻的研究札记》，石应平译，《西藏考古》第 1 辑；艾米·赫勒：《公元 8—10 世纪东藏的佛教造像及摩崖刻石》，《国外藏学研究译文集》第 15 辑；A. Gruschke, *The Cultural Monuments of Tibet's Outer Provinces: Kham Volume 2 The Qinghai Part of Kham*, Bangkok: White Lotus Press, 2004, pp. 60-62. 以上内容参见霍巍《青藏高原东麓吐蕃时期佛教摩崖造像的发现与研究》，《考古学报》2011 年第 3 期。

　　②　霍巍：《青藏高原东麓吐蕃时期佛教摩崖造像的发现与研究》，《考古学报》2011 年第 3 期；谢继胜：《川青藏交界地区藏传摩崖石刻造像与题记分析——兼论吐蕃时期大日如来与八大菩萨造像渊源》，《中国藏学》2009 年第 1 期。

　　③　霍巍：《藏东吐蕃佛教摩崖造像背景初探》，《民族研究》2015 年第 5 期。

图 4-7　玉树贝纳沟摩崖造像示意

资料来源：汤惠生《青海玉树地区唐代佛教摩崖考述》，《中国藏学》
1998 年第 1 期。

一切众生，登于无上之菩提也。此愿！①

　　根据此证据，基本可以确定贝纳沟摩崖造像的雕凿时间为 806 年，造像背景与仁达摩崖造像一致，组织者同为吐蕃高僧益西央，由汉藏工匠合作雕刻。此外，霍巍还认为："在此处造像的东侧发现的梵、藏、汉三体'般若波罗蜜多心经'，表明在造像过程中不仅可能有藏、汉两个民族的工匠勒石，而且甚至可能有藏、汉两个民族的僧侣共同参与其事。"②

---

　　①　此处藏文题铭的汉文释文系四川大学中国藏学研究所华青道尔杰副教授参考王尧释文重新释读，参见华青道尔杰《吐蕃高僧益西央考辨》，《青海民族研究》2017 年第 1 期；霍巍《藏东吐蕃佛教摩崖造像背景初探》，《民族研究》2015 年第 5 期。
　　②　霍巍：《藏东吐蕃佛教摩崖造像背景初探》，《民族研究》2015 年第 5 期。

3. 勒巴沟口摩崖造像遗址

勒巴沟口摩崖造像①位于贝纳沟摩崖造像东北约 8 公里处的勒巴沟口，采用阴线刻技法雕凿，研究者一般认为此处造像可分为礼佛图和说法图两部分。②

图 4-8 勒巴沟口摩崖造像之礼佛图

资料来源：汤惠生《青海玉树地区唐代佛教摩崖考述》，《中国藏学》1998 年第 1 期。

按霍巍的观点，礼佛图中的佛像为释迦牟尼佛立像，左侧为四尊供养朝拜像，第一尊似为侍童，第二尊似为男性供养人，第三尊、第四尊均为女

---

① 有研究记作勒巴沟石刻、勒库石刻等。

② 汤惠生：《青海玉树地区唐代佛教摩崖考述》，《中国藏学》1998 年第 1 期；罗文华：《四川甘孜地区民族与考古综合考察综述》，《故宫学刊》总第 2 辑，2005 年；谢继胜：《川青藏交界地区藏传摩崖石刻造像与题记分析——兼论吐蕃时期大日如来与八大菩萨造像渊源》，《中国藏学》2009 年第 1 期；霍巍：《青藏高原东麓吐蕃时期佛教摩崖造像的发现与研究》，《考古学报》2011 年第 3 期；等等。

性，这一记述较为客观。从服饰上看，供养朝拜者应该代表着吐蕃王室贵族，此前有学者据此推测第二尊供养朝拜像代表着松赞干布，第三尊则为文成公主，但这一说法不足为信，先后被谢继胜和霍巍等学者反驳。①

图4-9　勒巴沟口摩崖造像之说法图

资料来源：汤惠生《青海玉树地区唐代佛教摩崖考述》，《中国藏学》1998年第1期。

说法图凿在礼佛图左方约5米的崖壁上，中心为释迦牟尼佛，下方为一卧狮，左右各有一尊佛像，左上部为四尊菩萨像，左下角为豹、牛、象、鹿等一排动物形象，右下方为四尊牛头或蛇尾人形象。②

汤惠生和霍巍均认为上述两处摩崖造像为同时期的遗存，时代定为吐蕃时期。③谢继胜则指出，"此处所刻浮雕菩萨造像样式与文成公主寺内浮雕风格完全一致，说明线刻与浮雕的年代相同"，并认为此处造像的雕凿年代

① 谢继胜：《川青藏交界地区藏传摩崖石刻造像与题记分析——兼论吐蕃时期大日如来与八大菩萨造像渊源》，《中国藏学》2009年第1期；霍巍：《青藏高原东麓吐蕃时期佛教摩崖造像的发现与研究》，《考古学报》2011年第3期。

② 霍巍：《青藏高原东麓吐蕃时期佛教摩崖造像的发现与研究》，《考古学报》2011年第3期。

③ 汤惠生：《青海玉树地区唐代佛教摩崖考述》，《中国藏学》1998年第1期；霍巍：《青藏高原东麓吐蕃时期佛教摩崖造像的发现与研究》，《考古学报》2011年第3期。

在 814 年之前、9 世纪初。①

4. 勒巴沟内摩崖造像遗址

勒巴沟内摩崖造像在距离沟口造像不远处，采用减地平刹技法雕刻，结构为三联一幅，中间一幅为大日如来像，其身下为对狮座，左右各刻有一尊胁侍菩萨像，此两尊菩萨可能是观世音和金刚手。②

据调查者记述，造像附近有一处藏文题记，译文为"向毗卢遮那佛、金刚手大势至菩萨及观世音菩萨顶礼，刻于马年"，其中观世音菩萨被记作阿耶波罗（Aryabalo）。据造像及题记，学者一般认为此处造像雕凿年代为 9—10 世纪，阿米·海勒认为时间可以精确到 841 年或赤祖德赞在位期间的 826—838 年，此说被霍巍认同。③

5. 仁达摩崖造像遗址

仁达摩崖造像位于西藏自治区昌都市察雅县香堆镇仁加村仁达拉康内的丹玛札崖壁之上，④ 海拔 4025 米，雕凿着大日如来、八大菩萨⑤和二飞天造像，附有藏文、汉文题记。

---

① 谢继胜：《川青藏交界地区藏传摩崖石刻造像与题记分析——兼论吐蕃时期大日如来与八大菩萨造像渊源》，《中国藏学》2009 年第 1 期。

② 霍巍：《青藏高原东麓吐蕃时期佛教摩崖造像的发现与研究》，《考古学报》2011 年第 3 期。

③ 罗文华：《四川甘孜地区民族与考古综合考察综述》，《故宫学刊》总第 2 辑，2005 年；聂贡·官却才旦、白玛朋：《玉树地区吐蕃时期石窟雕像及摩崖介绍》，《中国藏学》1988 年第 4 期；艾米·赫勒：《公元 8—10 世纪东藏的佛教造像及摩崖刻石》，《国外藏学研究译文集》第 15 辑；另见所著《西藏艺术》，图 38、41，Amy Heller,"Early Ninth Century Images of Vairochana from Eastern Tibet,"*Art of Tibet*，1994；谢继胜：《川青藏交界地区藏传摩崖石刻造像与题记分析——兼论吐蕃时期大日如来与八大菩萨造像渊源》，《中国藏学》2009 年第 1 期；霍巍：《青藏高原东麓吐蕃时期佛教摩崖造像的发现与研究》，《考古学报》2011 年第 3 期。

④ 仁达拉康为当地寺庙，依丹玛札崖壁而建。关于此处摩崖造像的具体地点，以往研究所记多有出入，恰白·次旦平措和马林记为香堆区仁达乡，霍巍和华青道尔杰记为旺布乡，等等。各家所记实为一地，可能是资料不全等原因所致。参见恰白·次旦平措《简析新发现的吐蕃摩崖石文》，郑堆、丹增译，《中国藏学》1988 年第 1 期；马林《仁达摩崖刻石考证》，《青海民族学院学报》1988 年第 1 期；霍巍《青藏高原东麓吐蕃时期佛教摩崖造像的发现与研究》，《考古学报》2011 年第 3 期；霍巍《论藏东吐蕃摩崖造像与吐蕃高僧益西央》，《西藏大学学报》2015 年第 2 期；霍巍《藏东吐蕃佛教摩崖造像背景初探》，《民族研究》2015 年第 5 期；华青道尔杰《吐蕃高僧益西央考辨》，《青海民族研究》2017 年第 1 期；陕西省考古研究院、西藏自治区文物保护研究所《西藏察雅县丹玛札摩崖造像考古调查简报》，《考古与文物》2014 年第 6 期。此外，摩崖造像所在的崖壁也有丹玛札和丹玛两种记法。

⑤ 以往研究对此处造像的记名大同小异，如陕西省考古研究院与西藏自治区文物保护研究记作毗卢遮那造像和八大菩萨，恰白·次旦平措记为大日如来佛像和八弟子，马林记作大日如来佛和八个随行弟子，霍巍记作大日如来及八大菩萨或大日如来和八大随佛弟子，谢继胜、华青道尔杰记作大日如来和八大菩萨，等等。

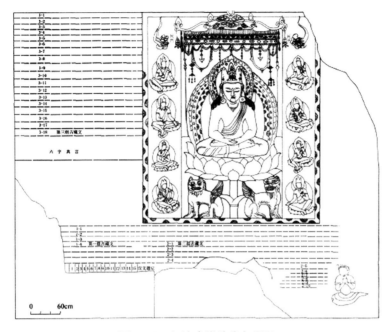

图 4-10　仁达摩崖造像与题记

资料来源：陕西省考古研究院、西藏自治区文物保护研究所《西藏察雅县
丹玛札摩崖造像考古调查简报》,《考古与文物》2014 年第 6 期。

　　根据中国藏学研究中心与昌都地区有关专家的抄录和释文，仁达摩崖造
像的藏文题记释文如下①：

　　　　圣教之意，乃一切众生皆有识念佛性之心。此心非亲教师及神所
　　赐，非父母所生，无有起始，原本存在，无有终了，虽死不灭。此心

---

　　① 李光文、杨松、格勒主编《西藏昌都：历史·传统·现代化》，第 40—42 页。此前学界多转引
恰白·次旦平措的释文，如马林《仁达摩崖刻石考证》，《青海民族学院学报》1988 年第 1 期；谢继
胜《川青藏交界地区藏传摩崖石刻造像与题记分析——兼论吐蕃时期大日如来与八大菩萨造像渊源》，
《中国藏学》2009 年第 1 期；等等。恰白·次旦平措所依资料来自 1986 年 8 月拉萨藏学会的抄本，此
抄本由昌都地区文化局土噶等同志抄录。后经中国藏学研究中心和昌都地区相关专家再次调研，在前
人基础上提供了新抄本、释文，近年来新发表的文章均引此释文，参见霍巍《青藏高原东麓吐蕃时期
佛教摩崖造像的发现与研究》，《考古学报》2011 年第 3 期；霍巍《论藏东吐蕃摩崖造像与吐蕃高僧
益西央》，《西藏大学学报》2015 年第 2 期；霍巍《藏东吐蕃佛教摩崖造像背景初探》，《民族研究》
2015 年第 5 期；华青道尔杰《吐蕃高僧益西央考辨》，《青海民族研究》2017 年第 1 期。

若广行善事，利益众生，正法加持，善修自心，可证得佛果与菩萨提，便能解脱于生老病死，获无上之福；若善恶间杂，则往生于天上人间；多行罪恶与不善，则入恶界有情地狱，轮回于痛苦之中。故此心处于无上菩提之下，亦有情于地狱之上。若享佛法之甘露，方可入解脱一切痛苦之地，获永久之幸福。故众生珍爱佛法而不得抛弃。总之，对于自己与他人之事的长远利益，则向亲教师讨教，并阅读佛法经典，便能领悟。

猴年夏，赞普赤德松赞时，宣布比丘参加政教大诏令，赐给金以下告身，王妃琛莎莱莫赞等，众君民入解脱之道。诏令比丘阐卡云丹及洛顿当，大论尚没庐赤苏昂夏、内论□赤孙新多赞等参政，初与唐会盟时，□亲教师郭·益西央、比丘达洛添德、格朗嘎宁波央等，为愿赞普之功德与众生之福泽，书此佛像与祷文。安居总执事为窝额比丘朗却热、色桑布贝等；工头为比丘西舍，比丘□□松巴辛和恩当艾等；勒石者为乌色涅哲写及雪拉公、顿玛岗和汉人黄崩增父子、华豪景等。日后对此赞同者，也同获福泽。

益西央在玉、隆、蚌、勒、堡乌等地亦广□写，□写者为比丘仁多吉。

若对此佛像及誓言顶礼供养者，无论祈愿，何事皆可如愿，后世也往生于天界；若恶语戏骂，即得疾病等诸恶果，水坠恶途；法律也对反佛者，从其祖先亲属起施行□□□。故无论任何人均不得詈骂讥讽。

汉文题记，共14行58字，但大多难以辨识，摘录如下①：

大蕃国皇□末思血果□匹□□□命诸□见吾意□□见识达□□西方□白乏□得□心诸□□□都料僧用同料僧□同料僧阴还辉天田□□。

---

① 西藏自治区地方志编纂委员会编《中华人民共和国地方志丛书·西藏自治区志·文物志》，中国藏学出版社 2012 年版，第 780 页。

前人已对仁达摩崖造像的造像年代、背景、题材、风格以及藏汉文题记等进行过翔实的研究。① 目前，学界普遍认为仁达摩崖造像的造像年代为804年，② 时值吐蕃王朝势力扩张，佛教僧人进入吐蕃权力中心，为了弘扬佛教、增加赞普威望以及为唐蕃长庆会盟造势，吐蕃高僧益西央组织藏汉工匠建造了此处具备藏汉文化融合特点的摩崖造像。③

6. 扎廓西摩崖造像和朗巴朗则摩崖造像遗址

扎廓西摩崖造像④位于西藏自治区昌都市芒康县纳西乡扎廓西沟内，海

---

① 仁达摩崖造像受关注已久，先是恰白·次旦平措对此处摩崖造像及碑文进行记载和简析，随后有国内外学者，如马林、陈建彬、阿米·海勒、H. E. 理查德森、谢继胜、霍巍、华青道尔杰以及格勒等从各个方面展开研究。参见恰白·次旦平措《简析新发现的吐蕃摩崖石文》，郑堆、丹增译，《中国藏学》1988 年第 1 期；马林《仁达摩崖刻石考证》，《青海民族学院学报》1988 年第 1 期；陈建彬《关于西藏摩崖造像的几个问题》，《南方民族考古》第 4 辑，四川科学技术出版社 1992 年版；艾米·赫勒《公元 8—10 世纪东藏的佛教造像及摩崖刻石》，《国外藏学研究译文集》第 15 辑，第 201—203 页；H. E. 理查德森《吐蕃摩崖石刻的研究札记》，《西藏考古》第 1 辑；谢继胜《川青藏交界地区藏传摩崖石刻造像与题记分析——兼论吐蕃时期大日如来与八大菩萨造像渊源》，《中国藏学》2009 年第 1 期；霍巍《青藏高原东麓吐蕃时期佛教摩崖造像的发现与研究》，《考古学报》2011 年第 3 期；霍巍《论藏东吐蕃摩崖造像与吐蕃高僧益西央》，《西藏大学学报》2015 年第 2 期；霍巍《藏东吐蕃佛教摩崖造像背景初探》，《民族研究》2015 年第 5 期；霍巍《唐蕃会盟与吐蕃佛教》，《世界宗教研究》2017 年第 1 期；华青道尔杰《吐蕃高僧益西央考辨》，《青海民族研究》2017 年第 1 期；李光文、杨松、格勒主编《西藏昌都：历史·传统·现代化》，第 40—42 页；等等。

② 阿米·海勒认为仁达摩崖造像的时间为吐蕃赞普赤德松赞时期的 816 年，参见艾米·赫勒《公元 8—10 世纪东藏的佛教造像及摩崖刻石》，《国外藏学研究译文集》第 15 辑。但目前藏学界并不支持此说，恰白·次旦平措指出：赤德松赞在位时间为 798—815 年，其间仅有一个猴年，即 804 年，故造像的年代即当为此年，参见恰白·次旦平措《简析新发现的吐蕃摩崖石文》，郑堆、丹增译，《中国藏学》1988 年第 1 期。恰白·次旦平措此说为霍巍、谢继胜等学者广为采信。

③ 霍巍：《青藏高原东麓吐蕃时期佛教摩崖造像的发现与研究》，《考古学报》2011 年第 3 期；霍巍：《论藏东吐蕃摩崖造像与吐蕃高僧益西央》，《西藏大学学报》2015 年第 2 期；霍巍：《藏东吐蕃佛教摩崖造像背景初探》，《民族研究》2015 年第 5 期；霍巍：《唐蕃会盟与吐蕃佛教》，《世界宗教研究》2017 年第 1 期；华青道尔杰：《吐蕃高僧益西央考辨》，《青海民族研究》2017 年第 1 期；等等。

④ 此处引霍巍定名，参见霍巍《青藏高原东麓吐蕃时期佛教摩崖造像的发现与研究》，《考古学报》2011 年第 3 期。《中国藏传佛教雕塑全集》所记之扎廓拉康与扎廓西为同一地点，参见《中国藏传佛教雕塑全集》5《石雕卷》，北京美术摄影出版社 2002 年版，第 8—9 页图版说明，转引自霍巍《青藏高原东麓吐蕃时期佛教摩崖造像的发现与研究》，《考古学报》2011 年第 3 期。谢继胜称扎廓拉康小石窟石刻，参见谢继胜《川青藏交界地区藏传摩崖石刻造像与题记分析——兼论吐蕃时期大日如来与八大菩萨造像渊源》，《中国藏学》2009 年第 1 期。霍巍在早先也曾用过扎果西沟石刻造像，参见霍巍《试析西藏东部新发现的两处早期石刻造像》，《敦煌研究》2003 年第 5 期。

拔约 2820 米。造像雕刻在一朝南的石崖上，正面以减地浅浮雕的技法①雕出三尊人像，当地传为松赞干布像（中）、赤尊公主像（左）和文成公主像（右），崖面东侧有一坐像，当地传为禄东赞像。②

图 4-11　扎廓西摩崖造像示意

1. 传松赞干布像；2. 传禄东赞像；3. 传文成公主像；4. 传赤尊公主像
资料来源：霍巍《青藏高原东麓吐蕃时期佛教摩崖造像的发现与研究》，《考古学报》2011 年第 3 期。

　　由于扎廓西摩崖造像的服饰接近吐蕃贵族，与同时期摩崖造像不同，故有关扎廓西摩崖造像的身份一直是学界关注的重点。当地将扎廓西摩崖造像风传为松赞干布及其二妃、一臣像，但学界一般认为造像内容为大日如来及胁侍菩萨。③ 此外，霍巍又根据地形分析，认为扎廓西摩崖造像的地点后代

---

① 谢继胜：《川青藏交界地区藏传摩崖石刻造像与题记分析——兼论吐蕃时期大日如来与八大菩萨造像渊源》，《中国藏学》2009 年第 1 期。该文章并未指明石崖东面造像所用技法，不过根据图像资料判断，很可能与正面三尊人像所用技法相同。

② 霍巍：《青藏高原东麓吐蕃时期佛教摩崖造像的发现与研究》，《考古学报》2011 年第 3 期。

③ 霍巍虽借用当地风传之松赞干布及其二妃、一臣像的叫法，但并未采信，谢继胜提出："此处造像完全吐蕃化的装束应当表明法王时期大日如来造像已经完成了地方化的步骤。除了模式化的松赞干布造像以外，以吐蕃服饰出现的佛与胁侍在藏传佛教艺术中还极为少见。可能的解释之一是把吐蕃赞普比作大日如来，王妃化作胁侍菩萨。"霍巍赞同此说，并认为："被称为松赞干布的主尊像……实际上也是大日如来像；其两侧被称为文成公主与赤尊公主的造像，实际上即为大日如来的胁侍菩萨的造像，从其造型特点上观察很可能是金刚手与观世音菩萨。"参见霍巍《青藏高原东麓吐蕃时期佛教摩崖造像的发现与研究》，《考古学报》2011 年第 3 期；谢继胜《川青藏交界地区藏传摩崖石刻造像与题记分析——兼论吐蕃时期大日如来与八大菩萨造像渊源》，《中国藏学》2009 年第 1 期。此外，熊文彬认为，这种身着吐蕃王室贵族式样服饰的大日如来像或许表明大日如来信仰在藏地流行之始经历过一个"地方化时期"（此意见来自熊文彬在北京举行的第三届"西藏考古与艺术国际学术讨论会"上的讲演），转引自霍巍《青藏高原东麓吐蕃时期佛教摩崖造像的发现与研究》，《考古学报》2011 年第 3 期。

有所移动，最早可能是在现存地点的后山崖壁上雕凿。①

　　朗巴朗则摩崖造像位于芒康县邦达乡让堆村境内的朗巴朗则拉康②，海拔约 3880 米，朗巴朗则藏语中意为大日如来佛殿，殿内存有 9 尊造像，均圆雕，正中为大日如来造像，此造像两侧各 4 尊菩萨造像。1966 年，殿堂曾遭破坏，造像面部多被损毁，1981 年寺院殿堂复建，造像面部、头冠等部位由汉地工匠敷泥涂彩，其他部位未动。③

　　以往研究者皆认为上述两处摩崖造像雕凿时代为吐蕃时期，④ 霍巍根据此两处造像的图像学特征，将之与年代基本相同的同类考古遗存进行比较分析，比如"朗巴朗则拉康内的造像则是较为成熟规范的大日如来与八大菩萨的组合形式。以大日如来佛为题材的造像在藏东地区多有发现，并且具有相同的时代特征"，推测扎廓西摩崖造像和朗巴朗则摩崖造像的雕凿年代为 8 世纪晚期至 9 世纪初期，反映了大日如来信仰一度在藏东地区流行的历史。

　　以上这些佛教摩崖造像，均被学界长期研究，成果丰富，较为可靠，⑤建造年代集中在 8 世纪末至 9 世纪初，主要建造者为吐蕃高僧益西央。目前学界的主流观点认为这批造像反映了吐蕃扩张、佛教僧人进入吐蕃权力中

---

　　① 霍巍：《试析西藏东部新发现的两处早期石刻造像》，《敦煌研究》2003 年第 5 期；霍巍：《青藏高原东麓吐蕃时期佛教摩崖造像的发现与研究》，《考古学报》2011 年第 3 期。谢继胜采纳此说，参见谢继胜《川青藏交界地区藏传摩崖石刻造像与题记分析——兼论吐蕃时期大日如来与八大菩萨造像渊源》，《中国藏学》2009 年第 1 期。

　　② 此处引霍巍定名，参见霍巍《青藏高原东麓吐蕃时期佛教摩崖造像的发现与研究》，《考古学报》2011 年第 3 期；谢继胜将此处摩崖造像记为芒康邦达大日如来造像，文中所述大日如来殿即为朗巴朗则拉康，参见谢继胜《川青藏交界地区藏传摩崖石刻造像与题记分析——兼论吐蕃时期大日如来与八大菩萨造像渊源》，《中国藏学》2009 年第 1 期。

　　③ 霍巍：《青藏高原东麓吐蕃时期佛教摩崖造像的发现与研究》，《考古学报》2011 年第 3 期。

　　④ 《中国藏传佛教雕塑全集》5《石雕卷》，第 8—9 页图版说明；谢继胜：《川青藏交界地区藏传摩崖石刻造像与题记分析——兼论吐蕃时期大日如来与八大菩萨造像渊源》，《中国藏学》2009 年第 1 期。其中，前书作者将其在朗巴朗则摩崖造像收录的两尊菩萨造像的年代定在吐蕃时期（8—9 世纪）。

　　⑤ 除前文及引注提到的学者外，还有许多学者参与或涉及这一领域的研究，比如王尧《青海玉树地区贝考石窟摩崖吐蕃碑文释读》，《唐研究》第 10 卷；巴桑旺堆《吐蕃石刻文献评述》，《中国藏学》2013 年第 4 期；等等。回顾这一领域的研究，霍巍的研究脉络尤其值得注意，其所作《青藏高原东麓吐蕃时期佛教摩崖造像的发现与研究》是集大成式的学术成果，后经修改纳入霍巍《吐蕃时代考古新发现及其研究》，科学出版社 2012 年版，第 315—353 页。其后来发表的《论藏东吐蕃摩崖造像与吐蕃高僧益西央》《藏东吐蕃佛教摩崖造像背景初探》《唐蕃会盟与吐蕃佛教》，则将该领域的研究提升到了新境界。

图 4-12　朗巴朗则摩崖造像示意

1. 大日如来像；2—4. 菩萨像

资料来源：霍巍《青藏高原东麓吐蕃时期佛教摩崖造像的
发现与研究》，《考古学报》2011 年第 3 期。

枢、佛教在康区传播、唐蕃会盟等历史。

　　除上述摩崖造像外，康区另有一些被认为是吐蕃时期留下的佛教摩崖造像（石刻），如四川石渠县新发现的摩崖石刻群、西藏昌都芒康县嘎托镇巴茹村摩崖造像、青海省海西州都兰县露丝沟摩崖造像以及勒巴沟内的一些造像等,① 这些造像（石刻）遗址为何如此密集地分布于康区的澜沧江和金沙江流域地区，尚是一个值得关注的问题。

表 4-1　吐蕃在康区活动的遗迹简况

类型	地点	名称及建造时期
摩崖造像	四川甘孜	石渠县洛须镇照阿拉姆摩崖造像,804 年
	青海玉树	结古镇附近贝纳沟摩崖造像,806 年 结古镇附近勒巴沟口摩崖造像,吐蕃时期 结古镇附近勒巴沟内摩崖造像,841 年或赤祖德赞在位期间的826—838 年
	西藏昌都	察雅县仁达摩崖造像,804 年 芒康县纳西乡扎廓西摩崖造像,8 世纪晚期至 9 世纪初期 芒康县邦达乡朗巴朗则摩崖造像,8 世纪晚期至 9 世纪初期
城堡	四川阿坝	马尔康市婆陵甲萨古城遗址,约为吐蕃时期
冶铁炉	四川甘孜	炉霍县仁达乡呷拉宗村冶铁炉遗址,约为吐蕃时期
铁桥	云南大理	漾濞县城附近铁索桥遗址(推测),703—707 年
	云南丽江	玉龙县塔城乡神川铁桥遗址,680 年前后或 750 年前后
墓碑	云南丽江	丽江格子藏文碑,794 年以前

第三节　吐蕃佛教向康区的传播

在目前康区所发现的吐蕃时期的遗迹中，最值得注意的是在金沙江流域地区即今藏、川、青交界地带发现的数量众多的吐蕃时期遗留下来的佛教摩崖造像、石刻等佛教类遗址和遗迹。这些遗址和遗迹主要有：四川石渠县照阿拉姆摩崖石刻、须巴神山摩崖石刻群、白马神山摩崖石刻群、洛须村摩崖石刻群，青海省玉树贝纳沟摩崖石刻、勒巴沟摩崖造像，西藏昌

① 四川省文物考古研究院、石渠县文化局：《四川石渠县新发现吐蕃石刻群调查简报》,《四川文物》2013 年第 6 期；《西藏昌都芒康县新发现吐蕃时期大日如来石刻像》,《西藏大学学报》2014 年第 3 期；许新国：《露斯沟摩崖石刻图像考》,《青海社会科学》1994 年第 2 期；谢继胜：《川青藏交界地区藏传摩崖石刻造像与题记分析——兼论吐蕃时期大日如来与八大菩萨造像渊源》,《中国藏学》2009 年第 1 期；等等。

图 4-13　吐蕃在康区活动的遗迹分布

都仁达摩崖造像、查果西沟摩崖造像、露丝沟摩崖造像、芒康县嘎托镇巴茹村摩崖造像、纳西乡扎廓西沟摩崖造像、邦达乡让堆村朗巴朗则拉康摩崖造像，甘肃省张掖市山丹县扁都口摩崖造像等。[1]　其分布的范围大体包括

---

① 霍巍：《青藏高原东麓吐蕃时期佛教摩崖造像的发现与研究》，《考古学报》2011 年第 3 期；《藏东吐蕃佛教摩崖造像背景初探》，《民族研究》2015 年第 5 期。

了今西藏昌都、青海玉树、云南迪庆以及四川甘孜。总体来说，在金沙江东岸的遗迹数量相对较少，主要是分布于金沙江的西岸地区。

为何吐蕃时期会在藏东的金沙江流域地区即今藏、川、青毗邻地带留下如此多的佛教摩崖造像及石刻题记？这是一个颇值得重视和引起关注的问题，也是我们认识和理解吐蕃与康区关系的一个重要切入点。

我们知道，佛教文化自7世纪传入吐蕃，经历了一个认识与接受的过程，到8世纪上半叶赤德祖赞执政时（704—755）始主动引入佛教。到8世纪下半叶赤松德赞在位之时（755—797），吐蕃王室大力提倡佛教，赞普赤松德赞同大臣举行大规模的兴佛盟誓，桑耶寺完工落成，贵族大臣子弟"七试人"最早出家为僧，佛教在吐蕃王室及统治上层中开始占据主导地位。在此背景下，佛教自然也成为吐蕃统治并整合其征服地域民众的一种重要手段和文化力量。吐蕃时代的敦煌藏文写卷记自赤松德赞崇佛伊始：

> （吐蕃）自首邑直至边鄙四境并建寺宇伽兰，树立教法，一切人众入于慈悲。[1]

虽然吐蕃是否在"边鄙四境并建寺宇伽兰"尚需确认，但此记载可以证明一点，自吐蕃王室大兴佛教和佛教在吐蕃取得主导地位以后，吐蕃王室确实存在向"边鄙四境"即广大占领地区推行和传播佛教的意愿与计划。藏文史籍《贤者喜宴》也记载，赤松德赞时颁布的《兴佛诏书》，曾赐予勃律地区、象雄地区、多麦及各级地方长官文书各一份，要求他们严守佛法，弘扬佛教，甚至持剑盟誓。[2] 此外，在四川甘孜藏族自治州石渠县境内发现的照阿拉姆摩崖石刻中的藏文题记亦记：

> 菩萨赞普赤松德赞之世，积大功德，拓展圣冕之权势（即政权），远播四境十方，弘扬佛法，设立译场，所译大乘经典渊博宏富，如弥药

---

① 王尧、陈践译注《敦煌本吐蕃历史文书（增订本）》，第167页。
② 巴卧·祖拉陈哇著，黄颢译注《〈贤者喜宴〉摘译（九）》，《西藏民族学院学报》1982年第4期。

王等得入解脱之道者，逾百千人。广建寺庙……敬奉供养者臣民……缘觉之正法……皈依大乘，将长寿永生，久住世间。①

从该藏文题记中提到"远播四境十方，弘扬佛法，设立译场，所译大乘经典渊博宏富，如弥药王等得入解脱之道者，逾百千人"来看，吐蕃应确已将佛法传播到其东部占领地区，其中包括了"弥药"地区。《旧唐书·西戎传·党项羌》载党项为吐蕃役属，吐蕃谓之"弭药"。弭药，即木雅。木雅热岗，为多康六岗之一。其地在今雅砻江中游以东，以木雅贡嘎为中心的地方。藏文史籍《贤者喜宴》记，吐蕃在弭药热甫岗曾建造雍佐热甫嘎神殿。② 据汉文史籍记载，隋唐时的党项"其界东至松州，西接叶护，南杂春桑、迷桑等羌，北连吐谷浑。处山谷间"。故此处的弭药热甫岗很可能是在今松潘以西的川西北、青海东南部一带。③《贤者喜宴》又记吐蕃在康区延请弥药工匠修建有"登隆塘度母寺"。④ 藏文史籍《奈巴教法史》描述该寺云："外有佛塔，内有佛堂，地基坚实，顶有飞檐。"⑤ 该寺遗迹今犹存，仍为信众活动之重要场所。虽然这些记载不少是出自吐蕃以后的佛教后弘期藏文史籍，但从吐蕃时期的照阿拉姆摩崖造像的藏文石刻题记明确记载"弥药王等得入解脱之道者，逾百千人"来看，在吐蕃时期佛教自吐蕃传播和影响至吐蕃东部地域的"弥药"当无疑问。也就是说，自吐蕃赞普赤松德赞倡导和崇佛以来，吐蕃确实存在向"边鄙四境"即广大占领地区推广佛教之强烈意愿。

另从诸多迹象看，吐蕃的佛教向东部地区及康区辐射和传播也是确定无疑的。较典型的例子是吐蕃最初的"七试人"之一的毗卢遮那在东部地区的传教活动及所产生的广泛影响。毗卢遮那曾受赞普赤松德赞派遣，前往印度求法，并依从印度金刚乘大师习得密法，返回吐蕃后，成为吐蕃最早出家为僧的"七试人"之一。其后，因以蔡邦妃为首的吐蕃苯教势力和以寂护

① 艾米·赫勒：《公元8—10世纪东藏的佛教造像及摩崖刻石》，《国外藏学研究译文集》第15辑，第195页。

② 巴卧·祖拉陈哇著，黄颢译注《〈贤者喜宴〉摘译（三）》，《西藏民族学院学报》1981年第2期。

③ 巴卧·祖拉陈哇著，黄颢译注《〈贤者喜宴〉摘译（三）》，《西藏民族学院学报》1981年第2期。

④ 登隆塘，大致在今甘孜州石渠、德格一带。

⑤ 札巴孟兰洛卓：《奈巴教法史——古谭花鬘》，王尧、陈践译，《中国藏学》1990年第1期。

为首的印度显教僧侣强烈反对密法，毗卢遮那遂被流放至东方的察瓦绒一带，即今大渡河上游的嘉绒藏族地区。① 他在当地建寺收徒，翻译佛经，影响较大。至今嘉绒地区还存有诸多传说是毗卢遮那活动的遗迹，如在阿坝藏族自治州首府马尔康市的峰壁峡谷中就有一座山洞被称作"毗卢杂普"，传说是当年毗卢遮那修习密法的地方。在当地藏人心中，毗卢遮那也被誉为"点燃东方（指康区——引者注）佛教明灯的圣人"。在吐蕃时期传播的佛教中，密法占有一定的地位。《土观宗派源流》载：

> 王（指赤松德赞——引者注）又迎阿阇黎大咒师法称、无垢友、佛密、静藏等诸天竺班智达多人来藏。……然未闻诸师讲说显教性相的大经典。即传密法，亦甚严谨，未曾普传。②

7世纪以后，印度进入大乘佛教密宗时期，密教进一步兴起。8世纪后期，分化出金刚乘密教。金刚乘密教广泛吸纳印度民间宗教如印度教、湿婆教等的密咒、仪轨及世俗信仰，产生出像莲花生这样的金刚乘密教大师。毗卢遮那正是在此背景下从印度习得金刚乘密法，并因在吐蕃腹地遭到抵制，被流放到吐蕃东部察瓦绒地区。③ 正是由于毗卢遮那的原因，金刚乘密教在吐蕃东部及康区得到了传播。宁玛派密宗大师仁增·吉美林巴在《藏传佛教前译派传承源流》一书中记载，毗卢遮那除翻译《心本续》等心部诸种密教经典外，还在嘉姆察瓦茸地方收玉扎宁保和桑东益西两位喇嘛为徒，又在夺孔茸的红岩堡寺将密法传给邦·桑结贡布，桑结贡布传给安兰·强秋坚参，朵康人沙丹·仁钦佑又师从安兰·强秋坚参，仁钦佑又传于克吉色，以上诸师都坚持在康区的瓦森格扎岸修行。毗卢遮那在东部地区传播密教，其影响逐步扩大。据说毗卢遮那师徒返回吐蕃本部途中，遇见一位名叫班木甘·马盼贡保（又作米潘贡保）的老者，老者"借宿时间问何来何往，宁

---

① 一说在阿坝藏族羌族自治州西部，一说在今宁静、盐井以西的怒江河谷一带。

② 土观·罗桑却吉尼玛：《土观宗派源流》，刘立千译注，民族出版社2000年版，第34页。

③ 关于毗卢遮那遭流放的原因，藏文史籍中记载不一。《五部遗教·后妃遗教》记载，毗卢遮那是因为不顺从蔡邦妃的引诱，遭评陷而被流放的。转引自刘勇《"藏族传统史学"学科概念分析》，《中国藏学》2006年第2期。

札答说来自察瓦茸，现在要到吐蕃中心去。老人惊奇两位搞错了，听讲经应在察瓦茸，学者毗茹杂纳在那里，那是一位佛法大太阳，两位不往那里真可惜"。① 后来毗卢遮那以《智慧密义》等密续中的"金刚桥"密诀摄益了马盼贡保。以上这些说法虽出自后世的藏文文献记载，多少带有溢美与夸赞成分，却在一定程度上反映出毗卢遮那在吐蕃东部地区传教所产生的深远影响，并在察瓦绒地方形成了一个密教传播的中心。

从现保存于金沙江流域一带的吐蕃时期佛教遗迹中，亦能看到浓厚的密教色彩。目前仁达、朗巴朗则等处摩崖造像，皆刻有大日如来佛及八大菩萨的形象。② 甘孜州石渠县洛须镇照阿拉姆石刻的内容为一佛二菩萨，主尊像亦为大日如来佛（毗卢遮那佛）。③ 大日如来佛正是金刚乘密教的五禅那佛之首，也是密宗最无上崇高的佛，被认为是一切佛法的根本。值得注意的是，毗卢遮那所传的密法被藏传佛教习称为旧密法。后弘期藏传佛教各派别中，主要依修旧密法的是宁玛派。在今天甘孜藏族自治州和阿坝藏族自治州境内，以毗卢遮那为祖师的宁玛派势力仍然占有绝对优势。据 20 世纪 30 年代的统计，康区的藏传佛教寺院中仍以宁玛派寺院数量最多，达 309 所（含尼寺 8 所），其数量远超过其他藏传佛教教派的寺院。④ 这种情况在金沙江流域较为偏僻的地区更为突出，如在今甘孜藏族自治州的新龙（原瞻对地方）和白玉两县，均以宁玛派的寺院数量为最多，苯教寺院居其次。⑤ 有学者认为，造成这一现象的原因，很大程度正是根源于吐蕃时期毗卢遮那在这一带传教所奠定的历史文化基础。⑥

吐蕃虽然自赤松德赞大力崇佛以来，已产生向"边鄙四境"即广大占领地区推广佛教之意向，但从目前在藏东及康区境内所发现的佛教摩崖造像及石刻题记看，佛教真正比较大规模地由吐蕃传播到康区，主要是在 9 世纪初期即赤德松赞时期。在前述十余处佛教造像遗迹中，有藏文石刻题记的共

---

①　洛珠加措、俄东瓦拉译《莲花生大师本生传》，青海人民出版社 1990 年版，第 300 页。

②　霍巍：《青藏高原东麓吐蕃时期佛教摩崖造像的发现与研究》，《考古学报》2011 年第 3 期。

③　故宫博物院、四川省文物考古研究院：《四川石渠县洛须"照阿拉姆"摩崖石刻》，《四川文物》2006 年第 3 期。

④　王开队：《康区藏传佛教历史地理研究》，四川大学出版社 2011 年版，第 108 页。

⑤　王开队：《康区藏传佛教历史地理研究》，第 109 页。

⑥　王开队：《康区藏传佛教历史地理研究》，第 125—126 页。

有四处。① 从题记内容看，主要属于赤松德赞之后的赤德松赞执政时期（798—815）。这些藏文石刻题记中还多次出现了"赤德松赞"的名字。这些吐蕃时期的藏文石刻题记蕴含了丰富的历史信息，对我们了解佛教自吐蕃向东部地区传播的历史甚为重要。前面已引述过四川甘孜藏族自治州石渠县照阿拉姆摩崖石刻的藏文题记、西藏昌都仁达摩崖造像的藏文题记、青海玉树贝纳沟"大日如来堂"的"狗年题记"。

此外，在今甘、青交界的甘肃省张掖市山丹县境内扁都口也发现了一处吐蕃时期摩崖石刻，内容为一佛二菩萨，上有两排古藏文题记：

　　　　为了赞普的福德和众生的福祉，比丘巴果·益西央监制。②

以上四处摩崖造像藏文题记内容，除赞颂佛法、训诫世人遵守佛法并为吐蕃赞普祈福外，还透露出以下三个重要信息。

（1）三处题记中提到了一位名叫"益西央"（也被译为"益西扬"）的高僧在这批佛教摩崖造像制作中所发挥的重要作用。扁都口摩崖石刻藏文题记称"比丘巴果·益西央监制"；昌都仁达摩崖造像的藏文题记云"益西央在玉、隆、蚌、勒、堡乌等地亦广□写，□写者为比丘仁多吉"；青海玉树贝纳沟"大日如来堂"的"狗年题记"则称"此乃比丘大译师益西扬主持"。从"益西央在玉、隆、蚌、勒、堡乌等地亦广□写"的题记看，分布于金沙江流域地区的十余处佛教摩崖造像及石刻题记很可能是由同一团队制作完成，而这个团队的总负责人可能是一位被称作"大译师"的藏地高僧"益西央"。

（2）四处藏文题记中至少有三处题记提供了确切年代。西藏昌都仁达摩崖造像的题记中有"猴年夏，赞普赤德松赞时"。③ 赤德松赞在位时间为798—815年，而此期间只有一个"猴年"，即804年。这很可能即是仁达摩

---

　　① 四川省文物考古研究院、石渠县文化局：《四川石渠县新发现吐蕃石刻群调查简报》，《四川文物》2013年第6期。

　　② 巴桑旺堆：《吐蕃石刻文献评述》，《中国藏学》2013年第4期；恰嘎·旦正：《藏文碑文研究》，西藏人民出版社2012年版，第95页。

　　③ 霍巍：《青藏高原东麓吐蕃时期佛教摩崖造像的发现与研究》，《考古学报》2011年第3期。

崖造像的开凿时间。① 青海玉树贝纳沟 "大日如来堂" 的 "狗年题记" 中也有 "狗年……为今上赞普赤德松赞之世君臣、施主及一切众生之故也" 的文字。此处提到的 "狗年" 是指 "今上赞普赤德松赞" 之 "狗年"，即 806年。这也应是造像开凿之年。联系到 "益西央在玉、隆、蚌、勒、堡乌等地亦广□写" 以及题记中多提到 "益西央" 这一高僧，我们有理由判定金沙江流域地区这批造像的年代大体上与吐蕃高僧益西央的生卒年代相重叠。② 因此，关于这批佛教造像开凿的年代，霍巍认为大体是在 9 世纪初期吐蕃赞普赤德松赞即位以后。③

（3）这批佛教摩崖造像的题材均是以大日如来佛为中心，环绕八大菩萨或观音、金刚手菩萨。也就是说，造像题材呈现出浓厚的密宗特点。造像的风格以藏式为主，也有一定的汉地因素。这可能与汉地工匠参与建造有关。

从以上三点，特别是摩崖造像均呈藏式风格、有藏文题记、题记内容提到吐蕃赞普赤松德赞和赤德松赞以及造像均由吐蕃高僧益西央监制等特征来看，这批分布在今藏、川、青交界金沙江流域地区的佛教摩崖造像及石刻题记，显然是吐蕃佛教向东部地区即康区地域传播与发展的结果，是在吐蕃高僧的领导和监制下制作完成的。

一个值得注意的现象是，这批佛教摩崖造像及石刻题记的制作，明显有汉地工匠参与其中。在照阿拉姆摩崖石刻藏文题记之下，还有竖书的汉文题刻 "杨□杨二造仏也" "杨二□造" "杨" 等汉字。"杨二" 一词表明参与造像的汉人工匠当不止 "杨二" 一人。仁达摩崖造像藏文题记也明确提及制作者中有 "汉人黄崩增父子、华豪景等"。汉地有着悠久而深厚的勒石与石刻传统，其佛教摩崖造像制作的历史也远较吐蕃久远，魏晋南北朝时期已经十分兴盛、成熟。所以，就此背景言之，康区这批佛教摩崖造像的建造有汉人工匠参与其中当不足为怪。需要注意的是，吐蕃东部特别是康区一带，也正处于吐蕃佛教与汉地佛教相交汇的地区。

---

① 有的学者认为 "猴年" 可能是赞普赤德松赞时期的 816 年。参见艾米·赫勒《公元 8—10 世纪东藏的佛教造像及摩崖刻石》，《国外藏学研究译文集》第 15 辑。

② 霍巍：《藏东吐蕃佛教摩崖造像背景初探》，《民族研究》2015 年第 5 期。

③ 霍巍：《藏东吐蕃佛教摩崖造像背景初探》，《民族研究》2015 年第 5 期。

《册府元龟·外臣部·通好》载：

> （建中）二年二月，以万年令崔汉衡为殿中少监，持节使西戎。初吐蕃遣使求沙门之善讲者，至是遣僧良琇、文素一人行，二岁一更之。①

该记载显示了汉地佛教向吐蕃传播之情况。在唐朝后期，四川成都因免于安史之乱的战火，社会相对安宁，经济亦较发达，有"扬一益二"之称。这为佛教的发展创造了条件。盛唐以后，成都地区建寺院、造佛像十分兴盛，不仅佛教寺院和造像众多，还成为高僧驻锡较集中的地区之一。② 吐蕃东部的康区地近成都，不可避免会受到汉地佛教的影响。故宫博物院与四川省文物考古研究院 2005 年在甘孜藏族自治州德格县龚垭乡莱格村就发现一处年代可能为隋唐时期的汉式宗教建筑遗迹，出土一尊陶质佛像，另有少量瓦当、滴水，与隋唐时期同类遗物相似。③ 据此，我们不能排除少数汉地僧人前往康区地方修行和传教的可能。此外，另一个重要背景是，康区也是汉地高僧往来中原与天竺途经的地区。经康区以北的吐蕃泥婆罗道是唐代高僧前往天竺求法的主要通道，《释迦方志》记载，此道需经白兰、多弥，穿越川西北一带。唐代汉地高僧中就有玄照、道希、玄太、玄恪等经此道至天竺。④ 此道至咸亨年间（670—674），因唐蕃交恶，遂不通。据冯汉镛考证，康区南部有蜀川、牂牁道，即经今滇西北、甘孜等地，至拉萨，再转行天竺，历来为天竺、中原高僧经行之路。⑤ 这种状况也使汉地佛教对康区产生一定影响。所以，在 8 世纪后期至 9 世纪初期，在佛教由吐蕃向东传播过程中，在康区地域与汉地佛教发生一定交汇是确定无疑的。这也正是金沙江流域地区这批吐蕃佛教摩崖造像的建造有汉人工匠参与其中的原因。

对于金沙江流域这批吐蕃佛教摩崖造像的制作，目前学术界主要形成两

---

① 王钦若等：《册府元龟》卷 980《外臣部·通好》，第 11513 页下。
② 李映辉：《唐代高僧驻锡地的地理分布》，《中国历史地理论丛》1999 年第 2 期。
③ 故宫博物院、四川省文物考古研究院：《2005 年度康巴地区考古调查简报》，《四川文物》2005 年第 6 期。
④ 义净著，王邦维校注《大唐西域求法高僧传校注》，中华书局 1988 年版，第 11、36、43、44 页。
⑤ 冯汉镛：《唐代西蜀经吐蕃通天竺路线考》，《西藏研究》1985 年第 4 期。

种意见。一种意见认为，这批佛教造像的风格"温柔敦厚……该像出自汉人之手"。① 另一种意见则认为，"造像的题材和风格显然都不是汉式的，但造像工程中有汉族工匠参与其中却是可以肯定的，最大的可能性还是汉藏工匠联手凿刻"。② 其实，金沙江流域地区的这批佛教摩崖造像是藏地高僧与汉地工匠合作的产物应可以肯定。但是，在合作的具体分工上，鉴于汉地石刻源远流长且传统深厚，勒石开凿佛教造像的时间更早，技术也更为成熟，所以不排除摩崖造像和题记的具体开凿可能系汉地工匠所为。而吐蕃高僧可能更多是负责造像形制、藏文题记内容等方面的设计工作。也就是说，吐蕃高僧应是计划的领导者和蓝图设计者，汉地工匠可能是受雇于前者，却是石刻的具体开凿者与计划实施者。

　　不过，严格来说，将这批金沙江流域地带佛教摩崖造像和石刻题记的制作者简单分为吐蕃僧人和汉地工匠的做法与思路可能存在一些问题。因为既然是在康区地域，我们不能排除可能有康区的部落和僧人参与了制作。其中最有可能的参与者当是"弥药"的僧人。照阿拉姆藏文题记既然称"弥药王等得入解脱之道者，逾百千人"，说明在吐蕃后期弥药已深受佛教影响。弥药介于吐蕃与汉地之间，既受吐蕃役属，又靠近汉地。故在 9 世纪，其很可能成为吐蕃与汉地之间在佛教交流上的一个中介。换言之，在吐蕃僧侣与擅长摩崖造像石刻的汉地工匠之间充当中介的很可能正是康区的弥药人。后弘期藏文史籍《贤者喜宴》曾明确记载松赞干布在康区建造寺院时以"弥药人"为监工、吐蕃在康区延请弥药工匠修建有"登隆塘度母寺"，又记吐蕃在弭药热甫岗建造雍佐热甫嘎神殿等。③ 这些记载虽出自吐蕃以后的藏文文献，不排除其中有夸大成分，如称松赞干布时就在康区建造寺院并以"弥药人"为监工的记载恐未必可信。但是，这些称吐蕃在康区发展佛教多与"弥药人"相关的记载可能并非空穴来风，应是当时"弥药人"曾充当协助吐蕃在康区发展佛教重要角色的一个反映。特别是吐蕃时期的照阿拉姆

---

① 谢继胜：《川青藏交界地区藏传摩崖石刻造像与题记分析——兼论吐蕃时期大日如来与八大菩萨造像渊源》，《中国藏学》2009 年第 1 期。

② 霍巍：《藏东吐蕃佛教摩崖造像背景初探》，《民族研究》2015 年第 5 期。

③ 巴卧·祖拉陈哇著，黄颢译注《〈贤者喜宴〉摘译（三）》，《西藏民族学院学报》1981 年第 2 期。

藏文题记称"弥药王等得入解脱之道者，逾百千人"，[①] 也进一步表明吐蕃后期佛教在弥药部落中已得到可观的发展。吐蕃所称"弭药"即汉文史籍所记"党项"，主要分布于四川西北部和甘、青东部地区。而按照藏文文献的记载，弭药即木雅。木雅热岗，为多康六岗之一。其地在今雅砻江中游以东，以木雅贡嘎为中心的地方，为康区东部。据照阿拉姆藏文题记内容来判断，在 9 世纪初期，佛教在弥药地方应已有可观的发展。故谢继胜认为，这批摩崖造像，"为吐蕃时期藏汉交界地带民族关系及艺术风格交流以及理解此后西夏艺术中的藏传风格渊源提供了有力的证据"。[②] 霍巍也指出，这批佛教造像"汉族工匠的来源，最大的可能性就是当时尚处在吐蕃控制之下的四川西北部或甘、青东部地区，而这一地区与吐蕃时期'弥药人'的活动地域相一致，这和造像题记中所反映出的信息互有联系"。[③] 所以，我们有理由相信，制作金沙江流域这批佛教造像的工程很可能有康区地域的部落参与，其中最大的可能是有"弥药人"参与其中。这也说明在吐蕃中后期，吐蕃佛教不仅向康区传播和辐射，且对康区产生了相当的影响。

那么，为什么 9 世纪初期在今藏、川、青交界的金沙江流域会如此集中地出现一批数量可观的佛教摩崖造像及石刻题记呢？制作这批佛教造像及题记的背景和直接动因是什么？对于这些问题，因材料匮乏，目前学界尚难给出明确、清晰的答案。霍巍提出了一个颇具说服力的阐释，他认为，对吐蕃而言，这批佛教造像的制作与 9 世纪初期唐蕃会盟的背景直接相关，并有着宗教与政治双重意图：

> 一方面，通过广造佛像，可以以弘扬佛教为手段，对随着吐蕃王朝势力扩张新占据的汉藏交界地带开展宗教宣传，从某种意义上讲也是一种"和平攻势"，通过特殊的宗教方式来表达吐蕃"和好宁边"的愿望，为唐蕃会盟营造友好氛围。在西藏昌都仁达摩崖造像中专门提到"初与唐会盟时"这一背景，即是这种历史前提的真实反映。虽然目前

---

① 艾米·赫勒：《公元 8—10 世纪东藏的佛教造像及摩崖刻石》，《国外藏学研究译文集》第 15 辑。

② 谢继胜：《川青藏交界地区藏传摩崖石刻造像与题记分析——兼论吐蕃时期大日如来与八大菩萨造像渊源》，《中国藏学》2009 年第 1 期。

③ 霍巍：《藏东吐蕃佛教摩崖造像背景初探》，《民族研究》2015 年第 5 期。

还无法确指仁达摩崖造像中提到的"初与唐会盟时"具体是指的哪一次唐蕃会盟，但这个大背景是清楚的。另一方面，通过广造佛像为吐蕃赞普祈福、为广大百姓祈求平安，还可达到在唐蕃争锋的汉藏交界地带树立吐蕃赞普威望、颂赞吐蕃赞普功德、树立标志性纪念物等特殊目的，这从各地造像的题材、祈愿文字中均可得到反映。唐蕃长庆会盟之后，兵火停息，双方友好交往的局面重开，益西央等吐蕃高僧在其中所起到的积极作用应当给予正面评价，而这些至今留存在藏东地区的吐蕃摩崖造像，正是这段唐蕃友好史实的历史见证。[①]

虽然以上认识主要还是一种推断，却是目前所见最切合吐蕃后期政治、宗教状况的阐释。倘若如此，则同时也揭示了一个重要事实：吐蕃后期，在吐蕃所控制的康区，传自吐蕃的佛教不但在当地已有相当的社会基础，而且很大程度上康区及东部地区已成为吐蕃与唐朝在佛教上发生交往、联系的重要枢纽地区。这应是这些佛教摩崖造像产生于康区而非吐蕃本部的重要原因。

毫无疑问，自赤松德赞大力倡导和推行佛教以来，吐蕃也努力将佛教推行于其所控制的康区地域，尤其是今藏、川、青交界的金沙江流域，因该地为吐蕃向东扩张的交通枢纽和要冲，向北通往唐蕃大道，向东通往今川西北及剑南西川，向南通往南诏及西洱河诸蛮地区。该地区所发现的一批主要开凿于9世纪初期的佛教摩崖造像及藏文石刻题记，也正是吐蕃在东部康区大力推广和传播佛教的有力证明。此外，在一份吐蕃古藏文文献中，康区还被列为吐蕃四大佛教传播区之一，并拥有丹玛·贡伽见、旺·喜饶拉瓦一类的经院大师。[②] 一些后弘期藏文文献也多有关于吐蕃在康区推行和发展佛教的记载。如《奈巴教法史》即记载，吐蕃"于卫、康、多思麻三地修建了12座闻、思、修习讲经院"，称"康区有谐衣俄切、谐衣毕噶、恰衣龙须四座（原文缺——译注）"。"具有讲经、持戒殊胜（特指修习）特点之六座寺庙"，"康区有噶曲雍仲孜、阔昆土孜仑珠二寺"。"断语修心之12座寺庙"，"康区

---

① 霍巍：《藏东吐蕃佛教摩崖造像背景初探》，《民族研究》2015年第5期。

② F. W. 托玛斯编著《敦煌西域古藏文社会历史文献》，刘忠、杨铭译注，民族出版社2003年版，第73页。

有丹笛山、彭木林昂龙、安穷四寺"。① 这些记载虽出自吐蕃王朝以后的藏文文献，难免有夸大成分，但无疑隐含了吐蕃在康区推行和传播佛教的重要历史信息。

综上所述，关于吐蕃时期佛教由吐蕃向康区的传播，我们大体可得出三个比较明确的认识。

（1）自8世纪后期赞普赤松德赞大力兴佛以后，吐蕃的确有向广大边境及占领地区推行佛教的意愿与行动，即所谓"自首邑直至边鄙四境并建寺宇伽兰，树立教法，一切人众入于慈悲"。② 在此背景下，吐蕃东部的康区因介于吐蕃与唐朝之间，自然成为吐蕃推广佛教的重要区域。尽管史料相对匮乏，但从9世纪初期金沙江流域照阿拉姆藏文题记称"弥药王等得入解脱之道者，逾百千人"来看，在康区"弥药"等部落中佛教显然已有可观的发展。

（2）今从藏、川、青交界的金沙江流域发现十余处吐蕃时期佛教摩崖造像及石刻题记看，康区西部即今西藏昌都、青海玉树、四川石渠一带的金沙江流域应是佛教自吐蕃向东辐射和传播的一个重要通道和门户地区，是吐蕃佛教向东传播的重要基地。需要注意的是，该地区也正好成为吐蕃灭亡以后10世纪后期佛教下路弘传即佛教复兴的重要区域。其中一个重要原因即在于，吐蕃时期当地佛教的发展已有一定的社会基础。朗达玛灭佛时，大批佛教徒携经籍逃至今藏、川、青交界的金沙江流域，显然与吐蕃时期特别是9世纪初期佛教在当地的传播与发展有密切联系。所以，该区域成为佛教下路弘传即佛教复兴的重要区域绝非偶然。事实上，正是吐蕃时期佛教在当地的传播与发展，为该地区成为下路弘传即佛教复兴的重要区域创造了条件。

（3）从传说及后弘期藏文文献反映的毗卢遮那在东部地区传教产生广泛影响，以及从金沙江流域地区发现十余处吐蕃时期佛教摩崖造像均以大日如来佛为中心看，吐蕃时期康区特别是金沙江流域地区的佛教当主要以密教为特点。相传毗卢遮那所传的密法被藏传佛教习称为旧密法。而后弘期藏传佛教各派别中的宁玛派，即主要依修旧密法。所以，从某种意义上说，吐蕃时期传往康区地域以旧密法为特点的佛教，也为后弘期以来宁玛派势力在康

---

① 札巴孟兰洛卓：《奈巴教法史——古谭花鬘》，王尧、陈践译，《中国藏学》1990年第1期。

② 王尧、陈践译注《敦煌本吐蕃历史文书（增订本）》，第167页。

区占有绝对优势奠定了历史与文化的基础。

　　通过对吐蕃在康区的活动遗迹进行梳理，我们大体可以得出四点认识：一是 8 世纪末 9 世纪初，佛教在吐蕃愈加兴盛，僧人进入了吐蕃的权力中枢；二是吐蕃在扩张时期，势力完全抵达了今日康区的南北各地；三是吐蕃曾利用宗教、军事等手段有计划地对康区进行经营；四是吐蕃文化吸收了康区当地、汉地以及尼泊尔和印度等南亚地区的文化成分。

第　五　章

从分裂时期到元朝统治下的康区

第一节　"吐蕃遗种"：青藏高原东部的人群整合

842 年，吐蕃最后一任赞普朗达玛（838—842 年在位）因在吐蕃本部实施大规模灭佛而被弑，随之爆发王室后裔之间为争夺王权的内乱，导致权力中枢崩溃，吐蕃王朝灭亡。

当吐蕃本部爆发内乱之时，原吐蕃东部疆域内众多的吐蕃移民部落和驻守的大量吐蕃军队及随军奴隶大多无能力返回吐蕃本部。于是吐蕃东部地区发生了以嗢末为主导的大规模动乱。《新唐书·吐蕃传》载：

> 浑末，亦曰嗢末，吐蕃奴部也。虏法，出师必发豪室，皆以奴从，平居散处耕牧。及恐热乱，无所归，共相啸合数千人，以嗢末自号，居甘、肃、瓜、沙、河、渭、岷、廓、叠、宕间。①

《资治通鉴》亦云：

> 嗢末者，吐蕃之奴号也。……及论恐热作乱，奴多无主，遂相纠合为部落……吐蕃微弱者反依附之。②

---

① 《新唐书》卷 216 下《吐蕃下》，第 6108 页。
② 《资治通鉴》卷 250，第 8101—8102 页。

对于吐蕃东部地区的动乱，藏文史籍亦记：

> 初发难于康（这里的"康"当指边地——引者注），寝而及于全藏，喻如一鸟凌空，百鸟为从，四方骚然，天下大乱。[1]

从"恐热乱，无所归，共相啸合数千人，以嗢末自号"以及"及论恐热作乱，奴多无主，遂相纠合为部落"等记载看，东部地区发生动荡局面显然与吐蕃权力中枢骤然崩溃直接相关。所谓"嗢末"，实际上是以奴部为主体，同时包括原为吐蕃属部的党项、吐谷浑等部及部分汉族奴隶在内的一支由各民族混合组成的队伍，其中自然也包括了不少吐蕃人。据史料记载，嗢末义军后来大致向两个方向发展。一是被剑南节度使高骈招安，嗢末首领鲁褥月率所部向南进驻大渡河流域，协防南诏。后来他们逐渐散居于川西及滇西北高原一带，与当地诸部落人群杂处，走上相互依存、交融发展的道路。二是向北移居河西诸郡，主要散布于凉州一带，后形成凉州六谷部政权。在潘罗支任六谷部首领时，吐蕃六谷部曾统治了康区北部的一些地区。《明史》卷311《四川土司一》谓松潘"宋时，吐蕃将潘罗支领之，名潘州"。[2] 据日本藏学家山口瑞凤考证，潘罗支为吐蕃贵族"Nans 氏"的后人，据松潘。[3]

可以肯定，在吐蕃王朝崩溃以后，原驻守吐蕃王朝东部地区的吐蕃军队及随军部落无法返回故里，所以，大量吐蕃人和吐蕃奴部在原属吐蕃东部疆域的康区一带广为扩散，形成了大量吐蕃人与原为吐蕃属部的康区各部落居民相互杂处、就地耕牧繁衍的局面。

由于吐蕃王朝崩溃以后，有关康区的藏、汉文文献记载均极为匮乏，故对这一时期的康区情况我们所知甚少。唯《宋史·吐蕃传》中对靠近汉地的河西、陇右一带从吐蕃灭亡到宋代的情形有过如下记述：

> ……自仪（今甘肃华亭）、渭（今甘肃平凉）、泾（今甘肃泾川县

① 参见刘立千译《续藏史鉴》。
② 《明史》卷311《四川土司一》，中华书局1974年版，第8024页。
③ 山口瑞凤：《白兰 Sum Pab Ylans 氏》，《东洋学报》第52卷，1969年。

北）、原（今甘肃镇原）、环（今甘肃环县）、庆（今甘肃庆阳）及镇
戎（今宁夏固原）、秦州（今甘肃天水）暨于灵（今宁夏灵武市西
南）、夏（今内蒙古乌审旗南白城子）皆有之，各有首领。内属者谓之
熟户，余谓之生户。①

"族种分散，大者数千家，小者百十家，无复统一……各有首领"大体
为吐蕃王朝灭亡以后东部地区原吐蕃控制区域的一个普遍情形。

不过，从吐蕃灭亡迄于宋代两百余年间，康区一带的人群面貌却悄然而
缓慢地发生了一个非常重要的变化。这正如宋人邵伯温在《邵氏闻见录》
卷 13 中所记：

> 土蕃在唐最盛，至本朝始衰，今……岷，以至阶（今甘肃武都
> 东）、利（今四川广元）、文（今甘肃文县）、政、绵州（今四川绵
> 阳）、威（今四川汶川）、茂（今四川茂汶）、黎（今四川汉源）、移
> （今甘肃夏河）州夷人，皆其遗种也。②

《宋会要辑稿》蕃夷五亦载：

> 又况黎州过大渡河外，弥望皆是蕃田。③

这是汉人视角的记载。也就是说，自吐蕃王朝灭亡后迄于宋代，在
汉人眼中，唐代吐蕃势力所占据和控制的地区，特别是涉及今川西区域
的"绵州、威、茂、黎"一带，均被视为吐蕃"遗种"。以吐蕃"遗种"
来称呼川西高原地区的部落人群，直到明代仍然沿用。《明史》卷 311
《四川土司一》记：

---

① 《宋史》卷 492《吐蕃传》，第 14151 页。
② 邵伯温：《邵氏闻见录》卷 13，李剑雄、刘德权点校，中华书局 1983 年版，第 144 页。
③ 《宋会要辑稿》蕃夷五《黎州诸蛮》，刘琳等点校，上海古籍出版社 2014 年版，第 9870 页。

松、茂、叠溪所辖白草坝等寨……白草番者，唐吐蕃赞普遗种。①

我们知道，唐以前的汉文文献，对于川西高原部落人群大多或记其部落名，如附国、东女、多弥、白兰、党项等，或将其称作"夷"、"羌"及"羌之别种"等，并未形成一个统一的称谓。因此，在吐蕃王朝灭亡以后迄于宋代这一时期，汉文史籍中出现的将川西高原地区人群统称为"吐蕃遗种"这一称谓，就有着特殊的内涵和意义。它至少意味着一个重要的事实：在宋代的汉人眼中，川西高原地区的人群面貌及文化特点已呈现出较大的一致性。因这种一致性呈现出浓厚的"蕃"的特征，故汉地史家把他们统称为"吐蕃遗种"或者"吐蕃赞普遗种"。

在吐蕃所征服的东部地区，从各种不同称谓的部落以及被称作"夷"、"羌"及"羌之别种"的人群，演变为"吐蕃遗种"或"吐蕃赞普遗种"，其原因和基础大致有以下三个方面。

第一，吐蕃时期，吐蕃王朝对东部地区特别是康区的各部落和人群进行了长达百余年的军事征服和政治统治，使它们在相当程度上受到吐蕃文化的熏染与同化。

第二，在吐蕃王朝灭亡以后，大量吐蕃部落及奴部流散于康区一带，遂与当地原为吐蕃属部的诸羌居民相杂处，彼此走上了相互依存、交融发展的道路。

第三，10世纪以后，随着后弘期藏传佛教的兴起，藏传佛教不仅在卫藏地区得到复兴和发展，同时也不断由卫藏地区向东部的康区一带传播和渗透，最终使康区居民与卫藏地区居民在语言文字、心理素质及文化面貌上逐渐趋向一致。

不过，以上三点之所以完成和实现，还根植于一个重要的自然基础，这就是吐蕃本部（今西藏地区）与其东部的康区地域同处于青藏高原地理单元。两者同为平均海拔在3000米以上的高原地域。这使得两地的居民在经济类型（二者均为农牧混合的经济类型）和衣、食、住、行等生活习俗方面均呈现出同样的高原特征并具有极大的一致性。这就为两地之间在政治、

---

① 《明史》卷311《四川土司一》，第8028页。

经济、社会文化及宗教信仰上发生深刻的交流、交融奠定了坚实基础。

　　毫无疑问，从吐蕃王朝灭亡迄于宋代，虽然曾被吐蕃统治的康区地域大多处于"族种分散，大者数千家，小者百十家，无复统一……各有首领"的状态，但这一时期，康区却悄然而缓慢地发生了一个重要演变。这就是滞留于当地的吐蕃军队与部落以及原为吐蕃役属的吐蕃奴部同当地的各部落人群之间形成相互杂处的局面。吐蕃时期对东部诸部落进行了长达百余年的统治，使它们在相当程度上受到吐蕃文化的熏染和同化，故吐蕃王朝灭亡后，当地所形成的吐蕃人、吐蕃奴部与各部落居民相互杂处局面，不仅有良好的民族交融基础，同时也使吐蕃时期业已形成的吐蕃与康区诸羌的同化趋势和进程得以进一步延续。不过，与吐蕃时期不同的是，这时康区吐蕃居民与诸羌部落居民之间已经不是征服与被征服或统治者与属部的关系。相反，他们的地位已基本趋于平等。因此，他们之间的交融和同化已不是通过政治、军事等强制性的手段来实现，而主要是通过彼此杂居，在经济生活方面相互依存，在文化和心理上彼此影响和渗透，在血统上因彼此通婚而不断混同等民间的、自然交往的方式来实现。这一过程持续了数百年时间，大约经历了数代人的演变和传承，当地的人群整体整合逐步达到了一个新的阶段——他们开始逐渐呈现出一种整体的文化面貌。由于这种整体文化面貌表现出浓厚的"蕃"的特征，故在与之相邻的汉人的眼中，他们开始被笼统地称作"吐蕃遗种"或者"吐蕃赞普遗种"。所以，"吐蕃遗种"或者"吐蕃赞普遗种"这一称谓的出现，标志着青藏高原东部特别是康区地域的人群整合已逐步达到一个新的阶段。

第二节　后弘期藏文文献中的"康"及其内涵

　　如果说，宋代汉文文献中出现的"吐蕃遗种"或者"吐蕃赞普遗种"等称谓，主要是从汉地及汉人的视角反映青藏高原东部地区的人群整合，那么与此相对应，这一时期，卫藏地区的人们，又是如何看待曾被吐蕃征服和统治的青藏高原东部地区人群的呢？

　　需要注意的是，在后弘期初期藏文文献中开始出现了"康"这一概念。在吐蕃最后一任赞普朗达玛实施灭佛之时，大多数藏文史籍记载了玛·释迦牟尼、约·格外琼耐和热赛三位僧人逃往康区后的事迹。成书于 11 世纪的《拔协》一书记载：

> 三个比丘头裹黑布，身着丐装，逃往康区（khams），他们到了坦笛协的寺庙，又穿起从前的僧衣。

又记：

> 他带上《对法藏》（《阿毗达磨俱舍论》）、《堵哇卧顿》（《光明律》）、《勒呷玛辖达木》（《羯磨仪规》）三部经书，逃往康区（khams）去了。①

三位僧人在逃到康区以后，依然从事传法和授徒的活动，使佛法在当地得到了延续和发展。《拔协》记，到 10 世纪后期：

> 这时，在多麦康区的师徒传承并没有中断的消息就传开了。蕃地（西藏）的有信仰而且想行佛法的人便都到康区去求学戒律。后来，有卫、藏的鲁梅等 12 人也到康地学法。学成返回卫、藏时，连同途中遇到一起回去的一人，共 13 人。鲁梅等的传承是：珠·耶喜坚珠【原注：康人】、耶喜传卓·玛祖喜日、玛祖喜日传鲁梅·协热促赤【原注：巴拉木人】、松巴·耶喜洛卓【原注：巴拉木人】、郑·耶喜云登【原注：宰噶人】、热喜·促赤琼耐【原注：康人】、玛坚·仁布切、蕃人格哇云登、雅贡人耶喜尤钟、洛敦·多吉旺丘【原注：后藏人】、聪开·协热僧格【原注：后藏人】和一个管理生活的居士等众人。他们从康地回来时，路上遇见巴·郭囊。由鲁梅和热喜授以戒律，起法名叫洛卓。因为他没到多麦地方去过，所以叫他"刀巴买巴（意为：无有戒律）"。②

---

① 佟锦华、黄布凡译注《拔协》，四川民族出版社 1990 年版，第 69 页。
② 佟锦华、黄布凡译注《拔协》，第 72—73 页。

《拔协》又记：

> 一般传说认为正法的余烬是打从多康下部复燃的。①

以上的记载，即是吐蕃末年灭佛以后到佛教重新兴起的"下路弘传"之基本史实与脉络。

《拔协》所记的下路弘传史实中反复使用了"康"（khams）一词。过去常有学者笼统地把文中的"康"（khams）一词理解为后来的"康区"（khams）概念。其实，这种理解是有问题的。因为在 14 世纪的藏文文献中，对三位比丘逃亡的路线有更为明确和详细的记述。据布顿大师《佛教史大宝藏论》记载：

> （三位僧人）从阿里北部逃走，经俄洛地区找到出境的道路，逃到霍尔。但是在语言不通的地区，虽想弘法，也不可能。于是又来到了垛默（今甘肃西南部）南部的毗若察措地区，住在梅隆·金刚岩的阿穹朗仲城的顶底协寺的分寺中静修。②

从其逃亡的路线来看，他们是先上行逃往北方霍尔地区的优婆塞·释迦协饶处，③ 然后下行进入多麦地区。多麦（mdo smad）在 8—10 世纪的敦煌文献中也出现过（一般被译为"多思麻"）。它古名为雅摩塘（dbyar mo thang），在青海湖东北部地区。④ 尽管目前的资料很难将敦煌文献中的多思麻直接与后弘期文献中的多麦画等号，但可以肯定的是，"多麦"应由"多思麻"演变而来。而且其所指应为原吐蕃征服的东北部地区，即主要指今

① 佟锦华、黄布凡译注《拔协》，第 75 页。
② 布顿大师：《佛教史大宝藏论》，第 181—182 页。
③ 有学者认为此霍尔为甘孜、炉霍地区，但是除指蒙古之外，霍尔在早期也指北方族群如突厥、回鹘等。《红史》中也记载："这三人携带戒律经典前往北方胡人地方，因语言不通未能传布。"参见王开队《康区藏传佛教历史地理研究》，第 29 页；廓诺·迅鲁伯《青史》，郭和卿译，西藏人民出版社 2003 年版，第 41 页；蔡巴·贡嘎多吉《红史》，陈庆英、周润年译，西藏人民出版社 1988 年版，第 48 页。
④ 松巴堪布·益西班觉：《如意宝树史》，蒲文成、才让译，甘肃民族出版社 1994 年版，第 515 页；智观巴·贡却乎丹巴绕吉：《安多政教史》，第 1 页。

甘、青一带。所以，由此可见，《拔协》中所言的"康区"（khams），其实并不是特指后来作为"藏地三区"之一的 khams（康区），而主要是"边地"的含义。其实，藏语中的 kham 一词，原是一个描述地域的名词，最初的意思是指"区域"。如敦煌藏文写卷中就有"mdo gams kyi khams"（直译为"朵甘思之境"）、"dbus kyi khams"（直译为"卫之境"）等。后来"康"（khams）一词又衍生出"边地"的含义。正如更敦群培在《白史》中的阐释："总合之东方地区……所言康者，系指其边地。"[1]　其实，《拔协》在记述"下路弘传"史实中所言的"康区"（khams），既不特指多麦（mdo smad）地区，也不是指后来"藏地三区"之一的 khams（康区），而主要的含义乃是指与"卫藏"（或"蕃地"）相对应的"边地"。其与"所言康者，系指其边地"的含义完全吻合。

其实，《拔协》中以"康区"（khams）一词来指称"边地"的这一语境，在后弘期藏文史籍中相当普遍。《青史》记：

　　　　光军的王子哲德在位时，于丙辰法轮大会，召集了卫、藏、康三区所有持法藏大师们，各尽其长转所有诸法轮。[2]

《西藏王臣记》曰：

　　　　沃德子哲德之时，曾广集卫、藏、康三藏法师大转法轮，承侍供养，捐献资财。[3]

丙辰法会是吐蕃王朝崩溃以后由阿里王系的哲德（'od-lde）于 1076 年所举办的一次重要法会。值得注意的是，《青史》和《西藏王臣记》记载参加法会的法师们的来源地时，只提到"卫、藏、康"三个地方。"卫""藏"为吐蕃腹心地区，是吐蕃王朝的权力中心区域，这没有问题。唯值得注意的是"康"。这里的"康"显然既不是指多麦（mdo smad）地区，也不

①　更敦群培：《更敦群培文集精要》，第 130 页。
②　廓诺·迅鲁伯：《青史》，第 45 页。
③　五世达赖喇嘛：《西藏王臣记》，第 57 页。

是指后来与卫藏、安多相并列的"康区"。它的确切含义应是泛指"边地"，是与卫藏中心区域相对应的一个地理概念。这与《拔协》中所用的"康"（khams）概念在内涵上完全一致。由此可见，在 10 世纪以后的佛教后弘期，尤其是在当时佛教高僧大德的语境中，"康"（khams）这一词语主要是指"边地"，但主要是指卫藏之东部地区的边地。它与"卫藏"中心地区形成一种对应。所以，在后弘期佛教高僧大德的语境和地理观念中，把原吐蕃王朝的疆域划分为"卫、藏、康"三个部分，乃是当时一种较为普遍的习惯。

把指称"边地"的"康"（khams）作为与卫藏中心区域相对应的一个地理区域来看待，实际上反映了在吐蕃王朝灭亡以后，在藏地方面的观念中，事实上也在进行一个整合。这就是不仅仍然将卫藏作为一个中心区域来看待，同时把过去吐蕃王朝占领和控制的整个东部地区称为"康"（khams），即笼统视为"边地"。这也就意味着，在这一时期，尽管吐蕃王朝已不复存在，但藏地尤其是卫藏人的观念仍继承了吐蕃王朝的政治与文化遗产。这就是在地理上和文化板块上仍将整个辽阔的东部地区视为与卫藏中心区域相对应的"边地"。这说明一个问题，在 10 世纪佛教后弘期以后，在藏人尤其是佛教高僧的观念中，已逐渐将整个辽阔的东部地区作为与卫藏中心区域相对应的"边地"而纳入自己的体系之中。

需要注意的是，10 世纪以后佛教后弘期藏文文献所反映的将青藏高原东部地区作为与卫藏中心区域相对应的"康区"（khams）即"边地"来看待的事实，同宋代汉文文献中将青藏高原东部地区人群统称为"吐蕃遗种"或"吐蕃赞普遗种"呈现了高度的一致性。如果说，前者是从藏的方面反映的青藏高原东部地区及人群的"藏"化过程，那么，后者所反映的则是汉人眼中青藏高原东部地区及人群的"蕃"化过程，二者都反映了一个共同事实，即自吐蕃王朝灭亡迄于宋代的两三百年间，青藏高原东部地区的人群、地域与文化整合逐渐达到一个新的阶段。该地区不但被藏的方面作为与卫藏中心区域相对应的"边地"即"康"（khams）来看待，同时也因其文化面貌呈现出浓厚的"蕃"之特征而被汉地文献称作"吐蕃遗种"或"吐蕃赞普遗种"。

第三节　元朝在藏区的行政区划与藏地"三区"的形成

在吐蕃王朝崩溃以后到宋元时期，青藏高原地域除悄然而缓慢地发生的人群与文化的整合外，同时也悄然发生了另一个重要变化，这就是青藏高原的地域整合。确切地说，即卫藏、安多和康三大人文地理区域格局逐步形成。从很大程度上说，这两种整合之间存在密切的内在关联，二者是互为表里且相辅相成的。从某种意义上说，正是由于人群与文化整合逐步达到一个新阶段，才为地域的整合即新的地缘格局的出现奠定了基础。而新的地缘格局的形成和出现，事实上正是人群与文化整合的一个结果。

我们知道，吐蕃王朝扩张，主要是占领了位于青藏高原东部的今甘、青及川西高原、滇西这一辽阔区域，征服了该区域的众多部落并建立起自己的统治。783 年，唐、蕃双方订立清水盟约，规定沿岷江、大渡河划界，以东属唐朝，以西属吐蕃。从很大程度上说，吐蕃王朝的扩张事实上也是青藏高原地区部落整合与地域统一的过程。它为藏族的形成奠定了地域和文化基础。①

吐蕃王朝既然占领了整个青藏高原东部的辽阔区域，并对这些地区进行了上百年的统治，那么，吐蕃是如何称呼东部占领区的？对此，显然只有在吐蕃时期遗留下来的藏文文献中方能找到答案。目前在吐蕃时期遗留下来的敦煌藏文文献中，我们发现两个词同吐蕃对东部区域的称呼有关，一个是"mdo smad"（多麦，又译"多思麻"），一个是"mdo gams"（朵甘思）。关于"mdo smad"（多麦），敦煌藏文写卷 P. T. 1288 中有如下记载：

> 兔年（武后长安三年，703）夏，赞普驻岭之沃贾，唐使者甘卿（？）前来致礼。多麦（mdo smad）之冬会于悦之金波召开……冬，赞普赴姜地（六诏），并攻陷之。一年。
>
> 猴年（中宗景龙二年，708），多麦（mdo smad）之议事会于热达之娘木布召开，对平民征收大量金税。

① 石硕：《藏传佛教与藏民族的形成》，《四川大学学报》1997 年第 3 期。

兔年（玄宗开元三年，715），大论乞力徐于觉地召集多麦（mdo smad）之冬会，制定治理多麦（mdo smad）之大法令。

蛇年（玄宗开元五年，717），大论乞力徐于日雅木昔噶尔召集多麦（mdo smad）之东会，统计各"岸"之户数。①

敦煌藏文写卷 P. T. 1288 主要内容是记录吐蕃朝廷大事，又称被作"编年史"或"大事纪年"，是吐蕃官方性质的史料记录。敦煌藏文写卷 P. T. 1288 中提及"多麦"一词共计 10 处，时间跨度从 703 年延续至 717 年。② 敦煌藏文写卷 P. T. 1288 中有关"多麦"的记载清楚地了反映了两点：一是参与"多麦"大会的吐蕃官员级别甚高，多为吐蕃赞普或大论（即宰相）；二是从"多麦"大会的"对平民征收大量金税""制定治理多麦之大法令""统计各'岸'之户数"等内容看，多麦当为吐蕃新征服地区，应处于吐蕃本部之外。

敦煌藏文文献中还出现了"mdo gams"（朵甘思）一词，主要内容有：

从朵甘思（mdo gams）送来的货物已经有腐烂。

兴建祖拉康，朵甘思（mdo gams）之境的头领们敬向三宝致敬供奉。

大卫之地方朵甘思（mdo gams）之首领及其全部属民向祖拉康呈献供物并发愿。

朵甘思（mdo gams）经院的轨范师王·喜饶达瓦、丹玛·贡噶贝、南噶·丹江曲等是朵甘思的传承者。③

"多麦"（mdo smad）一词，从敦煌藏文写卷 P. T. 1288 本身的内容尚难以判定其具体所指是什么区域。我们之所以确定它是吐蕃人对东部地区的一个称呼，主要理由是该词在吐蕃王朝之后仍被广泛使用，而其所指正是青藏

---

① 黄布凡、马德：《敦煌藏文吐蕃史文献译注》，第 46—49 页。

② 黄布凡、马德：《敦煌藏文吐蕃史文献译注》，第 46—49 页。

③ F. W. 托玛斯编著《敦煌西域古藏文社会历史文献》，第 45、73、80 页。另参见黄维忠、王维强《藏文 mdo gams 和 mdo khmas 考》，《民族研究》2004 年第 1 期。

高原东部地区。智观巴·贡却乎丹巴绕吉于 1865 年写成的《安多政教史》，其藏文书名的简称即是 mdo smad chos'byung，直译应为"多麦教法史"，之所以被译为《安多政教史》，正如有学者指出，乃因"安多与多麦是两个几乎可以等同的概念，因此译者遂将此改称为'安多政教史'"。① 同样，我们认定"朵甘思"（mdo gams）是吐蕃人对其东部地区的一个称呼，亦因该词在吐蕃以后主要用来指称西藏以东地区。不过，尽管我们知道"多麦"（mdo smad）与"朵甘思"（mdo gams）两个词语是吐蕃时期吐蕃对东部地区的称呼，但二者各自所指具体范围有何不同，因敦煌藏文文献的记载过于简略，仅从吐蕃时代遗留的藏文文献我们已无法搞清楚。所幸的是，源自吐蕃时代的这两个地理概念均被后世所沿用。如在汉文史籍《宋史》和《元史》中均记载了"朵甘思"（mdo gams）这一地名。《宋史·河渠志》记：

> 今西蕃朵甘思南鄙曰星宿海者，其源也。四山之间，有泉近百泓，汇而为海，登高望之，若星宿布列，故名。②

《元史·地理志·河源附录》亦记：

> 按河源在土蕃朵甘思西鄙，有泉百余泓，沮洳散涣，弗可逼视，方可七八十里，履高山下瞰，灿若列星，以故名火敦脑儿。火敦，译言星宿也。③

从内容看，《元史·地理志·河源附录》的记载基本抄自《宋史·河渠志》。从汉文史籍《宋史·河渠志》中提及"朵甘思"这一藏文地名可知，该地名在吐蕃之后仍然被普遍使用，且使用范围甚广，不仅为藏人所知，同时也为汉人知晓并加以使用。上文记载的内容称"星宿海"在"朵甘思"的"南鄙"和"西鄙"，星宿海位于今青海果洛州玛多县境内。倘我们把文中的"朵甘思"理解为今天的康区，那么，"星宿海"就绝不可能是在"朵

---

① 黄维忠、王维强：《藏文 mdo gams 和 mdo khmas 考》，《民族研究》2004 年第 1 期。
② 《宋史》卷 91《河渠志一》，第 2255 页。
③ 《元史》卷 63《地理志六·河源附录》，第 1564 页。

甘思"的"南鄙"和"西鄙"。从这一内容判断，上述记载中所说"朵甘思"的范围显然比今天的康区要大，应包括相当一部分"多麦"（mdo smad）地区。故有学者认为，敦煌藏文文献中的 mdo gams 所指范围要比元代的"朵甘思"大得多，"它至少要包括今天甘肃的河西走廊和青海的大部"。① 由此，我们也可以得到一个认识，敦煌藏文文献中的"多麦"（mdo smad）与"朵甘思"（mdo gams）尽管都是吐蕃对东部地区的称呼，但二者具体所指区域和范围同元代及元以后的"朵思麻"（mdo smad）和"朵甘思"（mdo gams）尚不能简单画等号。但二者之间存在联系是毋庸置疑的。

其实，让我们真正认识和了解敦煌藏文文献中的"多麦"（mdo smad）与"朵甘思"（mdo gams）两个地理概念之内涵与所指范围的，是元代的相关史料记载以及元以后藏文文献对这两个地理概念的使用及其语境。

元朝曾先后设置了三个军政机构来实施对藏区的统治与管理，三个军政机构分别是"乌思藏纳里速古鲁孙等三路宣慰使司都元帅府"、"吐蕃等处宣慰司都元帅府"和"土蕃等路宣慰使司都元帅府"。② 三者中，除"乌思藏纳里速古鲁孙等三路宣慰使司都元帅府"是管辖卫藏和阿里地区外，"吐蕃等处宣慰司都元帅府"和"土蕃等路宣慰使司都元帅府"均是元朝管辖东部藏区的军政机构。因这两个机构名称冗长且较接近，使用不便且易混淆，故《元史》中常作简称，称前者为"朵思麻宣慰司"（或记为"脱思麻""秃思麻"等），后者为"朵甘思宣慰司"。

弥足珍贵的是，《元史》中不仅记载了管辖东部藏区两个军政机构的官员编制，还对设于其辖区各地的下属机构名称作了详细记载，从而为我们弄清两个机构的管辖区域提供了可能。《元史·百官志》记载，"吐蕃等处宣慰司都元帅府"即"朵思麻宣慰司"下属的机构分别有："脱思麻路军民万户府""西夏中兴河州等处军民总管府""洮州元帅府""十八族元帅府""积石州元帅府""礼店文州蒙古汉军西番军民元帅府""吐蕃等处招讨使司""常阳帖城阿不笼等处万户府""贵德州""松潘宕叠威茂州等处军民安抚使司"等。③

---

① 杨铭：《吐蕃统治敦煌与吐蕃文书研究》，中国藏学出版社 2008 年版，第 107—118 页。
② 见《元史》卷 87《百官志三》。
③ 见《元史》卷 87《百官志三》。

根据以上机构所含的治所名称，任乃强、陈庆英、张云等学者曾分别对其管辖地域做过详细考证。他们意见基本一致。任乃强等认为"吐蕃等处宣慰司都元帅府"的管辖范围是今"青海东南部、甘肃南部及四川的西北部。其西界为北至河曲的贵德、共和一带，南至多柯河、大金川东岸"。①陈庆英认为，元代青海黄河以北地区属甘肃行省，故"朵思麻宣慰司"管辖地域应包括："青海黄河以南、黄河源以东的藏族地区及今甘南藏族自治州的西部、四川阿坝州的北部。这片地区在当时是联成一片的藏族游牧部落分布区，元朝对这一带的藏族部落首领也封授万户、千户等官职，而划归朵思麻路管辖。"②

由此我们不难发现，元朝"吐蕃等处宣慰司都元帅府"亦即"朵思麻宣慰司"的管辖范围大体为今青海黄河以南、黄河源以东的地区及今甘肃甘南藏族自治州的西部、四川阿坝藏族羌族自治州的北部一带。这一范围大体即今天的安多藏区。

那么，"土蕃等路宣慰使司都元帅府"管辖什么样的地域？关于"土蕃等路宣慰使司都元帅府"即"朵甘思宣慰司"所管辖地域，《元史·百官志》记载其下辖机构分别有："朵甘思田地里管军民都元帅府""剌马儿刚等处招讨使司""奔不田地里招讨使司""奔不儿亦思刚百姓""碉门鱼通黎雅长河西宁远等处军民安抚使司""六番招讨使司""天全招讨使司""鱼通路万户府""碉门鱼通等处管军守镇万户府""长河西管军万户府""长河西里管军招讨使司""朵甘思招讨使""朵甘思哈答李唐鱼通等处钱粮总管府""亦思马儿甘万户府"等。③

据张云、任乃强、陈庆英等学者对上述机构治所及地望的考证，其涉及的地点分别有今西藏芒康、青海玉树以及四川甘孜藏族自治州的德格、巴塘、白玉、理塘、甘孜、雅江、道孚、泸定、康定和四川雅安天全等。因此，他们认为元朝"土蕃等路宣慰使司都元帅府"管辖区域，主要是今西藏昌都市、青海玉树地区和四川甘孜藏族自治州一带，并包括今四川雅安地

①　任乃强、泽旺夺吉：《"朵甘思"考略》，《中国藏学》1989年第1期。

②　陈庆英：《元朝在藏族地区设置的军政机构——简析元代藏族地区的三个宣慰司》，《西藏研究》1992年第3期。

③　见《元史》卷87《百官志三》。

区的一部分。①

由上我们不难发现，元朝管理东部藏区两个军政机构划分的管辖区域已基本上同今天"安多"和"康区"两大区域相吻合："朵思麻宣慰司"的管辖范围大体为今青海黄河以南、黄河源以东的地区及今甘肃甘南藏族自治州的西部、四川阿坝藏族羌族自治州的北部一带，即今安多藏区。"朵甘思宣慰司"的管辖地域则包含今西藏昌都、青海玉树地区和四川甘孜藏族自治州一带，并包括今四川雅安地区的一部分，大体是今康区的范围。

那么，元朝为何会将藏区划分为三个行政区，并分别设置三个机构来进行管理？事实上，元朝对藏区的施政格局是逐步形成的，是经过较长时期的摸索并依据形势变化不断调整的一个结果。元朝在藏区最早设置的军政机构是"土蕃宣慰司都元帅府"。《元史·地理志》记："（至元）六年，以河州属吐蕃宣慰司都元帅府。"这意味着在至元六年（1269），元廷将河州（今甘肃临夏）从原巩昌路便宜都总帅府中划出来，以河州为治所设立了"吐蕃宣慰司都元帅府"。这是当时元朝设在藏区唯一的"宣慰使司都元帅府"，故尚不需要加"土蕃等路"和"吐蕃等处"来进行区别。元朝在藏区设置的第二个宣慰司是"乌思藏纳里速古鲁孙等三路宣慰使司都元帅府"，时间是至元十七年（1280）前后，大约为1279年至1281年。② 在这个时间背景下，西藏发生了两件大事：其一，真金皇太子自西藏返回朝廷之后萨迦上层集团内部发生贡噶桑布之乱；③ 其二，八思巴于1280年忽然圆寂。正是在西藏发生贡噶桑布之乱和八思巴圆寂后不久，忽必烈突然对乌思藏地区的行政体制做出重要调整——设立"乌思藏纳里速古鲁孙等三路宣慰使司都元帅府"。此举显然是为了在八思巴圆寂后加强元朝对乌思藏地区的直接控制。元朝在藏区设置最晚的宣慰司是"朵甘思宣慰司"。

将"乌思藏"地区（即今西藏以卫藏为中心的地区）与东部藏区分为

① 张云：《元代吐蕃等路宣慰司史地考证》，《民族研究》1994年第6期；任乃强、泽旺夺吉：《"朵甘思"考略》，《中国藏学》1989年第1期；陈庆英：《元朝在藏族地区设置的军政机构——简析元代藏族地区的三个宣慰司》，《西藏研究》1992年第3期。

② 陈得芝：《元代乌思藏宣慰司的设置年代》，《元史及北方民族史研究集刊》第8辑，1984年。

③ 指八思巴与萨迦第二代本钦贡噶桑布发生矛盾引起萨迦派内部冲突，元朝派桑哥领兵查处，杀死贡噶桑布一事。参见五世达赖喇嘛《西藏王臣记》，第98页。

两个区域，这种传统在吐蕃时期已形成。最需要注意的是，元朝将东部藏区划分为两个区域。尽管元朝管理东部藏区两个机构的正式名称是"吐蕃等处宣慰司都元帅府"和"土蕃等路宣慰使司都元帅府"。但在《元史》的不少记载中，两者却被简化为"朵思麻"和"朵甘思"。《元史·成宗本纪》记：

> （大德元年六月）丙辰……赐……朵思麻一十三站贫民五千余锭。……（冬十月）戊午……以朵甘思十九站贫乏，赐马牛羊有差。①

此记载提到元朝中央对两个所辖区域之驿站百姓的赏赐，一是"朵思麻一十三站"，二是"朵甘思十九站"。可见，"朵思麻"与"朵甘思"是两个不同的区域，其境内驿站数量也各不相同。

《元史·文宗本纪》记：

> 发朵甘思、朵思麻及巩昌诸处军万三千人，人乘马三匹。彻里铁木儿同镇西武靖王搠思班等由四川，教化从豫王阿剌忒纳失里等由八番，分道进军。②

可见，元代不但将管理东部藏区的两个机构简称为"朵思麻宣慰司"和"朵甘思宣慰司"，同时也将"朵思麻"和"朵甘思"作为独立地名来使用，用以指称两个不同的地理区域。mdo smad 与 mdo gams 是吐蕃时期吐蕃人指称东部地区的两个地理概念。而元朝设置于东部藏区的两个宣慰司竟完全采用 mdo smad 与 mdo gams 之藏语，音译即"朵思麻"和"朵甘思"来称谓。这本身就说明元朝在东部藏区划分两个管辖区很大程度是接受藏人传统地域概念的结果。因此，元朝将藏区划分为三个区域并分别设立三个机构进行管理，显然不是出于其统治者的主观臆想和任意所为，而应是以藏人传统地域概念即藏人对其居住地域的传统区分与认识为基础来实施的。同

---

① 《元史》卷 19《成宗本纪二》，第 412—415 页。
② 《元史》卷 34《文宗本纪三》，第 759 页。

时，从元朝将设于东部藏区的两个机构分别简称为"朵思麻宣慰司"和"朵甘思宣慰司"来看，吐蕃时期业已产生的 mdo smad 与 mdo gams 两个地理概念在吐蕃王朝以后仍然得以延续，并且至少在宋元时期已经成为藏人约定成俗的两个有关东部藏区的传统地理概念。这一点正是元朝将东部藏区划分为两个行政区的基础。

从史籍记载看，藏族三大传统地理区域概念主要源自藏文史籍中藏地"三区"的记载。换言之，藏文史籍中有关藏地"三区"的说法正是藏族三大传统地理区域概念的直接来源。若按史籍产生的年代顺序进行梳理，我们可发现一个事实，藏文史籍中所有对藏地"三区"的记载均出现在元末和元以后。其中最早记载藏地"三区"概念的是大司徒·绛曲坚赞的《朗氏家族史》。该书中记有元朝都元帅德杰卧鼓动绛曲坚赞去白兰王座前说的一段话：

> 你已在前藏停留四年，前藏人已尽力服侍了，现在请前往后藏留居四年，再前往阿里盘桓四年，这样遂为十二年。然后请移居多康十二年，居住多麦十二年。①

这段记载反映的是绛曲坚赞劝说白兰王在三个地方各居十二年。第一个地方是前藏（即"卫"）、后藏（即"藏"）和阿里。② 三地均属元朝"乌思藏纳里速古鲁孙等三路宣慰使司都元帅府"管辖区域，故被视为一个地方。三地各居四年，恰好十二年。另两个地方则是多康（mdo khams）和多麦（mdo smad）。从该记载看，在当时藏人心目中藏地"三区"的概念已十分清晰。而"三区"所对应的正好是元朝所设的三个行政区。大司徒·绛曲坚赞为元代中后期人，是帕竹政权的开创者和第一代执政王。因其势力在元后期迅速崛起，曾被元廷晋封为"大司徒"。书中关于藏地"三个地方"的记述真实反映了元后期藏人之语境，说明藏地"三区"概念在元后期已经形成。

---

① 大司徒·绛求坚赞：《朗氏家族史》，第 110—111 页。

② 原书中用的是"dbus-gtsang"，即"卫藏"，这里汉文译本中将其译成"前藏""后藏"显然不妥，虽然所指地域相同，但汉语中"前藏""后藏"的概念实际上是在清代才出现的，元代尚无此概念。

不过，藏文史籍中最早比较清楚地记载藏地"三区"的要数达仓宗巴·班觉桑布写成于1434年的《汉藏史集》。该书虽写成于明代中叶，所记却是元代忽必烈向八思巴奉献"三却喀"的史实：

> 作为第一次灌顶的供养，奉献了乌斯藏十三个万户。……作为第二次灌顶的供养，奉献了三个却喀。这三个却喀是：由嘉玉阿里贡塘以下到索拉甲沃以上为正教法区，自索拉甲沃以下到黄河河曲以上为黑头人区，自黄河河曲以下到汉地大白塔以上为俯行马区。人、马、法三却喀虽是按照奉献供养的例规奉献的，但各个却喀都有一位本钦，是按照皇帝与上师商议决定而任命的。①

关于"三却喀"，该书还有一个明确解释：

> "却喀"这个词，是对蒙古皇帝作为接受灌顶的供养而奉献给上师的朵甘思、脱思麻、乌斯藏三个地区的称呼。②

这是藏文史籍中最早明确描述"三区"地理范围并将之命名为人、马、法三区，同时也是明确将"三区"界定为对"朵甘思、脱思麻、乌斯藏三个地区的称呼"的记载。从所记"各个却喀都有一位本钦，是按照皇帝与上师商议决定而任命的"以及忽必烈"作为接受灌顶的供养"而奉献给八思巴来看，"三却喀"无疑指元朝设立的三个行政区域。虽然忽必烈是否将三个行政区域作为接受灌顶的供养奉献给八思巴尚存疑义，③但《汉藏史集》对"三却喀"范围、名称的记载真实反映了元后期藏人之地域观念。事实上，后来的藏文史籍中有关藏地"三区"的记载均与此有关。换言之，《汉藏史集》中藏地"三区"说法被后来的藏文史籍普遍承袭，如《萨迦世系史》记："汗王（指忽必烈——引者注）为第二次灌顶奉献了以大白法螺

---

① 达仓宗巴·班觉桑布：《汉藏史集》，第170—171页。
② 达仓宗巴·班觉桑布：《汉藏史集》，第166页。
③ 前已指出，元朝"乌思藏"和"朵甘思"两个宣慰司均是在八思巴圆寂后才设立的，故忽必烈将"三却喀"奉献给八思巴是否成立，尚存疑义。

为首的（法器）以及吐蕃三区之僧众及属民。据说此时把吐蕃三区算作是一个行省。此即：从上部阿里三围至索拉甲波以上为圣教法区，索拉甲波以下至黄河河曲以上为黑头人区，自黄河河曲以下至汉地白塔以上为良骥马区。"① 其内容与《汉藏史集》基本相同。《西藏王臣记》记忽必烈作为接受灌顶的供养，"第二次供以全藏三区"。② 《新红史》记："薛禅汗向喇嘛八思巴献了西藏三区。"③ 《土观宗派源流》记载此事云："未久，皇上又遣使持金诏来迎，他应召晋京，为帝灌顶，又以藏地三区为供，即卫藏法区、朵堆人区、朵麦马区。"④ 《塔尔寺志》记："对西藏称作三区分是从阿里贡塘至'索那甲窝'以上称作卫藏为教区；从此划断至'玛楚'（黄河）的第一'库索'以上称'垛堆'（上青区）为人区；又从此至汉地白塔以上称'垛麦'（下青区）为马区，共为三区。"⑤ 《安多政教史》记："若按三大藏区的划分来说，则自阿里的贡塘至索拉夹窝以上之区域，称为卫藏法区；自黄河河湾以上的区域，称为多朵人区，自汉地白塔寺以上的区域，则称为安多马区。"⑥

从以上的记载我们不难看到：第一，藏文史籍在谈及藏地"三区"的来历时，均将其追溯至元代忽必烈向八思巴奉献一事；第二，对"三区"范围的描述及分别将之称作法区、人区和马区，各藏文史籍基本一致，大抵均承袭《汉藏史集》；第三，尽管一些藏文史籍或称"多康"或称"多堆"，但是其所记"三区"范围及名称均与元朝的三个行政区相吻合。

可见，对藏地"三区"的记载在藏文史籍中存在一个十分清晰的传承脉络。这一传承脉络说明，元朝划分的三个行政区在元代后期及元以后已植根于藏人的地域观念中，逐渐成为藏人心目中相对固定的藏地"三区"概念。除记述忽必烈对八思巴奉献时提到藏地"三区"外，一些藏文史籍也

① 阿旺贡噶索南：《萨迦世系史》，陈庆英等译，西藏人民出版社1989年版，第108、163页。在此段文字后，陈庆英等人有一注文："此处所说的吐蕃三区，似指元朝在藏族地区设置的三个宣慰使司，即乌思藏纳里速古鲁孙等三路宣慰使司、土蕃等处宣慰使司、土蕃等路宣慰使司。"此判断完全正确。
② 五世达赖喇嘛：《西藏王臣记》，第66页。
③ 班钦索南查巴：《新红史》，第55页。
④ 土观·洛桑却季尼玛：《土观宗派源流》，刘立千译注，西藏人民出版社1985年版，第99页。
⑤ 色多·罗桑崔臣嘉措：《塔尔寺志》，郭和卿译，青海人民出版社1986年版，第29页。
⑥ 智观巴·贡却乎丹巴绕吉：《安多政教史》，第5页。

将"三区"用于其他地方，如五世达赖喇嘛所著《西藏王臣记》在提及固始汗时记："汗王即成为全藏三区之主。"[1] 可见当时"全藏三区"已成为藏人心目中固定的地域概念。

因此，从元后期和元以后的藏文史籍中才普遍出现藏地"三区"概念，且"三区"的范围与元朝三个行政区大致吻合来看，元朝在藏区划分的三个行政区不但奠定了藏人"三区"概念的基本内核和轮廓，也对藏人逐渐将其认同为藏地三大地理区域产生了决定性影响。可以说，元朝在藏区划分的三个行政区正是藏族三大传统地理区域形成的起点和基础。

第四节　"参卜郎之乱"与"朵甘思宣慰司"设立

前已提到，元廷设立的"土蕃等路宣慰使司都元帅府"（简称"朵甘思宣慰司"）的管辖范围，主要为今西藏昌都市、青海玉树地区和四川甘孜藏族自治州一带，并包括今四川雅安地区的一部分。[2] 大体即是"藏地三区"中今康区的范围。

关于"土蕃等路宣慰使司都元帅府"的设立，有两个现象特别值得注意。

元廷从至元六年在河州设立"土蕃宣慰司都元帅府"，至元十七年设立"乌思藏纳里速古鲁孙等三路宣慰使司都元帅府"，直到泰定二年（1325）方才设立"土蕃等路宣慰使司都元帅府"。这意味着，管辖康区地域的"土蕃等路宣慰使司都元帅府"是元廷在藏区设置最晚的行政机构。同时，从时间跨度上看，从元廷最初设置"土蕃宣慰司都元帅府"，到最后一个行政区划及机构即"朵甘思宣慰司"的建立，前后共历时56年，长达半个多世纪。为什么元廷会经过如此漫长的时间才设置"朵甘思宣慰司"呢？设置"朵甘思宣慰司"的背景和具体原因是什么？

其实，元廷对藏区的管理最初的安排是分为两个区域进行的。

---

① 五世达赖喇嘛：《西藏王臣记》，第 128 页。
② 张云：《元代吐蕃等路宣慰司史地考证》，《民族研究》1994 年第 6 期；任乃强、泽旺夺吉：《"朵甘思"考略》，《中国藏学》1989 年第 1 期；陈庆英：《元朝在藏族地区设置的军政机构——简析元代藏族地区的三个宣慰司》，《西藏研究》1992 年第 3 期。

其一，扶植萨迦地方政权来管理乌思藏地区，同时在乌思藏地区又按各地方势力划分了十三万户并分封万户长，以之作为一种制衡。

其二，对乌思藏以外的藏区则由设于河州的"土蕃宣慰司都元帅府"来进行管理。但在至元十七年前后，在乌思藏地区八思巴圆寂和贡噶桑布之乱使萨迦地方政权的地位受到严重挑战。元廷感到在乌思藏地区的统治受到威胁，于是将"宣慰司都元帅府"的管理模式推广到乌思藏地区，设立了"乌思藏纳里速古鲁孙等三路宣慰使司都元帅府"。① 此后，直到泰定二年，即45年以后，元朝才最终在朵甘思地区设立了"土蕃等路宣慰使司都元帅府"。自此，元朝将藏区分为三区，分别设三个宣慰使司都元帅府进行管理的行政体制才最终完成。从这个演变的过程我们不难看到，元朝统治者对藏区的认识，存在一个由初期的"两分"——"乌思藏地区"和"乌思藏以外地区"逐渐向"三分"——"乌思藏地区"、"朵思麻地区"和"朵甘思地区"转变的过程。那么，具体而言，是什么因素使元朝后期在朵甘思地区设立了"土蕃等路宣慰使司都元帅府"呢？

从相关史料记载来看，一个重要的因素应当是从至元年间起朵甘思地区发生的参卜郎部落的叛乱。关于这次叛乱，《元史·张珪传》记：

> 至治三年，参卜郎盗，始者劫杀使臣，利其财物而已。至用大师，期年不戢，伤我士卒，费国资粮。臣等议：好生恶死，人之恒性。宜令宣政院督守将严边防，遣良使抵巢招谕。简罢冗兵，明敕边吏谨守御，勿生事，则远人格矣。②

从"至用大师，期年不戢，伤我士卒，费国资粮"来看，参卜郎之乱显然颇具规模，且元廷派遣的平定参卜郎之乱的将领级别颇高。《元史》记：

> （至治三年三月）丁未，西番参卜郎诸族叛，敕镇西武靖王搠思班等发兵讨之。

---

① 陈得芝：《元代乌思藏宣慰司的设置年代》，《元史及北方民族史研究集刊》第8辑。
② 《元史》卷175《张珪传》，第4081页。

（至治三年六月）丁卯，西番参卜郎诸寇未平，遣徽政使丑驴往督师。①

（泰定元年三月庚子）以四川行中书省平章政事囊加台兼宣政院使，往征西番寇参卜郎。

（泰定元年）夏四月戊午……赐征参卜郎军千人钞四万七千锭。②

从元廷先后派遣征讨参卜郎之乱的有"镇西武靖王搠思班"和"四川行中书省平章政事囊加台兼宣政院使"等官员看，级别显然不低。而且"赐征参卜郎军千人钞四万七千锭"的记载，也说明元廷对征讨参卜郎之乱相当重视。由于参卜郎之乱困扰元廷多年，元廷几度派大员率军征讨均无功而返，其成为元廷的一块心病。事实上，元廷设置"土蕃等路宣慰使司都元帅府"（"朵甘思宣慰司"）的时间是泰定二年的正月戊戌，而参卜郎部落首领归降的时间是同年正月戊申。也就是说，正是在参卜郎部落首领归降的同年同月，元朝设置了"土蕃等路宣慰使司都元帅府"。对此，《元史》中记载：

（泰定二年正月）戊申，以乞剌失思八班藏卜为土蕃等路宣慰使、都元帅，兼管长河西、奔不儿亦思刚、察沙加儿、朵甘思、朵思麻等管军达鲁花赤，与其属往镇抚参卜郎。③

也就是说，新任的"土蕃等路宣慰使、都元帅"乞剌失思八班藏卜的一项重要任务即是"与其属往镇抚参卜郎"。不过，元朝后期在平息参卜郎之乱后立即在朵甘思地区设立"土蕃等路宣慰使司都元帅府"，最重要的原因是：（1）通过"参卜郎之乱"，元朝统治上层开始认识到"朵甘思地区在军事上的重要性，以及它邻近云南、四川两个行省和乌思藏宣慰司辖地，影响西南一大片地区"；④（2）通过持续数年征讨和平息"参卜郎之乱"，元

---

① 《元史》卷28《英宗本纪二》，第629、631页。
② 《元史》卷29《泰定帝本纪一》，第645页。
③ 《元史》卷29《泰定帝本纪一》，第653页。
④ 陈庆英：《元代朵思麻宣慰司的设置年代和名称》，《中国藏学》1997年第3期。

朝统治者充分认识到朵甘思地区有独特的地缘及人文特点，也彻底意识到要以设在河州的"土蕃宣慰司都元帅府"来管理整个东部藏区是根本不现实的。这两点可能才是元廷在平息参卜郎之乱后立即设置了管辖朵甘思地区的"土蕃等路宣慰使司都元帅府"的原因。

事实上，可能正是通过镇压和征讨"参卜郎之乱"，元廷极大增进了对朵甘思地区的认识和了解。这一点，从"土蕃等路宣慰使司都元帅府"各下辖机构的治所分布亦可见一斑。《元史·百官志》记载，"土蕃等路宣慰使司都元帅府"的下辖机构共有 14 个，它们分别是："朵甘思田地里管军民都元帅府""朵甘思招讨使""朵甘思哈答李唐鱼通等处钱粮总管府""剌马儿刚等处招讨使司""奔不田地里招讨使司""奔不儿亦思刚百姓""碉门鱼通黎雅长河西宁远等处军民安抚使司""六番招讨使司""天全招讨使司""鱼通路万户府""碉门鱼通等处管军守镇万户府""长河西管军万户府""长河西里管军招讨使司""亦思马儿甘万户府"。[①]

其中，"朵甘思田地里管军民都元帅府""朵甘思招讨使""朵甘思哈答李唐鱼通等处钱粮总管府"等为直辖机构，其治所可能在青海玉树或甘孜北部某处。"剌马儿刚等处招讨使司""亦思马儿甘万户府"两机构治所在今西藏芒康县一带。"奔不田地里招讨使司""奔不儿亦思刚百姓"两机构治所在今四川甘孜州白玉县、巴塘县、得荣县一带。"碉门鱼通黎雅长河西宁远等处军民安抚使司"这一机构的管辖范围大致包括西起理塘，东至雅安，北到金川的广大地区。"六番招讨使司""天全招讨使司""鱼通路万户府""碉门鱼通等处管军守镇万户府"等机构的管辖范围包括今雅安地区天全、宝兴，以及康定、泸定等处。[②]

从以上"土蕃等路宣慰使司都元帅府"14 个下辖机构治所分布地点看，大体包括了今西藏芒康县、青海玉树以及四川甘孜藏族自治州的德格、巴塘、白玉、理塘、甘孜、雅江、道孚、泸定、康定和四川雅安天全等地，这个地理范围相当大，其下辖机构已基本覆盖康区大部分地方。

---

① 见《元史》卷 87《百官志三》。

② 关于"土蕃等路宣慰使司都元帅府"下属机构的治所地点，参见陈庆英《元朝在藏族地区设置的军政机构——简析元代藏族地区的三个宣慰司》，氏著《陈庆英藏学论文集》上册，中国藏学出版社 2006 年版，第 264—270 页。

此外，"土蕃等路宣慰使司都元帅府"（"朵甘思宣慰司"）在交通上的意义特别重要，当时在元朝建立的由大都（今北京）通往乌思藏地方的驿站中，朵甘思宣慰司是必经之地。据学者们的梳理和考证，元朝时期行经藏区的驿道，大约经今甘肃渭源、临洮、和政、临夏，青海循化、化隆、贵德、称多、玉树，四川德格、白玉，西藏贡觉、昌都、类乌齐、丁青、巴青、索县、那曲、当雄等地进入前藏，最后到达后藏萨迦地方。[①] 而根据《汉藏史集》的记载，从汉藏交界处起直至后藏的萨迦共有 27 个大的驿站，其中朵甘思地区有 9 个，朵思麻地区有 7 个，乌思藏地区有 11 个。[②] 由于驿站途经的青海玉树，四川邓柯、德格、白玉，西藏贡觉、昌都、类乌齐、丁青、巴青一带均在朵甘思地区，所以，朵甘思地区在连接朵思麻与乌思藏之间的驿站交通上意义十分重要。朵甘思地区大的驿站有 9 个，但小的驿站数量则不止于此。《元史·成宗本纪》记：

　　（大德元年六月）丙辰……赐……朵思麻一十三站贫民五千余锭。……（冬十月）戊午……以朵甘思十九站贫乏，赐马牛羊有差。[③]

可见，因支应驿站的百姓十分贫困，元廷对支应驿站的民户进行赈济和补贴。从赈济的驿站数量看，朵思麻为 13 个，朵甘思为 19 个，赈济朵甘思驿站的数量明显多于朵思麻。这也在一定程度上表明朵甘思境内驿站维护成本明显偏高。前面所引《元史·张珪传》曾提到参卜郎叛乱的一大祸害就是"劫杀使臣"，这说明元廷之所以不遗余力，多次派大军征讨参卜郎，原因可能正在于参卜郎的叛乱阻断了元廷与乌思藏之间的使臣往来和联系。

《汉藏史集》记载，八思巴多次利用驿站前往大都，都曾途经朵甘思地区。次年阳火龙年（丙辰），八思巴返回吐蕃，在朵甘思卓多新寺，"由大近侍顿楚（ston tshul）为首的众人在一天之内向八思巴奉献了以一千五百函珍贵经籍为主的包括土地、寺院、属民、财宝在内的大量供养，（八思巴）

---

①　参见张云《元朝中央政府治藏制度研究》，第 177 页。
②　达仓宗巴·班觉桑布：《汉藏史集》，第 168 页。
③　《元史》卷 19《成宗本纪二》，第 412—415 页。

然后到了乌斯藏"。① 顿楚的辖区就在今西藏昌都市的贡觉地方。《朗氏家族史》称：

当法主叔侄前往北方时，被（敦楚）迎到左砣地方，承侍直至他们前往北方。后来，由于薛禅皇帝和喇嘛八思巴掌管（西藏），（敦楚）遂成为多康岗的主宰人。他公正不偏私，遵循皇帝供施的旨意，做了公众的主子。在他的贡觉地方，连宣慰使司、万户长、千户长亦未封拜，他照拂林葱家族，林葱家族被委封为万户长和千户长。②

可见，在元代，朵甘思地区已成为乌思藏地区与大都之间的重要交通孔道。

第五节　朗氏家族对康区的征服与统治

前已指出，最早清晰反映藏地"三区"概念的藏文史籍，是大司徒·绛曲坚赞的《朗氏家族史》。从该书记载元朝都元帅德杰卧鼓动绛曲坚赞去劝说白兰王，让其在卫、藏和阿里（即"乌思藏纳里速古鲁孙等三路宣慰使司都元帅府"）以及多康、多麦三个地方各居十二年来看，三个地方所对应的正好是元朝设立的三个行政区，说明元朝后期在藏人心目中，藏地"三区"概念已初步形成。

大司徒·绛曲坚赞为元代中后期人，是帕竹政权的开创者和第一代执政王。《朗氏家族史》是由大司徒·绛曲坚赞撰写和编辑的一部记述朗氏家族历史的著作，又名《司徒绛曲坚赞遗教史册》。朗氏家族据称是源自吐蕃贵族。有材料显示，该家族自1208年起已控制帕竹噶举，③ 逐渐成为帕竹地方（今西藏山南一带）豪门望族，元初被册封为十三万户之一。朗氏家族势力在元朝中后期迅速崛起，取代萨迦政权而成为卫藏的主导性政治力量。值得注意的是，《朗氏家族史》一书，不仅记述了朗氏家族势力向康区扩张及与

---

① 达仓宗巴·班觉桑布：《汉藏史集》，第205页。引文纪年有误，见原书该页注释。
② 大司徒·绛求坚赞：《朗氏家族史》，第244页。
③ 《藏族简史》编写组编《藏族简史》，西藏人民出版社2006年版，第128页。

康区各部落激烈交战的历史，也反复提到了朗氏家族势力对康区的征服以及占据康区大片区域的史实：

> 康巴三如及其兵力亦为朗氏家族所有；澜沧江流域那波地区三湖再上洁尚（湖）遂为四，亦为我天神种姓朗氏所有。[①]

澜沧江流域应为今西藏昌都一带，说明朗氏家族势力是由昌都一带向康区扩展的。该书又记：

> （朗氏家族）完美地管辖康区疆土，直接据有南方上部十八处大地方，役使（当地）所有民族和显贵为庶民，与上下部地方的全体守持佛教的僧人、咒师联姻，修习妙法，亲见佛尊，获得众多道貌，役使鬼神。在俗务方面，繁衍子孙，从而喇嘛、咒师和首领连绵不绝。[②]

但对于朗氏家族在康区所获得的权益，《朗氏家族史》最重要的记载是：

> 朗·董脱担任所有黑头庶民的长官，故官宦的上峰也是在我天神种姓朗氏家族。最早据有地方的情况是……彼拉思三人（之中），砣巴掌管嘉雪以及俄居和噶日二地；年加徐那波之后裔据有嵇堆地区之六条山川和公有的热萨宗脱地方；敦仓·觉渥滨布担任那、索、夏三地的总管王……彼拉思三人据有南方上部地方十八处大地域，以后充当康区人的总管王。故善于役使庶民和最早据有地方亦是天神种姓朗氏之人。[③]

朗氏家族成员"充当康区人的总管王"，当是指"朗·董脱担任所有黑头庶民的长官"这件事。元朝设置管理康区的"土蕃等路宣慰使司都元帅

---

① 大司徒·绛求坚赞：《朗氏家族史》，第63页。
② 大司徒·绛求坚赞：《朗氏家族史》，第58页。
③ 大司徒·绛求坚赞：《朗氏家族史》，第22页。

府"时间是泰定二年，①《元史》记载，元朝是"以乞剌失思八班藏卜为土蕃等路宣慰使、都元帅"。② "乞剌失思八班藏卜"是何许人，过去并不清楚。但结合藏文史籍《朗氏家族史》的记载，可以断定首次担任"土蕃等路宣慰使、都元帅"的显然应是朗氏家族成员。③ 正如《朗氏家族史》记："彼拉思三人据有南方上部地方十八处大地域，以后充当康区人的总管王。"又记："朗·董脱担任所有黑头庶民的长官。"《朗氏家族史》另一处记载还提到"朗氏贝达、拉思和赛伍三支系祭祀莫南神八昆仲，朗氏将康区划分为三如，充当康区的总管王"。④ 朗氏家族成员既然参与了"将康区划分为三如"的工作，表明他们肯定参与了"土蕃等路宣慰使、都元帅"的筹建与设置工作。这可能也正是成员得以充当首任"康区人的总管王"的原因。这个背景，同元朝中后期朗氏家族势力迅速崛起，取代萨迦政权而成为卫藏地区主导性政治力量的地位大体吻合。

从《朗氏家族史》记载看，朗氏家族对于其在康区获得的利益、权力颇为自豪，称"完美地管辖康区疆土，直接据有南方上部十八处大地方，役使（当地）所有民族和显贵为庶民"。所谓"役使（当地）所有民族和显贵为庶民"一语，应有两重含义：一是言朗氏家族"完美地管辖康区疆土"，将康区变为其领地；二是言其获得向康区民众支差、征税之权力。正是基于这两点，《朗氏家族史》乃称"朗·董脱担任所有黑头庶民的长官"。

需要特别注意的是，《朗氏家族史》中对康区人的称呼出现了"黑头庶民"一词。这清楚地表明，在元末绛曲坚赞生活时代，当时的语境已普遍将康区的部落民众称为"黑头人"（mgo nag mi）。⑤ 那么，"黑头人"是一个什么样的概念？此概念由何而来？《朗氏家族史》又为何将康区部落民众统称为"黑头人"？下一节将继续探讨这些问题。

① 陈庆英：《元代朵思麻宣慰司的设置年代和名称》，《中国藏学》1997年第3期。

② 《元史》卷29《泰定帝本纪一》，第653页。

③ 《朗氏家族史》提到的"彼拉思"与《元史》中记的"乞剌失思"发音上颇相近。疑"乞剌失思八班藏卜"所指正是"彼拉思"其人，只是译法的差异罢了。

④ 大司徒·绛求坚赞：《朗氏家族史》，第25页。

⑤ 译文用了"黑头庶民"一词，查原文乃"黑头人"（mgo nag mi）。

第六节　康区"人区"称谓的缘起与背景

　　对藏族三大传统区域的特点及彼此间的差异，藏文史籍中有一简约而精辟的概括，称卫藏为"法区"，安多为"马区"，康为"人区"。① 也就是说，卫藏的特色是"法"即宗教；安多的特色是"马"即牧业；康的特色是"人"。

　　称卫藏为"法区"，表明在藏人心目中卫藏地区以藏传佛教的正统与昌盛繁荣著称。卫藏的中心地区拉萨被称作"圣城"和"圣地"，并成为藏传佛教的朝圣中心，即是很好的说明。称安多为"马区"，表明安多是以牧业为特色。总之，在藏人所归纳的三大传统区域的特点中，卫藏"法区"和安多"马区"都相对较好理解，唯一较难理解的是"人区"。在传统上，康区为何会被称作"人区"？"人区"的确切含义是什么？对此，过去有学者（包括笔者在内）曾从康巴人的体质特征和文化性格等方面加以理解和阐释。② 但严格说来，这毕竟只是一种主观臆测，并无藏文史料作为依据。问题的关键是，藏文史籍为何将康称作"人区"？"人区"的内涵是什么？

　　藏文史籍中最早记载"三区"地理范围并分别将之称作"法区"、"马区"和"人区"的，是《汉藏史集》。该书记：

　　　　作为第一次灌顶的供养，奉献了乌斯藏十三个万户。……作为第二次灌顶的供养，奉献了三个却喀（chos khag）。这三个却喀是：由嘉玉阿里贡塘以下到索拉甲沃以上为正教法区（dam pa chos kyi chos khag），自索拉甲沃以下到黄河河曲以上为黑头人区（mgo nag mi'i chos kha），自黄河河曲以下到汉地大白塔以上为俯行马区（dud 'gro rta' chos khag）。人、马、法三却喀虽是按照奉献供养的例规奉献

---

　　① 达仓宗巴·班觉桑布：《汉藏史集》，第 170—171 页。
　　② 石硕：《〈格萨尔〉与康巴文化精神》，《西藏研究》2004 年第 4 期；李绍明：《藏彝走廊民族历史文化》，民族出版社 2008 年版，第 125 页。

的，但各个却喀都有一位本钦，是按照皇帝与上师商议决定而任命的。①

对于"三却喀"，该书还作了这样的解释：

> "却喀"这个词，是对蒙古皇帝作为接受灌顶的供养而奉献给上师的朵甘思（mdo khams）、脱思麻（mdo smad）、②乌斯藏（dbus gtsang）三个地区的称呼。③

此后的藏文史籍如《新红史》④、《贤者喜宴》⑤、《萨迦世系史》⑥、《西藏王臣记》⑦、《土观宗派源流》⑧、《安多政教史》⑨以及《塔尔寺志》⑩等有关藏地三区的记载与说法大多是本于《汉藏史集》。

需要注意的是，《汉藏史集》在谈到朵甘思（mdo khams）的特点时，使用的是"黑头人区"（mgo nag mi'i chos kha）这一概念。mgo nag mi 的原文直译应为"黑头人"，chos kha 是指比较大的区域。由此可知，朵甘思即康区被称作"人区"乃是一种省略的说法，"人区"真正的含义正是指"黑头人区"。

《朗氏家族史》是由大司徒·绛曲坚赞撰写和编辑的，绛曲坚赞卒于1371年，故《朗氏家族史》的成书年代当不晚于1371年。而据学者考证，

---

①　达仓宗巴·班觉桑布：《汉藏史集》，第170—171页。

②　译文中的"朵甘思"与"脱思麻"的藏文原文分别为 mdo stod 和 mdo smad，前者应直译为"多堆"，后者似为"多麦"。关于"多堆"与"朵甘思"关系的探讨，见任乃强、泽旺夺吉《"朵甘思"考略》，《中国藏学》1989年第1期；黄维忠、王维强《藏文 mdo gams 和 mdo khams 考》，《民族研究》2004年第1期。

③　达仓宗巴·班觉桑布：《汉藏史集》，第166页。

④　班钦索南查巴：《新红史》，第55页。

⑤　巴卧·祖拉陈瓦：《贤者喜宴》（藏文版），资料来源：Buddhist Digital Resource Center（BDRC，佛教数字资源中心），编号：W7499：2：571。

⑥　阿旺贡噶索南：《萨迦世系史》，陈庆英等译，西藏人民出版社1989年版，第108、163页。

⑦　五世达赖喇嘛：《西藏王臣记》，第66页。

⑧　土观·洛桑却季尼玛：《土观宗派源流》，第99页。

⑨　智观巴·贡却乎丹巴绕吉：《安多政教史》，第5页。

⑩　色多·罗桑崔臣嘉措：《塔尔寺志》，第29页。

《汉藏史集》是达仓宗巴·班觉桑布撰于明代中叶的一部藏文史籍，其成书年代不晚于 1434 年。① 也就是说，《朗氏家族史》的成书时间较《汉藏史集》早 63 年。因此，既然《朗氏家族史》中已将康区部落民众统称为"黑头人"（mgo nag mi），称"朗·董脱担任所有黑头庶民的长官"，那么，可以肯定，《汉藏史集》把朵甘思称作"黑头人区"（mgo nag mi'i chos kha）的说法显然应来自《朗氏家族史》。也就是说，在藏文史籍中最早把朵甘思即康区的部落民众统称为"黑头人"的乃是《朗氏家族史》。因此，《朗氏家族史》的记载应是后来《汉藏史集》中将康区称作"黑头人区"缘起的一个渊源和背景。

那么，在藏语语境中，"黑头人"是一个什么概念？《朗氏家族史》为何会将康区部落民众称作"黑头人"？

据查，在吐蕃时期遗留下来的敦煌古藏文写卷中也出现了"黑头属民"（'bangs mgo nag）一词。敦煌藏文写卷 P. T. 1288（"编年史"）记狗年（唐玄宗天宝五载，746）：

> 征四茹牧场草料之大料集，依赞普诏令：将东岱（千户所）中列乌套那地方之差负担者，另行拨出。大论以下各官员均申誓言，言切诏告，减轻庶民黔首（'bangs mgo nag po）之赋税。②

敦煌藏文写卷 P. T. 1287（"赤都松赞普之事迹"）记：

> 天下一切君王、庶民黔首（'bangs mgo nag po）齐上尊号曰"神变之王"，记载于诏告册令之中。③

敦煌藏文写卷 P. T. 1287（"赤德祖赞征服南诏"）亦记：

> 唐朝于西部（上）各地聚集之财宝贮之于瓜州者，均在吐蕃攻陷

---

① 达仓宗巴·班觉桑布：《汉藏史集》，"写作年代简介"。
② 王尧、陈践译注《敦煌古藏文文献探索集》，第 98 页。
③ 王尧、陈践译注《敦煌古藏文文献探索集》，第 113 页。

之后截获，是故，赞普得以获得大量财物，民庶、黔首（'bangs mgo nag po）普遍能够穿着唐人上好绢帛矣。[1]

由上所引可知，敦煌藏文写卷中有关"黑头人"所使用的主要是 'bangs mgo nag po 一词，该词按藏文字面直译，应为"庶民黑头人"或"黑头庶民"。值得注意的是，写卷中这一词语均在 mgo nag po 即"黑头人"前面加有 'bangs 一词，该词的含义是指"属民""庶民"，或是指纳税之人。可见，敦煌藏文写卷中所称的"黑头人"主要是指"属民""庶民"亦即纳税之人，故称作"庶民黑头人"或"黑头庶民"。对敦煌藏文写卷中的 'bangs mgo nag po 一词，王尧将之译为"庶民黔首"，这是独具匠心的译法。有学者比照王尧译法将其译为"属民黔首"或"黔首平民"。[2] 中原地区在战国及秦代曾以"黔首"一词来称呼一般民众。这同敦煌藏文写卷中的"黑头属民"意颇相通。故就藏文汉译而言，"庶民黔首"的译法颇为传神和准确。

从以上敦煌藏文写卷的记载看，'bangs mgo nag po（即"庶民黑头人"或"黑头庶民"）尽管是承担纳税义务的"属民""庶民"，但其地位并不太低。从"天下一切君王、庶民黔首齐上尊号曰'神变之王'，记载于诏告册令之中"[3] 这条记载看，他们显然享有独立的身份和一定的政治权益。又如吐蕃攻陷瓜州后获得唐朝贮于此地的大量财物，以致 'bangs mgo nag po（"庶民黑头人"）也能普遍获得"唐人上好绢帛"。[4] 这也说明他们在吐蕃联盟政体中的地位并不低。由此看来，"庶民黑头人"一词中的"黑头人"其实并无贬义。他们虽承担纳税义务，却有独立的身份和一定的政治权益。所以称其为"黑头庶民"，可能主要是强调他们是与贵族大臣身份有别的"庶民"而已。

---

[1]　王尧、陈践译注《敦煌古藏文文献探索集》，第 114 页。

[2]　针对上述三条敦煌藏文史料，黄布凡、马德两位学者将 'bangs mgo nag po 分别译为"黔首平民"、"庶民黔首"和"庶民黔首"。参见黄布凡、马德《敦煌藏文吐蕃史文献译注》，第 54、254、285 页。

[3]　王尧、陈践译注《敦煌古藏文文献探索集》，第 113 页。

[4]　王尧、陈践译注《敦煌古藏文文献探索集》，第 114 页。王尧的译文为"穿着"，实际的词义是"获得"（thob）。参见黄布凡、马德《敦煌藏文吐蕃史文献译注》，第 285 页。

在吐蕃王朝以后的后弘期藏文佛教史籍中也出现了"黑头人"（mgo nag po）一词，该词与《汉藏史集》中称康区为"黑头人区"（mgo nag mi'i chos kha）中的"黑头人"（mgo nag mi）写法完全一致。

《朗氏家族史》虽是最早把康区部落民众称为"黑头人"的藏文史籍，但在后弘期藏文史籍中最早出现"黑头人"一词，却是在成书于 12 世纪中叶的《弟吴宗教源流》（亦译《德乌教法史》）中①。该书在追叙吐蕃王朝以前止贡赞普的事迹时，有如下记载：

> 茹勒杰安葬赞普尸骸后，接着寻找三位王子，即寻找父亲的血脉，寻找城堡的主人，寻找黑头人（mgo nag）的首领和俯行者的主人。②

该书记述藏地最初之王聂赤赞普事迹时亦记：

> 这时，天神从空中对他们说：如果想找到一位黑头蕃民之王，必须去阿章江章，在那里有七层天上的金城玉檐宫内有一位天神后裔穆氏的子孙聂赤赞普，请他去做黑头人的王。③

除了前已提及的在《朗氏家族史》和《汉藏史集》中有关康区的"黑头人"记载之外，在后弘期其他藏文史籍中也有关于"黑头人"的记载。较《汉藏史集》成书年代稍晚的《萨迦教法史》记：

> 一切所需能够满足，跳起欢乐的舞蹈，唱起悦耳的歌，日日欢愉不绝，宝盖和胜幢遮天蔽日，使鸟儿无处飞翔，黑头人（mgo nag mi）挤

---

① 关于《弟吴宗教源流》的成书年代，恰白通过对比《青史》和考辨人物姓名，认为该书于 12 世纪中期由智者弟吴写成，13 世纪早期由智者觉纳木补注。但桑木旦·噶尔美将《弟吴宗教源流》成书年代推断为 1261 年，认为作者是一位噶当巴的门徒，或是一位对宁玛巴历史颇感兴趣的噶当巴僧侣。参见弟吴贤者《弟吴宗教源流》，许德存译，西藏人民出版社 2013 年版，"前言"第 3 页；卡尔梅·桑丹坚参《〈五册史〉披露的第一位藏王出身的神话（上）》，李登贵、仓决卓玛译，《西藏研究》1992 年第 2 期。

② 弟吴贤者：《弟吴宗教源流》，第 118 页。

③ 弟吴贤者：《弟吴宗教源流》，第 110 页。

满大地，乐声震耳欲聋，骏马无处奔跑。①

《噶玛让琼多吉文集》记：

> 如果你们具备以下几个条件，我可以来（讲法），第一需有镶嵌有铁片的红铜法号，第二需有优美纹饰装点的法号，第三需有舌、鄂和气均极佳的吹号者，第四需有大量黑头人（mgo nag mi）聚集喧嚣的场面。

该书还记载：

> 给西藏黑头人（mgo nag mi），赐以解除黑暗的燃灯。②

《格萨尔王传——非人银国》记：

> 年轻的姑娘们不要弯腰低头，白梵王有胜败之时、黑头人（mgo nag mi）有生死的时候，荣辱盛衰都会经历，石头有破碎的时候。③

从以上记载，特别是从"黑头人的首领""黑头人有生死""黑头人挤满大地""需有大量黑头人聚集喧嚣的场面"等记载及其语境来看，"黑头人"的含义当主要指普通民众。如《格萨尔王传——非人银国》在谈到黑头人有生死时，"荣辱盛衰都会经历，石头有破碎的时候"是在与石头类比的语境下叙述普通人都会经历生死荣辱；再如《噶玛让琼多吉文集》中所说的"需有大量黑头人聚集喧嚣的场面"是指法会上众多的听众，亦应指

---

① 贝瓦尔·却美多杰：《萨迦教法史》（藏文版），资料来源：BDRC（佛教数字资源中心），编号：W1PD90704：1：0。

② 《噶玛让琼多吉文集》（藏文版），资料来源：BDRC（佛教数字资源中心），编号：W30541：003：0002。

③ 《格萨尔王传——非人银国》（藏文版），资料来源：BDRC（佛教数字资源中心），编号：W1KG1791：1：354。

普通信众。

综上所述，我们可以看到，吐蕃时期敦煌藏文写卷中的"黑头庶民"（'bangs mgo nag po）一词主要是指"属民"和"庶民"。他们虽承担纳税义务，却仍享有一定的政治权益与地位。后弘期藏文史籍中出现的"黑头人"（mgo nag mi），从其含义和语境看，主要泛指普通民众。所以，敦煌藏文写卷中的"黑头庶民"（'bangs mgo nag po）与后弘期藏文史籍中的"黑头人"（mgo nag mi）意思相近，均指普通民众。就此意义而言，《藏汉大辞典》将"黑头人"（mgo nag mi）一词解释为"对人的总称。意思是人、黔首、黎民"，[①] 是基本正确的。

但是，有一个事实十分清楚且非常重要，即"黑头人"乃是源自卫藏人的一种说法与观念。吐蕃时代"黑头庶民"（'bangs mgo nag po）一词是出现在敦煌藏文写卷的"大事纪年"中，该写卷属吐蕃王朝时期的王室档案文书。这是以吐蕃人及吐蕃本土为中心的一种记述。故可以肯定"黑头庶民"（'bangs mgo nag po）是源自卫藏人的一个词语与观念。同样，在13—14世纪卫藏地区的朗氏家族势力向康区扩张，在取得对康区的管辖权后将康区民众统称为"黑头人"，反映的同样是卫藏人的一种说法和观念。也就是说，至少在14世纪或元朝后期，在藏地三区概念逐渐形成的背景下，在卫藏人的心目中，康区的部落及其民众被称作"黑头人区"和"黑头人"的这一说法与观念已大致定型并成为习惯。这应当是朗氏家族"完美地管辖康区疆土"，其成员"充当康区的总管王"后，《朗氏家族史》中出现"朗·董脱担任所有黑头庶民的长官"记载之背景和缘由。

第七节　"黑头矮人"与"六氏族"传说：对康区部落的整合

除了"黑头人"这一概念外，在藏文苯教文献中还存在另一个与"黑头"相关的概念，这就是"黑头矮人"（dbu nag mi'u）。那么，"黑头矮人"又是一个什么样的概念？此概念是否也与康区相关？让我们且对此作一探讨。

---

① 张怡荪主编《藏汉大辞典》，民族出版社1998年版，第479页。

在藏文苯教文献《黑头矮人起源》一文中，[①] 其第二部分叙述创世情形时曾这样描述"黑头矮人"的诞生：

> 在这片池塘之上形成了一层薄膜并滚成了一枚卵。从这枚孵化的卵中出现了两只鹰，其一为白色，其二为黑色。白鹰变成了"发光的外貌"，而黑鹰则变成了昏暗光线。这两种鹰的交合产生了3枚卵，一白、一黑和一只彩色的卵……彩色卵破裂了。从中诞生出了一个叫作孟兰兰伦伦的生灵……人们也称之为益门国王（最早发愿的国王）。后来什巴益门国王把黄金与绿松石放于右边并发愿，于是一座金山和一条绿松石山谷便出现了，所有的恰神世系均源出于此。……木神世系导致了佛陀的苯教，所有的恰神世系导致了黑头矮人，所有的祖神世系导致了牲畜。[②]

苯教世界观认为世间一切均出自"卵生"，而卵又均为苯教所信仰的神鸟"琼"所产。卵有黑、白、黄等各种颜色。[③] 由上文可见，所谓"黑人矮头"正是源自"花卵"中的恰神世系。苯教文献还曾这样描述"黑头矮人"的血统及传承：

> 我们黑头人类各自的历史：
> 首先他的起源很正，来自光明神的正宗氏族。[④]

---

① 《黑头矮人起源》这一文献最早由德国藏学家霍夫曼（Helmut Hoffmann）在1956年发表的作品《西藏的宗教》（The Religion of Tibet）一文中使用，但作者在文中只翻译了苯教宇宙观的相关段落，未做过多解读。随后，法国藏学家石泰安（Rolf Alfred Stein）在其1959年出版的著作《西藏史诗和说唱艺人》中使用此文献，但仅就与格萨尔史诗相关内容做了引用。真正对这一苯教文献进行专门研究的是藏族学者桑木旦·噶尔美，其在《"黑头矮人"出世》一文中对这一文本的前两章做了翻译和分析。2002年，这一文献在日本京都首次全文披露。2011年，韩国学者金东柱的博士学位论文对这一文献进行了全面的翻译和整体研究，这是《黑头矮人起源》首次被全文翻译和研究。

② 桑木旦·噶尔美：《"黑头矮人"出世》，郑炳林主编，耿昇译《法国藏学精粹》（1），甘肃人民出版社2011年版，第33页。

③ 石硕：《青藏高原碉楼的起源与苯教文化》，《民族研究》2012年第5期。

④ 金东柱：《苯教古文献〈黑头凡人的起源〉之汉译及其研究》，青海民族出版社2013年版，第100—101页。

按照苯教文献的记述，"黑头矮人"不但血统纯正，是"来自光明神的正宗氏族"，藏地最初的"六氏族"亦均属于"黑头矮人"。可见，苯教文献中的"黑头矮人"乃是藏地始祖，是藏地最早的先民，并繁衍了藏地最早的"六氏族"。

对《黑头矮人起源》这一苯教文献，目前国际藏学界研究尚不充分，仅能从其内容中提到译师玛尔巴·曲吉洛卓（1012—1097）、忽必烈汗（1260—1294 年在位）等人名判断其成书年代应晚于 13 世纪中叶。① 综合苯教文献及后弘期其他藏文典籍的记载看，"黑头矮人"是一个较为复合的概念，既包含了"黑头"的含义，但更重要的是，又与"六氏族"起源传说密切相关。

根据《黑头矮人起源》记载，恰神世系（phya rgyad）的后代雅拉达珠（yab lha bzal drud）有三十七个儿子，其中第三十七个儿子那宠拉扎（sne phrom la khra）与恰甲木（phya lcam）结合，产生了最初的"六氏族"，分别是东族（ldong）、扎族（dbra）、珠族（'gru）、穆族（dmu）、贝族（dbal）、达族（lad）。② 此六氏族是藏地最初的先民。《黑头矮人起源》曾这样描述"黑头人类六氏族"③ 的血统及传承：

> 我们黑头人类各自的历史：
> 首先他的起源很正，来自光明神的正宗氏族；
> 中间氏族兴旺时恰穆祖（phyg dmu gtsug）三个；
> 再加上年（gzhan）为四；
> 再加耶昂（ye ngam）二个；
> 变成六个氏族。
> 最后分割各自疆域，
> 黑头人类六个氏族分别在各自的疆域发达。④

---

① 桑木丹·噶尔美：《"黑头矮人"出世》，郑炳林主编，耿昇译《法国藏学精粹》（1），第 29 页。
② 金东柱：《苯教古文献〈黑头凡人的起源〉之汉译及其研究》，第 323 页。
③ 金东柱：《苯教古文献〈黑头凡人的起源〉之汉译及其研究》，第 96 页。
④ 金东柱：《苯教古文献〈黑头凡人的起源〉之汉译及其研究》，第 100—101 页。

按照以上记载，"六氏族"不但"分割各自疆域"，而且"黑头人类六个氏族分别在各自的疆域发达"。而关于"六氏族"的地望，《黑头矮人起源》有如下关键性的记载：

> 康区有七兄弟：
>
> 扎珠东（dbra'gru ldong）三族加上果（sgo）为四，
>
> 兄弟贝（dbal）和达（lda）为六，
>
> 再加上被称为舅舅门神的岱噶布（sde dkar po）为七。①

法国藏学家石泰安在《汉藏走廊古部族》一书中曾对"六氏族"中各氏族即色（se）、哲（gra）、董（ldong）、东（stong）、珠（bru 或 'bru）、葛（lga 或 sga 或 rgad 或 ga'）、玛（rma）、木（dmu 或 mu 等）、白（dpa'）、高（sgo）的地望和历史作了详细研究。他发现了一个重要事实——"六氏族"的地理位置大多不在今西藏地区，而主要在西藏的东部边缘地区，特别是在今康区的范围内。② 为此，石泰安做了如下归纳：

> 由此看来，西藏传说中认为六个"原始部落"都位于中部藏区之外，在东部藏区的边缘地区，我们在那里发现了许多地名、民族名或其他与这些神话传说中的部落有关系的名词。其中有些名称或名词是由于杂居的背景所造成的，尤其是在羌人中更为明显，他们与西藏中部的古老藏人有着近缘关系，但又具有明显的不同之处。③

这就揭示了一个重要事实——石泰安依据藏文文献所作的研究，竟同《黑头矮人起源》中关于"六氏族"地望的记载相吻合。也就是说，属于"黑头矮人"（dbu nag mi'u）和"黑头人"（mgo nag mi）的"六氏族"均存在于康区的地理范围内。这同样为我们理解康区何以被称作"黑头人区"提供了另一个侧面的重要依据。

---

① 金东柱：《苯教古文献〈黑头凡人的起源〉之汉译及其研究》，第147—148页。
② 石泰安：《汉藏走廊古部族》，第34—133页。
③ 石泰安：《汉藏走廊古部族》，第131页。

　　需要注意的一个重要事实是，藏地的人群均源自"四氏族"或"六氏族"的传说在吐蕃时期藏文史料如《敦煌本吐蕃历史文书》中完全无记载，而是均出自吐蕃王朝以后即 11—12 世纪的藏文史书中。最早记载"四氏族"或"六氏族"传说的是 10 世纪以后的所谓"掘藏文献"。《柱间史——松赞干布遗训》记载，由猕猴和罗刹女后裔形成并分化为董（ldong）、东（stong）、塞（se）、穆（dmu）"四氏族"，并指出对于赞普后裔和其他诸氏族的分类存在多种划分方法。① 此后，《朗氏家族史》《汉藏史集》《西藏王统记》等藏文史籍中普遍记载有"四氏族"或"六氏族"的传说。② 张云在《古代藏族"四氏族"、"六氏族"传说的形成及其文化内涵问题》一文中，对"四氏族"或"六氏族"传说形成的年代、背景及其文化内涵进行了研究，同样发现了经石泰安详细考证所发现的重要现象：被认定为藏地原始祖先的"四氏族"或"六氏族"部落，并不活动在吐蕃核心部落的发祥地山南地区，而大多是在藏东、川西民族走廊地区。例如，"四氏族"或"六氏族"中可以比较清晰地确定其地望的即有几个。

　　（1）董氏（ldong）。张云认为："目前可以确定的六氏族之一的董氏（ldong），即是在今西藏东部、青海南部、甘肃南部和四川西部等地区活动频繁、影响巨大的'党项'部落。"③ 《旧唐书·南蛮西南蛮传·东女国》记：

　　　　贞元九年七月，其王汤立悉与哥邻国王董卧庭、白狗国王罗陀忽、逋租国王弟邓吉知、南水国王侄薛尚悉曩、弱水国王董辟和、悉董国王汤悉赞、清远国王苏唐磨、咄霸国王董邈蓬，各率其种落诣剑南西川内附。④

　　张云认为："这里的'悉董国'就是'董'（ldong 或 sdong），而'汤

<hr>

①　阿底峡尊者发掘，卢亚军译注《西藏的观世音》，甘肃人民出版社 2001 年版，第 54—55 页。

②　大司徒·绛求坚赞：《朗氏家族史》，第 5 页；达仓宗巴·班觉桑布：《汉藏史集》，第 12 页。

③　张云：《古代藏族"四氏族"、"六氏族"传说的形成及其文化内涵问题》，《唐代吐蕃史研究论集》，中国藏学出版社 2014 年版，第 7 页。

④　《旧唐书》卷 197《南蛮西南蛮传·东女国》，第 5278—5279 页。

立悉'，疑即'东'（stong rigs），而'哥邻国'则是'噶'（lga）。它们大多都和'董'有关系，如哥邻国王是董卧庭、弱水国王是董辟和、咄霸国董藐蓬，说明它们都是'董氏族'的一个分支，也就是说，它们都和'党项'有关联。这和藏文史书中关于'董氏族'有十八分支的说法可以相互印证。"①

（2）塞氏（se）。"塞氏"（se）是藏文中的"阿夏"（A zha），也就是汉文史书记载的"吐谷浑"。

（3）东氏（stong）。主要是指苏毗。

（4）噶氏（dmu）。"噶氏"位于长江上游通天河流域玉树称多地区。元朝时期八思巴的弟子——噶·阿尼胆巴贡噶扎巴（1235—1303）即是这里人，也是噶氏的后代。

所以，对于"六氏族"的地望多集中于康区这一事实，张云作了如下论述：

> 我们可以看到，在"六氏族"中，除了苯教文献记载的一组"六氏族"构成中大多在今西藏本部地区之外，其他各组中诸氏族大多都不在西藏本部地区，也就是不在雅鲁藏布江两岸，即前后藏地区。塞（se）、穆（rmu）、东（stong）、董（ldong）四个族姓，全不在西藏本部地区，只有穆与吐蕃赞普祖先有密切的血缘关系，其他都无瓜连。而"六氏族"中，活动在吐蕃本部地区大概只有"韦氏"（dbas）一部。此外，"六氏族"之间的关系错综复杂，相互联系十分紧密，在其中穆又和象雄联系在一起，合称穆象雄；祝又和阿夏（吐谷浑）联系在一起合称祝阿夏；东又和多弥联系在一起，合称东多弥；董氏又和党项联系在一起，合称董木雅。尽管如此，这些部落或者族群却都不是原始吐蕃人的核心部落，也不居住在雅隆河谷地区，把他们说成是吐蕃原始部落的核心部分，显然不符合客观事实。"四人种"和"六人种"的说法无法反映吐蕃地区人类来源的全貌，在没有包含雅隆吐蕃部落的情况

---

① 张云：《古代藏族"四氏族"、"六氏族"传说的形成及其文化内涵问题》，《唐代吐蕃史研究论集》，第8页。

下，也很难说它是准确和全面的描述。①

既然"六氏族"大多不在西藏本部地区，而主要是在东部藏区，那么，如何解释这一现象呢？对此，张云作出如下阐释：

> "四氏族"、"六氏族"说反映的史实是吐蕃王朝建立，并将势力扩张到整个青藏高原地区之后的历史，由于统一的现实需要，在吐蕃王朝时期业已开始了对这种统一的自我认同，它首先是从政治层面开始的。吐蕃在唐朝的交往中一直以"大蕃"（bod chen po）自称，以便和"大唐"对应。所谓"大蕃"就是包含着吐蕃和被吐蕃征服的各民族和部落的吐蕃王朝。可以确认的是，"四氏族"、"六氏族"的认识要晚于吐蕃对青藏高原地区党项、白兰、吐谷浑等各族的征服及融合，大致形成于吐蕃王朝统一和鼎盛时期，与吐蕃强烈的政治需要相适应而产生的。②

也就是说，在吐蕃王朝向青藏高原东部地区扩张的过程中，由于吐蕃吞并白兰、吐谷浑、党项、多弥等众多青藏高原东部地区的部落，逐渐形成了所谓"大蕃"的概念，为了进一步整合吐蕃征服地域的人群与部落，大约是在吐蕃王朝后期或是吐蕃王朝之后，遂产生了"四氏族""六氏族"传说以构建吐蕃人种的说法。

在 10 世纪以后特别是元朝统治藏区的 13—14 世纪，在以卫藏人为主导产生的藏文文献与藏语语境中之所以会出现"四氏族""六氏族"的一系列构建，主要应同当时的四个背景直接相关。

第一，11—14 世纪，藏传佛教各教派出于发展教派利益的需要，纷纷由卫藏地区向康区传播和扩散，这在客观上就需要消除卫藏人与康区人之间的地域隔膜，强化彼此的认同。

---

① 张云：《古代藏族"四氏族"、"六氏族"传说的形成及其文化内涵问题》，《唐代吐蕃史研究论集》，第 9 页。

② 张云：《古代藏族"四氏族"、"六氏族"传说的形成及其文化内涵问题》，《唐代吐蕃史研究论集》，第 10 页。

第二，在 13—14 世纪元朝统治期间，随着元朝把藏地划分为三个行政区和藏地"三区"概念逐步形成与定型，客观上也产生了强化"三区"之间整合与认同的需要。

第三，随着卫藏地区家族及地方政治势力特别是朗氏家族势力向康区的渗透，客观上也产生了加大卫藏人与康区人之间整合的需要。

第四，无论是对于卫藏人还是对于康区人来说，自吐蕃王朝以来迄于 14 世纪的数百年间，随着宗教信仰、政治认同及文化心理上的日益趋同，两地间的人群互动、社会整合和文化交融已逐渐达到一个新的高度，在这一背景下，进一步强化相互间的认同也成为一种客观需要。

所以，无论是把康区称作"黑头人区"并进而简称为"人区"，还是"四氏族""六氏族"传说，均是基于客观需要应运而生，同时又有着非常丰富的内涵与意义。从根本上说，其最实质的意义正是要构建卫藏人与康区部落人群之间的整体认同，让康区人与卫藏人之间充分整合为一体，使二者成为有共同起源、共同祖先记忆并在信仰与文化上相互认同的人群共同体。

第 六 章
明代康区政教格局的发展与演变

第一节 明廷在康区的建政与分封

1368 年，朱元璋以应天府为南京，建立明王朝。此时，天下纷乱割据的状态并未结束。新生的明政权在取得藏区的归附之前，仍面临两大主要的政治、军事障碍。其一为故元在北方的残余势力。当时，蒙古势力虽大部分撤至长城以北，但在西北一带，故元大将扩廓帖木儿以及镇西武靖王卜纳剌等蒙古余部仍在"阻命遏师"。[①] 其二则是盘踞在川、滇、黔一带，由元末红巾军领袖明玉珍所建立的大夏国。二者分别据有西北和西南的大片区域，严重阻碍了明王朝统一藏区的步伐。

为了巩固新生的明王朝，朱元璋首先下令由徐达、邓愈等继续领兵追剿故元势力。明军在向西北地区进兵的同时，洪武二年（1369）五月，明太祖即遣使持诏前往藏区进行招谕。其诏曰：

> 昔我帝王之治中国，以至德要道民用和睦推及四夷，莫不安靖。
> 向者胡人窃据华夏百有余年，冠履倒置，凡百有心孰不兴愤。比岁
> 以来，胡君失政，四方云扰，群雄分争，生灵涂炭，朕乃命将率师
> 悉平海内，臣民推戴为天下主，国号大明，建元洪武。式我前王之
> 道，用康黎庶。惟而吐蕃邦居西土，今中国一统，恐尚未闻，故兹

---

① 《明太祖实录》卷 53，洪武三年六月丁丑条。本书所引《明实录》皆为中研院历史语言研究所 1962 年校引本，以下引用不再标注版本及页码。原文中有明显错讹者径改，不再一一出注说明。

诏示使者至吐蕃。①

这里的"吐蕃"并非唐代崛起于青藏高原的吐蕃政权，而是宋以来中原对地处西部的藏族聚居区的一个泛称。诏书反映出朱元璋在取得政权之后，欲以"前王之道"招纳藏区，以实现天下一统的迫切愿望。另外，从使者的路线也可以看出，明廷以招谕甘、青藏区为第一要务，此举意在借招抚西北藏区地方首领，以瓦解蒙古在西北的统治力量。

然而，此时西北藏区地方僧俗首领在故元和明双方的争斗中基本持一种观望的态度，因此"吐蕃未即归命"。② 洪武三年（1370）五月，明军大败扩廓帖木儿于定西，俘虏将士八万余人。六月，明军攻破河州。河州是元代"土蕃宣慰司都元帅府"治所之所在，是西北藏区的重镇。攻克河州，标志着明朝已基本扫清了藏区僧俗首领来归最主要的政治障碍。

此后，明朝开始将注意力转移到西南的大夏国。朱元璋在攻占元大都后，曾于洪武二年遣使招降大夏国皇帝明升，但被后者拒绝。洪武四年（1371），明朝遣汤和、廖永忠、傅友德等领兵征讨大夏国。夏军溃败。四川、云南、贵州等地遂纳入明朝的统治，为明王朝统一包括康区在内的西南少数民族地区创造了有利的政治条件。

可以看出，明初朝廷为了统一藏区，所采取的步骤并非同步的，而是以剪除北方蒙古势力为首要目标。因此，甘、青一带安多藏区的归附自然成为当时朝廷在处理藏区问题上考虑的重点。明王朝对康区统治的实现，实际上也是随着西北地区对藏政治招抚行动的推进而逐步展开的。

明王朝上述政治、军事举措收到了良好的效果。洪武三年六月，"故元陕西行省吐蕃宣慰使何锁南普等，以元所授金银牌印宣敕诣左副将军邓愈军门降，及镇西武靖王卜纳剌亦以吐蕃诸部来降"。③ 何锁南普是元代负责西北藏区事务的地方大员。卜纳剌是故元宗室、元世祖第七子奥鲁赤的五世

---

① 《明太祖实录》卷42，洪武二年五月甲午条。
② 《明太祖实录》卷42，洪武二年五月甲午条。
③ 《明太祖实录》卷53，洪武三年六月乙酉条。

孙。① 二者的降附具有重大意义，扭转了整个藏区在对待故元和新生的明政权问题上的风向。自此，西北藏区以及康区、乌思藏僧俗首领们开始放弃观望，纷纷来归。

对于藏区首领的归附，明王朝往往采取"多封众建"的政策，笼络他们的同时，也开始着手地方政权和机构的建设。洪武四年十月，明王朝在康区设置了第一个正式的地方机构——朵甘卫指挥使司。② 此后，朝廷在康区又进行了两次规模较大的分封。第一次是在洪武六年（1373）二月，明王朝以"摄帝师喃加巴藏卜以所举乌思藏、朵甘思地面故元国公、司徒、各宣慰司、招讨司、元帅府、万户、千户等官，自远来朝，陈请职名，以安各族"为由，"诏置乌思藏、朵甘卫指挥使司宣慰司二、元帅府一、招讨司四、万户府十三、千户所四"。③ 洪武七年（1374）七月，朝廷提高了朵甘卫指挥使司的地位和品级，升为行都指挥使司，隶属于河州的西安行都指挥使司。④

第二次是在洪武七年十二月。《明实录》记载：

> 炽盛佛宝国师喃加巴藏卜及朵甘行都指挥同知锁南兀即尔等遣使来朝，奏举土官赏竺监藏等五十六人。诏增置朵甘思宣慰司及招讨等司。招讨司六：曰朵甘思、曰朵甘笼答、曰朵甘丹、曰朵甘仓溏、曰朵甘川、曰磨儿勘。万户府四：曰沙儿可、曰乃竹、曰罗思端、曰列思麻。千户所十七：曰朵甘思、曰剌宗、曰孛里加、曰长河西、曰朵甘思多八参孙等处、曰加巴、曰兆日、曰纳竹、曰伦答、曰沙里可哈思的、曰孛里加思东、曰果由、曰参卜郎、曰剌错牙、曰泄里坝、曰阔侧鲁孙、曰撒里土儿干。⑤

这是明代在康区规模最大的一次分封，涉及面之广，基本囊括了元代朵甘思

---

① 《明太祖实录》卷83，洪武六年七月戊辰条。
② 《明太祖实录》卷68，洪武四年十月乙未条。
③ 《明太祖实录》卷79，洪武六年二月癸酉条。
④ 《明太祖实录》卷91，洪武七年七月己卯条。
⑤ 《明太祖实录》卷95，洪武七年十二月壬辰条。

地区的各主要地方首领。此后，朝廷又对打箭炉、董卜韩胡等邻近四川以及康北玉树等地的地方首领进行过几次册封，进一步完善在康区的地方建置。

洪武十五年（1382）七月，"故元四川分省左丞瓦剌蒙遣理问高惟善等，自西番打煎炉长河西来朝，上故元所授银印"。① 第二年四月，朝廷命"置长河西等处军民安抚使司，以故元右丞剌瓦蒙为安抚使"。② 至永乐年间，又改为长河西、鱼通、宁远等处宣慰使司。③

永乐九年（1411）四月，董卜韩胡地方头目南科曾遣人朝贡，④ 而朝廷当时似乎并未按照以往的惯例授之以官职。至四年之后的永乐十三年（1415）六月，朝廷才下令"设董卜韩胡宣慰使司，命头目喃葛为宣慰使……又设董卜韩胡道纪司，命本土道士锁南领贞为都纪"。⑤

明代的玉树地区并没有一个代表全区的专名。有研究者认为，洪武七年所设的朵甘丹招讨司即包括玉树的部分地区。⑥ 至永乐十一年（1413），朝廷下令"置陇卜卫，以头目锁南翰些儿为指挥使"。⑦

除了对地方世俗首领的册封外，明王朝还注重与康区宗教领袖的联系，具体表现为利用宗教笼络康区地方僧人。这一点在明初即有体现。洪武初，朝廷除了派遣陕西行省员外郎许允德招抚藏区外，⑧ 还曾"命僧克新等三人往西域招谕吐蕃"。⑨ 洪武五年（1372）四月，又接受河州卫藏族首领的建议，借朵甘赏竺监藏与管元儿仇杀之机，诏谕并册封对乌思藏和朵甘地区有着巨大影响力的故元灌顶国师帕木竹巴首领章阳沙加，以图朵甘内附。⑩ 以僧人招抚地方，并且册封对康区有重要影响的卫藏地区宗教领袖，朝廷加强同康区的宗教联系的用意十分明显。然而从整体来看，洪武时期在康区的地方政权建设过程中，所采取的仍是一种"以职官系统为主而以僧号系统为

---

① 《明太祖实录》卷146，洪武十五年七月乙卯条。
② 《明太祖实录》卷153，洪武十六年四月戊寅条。
③ 《明太宗实录》卷161，永乐十三年二月戊戌条。
④ 《明太宗实录》卷115，永乐九年四月乙酉条。
⑤ 《明太宗实录》卷165，永乐十三年六月辛卯条。
⑥ 吴均：《明代在玉树地区建置初考》，《中国藏学》1989年第4期。
⑦ 《明太宗实录》卷137，永乐十一年二月己未条。
⑧ 《明太祖实录》卷43，洪武二年五月甲午条。
⑨ 《明太祖实录》卷53，洪武三年六月癸亥条。
⑩ 《明太祖实录》卷73，洪武五年四月丁酉条。

辅"的做法。①

　　永乐时期在康区地方机构设置方面出现了一些新的变化。随着对康区地方宗教认识的加深，与地方宗教首领之间展开互动开始受到明王朝的重视。为此，朝廷采取种种举措，试图进一步增强僧人在地方政权建设中的作用。明成祖即位不久，即"遣僧智光赍诏谕馆觉、灵藏、乌思藏必力工瓦、思达藏、朵思、尼八剌等处，并以白金、彩币颁赐灌顶国师等"。② 这其中的"馆觉"（kon gyo）和"灵藏"（gling tshang）两处即在康区。永乐四年（1406）三月，朱棣"遣使命灵藏著思巴儿监藏为灵藏灌顶国师。……命馆觉宗巴斡即南哥巴藏卜为馆觉灌顶国师"。③ 次年三月，朝廷又加"封馆觉灌顶国师宗巴斡即南哥巴藏卜为护教王，灵藏灌顶国师者著思巴儿监藏为赞善王，国师号悉如故，俱赐金印、诰命"。④

　　灵藏赞善王（tsan shan wang）和馆觉护教王（hu kyu'u wang）位列明成祖时期首批封授的藏传佛教三大首领之中，地位非同一般。赞善王辖地位于今甘孜州德格县邓柯一带。⑤ 护教王的驻地则在今昌都贡觉县，⑥ 临近赞善王所统辖的区域。二者之间的关系也十分密切。二王之中，护教王属萨迦派，赞善王属萨迦派的一个支系灵藏派。⑦ 永乐时期朝廷的两次册封使得

---

① 石硕：《西藏文明东向发展史》，第 254 页。

② 《明太宗实录》卷 11，洪武三十五年八月戊午条。

③ 《明太宗实录》卷 52，永乐四年三月壬寅条。

④ 《明太宗实录》卷 65，永乐五年三月丁卯条。

⑤ 灵藏赞善王辖地，《明史》记载："其地在四川徼外，视乌斯藏为近。"参见《明史》卷 331《西域三》，第 8582 页。关于灵藏的具体位置，学术界一直有争议。日本学者佐藤长根据《嘉庆重修四川通志》，认为其地南接德格，北抵清代的蒙葛结（rje kun mdo，今石渠一带）长官司辖境。参见佐藤长《明代西藏八大教王考（上）》，邓锐龄译，《西藏民族学院学报》1987 年第 3 期。陈庆英认为灵藏与朵甘宣慰使司辖地相邻，即临近邓柯一带。参见陈庆英《明代甘青川藏族地区的政治述略》，《西藏研究》1999 年第 2 期。沈卫荣经过考证，认为灵藏地处元时朵甘思之旦麻，即今德格之邓柯境内，其治所则为今德格县之俄兹。参见沈卫荣《元明两代朵甘思灵藏王族历史考证》，《中国藏学》2006 年第 2 期。陈楠则称，灵藏大约在今四川甘孜一带，其辖地包括今西藏昌都北部的部分地区。参见陈楠《明代乌思藏"五教王"考》，苍铭主编《民族史研究》第 9 辑，中央民族大学出版社 2010 年版，第 37 页。综合各家的意见，以灵藏在德格县邓柯一带较为合适。

⑥ 一般认为在今西藏昌都贡觉县一带。佐藤长认为其地在德格西南，昌都东北，与灵藏赞善王地相接近。根据佐氏的看法，护教王辖地当在贡觉县北部一带。参见佐藤长《明代西藏八大教王考（上）》，邓锐龄译，《西藏民族学院学报》1987 年第 3 期。

⑦ 佐藤长：《明代西藏八大教王考（上）》，邓锐龄译，《西藏民族学院学报》1987 年第 3 期。

二者的地位急剧上升。灵藏家族的其他成员还被朝廷授予朵甘行都指挥使。①

另外，在康北囊谦（nang chen）地区，根据《囊谦王世系明鉴》记载，由于大宝法王哈立麻的推荐，朝廷曾封囊谦土官吉乎·桑州嘉措为"功德自在宣抚国师"，并颁发有文册一份。② 不过，该记载似乎并不见于当时的汉文史书。

从明初的册封与地方机构及职官的设置来看，朝廷在康区的政权建设主要有以下三大特点。

第一，洪武、永乐时期在康区地方政权机构的设置，基本保持了元代以来既有的地方势力格局。明初是朝廷在康区统治格局的奠定阶段。这一时期朝廷在对待来归的康区故元地方首领时，往往持一种"诚心待人""不负远人归向之心"的态度，故来者"皆授职名"。③ 这种做法意在安抚前朝旧有的地方首领，承认其对当地的控制，在此基础上尽快完成地方的政权更替和过渡，确立朝廷对康区的统治地位。

第二，从地方政权组织的数量上看，元代在朵甘思（即土蕃等路宣慰使司都元帅府）地方设置了朵甘思田地里管军民都元帅府、剌马儿刚等处招讨使司、奔不田地里招讨使司、奔布儿亦思刚百姓、碉门鱼通黎雅长河西宁远等处军民安抚使司、六番招讨使司、天全招讨使司、长河西里管军招讨使司、朵甘思招讨使等地方机构。④ 明初，朝廷在这一地区所设地方政权组织的数量较之更多，"分其势而杀其力"的用意十分明显。⑤

第三，从地方政权组织的地域分布情况来看，在数量上存在着明显的以康区北部为多的特征。以这一时期中央所设的主要的几个宣慰使司、招讨司、万户府等为例，其所对应的具体地区详见表6-1。

---

① 沈卫荣：《元明两代朵甘思灵藏王族历史考证》，《中国藏学》2006年第2期。

② 转引自吴均《明代在玉树地区建置初考》，《中国藏学》1989年第4期。

③ 《明太祖实录》卷79，洪武六年二月癸酉条。

④ 张云：《元代吐蕃地方行政体制研究》，中国社会科学出版社1998年版，第223—238页。

⑤ 《明史》卷331《西域三》，第8589页。

表 6-1　明代康区地方机构与现今地区对应简况

地方机构	对应地区
朵甘宣慰使司	甘孜州德格县邓柯一带
董卜韩胡宣慰使司	雅安市宝兴县一带①
长河西、鱼通、宁远等处宣慰司	甘孜州东南康定市等地
朵甘思招讨司	甘孜州德格县境内
朵甘陇答招讨司	昌都市江达县与甘孜州德格县之间
朵甘丹招讨司	甘孜州德格县邓柯一带
朵甘仓溏招讨司	甘孜州白玉县昌台区
朵甘川招讨司	甘孜州境内
磨儿勘招讨司	昌都市芒康县和甘孜州巴塘县
沙儿可万户府	甘孜州甘孜县扎科牧区
乃竹万户府	昌都市江达县境内
罗思端万户府	不详
别思麻万户府	阿坝州小金县境内
陇卜卫	玉树州境内

资料来源：关于各个地方机构地望的考证，主要参考了任乃强、陈庆英、祝启源等前辈学者的研究。对于部分有争议的地方，注释内有说明。参见任乃强、泽旺夺吉《"朵甘思"考略》，《中国藏学》1989 年第 1 期；陈庆英《明代甘青川藏族地区的政治述略》，《西藏研究》1999 年第 2 期；祝启源《明代藏区行政建置史迹钩沉》，《祝启源藏学研究文集》，中国藏学出版社 2002 年版，第 183—219 页。

因史料方面的限制，表 6-1 中所列罗思端万户府和朵甘川招讨司二者地望尚无法具体考证。其余康区地方机构的地理位置大体可以确定。从表中可以看出，除了长河西、鱼通、宁远等处宣慰司、磨儿勘招讨司之外，目前可考的其他地方政权机构均在康区北部地区。其中，以德格邓柯一带为中心，包括周边的江达、白玉、甘孜三县，共计有朵甘宣慰使司、朵甘思招讨司、朵甘陇答招讨司、朵甘丹招讨司、朵甘仓溏招讨司、沙儿可万户府、乃

① 据学者研究，明代董卜韩胡宣慰使司势力强大，其境北至大金川流域，与杂谷安抚司交界于今理县附近，东与雅安市芦山县接境，南与天全六番招讨司毗邻，其治所在今雅安市宝兴县一带。参见邹立波《略论明代董卜韩胡、杂谷二土司之争——兼论硗碛嘉绒藏族文化中的羌文化因素》，《阿坝师范高等专科学校学报》2006 年第 4 期。

竹万户府 7 个地方机构密集存在，占到了整个康区地方机构数量的一半。因此，从明廷的康区地方政权组织的地域分布来看，在数量上存在很明显的以康北为多的特征。

站在朝廷的立场来看，政治上的册封，固然加强了明王朝与康区之间的政治联系，但地方与中央之间关系的维系仍然需要一种有效的机制，以使朝廷更为直接地对这些来归的僧俗首领进行化导和控制。于是明王朝又重申旧时的朝贡制度，将其挪用到对包括康区在内的西部边疆民族地区的管理之中，并且发扬光大。洪武初，朝廷即遣人谕藏区僧俗，要其来朝。此后，朝贡成为边疆民族地区与明王朝中央保持互动关系的一种定制，同时也是这些被册封的僧俗首领对中央王朝应尽的一项义务。

册封康区各僧俗首领，建立和完善明王朝在康区地方的政权机构，是洪武、永乐两朝实现当地政权更替和过渡，巩固明廷统治的重大政治举措。从整体而言，这些地方行政机构虽然是由朝廷设置的，但其"在地"的特征十分明显。[①] 在进军西北、驱逐故元旧部的过程中，明初的统治者也逐渐意识到军事手段的运用在消除蒙古势力在地方影响方面的重要意义。因此，以军事威慑包括康区在内的西部民族聚居区成为朝廷更好地扩大其政治影响力的一大重要手段。这其中，卫所的建立充当了明王朝在康区实际上的"代理人"角色。鉴于当地存在的比较深厚的蒙古统治基础，明王朝在康区以东汉人与西部少数民族毗邻地带建立了松潘、茂州、建昌等卫所，并与地方土司（如天全六番招讨司）军事力量相结合，构建出了一条比较稳固的自北向南的军事防御带。

明代卫所的设置，始自明初，其后时有变化。以洪武年间为例，洪武八年（1375）十月，朝廷改成都都卫为四川都指挥使司（简称四川都司），隶属右军都督府。时四川都司下设诸多卫所。其中，位于康区以东的有茂州卫、建昌卫、苏州卫、松潘军民指挥使司、岩州卫、威州千户所、大渡河千户所。[②] 以上卫所为洪武二十六年（1393）所定。其后又改松潘军民指挥使司为松潘卫，裁革岩州卫，并增置雅州千户所、灌县千户所、叠溪千户所、

---

① 参见赵世瑜《卫所军户制度与明代中国社会——社会史的角度》，《清华大学学报》2015 年第 3 期。
② 《明史》卷 90《兵二》，第 2199 页。

小河千户所等。在康区东南方向，划建昌卫、宁番卫（旧为苏州卫）隶新置的四川行都指挥使司（简称四川行都司），其下又在盐井、越嶲、礼州、德昌、迷易等与康区毗邻的地区增设诸多卫所。①

对于明初在康区以东设置的这些军事卫所，我们可以从以下几个方面来加以认识和理解。其一，上述卫所并没有直接建立在康区，而多位于康区以东的四川境内，特别是当时所谓汉、番交界的一些要路和据点。这样的军事布局与明初朝廷的初步设想有密切关系。洪武年间，大将蓝玉曾上书明太祖朱元璋曰：

> 四川之境，地旷山险，控扼西番。连岁蛮夷梗化，盖由军卫少而备御寡也。宜增置屯卫……汉州灌县、邛县西连松、茂、碉、黎，当土番出入之地……俱为要道，皆宜置增军卫。②

四川虽然地形条件复杂且艰苦，但因地理位置特殊，控制着西部少数民族"出入之地"，具有重要的战略区位价值。而与西北相比，四川的军事部署又较为薄弱。可以看出，明王朝在上述区域加强军卫的建设，其目的乃是针对川西及其周边的少数民族地区，特别是四川以西包括康区在内的藏人聚居区。因此，明初在川西地区的军事部署也可以视作其康区统治策略的一个重要组成部分。

其二，上述军卫的设置反映出明王朝对当时西部少数民族地区由浅入深的认识过程。以松潘为例，起初，灌口以外的大片区域在朝廷的奏报中往往被泛称为"西羌之境"。③ 洪武十年（1377）十一月，朝廷以威、茂等处叛乱，命大将丁玉率兵进讨，其目的是"平羌"。此次军事行动中，丁玉也被冠以"平羌将军"的职衔。④ 洪武十二年（1379）三月，明军攻克松州。朝廷命丁玉遣部分军队返回四川，并敕书曰：

---

① 《明史》卷 90《兵二》，第 2210 页。
② 《明太祖实录》卷 222，洪武二十五年十一月甲午条。
③ 《明太祖实录》卷 123，洪武十二年三月辛未条。
④ 《明太祖实录》卷 116，洪武十年十一月甲辰条。

> 松潘僻在万山，接西羌之境，朕岂欲穷兵远讨，而蛮酋屡入为寇，扰我边民，命尔帅师征之，不得已也。①

随着平羌大军的深入，明太祖已经意识到松潘地区与威、茂一带的"西羌之境"在文化上存在的差异。而明军的进讨，朱元璋认为其属应对"蛮酋"入寇的无奈之举。此话大体是历代中央王朝针对边疆民族地方叛乱的一种习惯性表述，但背后多少反映出朱元璋本人对于松潘一带的战略地位和意义不甚明晰。在六月的谕令中，朱元璋又再次向丁玉谈及这个问题，称：

> 大军入松州，克戎虏于万山之中，设官置卫以威蛮夷，尔之功亦懋矣。朕闻松州山多田少，耕种恐不能赡军。若以人民供亿，则是困有用之民，守无用之地，非良策也。可相度其宜，或于保宁及择要害之处立卫。尔与部下诸将计议来奏。②

朱元璋以松州为"无用之地"，建议另择他地设立卫所。这再次明确表明了其之前对松潘地区的认知和态度。朱元璋的这番言论并非个例，在其后一些朝廷大臣的言论中也体现得非常明显。③

对于朝廷的建议，丁玉坚持认为："松州为西羌诸蛮要地，军卫不可罢。"④ 这才使朝廷对松潘一带战略意义的认识有所上升。朱元璋本人后来在对其下大臣谈及这一问题时，认为松州卫"以其控制西番要地，不可动也"，⑤ 对自己以前的观点进行了检讨。

可以看出，松潘卫的设置是洪武年间朝廷内部多方反复讨论的一个结果。朝廷大军进讨的过程，实际上也是对当地认识不断加深的过程。随着明军的逐渐深入，松潘在文化上与邻近的威、茂一带的差异，以及其本身的战

---

① 《明太祖实录》卷 123，洪武十二年三月辛未条。
② 《明太祖实录》卷 125，洪武十二年六月丁卯条。
③ 《明太祖实录》卷 171，洪武十八年二月庚申条。
④ 《明太祖实录》卷 125，洪武十二年六月丁卯条。
⑤ 《明太祖实录》卷 171，洪武十八年二月庚申条。

略价值才逐渐为朝廷所认识。松潘地区军卫的部署，或与川西毗邻康区的其他卫所的废立类似，或多或少也是明初对这些地区认识不断加深的一个缩影。

其三，上述卫所的设置，对于消除蒙古在康区的影响、稳定康区政局、扩大明王朝的政治辐射有着积极的意义。明初，康区地方政治局势较为混乱。以打箭炉及其周边地区为例，时任礼部主事高惟善曾有言曰，当地官民"不相统摄"，又"无统制之司，恣其猖獗，因袭旧弊故也"。[①] 不仅如此，元代曾设土蕃等路宣慰使司都元帅府（简称朵甘思）管理康区事务。至元末明初，蒙古势力在康区仍然有着举足轻重的影响。洪武十五年，元末驻守建昌路的知抚军院事月鲁帖木儿投顺明廷。二十五年（1392）四月，月鲁帖木儿聚众万余反明。[②] 在其叛乱的过程中，康区"打煎炉、长河西土酋，外附月鲁帖木儿贾哈剌，不臣中国"，[③] 并且久不入京朝贡。

于是，朝廷命凉国公蓝玉领兵征讨月鲁帖木儿。为了配合明军的行动，六月朝廷"置建昌、苏州二军民指挥使司及会川军民千户所，调京卫及陕西兵万五千余人往戍之"。[④] 七月，月鲁帖木儿在双狼寨、托落寨被明军击败。十一月又为蓝玉计诱，送南京伏诛。事后，蓝玉上奏朝廷，建议增加在四川西部的军卫设置，以控群番。洪武三十年（1397），朝廷遣人谕长河西土司，令其听命来朝。三十一年（1398）正月，长河西安抚司的土官僧吉藏卜以及千户油笼思卜才再次到南京朝贡。可以看出，康区以东卫所的设置，对于消除蒙古影响、威慑康区地方势力、稳定康区政局起到重要作用。

第二节　木氏土司向康南地区的扩张

明代康区发生的一个重大事件，是丽江木氏土司势力向康南地区的扩张。在元明转换之际，"西南诸夷，为云南梁王所惑，恃其险远，弗遵声

---

① 《明太祖实录》卷 188，洪武二十一年二月壬戌条。
② 《明太祖实录》卷 217，洪武二十五年四月癸丑条。
③ 《明太祖实录》卷 251，洪武三十年三月癸亥条。
④ 《明太祖实录》卷 218，洪武二十五年六月癸丑条。

教"。① 洪武十四年（1381），明廷廷令傅友德、蓝玉、沐英等率军南下，进讨盘踞在云南的蒙古梁王势力并一举剪灭之。梁王的覆灭为明廷在云南乃至西南地区统治的确立奠定了政治基础。之后，在与丽江府接境的大、小中甸地区，明廷曾遣丽江通事禾节等前往招谕，当地土酋阿密末吉等遂来朝。永乐四年，明廷又在这一地区设镇道、杨塘二安抚司，以阿密末吉等为安抚，并各置流官吏目一名，使其隶于云南都司。② 明廷在康南地区的机构设置，以间接统治的方式，完成了这些区域从受元朝统治向受明朝统治的转换。

洪武十五年，丽江土司阿甲阿得"率众先归，为夷风望"，明廷因此置丽江府，并赐其"木"姓，以示褒奖。第二年，丽江土司木得赴朝贡马。朝廷遂以其为丽江知府。当时云南一带的地方叛乱时有发生，木氏又从明军随征云南各处，"克佛光寨、攻北胜及石门铁桥等处"。朝廷以其有功，允准其世袭知府之职。洪武三十年，明廷又将丽江府改设为丽江军民府。丽江木氏土司的归顺，不但使明廷势力延伸到滇西北一带，也为木氏在明廷的支持下发展其势力提供了可能。

丽江以北的康南地区向来土地贫瘠、资源匮乏。以西北的维西为例，史载："维西地境，广二百里三百里，袤千四百里。惟浪沧、金沙江之岸有可耕之土。两江之间，皆崇山峻岭，乔木石岩，荒陬无人。"③ 由于土地的限制，康南部落常南下侵扰、劫掠丽江一带村寨。明代初期，康南部落奔袭金沙江、澜沧江河谷区抢劫骚扰之事件屡屡见诸史籍。洪武十六年（1383）三月，"西番大酋卜劫将领贼众侵占本府白浪沧地面"。④ 白浪沧位于今丽江市玉龙县龙蟠乡。

面对康南一些部落的骚扰和侵掠，丽江木氏家族第十一世土司木嵚（1429—1485）在位期间，开始向北部康南地区发起反击和进攻。主要沿四个方向展开：（1）沿水洛河流域的北进路线；（2）沿澜沧江北上直达芒康

---

① 《明太祖实录》卷 142，洪武十五年二月甲寅条。

② 《明太宗实录》卷 50，永乐四年正月乙未条。

③ 余庆远：《维西见闻纪》，商务印书馆 1936 年版，第 2 页。

④ 《木氏宦谱》，《中国少数民族社会历史调查资料丛刊》修订编辑委员会编《纳西族社会历史调查》（一），民族出版社 2009 年版，第 83 页。

一线；（3）沿金沙江河谷的北向路线；（4）大、小中甸一线。① 木嵌时期的军事行动，不仅仅局限在丽江北部地区，而是将战线推进到了丽江以北的康南地区。这也成为木氏土司向北扩张的一个开端。

此后，木氏家族势力持续向北扩张。先后占据中甸、维西一带。至第十四世土司木公时期（1527—1553 年在位），木氏家族的军事活动已经深入西北方向你那北部的毛佉各（今芒康县）、照可加光丁（今德钦县羊拉乡甲功村）、中甸干陶各（今香格里拉市格咱乡纳格拉村）、伴巴、天生（今香格里拉市东旺乡新联村）等寨。②

木公时期的北伐有两个比较重要的事件。其一，嘉靖八年（1529），丽江在中甸建立年各羊脑寨，即木天王府。③ 中甸紧连丽江与康南地区，是二者之间一个具有重要战略意义的地方。史载："中甸在剑川西北五百里，外连乌斯藏，可达川、陕，为通蛮货之要隘。"④ 年各羊脑寨在今小中甸塘布谷贡下村，是一个进可攻、退可守的要地。木氏土司在这里筑城，并在城外掘有护城河。该城不仅是木氏土司的行宫，更是其向康南地区扩张的一个军事堡垒和基地。其二，嘉靖年间，丽江在两场大规模的战役中取得了对康区南部的重大胜利。这两场战役分别发生于嘉靖二十七年（1548）和二十八年（1549）。大战之后，木公之子木高曾书《大功大胜克捷记》于石鼓碑。碑文对当时战斗的相关情况有所记载：

> 戊申（嘉靖二十七年）因蕃贼出掠临西县地方毛佉各，严君令长子木高，领率勇兵殄贼。本年八月九日，到利干毛，日不挪影，杀退贼兵二十余万，斩贼首级二千八百余颗，如破竹然。驱兵抵□矿租，方还师。⑤

<hr />

① 潘发生：《丽江木氏土司向康藏扩充势力始末》，《西藏研究》1999 年第 2 期。
② 《木氏宦谱》，《中国少数民族社会历史调查资料丛刊》修订编辑委员会编《纳西族社会历史调查》（一），第 87 页。
③ 《木氏宦谱》，《中国少数民族社会历史调查资料丛刊》修订编辑委员会编《纳西族社会历史调查》（二），民族出版社 2009 年版，第 100 页。
④ 张泓：《滇南新语》，商务印书馆 1936 年版，第 17 页。
⑤ 木高：《大功大胜克捷记》，转引自郭大烈、和志武《纳西族史》，第 295 页。

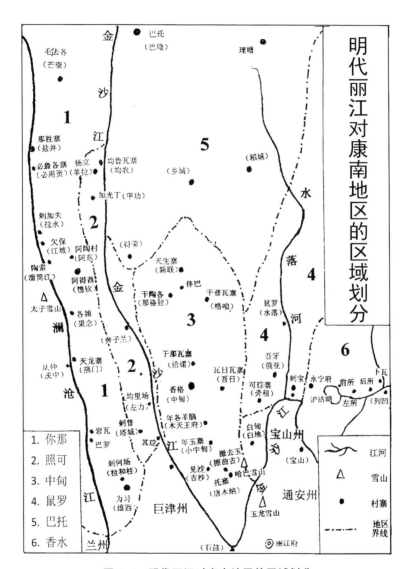

图 6-1　明代丽江对康南地区的区域划分

资料来源：潘发生《丽江木氏土司向康藏扩充势力始末》，《西藏研究》1999 年第 2 期，有改动。

己酉年（嘉靖二十八年）八月内，达贼吐蕃，又掠巨津州地方照可、巴托界，又令高再领雄兵，抵至巴托寨，遂破贼兵，获贼首级一千余颗，水死者无数。引兵克至干朵光等处，安静地方，抚字人民，然后还师。①

碑文的记载对参战人数或有夸张成分，但从中亦可以看出，战役的规模较大，战事也较惨烈。经此两役，木氏土司的军队已经北进至今芒康、巴塘一线。木氏家族已基本控制了康区南部你那、照可、中甸和鼠罗的大部分地区，其在这一区域的政治影响也随之不断扩大。

自木高开始，丽江土司对康南地区的军事行动进入了新的阶段。这一时期，木氏家族以年各羊脑寨为基地，一方面镇压康南占领区域的反抗，另一方面继续向北部的巴托一带推进。这一时期，木氏土司军队与藏人的首次交锋发生于嘉靖三十八年（1559）。因巴托孤蒲围攻中甸高胜寨，木高令其子木东率兵救援，取得胜利。② 隆庆二年（1568）木高又遣木东征讨巴托、各立（今理塘）等处。③ 从后来的情况看，这一区域虽暂时为丽江土司所控制，但反叛木氏的情况仍时有发生。南北之间的军事斗争呈现出一种拉锯的态势。反叛与镇压反叛的行动一直不断。这种情况尤以万历年间为剧。

万历五年（1577），康区南部数万藏人聚集进攻毛伕各，企图夺回被麽些兵占领的盐井等地。继任土司木东令长子木旺率兵与藏军大战于丁思江口（今德钦县佛山乡）。麽些兵溃败。其后，木氏重整旗鼓，"兵分四哨"，④ 再次向藏人发起进攻。藏人转为守势，立碉以拒麽些。后世余庆远对当时木氏攻占康南的情况有如下记述：

---

① 木高：《大功大胜克捷记》，转引自《中国少数民族社会历史调查资料丛刊》修订编辑委员会编《纳西族社会历史调查》（二），第233—234页。

② 《木氏宦谱》，《中国少数民族社会历史调查资料丛刊》修订编辑委员会编《纳西族社会历史调查》（一），第87页。

③ 《木氏宦谱》，《中国少数民族社会历史调查资料丛刊》修订编辑委员会编《纳西族社会历史调查》（一），第88页。

④ 《木氏宦谱》，《中国少数民族社会历史调查资料丛刊》修订编辑委员会编《纳西族社会历史调查》（一），第88页。

  万历间，丽江土知府木氏浸强，日率么些兵攻吐番地，吐番建碉楼数百座以御之，维西之六村、喇普、其宗皆要害，拒守尤固。木氏以巨木作碓，曳以击碉，碉悉崩，遂取各要害地，屠其民，而徙么些戍焉。①

  从余庆远的描述看，当时的康南一带在木氏土司的攻击下，基本处于守势。而木氏虽属进攻的一方，但战事尤其艰难和惨烈。对于这一时期双方争夺的结果，清初云南巡抚李天裕如此总结：

  丽江土府，元、明时俱资以障蔽蒙番，后日渐强盛，于金沙江外则中甸、理塘、巴塘等处，江内则喇普、处旧、阿墩子等处，直至江卡、拉三、巴东卡，皆其自用兵力所辟，蒙番畏而尊之曰"萨当汗"。地既广远。②

  从以上记载可以看出，当时整个康南地区已基本沦为木氏土司辖境。至于木氏土司具体的控制范围，学术界尚有不同的意见。③ 根据以上记述及各家之言，基本上可以确定其控制的北线在今巴塘、理塘一带，西到左贡、芒康及云南怒江一线，东至木里及周边邻近地区，主要范围即今天滇、川、藏三省区毗连地区。④

  至此，木氏土司基本确立起了对康区南部的统治，称雄于今川、滇、藏交界地带。木氏土司对康南的控制，一直持续到 17 世纪中叶蒙古和硕特部南征康区才宣告结束。至今，其土司仍被康南一带的藏族尊为"萨当汗"或"木天王"，影响甚为深远。

  木氏土司对于新占领的康南地区，主要采取了以下统治措施。

  其一，构建统治体系。木氏土司在进攻康南一带的过程中，便着手组建

---

① 余庆远：《维西见闻纪》，第 1 页。

② 倪蜕辑《滇云历年传》，李埏校点，云南大学出版社 1992 年版，第 528 页。其中，"萨当汗"的说法来自藏文 sa dam rgyal po，也称 'jang sa dam rgyal po，意为丽江王。

③ 参见方国瑜《中国西南历史地理考释》上册，中华书局 1987 年版，第 841 页；任乃强《西康图经·民俗篇》，新亚细亚学会 1934 年版，第 318 页；格勒《甘孜藏族自治州史话》，第 114 页。

④ 周智生：《明代丽江木氏土司藏区治理策略管窥》，《中国边疆史地研究》2013 年第 4 期。

新的地方管理机构，并派遣"姜本"（'jang dpon）、"木瓜"、"本虽"等军政官员管理被征服区域。其中"姜本"原意为麽些官员，是藏区"宗"（rdzong）一级的军政长官。据赵心愚调查，木氏在攻占巴塘、芒康等地之后，曾以巴塘为中心建立起得荣麦那（今得荣）、日雨中咱（今中咱区）、宗岩中咱（今崇岩）、刀许（今波柯）、察哇打米（今芒康）5个宗，并派亲信进行管理。① 姜本之下则沿用麽些原有的木瓜制度。"木瓜"是麽些的叫法，"犹华言'官'也。对之称为'那哈'，犹华言'主'也"。② 麽些以村寨为基本的政治单位。③ 木瓜以下，则由"本虽"负责管理村寨。木氏土司在康区的军政建置，形成了一套自上而下的政治、军事体系。

其二，移民。在这些征服和新立的村寨，木氏往往"徙麽些戍焉"。④ 木氏土司在向康区的扩张过程中，曾将丽江、鹤庆一带的麽些人大量迁徙到今巴塘、理塘、木里、维西、中甸、芒康等地。⑤ 除了原来攻占的村寨和据点外，另外建有大批麽些聚居点。年各羊脑寨的建立即是其中一例。木氏的移民政策使得麽些人在这一时期大量向北进入康南地区，造就了历史上麽些人北迁的一个高峰。据民国时期陶云逵的研究，今天维西一带的纳西族多是明朝万历年间"被其酋长木氏遣戍到"这些地方的。⑥ 可以看出，木氏的移民对后世康南地区的民族分布格局产生了深远的影响。

其三，利用藏传佛教进行统治。有明一代，藏传佛教在康南地区的民众中有着广泛的影响力，其中尤以噶玛噶举派为甚。为了稳固在康南的统治，木氏土司在宗教上也注意积极加强同噶玛噶举派的联系。成化九年（1473），木钦曾以厚礼赠予七世噶玛巴却扎嘉措（1453—1506）。正德十一年（1516），土司木泰又迎请八世噶玛巴弥觉多吉到丽江传教。⑦ 15世纪后，格鲁派在卫藏地区兴起，并迅速向康区传播。木氏土司又审时度势，于万历

---

① 赵心愚：《纳西族与藏族关系史》，第255页。
② 余庆远：《维西见闻纪》，第6页。
③ 吴泽霖：《麽些人之社会组织与宗教信仰》，《边政公论》第4—6期合刊，1945年。
④ 余庆远：《维西见闻纪》，第5页。
⑤ 赵心愚：《纳西族与藏族关系史》，第256页。
⑥ 陶云逵：《关于摩娑之名称、分布与迁移》，转引自吴泽霖《麽些人之社会组织与宗教信仰》，《边政公论》第4—6期合刊，1945年。
⑦ 松秀清、松永丽摘译《历辈噶举派活佛高僧传》，《中甸县志通讯》1994年第4期。

八年（1580）邀请三世达赖喇嘛索南嘉措一同主持新建的理塘大寺的开光仪式。木氏的这些举措对藏传佛教在康区的传播产生了重要影响的同时，也巩固了其在康南地区的政治统治。

木氏土司向康区的扩张是一个漫长的历史过程，前后延续了近两百年。从木嵚开始，一直到木懿，前后跨越了十代土司。这一历史进程大致可分为两个阶段：第一阶段为木嵚至木公统治时期（1442—1553），前后共计110多年；第二阶段为木高至木懿在位前期（1554—1640），共80多年。[①] 在此期间，木氏对北方的扩张一直持续不断，并且势头不减。据学者统计，木氏家族从15世纪中叶至17世纪中叶，向西北中甸、维西一带用兵总共达到34次，向木里一带用兵有20次。[②]

随着北向的军事扩张，木氏土司"创文字、立制度、兴政化、约束附近诸族，隐然为一帝国"，[③] 木氏土司的向北扩张极大地改变了川、滇毗邻地带的政治、族群格局，并对后世产生了深远影响。[④]

木氏土司的向北扩张之所以获得成功，与明廷的支持有极大关系。明廷对木氏家族北向的军事行动，基本采取纵容和支持的态度。明朝这一做法一方面是"以夷制夷"西南治边策略的一种体现，另一方面则与当时康南的地区形势有着密不可分的关系。明初，明廷的政治、军事布置主要偏重于康区北部。丽江以北的康南地区一直是明廷统治的薄弱环节。故明廷本能地需要一股力量协助其控制这一区域。不过，对木氏的军事扩张，明廷存在一个由默许转为支持的过程。木氏的北扩始于木嵚统治时期。从木嵚至木定三代，朝廷仍以往常惯例封赐木氏，对其征伐地方的行为一直不予过问。至木公时期，丽江土司北伐的军事行动取得重大进展，朝廷此时则一改之前的平淡态度，转而公开对其表示支持。泰昌元年（1620）十二月，朝廷"录丽江土知府木增御寇拓土之功，赏银二十两、绰丝二表里，其子懿及舍目等各赏银有差"。[⑤] 由此可见，此时朝廷对于木氏的"拓土"行为，采取了明显

①　赵心愚：《略论丽江木氏土司与噶玛噶举派的关系》，《思想战线》2001年第6期。
②　郭大烈、和志武：《纳西族史》，第295、298页。
③　任乃强对明代木氏土司的崛起及扩张有较高评价，称其为"开辟康滇间地之第一动力"。任乃强：《西康图经·民俗篇》，第331页。
④　任乃强：《西康图经·民俗篇》，第331页。
⑤　《明熹宗实录》卷4，泰昌元年十二月壬戌条。

的支持态度。

明廷对于木氏北扩的纵容，使得丽江的北向军事行动有恃无恐。木氏家族的军事行动也常常以"世忠圣主宁边境"等为旗号，[1] 逐步向北推进。纵观整个明代，康滇一带的战事大多发生在澜沧江、怒江、金沙江等几路向北或向西北的地方，[2] 这也说明丽江北部的康南一带是当时木氏主要进攻的地区。木氏土司每每攻克一地之后，必上奏朝廷，"以内附上闻"。[3] 从这一点来看，在北向的军事扩张问题上，明廷与木氏之间始终保持着一种心照不宣的默契。

正统十四年（1449）土木堡之变后，明廷势力逐渐衰微，朝廷将精力集中于应对北方蒙古的南下，在康、滇一带事务的管控方面对木氏土司更加倚重。而同时期的丽江地区正在经历自木钦时期开始的势渐崛起。明廷与木氏土司力量的消长彼此相继，使得朝廷对于木氏扩张的态度开始逐渐发生转变。以木公时期为例，当时木氏家族在西北方向的军事行动取得重大进展，得到了明廷的褒奖。朝廷除了按例授予木公"中宪大夫"之职衔外，另嘉赐"辑宁边境"四字。[4] 朝廷的封赐表达了对木氏军事行动的认同。自此之后，朝廷对于木氏愈加重视，尤其是嘉靖、万历年间，随着北方形势的急剧恶化，朝廷无力顾及西南，对木氏土司更是倚重有加。

有明一代，朝廷在西南大力开拓，新立贵州，平定播州、麓川的地方叛乱，移民戍边，"改土归流"，以前所未有之势，将中央王朝的势力推及至西南边疆地区。丽江土司在康滇间的军事扩张，也一直处于朝廷的掌控之下，是明廷西南战略的一个组成部分。与此同时，朝廷在一些势力不能直接到达的地方采取一种"以夷制夷"的边疆治理策略。木氏家族巧妙地将自身势力的崛起置于明廷政策的掩护之下，对康区及整个西南的政治、民族、宗教格局产生了重要的影响。木氏每攻占一个地方，往往差令其地

---

① 木公：《太平歌》，转引自周汝诚编《纳西族史料编年》，《中国少数民族社会历史调查资料丛刊》修订编辑委员会编《纳西族社会历史调查》（二），第231页。

② 谢祺：《隋唐至清代康区道路交通格局的演变》，硕士学位论文，四川大学，2013年，第107页。

③ 余庆远：《维西见闻纪》，第1页。

④ 《木氏宦谱》，《中国少数民族社会历史调查资料丛刊》修订编辑委员会编《纳西族社会历史调查》（一），第100页。

方头目赴京朝贡。① 朝廷也因此凭借其力量，在原本控制力量薄弱的康南一带，通过一种间接的方式，实现了对这些化外之地的统治。

第三节　15—16 世纪格鲁派在康区的发展

自后弘期以来，佛教在藏区逐步发展完善，并且形成了许多不同的教派。15 世纪以前，康区主要的藏传佛教教派有噶举派、萨迦派、宁玛派。其中，尤以噶玛噶举派势力最为显赫。噶玛噶举派创始人都松钦巴（dus gsum mkhyen pa，1110—1193），生于康区哲雪地方（今甘孜、炉霍、白玉一带）。1147 年，都松钦巴在今昌都类乌齐创立了噶玛丹萨寺。该寺后来成为噶玛派在康区的主寺。永乐四年十二月，五世噶玛巴得银协巴（汉文文献称"哈立麻"）至京，受到明成祖的隆重接待。次年三月，明成祖赐予其"大宝法王"之尊号，领天下释教。明王朝的封赐极大地提高了得银协巴的地位，使得噶玛噶举派在包括康区在内的整个藏区的宗教和政治影响力迅速增强。萨迦一派，由于元朝中央的大力扶植，成为整个藏区影响力最大的藏传佛教教派。八思巴曾于 1264 年、1268 年、1274 年三次往返康区，萨迦派的势力也因此扩展到这一地区。元末，随着帕木竹巴地方政权的兴起，以及蒙古势力的北退，萨迦派实力衰落，其在康区的许多寺院也遭到破坏，甚至改宗。除此之外，藏地本土宗教——苯教，也在康区有极强的生命力。但与宁玛派类似，二者虽在康区有着很强的信众基础，但都无涉政治。

1409 年藏历正月，主张僧侣和寺院严守戒律，力推"宗教改革"的宗喀巴大师在拉萨发起"默朗钦波"（smon lam chen mo）大法会。同年，又在拉萨东北建立甘丹寺。格鲁派正式兴起。建立之初，格鲁派主要的活动范围在卫藏地区。至 15 世纪 30 年代，格鲁派开始逐步向康区传播，并且与当地的地方势力相结合，对康区的政治、宗教格局产生了重要的影响。

---

① 如万历四十七年（1619），木氏土司命巴托五部当差赴京进贡。参见《木氏宦谱》及周汝诚编《纳西族史料编年》，《中国少数民族社会历史调查资料丛刊》修订编辑委员会编《纳西族社会历史调查》（一），第 231、89 页。

一　格鲁派初传康区与昌都强巴林寺的建立

格鲁派建立之后不久，其教派上层就已经注意到了卫藏以东的这一教派林立的区域。从 15 世纪 30 年代起，格鲁派仅用了短短十余年的时间就在康区西部的昌都、类乌齐等地建立了 4 座寺院，[①] 于教派林立之中开始了自身势力的东向拓展。这其中，尤以昌都曲科强巴林寺（chab mdo chos ' khor byams pa gling）最为著名。

强巴林寺始建于 1437 年。创建者是麦·喜饶桑布。土观活佛称其为格鲁派在多康地区的"首宏大师"。麦·喜饶桑布本是康区人，生于类乌齐地方的协白达千户长家族。他在幼年曾入噶玛噶举派法门，[②] 后来才皈依格鲁派，成为宗喀巴的亲弟子，曾经在色拉寺修行。对于其创建强巴林寺的动机，《土观宗派源流》曾这样记载：

> 在群贤毕集众会中他正按照大师徒的规制作讲说时，忽然考虑到若是自己回到噶玛本乡，也这样住持清净律仪之相，则能改变我们的法统和宗见，对宏传大师正法和教化有情，可能有大利益。[③]

可以看出，强巴林寺的建立一开始是出于麦·喜饶桑布的个人意愿，其目的是能够以一己之力在康区弘扬宗喀巴大师的教法，改变元代以来藏传佛教在藏区民间的堕落形象。但事实并非仅仅如此，屹立在麦·喜饶桑布背后的，还有格鲁派上层高大的身影。

> 衮勤绛邦巴大师以神通力照知到他的心意，即邀请绛森巴前去，奉以上妙供养，并赐氆氇一匹，黄帽一顶，对他说道："我并无其他请求，因君将速回康区，希尽大力有助于康地正法的宏扬。"协饶桑布自念："我并未提出要速回康地的话，为何这样说，难道我不宜留住在这

---

① 王开队：《康区藏传佛教历史地理研究》，第 53—57 页。
② 第悉·桑结嘉措：《格鲁派教法史——黄琉璃宝鉴》，许德存译，西藏人民出版社 2009 年版，第 266 页。
③ 土观·罗桑却季尼玛：《土观宗派源流》，第 162 页。

里吗？且往见杰曹大师，或许会说暂时留下吧。"遂至甘丹寺拜见杰曹大师，说了上面的情况。大师非但不留，反为他授记说："回康很好嘛！康地有驰名的日阿山，在它的附近，有你所教化的众生，你的佛事也将大大发展。"说毕并赐礼物。①

麦·喜饶桑布虽有弘教之心，但并不着急返回。衮勤绛邦巴和杰曹二位格鲁派大师的支持，才促成了麦·喜饶桑布立即返回康区。因此，强巴林寺的建立实际上是麦·喜饶桑布的个人宗教意愿与格鲁派上层势力共同作用的结果。在这两个因素之中，后者的推动更是起到了决定性的作用。

麦·喜饶桑布到昌都之后，按照格鲁派"先显后密"的原则，成立了显教讲院，并且发展僧众三千余人，"于朵麦中部康区，大作饶益众生之事。这时他对衮勤绛曲邦有他心通才获得肯定。后来帕巴拉（圣天）投生为宗大师亲教弟子古交朵丹巴或名瑜伽师畏巴多吉（无量光金刚）之子。以后的各代转世弟子和他的希瓦桑布继承了法位"。②

格鲁派的势力首度进入康区，为何会以昌都作为其建寺的首选之地？按照松巴堪布的说法："宗喀巴大师在赴卫藏途中，授记此处是罗汉固拉（gula）的住地。"③ 另有一说与之类似，称宗喀巴大师初次入藏学法，途经此处，曰："此两水交汇之地乃福田妙地，若建一大道场定能宏扬佛业。"④ 实际上，格鲁派之所以建寺于昌都，可能与其地望有密切的关系。首先，昌都位于昂曲（ongm chu，即怒江）和杂曲（rdza chu，即澜沧江）交汇之处，在空间上距离格鲁派势力的核心区域既不是很远，也不算很近。一方面，格鲁派此时刚刚建立不久，毕竟只是一个新兴的教派，其势力能够覆盖的范围远不及噶玛噶举等派。这样的距离比较便于两地之间的往来沟通。另一方面，昌都地处康区，在这一地区兴建寺院能够借此将格鲁派的宗教影响辐射到康北的大片区域。其次，昌都一带还是卫藏地区出入西北和西南的必经之地，无论南北的交通线都会经由此处。在此建寺对提振格鲁派的宗教影响有

① 土观·罗桑却季尼玛：《土观宗派源流》，第162页。
② 土观·罗桑却季尼玛：《土观宗派源流》，第162—163页。
③ 松巴堪布·益西班觉：《松巴佛教史》，蒲文成、才让译，甘肃民族出版社2013年版，第331页。
④ 转引自根旺《麦·辛饶桑布与昌都绛巴林寺》，《西藏研究》2000年第3期。

积极作用。

相比之下，这一时期噶举派，特别是噶玛噶举派，在康区的政治和宗教方面仍占据着压倒性的优势。1147 年，噶玛噶举派创始人都松钦巴曾在今昌都北部的嘎玛乡（历史上属于类乌齐地区）建立噶玛寺，① 以此作为噶玛噶举派的祖寺和其在康区的大本营。而在不远的类乌齐地区，信仰达隆噶举派的噶斯家族桑结本曾于 1276 年在此修建类乌齐寺。② 从地理空间上看，昌都强巴林寺距离上述两寺都仅有百余公里的距离。格鲁派选择在此建寺，无疑是冒着巨大的政治和宗教风险。③

杜齐认为，1437 年始建的昌都寺是格鲁派置于康区地方的前哨，④ 是格鲁派兴起之初势力迅速扩张的一个象征。此后，格鲁派僧人又在周边地区建有一些规模较小的寺院作为强巴林寺的属寺。其中的萨岗（sa sgang）寺和莫哈达聂康（rmog mda' nya khams）寺分别为宗喀巴亲弟子喀决南坚巴和达哇扎巴所护持。⑤ 强巴林寺及其属寺在康区的相继建立，"使格鲁派遍布于号称六冈、六绒、六雪、三茹的整个康区"，⑥ 提高了格鲁一派在各教派中的地位，扩大了其宗教影响。昌都寺也声名远播。16 世纪中叶前后，丽江木氏土司曾先后邀请昌都寺帕巴拉二世帕巴桑结（1507—1567）和帕巴拉三世帕巴拉·通娃顿登（1567—1604）至丽江木氏府邸做客。⑦ 这一事件表明，昌都强巴林寺在当时的康区南部仍然有着很强的影响力。

然而，这一时期格鲁派政、教事务的重心仍然在卫藏地区。其扩展势力的行动也止步于金沙江西岸的昌都一带，久久不前。这一点，可以从二世达赖喇嘛根敦嘉措（1475—1542）对宗教活动的取舍问题上反映出来。1516年，强巴林寺麦·喜饶桑布差人来信，邀请根敦嘉措前往昌都弘教，却遭到后者的拒绝。对此，根敦嘉措在其自传中说道：

---

① 叶拉太：《西藏噶玛巴活佛系统与多康藏区关系考述》，《青海民族研究》2013 年第 1 期。

② 彼德·史卫国：《西藏东部贵族噶斯家族世系史》，才旺南加译，《西藏研究》2000 年第 4 期。

③ 还有一种说法认为，昌都强巴林寺最早为噶举派类乌齐寺的下院。协香桑波在 1417 年或 1437年将其改宗为格鲁派。其后由帕巴拉继承该寺法主之位。参见土观·罗桑却季尼玛《土观宗派源流》，第 323 页。

④ 杜齐：《西藏中世纪史》，第 69 页。

⑤ 松巴堪布·益西班觉：《松巴佛教史》，第 332 页。

⑥ 土观·罗桑却季尼玛：《土观宗派源流》，第 163 页。

⑦ 冯智：《木氏土司与理塘寺》，《中甸县志通讯》1992 年第 3 期。

此时，昌都哇和塔西堪布给我来信说，在下部地区执掌宗喀巴大师的教法的喜饶桑布的法座在昌都强巴林寺，邀请我到昌都强巴林寺去。……虽然他们的邀请十分恳切，我还是给他们回信说明不能前去的理由，没有前去。①

1509年，根敦嘉措在今加查县拉姆拉错湖畔建立了曲科杰寺。当时根敦嘉措正忙于处理曲科杰寺的相关事务，而且准备离开扎什伦布寺，正在为寺院法座继承人问题而着急。根敦嘉措之所以拒绝昌都寺的邀请，正是因为他忙于卫藏地区的政教活动。根敦嘉措再次提及康区是在1519年的夏末，原因是他需要"从曲科杰寺派遣噶居巴曲吉策旺师徒为建造大佛像到康区中部去收取布施"。② 可以看出，从15世纪初格鲁派成立到16世纪早期，格鲁派仍以卫藏地区的政、教事务为重心，康区教法的弘扬及宗教活动的开展在当时仍处于一种从属性的地位，并不是格鲁派上层关注的重点。

二 索南嘉措在康区的政教活动

16世纪中叶以后，格鲁派在康区的发展进入了一个新的历史阶段。这一时期，以三世达赖喇嘛索南嘉措在康区一系列的政、教活动为标志，格鲁派掀起了自15世纪以来康区弘教事业的一个新的高潮。索南嘉措虽为格鲁派僧人，但其家族与当时乃东地区的帕木竹巴地方政权有着密切的关系。索南嘉措的母亲名叫贝觉布赤，是帕木竹巴第悉的管寺人汪秋仁波切贡桑孜乃的女儿。其所在的西纳家族，为帕木竹巴法王扎巴坚赞舅父家藏吉巴·扎巴仁钦的后裔，政教权势十分显赫。③

土龙年（1568）四月，索南嘉措"委托人管理曲科杰寺，预见到……会有人请他远赴康区"。④ 这种以预见为形式的宗教话语，实际上反映出当时的索南嘉措已经有去往康区的打算。在这不久之后，《三世达赖喇嘛

---

① 五世达赖喇嘛阿旺洛桑嘉措：《一世—四世达赖喇嘛传》，陈庆英、马连龙等译，中国藏学出版社2006年版，第119页。

② 五世达赖喇嘛阿旺洛桑嘉措：《一世—四世达赖喇嘛传》，第122页。

③ 五世达赖喇嘛阿旺洛桑嘉措：《一世—四世达赖喇嘛传》，第138—139页。

④ 五世达赖喇嘛阿旺洛桑嘉措：《一世—四世达赖喇嘛传》，第209页。

传》记载：

> 昌都强巴林寺派献礼官索南桑布和乃钦巴为首的使者前来献礼延请，济仲活佛格敦扎西的转世丹巴嘉措也前来迎请。他们向索南嘉措奉献了大量礼物，并广放布施。索南嘉措亦答应在适当的时候前去康区。①

面对昌都强巴林寺的邀请，索南嘉措并未像他的前世根敦嘉措一样回绝，而是欣然允诺下来。可见此时格鲁派对康区的态度，较之以前已经有了一些变化。

索南嘉措在康区的活动，始于其 16 世纪的青海之行。1577 年，索南嘉措应蒙古土默特部的邀请，动身前往青海。《蒙古黄金史》记载，当时同行的还有"呼图克图·金刚手转世的昌都地区的呼图克图率领的许许多多的有智慧的喇嘛"。② 索南嘉措一行于 1578 年抵达青海湖边的仰华寺与俺答汗会面。双方以施主和福田的关系为名，将蒙古土默特部与格鲁派捆绑为了一个政治和宗教的联盟。

索南嘉措的青海之行遭到了卫藏地区格鲁派内外部分力量的阻挠。土兔年（1579），"派往西藏三大寺熬茶放布施的阿升喇嘛返回达赖喇嘛身边，向达赖喇嘛呈献了一封西藏僧俗部众全体恳切要求达赖喇嘛迅速返回西藏的书信"。③ 索南嘉措对此并未理会。在这期间，他又接受了丽江木氏土司的邀请，遂决定由青海立即赶赴康南地区。

当时的巴塘、理塘已为木氏土司牢牢控制。丽江木氏土司对各种宗教和思想持一种兼容并包的态度，与噶玛噶举派保持密切关系的同时，也积极同格鲁派建立联系。当时的木氏土司邀请索南嘉措至康区，可能与格鲁派日益扩大的宗教影响力有关。索南嘉措此时在整个藏区及蒙古的威望很高。帕木竹巴法王称其为"吉祥雪域的无与伦比的救主"。④

---

① 五世达赖喇嘛阿旺洛桑嘉措：《一世—四世达赖喇嘛传》，第 210 页。
② 罗桑丹津：《蒙古黄金史》，色道尔吉译，蒙古学出版社 1993 年版，第 364 页。
③ 五世达赖喇嘛阿旺洛桑嘉措：《一世—四世达赖喇嘛传》，第 240—241 页。
④ 五世达赖喇嘛阿旺洛桑嘉措：《一世—四世达赖喇嘛传》，第 193 页。

索南嘉措的理塘之行同样遭到了一些来自其他教派的阻挠。《三世达赖喇嘛传》记载：

> （索南嘉措一行）行至林域，该地一座石山摩崖上出现了吉祥天女主仆三尊的天然身像。达赖喇嘛功德赫然，声誉大振，这使继承日增钦布桑杰林巴的教法传统的噶托巴师徒很不服气。他们认为达赖喇嘛像噶举派的噶尔巴喇嘛那样只有世间的力量，没有神奇法力，遂差遣山妖七兄弟，显示神变。达赖喇嘛派遣怙主作法，将其驱返。①

铁龙年（1580），索南嘉措抵达理塘之后，开始修建新寺院。寺院基本建成之后，索南嘉措为护法殿等殿堂举行了盛大的开光仪式，并为其取名为"图丹绛钦檀杰协南贝嘉维德"（意为佛教大慈各方殊胜寺）。② 关于理塘寺的兴建，还有一种说法，认为索南嘉措是将当地一座名为"邦根寺"的苯教寺院改宗为格鲁派。③ 理塘寺规模宏大，是格鲁派在康区东部的一座重要寺院，也一度成为康南地区黄教活动的中心。清初，第二世章嘉呼图克图阿旺罗布桑却拉丹曾对理塘寺有很高的评价，将其视作康区格鲁派道场中最为殊胜的大寺。他说道：

> 朵麦地区讲修格鲁派教法之众多道场中，理塘图钦强巴林寺系一切智索南嘉措所倡建，清净信守圣法戒律，为讲闻静修显密教法之楷模，该寺教证功德宏大之善知识众多，为堪可颂扬之圣地。该寺神变祈愿大法会规模宏观。④

索南嘉措的理塘之行播下了格鲁派教法的种子。根据《格鲁派教法史》的记载，萨迦派的嘉·夏莫寺后来也改宗格鲁派。另外，桑杰坚赞还修建了

① 五世达赖喇嘛阿旺洛桑嘉措：《一世—四世达赖喇嘛传》，第 241 页。
② 五世达赖喇嘛阿旺洛桑嘉措：《一世—四世达赖喇嘛传》，第 242 页。
③ 康定民族师专编写组编纂《甘孜藏族自治州民族志》，第 3—4、103 页。
④ 章嘉·若贝多杰：《七世达赖喇嘛传》，蒲文成译，西藏人民出版社 1989 年版，第 72 页。

一座名为都云的格鲁派小寺。原本空废的蔡木贡寺也得到了恢复。[1] 三世达赖喇嘛索南嘉措的理塘之行，是继昌都强巴林寺建立之后，格鲁派在康区弘教的又一里程碑。

此后，木氏土司派人邀请索南嘉措南下丽江继续进行弘法活动，他没有答应。随后于1580年十一月启程前往芒康地方，"在这里他剃度一些出家人受戒，宣讲了大量纯正教法"。[2] 铁蛇年（1581），三世达赖喇嘛又"应昌都众人的邀请前往昌都"。[3] 途中遭遇苯教徒作法骚扰，被索南嘉措制服。之后，三世达赖喇嘛到达昌都强巴林寺，被尊为该寺的堪布，并"向以三千多僧人为主的上万僧俗讲经说法"，后又"向集会群众宣讲《噶当书》、《修习方便大海》"。[4] 水马年（1582），三世达赖喇嘛又前往位于邓柯的陇塘仲麦寺朝礼，[5] 随后便朝着青海出发，参加俺答汗的葬礼。

三世达赖喇嘛索南嘉措的康区之行是格鲁派历史上的一次开创之举。自1409年格鲁派创立之后的一百多年，教派的影响力主要局限在卫藏及康区西北的局部地区。索南嘉措在康区的活动使格鲁派的传播在地域范围上有了一次大的突破。从其行经的区域来看，自青海南下，穿越康区北部，到达理塘，再西行至芒康，然后北上昌都，最后至邓柯等地。索南嘉措一行所经过的芒康、昌都、邓柯等地区都是当时康区的重镇。不仅如此，其足迹还跨越了金沙江的限制，到达了江东地区的理塘等地。从时间上看，索南嘉措自1579年由青海南下，至1582年再赴青海，中途一直奔走于康区各地，历时三年之久，对康区各地产生了重要的影响。其间，三世达赖喇嘛在康区的活动虽屡屡受到各种反对势力的阻挠，但都被他一一化解，展现出了其高超的智慧以及坚韧不拔的传教精神。

三世达赖喇嘛在位的40多年，格鲁派在康区东部除了理塘寺之外，还在更远的今康定市和九龙县分别建有古瓦和吉日二寺，[6] 取得了较为丰硕的

---

①　第悉·桑结嘉措：《格鲁派教法史——黄琉璃宝鉴》，第266页。
②　五世达赖喇嘛阿旺洛桑嘉措：《一世—四世达赖喇嘛传》，第242页。
③　五世达赖喇嘛阿旺洛桑嘉措：《一世—四世达赖喇嘛传》，第242页。
④　五世达赖喇嘛阿旺洛桑嘉措：《一世—四世达赖喇嘛传》，第243页。
⑤　五世达赖喇嘛阿旺洛桑嘉措：《一世—四世达赖喇嘛传》，第243页。
⑥　王开队：《康区藏传佛教历史地理研究》，第54页。

成果。这一时期格鲁派在康区的活动，为五世达赖喇嘛以后格鲁派在康区的进一步扩张奠定了基础。

格鲁派的建立是整个青藏高原历史上的一个重要事件。正如意大利学者杜齐所说，从15纪初格鲁派的创立开始，整个藏区的命运就围绕其演变。① 至16世纪中后期，新兴的格鲁派不仅在卫藏地区建立起了自己的政治、宗派地位，而且其在卫藏以东的康藏地区的影响，也因昌都强巴林等寺的建立以及三世达赖喇嘛索南嘉措在康政、教活动的开展而不断扩大。

格鲁派选择在康区发展其自身势力，并不仅仅是弘扬教法的需要，更是面对藏区纷繁复杂的政、教形势的一种选择。宗喀巴创立格鲁派后，因为着力推行宗教改革，恢复佛教生活的纯洁性，受到了藏区僧俗的欢迎，同时也得到了帕竹政权阐化王扎巴坚赞（1374—1432）的赏识和扶持。这也使得格鲁派在建立之初即获得了巨大的发展。15世纪30年代，随着帕竹政权的衰落，噶玛噶举等其他教派对格鲁派的猜疑不断加深。② 拥护噶玛派的仁蚌巴家族更是对格鲁派势力的扩张心怀嫉恨，在卫藏地区对格鲁派进行报复。这种教派间的对立情绪不断累积，在二世达赖喇嘛根敦嘉措时期走向公开化。③ 1498年，仁蚌巴家族甚至剥夺了格鲁派主持拉萨新年祈愿法会的权力，并将其交给了当时黑帽系七世噶玛巴却扎嘉措，并且禁止哲蚌和色拉两寺的僧众参加每年的法会。这种情况一直持续到1517年。三世达赖喇嘛索南嘉措在位时期，1565年，辛厦巴家族以日喀则为中心，建立起了藏巴汗政权，并且联合噶玛、止贡、觉囊诸派，从宗教、政治等方面对格鲁派形成了压制之势。史称："哲蚌寺上空彤云密布，雷声阵阵，不绝于耳。"④ 格鲁派在卫藏地区的生存及发展空间受到噶玛噶举派及其背后的仁蚌巴和辛厦巴两大地方势力的严重挤压。因此，格鲁派在康区的发展，建立和增强与当地地方政治力量的联系，实际上也是在为困境中的自己寻求新的生存和发展空间。

格鲁派在康区四处弘法，发展信众，一方面丰富了康区教派的多样性，

---

① 杜齐：《西藏中世纪史》，第69页。
② 杜齐：《西藏中世纪史》，第69—70页。
③ 松巴堪布·益西班觉：《松巴佛教史》，第173页。
④ 五世达赖喇嘛阿旺洛桑嘉措：《一世—四世达赖喇嘛传》，第210页。

另一方面一些寺院的新建和改宗使得当地的教派格局也发生了一些改变。这在相当程度上削弱了噶玛噶举等其他教派在康的宗教和政治影响，因此引起后者的强烈不满。万历三十年（1602）前后，三世达赖喇嘛与木氏土司建立起来的宗教联系中断。[①] 随后噶玛噶举派联合木氏土司，将位于理塘的格鲁派寺院长青春科尔寺改宗噶举派。不仅如此，格鲁派在康区的发展还遭到康北一带白利土司的阻挠。《西藏王臣记》记载："巴尔康白利土司顿悦多吉专宏苯教而对遍智·甘蔗氏之追随者多加迫害。"[②] 这些事件都表明格鲁派在康宗教势力和政治影响获得发展的同时，也树立了许多敌人。直至17世纪中叶蒙古和硕特部南征康区，格鲁派才趁势在当地确立起了政治和宗教上的优势地位。

第四节　蒙古土默特诸部向康区的渗透

14世纪元顺帝北退以后，蒙古内部逐渐形成了鞑靼（东蒙古）和瓦剌（西蒙古）二部。前者占据从呼伦贝尔至阿尔泰山之间的广阔地区；后者则驻牧于阿尔泰以西与天山东北部的草原地带。二者之间势力此消彼长。明初洪武、永乐年间，朝廷多次对蒙古用兵，重创鞑靼。15世纪中叶，瓦剌渐强，曾于土木堡掳走明英宗。其后，由于蒙古部族间的内讧，瓦剌渐衰。后达延汗嗣可汗位，逐渐统一各部。

鞑靼的重新崛起，改变了各部之间的力量对比，同时也使蒙古内部力量得到重新整合。而此时的明王朝正在走向衰微。在这种情况之下，一些部族势力在明王朝北方边境的活动愈加频繁，不仅长期活跃于河套一带，而且西迁至青海驻牧，并再次南下袭扰和占领康区。亦卜剌部便是其中一支。正德四年（1509），亦卜剌因"获罪其主"达延汗，[③] "奔出河套，拥部落万余至凉州"，[④] 后又"瞰知青海饶富，袭而据之"。[⑤] 史载："西海之有虏自亦

---

① 赵心愚：《略论丽江木氏土司与噶玛噶举派的关系》，《思想战线》2001年第6期。

② 五世达赖喇嘛：《西藏王臣记》，第127页。

③ 《明史》卷330《西域二》，第8544页。

④ 魏焕：《九边考》，薄音湖、王雄编辑点校《明代蒙古汉籍史料汇编》第1辑，内蒙古大学出版社2006年版，第252页。

⑤ 《明史》卷330《西域二》，第8544页。

不刺始也。"①

亦卜刺遁入青海，并以青海为活动基地，不时越过黄河，南下劫掠川西北松潘等地诸番，对川西北及康区北部一带的地区形势产生了重要的影响。正德九年（1514），明军进攻河西、青海一带。亦卜刺部因逃避明军的锋芒，"由河州渡黄河，奔四川，出松潘、茂州境，直走乌斯藏"。②从当时的情况来看，亦卜刺部北有明军的威胁，再往南深入则会进入四川腹心地区，因此其"直走乌斯藏"唯有往西直接取道康区北部一带。亦卜刺部避走康区，开启了16世纪以后蒙古土默特、和硕特诸部进入康区之先河，使得康区自14世纪中后期故元势力退居北方之后，再次面临蒙古的威胁。

嘉靖年间，土默特部是活跃于明王朝北境一强大势力。史载："嘉靖中，吉囊、俺答最强，犯我陕西、河东、云中、上谷。而亦卜刺及瓦刺时时出入宁夏、甘、肃、塞下。"③嘉靖十二年（1533），蒙古土默特部吉囊（衮必里克济农，达延汗三子巴尔斯博罗特长子）"遣五万骑，由野马川渡河径入西海，袭破亦不刺营，收其部落大半"，④亦卜刺部遂败亡。亦卜刺之后，土默特诸部开始大规模进入西北甘、青一带，并且多次南下康区。从时间来看，土默特部在康区的活动主要分为俺答汗和火落赤两个时期。

一　俺答汗时期对康区部族的役属

俺答汗，巴尔斯博罗特次子，达延汗之孙，蒙古土默特部首领。从嘉靖二十三年（1544）起，俺答汗曾先后五次进入青海地区，⑤并且以青海为根据地，南下康区，役属当地白利土司等部。

嘉靖二十三年，俺答汗率部由河套第一次进入青海地区。《万历武功录》记载："二十三年九月，俺答既得海房，为因缘乃复迫胁诸番及红帽儿

---

① 郑晓：《皇明北房考》，薄音湖、王雄编辑点校《明代蒙古汉籍史料汇编》第1辑，第218页。
② 《明史》卷330《西域二》，第8544页。
③ 郑晓：《皇明四夷考》下卷《鞑靼》，国学文库本，1933年重印本，第146页。
④ 《明世宗实录》卷183，嘉靖十五年正月丙子条。
⑤ 参见杨建新、王东春《明代蒙古部落大批入据青海考论》，《中国边疆史地研究》2007年第2期；曾现江《明代中晚期东蒙古部落在康区的活动及其影响》，《西藏研究》2008年第2期。

等族，以益其势，赖上威武神灵所变化番族皆逃匿不从。"① 在完成对青海地区的征服之后，俺答汗决定将目标对准当地番族，却遭到后者的抗议。至嘉靖二十九年（1550），吉囊所部进入河西、青海，曾试图役属康北的白利土司。清人毛奇龄《蛮司合志》记载：

> 嘉靖二十九年，吉囊寇河西，欲服属租儿结、白利，不从。吉囊死，其子插干儿及传蚌并富强，仍欲服属租儿结、白利，仍不从。②

需要说明的一点是，1542 年吉囊已逝，此处记载当为吉囊所部之举。租儿结，亦称作儿革，即今若尔盖（mdzo dge）地区，位于安多和康区交界地带。白利土司则是明代中后期康区北部最具影响的地方势力。虽然吉囊部役属白利的行动屡遭抗拒，并不成功。但可以看出，此时土默特部的势力已经能够触及康北一带，并且对当地地方势力构成威胁。

嘉靖三十八年俺答汗率部携子丙兔、侄孙火落赤第二次进入青海，击溃了暂居于此的卜儿孩部。《明史》记载："时北部俺答猖獗，岁掠宣、大诸镇。又羡青海富饶，三十八年携子宾兔、丙兔等数万众，袭据其地。卜儿孩窜走，遂纵掠诸番。"③ 对卜儿孩的征服行动，大大增强和巩固了土默特部在青海的势力，为俺答汗及其部族进一步南下染指康区事务打下了基础。此后，俺答汗及其子丙兔多次逼近川西北的松潘一带，并且征服了康区的许多部族。

万历元年（1573），俺答汗第四次率部入据青海，并在康区展开了大规模的军事行动。对此，《蒙古源流》有详细的记载：

> 岁次癸酉，年六十七岁时，行兵喀喇·土伯特之地，收服上下锡喇·卫兀儿二部，下阿木图·喀木之阿哩克·萨噶尔齐斯吉巴，喀噜卜·伦布木，萨尔唐·色哩克·克卜等诸延及其国人，取来其阿哩克喇

① 瞿九思：《万历武功录》卷 7《俺答汗列传上》，中华书局 1962 年版。
② 毛奇龄：《蛮司合志》卷 6《四川三》，会稽徐氏铸学斋光绪十六年刻本。
③ 《明史》卷 330《西域二》，第 8546 页。

嘛、固密·苏噶师二人为首之众土伯特矣。①

此处阿木图，即安多；喀木，则为 kmas 之音译，即康区。阿哩克·萨噶尔齐斯吉巴，据清代沈曾植考证，即明代磨儿勘招讨司，其地在川藏之交，与鱼通、理塘相近。② 而喀噜卜则在青海之南，为处于康区北部之部落。俺答汗的这次行动，不仅征服了安多和康区的一些部族，而且势力逼近康区南部的鱼通、理塘等处。

其后，俺答汗返回河套，留其子丙兔驻牧西海。万历三年（1575），驻牧青海的丙兔又役属了康区北部的白利等部。《明实录》记载："俺答子宾兔住牧西海，役属作儿革、白利等诸番。随令寄信松潘番、汉，以迎佛盖寺为名，屡传衅息。"③《蛮司合志》对这一事件的过程有较为详细的叙述，曰：

> 俺答念吉囊渡河久，托言铁岭山有生佛出，欲遣他子宾儿往铁岭建寺，因尽得插干儿及传衅马畜，而使传衅诱租儿结，使租儿结诱白利，并岁奉贡献。④

可以看出，丙兔役属作儿革和白利土司并非完全依靠其强硬的军事手段，而是以层层诱导为主。丙兔在康北的活动引起了朝廷的恐慌，明王朝一面谕令顺义王俺答汗严戢丙兔，一面着手边备的整搁工作。

---

① 萨囊彻辰：《新译校注〈蒙古源流〉》，道润梯步译校，内蒙古人民出版社 1980 年版，第 351 页。清译本："六十八岁，岁次癸酉，行兵萨哈连图伯特地方，将上下沙喇卫郭尔二部落，阿木多、喀木之阿哩萨玛尔齐斯奇巴、喀噜卜伦布木、萨尔唐萨哩克克卜之三诺延以及所属人众，尽行收服。阿哩克喇嘛、固密苏噶巴克实二人，率所属一同归附。于是，阿哩克喇嘛为汗解脱三恶缘及来世罪孽，升至色究竟天唪诵大有利益区别取舍等经。汗遂专志经典，始念六字心咒。"参见萨囊彻辰《新译校注〈蒙古源流〉》，第 354 页。

② 萨囊彻辰：《新译校注〈蒙古源流〉》，第 353 页。

③ 《明神宗实录》卷 37，万历三年四月甲戌条。需要注意的一点是，此处的"宾兔"当为"丙兔"。明代史料中，常将"丙兔"与"宾兔"混淆。前者为俺答第四子，驻牧于青海。后者亦称爱达必斯达延诺延，是吉囊之孙，拜桑固尔郎台吉之子，驻牧于松山（今甘肃永登县北部及天祝县东部地区）。二人是堂叔侄关系。参见张鸿翔《明史中丙兔宾兔辨》，《北京师范大学学报》1957 年第 1 期。

④ 毛奇龄：《蛮司合志》卷 6《四川三》，会稽徐氏铸学斋光绪十六年刻本。

二　火落赤等部在康区及周边地区的活动

火落赤又称莽固斯额尔德尼郭拉齐，为吉囊之孙，布延达喇郭喇齐之子，驻牧于捏工川（今同仁市等地）一带。1582 年，俺答汗病逝。其后不久，其子黄台吉、丙兔亦先后去世。土默特部上层的相继去世，使得该部势力受到较大的削弱。黄台吉长子扯力克嗣位。丙兔之子真相也承袭了其父的领地，但都无力重振土默特部昔日的威望。此时，火落赤部力量开始壮大，可"号召永、真诸酋"，由此成为青海地区实力最强的蒙古部族。①

火落赤强盛后，时时南下侵掠川西北一带，威胁康区北部地区。万历十八年（1590），火落赤南侵川西北地区，攻破阿坝寨，渐逼松潘等地。巡抚四川都御史李尚思急忙下令铸造火器、甲仗等，并调集守军以便策应，又召天全六番等土司兵马听候调遣。② 同时，鉴于松潘、茂州等地重要的战略地位，朝廷又接受按臣李化龙的建议，将四川总兵移驻松潘，以增强当地的防御力量。③

万历十九年（1591），明军进剿青海，火落赤逃遁。④ 经略尚书郑洛下令焚毁仰华寺，"逐其余众而还。番人复业者至八万余人，西陲暂获休息"。⑤ 其后，火落赤又重返莽剌川，积聚力量，准备再度南下。

万历二十四年（1596），因明朝在西北一带的防御力量甚强，火落赤部"舍陇趋蜀"，"以三千余骑突犯松潘"，⑥ 大肆抢掠沿途各番。明军奋起反击，斩首多人，方才使火落赤诸部退却。万历二十六年（1598），明军收复大、小松山，切断了蒙古左翼和青海的联系。青海蒙古日渐孤立，已无力组织大规模的南下活动。早年进入川西北等地的蒙古部落也多被招抚。

火落赤诸部在川西北地区的活动严重威胁到康区北部一带。对此，《天下郡国利病书》中对松潘一带的"虏情"有如下记述：

---

① 《明神宗实录》卷 457，万历三十七年四月壬子条。
② 《明神宗实录》卷 228，万历十八年十月壬申条。
③ 《明神宗实录》卷 232，万历十九年二月戊辰条。
④ 《明神宗实录》卷 235，万历十九年四月壬寅条。
⑤ 《明史》卷 330《西域二》，第 8548 页。
⑥ 《明神宗实录》卷 307，万历二十五年二月癸亥条。

离松十四里为流沙关，乃北虏经由地，每秋防必加意焉。……北界黄山尖、杀鹿塘、黄胜草场等处，路通洮、岷。……今为番、虏间阻，以其往来射猎于斯也。下潘州、白利等番，挟牛、羊、毡氆来，或由阿玉岭，或由铁门墩出，抵寒盼，祈命诸寨贸易茶斤，岁以为常，稍失防范，衅端辄起。①

可以看出，这一时期火落赤等部南下的活动十分频繁，不仅阻隔当地道路，而且其劫掠地方的行为也使得川西北与康区北部白利等部之间的贸易面临极大的风险。

1632年，蒙古左翼喀尔喀部却图汗因内部动乱而南下，征服了青海地区的蒙古各部。②《安多政教史》记载："土默特是蒙古喀尔喀部的一支，起初居住在青海湖边，却图汗来到湖边时，他们逃至丹科地区。"③ 这里的土默特即指当时驻牧于青海的火落赤诸部。可以看出，却图汗显然收服了土默特部的一些部众。另外一些土默特部属民则逃到了丹科地方。根据韩官却加的说法，丹科地区位于今果洛东南部及德格县邓柯一带。火落赤等部迁居当地后，曾建有"邓柯蒙古村"。④

这一时期，除了火落赤部外，一些蒙古部族的活动范围甚至还到达过康区南部的丽江土司辖境。清人师范《滇系》一书记载，万历二十二年（1594），"西鞑虏寇临西，丽江知府木旺击破之"。⑤ 这里所谓的"西鞑虏"，当为驻牧青海的东蒙古部落中的某一支。⑥ 有学者研究认为，当时青海蒙古诸部进入康区有两条主要的路线：一条途经川西北松潘、茂州等地；另一条则取道玉树，经康北诸部辖地，抵达康区南部地区，甚至可以直抵滇西北一带。⑦ 而据《滇南新语》的说法，滇西北的中甸地方"外连乌斯藏，

① 顾炎武：《天下郡国利病书·四川》，上海古籍出版社2012年版，第664页。
② 五世达赖喇嘛：《西藏王臣记》，第127页；智观巴·贡却乎丹巴绕吉：《安多政教史》，第39页；松巴·益西班觉《青海历史（一）》，谢健、谢伟译，《青海民族学院学报》1983年第4期。
③ 智观巴·贡却乎丹巴绕吉：《安多政教史》，第238页。
④ 韩官却加：《简述蒙古族在多康地区的历史活动》，《西北民族学院学报》1989年第1期。
⑤ 师范：《滇系》第4册《事略》，云南通志局光绪十三年刻本，第22页。
⑥ 曾现江：《明代中晚期东蒙古部落在康区的活动及其影响》，《西藏研究》2008年第2期。
⑦ 曾现江：《胡系民族与藏彝走廊——以蒙古族为中心的历史学考察》，四川人民出版社2007年版，第103页。

可达川、陕，为通蛮货之要隘"。① 因此，上述所谓"西鞑房"之所以能够进入当时丽江木氏土司的辖境，无疑是取道后一条穿越康区南北的路线。

与早前亦卜剌部避走康区不同，土默特诸部进入康区的频率更高，规模更大，活动范围也更广。除此之外，土默特部在康活动的经济和政治目的也很明显。从经济上看，劫掠是土默特部进入康区的一个主要和直接原因。康区是汉、藏之间使臣和朝贡者往来的主要通道。康区北部临近青海的许多地方社会经济条件比较优越。明中期以后，朝廷以川藏道为正驿，汉、藏之间人员往来更是络绎不绝。川藏道同时也是汉、藏之间贸易往来的主要通道，绵延几千里，商旅不绝，社会物资和财富的流通十分频繁。土默特部袭扰和占领康区，无疑是瞄准了这一地区丰富的物质财富。从政治上看，争取藏人，以增加与明王朝博弈的筹码，是土默特蒙古诸部进入康区的一个很重要的因素。明廷与康区之间关系的构建，除了与各地僧俗之间的封贡之外，茶叶贸易亦是其中的重要一环。土默特诸部进入青海及康区后，一方面严重破坏了朝廷和藏区地方之间茶叶贸易活动的正常开展；另一方面，从万历三年到万历五年土默特部多次致书朝廷，请求比照在藏区之例开茶市。土默特部此举实际上是想仿照明王朝"以茶驭番"的政策，将茶市所获之茶转而与藏区贸易，借此役属藏人。此诚如大臣李时成所言："俺答今求茶市，意不在茶，在得番人耳。……俺答逐利，而专意于番。番求生，而制命于俺答，彼此合一，其遗患可胜道哉！"② 除此之外，土默特部还与康区各部结亲，诱使其"背中国而向夷狄"。③

从16世纪中叶开始，蒙古土默特各部先后进入康区活动，一直到17世纪喀尔喀部却图汗进入西海，土默特部在青海及康区的活动持续了近一百年的时间。其间，俺答汗联络新兴的格鲁派，并与三世达赖喇嘛索南嘉措会盟于仰华，将土默特部与格鲁派缔结为一个新的政治和宗教联盟，重新建立起了蒙古和藏传佛教之间的联系。此后，俺答汗及其子孙又挥师南下，役属白利等土司，并一度征服了康区的部分地区，势力远及康南北线一带。土默特部在康区的活动，对康区政教关系产生了深远的影响，对康区民族关系的演

① 张泓：《滇南新语》，第17页。
② 谷应泰：《明史纪事本末》卷60《俺答封贡》，中华书局1977年版，第929—930页。
③ 褚铁：《目击番房情状疏》，陈子龙：《明经世文编》卷386，中华书局1962年版，第4186页。

变也有深刻的意义，一定程度上也为后来蒙古和硕特部自青海南下征服康区奠定了基础。

第五节 明代贡道南移与康区地位上升

朝贡是明代构建边疆关系的重要手段之一，目的在于以朝贡的形式明确边疆民族地方与中央之间的政治隶属关系。这一政策在维系中央与地方的关系过程中起着非常重要的历史作用。而交通作为朝贡往来的最基本条件，不仅是明初，同时也是明代中后期在藏区的治理过程中需要面对的一个大问题。自明初恢复元代通往藏区的驿道以来，西北地区及邻近的康北一带就是朝廷与朵甘、乌思藏使者往来以及茶马贸易的一条主要交通线。[①] 至明代中期，这种情况开始发生转变。经康区南部，连接汉地与朵甘、乌思藏的川藏道被定为官道，逐渐成为明代藏区僧俗往来的另一交通要道。

一 贡道南移及其原因

明代初期，朝廷对于川藏道碉门（今雅安市天全县）以东的部分路段有过修整。洪武二十一年（1388）二月，礼部主事高惟善建议修缮碉门到岩州（今泸定县岚安乡）的道路，并"量地里远近均立邮传"，[②] 得到朝廷允准。永乐六年（1409）十二月，朝廷又下令设四川天全六番招讨司太平驿。[③] 朝廷此时对川藏道路的修缮，一者可能是为当时雅州的茶叶贸易考虑，二者也方便长河西、鱼通、宁远等临近地区僧俗朝贡往来。但对于藏区朝贡者由何路来贡，朝廷并未作严格的规定，藏区地方对于驿路的选择因而有着很大的自由。

到了正统年间，朝廷在藏区朝贡路线问题上的态度开始逐渐发生变化。这种变化是由朝廷派往乌思藏的使者开始的。明英宗正统五年（1440）五月，据户部奏：

---

① 赵毅：《明代内地与西藏的交通》，《中国藏学》1992 年第 2 期。
② 《明太祖实录》卷 188，洪武二十一年二月壬戌条。
③ 《明太宗实录》卷 86，永乐六年十二月丁酉条。

禅师葛藏奉命带剌麻僧徒共二十名赍诰命、敕书往乌思藏封阐化王等官。给与锣锅、帐房等物并马、骡、犏牛驮载食用。自出境日为始给与本色粮料一月，其余以官库之物折充，悉取给于四川布政司及行都司。①

文中的禅师葛藏并非藏区来京朝贡的僧人，而是奉朝廷之命前往乌思藏册封阐化王的使者。朝廷的使者由四川前往卫藏地区，说明这一时期的川藏道已经是一条较为成熟的交通路线了。这一现象的出现似乎也使得藏区来朝的路线发生相应的变化。景泰元年（1450）五月，"有番僧三人游方四川，道遇乌思藏进贡僧，遂与俱来贡"。② 可见，此时已经有乌思藏进贡僧人改变以往由洮、河入贡的惯例，选择由四川往京朝贡了。

英宗天顺二年（1458）五月，朝廷接受四川按察司佥事刘福的奏请，"命礼部移文四川布政司，今后乌思藏地方该赏食茶，于碉门茶马司支给"。③ 于碉门赏茶的这种做法，虽未对乌思藏僧俗来时的路线作硬性的规定，但至少令其在返回时必须途经碉门。这一规定的出台一来表现出朝廷对川藏道的畅通抱有信心，同时也暗示着此时的明廷已经在酝酿将川藏道辟为正驿的新方案，而在这之前需要让来贡者有一个适应的过程，亦可以视作对后者的一种有意识的引导。

贡道南移正式的官方规定始于成化年间。宪宗成化三年（1467），朝廷下令："诸自乌斯藏来者皆由四川入，不得径赴洮、岷，遂著为例。"④ 自此，川藏道真正成为汉地入藏的正驿。成化六年（1470）四月，朝廷又再次重申了乌思藏赞善、阐教、阐化、辅教四王朝贡俱"由四川路入"的规定。⑤ 从政策的酝酿到最后的正式出台，前后经历了十年左右的时间，可以看出朝廷在该问题上的慎重态度。

即便如此，新政策实行之初，在贯彻和执行层面仍旧遭到了很大的阻力。大量乌思藏僧俗仍经由陕西入贡。成化三年五月，陕西按察司副使郑安

---

① 《明英宗正统实录》卷 67，正统五年五月庚申条。

② 《明代宗实录》卷 192，景泰元年五月丁未条。

③ 《明英宗天顺实录》卷 291，天顺二年五月戊子条。

④ 《明史》卷 330《西域二》，第 8543 页。

⑤ 《明宪宗实录》卷 78，成化六年四月乙丑条。

言："进贡番僧，其自乌思藏来者大率三分之一。"① 成化四年（1468）五月，礼部的奏报中提到"洮州起送藏撒下大乘法王完卜遣番僧葛竹瓦班绰等来朝，贡马及方物"。② 这些僧俗选择继续从陕西入贡的原因，除了旧道本身比较成熟外，与北道路途更加通畅和便捷也有一定的关系。为了应对地方违例朝贡的压力，鼓励其经由四川入贡，朝廷在洮州和四川两处的朝贡赐例上作了调整。这种调整从成化五年（1469）乌思藏答藏王所遣番僧入贡的事件可以明显地反映出来。当时番僧自洮州来贡，并"乞如四川入贡例赏赐"。针对这一情况，礼部"以乌思藏经陕西入者赐例从轻"为由，拒绝其所请。③ 由此可见，赐例调整之后，朝廷对道经四川入贡的乌思藏僧人赏赐要更丰厚一些。从史料所呈现的情况来看，此后十余年间，类似上述由洮州路入的现象基本再未出现，说明朝廷的做法确实收到了一定的成效。

到了成化十六年（1480），反对的声音再次出现。有乌思藏僧人向朝廷请求按旧例从洮州进贡。④ 稍后，朝廷在朝贡路线的问题上作了一定的调整，以满足藏区地方来贡者的请求。成化十七年（1481）九月，朝廷规定，阐教、阐化、辅教、赞善四王，在该贡之年，可"道经四川、陕西"前来朝贡。⑤ 这种做法改变了成化初年"皆由四川入"的规定，使得来贡者在贡道问题上多了一个选项。然而，上述记载并没有明确四教王中谁从四川入贡，谁从陕西入贡。始纂于弘治十年（1497）的《大明会典》对此有记载："各番王差人填写原降勘合、阐化阐教辅教三王差来人，从四川布政司比号。赞善王差来人，从陕西布政司比号。"⑥ 这一规定是朝廷在成化初年政策基础上的一种调整，收到了比较积极的效果。从史书的记载来看，成化以后，虽然仍有乌思藏地方僧俗违例从洮、河地区入贡的情况，⑦ 但已仅仅局限于些许个例，朝廷对此亦不深究。

---

① 《明宪宗实录》卷42，成化三年五月丙子条。

② 《明宪宗实录》卷54，成化四年五月庚辰条。

③ 《明宪宗实录》卷66，成化五年四月庚午条。

④ 《明宪宗实录》卷206，成化十六年八月丁丑条。

⑤ 《明宪宗实录》卷219，成化十七年九月辛卯条。

⑥ 李东阳：《大明会典》卷108，上海古籍出版社1995年版，第97页。

⑦ 《明孝宗实录》卷63，弘治五年五月壬申条。《明武宗实录》54，正德四年九月己亥条；卷61，正德五年三月癸未条。

二　川藏交通路线的初步形成

关于明代川藏道的具体路线，以往一些研究者对该条道路所经地区有相关的叙述。赵毅在《明代内地与西藏的交通》一文中认为川藏道过碉门之后，[①] 需依次行经打箭炉、理塘、巴塘、馆觉、乍丫、昌都、恩达、洛隆宗、边坝、甲贡（今边坝县加贡乡）、嘉黎、江达（今工布江达）、墨竹，最后到达拉萨。[②] 然而，赵文并未列出具体的史料加以证明，因此明代川藏道的具体路线是否确如他所说，尚有待考证。贾大泉则认为，明代从康定到西藏的道路沿着元代朵甘思地方机构的治所分为南、北两路，北路行经乾宁（原西康省乾宁县）、道孚、炉霍、甘孜、德格，南路道由理塘、巴塘、芒康、左贡，南、北两线于昌都汇合，最后行抵拉萨。[③] 贾大泉依据的主要史料是清人黄沛翘所撰的《西藏图考》。[④] 该书成书于清季，所反映的内容多为清代的情况，与明代的川藏驿路是否完全一致，仍值得商榷。

明代关于川藏道路线的记载很少。如前所述：洪武年间，朝廷曾对碉门一带的驿道有过修缮。明成祖在位期间也曾多次下令地方复置元时康北一带至乌思藏的驿站。因此，明中期以后的川藏道很可能以此两段为基础向中部进行延伸。如此一来，由碉门通往昌都一带的驿道走向成为我们了解川藏驿道的关键所在。关于这段道路的记载，我们在《明实录》中找到了一条珍贵的史料，似可解决这一问题。正德年间，礼部尚书毛纪对此有相关的论述，称：

> 又闻自四川雅州出境，过长河西，迤西至乌思藏，约有数月程，皆黄毛野达子之地，无州县驿递，亦无市镇村落。[⑤]

---

① 嘉靖初，有"贩者不由天全六番故道"的说法。因碉门故道须途经门坎、马鞍及二郎等几座险峻的高山，所以明代后期商贩等多取道荥经、黎州而至打箭炉。参见《明世宗实录》卷24，嘉靖二年三月辛末条。

② 赵毅：《明代内地与西藏的交通》，《中国藏学》1992年第2期。

③ 贾大泉：《川藏道的兴起与川藏关系的发展》，杨岭多吉编《四川藏学研究》第4辑，四川民族出版社1997年版，第456页。

④ 参见黄沛翘《西藏图考》卷4，光绪丙戌秋刻本。

⑤ 《明武宗实录》卷132，正德十年十二月庚申条。

毛纪身为当时的礼部尚书，其信息可能来自有赴藏经历的朝廷使者，或是藏区来京朝贡的僧俗，因此较为可信。文中的"黄毛野达子"，即当时康北一带的霍尔人，其主要的活动范围在今甘孜、炉霍、道孚一带。其地因此常被称为"霍尔地区"。① 按照毛纪的说法，过长河西（今打箭炉）之后，有相当大的一片区域为"黄毛野达子之地"。此地正好与霍尔地区的位置相符合。如此一来即可大概推知当时由碉门至昌都的驿路，即出碉门，过打箭炉，然后往北行经今天的道孚、炉霍、甘孜、德格，最后至昌都。这条路线即是前文《西藏图考》中清代由四川入藏的北线。

那么，清代所谓的南线，即出打箭炉，经雅江、理塘、巴塘、芒康、左贡至昌都一线的交通在明代是否畅通呢？对此只能持一种谨慎的怀疑态度，其理由如下。首先，该路线所经陌生区域较之霍尔一线更为险峻，自然环境更加恶劣，通行难度更大，即便开通，过往的使臣和朝贡者亦少。其次，明廷在康区的分封和地方政权组织的设置，以康北为主，以便维护沿线驿路。而南路主要经过康区南部地区，明廷没有足够的力量对南线进行维护。再次，从 16 世纪中叶至 17 世纪前期近一百年的时间，南线沿途的巴塘、理塘、芒康等地被丽江木氏土司占领。即使存在该条驿道，此时亦已中断。同时，在目前有关木氏土司的文献材料中，我们并未见到有该条贡道的记述。因此，后来的一些研究者认为入藏南线在明代已经开通的看法尚缺乏充分的证据。

三　贡道南移与康区战略地位上升

总体来看，明代的川藏驿道从四川出发，最后抵达拉萨，中途经打箭炉至昌都境内，穿越整个康区。不仅路途漫长，而且险象环生。《明实录》记载，川藏道出雅州之后，"自碉门、黎、雅抵朵甘、乌思藏，五千余里"。② 类似的记述还见于《明史》。③ 不仅如此，经由打箭炉通往昌都的路段为后开，需横跨横断山脉地区，重山险峻，又有金沙江、澜沧江等河流阻隔，后

---

① 曾现江：《康北霍尔人的来源及历史演变蠡测》，《民族研究》2006 年第 5 期。
② 《明太祖实录》卷 251，洪武三十年三月癸亥条。
③ 见《明史》卷 80《食货四·茶法》。

世行经此境，皆大呼"是诚有生来未历之境，未尝之苦也"，① 而将其"视为畏途"。② 既然如此，那么明廷为何在成化年间舍西北一带成熟的青藏道，而辟川藏道为正驿呢？主要原因有以下四点。

第一，地方动乱对甘青故道的扰害。甘青一带的地方动乱，早在洪武年间即有表现，当时乌思藏入贡使者曾于途中遭西北地方部落劫掠。③ 正统以后，西北一带的地方治安仍旧不稳，劫掠过往贡使的情况时时发生。景泰六年（1455）正月，据镇守西宁内官保受奏："河州卫果吉思答令等簇千户竹卜等，剽掠乌思藏使臣行李，且杀伤使臣一人。"④ 成化四年三月，兵部又奏："陕西洮、岷二卫地方番贼出没杀掠人财。"⑤

事实上，不仅是往来藏区与汉地的朝贡者，朝廷派往藏地的使臣也屡遭劫掠。宣德五年（1430）正月，太监侯显奏报称："先使乌思藏，至邛部之地，遇贼劫掠官军马牛。"⑥ 同年六月，西域使臣与明廷使臣往返于藏地又再次遭到截杀，朝廷对此甚为愤怒。⑦

第二，西北故道面临蒙古的威胁较大。有明一代，蒙古对于明朝北方边境的威胁一直存在。正统十二年（1447）正月，乌思藏答隆地面番僧奏称：

> 宣德年间，遣来使臣国师哈力麻、指挥必力工等三百余人，分住于丹的寺等处，被达贼阻杀，至今未回，乞遣军马，开通道路护送。⑧

丹的寺，也称丹底寺、丹斗寺，位于河州西北一带，今化隆县巴燕镇东南。明初洪武、永乐两朝曾几次大规模的北伐，使得蒙古的威胁一度减小，但仍不排除有小股蒙古势力骚扰边境的情况存在。文中所称"被达贼阻杀"的情况发生于宣德年间，可能即属此例。

---

① 焦应旂：《藏程纪略》，吴丰培辑《川藏游踪汇编》，四川民族出版社1985年版，第13页。
② 黄沛翘：《西藏图考》卷首序，光绪丙戌秋刻本。
③ 《明太祖实录》卷116，洪武十年十一月癸未条。
④ 《明代宗实录》卷249，景泰六年正月丙寅条。
⑤ 《明宪宗实录》卷52，成化四年三月甲申条。
⑥ 《明宣宗实录》卷62，宣德五年正月辛未条。
⑦ 《明宣宗实录》卷67，宣德五年六月甲申条。
⑧ 《明英宗正统实录》卷149，正统十二年正月己卯条。

到了明英宗天顺年间，蒙古对西北一带的威胁又一度加重。此时活跃于这一地区的蒙古势力是喀剌沁蒙古太师孛来所领部属。天顺元年（1457）春夏之交，蒙古草原发生饥荒，孛来所部饥窘尤甚，遂率部至明朝边境驻牧，并以归还传国玉玺为由，请求明朝赈济粮食，遭到朝廷的拒绝。孛来遂率部劫掠明朝的北部边境。天顺二年，孛来所部屡犯明凉州、庄浪诸处，明军损失惨重。天顺五年（1461）二月，凉州守将又奏："虏酋孛来拥众万余于庄浪驻扎，攻围城堡，阻截道路。"① 天顺六年（1462）正月，甘肃巡抚、右副都御史芮钊奏："虏酋孛来纠集丑类，潜入我边住牧，分寇庄浪、西宁、甘、凉等处，虽屡被官军剿杀，而虏所杀官军五百五十人，掠去三百五十人，马骡牛羊五万余匹。"②

孛来所部在庄浪、河西一带的劫掠不仅对明朝甘青故道的安全构成了严重的威胁，而且还给西北边防带来了巨大的压力。成化三年三月，兵部尚书王复在谈及西宁地方的边情时说：

> 先年边方宁靖，北虏不来侵犯，各簇番夷颇听抚谕，不敢为非。近来因见虏寇扰边，乘机仿效，往往聚众出没，阻截道路，劫掠财畜，杀伤人命。调兵剿杀之后，至今犹未宁贴。③

由此可见，蒙古孛来的劫掠使北方一带的边患朝着西北方向转移，并且致使西宁藏族部落的地方动乱更为频繁。"虏患"与"番乱"交织在一起，明朝的西北边境所面临的形势愈加严峻。

第三，川藏道途经雅州茶叶产区，可以方便食茶的赏给，亦可减轻朝贡对西北地方的过度扰害。明时，邛州、雅州一带为当时四川四大茶叶产区之一。④ 洪武三十一年，朝廷又"置成都、重庆、保宁三府及播州宣慰司茶仓四所。命四川布政使司移文天全六番招讨司，将岁输茶课仍输碉门茶课司，

---

① 《明英宗天顺实录》卷 325，天顺五年二月甲午条。

② 《明英宗天顺实录》卷 336，天顺六年正月丁巳条。

③ 《明宪宗实录》卷 40，成化三年三月丙寅条。

④ 其余三个主要产地为保宁、夔州、叙州。参见贾大泉、尉艳芝《浅谈茶马贸易古道》，《中华文化论坛》2008 年第 S2 期。

余地方就近悉送新仓收贮，听商人交易，及与西番市马"。① 因此，碉门成为当时四川茶叶贸易的一个重要集散地。正统以后，朝廷于碉门支茶的做法，不仅方便了茶叶的赏给，而且节省了运输茶叶的费用，同时又改变了西北一带"军旅戍守，使臣往来，费用甚多"的局面，② 在一定程度上缓解了以往朝贡者多经由甘青道对西北地区造成的压力。

第四，保护西北官营茶马贸易。明代茶马贸易的重点在西北地区，雅州、碉门二茶马司在市马数量上远不及西北各茶马司。③ 在茶马贸易问题上，明廷认为："盖制戎狄之道，当贱其所有，而贵其所无耳。"④ 为了垄断西北的茶马贸易，朝廷一方面提高茶叶价格，另一方面打压藏区马匹的价格，借以达到"以茶驭番"的目的。而明代藏区僧俗赴汉地朝贡，不仅"许带食茶回还"，而且往往沿途通过贸易的形式"货买私茶至万数千斤"带回藏区。⑤ 这种做法实际上会对朝廷官营的茶马贸易造成严重的冲击。成化以后，朝廷以四川为正驿，使得藏区僧俗的朝贡在空间上远离了西北地区，有效地减少和避免了上述情况的发生，对西北官营的茶马贸易也是一种保护。

自正统以后，藏区朝贡、朝臣出使多由川藏正驿，经康区往返于藏、汉各地之间，盛况空前。川藏道因此也成为汉、藏之间人员和物资流动的一条大动脉。

一方面，驿路上藏区朝贡的人数在不断地增加。从史料所反映的情况来看，从景泰年间开始，藏区往汉地朝贡的人数呈现历年递增的趋势，如成化元年（1465）礼部所奏："宣德、正统间番僧入贡，不过三四十人。景泰间，起数渐多，然亦不过三百人。天顺间，遂至二三千人。"⑥ 这种趋势在成化至嘉靖年间愈演愈烈，兹列举几例说明。

成化二十一年（1485）十一月，"乌思藏如来大宝法王、国师并牛耳寨

① 《明太祖实录》卷 257，洪武三十一年五月庚申条。

② 《明宣宗实录》卷 27，宣德二年四月辛巳条。

③ 王晓燕：《官营茶马贸易研究》，民族出版社 2004 年版，第 175—176 页。

④ 《明太祖实录》卷 251，洪武三十年三月癸亥条。

⑤ 《明代宗实录》卷 232，景泰四年八月甲辰条。

⑥ 《明宪宗实录》卷 21，成化元年九月戊辰条。

寨官进贡、谢恩、招抚、袭替各项共一千四百七十员名"。①

弘治十二年（1499）九月，"乌思藏并长河西宣慰使司各遣人来贡，一时至者凡二千八百余人"。②

嘉靖十五年（1536）正月，"乌斯藏辅教、阐教、大乘各王差国师短竹札失等，长河西、鱼通、宁远等处军民宣慰使司差寨官桑呆短竹等各进贡，凡四千一百七十余人"。③

藏区僧俗来贡，"前后络绎不绝"，以致朝廷"赏赐不赀"。④ 为了应对这类情况，明廷对来贡者只能量减赏赐，以"薄示惩戒"；⑤ 而对于滥送的四川地方官员，往往敕令其"以后不许滥送"，否则"令巡按监察御史逮问"。⑥ 然而，这些举措并不能有效地缩小朝贡使团的人员规模，只不过是为了在朝廷的怀柔远人和有限的财政之间寻求一个平衡罢了。因此，五千里川藏驿道，盛况依旧。

另一方面，川藏道也成为汉、藏两地之间物资流动的通道，十分兴盛。明人曹学佺在《蜀中广记》一书中对当时川藏驿道上物资流通的情形有相关描绘，其记曰：

> 乌思藏所产细画泥金、大幅佛像、铜渡金佛像、金塔、舍利、各色足力麻、铁力麻、氆氇、左髻、犀角、珊瑚、唵叭，其贡道由董卜韩胡、长河西、朵甘思之境，自雅州入京。⑦

《续文献通考》记载，上述佛像、铜佛、舍利、足力麻、铁力麻、氆氇、珊瑚、犀角等各项，均为藏区各地进献朝廷的贡品。⑧ 这些贡品通过跨

---

① 《明宪宗实录》卷 272，成化二十一年十一月甲戌条。

② 《明孝宗实录》卷 154，弘治十二年九月丙子条。

③ 《明世宗实录》卷 183，嘉靖十五年正月庚午条。

④ 《明宪宗实录》卷 21，成化元年九月戊辰条。

⑤ 《明世宗实录》卷 153，嘉靖十二年八月丙戌条。

⑥ 《明孝宗实录》卷 154，弘治十二年九月丙子条。

⑦ 曹学佺：《蜀中广记》卷 35《边防记第五·天全六番招讨使司》，《景印文渊阁四库全书》第 591 册，台北：台湾商务印书馆 1986 年版。

⑧ 王圻：《续文献通考》卷 33《土贡考》，台北：文海出版社 1979 年版，第 2006—2007 页。

经董卜韩胡、长河西及朵甘思的川藏道流入汉地，数量和种类都十分可观。

与此同时，汉地的各项物资也通过川藏道输送到藏区各地。仅以正德年间刘允西行求佛为例，《明史》记载，刘允出行，"以珠琲为幢幡，黄金为供具，赐其僧金印，犒赏以巨万计，内库黄金为之罄尽"，[1] "所经路带盐、茶之利，亦数千万计……率四川指挥、千户十人、甲士千人俱西，逾两月至其地"。[2] 由此，可以想见当时川藏驿路上的盛况。

川藏道绵延数千里，自打箭炉至昌都西境的康区一线是其重要的组成部分，路途漫长且艰险。这一路段自唐宋以来，甚少有外人问津。以康定为例，据任乃强的说法，该地在"宋以前则荒谷耳"。[3] 元代虽在朵甘思设有多处驿站，但主要集中在康区北部临近安多一带，康区南部一线仍旧十分的荒凉。至明代成化以后，随着驿道的南移，康区开始逐渐繁荣于藏区东部，成为东连汉地、西接卫藏地区的一个重要的中间地带。康区的繁荣主要表现在以下两个方面。

第一，康区市镇的兴起。关于明代康区市镇的发展状况，当时的记载并不多。根据正德年间礼部尚书毛纪的说法，川藏道自雅州出境，过长河西，迤西至乌思藏，"无州县驿递，亦无市镇村落"。[4] 毛纪所言，意在劝阻明武宗停止派遣刘允入藏迎请大宝法王，所以故意夸大了川藏道沿途的荒凉与艰险程度。

有明一代，打箭炉市镇的兴起可以说是川藏驿道的一个见证。透过打箭炉，可以管窥整个川藏道沿线市镇的发展情况。打箭炉在元时为长河西管军万户府治所所在地，[5] 但在当时的汉文史书中并无有关其汉语名称"打箭炉"的记载。明代，朝廷置长河西、鱼通、宁远等处宣慰司于此。

后世关于打箭炉市镇的研究有很多。其中，以任乃强的研究影响最大。任乃强对明代打箭炉的论述主要见于《西康图经》。他在《西康图经·境域篇》中有一段记述，称打箭炉"元时，设长河西鱼通宁远土司于此，即所

① 《明史》卷331《西域三》，第8574页。

② 《明武宗实录》卷131，正德十年十一月己酉条。

③ 任乃强：《西康图经·地文篇》，新亚细亚学会1935年版，第196页。

④ 《明武宗实录》卷132，正德十年十二月庚申条。

⑤ 张云：《元代吐蕃地方行政体制研究》，第235页。任乃强等认为其机构名称应该是长河西管军招讨使司，治所不详。参见任乃强、泽旺夺吉《"朵甘思"考略》，《中国藏学》1989年第1期。

谓'明正土司'也。红教喇嘛寺，亦元时建立。至明时，尚仅有住民十余家"。① 在此后出版的《西康图经·地文篇》中有《打箭炉非古牦牛国》一文，文中复言："余考元明时，打箭炉仅属小村。"② 两处记述，任乃强都将元代与明代并提，说明在元、明两代，打箭炉在人口和城镇规模上有相似性，都比较小。这一论断可能反映的是元代至明初的打箭炉聚落的发展状况。

任乃强的上述观点流传甚广，许多研究者的文章中都能见到其影子。③ 然而，任乃强关于打箭炉的论述却并不限于上面两处。在《"朵甘思"考略》一文中，任乃强等则将明代的打箭炉定义为新兴市镇。文中称："明代打箭炉（今康定县炉城区）新兴为市镇。"④ 一个地方由乡村到城镇的转变并非一蹴而就。打箭炉成为新兴的市镇，当在明中期以后，且与驿道的南移有密切的关系。因此，任乃强对打箭炉的认知从一个仅有十余家住民的小村，过渡到新兴的市镇，实际上反映了明代朝贡路线南移前后打箭炉在市镇规模方面的变化过程。

明末清初，打箭炉地方因为汉、藏贸易的发展而更加繁荣。对此，五世达赖喇嘛在其自传中曾说道："东方打箭炉地区在汉藏交界之地，税赋收入及物产都比其他地区丰富得多，是一殊胜之地。"⑤ 至近代，打箭炉又被誉为"西康第一都会"。⑥

明代中期以后，除了新兴的打箭炉以外，康北地区的德格、昌都等也获得了更大的发展。究其缘由，与其地处汉、藏驿路沿线密不可分。可以说，明代驿道的南移对康区许多新兴市镇的兴起起到了决定性的作用。这些沿线市镇的繁荣保证了驿路的顺畅，而畅通的驿路又反过来进一步刺激了沿线市镇的发展。

第二，康区纽带作用的增强及在藏区地位的提升。从唐代至明中期以

---

① 任乃强：《西康图经·境域篇》，新亚细亚学会 1933 年版，第 83—84 页。
② 任乃强：《西康图经·地文篇》，第 196 页。
③ 格勒：《甘孜藏族自治州史话》，第 97 页。贾大泉：《川藏道的兴起与川藏关系的发展》，杨岭多吉编《四川藏学研究》第 4 辑，第 464 页。
④ 任乃强、泽旺夺吉：《"朵甘思"考略》，《中国藏学》1989 年第 1 期。
⑤ 五世达赖喇嘛阿旺洛桑嘉措：《五世达赖喇嘛传》下册，陈庆英、马连龙、马林译，中国藏学出版社 2006 年版，第 260 页。
⑥ 任乃强：《西康图经·境域篇》，第 83 页。

前，汉藏使者、商旅往来，多由西北甘青故道。西北一带因此成为维系汉、藏两地之间往来的一条纽带。其间驿路虽经康区北部一带，但对整个康区的影响并不十分明显。这种情况自明中期以后发生了变化。明廷以川藏道为正驿的做法，使得驿路贯穿了整个康区，成为卫藏通往汉地的主要交通线。

随着这些朝贡者对康区认识的加深，人们开始关注康区。藏文史籍中关于康区的论述也因此逐渐丰富起来。[①] 以往对于康区的那些笼而统之的印象慢慢发生改变，无论是其概念还是范围在藏人的印象中都开始逐渐清晰起来。康区以往"边地"的身份也逐步得到改变。此时的打箭炉甚至开始成为五世达赖喇嘛口中的"殊胜之地"。

正统以后，明廷以川藏道为正驿，在其治藏政策中是一项重要且有预见性的举措。这一做法有效地避免了正德以后东蒙古各部在西北对汉、藏交通造成的威胁，使得汉地与朵甘、乌思藏等地的交通并未因战乱而中断。至明末，藏区各地的朝贡使团仍然络绎不绝地由此通往汉地，与明廷保持着密切的关系。这对朝廷在藏区的统治起到了巩固作用，同时也加强了汉、藏民族间的经济、文化交流。

---

① 高琳：《17世纪中叶—19世纪格鲁派史籍中的康地》，《西藏大学学报》2013年第1期。

第　七　章

康区白利土司的兴起与覆灭

17世纪上半叶，康区发生的最令人瞩目的事件是"白利土司"势力的崛起。作为兴起于康区地域的一个强大的地方势力，"白利土司"在鼎盛时期曾一度控制了德格、邓柯、道孚、石渠、昌都、类乌齐等大片地区，并与控制卫藏地区的藏巴汗政权、南下青海的蒙古势力形成三足鼎立之势。与明代丽江木氏土司在康区的扩张不同，白利土司是兴起于康区本土的地方势力。白利土司及其属民均为藏人。所以，白利土司的崛起不但意味着康区地方势力的强大和走向政治舞台，开始改变康区的地缘与政治格局，同时也对整个藏区的政治局势产生了影响。所以，"白利土司"势力的崛起，无疑标志着康区的历史发展开始进入一个新的阶段。

第一节　对白利土司相关史料记载的甄别

关于白利土司，目前学界的研究相对匮乏和不足。[①] 这也造成对其的认识存在诸多分歧和含混、模糊不清之处。此外，在有关白利土司的研究中，人们还常把后来的"霍尔白利长官司"与之相混淆，将二者视为同一地方势力。如石泰安在《汉藏走廊古部族》中就谈道：

---

① 成果甚为稀少，专题和系统的研究仍以德国学者彼德·史卫国的《清代白利土司顿月多吉小传》、周华的《藏族历史上的白利及白利王研究》及白日吉美旺嘉的《白利王权势兴衰简论》较为突出。其中后两篇文章均为藏文，对于许多汉语读者尤为陌生。

　　　　白日（bi ri）是东族（原文为董）① 的第八个"高人"集团，它很
　　可能是白利（be ri）土司，在康地时名声赫赫的，为霍尔五个小王国之
　　一，位于甘孜以北。②

　　这里显然将属于东族的白利土司与霍尔白利混为一谈。事实上，白利土
司与霍尔白利长官司是两个不同的地方势力。前者兴起于明末清初，后者兴
起于雍正年间；前者中心在昌都一带，后者在甘孜县一带。且从历史脉络
看，二者之间亦无传承关系。

　　关于白利土司研究上的不足，正如德国学者彼德·史卫国所言："明末
清初活动在康区的白利土司顿月多吉是从事藏学研究的人们长期以来非常熟
知的名字，但对其生平却鲜有探讨。"③ 有关白利土司的情况，主要体现于
其名称、起源及地望等方面存在的诸多歧异。

　　有关白利土司的起源，许多学者将其历史追溯至《萨迦班智达致乌斯
藏纳里僧俗诸首领书》中所提及的"必里"。如格勒即认为该信件中所提及
的"'必里'据考为今甘孜藏族自治州甘孜县'白利'之异音"。④ 这一说
法曾被不少学者沿袭和引用。⑤ 那么，《萨迦班智达致乌斯藏纳里僧俗诸首
领书》所提及的"必里"究竟是怎么一回事？

　　《萨迦班智达致乌斯藏纳里僧俗诸首领书》记：

　　　　前此数年，蒙古兵未至上部地方，由我率白利（bi ri）归顺，因
　　见此归顺甚佳，故上部阿里、卫、藏等部亦归顺，复又使白利诸部输
　　诚，故至今蒙古未遣军旅前来，亦已受益矣，然吐蕃之上部诸人有不

---

① 本章为讨论方便，白利之"ldong"一律写作"东"，引文则保持"ldong（董）"的写法。
② 石泰安：《汉藏走廊古部族》，第49页。
③ 彼德·史卫国：《清代白利土司顿月多吉小传》，才旺南加译，《西藏民族学院学报》2001年第
1期。
④ 格勒：《甘孜藏族自治州史话》，第65页。
⑤ 赵心愚在其论文中也引用格勒观点，认为康区之"白利，即《萨迦班智达致乌斯藏纳里僧俗诸
首领书》中提到的'必里'"。赵心愚：《和硕特部南征康区及其对川滇边藏区的影响》，《云南民族学
院学报》2002年第3期。

知此情者。①

　　这封信是萨迦班智达前往凉州同蒙古首领阔端谈判乌思藏归降蒙古一事之时，从凉州写给乌思藏纳里僧俗诸首领的一封信。信中提到萨迦班智达"率白利归顺"蒙古并得到优待一事，意在以此来说服乌思藏纳里僧俗首领归顺蒙古。藏文中，白利一词写作 bi ri 或 be ri，② 其意是指被青杠林包围的山林。从藏文发音和字形看，二者确实都是"白利"。因为汉文翻译中同音字较多。bi ri 或 be ri 在汉文翻译中有"白利""百利""白日""必里"等不同译法。不过，从该信件的产生年代和所提及"必里"的地理位置来看，要把信件中的"必里"说成是后来的白利土司至少存在以下两个问题。

　　首先，该信件的年代是一个较大问题。这封信虽然被认为是 13 世纪中叶的萨迦班智达（1182—1251）所撰写，却不并见于萨迦班智达的文集中，③ 而是最早出现在由阿旺贡噶索南坚赞（1597—1659/1660）所著的《萨迦世系史》一书中。王尧早在 1978 年就将此信译为汉文，他认为该信件写成的时间应在 1246—1251 年之间。④ 但其翻译所根据的藏文文本则是《萨迦世系史》。《萨迦世系史》由萨迦派高僧阿旺贡噶索南坚赞撰写，是作者综合以前的萨迦世系史写成的，成书时间是 1629 年，已晚至明末，距萨迦班智达生活的年代已过去了三百多年。因此，从时间上说，要据此信件来得出元代之"必里"即后来的"白利"，在文本上尚存在很大问题。

　　其次，从信中的内容看，"必里"应是萨迦班智达前往凉州途中的一个部落。1244 年，萨迦班智达前往凉州与阔端会晤，沿途曾逗留于此，直到

　　①　阿旺贡噶索南：《萨迦世系史》，陈庆英、高禾福、周润年译注，西藏人民出版社 2002 年版，第 103 页。
　　②　在古藏文中，上加"ྷ"和"ྷ"有时会出现互换的现象，使用时较为随意，参见白日吉美旺嘉《白利王权势兴衰简论》（藏文版），*Studies in the History of Eastern Tibet*，edited by Wim Van Spengen and Lama Jbb，International Institute for Tibetan and Buddist Studies GmbH，2009，pp. 20–54。
　　③　关于该信件的研究，参见 David P. Jackson，"Sakay Pandita's Letter to the Tibetans：A Late and Dubious Addition to His Collected Works," *The Tibetan History Reader*，New York：Columbia University Press，2013，pp. 241–248。根据其研究，这封信件首次出现是在 1629 年，而在此前的萨迦班智达所有的文集中都没有该信件，可能是此时格鲁派欲再次与蒙古人结盟，需要追溯此前的施主关系，为结盟找到合法性而编纂了该信。
　　④　王尧：《萨迦班智达公哥监藏致蕃人书》，《元史及北方民族史研究集刊》第 3 辑，1978 年。

1246 年才抵达凉州，他所言之"必里"极可能是途中遇到的一个地方部落。萨迦班智达在信中以"必里"为例，来说服卫、藏及阿里地区的僧俗首领归顺蒙古会得到极大优待。史载有"必里万户"，《元史》中将其划入吐蕃等处宣慰司的辖区范围。关于其地理位置，《元史·地理志》记在青海贵德一带："至贵德州，地名必赤里，始有州治官府。"① 其在明太祖时归附明朝，改称必里卫。《明实录》载："必里在吐番朵甘思界，故元设必里万户府。"② 关于元代"必里万户"和明代"必里卫"的位置，学界有"青海贵德黄河北岸"及"青海海兴县"等说法。③《中国历史地图集》所绘之元代宣政院辖地中，把"必里万户"的位置标在青海贵德县以西并延伸至黄河以北。到明代，"必里"的位置则被标于青海海兴县及都兰县一带。④ 虽然关于"必里"的具体地理位置尚存争议，但其大概的地理位置应在今青海地域无疑。而明末清初之白利土司则是在康区地域。因此，"必里"与后来的白利土司在地理位置上有明显差别。二者可能不是一回事。

从早期的藏文文献记载看，白利指称或为部落名称、官名和人名等。"白利"一名比较固定地指称中部康区之白利土司，应是在明末清初。在此之前，白利作为地名或部落名称时，其地理位置较为多变，在康区和安多都有叫"白利"的部落和地名。⑤ 早在 12 世纪前后，藏文史籍中即出现作为地名的"白利"。成书于 12 世纪的《娘氏教法源流》就记载：

> 尊者三人化妆成乞丐，将经函驮于骡子，到达上部阿里，想要在不同律法的异地弘法，却未能。如此，白天躲藏，夜里行路，对一名为西热果恰（sher go cha）的居士起名为释迦西绕（sha'kya shes rab），并将其带为佣人。至多麦南部的白利（be ri）疆域后，从德吴嚓措湖（de'u tsa tso）起程，到达具有金顶神殿的嘛龙多吉扎热阿穷南吉阳宗城堡和

① 《元史》卷 63《地理志六·河源附录》，第 1565 页。
② 《明太祖实录》卷 69，洪武四年十一月丁丑条。
③ 王继光：《明代必里卫新考》，《西北民族研究》1993 年第 1 期；吴均：《安定、曲先、罕东、必里等卫地望及民族琐议》，《青海师范学院学报》1988 年第 3 期；张鸿翔：《明代必里卫考》，《北京师范大学学报》1963 年第 1 期。
④ 谭其骧主编《中国历史地图集》（七），中华地图学社 1975 年版。
⑤ 周华：《藏族历史上的白日及白利土司考辨》，《中国藏学》（藏文版）2012 年第 2 期。

丹得西吉阳果寺。①

从上述记载看，白利是当时多麦南部的一个地名，位于今安多藏区。成书于 19 世纪的《安多政教史》也载，当朗达玛毁灭卫藏地区圣教后，吉祥曲沃日山玛班·释迦牟尼（dmar pan shakya mu ni）等三人驮着经书，从阿里等地"经多麦南部的白日（be ri）的擦措湖（tswa mtso）来到黄河峡谷的金刚岩洞、安穹南宗窟（An chang gnas rdzong）、丹斗寺等处修行"。② 可知，12 世纪，"白利"一词亦指称多麦南部地区的一个地方。

约成书于 13 世纪的苯教文献《黑头矮人起源》（dmu nag mi'u ' dra chags）③ 中亦多次出现白利这一地名。其地理位置则指向多康的贾扎岗（skya bkra sgong）④ 之宗喀地区。白利是八大部落中朵巴和岭巴两部落的分布地，但并不清楚其地望在何处。但该文献在论及下部多康的贾扎岗时，白利的地望清楚地指向宗喀地区："贾扎岗有四个精地：江（skyang）和鹅斯（'u si）、鹅米（'u mi）为三；加上占据着宗喀（tsang kha）的百利（be ri）为四，那就是贾扎岗的四个精地。"⑤ 此处，白利地望位于宗喀地区，可能是当时一个十分强大的部落，这在后文中说得更为明确："白利（be ri）及多利（mod ri）、罗合加（slo kya）三个，便是占领宗喀地区的三个人。森斯（zin zi）和杜玛尔（'du mar）、维尔（wer）三个，便是法力最大之三位。白利（be ri）及让波（rang po）、琼波（khyung po）三个，便是最有名的三位。"⑥ 在该文献中，白利作为地名主要指多康地区之贾扎岗的宗喀地区。

此外，除上文提到的多麦地区的宗喀白利称谓外，周华还提到了在多麦地区有"白利万户三部（be ri khri skor gsum）、白利甲林（be ri rgya gling）等古老白利的称谓"。⑦

白利万户三部出现在《贤者喜宴——噶玛噶仓》（chos 'byung mkhas pa

---

① 娘·尼玛韦色：《教法源流·花蜜精粹》（藏文版），西藏藏文古籍出版社 2012 年版，第 408—409 页。
② 智观巴·贡却乎丹巴绕吉：《安多政教史》，第 22 页。
③ 金东柱：《苯教古文献〈黑头凡人的起源〉之汉译及其研究》，第 151 页。
④ "岗"一词在藏文中一般写为 sgang，但在金东柱的对刊译本中作 sgong。
⑤ 金东柱：《苯教古文献〈黑头凡人的起源〉之汉译及其研究》，第 172 页。
⑥ 金东柱：《苯教古文献〈黑头凡人的起源〉之汉译及其研究》，第 172 页。
⑦ 周华：《藏族历史上的白日及白利土司考辨》，《中国藏学》（藏文版）2012 年第 2 期。

dga'stong）中，七世噶玛巴却扎嘉措传记中载："白利（be ri）土司的三部落、僧格米罗（seng ge mi log）地方的普哇塔（phur ba thar）等人向（法王）敬献有金、银、珠宝等许多物品。"①

四世噶玛巴若必多吉（rol pa'i rdo rje，1340—1383）的传记中提到了白利甲林（be ri rgyal gling）的称谓："此后，地方万户及白利甲林的部众迎请（法王），（法王）到了白朵、索、绛、喀三地及赤喀地方。"②

由上可见，在早期的一些藏文史籍中，白利作为地名，在地域上并不是固定的，在安多和康区都有叫白利的人、家族、部落或地方。

但到明末清初，"白利"一词开始比较固定地指称中部康区之白利土司。《西藏王臣记》载："丑年冬王师指向青海，因巴尔康白利土司顿悦多吉专宏苯教而对遍智·甘蔗氏之追随者多加迫害。"③ 其后的史书及教法史如《青海史》《安多政教史》《黄琉璃》《土官宗派源流》等基本沿用这一说法，即白利土司是中部康区重要的地方势力之一。

一些民间传说也反映了白利作为地名几经变化的过程。白日吉美旺嘉根据收集到的一条白利土司起源传说认为：白利最早建立在一片被青杠木（be sheng）围绕的山林中，因而得名白利。④ 按照这一说法，最初形成了阿扎白利（a grags be ri），⑤ 其后形成了昌都白利（chab mdo be ri），⑥ 最后散居为朱倭白利（tre bo be ri）。⑦ 这是白利作为地名起源的民间说法，虽多有附会之嫌，但较真实地反映了白利地理位置的多变。

因此，白利这一称谓作为地名，虽然大量出现在一些早期藏文史籍中，但是因其指称的广泛以及缺乏具体的详尽材料，我们很难厘清这些称谓之间

---

① 巴卧·祖拉陈瓦：《〈贤者喜宴——噶玛噶仓〉译注（十一）》，周润年、塔娜译，《西藏民族学院学报》2012 年第 6 期。

② 噶玛泽旺衮恰：《噶玛噶仓传承仁波切的传记》，云南民族出版社 1998 年版，第 431 页。

③ 五世达赖喇嘛：《西藏王臣记》，第 127 页。

④ 白日吉美旺嘉：《白利王权势兴衰简论》（藏文版），*Studies in the History of Eastern Tibet*，edited by Wim Van Spengen and Lama Jbb，IITBS GmbH，2009，pp. 20~54。

⑤ 《世界广论》中记载，阿扎在那曲东部，参见松巴·益西班觉《世界广论》（藏文版），青海民族出版社 2013 年版，第 201 页。

⑥ 在西藏自治区昌都地区昌都县妥巴乡境内，见尹嘉珉主编《西藏自治区地图册》，中国地图出版社 2005 年版，第 52—53 页。

⑦ 即指朱倭，在今四川省甘孜藏族自治州炉霍县一带。

的具体关系及与明清之白利土司之真正的起源关系，也很难仅凭借"白利"这一相同的称谓将其历史追溯至元代之"必里"。

从藏文史籍的记载看，白利土司家族最初应是东氏（ldong）氏族十二分支中的一支。《黑头矮人起源》记："东氏迎娶了哲娜玛（'bri sna ma），生了一个儿子，叫岗乾谢秀周（gang chen bye phyug drag）。他有一个儿子，叫侔波德仔（smyag po ti tse）。他有一个儿子，海螺般白色的男人，有一双碧玉的眉毛及海螺样的顶髻，手持着白旗，白色藤鞭举头顶，是苍穹之下扎的战神，因而半数东氏云游天空。此人有一个儿子，叫伯纳郭若（spon mgo ro）。他有一个儿子，叫拉钦提波（lha chen this po）。此人有三个儿子，分别叫侔波东（smyug po ldong）、纳切东（nga che ldong）、托托东（thog thog ldong）。"① 其中，"侔波东占领东边的岗迦雪（gang sya'i zhol）之地"。② 其支系可分为上中下各两支共计六支，"侔波东的六个殊胜之处：上部有吉（'bri）和雅（yag）两族，做了黑头吐蕃人的头人；中部卡沃（kha bo）和白利（be ri）两族，做了吐蕃人的大臣；下部有弥雅（mi nyag）及齐坦（khyi than）两族，定居在康区的大砖觉洛多巴（gyo lo rtog pa）"。③ 白利为其支系之一，包括朵巴（mdo pa）和岭巴（gling pa）两支系，其有可能是后来史书中所说的上白利和下白利。④ 朵巴和岭巴是东氏八大部落中很重要的两个部落："在柔西（rag shi）有藏岱（rtsang sde）和芒岱（rmang sde）；在若仔（ro mdze）有千户和臣相；在扎沃（bra bo）有仔巴（rtse pa）和恭巴（rgong pa）；在白利（be ri）有朵巴（mdo pa）和岭巴（gling pa），那就是八大部落。"⑤

成书于1434年的《汉藏史集》在谈到藏族族姓"东氏"时亦说："兄长东氏分出六个长系，在上部有巴曹氏和章叶氏，在中部则有若则氏和热西氏，在下部有木雅氏和吉坦氏，由此六长系又分出六尊贵系，即比日阿木多（be ri 'a mdo）和林巴，由若则氏分出的普巴和达巴，由吉坦氏又分出的两

---

① 金东柱：《苯教古文献〈黑头凡人的起源〉之汉译及其研究》，第158页。
② 金东柱：《苯教古文献〈黑头凡人的起源〉之汉译及其研究》，第158页。
③ 金东柱：《苯教古文献〈黑头凡人的起源〉之汉译及其研究》，第159页。
④ 根据目前笔者所能见到的史料，很难厘清上下白利之间的关系，虽然白日吉美旺嘉在其研究中给予了一个非常好的上下白利世系图表，但其历史仍然是一团谜。
⑤ 金东柱：《苯教古文献〈黑头凡人的起源〉之汉译及其研究》，第159页。

支。以上为东氏繁衍的长尊十二支。"① 在此，白利亦作为东氏族下的十二支系之一出现。此外，四世堪珠活佛旦增却吉尼玛（bstan 'dzin chos kyi nyi ma，1730—1779）的自传中提到"传承为大者东氏，分支众多者扎氏，勇武者珠氏著名姓氏里，我的姓氏是传承者为大的侔东氏，是多康北部地区小姓部落中厉害的姓氏，再者，在玛域著名红白利地方居住的白利……"② 由此可以看出，白利作为姓氏而言，源于东氏。石泰安还进一步大胆地提出猜想："这些南方的东族，一直扩展到昌都地区，即怒江和湄公河上游达（拉）曲江的汇合处。"③ 然而，根据已有的史料，我们很难确定康北之白利土司是否是从多麦南部的白利分化迁移而来，也很难找到白利土司在元代已经十分兴盛的文献材料。

第二节　白利土司世系与地望

可以肯定的是，白利土司的真正崛起是从仁蚌巴末期及藏巴汗统治中期开始，即从白利土司顿月杰的祖父白利却崩（be ri chos 'bum）和父亲白利阿潘杰（be ri A 'phan rgyal）时期逐步崛起，到白利土司顿月杰（be ri don yul rgyal）时期达到顶峰，成为当时康区最大的地方势力，形成了后藏第悉藏巴（sda sred gtsang pa）、蒙古却图汗以及康区白利土司三足鼎立的局面。

根据白日吉美旺嘉和周华的研究，以及《拉托王统记》等传记和《达隆教法史》等教法史，白利土司的传承系统大体如图7-1所示。

对白利土司的地望，目前学界的看法尚存在一定分歧，大致有以下两种观点。

一种认为是在今甘孜地区。任乃强认为：

> 于时康地诸王国，白利最大。国都在今甘孜县境内，辖地远达今德格、邓柯、白玉、瞻对、道孚诸县，其王顿月夺（不空金刚）专宏黑

---

① 达仓宗巴·班觉桑布：《汉藏史集》，第13页。
② 洛桑喜饶：《昌都文献宝积》（藏文版），德里出版，资料来源：BDRC（佛教数字资源中心），编号：W23745-1，第457页。
③ 石泰安：《汉藏走廊古部族》，第46页。

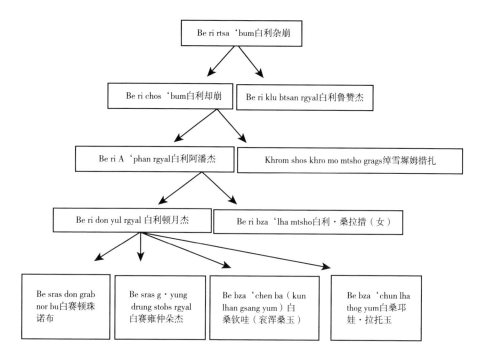

图 7-1　白利土司谱系示意

资料来源：此图根据白日吉美旺嘉《白利王权势兴衰简论》（藏文版）及周华《藏族历史中的白利及白利王研究》的研究绘制，原文还有上白利土司谱系及下白利土司谱系中顿月杰以后的谱系，此处只取了下白利谱系（到顿月杰及其子止）。

教，蹂躏黄教、白教、花教备至。①

格勒亦认为：白利位于甘孜与德格二县之间的雅砻江畔，明代白利土司是甘孜藏族地区北路诸土司中颇有势力的，当地人称白利土司为白利王，是历史上唯一敢于同林（gling）国较量的势力。②

隋浩昀也认为：

白利位于今四川西部的甘孜州，元末明初领有‘东至道孚，西至

---

① 任乃强：《德格土司世谱》，《任乃强藏学文集》下册，中国藏学出版社 2009 年版，第 174 页。

② 格勒：《甘孜藏族自治州史话》，第 116 页。

邓柯、石渠'之地，与德格土司为邻。明代中叶以后，陆续扩张势力，当地人称之为白利王。①

怀利②、阿哈迈得③等一些西方学者也根据地理著作《世界广论》将其地理位置确定为今天四川省甘孜州德格县东部一带。同时，藏文词典类的工具书，也多认为白利位于甘孜。如《东噶藏学大词典》在解释 be ri 和 be ri khang 二词条时写道，"白利顿月统治的甘孜地区的政权名称"及"白利顿月统治下的甘孜朱倭大政权"。④ 同样的解释还出现在《常见藏语人名地名词典》⑤ 等一系列工具书中；在通史类著作中也常常在白利土司前加上"甘孜地区"，如《松石宝串》⑥ 等。

另一种观点认为，白利土司的地望在今昌都市一带。德国学者彼德·史卫国根据喇嘛传记认为：

> 我接触使用过的材料却表明，顿月多吉的白利可能位于拉托和昌都之间的相邻地区，即在长江和澜沧江之间的玛尔康岗地方的上部或上部边缘地区。也许，我们可以把顿月多吉的白利和拉托南部的一个有同样名称的地方联系起来，此地位于昌都和德格之间的公路边，隶属今天的西藏自治区昌都专区。在台赤曼 1922 年的旅行地图和 1981 年中华人民共和国出版发行的西藏自治区地图上都能找到这个地名。白利是现昌都地区（昌都县）的一个行政单位。⑦

与彼德·史卫国持相同意见的还有根旺，其在《藏区多康古地名诠释

---

① 隋浩昀：《罕都事件及其对清初川滇藏区的影响》，《中国藏学》1996 年第 3 期。

② 彼德·史卫国：《清代白利土司顿月多吉小传》，才旺南加译，《西藏民族学院学报》2001 年第 1 期。

③ Zahiruddin Ahamd, *Sino-Tibetan Relations in the Seventeenth Century*, Rome：Istituto Italiano per il Medio ed Estremo Oriente，1970，p. 119.

④ 东噶·洛桑赤列编纂《东噶藏学大词典》（藏文版），中国藏学出版社 2002 年版，第 1399 页。

⑤ 陈观胜、安才旦主编《常见藏语人名地名词典》，外文出版社 2004 年版，第 20 页。

⑥ 恰白·次旦平措、诺章·吴坚、平措次仁：《西藏通史——松石宝串》上册，第 652 页。

⑦ 彼德·史卫国：《清代白利土司顿月多吉小传》，才旺南加译，《西藏民族学院学报》2001 年第 1 期。

（一）》一文中提出："汉文又作'白利'、'帕日'。藏文亦作［biri］，狭义地名指今西藏自治区昌都县妥坝区白日乡，系历史上著名的'白日王'官府所在地。"[①] 周华也指出："中部康区白利位于在六岗为主的玛康岗，即今昌都地区而不是甘孜地区。"[②]

但如前所述，白利这一称谓至明末清初以后基本固定为中部康区，即明确地说明白利的地理位置在中部康区。松巴堪布·益西班觉（sum pa mkhan po yes shes dpal 'byor，1704—1787/1788）在其地理分类中，将康区分为上、中、下三部分，认为：

> 位于南部的上康区东西大雪山之间有昌都、察雅、贡觉、理塘、杰丹、萨丹、聂荣、噶斗、木雅（当地人体态优美）嘉莫绒、加那达萨等地。
>
> 在中部康区的那曲（nag chu）、丹曲（gdam chu）、索曲（sog chu）、布达曲（bur tam chu）和止达曲（'bra tam chu）等河域间，有丹楞（'dam gling）、古孜（go rtsi）、德格（bde dge）、甘孜（kam rtse）、年措（nyam mtsho）等地。[③]

从这一分类来看，白利位于甘孜、德格一带的可能性较大。但成书更早的《五世达赖喇嘛传》记：

> 土蛇年（1629）新年过后……在石铺大院内举行的僧众大会上，昌都的商人阿布恰等来自中部康区的许多香客，向我奉献了茶、马、铠甲、犏牛等上百种礼品，隆重举行发愿回向法事。[④]

据此，中部康区应包括今昌都市。《安多政教史》亦记：

---

① 根旺：《藏区多康古地名诠释（一）》，《西藏民族学院学报》2000 年第 5 期。
② 周华：《藏族历史上的白日及白利土司考辨》，《中国藏学》（藏文版）2012 年第 2 期。
③ 松巴堪布·益西班觉：《松巴佛教史》，第 331 页。
④ 五世达赖喇嘛阿旺洛桑嘉措：《五世达赖喇嘛传》上册，第 66 页。

下部称多康六岗，即撒茂岗（zam mo sgang）、擦瓦岗（tsa ba sgang）、玛康岗（smar khams sgang）、宝贝尔岗（sba sbor sgang）、玛尔扎岗（dmar dza sgang）、木雅岗（mi nyag），这些都属于中康（bar khams）的范围。[①]

按其所述，位于玛康岗的昌都、察雅、芒康等都是中部康区的一部分。故从中部康区这个分区来看，白利位于昌都和甘孜地区都有可能。《拉托王统记》记载：

值得一提的是，雄健勇武之德赛乌吉和热乌父子在位期间，统治着金沙江和澜沧江诸岗。此时，力量强大的白利土司以白利却崩为首，其百人百马犹如钉在天空中的六颗星，安住于拉托的右部地区，经撮合，拉托与白利建立姻亲关系，白利的女儿绰雪墀姆措扎（khrom shos khro mo mtsho grags）成为热乌的王妃。[②]

按此记载，白利位于拉托的右部地区，与拉托相邻。拉托王所在地在今昌都拉妥乡一带，其右为昌都子呷乡一带，邻近江达县。因此，白利的地望应在澜沧江和金沙江之间。而甘孜、德格在雅砻江和金沙江之间，与上述王统记所载不符。另外，从白利土司顿月杰的父亲阿潘杰迎请帕巴拉三世帕巴拉·通娃顿登时的情况可以看出："白利土司在擦哇岗（tsa ba sgang）下部的古拉昂雅（sku lha ngang yag）的下部迎请法王。白利土司、王妃、其子顿月杰、僧众们、王族、大臣们和部众们竞相做供养。"[③] 擦哇岗在澜沧江和怒江中间地带的八宿、左贡一带。白利在擦哇岗下部地区，即应在左贡、八宿县一带的下部地区，即今天的察隅、芒康一带。白利土司曾将绛顿（byams mdun）交予噶玛丹培（kar ma bstan 'phel，1569—1637）管理。绛顿是玛康岗重要的佛教圣地之一。当时绛顿位于白利土司统治的下部地区。而

---

① 智观巴·贡却乎丹巴绕吉：《安多政教史》，第 22 页。

② 'gyur med rnam rgyal. Lha thog rgyal rbas. The Sung rab Nyamso Gyun pel ParkjangTashijong Craft Community Tashijong , Palampur H. P（India），1971：57.

③ 释迦拉旺：《尊者噶举不共教法史》（藏文版），西藏古籍出版社 2001 年版，第 81 页。

玛康岗在澜沧江和金沙江偏北地区。《教法惊奇海》则记，白利位于玛康岗：

> 多康地方的忽然出现并迅速壮大的白利，权力极大，能与魔王相匹敌，将康区下部绛王（木氏土司）的领地逐渐纳入其治下，将绛王、蒙古等人赶出康区，如疯象、无缰的狮子般的六水五岗属民无人敢违抗他的法令，卫、后藏、康三地的商人路经玛康地区（smar khams）时如进了阎王殿般小心翼翼。①

按此，则白利的中心位置似乎主要在今昌都市。此外，民间传说也为考察白利的地理位置提供了一条重要线索。根据白日吉美旺嘉提供的民间传说：

> 最初形成了阿扎白利，其间又形成了昌都白利，最后离散为朱倭白利。②

根据《世界广论》的记载：

> 在那曲东部有阿扎（A grags）、杂玛（rdza ma）、蒙古等众多游牧部落，在他们的东部有格杰（dge rgys）、朵须（rdor shul）、林朵玛（gling stod ma）、白利卡噶（bi ri kha 'ga）……等游牧部落。③

可以判定阿扎这一地名在那曲东部，今《昌都地区志》④ 等都收录了昌都八宿县有著名的神山阿扎岗拉（A grags sgang lha ri）。这与《世界广论》的记载吻合。另外，格勒在其著作中提供的另一民间传说也认为：

> "白利"土司的祖先势力很大，是一个辖有广大区域的大国，最早

---

① 阿旺朗杰：《教法惊奇海》（藏文版），西藏藏文古籍出版社1992年版，第1411页。

② 白日吉美旺嘉：《白利王权势兴衰简论》（藏文版），*Studies in the History of Eastern Tibet*, edited by Wim Van Spengen and Lama Jbb，IITBS GmbH，2009，pp. 20-54.

③ 松巴·益西班觉：《世界广论》（藏文版），第201页。

④ 西藏昌都地区地方志编纂委员会编《昌都地区志》，方志出版社2005年版，第1314页。

居住在青海省玉树一带，常与格萨尔王的岭国发生战争，尔后迁居甘孜地区。[1]

由此可见，白利最初的位置应在今天昌都市，其后通过扩张其领地才得到大幅度拓展。

第三节　白利土司的兴起及其宗教态度

白利土司从白利却崩时期开始逐步对外扩张。在白利却崩时，《拉托王统记》形容白利土司的势力云"其百人百马犹如钉在天空中的六颗星"，[2] 其时还与相邻的拉托结为姻亲。到白利土司顿月杰的父亲阿潘杰时，开始逐步征服周边小部落，并对外扩张。约在1618年，白利土司顿月杰的父亲阿潘杰及叔叔鲁赞杰时期，统一了邓柯（ldan khog）及曲柯（chos khog）地区，即德格和林葱土司地区。1620年，其父率部征讨玛康岗[3]并将其纳入治下，对该地区参与反抗的僧兵及寺院大肆进行打压破坏，同时与云南的丽江土司展开争夺。[4]

其父死后，顿月杰继续进行扩张，不断与周边地方统治者开战，扩展其势力。[5] 1620—1624年，当时与白利土司家族世代交好的昌都帕巴拉活佛，因不满顿月杰在其所属寺院庄园领地连续不断的征调兵役而心生隔阂，同时白利土司也听说当时帕巴拉师徒用很厉害的咒术诅咒他，因此决定向昌都开战。冲突很快在白利土司顿月杰的首席大喇嘛噶玛丹培的调解下平息。但在1626年，玛康岗地区最终还是爆发了战争，当时类乌齐的全部士

---

①　格勒：《甘孜藏族自治州史话》，第65页。

②　'gyur med rnam rgyal. Lha thog rgyal rbas. The Sung rab Nyamso Gyun pel ParkjangTashijong Craft Community Tashijong，Palampur H. P（India），1971：57.

③　在今西藏自治区昌都、察雅、芒康等地。

④　白日吉美旺嘉：《白利王权势兴衰简论》（藏文版），*Studies in the History of Eastern Tibet*，edited by Wim Van Spengen and Lama Jbb，IITBS GmbH，2009，pp. 20-54。

⑤　彼德·史卫国认为白利的父亲阿潘杰可能死于1616—1619年。参见彼德·史卫国《清代白利土司顿月吉多吉小传》，才旺南加译，《西藏民族学院学报》2001年第1期。

兵不足 70 人。白利土司很快凭借自己的军事优势取得了战争的胜利。1627年，他又征服了玉树囊谦土司辖地，迫使囊谦土司背井离乡。1628—1631年，丽江木氏土司与白利土司势均力敌，二者以金沙江中甸段为界。金沙江中甸段以北为白利土司辖地，以东则为丽江土司所辖。但二者在神川铁桥的归属上展开了激烈的争夺。虽然白利土司听从首席喇嘛噶玛丹培不攻打神川铁桥的建议，但未能阻止其叔鲁赞杰的扩张行为。1631 年，鲁赞杰砍断了神川铁桥，对前来攻打的丽江土司人马造成了很大的破坏。[①]《昌都文献宝积》写道：

> 白利和绛在铁桥相争时，虽然白利军队兴兵（准备）攻打（神川铁桥），但中间起很好链接作用的大施主（顿月杰）打算听从了（噶玛丹培的建议不攻打神川铁桥），但鲁赞主仆斩断了神川铁桥，对过往的商旅造成了很大的损害。[②]

由此，白利土司统治了整个玛康岗地区，下部领地与木氏土司中甸的神川铁桥接壤。1633—1634 年，白利土司进攻类乌齐，迫使类乌齐的世俗统治者仁钦坚赞（rin chen rgyal mtshan）前往达隆寺避难。至此，白利土司的权力已达到顶峰，尤其是在 1635 年，控制了类乌齐、芒康、昌都、玉树、巴塘、理塘、中甸地区，成为康区可与藏巴汗与蒙古相抗衡的地方势力之一。这在类乌齐寺扎巴坚赞（grags pa rgyal mtshan，1591—1642）的传记中也得到反映："猪年春天，白利迎请，见面十分愉快，此时正是白利领土范围大增之时。"[③] 在扎巴坚赞的生卒年间共有两个猪年，即水猪年（1623）和木猪年（1635）。从上下文判断，该猪年应指 1635 年的木猪年。

———————

① 白日吉美旺嘉：《白利王权势兴衰简论》（藏文版），*Studies in the History of Eastern Tibet*，edited by Wim Van Spengen and Lama Jbb，IITBS GmbH，2009，pp. 20-54。

② Chab mdo blo bzang shes rab. Chab mdo'i yig tshang rin chen spungs pa；白日吉美旺嘉：《白利王权势兴衰简论》（藏文版），*Studies in the History of Eastern Tibet*，edited by Wim Van Spengen and Lama Jbb，IITBS GmbH，2009，pp. 20-54。

③ 白日吉美旺嘉：《白利王权势兴衰简论》（藏文版），*Studies in the History of Eastern Tibet*，edited by Wim Van Spengen and Lama Jbb，IITBS GmbH，2009，pp. 20-54。

1636 年，白利土司又与蒙古却图汗的儿子阿尔斯兰交战，将阿尔斯兰赶出康区。当时，阿尔斯兰途经康区时，对白利土司地区进行了大规模的财物抢劫。白利土司凭借精兵，将其赶出康区。至此白利土司势力为"上至革吉（dge rgyas）、白黑杂部，下至木雅（今甘孜炉霍一带），多康三分之二的区域被其统辖，大多强悍部落尽归附其下"。由此可看出，其势力范围越过金沙江，达到德格、石渠、雅砻江流域和木雅地区。噶玛丹培的传记记载其一度控制过丽江木氏土司控制之神川铁桥以北地区。①

从现有藏文材料看，白利土司最初以昌都为中心，在白利却崩时期开始扩张，至白利土司顿月杰时期达到鼎盛，拥有康区三分之二的领土，包括德格、石渠、道孚、邓柯、类乌齐及丽江以北广大地区。白利土司的崛起与强大，开始对周边地区即 17 世纪的青海、云南、西藏地区的政治格局产生重要影响。

关于白利土司鼎盛时期的占领区域和控制范围，学界大致认为是"东至道孚，西至邓柯、石渠的大片领土"②，东噶·洛桑赤列则认为："顿悦多吉在万历末年承袭职位后，白利土司加快扩张，先后攻占了包括德格、邓柯、那雪错周、昌都、类乌齐等在内的广大地区。"③ 但实际上，白利土司控制的地区比上述范围还要大一些。

长期以来，藏学界的普遍看法是白利土司顿月杰④崇信苯教，仇视一切佛教，并与格鲁派为敌，遂于 1640 年被与格鲁派结盟的青海蒙古固始汗势

① dpal ldan bla ma dam pa kar ma bstan 'phel gyi rnam pa thar pa grub pa'i ro rtsed，资料来源：BDRC（佛教数字资源中心），编号：W22202-1。

② 格勒：《甘孜藏族自治州史话》，第 85 页；赵心愚：《和硕特部南征康区及其对川滇边藏区的影响》，《云南民族学院学报》2002 年第 3 期；隋浩昀：《罕都事件及其对清初川滇藏区的影响》，《中国藏学》1996 年第 3 期。

③ 东嘎·洛桑赤列：《论西藏政教合一制度》，陈庆英译，民族出版社 1983 年版，第 24 页；曾现江：《明代中晚期东蒙古部落在康区的活动及其影响》，《西藏研究》2008 年第 2 期。

④ 即汉文著作中大家熟知的顿月多吉（don yod rdo rgyal），十分奇怪的是，在藏文史籍中，均未出现白利顿月多吉这一名字，白利顿月杰在史书中常以两个不同的名字出现，较为常见的是 don yod rgyal（顿月杰）这一名字，在《拉热教法史》、《教法惊奇海》以及《拉托王统记》中均称其为顿月杰，偶尔也会称其为 bu rgyal（乌杰），《西藏王臣记》及《青海史》等格鲁派史籍中则称其为 don yod 或简称其为 be ri rgyal po，汉文中常出现的顿月多吉一词尚不知源于何处。

力所灭。① 不少论著也大多将白利土司描绘为狂热的苯教徒。② 由此，产生这样一种印象与认识：白利土司顿月杰与格鲁派为敌，并最终被格鲁派结盟者固始汗所灭，似乎主要源于教派上的分歧与异见，是因宗教异见形成了政治敌对。那么，事实是否如此呢？从藏文史料所反映的情况看，这种认识存在相当的片面性，极易导致我们对当时局势的一种概念化、简单化理解。

在一份白利土司颁布于 1619 年的宗教法令中曾有如下规定：

> 无论何人进入我之辖区，无论是萨迦巴、噶玛噶举巴、宁玛巴，或者是本波，都可以接纳。根据自身财力，无论给这三个教派的僧人或本波徒提供任何东西，马、牛，或者羊，他们都可以愉快接受，并可用这些供施交换他们所需要的东西。但需根据现世和来世加以正确判断。③

如此法令规定，无论是"苯波"，还是"萨迦巴、噶玛噶举巴、宁玛巴"，在白利土司辖区均被接纳，均受到尊崇和礼遇。那么实际情况是否照此实行呢？我们且以藏文材料为依凭，对白利土司同藏传佛教格鲁派的关系作一梳理。

《康珠活佛传记》记载，主巴噶举第一世康珠活佛噶玛丹培曾担任

① 夏格巴：《西藏政治史》，李有义译，中国社会科学院民族研究所 1978 年版，第 90 页；格勒：《甘孜藏族自治州史话》，第 65 页；恰白·次旦平措、诺章·吴坚、平措次仁：《西藏通史——松石宝串》，第 652 页；陈观胜、安才旦主编《常见藏语人名地名词典》，第 20 页；陈庆英等：《历辈达赖喇嘛生平形象历史》，中国藏学出版社 2006 年版，第 147—148 页；马林：《五世达赖喇嘛传》，青海人民出版社 2006 年版，第 85 页；杜齐：《西藏中世纪史》，第 83 页；Zahiruddin Ahmad, *Sino-Tibetan Relations in the Seventeenth Century*, Rome：Is. M. E. O., 1970, p.121；隋浩昀：《罕都事件及其清初川滇藏区的影响》，《中国藏学》1996 年第 3 期；等等。

② 如《西藏通史——松石宝串》即写道："（却图汗）与甘孜地区的白利土司顿月多吉二人又都是本教的施主，故而相互配合呼应，对所有佛教派别，尤其是格鲁派，深加仇恨。"参见恰白·次旦平措、诺章·吴坚、平措次仁《西藏通史——松石宝串》，第 599 页；《康巴史话》也这样描述白利土司顿月土司："在宗教上，白利又是惟一推崇苯教，支持苯教的。传说白利王曾不惜一切手段镇压黄教（格鲁巴）徒，排斥其它喇嘛教派，甚至设立监狱监禁其它教派的教徒。"参见格勒《康巴史话》，第 148 页。

③ 译文参考彼德·史卫国《清代白利土司顿月多吉小传》，才旺南加译，《西藏民族学院学报》2001 年第 1 期，第 9 页；藏文出自 dpal ldan bla ma dam pa kar ma bstan' phel gyi rnam pa thar pa grub pa'i ro rtsed，资料来源：BDRC（佛教数字资源中心），编号：W22202–1，第 166 页。

顿月杰的首席大喇嘛，得到顿月杰的极大供养和布施。[①] 1619 年前后，顿月杰迎请噶玛丹培，并赠送大量礼物：

> 从桑希迎请仁波切到（白利），（喇嘛）进行了灌顶仪式，祈福长寿，从白利德丫地方开始骑行出发，马鞍新铸成并且作了装饰，得到了金、银、茶及牛、羊、马等不可思议的供养。[②]

通过白利土司的关系，噶玛丹培还与邻近白利的拉托王建立了联系，直到噶玛丹培去世，白利土司始终是其最重要的施主。此外，白利土司还将其境内的宗教圣地绛顿交给噶玛丹培管理。绛顿也成为噶玛丹培的重要经济来源地。绛顿过去常是土匪强盗劫掠的目标，但因有白利土司的庇护，噶玛丹培不仅在此建立主巴噶举僧伽区，且一直平安无事。[③] 噶玛丹培既为白利土司讲经说法，也曾多次劝说和制止了白利土司的军事行动。如 1624 年，白利土司决定与昌都开战，但在噶玛丹培的调解下，战争推迟到 1626 年才爆发。1628—1631 年在白利土司与丽江木氏土司争夺神川铁桥的战事中，首席大喇嘛噶玛丹培曾劝阻白利土司不要攻打神川铁桥。[④]

白利土司顿月杰还同萨迦派建立起良好关系。《萨迦世系史续编》记，大萨迦斯阿旺贡嘎索朗（ngag dbang kun dga' bsod nams，1597—1659）时期，在其 16 岁（1613）时，"兄长噶尔钦前往康区，大人和二哥俩人受到库达波札堆阁下的迎请，到达鄂寺，为各执事僧传授如意法之甘露"。[⑤] 1627 年，

---

① 诚如德国学者彼德·史卫国所述："早在 1620 年，顿月多吉就已经是主巴噶举派的一位大施主，他下令用金汁和银汁书写了两部甘珠尔经。"彼德·史卫国：《清代白利土司顿月多吉小传》，才旺南加译，《西藏民族学院学报》2001 年第 1 期，第 10 页。

② 噶玛丹培：《朵康巴噶玛丹培传》（藏文版），资料来源：BDRC（佛教数字资源中心），编号：W22202-1，第 169 页。

③ 噶玛丹培 1569 年出生于蔡仁青岗（tsha rin chen sgang），父母为牧民，13 岁时在类乌齐出家，之后到卫藏各地游学，并拜当时著名的主巴噶举喇嘛拉孜巴阿旺赞波（lha rtse pa ngag dbang bzang po，1546—1615）为师，学习佛教经典、历算等方面的知识。返回康区后，因为和主巴噶举的密切关系，致使他与类乌齐寺决裂，被类乌齐寺驱逐后，开始在类乌齐各地传法。

④ 洛桑喜饶：《昌都文献宝积》（藏文版），德里出版，资料来源：BDRC（佛教数字资源中心），编号：W23745-1，第 421 页。

⑤ 贡嘎·罗追：《萨迦世系史续编》，王玉平译，中国藏学出版社 2005 年版，第 146 页。

顿月杰在控制囊谦地方后，曾写信给阿旺贡嘎索朗，请他派人前往囊谦地方。萨迦巴在给白利土司的回信中写道："在康区，我萨迦巴所依之根本寺庙打朵萨噶恰①（'dab 'dob sa dkar char）及其所属的寺院庄园等要完整无缺地加以保护……"② 信中希望白利土司对上述寺院予以照顾，作为回报，萨迦巴将为白利土司做一些威严的法事。③

顿月杰还曾迎请属于达隆噶举的昌都类乌齐寺的扎巴坚赞到白利地方，扎巴坚赞在其传记中写道："白利王迎请，来到果觉译地方，白利王拜见了（我），献上了茶、丝绸、衣服三驮等礼物，其随从也献了许多礼物，侍奉恭敬而虔诚。"④

白利土司对格鲁派同样予以尊崇和礼遇。帕巴拉是昌都地方格鲁派重要的转世系统之一，其主寺为昌都强巴林寺。顿月杰的父亲阿潘杰时期，曾多次迎请帕巴拉至白利地方。帕巴拉三世帕巴拉·通娃顿登的传记中曾描写其前往白利地方的情形："昌都等地的迎请者众多，白利土司等迎请者聚集，因其迎请非常郑重诚恳，（法王）随侍者前往之。"⑤ 又记："白利土司在擦哇岗下部的古拉昂雅的下部迎请法王。白利土司、王妃、其子顿月杰、僧众们、王族、大臣们和部众们竞相做供养，赐予了无量至善的誓愿。"⑥ 在其后几年，顿月杰再次迎请帕巴拉按照"师徒二人原本计划一同前往绛（丽江）和白利地方"，⑦ 但因调解措卡宗哇（tswa kha rdzong ba）的纠纷未能成行。对于二者之关系，《拉热教法史》记载："在父辈时期，三世帕巴拉通哇顿登做了极大的供养事如在《尊者教法史》中所载一样，往昔，二者是

---

① 阿梅阿旺衮噶索朗：《写给白利的信件》（藏文版）及《写给打朵萨噶恰寺庙僧侣们的一封信》（藏文版），《阿旺贡嘎索朗文集》第1辑，西藏藏文古籍出版社2012年版，第246页。

② 阿梅阿旺衮噶索朗：《写给白利的信件》（藏文版）及《写给打朵萨噶恰寺庙僧侣们的一封信》（藏文版），《阿旺贡嘎索朗文集》第1辑，第246页。

③ 阿梅阿旺衮噶索朗：《写给白利的信件》（藏文版）及《写给打朵萨噶恰寺庙僧侣们的一封信》（藏文版），《阿旺贡嘎索朗文集》第1辑，第246页。

④ 白日吉美旺嘉：《白利王权势兴衰简论》（藏文版），*Studies in the History of Eastern Tibet*, edited by Wim Van Spengen and Lama Jbb, IITBS GmbH, 2009, pp. 20-54。

⑤ 释迦拉旺：《尊者噶举不共教法史》（藏文版），第181页。

⑥ 释迦拉旺：《尊者噶举不共教法史》（藏文版），第181页。

⑦ 释迦拉旺：《尊者噶举不共教法史》（藏文版），第195页。

古老的施主关系。"① 1635 年春，顿月杰还迎请格鲁派的另一转世系统活佛——一世察雅活佛至白利地方，并供奉了大量礼物。②

当然，与此同时，顿月杰也崇信苯教。《郭敦尼玛丹增自传》记："在噶玛坚赞（skam rgyal mtshan gsum）三人时期，康区白利境内，雍仲苯教如火般燃烧。"③ 噶玛坚赞三人系指受顿月杰迎请的索南坚赞（bsod nams rgyal mtsan）、楚臣坚赞（tsul khrims rgyal mtsan）、南卡坚赞（nam mkhas rgyal mtsan）三位苯教僧人。他们不仅为白利土司家族讲经说法、举行宗教仪轨，还参与白利土司的一些政治和军事决策。顿月杰还迎请过一位名叫甲哇罗追（rgyal ba blo gros）的安多苯教喇嘛，该喇嘛"神通广大。白利土司启请其做首席大喇嘛，与噶玛仓同时坐于高位，将大宫殿作为二位喇嘛的寺院拉帐，请求二位喇嘛作利益之事"。④ 甲哇罗追凭借其神通，不但与原来的苯教首席大喇嘛噶玛仓⑤平起平坐，还成为顿月杰之子朵杰（g·yung drung stobs rgyal）的老师。⑥

综上，我们可以看到，白利土司顿月杰尽管崇信苯教，但对藏传佛教其他教派均予接纳和尊崇，并与噶玛噶举、萨迦、主巴噶举、宁玛甚至格鲁派的昌都帕巴拉三世等各教派高僧均维持了良好关系。也就是说，顿月杰在其辖区内奉行的宗教政策乃是多元和兼容藏传佛教各教派的，并不存在独崇苯教而排斥藏传佛教的情况。

第四节　白利土司与格鲁派交恶及其覆灭

既然顿月杰的宗教态度是兼容其他教派的，为何却获得了"崇信苯教，

① 饶然·阿旺登贝坚赞：《智者颈饰——王统宗教源流晶鉴》（藏文版），《西藏史籍五部》，西藏藏文古籍出版社 1990 年版，第 283 页。

② 彼德·史卫国：《清代白利土司顿月多吉小传》，才旺南加译，《西藏民族学院学报》2001 年第 1 期，第 10 页。

③ 转引自周华《藏族历史中的白利及白利王研究》，《中国藏学》（藏文版）2012 年第 2 期，第 47—65 页。

④ 转引自白日吉美旺嘉《白利王权势兴衰简论》（藏文版），*Studies in the History of Eastern Tibet*，edited by Wim Van Spengen and Lama Jbb，IITBS GmbH，2009，pp. 20-54。

⑤ 白利原来的苯教国师。

⑥ 白日吉美旺嘉：《白利王权势兴衰简论》（藏文版），*Studies in the History of Eastern Tibet*，edited by Wim Van Spengen and Lama Jbb，IITBS GmbH，2009，pp. 20-54。

仇视一切佛教"的坏名声呢？这显然与 1640 年固始汗进攻康区过程中，顿月杰对"萨迦、格鲁、噶玛、竹巴、达隆巴等派僧俗领袖"实行监禁有关。关于此事件，五世达赖喇嘛的《西藏王臣记》记：

> 庚辰（1640）十一月二十五日，白利土司及其属下虽已远逃至边远稳固之处，但福威强大之铁钩，如磁石吸铁，仍将其全部勾回，交法庭制裁。从此诸种不得安宁之祸根则消除罄尽。凡昔日萨迦、格鲁、噶玛、主巴、达隆巴等诸派僧俗领袖陷于囹圄者，皆尽出之，各送还本土。[①]

那么，白利土司顿月杰从兼容和尊崇藏传佛教各教派，到 1640 年固始汗进攻康区过程中拘禁藏传佛教各教派领袖，其宗教态度的这一陡然改变究竟是什么原因引起的？是宗教原因还是政治原因？是顿月杰个人的宗教信仰发生了变化，还是政治局势使然？这是问题的关键。

其实，从藏文史籍的记载中，我们不难窥见发生此事的一些蛛丝马迹。《五世达赖喇嘛传》记：

> 早在木鼠年（1624）除夕，在举行施食法事时，从噶尔巴的辖区送来了到拉萨的人，并声称如果甘丹颇章不能保证蒙古人不向康区进兵，那么，我们不让他们到上部来，这次是看尚敦噶巴的情面才放行的。[②]

"噶尔巴的辖区"，系指白利土司控制区。[③] 文中所言"如果甘丹颇章不能保证蒙古人不向康区进兵，那么，我们不让他们到上部来"，是顿月杰带给甘丹颇章即格鲁派上层的一个传话。需要注意的是，传话的时间是 1624年。其时，占据青海的是蒙古土默特部。由于土默特部与格鲁派关系甚密，

---

① 五世达赖喇嘛：《西藏王臣记》，第 127 页。
② 五世达赖喇嘛阿旺洛桑嘉措：《五世达赖喇嘛传》上册，第 125—126 页。
③ 白日吉美旺嘉：《白利王权势兴衰简论》（藏文版），*Studies in the History of Eastern Tibet*, edited by Wim Van Spengen and Lama Jbb, IITBS GmbH, 2009, pp. 20—54。

故顿月杰特向甘丹颇章提出"保证蒙古人不向康区进兵"的要求。可见，早在 1624 年顿月杰就曾以阻断康区通往卫藏的道路为条件，要求格鲁派"保证蒙古人不向康区进兵"。

我们知道，从 16 世纪起，因明朝国力衰退，蒙古部落开始入据青海。1578 年，土默特部首领俺答汗与格鲁派领袖索南嘉措在青海仰华寺会晤，揭开了藏传佛教特别是格鲁派向蒙古地区大规模传播的序幕，也为蒙、藏之间基于宗教信仰的政治结盟打开了大门。明后期青海蒙古对康区的影响加大。① 俺答汗时期其势力曾向康区渗透。② 《明实录》记："俺答子宾兔住牧西海，役属作儿革、白利等诸番。"③ 宾兔（实际应为丙兔）为俺答汗之子，是土默特部在青海的实际统领者。可见，白利土司早期曾受蒙古土默特部役属。明末清初，白利土司常与蒙古人作战，并且难分胜负。《四世康珠活佛的传记》曾这样描述白利土司的状态："由于十分凶猛残暴，这些军队间发生许多战事，霍尔、林、琼部、色嚓等许多部落发生动乱，从中得到许多的土地。"④ 正因为白利土司是在蒙古势力的夹缝中逐渐兴起，当其占据了中部康区大片区域后，如何防范青海蒙古即成为其最大的忧虑。这正是顿月杰传话给格鲁派，要求其"保证蒙古人不向康区进兵"的背景。

格鲁派可能并未把白利土司的传话当一回事，同时也没有材料显示 1624 年以后发生过蒙古土默特部向康区进兵的情况。但 1632 年，出现了一个使青海局势发生根本性改变的事件——由却图汗率领的另一支蒙古部落南下青海，击败土默特部，控制了青海的蒙藏各部落。却图汗袭据青海，使土默特部落四散逃走，其中一些部落逃入顿月杰辖地。《安多政教史》记："土默特是蒙古喀尔喀部的一支，起初居住在青海湖边，却图汗来到湖边

---

① 年羹尧在描述明后期以来甘青及康区情况时也说："古什罕之子孙占居西海未及百年，而西番之在陕者，东北自甘、凉、庄浪，西南至西宁、河州以及四川之松潘、打箭炉、里塘、巴塘与云南之中甸等处，沿边数千里，自古及今，皆为西番住牧。其中有黑番、有黄番、有生番、有熟番，种类虽殊，世为土著，并无迁徙，原非西海蒙古所属，实足为我藩篱。自明季以来，失于抚驭，或为喇嘛佃户，或纳西海添巴，役属有年，恬不为怪，卫所镇营，不能过问。"参见季永海、李盘胜、谢志宁翻译点校《年羹尧满汉文奏折译编》，天津古籍出版社 1995 年版，第 285 页。

② 参见萨囊彻辰《新译校注〈蒙古源流〉》，第 351、353 页。

③ 《明神宗实录》卷 37，万历三年四月甲戌条。

④ 周华：《藏族历史上的白日及白利土司考辨》，《中国藏学》（藏文版）2012 年第 2 期。

时，他们逃至丹科地区。"① 丹科即邓柯。邓柯一带时为白利土司所控制，这些进入白利土司顿月杰辖区的土默特余部可能给当地带来一些侵扰和破坏，并可能同白利军队发生过一些接触和交战。

或许是慑于却图汗势力的威胁以求自保和争取有利发展空间，或许是格鲁派的冷淡使顿月杰感到失望，总之，1634 年白利土司顿月杰已开始同反格鲁派的却图汗结成联盟，共同阻断了康区通往卫藏的道路。

白利土司所控制的中部康区一带为打箭炉通往卫藏的咽喉要道。《五世达赖喇嘛传》记："（1629 年）由于察哈尔汗在蒙古发动战乱，北路不安全，达温达尔罕曲杰和扎尼温穷二人经汉地驿路至打箭炉，又经过中部康区来到拉萨。"② 此道因既是汉藏的门户，又是康区乃至安多通往卫藏的一条捷径，故被藏人称作"汉藏黄金桥"（rgya bod gser gyi zam pa）或"金字道"。《安多政教史》记："察哈尔人、却图汗、白利土司等阻断了汉藏黄金桥，安多的一些有魄力的人们，绕道内地，经打箭卢转中康地区前去卫地。"③

白利土司顿月杰与却图汗阻断"汉藏黄金桥"的时间是 1634 年，《五世达赖喇嘛传》亦记：

> （1634 年 9 月间）在此时期，察哈尔人、却图汗、白利土司等阻断了黄金之桥，各个高僧和施主的成千上万的礼品只有很少一部分能寄过来，因此（工布噶居巴的熬茶献礼）起了很大的作用。④

可见，该道路的阻断对格鲁派的影响甚大，使格鲁派与康区地域各施主和寺院的联系中断，"成千上万的礼品只有很少一部分能寄过来"。虽然，

---

① 智观巴·贡却乎丹巴绕吉：《安多政教史》，第 238 页。日本学者若松宽指出："这里的达木（指丹科 'dam khog）是指从结古（即玉树）到纳哈署的达木地区。如此说来，达木柯就是相当于从金沙江畔的玉树到德格之间的邓柯地区了。"参见若松宽《明末内蒙古土默特人向青海地区的扩张——火落赤诺颜的事迹》，玉平译，《蒙古学资料与情报》1989 年第 1 期，第 13—24 页。

② 五世达赖喇嘛阿旺洛桑嘉措：《五世达赖喇嘛传》上册，第 66—67 页。

③ 智观巴·贡却乎丹巴绕吉：《安多政教史》，第 39 页。察哈尔部林丹汗 1634 年在南下青海途中因出痘而死，这使得藏巴汗企图借助林丹汗和却图汗进藏打击格鲁派势力的计划落空。

④ 五世达赖喇嘛阿旺洛桑嘉措：《五世达赖喇嘛传》上册，第 101 页。

顿月杰与反格鲁派的青海却图汗结盟，主要是迫于却图汗势力的威胁以求自保和为自己争取有利的发展空间，但顿月杰与却图汗共同阻断"汉藏黄金桥"的做法，显然意味着白利土司与格鲁派双方正式交恶。

与却图汗结盟虽使白利土司与格鲁派关系恶化，却带来一个好处——解除了却图汗"向康区进兵"的威胁，从而为其进一步扩展势力提供了机会。1635 年，白利土司控制了类乌齐、芒康、昌都、玉树、巴塘、理塘、中甸等大片地区，实力大增。类乌齐寺扎巴坚赞传记中记：

> 猪年（1635）春天，白利迎请，见面十分愉快，此时正是白利领土范围大增之时。[1]

《教法惊奇海》记：

> 多康地方的忽然出现并迅速壮大的白利，权力极大，能与魔王相匹敌，将康区下部绛王（木氏土司）的领地逐渐纳入其治下，将绛王、蒙古等人赶出康区，如疯象、无缰的狮子般的六水五岗属民无人敢违抗他的法令，卫、后藏、康三地的商人路经玛康地区（smar khams）时如进了阎王殿般小心翼翼。[2]

1636 年，当却图汗之子阿尔斯兰由西藏返回青海途经康区，[3] 在白利土司辖区大肆抢劫财物之时，白利土司已能凭借精兵与之对抗。藏文史料载：

> 据说下路康区被蒙古人沿路抢劫。那时，白利因为精良的士兵未能

---

[1] 白日吉美旺嘉：《白利王权势兴衰简论》（藏文版），*Studies in the History of Eastern Tibet*, edited by Wim Van Spengen and Lama Jbb, IITBS GmbH, 2009, pp. 20-54。在扎巴坚赞的生卒年间，共经历了两个猪年：水猪年（1623）和木猪年（1635），从上下文判断，该猪年应指 1635 年的木猪年。

[2] 阿旺朗杰：《教法惊奇海》（藏文版），第 1411 页。

[3] 却图汗派其子阿尔斯兰率军入藏配合藏巴汗攻打格鲁派，但阿尔斯兰入藏后因教派信仰并无定见，又不满于藏巴汗的怠慢，不但未攻打格鲁派，反与藏巴汗的军队发生了冲突，其撤回青海途中又在康区白利土司顿月杰地界大肆抢劫，并与白利土司顿月杰发生了冲突，最终被却图汗密令杀掉。

被摧毁，却图汗之子阿尔斯兰是军队的首领，由于臣属间的不和而被杀掉。①

《五世达赖喇嘛传》也写道：

　　正当阿尔斯兰被征讨白利土司时所劫获的财物弄得昏头昏脑之时，阿尔斯兰及其随侍三人同时被杀。②

四世康珠活佛自传亦记"此时，与蒙古小王阿尔斯兰的蒙古军队相遇，激战三日，杀死了阿尔斯兰弟弟图巴崩为首的主仆十一人"，蒙古军队因此返回。③ 按此记述，白利土司顿月杰的精兵同阿尔斯兰的蒙古军队发生了激烈交战，不仅将后者驱逐出康区，甚至还杀死了"阿尔斯兰弟弟图巴崩为首的主仆十一人"。这显示实力壮大后的白利土司在一定程度上可与青海蒙古势力相抗衡。

不过出人意料的是，1637年青海局势再次出现戏剧性的变化——另一支蒙古势力即固始汗统领的和硕特部在格鲁派召请下，南下青海，以精兵一万击溃了却图汗的三万部众，却图汗兵败被杀。

格鲁派的同盟者固始汗和硕特部占据青海，无疑使白利土司陷入尴尬和被动处境。在此情形下，白利土司顿月杰曾试图修复和改善同格鲁派的关系。有一件事颇能说明问题。大约在1637年，"拉萨附近的吉雪地方的格鲁派行政长官第巴吉雪巴索南群培来到绛顿，皆因固始汗欲前来参观此圣地"。④ 格鲁派第巴·索南群培亲自来绛顿为固始汗参观打前站，可见此事对格鲁派关系重大。这也说明此前白利土司虽与却图汗结盟阻断"汉藏黄金桥"，但格鲁派与白利土司之间还尚未到水火不容的地步。本来这是白利

---

① 饶然·阿旺登贝坚赞：《智者颈饰——王统宗教源流晶鉴》（藏文版），《西藏史籍五部》，第280页。

② 五世达赖喇嘛阿旺洛桑嘉措：《五世达赖喇嘛传》上册，第108页。

③ 周华：《藏族历史上的白日及白利土司考辨》，《中国藏学》（藏文版）2012年第2期。

④ 彼德·史卫国：《清代白利土司顿月多吉小传》，才旺南加译，《西藏民族学院学报》2001年第1期，第11页。

土司与格鲁派改善关系的一个天赐良机，但出人意料的是，主持绛顿宗教事务的噶玛丹培未向白利土司顿月杰请示，便以绛顿面积狭小、人口拥挤为由，拒绝了格鲁派第巴·索南群培的要求。索南群培悻悻而回。但随后噶玛丹培就为他的拒绝感到后悔和惴惴不安，预感自己闯下大祸。他立即派出信使前往拉萨和固始汗处，企图加以挽回，① 同时也派出几位使者向顿月杰通报此事，顿月杰闻知此事勃然大怒：

> 他呵斥喇嘛们一直在做错事，下令鞭打使者，并剥掉了他们的衣服和鞋子。不给任何解释的机会，使者们便绕道返回。②

从顿月杰的激烈反应不难看出，他对噶玛丹培"对新的政治与权力环境还认识不甚清楚"③ 而作出的愚蠢决定是多么痛恨。这件事导致顿月杰与噶玛丹培的关系彻底恶化。此后，噶玛丹培虽派人携带一封信和礼物前往白利，试图消除他与施主之间的嫌隙，但未起到任何效果。他又请绛顿行政长官和顿月杰夫人从中斡旋，但二人终未达成和解。此事对噶玛丹培打击巨大，"不久喇嘛便卧病不起，这与上述事件有或多或少的联系。藏历 4 月的第一天，可能是公历 1637 年 4 月 25 日，噶玛丹培喇嘛圆寂"。④

从顿月杰对待此事的极端恼怒程度可见，其显然意识到噶玛丹培的轻率决定抹杀了他同格鲁派之间达成和解的最后一线希望。

我们不知道索南群培前往绛顿为固始汗参观进行接洽的准确时间，但可以肯定是在噶玛丹培圆寂以前。固始汗南下青海击败却图汗的时间是"牛

---

① 因缺乏史料记载，我们不知道噶玛丹培派往拉萨和固始汗处信使交涉的结果。

② 彼德·史卫国：《清代白利土司顿月多吉小传》，才旺南加译，《西藏民族学院学报》2001 年第 1 期，第 12 页。藏文参见噶玛丹培《朵康巴噶玛丹培传》（藏文版），资料来源：BDRC（佛教数字资源中心），编号：W22202-1，第 279—280 页。

③ 彼德·史卫国：《清代白利土司顿月多吉小传》，才旺南加译，《西藏民族学院学报》2001 年第 1 期，第 12 页。藏文参见噶玛丹培《朵康巴噶玛丹培传》（藏文版），资料来源：BDRC（佛教数字资源中心），编号：W22202-1，第 279—280 页。

④ 彼德·史卫国：《清代白利土司顿月多吉小传》，才旺南加译，《西藏民族学院学报》2001 年第 1 期，第 12 页。藏文参见噶玛丹培《朵康巴噶玛丹培传》（藏文版），资料来源：BDRC（佛教数字资源中心），编号：W22202-1，第 279—280 页。

年正月"即 1637 年初。① 也就是说，固始汗提出到绛顿参观应在 1637 年 1 月至 4 月之间。如此看来，固始汗入据青海后即提出前往绛顿参观的要求。这不排除其有前往白利土司辖地一探虚实的企图。此事表明固始汗入据青海后，已有觊觎康区之心。

1637 年秋，固始汗率一千多人前往拉萨，与以五世达赖为首的格鲁派上层进行广泛接触。固始汗与格鲁派上层的会晤，似乎主要是双方互赠封号，并提出邀请五世达赖前往蒙古地方传教。但固始汗此次访问拉萨显然有更重要的意图，这就是为其入藏和进兵康区作准备。《五世达赖喇嘛传》只说双方"商议了今后的事务"，但具体为何事务并未提及，说明固始汗与格鲁派上层显然决定了更重要的事情。只因条件不成熟，双方对此讳莫如深。有学者认为固始汗此行与格鲁派上层达成了进兵康区消灭白利土司的默契。② 尽管这种可能性很大，但因为缺乏证据，仅是一种推测。

从后来的事件发展看，固始汗在进攻白利土司的行动上却表现得相当独立和主动。《五世达赖喇嘛传》这样记述了固始汗对康区的进兵：

> 龙年中盛传蒙古军队开到中部康区的消息。其起因是……代表团回到青海后，将其所见所闻向固始汗作了汇报，汗王闻言大怒，旋即挥兵进藏，途中折向康区进攻白利土司。③

从该记载看，卫藏方面是在 1640 年中才得到固始汗进兵康区的消息，且固始汗是"挥兵进藏，途中折向康区进攻白利土司"。这说明固始汗进兵康区时并未通知格鲁派上层，而是单独和突然采取了行动。固始汗对白利土司发起进攻是 1639 年 5 月，直到 1640 年 11 月擒获顿月杰，战事前后持续了一年半时间。④ 可见战事较激烈，并非一蹴而就。固始汗在发动对白利土

---

① 五世达赖喇嘛阿旺洛桑嘉措：《五世达赖喇嘛传》上册，第 108 页。

② 拉巴平措、陈庆英总主编，邓锐龄、冯智主编《西藏通史·清代卷》（上），中国藏学出版社 2016 年版。

③ 五世达赖喇嘛阿旺洛桑嘉措：《五世达赖喇嘛传》上册，第 123 页。

④ 《西藏王臣记》："己卯年（1639）五月大兵进攻白利，几尽收其土地属民。庚辰（1640）十一月二十五日，白利土司及其属下虽已远逃至边远稳固之处，但福威强大之铁钩，如磁石吸铁，仍将其全部勾回，交法庭制裁。"

司的进攻后，曾派使臣要求格鲁派"为用兵白利举行法事"。这或可视为一种正式通报。而格鲁派的回答是"我们要求彻底消灭白利土司"。[①]

固始汗于1637年底自拉萨返回青海，可能已开始作进兵康区的准备。因为感到蒙古人进兵康区迫在眉睫，顿月杰变得愈加焦躁和暴戾。有迹象表明，1638年顿月杰已在其境内采取迫害格鲁派僧人的行动。[②] 这种将蒙古人进兵康区的巨大威胁迁怒于格鲁派的暴戾情绪，在顿月杰于1639年初写给藏巴汗的信中得到充分反映。

> 土兔年（1639）除夕，在举行施食法事时，白利土司给藏巴汗寄去一封信，内称："在神山上已插置神幡。由于甘丹颇章没能保证蒙古人不进攻康区，明年我将带兵到卫藏。那座称为觉卧仁波且的铜像是招致战争的根源，应当扔到河里去。把色拉、哲蚌和甘丹三大寺破坏以后，应在其废墟上各垒筑一座灵塔。藏巴汗应当与我亲善起来，一同供养卫藏和康区的佛教徒和苯教信徒"……这个白利土司十恶不赦，他是应该进行诛灭的主要对象。[③]

此信写就的时间正值固始汗进兵康区前夕。顿月杰可能已预感到蒙古人进兵康区不可避免，战事如箭在弦上，一触即发。从信中我们不难看到顿月杰恼羞成怒及对格鲁派的极端仇恨。仇恨的原因，诚如信中所言，是"由于甘丹颇章没能保证蒙古人不进攻康区"。值得注意的是，顿月杰在信中并未仇恨一切佛教徒，而是说"藏巴汗应当与我亲善起来，一同供养卫藏和康区的佛教徒和苯教信徒"。这清楚表明，顿月杰仇恨的主要是以五世达赖为首的甘丹颇章。这封信显然使白利土司顿月杰与格鲁派关系彻底恶化和决裂。正如五世达赖在引述此信后所言："这个白利土司十恶不赦，他是应该进行诛灭的主要对象。"

这封信很清楚地表明，顿月杰仇视格鲁派并非出于信仰原因，而主要是

---

① 五世达赖喇嘛阿旺洛桑嘉措：《五世达赖喇嘛传》上册，第124页。

② 彼德·史卫国：《清代白利土司顿月多吉小传》，才旺南加译，《西藏民族学院学报》2001年第1期。

③ 五世达赖喇嘛阿旺洛桑嘉措：《五世达赖喇嘛传》上册，第126页。

政治原因，是"由于甘丹颇章没能保证蒙古人不进攻康区"。

综上所述，关于白利土司顿月杰的宗教态度及固始汗消灭白利土司这一历史事件，我们大致可得出以下几个认识。

第一，白利土司覆灭的主要原因是与格鲁派交恶。这也是固始汗进兵康区的理由。双方的交恶，就白利土司一方来说，乃是因为格鲁派"没能保证蒙古人不进攻康区"，遂与之结怨；就格鲁派一方来说，则主要是顿月杰与反格鲁派的却图汗结盟，共同阻断"汉藏黄金桥"，并在其辖境内毁坏格鲁派寺院、迫害其僧人。因此，很显然，白利土司被消灭主要并非因为宗教原因，而是政治原因。是当时卫藏地区藏巴汗与格鲁派两大势力角逐及由此牵涉的藏、蒙之间以及青海、康区之地缘政治格局决定的。

第二，白利土司顿月杰并非一个"敬奉苯教，仇恨一切佛教"的宗教偏执狂。事实上，他在执政的大部分时期尤其是执政前期，在宗教上采取了兼容并包政策，并与噶玛噶举、萨迦、主巴噶举、宁玛甚至包括属于格鲁派的昌都帕巴拉三世等各教派高僧均维持着良好的关系。即便1639年固始汗进攻康区前夕，顿月杰在写给藏巴汗的信中仍说要"一同供养卫藏和康区的佛教徒和苯教信徒"。顿月杰之所以获得"敬奉苯教，仇恨一切佛教"的坏名声，主要由两点造成。其一，是在固始汗进攻康区过程中拘禁藏传佛教各教派高僧。但此事发生在固始汗进攻康区过程中，据记载，固始汗进攻康区后，顿月杰及其属下"逃至边远稳固之处"。[①] 从各教派高僧是在顿月杰被俘后才获释看，他们显然一直被顿月杰带在身边。所以，此举很可能是顿月杰面对固始汗进攻将这些高僧扣为人质以图自保的一个临时性措施，并不能代表其一贯的宗教态度与做法，也不能以此得出顿月杰"仇恨一切佛教"的结论。其二，与《五世达赖喇嘛传》的记载颇有关系。五世达赖是格鲁派同白利土司交恶的亲历者，对顿月杰因怨恨格鲁派"没能保证蒙古人不进攻康区"而在其辖境内大肆毁坏格鲁派寺院、迫害其僧人的行为，[②] 五世达赖极端憎恨与厌恶，称："这个白利土司十恶不赦，他是应该进行诛灭的

---

① 五世达赖喇嘛：《西藏王臣记》，第127页。
② 第悉·桑结嘉措：《格鲁派教法史——黄琉璃宝鉴》，第267页。

主要对象。"① 因 1642 年后格鲁派甘丹颇章政权在西藏取得统治地位，这使五世达赖的言论及观点对后世影响巨大。我们不难发现一个事实，称顿月杰"仇恨一切佛教"大多出自格鲁派高僧撰写的史籍。② 如《土观宗派源流》记："康地中部有白利土司仇视佛法，崇信苯教。"③ 《松巴佛教史》记："当时康区的白利土司顿月杰敬奉苯教，仇恨一切佛教。"④ 由此看来，藏文史籍对顿月杰的宗教态度的记载明显受到了其与格鲁派交恶所带来的负面影响。

综上所述，白利土司顿月杰被藏文史籍描述为"敬奉苯教，仇恨一切佛教"有复杂的背景和政治原因，其中显然包含格鲁派与之交恶所致的主观"塑造"之成分。因过去学界对此问题未作深入探讨，一些学者往往依据藏文史籍记载，简单把白利土司顿月杰描述为"敬奉苯教、仇恨一切佛教"的宗教极端者，导致我们对顿月杰和固始汗消灭白利土司事件近乎图式的概念化理解与认识。而事实上，白利土司顿月杰与格鲁派交恶的真正原因并非因为宗教而是因为政治。在此事件中，青海固始汗、格鲁派和白利土司三方利益诉求各不相同。固始汗作为受格鲁派召引的蒙古势力，目标是要进藏图谋更大利益。但因白利土司与藏巴汗联盟，其入藏可能腹背受敌，加之康区幅员辽阔，物产丰富，亦为其所垂涎，故先取康区，再进军西藏，遂成为其必然之选。⑤ 就格鲁派而言，作为迅速崛起的新兴教派和政治力量，其一直受到藏巴汗政权的排挤和打压，又因白利土司阻断"汉藏黄金桥"和在辖境内迫害格鲁派寺院及僧人，故为了教派利益，其选择

---

① 五世达赖喇嘛阿旺洛桑嘉措：《五世达赖喇嘛传》上册，第 123 页。

② 其后成书的格鲁派喇嘛传记或教法史基本沿用五世达赖喇嘛的这一说法。第悉·桑结嘉措 1698 年所著的《黄琉璃》就载："第四世帕巴拉活佛嘉哇嘉措德，这时白利土司顿月多吉因邪愿之力，使以前的显密教授中断，仅成为一所密修院。"参见第悉·桑结嘉措《格鲁派教法史——黄琉璃宝鉴》（藏文版），中国藏学出版社 1989 年版，第 315 页；第悉·桑结嘉措《格鲁派教法史——黄琉璃宝鉴》，第 267 页。《青海史》《土观宗派源流》《松巴佛教史》《木里政教史》《安多政教史》等均将白利描绘为大肆破坏佛教寺院、迫害佛教僧侣的苯教徒。

③ 土观·洛桑却吉尼玛：《土观宗派源流》，第 232 页。

④ 松巴堪布·益西班觉：《松巴佛教史》，第 535 页。

⑤ 《西藏通史·清代卷》（上）在谈到该事件时称："固始汗以康区白利土司崇信苯教、迫害佛教僧人为由，从青海进兵康区。"也就是说，"白利土司崇信苯教、迫害佛教僧人"乃是固始汗进攻康区的一个借口，这一表述是十分准确的。

默认固始汗进兵康区消灭异己乃势所必然。就白利土司一方而言，可能一直存在藏人理当维护藏人利益的观念，① 故一再把阻止蒙古人进兵康区的希望寄托于格鲁派身上，遂致双方结怨和交恶。但有一点十分清楚，白利土司对格鲁派的仇恨并非源于宗教异见与教派歧视，而是因为格鲁派"没能保证蒙古人不进攻康区"。

---

① 从当时的背景看，这个原因很可能是在白利土司顿月多杰的观念中，蒙古人乃是外来者，而格鲁派属于藏人自己的阵营，故面对外来者，藏人理应帮助藏人。这一点在《汉蒙藏史略》的记载中有清楚反映，该书在提及固始汗进兵康区白利土司顿月杰时云："对此事宁玛曾预言道：彼时抗御霍尔蒙古兵，汉藏紧闭门户为守护设法中断金字道，守护之法要着力。"参见阿芒·贡却群派《汉蒙藏史略》，贡巴才让译，青海人民出版社1988年版。也就是说，宁玛派的立场明显是站在藏人即白利土司一边，主张"抗御霍尔蒙古兵……守护之法要着力"。其实，当时把蒙古人当作外来者加以戒备和防范的情绪是普遍存在的。

第 八 章
和硕特蒙古入据康区

第一节　罕都征伐康区与格鲁派势力向康区发展

1639 年 5 月，固始汗在进兵西藏的前夕，忽然挥师南下进攻康区的白利土司。战事前后持续了约一年半时间，终于征服白利土司。藏文史籍载：

> （固始汗）尽收其地，白利土司逃亡，在庚辰年十一月二十五日捕回，下入牢狱，前将被白利土司困禁的萨迦、格鲁、噶举、主巴、达隆巴等派的大德，尽皆救出监狱，各各送还本土。[①]

白利土司被捕后不久被处死，他的两个儿子逃往昌都。白利土司家族势力自此衰落。

此后，固始汗率军进入西藏，击败了与格鲁派集团为敌的藏巴汗政权，建立起和硕特蒙古和以五世达赖喇嘛为首的格鲁派集团联合执掌政教权力的甘丹颇章政权。[②] 这样，以青海为基地和大本营的和硕特蒙古势力不仅控制了西藏，同时也控制了康区。青藏高原藏区开始进入和硕特蒙古统治时代。

在征服白利土司后，固始汗最初可能将康区暂交由自己的儿子达赖巴图尔台吉管辖。清代史书记："达赖巴图尔者，顾实汗第六子也，名多尔济，时佐理藏事。"[③] 达赖巴图尔台吉可能在 1641 年底到 1642 年间，就替代固始

[①] 土观·洛桑却吉尼玛：《土观宗派源流》，第 232 页。
[②] 石硕：《西藏文明东向发展史》，第 301—307 页。
[③] 祁韵士：《皇朝藩部要略》卷 9，全国图书馆文献缩微复制中心 1993 年版，第 114 页上。

汗处理康区一切事务。当时固始汗正率兵赴藏，进行征服藏巴汗的战事。《拉托王统记》载：

> （1642 年）达钦哇都洪台吉赐予拉托君臣七人"台吉"的头衔，福田施主之大军则前往增援进军金川王的部队，（后）作为粉碎敌部的奖励，对圆满完成事业的七人则赐予了国王的银字图章、檀香木释迦牟尼像、无量寿佛金身像、白水晶剑、康撒上师的火枪、活佛的印章等。[①]

"达钦哇都洪台吉"即达赖巴图尔台吉。《五世达赖喇嘛传》亦记，17世纪40年代达赖巴图尔台吉曾数次从拉萨赶往康区处理事务。[②] 在达赖巴图尔台吉代管康区期间，和硕特蒙古控制着玉树通天河流域的达木、霍尔三十九族部分地区、囊谦、类乌齐、昌都、芒康、德格、邓柯及巴塘、理塘等地。[③]

征服康区大部分地区后，蒙古和硕特部开始在控制区域初步施政。首先，册封和赏赐支持、协助征讨白利土司的各地方政教势力，分割白利土司辖境，重建康区的政治秩序。1642 年，固始汗征服藏巴汗后，转回康区途中，对芒康及拉托等地的首领进行封赠：

> 水马年（1642）厄鲁特四部之首领固始丹增却吉甲波（固始汗）转道芒康时，拉托拉玛和祝巴取琴嘉措二人前往玛雪地区的哈日山边迎接。在四大恩人的坐席之首，以恭敬国王与上师之礼仪，赐还了往昔祖先之领地，将其任命为扎龙玛（红崖沟）沟内 1500 人户的总领，并赐予拉托喇嘛（管辖）阿托博姆以内的所有地区的印章，除（他）之外，任何人不得争夺或管辖（这个地方）。[④]

---

① 'gyur med rnam rgyal. Lha thog rgyal rbas. The Sung rab Nyamso Gyun pel ParkjangTashijong Craft Community Tashijong, Palampur H. P（India），1971：64.

② 五世达赖喇嘛阿旺洛桑嘉措：《五世达赖喇嘛传》上册，第 180、390 页。

③ 恰白·次旦平措、诺章·吴坚、平措次仁：《西藏通史——松石宝串》，第 653 页。

④ 'gyur med rnam rgyal. Lha thog rgyal rabs. The Sung rab Nyamso Gyun pel ParkjangTashijong Craft Community Tashijong, Palampur H. P（India），1971.

　　"四大恩人"包括拉托王、德格土司和昌都的仁青坚赞等。因白利土司曾侵占其辖地，三者对白利土司极为憎恨，可能为固始汗征伐白利土司提供了帮助。因此，固始汗赐还其旧有领地，认可其统治合法性，并赠予新封领地，颁发正式的委任和印章，将之纳入蒙古和硕特部的保护之下。

　　囊谦土司、拉托土司等此后多次受到固始汗及其子孙的封赏。在此过程中，德格土司获益最大，取代白利土司，一跃成为康北最大的政治势力之一。德格土司原处在白利土司的控制之下。在蒙古和硕特部全面进攻白利土司之时，德格一世法王拉钦绛巴彭措（bla chen byams pa phun tsogs，1585—1660）与固始汗结盟、合作。事后，固始汗将金沙江西岸拉托以下原本属于白利土司治下的大部分领地赐予德格土司。① 在和硕特部的扶持下，德格土司领地迅速扩大，横跨金沙江东西两岸。

　　其次，规定征税方法，征收康区贡赋。《圣武记》载，和硕特部"以青海地广，令子孙游牧，而喀木输其赋"。② 获取贡赋是和硕特部征服白利土司之后经营康区的主要目的和措施。

　　和硕特部在康区征收赋税的具体方法，与领地、属民的划分和归属有一定关系。雍正二年（1724），年羹尧在奏文中曾说道：

　　　　查古什罕之子孙占居西海未及百年，而西番之在陕者，东北自甘、凉、庄浪，西南至西宁、河州以及四川之松潘、打箭炉、里塘、巴塘与云南之中甸等处，沿边数千里，自古及今，皆为西番住牧……自明季以来，失于抚驭，或为喇嘛佃户，或纳西海添巴，役属有年，恬不为怪，卫所镇营，不能过问。西海之牛羊驴马，取之于番；麦豆青稞，取之于番；力役征调，取之于番。

　　　　古什罕逞其凶暴，奄有其地，以西海地面宽广，便于刍牧，喀木居民稠密，饶于糇粮，将此两处分隶其子孙，是以住牧于西海，而洛笼宗以东凡喀木之地皆纳添巴于西海诸王台吉者也。③

----

① thub bstan phun tsogs. Sde dge'i lo rgyus spyin don zla'od gsar pa'i mi long，2007，pp. 27-28.
② 魏源：《圣武记》，韩锡铎、孙文良点校，中华书局1984年版，第202页。
③ 《条陈西海善后事宜折》（雍正二年五月十一日），季永海、李盘胜、谢志宁翻译点校《年羹尧满汉奏折译编》，第285—286页。

被役属的"西番"分别充当格鲁派"喇嘛佃户"和"纳西海添巴"。蒙古部落既向西番征收种类繁多的农牧赋税，还不断征调劳役。而事实上，和硕特部将康区的领地及赋税大致划分为三大部分：其一是将部分寺院及领地赐予格鲁派，为格鲁派提供酥油、差役等，称作"拉德"（lha sde），意为敬供神祇者；其二是赐给当地土司、头人等的部分，称为"本德"（dpon sde），意为给予臣属者；其三是留给驻牧于青海、卫藏、康区蒙古部落的役属部分，称为"差德"（khral sde）或"雄德"（gzhung sde），意为税收或官府支配部分。[①] 和硕特部主要向"差德"或"雄德"及"本德"征收贡赋。只是三者无明确界限，有时会交错征收。

早在1640年藏历十一月初三日，[②] 固始汗颁布了一条名为"持教法令"的蒙文和藏文谕令。该法令首次提到向藏区寺院征税的规定：

> 上部阿里三围，卫藏四茹，色□□达卜三地，娘芒工三地，索布六谷，南部□大小王世袭之地域和□文殊□之外辖区的土地和人们□属地和属民、大小喇嘛和首领、大小地方头领、军事官员和总本、派遣文武官员、地方常驻官员、驿使馆、廓珞□嘉三弟的军事官员和管家□之外晓谕：以往旧有的差役外，不得向达普寺等新增差役和供佛田产，不管是否是黄帽，任何寺院不得想此等寺院进行破坏，如果□□（违反?）心语，丹增法王等全部王世袭严格考究，故尔等□遵行。铁龙年十一月三日写于降服魔军之军营。愿妙善俱增![③]

达普寺在康区那雪地区（今那曲比如县境内），处于昌都和那曲之间的怒江河畔。[④] 谕令内容显示出，固始汗在征服康区后，起初对当地寺院采取了保持措施，限制军政人员、政教势力等向寺院私派和增加赋役，要求严格依照"旧有的差役"执行。

---

① 康定民族师专编写组编纂《甘孜藏族自治州民族志》，第29页。
② 蒙文记为十二月初三日。
③ 乌云毕力格、道帷·才让加：《〈持教法王谕〉令考释》，《满蒙档案与蒙古史研究》，上海古籍出版社2014年版，第59—70页。
④ 乌云毕力格、道帷·才让加：《〈持教法王谕〉令考释》，《满蒙档案与蒙古史研究》，第63—64页。

在减轻寺院贡赋负担的同时，和硕特部不定期地向其封授的土司、头人等征派赋役。原属白利土司治下的领地、属民被封赐给有功的地方政治势力。和硕特部让其直接统治此类领地、属民，却派遣收税官赴各地征税，实施间接控制。《拉托王统记》载：

> （1640—1641 年）拉托和昌都之间发生了领地之争，蒙古收税官色科毕塔吉来到了觉多朵，之前的争议土地落入了贼人之手。①

觉多朵可能在拉托与昌都交界处的某地。这些被称为差都本波（khral sdod dpon po）的蒙古收税官应是以巡查的方式到各地征收赋税，而非驻于固定地点。

1649 年前后，受固始汗、五世达赖喇嘛的指派，罕都取代了达赖巴图尔台吉在康区的统治权。② 这在五世达赖给康熙的信中有明确的反映：

> 执政法王（固始汗）为守卫巴日康边境，指派罕都，嘱托确保汉（蒙）交界之安定……③

罕都藏文名为堪卓洛桑丹迥（mkhags ' gro blo bzang bstan skyong），常简称堪卓，汉文译名或称"噶都""干都""堪都"等。罕都是固始汗之孙、策零伊勒都赤之子。1652 年，罕都曾率康区僧俗百姓前往楚玛尔河一带拜谒五世达赖喇嘛，随后返回康区。④ 至少到此时，罕都已长期驻守于康区。固始汗将康区的统治权转交给罕都，应考虑到和硕特蒙古在康区的统治并不稳固，尤其是康区不断出现反抗和硕特蒙古及其支持的格鲁派的征兆与

---

① 'gyur med rnam rgyal. Lha thog rgyal rabs. The Sung rab Nyamso Gyun pel ParkjangTashijong Craft Community Tashijong , Palampur H. P（India），1971：61.

② 青格力：《罕都台吉在康区的活动探析》，《欧亚学刊》新 2 辑，商务印书馆 2015 年版，第 258 页；中国第一历史档案馆、中国藏学研究中心编《清初五世达赖喇嘛档案史料选编》，中国藏学出版社 2000 年版，第 381 页。

③ 中国第一历史档案馆等编《清内阁蒙古堂档》（蒙文），2005 年，第 384 页，转引自青格力《罕都台吉在康区的活动探析》，《欧亚学刊》新 2 辑，第 259 页。

④ 五世达赖喇嘛阿旺洛桑嘉措：《五世达赖喇嘛传》上册，第 407 页。

事件。

固始汗征服白利土司后，康区各政教势力纷纷归顺和臣服于和硕特蒙古。但是和硕特蒙古对这些区域的统治基础相当薄弱。各政教势力往往阳奉阴违。1656 年，固始汗、第巴·索南群培相继逝世后，昌都、类乌齐等地反对格鲁派的势力公开挑战和硕特蒙古的统治权威。1659—1662 年，昌都地区发生企图攻击和推翻格鲁派统治的密谋和叛乱。昌都温仲喜哇桑布"想乘第巴去世的时机，企图成为执掌一方的头领，把康区、工布联络一起获取高位"，为此温仲扮作商人，赴拉萨打探消息。直到 1662 年，罕都借参与法会之机，才与温仲言归于好，令温仲诚心归顺。① 之后，康区噶玛噶举派扎日林的温布"佯装已改宗格鲁派，以阿谀奉承迷惑了坎卓（指罕都），又在以前就敌视格鲁派的定塘囊索的鼓动下，以邪恶的蛊惑手段夺得统治权后交给了他"。② 获得罕都信任后，温布设计杀害罕都的若干下属。可以看出，罕都接管和经营康区十年之后，康区的政治局势依然不稳，潜藏着各种敌视和反抗和硕特蒙古的势力。

罕都莅任之初的数年间，一方面致力于震慑和压服控制区域的敌对势力，另一方面不断向东、向南拓展势力。到 1652 年，和硕特蒙古已占据大渡河西岸打箭炉等地。史载，冷边土司所属的"西番河西诸寨被强夷所占"。③ "强夷"应指罕都经营康区时的和硕特蒙古。

1661 年，昌都、类乌齐因领地纷争爆发冲突。反格鲁派势力伺机欲动。罕都趁势向云南中甸扩张，发动试探性的征伐战事。次年，丽江等地最先遭受和硕特部的袭击，"蒙古六台吉、乌斯达赖喇嘛，犯丽江界"。④ 到 1665—1666 年，和硕特蒙古又多次袭击中甸、永宁、北胜州（今云南永胜）等地。《庭闻录》载，康熙六年（1667）"六月，蒙古据丽江中甸，西番二宝法王哈马、临清、搭丁等来奔，令居南关外古城"。⑤ 罕都已据有

---

①　五世达赖喇嘛阿旺洛桑嘉措：《五世达赖喇嘛传》上册，第 336、383 页。

②　五世达赖喇嘛阿旺洛桑嘉措：《五世达赖喇嘛传》上册，第 353 页。

③　佚名：乾隆《打箭炉志略》，张羽新主编《中国西藏及甘青川滇藏区方志汇编》第 40 册，学苑出版社 2003 年版，第 10 页。

④　王宝仪修，杨金和、杨金铠纂《鹤庆州志》卷 9，光绪二十年刻本。

⑤　刘健：《庭闻录》卷 4，沈云龙主编《近代中国史料丛刊三编》第 26 辑，台北：文海出版社 1987 年版。

中甸及丽江沿边地区，迫使噶玛噶举派红帽系喇嘛南迁避难。次年，攻占中甸的罕都大有越过金沙江，向南进攻之势。据当时驻守中甸的中军守备刘长泰禀称：

> 又探得蒙古兵马数千搭营盘在当阳山都坎崩接喇一带，距中甸二十里等情，具报前来转报到职。正月十五日又据中甸中军守备刘长泰禀据探役余瑞等报称：探知中甸热水塘一带番僧称：被蒙古挈去逃出来的，眼见蒙古数千搭营在当阳山一带要求中甸招民，此时蒙古家口陆续搬接来营等语小的伏在山里探信至正月二十三日，果有蒙古兵马出来，由打处到咤喇地方各处探取粮食，咤喇离金沙江渡口止一百余里，又探蒙古发兵进西山喇志故匐等处离上江石门关止有两日路等情具报前来转报到职，据此该职窃照节据探大宝何匐二官，移往前塘俱告，近我疆界且蒙古兵马聚搭当阳山采粮，咤喇已过中甸离金沙江止百里，举动叵测况及发兵进西山一带，逼我江上。更为奸狡职，即谕本标驻防丽江左营中军守备李仕分发官兵前往上。①

罕都不顾同噶玛噶举派红帽系及地方政教势力的纷争，挥军南下，在1670年强行渡江，势力深入塔城附近。到1672年，和硕特蒙古已占领云岭至金沙江之间的河谷流域地区。②与此同时，在罕都的推动下，和硕特蒙古进入川滇毗邻的木里地区。《木里政教史》载：

> 喇嘛桑登桑布来到木里后，在阿采（a'phrad）与堪卓王打仗之时，给予了军事帮助，并亲自带兵驻扎在水洛（sho lo）地方，以昂让巴为头领，集结军队发兵阿采，和堪卓王之军队一起取下阿采寺，将其改宗为黄帽寺院。因此，堪卓王将噶如瓦寺（ka ru ba dgon sde）作为奖赏敬献给了桑登桑布。此时，昂让巴诓骗堪卓王想为自己求取一个名

---

① 《平西亲王为塘报边情事》（汉文，康熙七年），台北：中研院历史研究所藏内阁大库档案，档案编号：059153—001。

② 倪蜕辑《滇云历年传》，第528页。

号，堪卓王亦依照蒙古制度给他了一个小小的宰桑（ja sang）称号。[1]

历过数年的征伐，罕都不仅巩固了和硕特蒙古在芒康等地的原有统治，还将势力范围拓展到东抵打箭炉，南至木氏土司控制的丽江、中甸一带。对此，《汉蒙藏史略》记：

> 另，策零伊勒都齐之子堪卓洛桑丹迥，因为十分骁勇，曾举兵芒康及多康六岗全境。东辖打箭炉以内（之地方），又向绛萨当汗进军。[2]

青海蒙古史籍《先祖言教》亦载：

> 顾实汗之五子策零伊勒都赤有名罕都罗布桑丹迥、名达杰博硕格图二子。长子罕都罗布桑丹迥引大军至芒康，东辖打箭炉，攻占多康六岗全境，将顾实汗属民重新纳入统治之下，故此以"乘花马的蒙古（那彦）"而名扬芒康。他征伐降汗，将其纳入治下……罕都罗布桑丹迥将所居之地全部赋以自己之名或蒙古名，因而该地多有诸如"罕都岭""罕都草原"之类的地名。罕都罗布桑丹迥曾驻牧于金沙江畔，该地曾驻有多个蒙古部族，后与藏民混杂。[3]

由此，罕都的政治威慑和军事征伐确保了"汉（蒙）交界之安定"，真正确立和稳固了和硕特蒙古在康区全境的统治地位。

在进行大规模军事征服、确立康区统治权的同时，罕都积极推行了一系列的宗教和政治革新举措。

其一，资助修缮格鲁派、宁玛派寺院，制定寺规，协助改宗，提升格鲁派在康区的宗教地位。

---

[1]　阿旺钦饶：《木里政教史》，鲁绒格丁等译，四川民族出版社 1993 年版，第 12—13 页。此处译文有所改动。

[2]　阿芒·贡却群派：《汉蒙藏史略》，第 34 页。此处译文有所改动。

[3]　《先祖言教》，转引自青格力《罕都台吉在康区的活动探析》，《欧亚学刊》新 2 辑，第 259 页。"降汗"即"降萨当之汗"（'jang sa tham rgyal po）。"降"指今丽江地区。"萨当"则指今中甸地区。

　　理塘寺由三世达赖喇嘛索南嘉措主持兴建，是康区最重要的格鲁派寺院之一。丽江木氏土司和白利土司控制康南期间，理塘寺曾遭到破坏，"寺院几乎名存实亡"。1652 年（藏历龙年），罕都担任施主，新辟牧地，扩建和修复殿堂、塑造佛像和绘制佛教壁画，又增派僧差，先后八次定期给予理塘寺僧众薪资，布施寨僧茶。①

　　修缮理塘寺后，在罕都主持下，中甸的《甘珠尔》经典被迎请到理塘寺存放。《汉蒙藏史略》记载：

　　　　（罕都）将夏买（红帽派）第六代活佛开光的《甘珠尔》经板带到理塘供放业绩显著。②

　　第六代活佛开光的《甘珠尔》指噶玛噶举派红帽系第六世活佛却吉旺秋应木氏之请在 1621 年所制的木刻版大藏经。罕都将《甘珠尔》迎往理塘寺，或许有意以此压制噶玛噶举派的宗教影响力，提高理塘寺的宗教权威。事实上，罕都对格鲁派在康区的发展采取主动扶持策略。1663—1664 年，罕都曾赴拉萨，与五世达赖多次会面。返回康区后，罕都即在 1664 年 6 月同理塘寺主持达尔罕噶居祈请五世达赖喇嘛为理塘寺、巴塘寺等撰写寺规，规范寺院管理。③ 对于其他教派寺院改宗格鲁派，罕都也大力协助寺院重建。《格鲁派教法史》称：

　　　　恰程·桑佩林寺。这是一所在原噶举派杰嘉寺的废墟上由坎卓王恢复发展起来的一所寺院，任命达巴·洛桑旦增为经师。
　　　　甘丹岗噶尔寺，原先宗奉噶举派，自从宗喀巴大师的政教日光普照后，在程勒嘉措任第巴的时期由坎卓进行修复，改宗格鲁派，委任洛桑旦增为上师。④

---

① 五世达赖喇嘛阿旺洛桑嘉措：《五世达赖喇嘛传》上册，第 339—340 页。
② 阿芒·贡却群派：《汉蒙藏史略》，第 34—35 页。
③ 五世达赖喇嘛阿旺洛桑嘉措：《五世达赖喇嘛传》上册，第 407 页。
④ 第悉·桑结嘉措：《格鲁派教法史——黄琉璃宝鉴》，第 252 页。

　　木里地区的格鲁派因丽江木氏土司信奉噶玛噶举派，"黄帽佛教大业受到云南木天王的威胁，难于生存"。在获悉和硕特蒙古击溃白利土司后，木里格鲁派寺院遣喇嘛赴藏，向五世达赖寻求援助。罕都征伐期间，木里格鲁派的被动处境得到扭转。在同木里阿采战事结束后，罕都将稻城噶玛噶举派阿采寺改宗格鲁派，交由木里桑登桑布喇嘛监管。① 这成为木里格鲁派发展的关键性转折。

　　不过，罕都在扶植格鲁派的同时，对部分宁玛派寺院也表现出相当宽容的宗教态度。《策旺诺布传记》记载：

　　　　即使蒙古王堪卓（亦）被（其）神通所折服，献上建寺之地及敬意。德格王等许多大人物供奉（其为）上师。拜访了多麦大部地区，并开光了众多圣地。②

　　罕都献地的寺院是指今甘孜州白玉县的噶陀寺。17世纪中后期，噶陀寺扩建过程中，罕都因折服于策旺诺布的神通，向该寺院献地。这或许是由于德格土司的缘故。

　　其二，依据蒙古传统制度，赐予各地方政治势力蒙古官职头衔，在部分控制区域设宗和宗官。

　　在征服稻城后，罕都曾授予木里境内的昂让巴"宰桑"（ja sang）头衔。③ "宰桑"是汉语"宰相"的转音。《钦定皇舆西域图志》载："一宰桑管一鄂拓克，或三四宰桑管一鄂托克。"④ 鄂托克，蒙古语意为"部落"、"氏族"或"屯营地"。⑤ "宰桑"相当于一部的首领，是蒙古官职中级别较低的职官。

　　和硕特部占据中甸后，罕都又对丽江木氏土司木懿进行封赠。康熙《云南府志》载：

① 阿旺钦饶：《木里政教史》，第6页。
② ngodrup and sherab drimay, rin chen gter mdzod chen mo（ka），Paro：stod lung mtshur phu'i par khang 2007-2008，1976，p. 589.
③ 阿旺钦饶：《木里政教史》，第13页。
④ 傅恒等纂《钦定皇舆西域图志》卷29，乾隆四十七年武英殿刻本。
⑤ 白翠琴：《瓦剌史》，广西师范大学出版社2006年版，第128页。

（康熙）七年七月，吴三桂奏称蒙古据丽江中甸。吴三桂拘丽江土官木懿于省城。丽江与蒙古接壤，三桂恐木懿投附。又奏懿曾受蒙古伪封，不便归复故业。另将家口迁赴省城拘管，以懿长子靖袭职。[1]

封授的同时，罕都在中甸辖区内设立宗、宗官，由西藏甘丹颇章政权选派高僧经营管理。《民国中甸县志稿》称：

> 因明清递嬗之际，木氏在江外之势力日就式微，藏人复逐渐南徙，奄有大中甸、小中甸、泥西、格咱四境地面，年派举吗倾则一人来甸征收赋税，黄教喇嘛亦即于是时入县境。[2]

举吗倾是西藏甘丹颇章政权调派的第巴，充任大小中甸、泥西、格咱等地的宗官，主要负责征收赋税和管辖属民。这一职官又被称作"协奔"或"协碑"。"协奔"之下另设"诺碑"和"德碑"。前者主管和硕特蒙古征服的区域，具体负责征收贡赋和调解纠纷。后者专管和硕特蒙古自身辖地，类似"本德"，主要承担征收赋税之责。[3]

经过固始汗的早期经略和罕都数十年的苦心经营，和硕特蒙古对康区的控制进入全盛时期。和硕特部控制区域几乎囊括整个康区，同时重建和完善了和硕特蒙古在康区统治的政教基础。罕都的军事征伐改变了康区的政治和宗教格局，德格土司逐步在康北崛起，丽江木氏土司则退出康南。在罕都的扶持下，格鲁派在理塘、木里等地的宗教地位更为稳固。一度受到木氏土司支持和推崇的噶玛噶举派宗教势力在川滇边地逐渐式微。借助格鲁派的宗教影响力，和硕特蒙古在康区逐步树立起统治权威。诚如年羹尧所言，"西番"部落"止知有蒙古，而不知有厅卫，不知有镇营，此非一日之积矣"，[4]足证和硕特蒙古对康区的政治影响力。

---

① 范承勋、张毓碧等修，谢俨等纂《云南府志》卷5《沿革》，康熙三十五年刊本。
② 段绶滋纂修《民国中甸县志稿》，《中国地方志集成·云南府县志辑》第83册，凤凰出版社2009年版，第3页。
③ 段绶滋纂修《民国中甸县志稿》，第16页。
④ 《条陈西海善后事宜折》（雍正二年五月十一日），季永海、李盘胜、谢志宁翻译点校《年羹尧满汉奏折译编》，第285页。

第二节　罕都与格鲁派关系的破裂

正当滇西北的军事征伐不断升级之际，因威胁到各方利益，罕都同五世达赖喇嘛、青海和硕特蒙古之间逐渐出现嫌隙和矛盾。藏文史料普遍将这一形势的转变归结为罕都对格鲁派信仰的动摇，改信噶玛噶举派和宁玛派的缘故。《木里政教史》记载，罕都改信噶玛噶举派与昂让巴·降央巴丁的影响有直接关系：

> 昂让巴·降央巴丁背叛黄教，参加噶玛派，骨子里暗怀鬼胎。在卡卓王面前吹捧噶玛派功德高尚。他阴谋让卡卓王反对降央喇嘛弘扬的黄教，进而反对西藏噶丹官府。[①]

昂让巴·降央巴丁正是罕都在征服稻城、木里后册封的"宰桑"。昂让巴谋杀木里大寺降央桑布后，篡夺政教大权，遭到各地方政教势力乃至甘丹颇章的抵制和反对。因而昂让巴改信噶举派，并诱使罕都与格鲁派对立。《汉蒙藏史略》的记载与之类似：

> 堪着罗桑丹羌住在澜沧江边，他从信仰格鲁派改变为崇信宁玛派。对此，青海诸台吉领兵去征讨，内讧中被杀死。康地交其弟达加尔俄硕特（博硕克图济农）管理。[②]

但是上述说法除了偶见于藏文史籍的记载外，并无多少具体依据。

事实上，罕都与格鲁派关系的恶化，应并非因其个人信仰问题。从更多史料及当时历史背景分析，罕都立场的变化很大程度上是由于其执意在滇西

---

① 阿旺钦饶：《木里政教史》，第14页。

② 阿芒·贡却群派：《汉蒙藏史略》，第35页。有的学者认为，《汉蒙藏史略》记载中所称的宁玛派本意指红教，而此处的红教实际上并不是专指宁玛派，还包括其他的藏传佛教派系。因为在一些藏文文献中，存在将除格鲁派以外的宁玛派、噶玛噶举派等其他派系均称为"红教"的现象，且以噶玛噶举派为最多。参见杨学政《藏族、纳西族、普米族的藏传佛教——地域民族宗教研究》，云南人民出版社1994年版，第74—79页。

北扩张的行为，卷入与清廷、吴三桂、噶玛噶举派的纷争中，直接危害到格鲁派、和硕特蒙古的整体利益。导火索则是噶玛噶举派红帽系夏玛巴的安置问题。这成为罕都与五世达赖喇嘛关系的转折点。

自明代起，丽江木氏土司皈依噶玛噶举派，与之结为政教联盟关系。丽江、中甸等滇西北地区处于木氏土司和噶玛噶举派的政教统治之下。固始汗征服藏巴汗后，噶玛噶举派在西藏受到重创。黑帽系第十世噶玛巴却英多吉（chos dbyings rdo rje，1604—1674，汉文称作"大宝法王"）和红帽系第七世夏玛巴益西宁波（ye shes snying po，1639—1694）被迫先后避居中甸。《五世达赖喇嘛传》载，1659 年"噶玛巴师徒虽居于绛域，但仍然相信东方的汗王不会有什么变化，故无须疑虑，所以平息叛乱不会遇到阻力"。① 噶玛巴长途跋涉到达中甸后，即在当地传播噶玛噶举派教法。红帽系夏玛巴转世则由噶玛巴认定后，从果洛一同前往中甸。

木氏土司与噶玛噶举派对格鲁派在康区南部的传播向来持敌视和排斥的态度。《格鲁派教法史》称：

> 果吾绒仁青岗寺，果吾温波仁却所建。但是，由于和丽江人的地界接近，寺院没有维持。后来贡却扎西把寺院迁移到别处修建，称为"桑珠新寺"。
> 蔡木贡寺，是文殊怙主法王宗喀吧大师亲传弟子中被称为江玛·尔当蔡木仁波切所建。中间由于受一些丽江人的犷顽作梗使寺院空废。
> 扎纳寺……不久，一些怀有敌意的丽江兵将佛像及建筑等烧毁，比丘帕巴群增依靠至尊文殊藏祈愿的法力修复和发展了寺院。②

在木里境内，噶玛噶举派与木氏土司共同摧毁了格鲁派在当地的康坞和拉顶两大寺院，并在稻城、维西一带迫害格鲁派僧人。木氏土司甚至扬言："今后老百姓若再送子弟入黄教寺庙为僧，就要当众砍下这些子弟的头和手叫其父母背尸游众。"③ 受此压迫，格鲁派几乎无法在川滇边地长期立足。

---

① 五世达赖喇嘛阿旺洛桑嘉措：《五世达赖喇嘛传》上册，第 333 页。
② 第悉·桑结嘉措：《格鲁派教法史——黄琉璃宝鉴》，第 254—261 页。
③ 阿旺钦饶：《木里政教史》，第 5 页。

罕都军事征伐康区，挥师南下，攻占中甸等地。噶玛噶举派再遭重挫。从康熙六年到康熙十一年（1672），围绕夏玛巴问题，罕都的扩张行为破坏了格鲁派、和硕特蒙古与清廷的政治平衡关系，也加剧了其与格鲁派的矛盾，为此后的"木虎年事件"埋下伏笔。[1]

据五世达赖致康熙的函文中所称，夏玛巴问题的缘起如下：

> 蒙皇上爱恤，土伯特三部共用升平。而噶尔玛侵犯边境，掠走罕都牲畜，并将遣往议和之使者以奸计致死。罕都领兵败之，遂噶尔玛议和，允其安居。闻红帽及怕克木领两部人马至平西王处。恐其蛊惑人心，有损汉、蒙之和睦，伏祈降旨，使其仍归并于噶尔玛。只要彼等归来，就能如噶尔玛等安居，绝无受损矣。在此由吾向罕都声明。[2]

噶尔玛即噶玛巴。噶玛巴反抗罕都败北后，只得与罕都议和，遭遣返回拉萨噶玛噶举派祖寺楚布寺。五世达赖喇嘛希望借助清廷的介入，将噶玛噶举派的势力赶出滇西北。夏玛巴等惶恐畏惧，投奔吴三桂，被安置于古城关外居住。夏玛巴的安置，应是清廷的安排。早在 1668 年，清廷就曾令兵部商议是否将夏玛巴等移送来京：

> 平西亲王臣吴三桂谨密奏为塘报边事，康熙七年正月十九日，据云南鹤丽永北总兵官陈德塘报前事内称：康熙六年十二月十九日，据本标分防金沙江中营中军守备刘长泰、千总王明禀据探兵丁明等报称：蒙差小侦探中甸一带情形，于十二月二十二日行至阿乐山遇著土人口称：大宝法王等今不在中甸，移到何甸山里去了等语，据报前来转报到职……批示：灌顶国师掌赤帽等三起人应否起送来京及本内事情著兵部一并确议具奏。[3]

---

① 青格力：《罕都台吉在康区的活动探析》，《欧亚学刊》新 2 辑，第 268—269 页。

② 《清内秘书院蒙古文档案汇编》，转引自青格力《罕都台吉在康区的活动探析》，《欧亚学刊》新 2 辑，第 268—269 页。

③ 《平西亲王为塘报边情事》（汉文，康熙七年），台北：中研院历史研究所藏内阁大库档案，档案编号：059153—001。

清廷曾打算将夏玛巴等移送入京。因此五世达赖祈请将夏玛巴等"归并于噶尔玛"，遣送回藏的要求遭到康熙帝的拒绝。

罕都攻克塔城，控制了金沙江以外大部分地区。康熙帝函告五世达赖喇嘛，敦促其责令罕都退兵。1670 年康熙的谕令称：

> 朕依尔所请。卡都如对投奔朝廷者加以威协损害，此不仅有悖于尔奏请之意，亦有悖于朕视率土生民皆吾赤子之心也。如何才能使其不受刁难损害，尔达赖喇嘛察之。[①]

但是罕都并未理会五世达赖的法旨，而是一味向滇西北发动新的攻势，试图进一步扩大和硕特蒙古在滇西北的政治势力。《五世达赖喇嘛传》载：

> 红帽活佛向朝廷请求同意他回楚布居住，朝廷降旨同意，并派人送他们师徒前来，但是由于罕都无端向汉地边区派遣蒙古人，（朝廷的）使者返回去了，内外发生了很多混乱，为平息纠纷和处理有关事务，我们派甲尔波洛桑勒丹于十六日动身前去青海。[②]

可以看出，清廷最终同意了五世达赖喇嘛提出的将夏玛巴送回楚布寺的建议。康熙在给五世达赖的敕谕中说道：

> 尔奏称：蒙皇上爱恤，土伯特三部共享升平。而噶尔马侵犯小僧边境，掠走卡都之牲畜，并将遣往议和之使者以奸计致死。后噶尔马被卡都击退，噶尔马乃与卡都议和。据传，红帽派帕克木瓦带领两族人至平西王处。小僧恐其蛊惑人心，有损汉、蒙之和睦，伏祈降旨，使其仍归并于噶尔马。只要彼等归来，就能安居，不再节外生枝矣。在此向卡都声明。
>
> 红帽派帕克木瓦两族人，与卡都关系恶化，失其生息之资，投奔朕

---

① 中国第一历史档案馆、中国藏学研究中心编《清初五世达赖喇嘛档案史料选编》，第 66—67 页。
② 五世达赖喇嘛阿旺洛桑嘉措：《五世达赖喇嘛传》下册，第 51 页。

来。朕将其安置于云南，予以生息之机。尔达赖喇嘛曰，奏报之后，再作打算。朕奉天承运，统御寰宇，对穷迫而来归者，无不养恤之，使其得所。因其穷迫，不得已而来，如将投奔来归者归并于尔等，实为不妥。

朕闻尔达赖喇嘛弘扬佛教，惠育众生，请朝廷将红帽派帕克木瓦归并，因此，朕依尔所请。罕都如对投奔朝廷者加以威协损害，此不仅有悖于尔奏请之意，亦有悖于朕视率土生民皆吾赤子之心也。如何才能使其不受刁难损害，尔达赖喇嘛察之。①

与此前态度不同，清廷答应遣返夏玛巴。清廷之所以改变决定，可能是征询了夏玛巴的意见，但主要应是从双方关系大局出发，认为遣返有利于局势稳定。

遣返夏玛巴一事被正式提上日程。然而事情的进展并不顺利。五世达赖并未能实现最初的许诺说服罕都。罕都非但没有听从五世达赖的要求接收夏玛巴，而且派人从中阻挠，致使事情陷入僵局：

（藏历铁狗年）向朝廷请求同意红帽活佛回粗浦居住，朝廷降旨同意，并派人送他们师徒前来，但是由于罕都向汉地派遣毫不相关的蒙古人，使他们返了回去，内外造成很多麻烦。为了平息纠纷和处理有关事务，我们派甲尔波洛桑勒丹于十六日动身前往青海。②

因罕都的军事进攻，此事被搁置下来。五世达赖一度遣人前往告诫罕都。罕都并未听取，而是继续在金沙江沿岸采取军事行动。康熙十年（1671）一月，罕都在金沙江沿岸的上江喇毛、下江俸可等地集结兵力，造船渡江。③ 这引起吴三桂的极度不满。吴三桂一再向清廷呈请发兵回击罕

① 中国第一历史档案馆、中国藏学研究中心编《清初五世达赖喇嘛档案史料选编》，第66—67页。
② 青格力：《罕都台吉在康区的活动探析》，《欧亚学刊》新2辑，第270页。又参见五世达赖喇嘛阿旺洛桑嘉措《五世达赖喇嘛传》下册，第51页。
③ 《康熙十一年正月二十四日吴三桂奏报》（汉文），台北：中研院历史研究所藏内阁大库档案，档案编号：059154—001。

都，但清廷希望将此事交由五世达赖喇嘛来解决。康熙十年六月，康熙帝派遣两名使者携函赴藏，向五世达赖责问：

  又为红帽及法嘎摩（帕克木）事，按尔奏实行。特遣理藩院理事官南达该送走。但是，蒙古之为首满京、翁加牡丹等，受计噶尔玛躲避到其他地方，并使路旁居民亦躲避到远处，禁止卖粮给吾使者。蒙古之为首满京、翁加牡丹虽然来见吾使，但是，特以卡都之言欺骗，以此借故拖延时日。以后噶尔玛虽然亦来，因首领未来，未发一言即返回矣。又噶尔玛属下林卜机云，吾等往于卡都地方，卡都允许接受，吾始接受，否则不接受。虽如此，尔使来到之前，吾使已往返。

  将红帽与法嘎摩要送回时，据边防官员奏报，达赖喇嘛使者遵旨来迎红帽、法嘎摩等。未走钟天（中甸）大路，绕走北荒之路无人之处，造筏渡江。又随后卡都起兵，于阿定河地区进行抢掠等云。并且，卡都还叫噶尔玛写保证书，该印结保证不与红帽、法嘎摩见面。这样以各种借口不接受。因此，将红帽、法嘎摩不再给尔矣。以前边防官员数次奏报，卡都已占领属吾管理（丽）江府钟天之地。又康熙十年，据边防官员奏报，达赖喇嘛之使者遵旨前来迎红帽、法嘎摩等，不走钟天大路，绕走北荒之路无人处，造筏渡江。随后卡都起兵抢掠阿定河地方等情况看来，常来侵犯吾边境是何用意，有负朕对于边外之人一视同仁和宽宏慈爱之德意，望今后各守各自驻地为宜，卡都不驻守自己地方，出来寻衅作乱，殊不合理。如今，尔达赖喇嘛应遣人教卡都回原驻地，遵守法纪为宜。果不回原地，仍在边境寻衅作乱，与朕统一天下、一视同仁和达赖喇嘛普渡众生之志意皆违背，破坏通好也。为此，特遣梅勒章京阿金岱、宝吉等前往。①

  通过康熙的信函，我们对事情发展的细节有更多的了解，从中可以得到如下几点认识。第一，卡都授意蒙古人满京等将噶尔玛隐匿，并在沿途为清廷使者设置阻碍。第二，清廷使者及夏玛巴抵达后，卡都并未迎接，噶尔玛

---

① 中国第一历史档案馆、中国藏学研究中心编《清初五世达赖喇嘛档案史料选编》，第68页。

虽与使团有接触，但并未有任何实质性进展。第三，据噶尔玛属下林卜机交代，罕都已经完全控制了噶尔玛，在这一地区拥有绝对的权力。第四，五世达赖使团未走中甸大路，而是走蛮荒小路，并造船渡江。恰在此时罕都掠夺阿定河区域。由此清廷怀疑五世达赖使团造船是为了暗中相助罕都的劫掠行为。第五，清廷对于罕都从中作梗并趁机劫掠的行为大为不满，要求五世达赖喇嘛责令罕都返回原驻地，严加管束。

罕都的行为使清廷误以为是以五世达赖喇嘛为首的格鲁派背后指使和支持的结果。这导致五世达赖喇嘛对罕都颇为不满。康熙十一年二月，吴三桂奏报罕都与清军总兵官马宁等在桥头地方发生激战，清军伤亡颇重。吴三桂提议遣军支援。[①] 九月，兵部尚书朱之弼呈报罕都大军驻扎于金沙江畔，已兵抵中甸，预备渡江。[②] 吴三桂再次驰报清廷，要求发兵讨伐。

为开脱与罕都进兵的干系，五世达赖喇嘛于康熙十一年四月函复康熙帝称：

> ……此前奏称红帽、怕克木二人之后，皇上开恩，遣南达海大臣送来。此处亦派米吉格和巴岱二臣前往。但因路途遥远，失去碰面机会。圣旨所指"恐罕都损害红帽、怕克木二人。不得损害"等，甚是。噶尔玛之苦乐，都由罕都左右。若红帽等与噶尔玛同处，必定受苦。故应安置彼等于自己之庙宇。吾等派出之使臣受困未能到达平西王处，只好叫他人给平西王带口信，不料杳无音讯。无奈二人四处寻路，想自行到达平西王处，绝非怀引导蒙古兵，行军于隐蔽处之恶念。吾二人会面平西王与红帽等事，罕都未给予协助。前遣吾二人仍待于原处。如今祈求赐降圣旨，使吾二人会和红帽、怕克木二人，返还吾处。望勿责怪，成全此等祈求。满京者，为罕都所使，与吾二人无关。是为罕都操控红帽、怕克木二人之计谋。前罕都欲派使臣往平西王处，吾曰：吾处使臣为是，汝切勿多事，但也无济于事。罕都抢掠阿定河之民众，时常扰乱

---

① 《康熙十一年二月二十七日吴三桂密奏》（满文），台北：中研院历史研究所藏内阁大库档案，档案编号：189513—003。

② 《康熙十一年九月九日朱之弼奏》（汉文），台北：中研院历史研究所藏内阁大库档案，档案编号：058975—001。

边境，都有吾使臣无关。自青海达赖台吉再三派人，劝告罕都不宜驻扎降塘（结打木），撤回原处等，却每每找由，至今未撤回。想必达赖台吉仍硬软相劝。若强行取缔，遇罕都逃至汉地，敬祈不能如同伊思丹津受庇护，遣返至达赖台吉处。无加害之事，由吾吩咐之。细述之处，将由派遣之使臣口奏。①

在信中，五世达赖喇嘛就造船一事作出解释，并透露出几个关键性信息。

第一，五世达赖改变此前将夏玛巴"归并于噶尔玛"的态度，而是认为夏玛巴宜居于自己的庙宇。其原因是"噶尔玛之苦乐，都由罕都左右。若红帽等与噶尔玛同处，必定受苦"。这一表述与最初请求清廷遣返夏玛巴等的表述截然相反。并且，这一新的态度事实上也推翻了自己"只要彼等归来，就能安居"的承诺。这反映出此时五世达赖已无力说服罕都。罕都在康区的军事行动已经超出格鲁派与和硕特蒙古政治联盟关系束缚的范围。

第二，五世达赖主动向清廷揭发罕都与吴三桂暗通款曲、无视其明确反对的行径。这一事件暗示罕都在康区的种种作为已经与格鲁派、和硕特蒙古的整体利益相违背，遭到五世达赖的强烈抵制。罕都与格鲁派之间的嫌隙已生。

第三，信函内容表述已表明和硕特蒙古内部对罕都的行为已大有异议。达赖台吉软硬兼施，试图劝告罕都退返原驻地。五世达赖回复康熙帝前函，已时过十个月。其间，和硕特蒙古内部很可能就罕都问题达成某种共识，即"强行取缔"，将罕都羁押回达赖台吉处。

第四，五世达赖将夏玛巴问题的责任推卸给罕都，并声称与罕都劫掠之事无关。这是明确向清廷表达格鲁派决议与罕都决裂的态度，期望在罕都问题上清廷能够予以协助。

此时罕都不仅已成为格鲁派与和硕特蒙古的众矢之的，而且康区的部分地方政教领袖已率先公开反对罕都，"由于各个高傲的地方首领不听他的，

---

① 中国第一历史档案馆等编《清内阁蒙古堂档》（蒙文），第63—67页，转引自青格力《罕都台吉在康区的活动探析》，《欧亚学刊》新2辑，第271页。

使他无计可施"。① 这其中包括罕都封授的"宰桑"昂让巴。事实上，此前
格鲁派在康区宗教势力的扩大，以及不断插手康区事务，已经对罕都形成牵
制之势。1670 年 12 月底，格鲁派任命的巴塘宗堆达尔罕噶居就曾主动向五
世达赖详尽汇报康区的地形、地貌等情形。② 不过，清廷对于吴三桂请战的
要求并未允准，而是再次将希望寄托于五世达赖身上。康熙十一年十一月，
康熙帝致函五世达赖：

> 今以汝所请，差人将红帽、怕克木送至迎接人处。汝达赖喇嘛为和
> 睦全体、辅助众生者，自不会虐待红帽、怕克木等。汝属下首领等也切
> 勿加害之事，汝达赖喇嘛亦应体察。再者，倘有强取罕都而迫使亡至吾
> 关内之事，实大别于伊思丹津，届时即刻擒拿遣返。若罕都未被撤回，
> 仍窥探关内，寻衅作乱。恐将阻断众往来使臣之道路。③

康熙帝一面赞同将夏玛巴等送还归藏，一面强硬要求五世达赖尽快督促
罕都撤兵。至此，五世达赖顾及同清廷、吴三桂的关系，以及格鲁派、和硕
特蒙古在康区的整体利益，对罕都扩张个人势力的野心已难以容忍。罕都与
格鲁派之间的联盟合作关系最终走向破裂。

第三节　木虎年事件

1672 年初，青海和硕特部召请远在西藏的达赖巴图尔台吉回到青海，
并召开丘尔干讨论对罕都的处置办法。其间，五月，五世达赖的使者嘉勒博
格桑日登者在青海会见达赖巴图尔台吉，商讨征伐罕都事宜。会后决定由达
赖巴图尔台吉率领青海诸台吉各部前往征讨罕都。④ 由此，格鲁派与青海和
硕特蒙古就讨伐罕都一事达成共识。对此，时任甘肃提督张勇在康熙十三年

---

① 五世达赖喇嘛阿旺洛桑嘉措：《五世达赖喇嘛传》下册，第 109 页。
② 五世达赖喇嘛阿旺洛桑嘉措：《五世达赖喇嘛传》下册，第 50 页。
③ 中国第一历史档案馆等编《清内阁蒙古堂档》（蒙文），第 63—67 页，转引自青格力《罕都台
吉在康区的活动探析》，《欧亚学刊》新 2 辑，第 272 页。
④ 隋浩昀：《罕都事件及其对清初川滇藏区的影响》，《中国藏学》1996 年第 3 期。

（1674）奏疏中说道：

> 康熙十一年八月内，臣接西宁镇臣王可臣手札，内称达赖台吉统领
> 彝目各带兵马经往正南而去。又据臣差去探听通丁王有才称达赖台吉领
> 兵开路，直抵云南丽江各等情，业于康熙十一年十月报明兵部在
> 案……①

达赖台吉即达赖巴图尔台吉的简称，固始汗第六子。从奏疏来看，达赖
巴图尔台吉应在康熙十一年八月率兵南下，进入康区南部，短暂驻扎于理塘
等地。对于当时形势，五世达赖在 1672 年 12 月 15 日也写道："定本曲弥卡
瓦从康区返回，从他那里首次听到罕都虽然计划得像天空中彩虹一样美
好……（罕都）最后落入达赖洪台吉为首的众蒙古首领手中。"② 五世达赖
对青海和硕特蒙古南下讨伐罕都的行动已有所知晓和关注。

但是罕都并未如同五世达赖所言如此顺利地被达赖巴图尔所擒获。当时
罕都将其势力扩张中心移往中甸，在当地修桥造船，作迎战准备，又与丽江
木氏土司结为联盟。1673 年 3 月，讨伐罕都的军事行动正式揭开帷幕。以
五世达赖为首的格鲁派喇嘛为之举行了盛大的镇敌仪轨。《五世达赖喇嘛
传》详尽记述了双方交战的经过：

> 本堪卓中了邪魔，做了不少罪恶。因此噶尔钦（指噶玛巴黑帽活
> 佛）在中甸地方无法立足。我派遣达赖珲台吉等蒙古贵族带兵前去迎
> 请，同往的还有夏本卓潘、达杰扎西等人。噶尔钦只好前来拉萨。在到
> 达拉萨之前，我骑马前往郊外设灶迎接，仪式颇为隆重。在福田施主相
> 会时，给予与红帽活佛相同的礼遇。……
> 在中部康区，空行和噶尔巴以及其亲属人等对我们黄帽派产生了热
> 烈的宗教感情，正是石岩上长出了柏树，似乎不可能的事情成为可
> 能。……英勇顽强的达赖珲台吉率领浩浩荡荡的大军，在噶尔丹达吉、

---

① 张勇：《张襄壮奏疏》卷 2，第 27 页，出版地和出版时间不详。
② 五世达赖喇嘛阿旺洛桑嘉措：《五世达赖喇嘛传》下册，第 127、135 页，译文有所改动。

策旺饶布丹、塔尔巴、额尔克济农、彻臣台吉、丹津、涅尔巴等人的簇拥下，向中部康区的中心地带进发，马蹄扬起的尘埃遮蔽天日。对方的那些不驯之徒以及可恶的同党都闻风丧胆，还是森林失火又遭大风，他们只好顺势归附，算是交上了好运。那些傲慢的人们也莫不俯首听命，归于治下。大军进至东方大地的边境，仁政德泽如同柔绢普被一方。尔后，大军撤回青海。随后，达赖珲台吉主仆又启程进藏。二十七日，我会见了达赖珲台吉一行，给他们赠送了色拉寺杰扎仓的福禄神物，并给予广泛的加持。①

从五世达赖的描述来看，至少在 1673 年 10 月，达赖巴图尔已率军进入中甸。战事持续到 1673 年 12 月。这次声势浩大的讨伐，青海和硕特部颇具实力者均参加了，包括罕都的亲兄弟噶尔丹达杰博硕克图济农、固始汗第七子额尔德尼戴青胡热希之子塔尔巴、达赖巴图尔之子策旺绕布丹（号称额硕尔克戴青）、土尔扈特摩尔根济农之子额尔克济农（又名拜步）、固始汗第二子切辰戴青温布之子彻辰台吉（又名仁钦）、涅尔巴之弟丹津（额尔德尼巴图尔）、国舅涅尔巴（图谢图那彦）以及盟长达赖巴图尔等。② 如此庞大的阵容说明讨伐罕都是为和硕特蒙古的整体利益考虑，获得一致的支持和响应。征讨罕都的另一深层目的则是扫清格鲁派在康区的反对势力。

获胜后，达赖巴图尔并没有乘胜追击，而是撤回青海，随即前往西藏拜谒五世达赖。这也表明青海和硕特部征讨罕都的行动，在很大程度上不排除有取悦格鲁派，显示其态度和立场的意图。

至于罕都被击败后的去向和结局，《汉蒙藏史略》称：

堪着罗桑丹羌住在澜沧江边，他从信仰格鲁派改变为崇信宁玛派。对此，青海诸台吉领兵去征讨，内讧中被杀死。③

达赖巴图尔返回青海后，即将康区的统治权交给罕都的弟弟博硕克图济

---

① 五世达赖喇嘛阿旺洛桑嘉措：《五世达赖喇嘛传》下册，第 127、135 页。
② 青格力：《罕都台吉在康区的活动探析》，《欧亚学刊》新 2 辑，第 276 页。
③ 阿芒·贡却群派：《汉蒙藏史略》，第 35 页。

农。1674年初，吴三桂起兵反清，三藩之乱爆发，川滇时局骤变。同年藏历四月十九日，康熙帝遣员赴拉萨，寻求五世达赖的军事援助。经协商后，五世达赖决议：

> 为了顾全大局，遂制订了以达赖浑台吉等从速进兵的方案。在中甸地区给那些未驯化的人们撑腰的是丽江土王还是什么人，则不得而知。但是为了执行方略和共同的目的，我遂于二十日给嘉色扎什传授了长寿灌顶和消除一切违碍的六臂依怙随许法，并授与厄勒觉图的巴图尔台吉的称号，馈赠了大批礼品，委派噶加诺尔布、麦恰巴前去担任将军和军事官员，并为他们送行。①

对于清廷的求援，五世达赖颇有些踌躇为难。但是考虑到中甸地区接连发生反对格鲁派的事件，清廷的求助恰好为格鲁派与和硕特蒙古再次进兵中甸提供了难得的机会。达赖巴图尔离开康区南部后不久，康熙十三年二月，以三大寺为首的格鲁派寺院及密宗经院为局势动荡的中甸举行大规模的禳灾仪轨，次月又行退敌仪轨等。② 中甸政教形势之紧张可想而知。反对格鲁派的地方政教势力尤其以中甸嘉夏寺为首的噶举派寺院最为突出。据今存云南德钦县境内红坡寺的底薄序载：

> 木虎年（1674），以嘉夏寺为首的建塘地区僧俗，欲自取灭亡，不遵守西藏甘丹颇章之令，因其恶意制造之各种事端，祸及整个康区寺院，乃至德钦红坡寺、奔子栏大雁湖寺等一些寺院亦在嘉夏寺的恶劣影响下效尤。③

在木氏土司的支持下，以嘉夏寺为首的噶玛噶举派僧人、苯教僧人及乡村仓巴、敦巴等均参与其中，武装对抗格鲁派，影响波及中甸、维西、德钦

---

① 五世达赖喇嘛阿旺洛桑嘉措：《五世达赖喇嘛传》下册，第 144 页。
② 五世达赖喇嘛阿旺洛桑嘉措：《五世达赖喇嘛传》下册，第 138—141 页。
③ Sngon phu dga' yangs can gyi gdong deb 'dud 'jo' i bum bzang gi mgo brjod, Rgyal thang gi lo rgyus tsags dpyad gshi phyogs bsgrigs, yun nan mi rigs dbe skrun khang, 2003, p. 3.

等地。经再三考虑，五世达赖和青海和硕特部决定遣派固始汗第十子、罗卜藏丹津之父扎什巴图尔前往中甸，并给予大量物资和钱财。扎什巴图尔即前引文中五世达赖授予称号的厄勒觉图巴图尔台吉。康熙十三年五月，五世达赖接见新上任的巴塘宗堆，询问康区情势，举行盛大除魔仪轨：

> 出于对中甸前线的战略考虑，经院在大昭寺举行忿怒金刚游戏仪轨，历时七天，二十九日抛掷退敌食子，放咒的征兆十分吉祥。①

扎什巴图尔应在此时率军进入中甸。到同年（藏历木虎年）十月，扎什巴图尔率军，联同木里格鲁派，与反格鲁派的武装势力在中甸展开"木虎年决战"。关于此次战役，藏文史籍《木里政教史》记载：

> 木虎年（1674）十月，藏军进攻中甸之甲加，由桑登绒布、勒喜绛村率僧俗组成援军赴中甸，其行军神速，先于蒙军一日到达阵地立即开战，首战告捷。甲加兵逃至山中又被藏军所围。西藏所领步兵只能在平地冲锋陷阵，蒙古骑兵虽勇猛如狮，却不适应高山丛林，因地形所限难以展威。而木里步兵正可施展特长，独自攻下坚固的中甸城而取胜。甲加遭受彻底失败，黄教大获全胜。在欢度木兔年（1675）新年之同时犒赏官兵。此时藏蒙带兵总管（中帐）噶扎西巴都尔台吉询问木里："你们这次攻城有功，愿受何赏？""请将俄亚等五个村赏给木里。因该五村是木里从穆天王手中夺来，又被甲波卡卓夺去。希望藏政府同意我们收回来。"9月，达赖颁发文书，将俄亚赐还木里。在此之前，一汉官平西王遣使礼赠木里，并称"您乃边界之大官人，而且为我政府派信使供邮传，谨表谢忱"云。②

甲加即嘉夏寺。在蒙藏联军的进攻下，嘉夏寺的反格鲁派势力彻底被击溃。到十一月，中甸战事取得进一步实质性进展。《五世达赖喇嘛传》记：

① 五世达赖喇嘛阿旺洛桑嘉措：《五世达赖喇嘛传》下册，第148页。
② 阿旺钦饶：《木里政教史》，第30页。藏文译文有所改动。

"在十一月初五日那天，进军中甸的蒙藏联军在厄勒觉图巴图尔的率领下，一举战胜了嘉布加、摩格、饶丹、支西、康萨、阿邦果、杂尼瓦等僧俗部众。"① 战事可能在 1674 年底或 1675 年初结束。

依照五世达赖的指示，扎什巴图尔将参与战事的噶玛噶举派寺院强制改宗为格鲁派寺院，隶属于巴塘寺，并遣散原有僧人。由巴塘格鲁派寺院派遣僧官管理纳税及差役。战后，扎什巴图尔短暂居留中甸期间，采取一系列举措稳定当地局势。一份中甸的藏文文告称：

建塘行政长官颁给娘杰衮波之女的执照

治下所属僧俗尤其是全体蒙藏农牧民及上下驻军知照：

娘杰衮波之女先前……现今与丹松之子正式成婚，尔等前述上下等人亦不要有任何非礼行为，不要制造祸端。特发此照。

木虎年十二月二十五日签发于独克宗
（盖有红色蒙文图章一）②

可以看出，扎什巴图尔在中甸留驻一部蒙藏联军，又在建塘设立管理日常政务的行政长官。而行政长官的驻地正是文告末尾的独克宗（今云南香格里拉市中心镇）。而扎什巴图尔推行的具体措施则见于《五世达赖喇嘛传》：

二十六日，传来厄勒觉图巴图尔台吉统率的蒙藏军队作战获胜的喜讯，各处遍插彩旗，欢庆三日，经院隆重地举行了酬谢护法神的仪轨。如果不尽力稳定那里的局势，不稳定的因素还会出现，身命还会不时遭受鞭打之罪。所以为了太平，把该处二十余名头领人物带到卫藏，并对其中年长的人员就近监管，其他人被遣回。信使带回去了要求上下康区的寺院、官员和宗谿搞好地方治安的信件。③

---

① 五世达赖喇嘛阿旺洛桑嘉措：《五世达赖喇嘛传》下册，第 157 页。

② sngo phu dga' yangs can gyi gdong deb 'dud 'jo' i bum bzang gi mgo brjod, Rgyal thang gi lo rgyus tsags dpyad gshi phyogs bsgrigs, yun nan mi rigs dbe skrun khang, 2003, pp. 3-4.

③ 五世达赖喇嘛阿旺洛桑嘉措：《五世达赖喇嘛传》下册，第 167 页。

扎什巴图尔在中甸的具体善后作为是五世达赖直接授意的结果。待局势稳定后，扎什巴图尔最终将中甸作为供养地献给了五世达赖。

罕都之败没有改变和硕特蒙古对康区统治的现状。通过讨伐罕都及扎什巴图尔征服中甸，格鲁派在康区南部的影响力反而进一步增强，宗教地位更为稳固。不过，随着清廷势力向康区的逐步渗透，康区的政治格局开始发生根本性的转变。

第 九 章
清廷经营康区与治藏重心向康区转移

第一节 吴三桂叛乱与清廷介入康区

康熙十二年十二月（1674 年 1 月），吴三桂兴兵反清。为应对这一时局，清廷除在西南一线积极布防以外，遣员外郎拉笃祜、喇嘛丹巴德木齐急经青海去拉萨，拟请五世达赖喇嘛予以军事合作，防止吴三桂与康区之蒙古和西藏结成同盟。对此，《五世达赖喇嘛传》中记载：

> 由于众生的时缘违碍，遂致文殊大皇帝（康熙）与执掌朝命法度的平西亲王（吴三桂）心意不合，发动了席卷摩诃支那大地的大规模战乱。康熙皇帝派遣青城（呼和浩特）喇嘛觉热齐、员外郎拉笃祜、笔贴式古鲁等官员前来宣示谕救。……我认为，西藏的军队开到汉地能有多大的用处呢？厄鲁特蒙古战斗力虽强，但他们是难以驾驭的。况且那里气候炎热，又流行天花，水土不服。这是值得顾忌的。所以我们难于接受皇帝的调遣藏兵的谕令。①

显然，五世达赖对于清廷军事配合的要求并未作积极答复，而是认为西藏军队进入汉地于事情并无益处，同时以厄鲁特军队难以驾驭和不耐炎热为由，也未直接同意蒙古出兵援助。但是，五世达赖同时又留有余地，表示"全体福田施主经过反复的讨论，为了顾全大局，遂制订了以达赖珲台吉等

---

① 五世达赖喇嘛阿旺洛桑嘉措：《五世达赖喇嘛传》下册，第 143—144 页。

从速进兵的方案"。① 此时五世达赖喇嘛态度摇摆不定。对于这一出使经过，清廷使者在回奏中描述道：

　　……至达赖喇玛处，达赖喇玛俯伏接旨。向臣等云：我闻吴三桂反叛，摇动人民，心甚忧闷，正欲遣使，闻汝等来，故尔少待。今接敕书，得闻圣体万安，不胜忻慰。我本喇玛，惟当诵经，保佑圣躬康豫，威灵远播，国祚延长，吴三桂指日殄灭。其扬打木、结打木二城，原系我三噶尔麻之地，今为吴三桂所夺，我即遣兵攻取。若吴三桂势穷而来，我当执而送之；若闻彼不出边境，东西逃窜，即时进兵擒拿。

　　臣等曰：吴三桂败遁，我国官兵必随后追执。我等年年彼此聘问，理宜相助。然愚意喇玛即欲相助，当勿各大举。

　　喇玛云：闻大国兵马，皆给粮草，我兵前进，粮草不继，人饥马瘦，何可深入？

　　臣等曰：当此吴三桂反版之时，若将国家山陕良民复行抢夺，非为相助，反生衅也。

　　达赖喇玛云：我亦当戒谕我兵，不令妄行。天使回奏皇上，作何调遣，即谕来使，令其速归，我即遵旨奉行。②

　　拉笃祜等的回奏中，五世达赖喇嘛态度诚恳，基本同意清廷的要求，因此，9个月后，清廷发出一份名为"敕谕达赖喇嘛讨伐吴三桂决心并嘱转告达赖汗约束属下毋得生事扰民"的诏谕，再次向西藏方面施加压力，催促出兵讨伐吴三桂，诏书云：

　　吴三桂初版，朕谕喇嘛大兵分路进讨。若吴三桂势蹙投降，喇嘛将其即执送。续览喇嘛奏云：吴三桂背主负国，人皆恶之，不来则已，来则缚之以献。吴三桂曾取结打木、扬打木二城，今已发兵攻取，防守沿边。若欲征兵深入，惟候诏旨。又言达赖台吉故居土伯特，今遣居青

---

① 五世达赖喇嘛阿旺洛桑嘉措：《五世达赖喇嘛传》下册，第144页。
② 中国第一历史档案馆、中国藏学研究中心编《清初五世达赖喇嘛档案史料选编》，第70页。

海，令其有事则相援，无事则铃辖其部署。朕思自太宗文皇帝、世祖章皇帝至今，遣使往来，恩礼无间，喇嘛崇尚信义，必如所奏而行，故遂以达赖台吉等进兵滇蜀之故晓谕两省。及达赖台吉辞以松潘路险，未进四川；喇嘛又奏言：蒙古兵力虽强，难以进边，纵得城池，恐其贪据，且西南地热，风土不宜。若吴三桂力穷，乞免其死罪，放一鹏张，莫若裂土罢兵。吴三桂乃明时微弁，父死流贼，摇尾乞降，世祖章皇帝优擢封王，其子尚公主，朕又宠加亲王，所受恩典，不但越绝朝臣，盖自古罕有。吴三桂负此殊恩，构衅残民，天人共愤。朕乃天下人民之主，岂容裂土罢兵？但果悔罪来归，亦当待以不死。今将军张勇等奏，达赖台吉诸部落入边侵略，彼以王辅臣倡乱，内地亦皆骚动故也。今西陲晏然，内地无事，已下敕禁谕。达赖喇嘛宜恪守前言，令其统辖部属，毋得生事扰民。①

康熙帝对前次五世达赖所奏之"杨打木、结打木二城系我三噶尔麻之地，今为吴三桂所夺"信以为真。实际此系五世达赖谎报。此时杨打木、结打木二城仍在蒙古人手中。② 定远平寇大将军固山贝子章泰等在议事中谈道："中甸诸处，从来皆隶丽江，原为内地。吴逆阴蓄异志，于康熙九年割给蒙古，此地远在金沙江外，我朝从未遣兵驻守。且逆贼胡国柱等复奔鹤庆、丽江，而云南省城尚未恢复，不便即议遣发官兵驻守。"③ 这里所说的"割给蒙古"的地方并非中甸全部，而是喇普等处。《庭闻录》记："康熙七年七月，（吴三桂）奏蒙古据中甸。"④ 《滇云历年传》则记："康熙四年，蒙番出犯，侵据中甸等处。"⑤ 这里康熙七年（1668）和康熙四年（1665）蒙古侵中甸的记载，应指罕都台吉对中甸用兵的事。此后，由于达赖洪台吉等于木虎年（康熙十三年，1674）征讨罕都，康区南部地区管辖权又重回和硕特及甘丹颇章手中。因此，《滇云历年传》记："（康熙十六年）初，吴

---

① 中国第一历史档案馆、中国藏学研究中心编《清初五世达赖喇嘛档案史料选编》，第72—73页。
② 邓锐龄：《结打木、杨打木二城考》，《中国藏学》1988年第2期。
③ 《清圣祖实录》卷98，康熙二十年十月甲申条。本书所引《清实录》皆为中华书局1986年版，以下引用不再标注版本及页码。原文中有明显错讹者径改，不再一一出注说明。
④ 刘健述：《庭闻录》卷4，沈云龙主编《近代中国史料丛刊三编》第26辑。
⑤ 倪蜕辑《滇云历年传》，第528页。

逆以江内喇普等地割贿蒙番，盖惧其乘机而内扰也。"[1] 这说明在吴三桂举兵之前蒙古已占领中甸关外大部。至康熙十六年（1677），吴三桂为拉拢蒙古又将喇普等处相让。直至康熙二十年（1681）中甸等处一直掌握在和硕特部手中，议政王大臣会议仍讨论从西藏（蒙古）手中要回中甸一事：

> 自吴逆谋叛，将地方割与蒙番，为交好之计，通商互市。今互市虽经禁止，而蒙番所设喇嘛营官尚未撤回。欲议设兵拨防，必驱其人复其地而后可。据土知府木尧议称，愿遣土人进藏致书达赖喇嘛，宣示皇上德威，说令归还原地。且借此往回之间，窥彼番目之狡谋，备我师进取之实计。应如所请，请土人宣示，令归还中甸地方。[2]

如前所述，五世达赖喇嘛对清廷出兵的要求表示犹豫，蒙古兵也未依承诺由青海经四川向南进剿，这与当时吴三桂与西藏方面的往来有关。实际上，就在清廷加紧敦促西藏和蒙古出兵讨伐的同时，吴三桂也在努力拉拢西藏和蒙古对抗清廷。

1674 年藏历六月，也就是吴三桂举兵叛清半年后，同时也是清廷使臣拉笃祐等返回后一个月，吴三桂派使者入藏与五世达赖喇嘛取得联系。《五世达赖喇嘛传》云：

> 这一时期，在汉地由于君臣不和引起的战乱正在进行。平西王吴三桂特意派遣谢伯、李清国（音译）送来信件。西藏人在对于接待这些官员是否合适的问题上产生了各种分歧。但是按照西藏的习惯，接待来使是众所周知的例规。于是，我和第巴经过商量后决定接待他们，接受了这些官员带来的礼品和书信，我让这些官员带去了回信和口信，答复道："大臣你出了这样的差错是很不幸的，致使生灵涂炭。当今满洲皇帝和前两代皇上即三代以来，对西藏来说，始终保持着福田施主的关系，而且非常密切。我自己曾亲身到朝廷，得到无量的恩赏，其情形平

---

[1]　倪蜕辑《滇云历年传》，第 532 页。

[2]　中国第一历史档案馆、中国藏学研究中心编《清初五世达赖喇嘛档案史料选编》，第 96 页。

西王你也是知悉的，因此我在梦中也没有起过犯上作乱之心。如果背叛，不但使三宝耻作恶行，连你自己也会认为是可羞耻的，是不应该的。我和亲王你过去虽无交情，现在相识恨晚，佛陀释迦牟尼的追随者的特点就是慈爱一切众生，与眷众俱洁身净心，不可胡作妄为。总而言之，西藏人不愿出力支持交战的双方。厄鲁特蒙古人是英勇的战士，他们到处蹂躏，会破坏人们的幸福。"就这样，我让他的使者带回去无愧于三宝的口信。那一位亲王雄心勃勃，正如俗语所说："耻于低头，骄傲不驯。"①

五世达赖在是否接见吴三桂的问题上仍摇摆不定，以至于在"接待这些官员是否合适的问题上产生了各种分歧"。按照达赖喇嘛的说法，西藏方面对吴三桂使者既未表示支持，也未表达明确的反对，只是说"西藏人不愿出力支持交战的双方"，明确表达了中立的立场。此后一个月，吴三桂使者再次拜见：

> 平西亲王的第三批使者谢伯潘玉龙（音）和董明贵（音）来到了拉萨，他们按照汉人的习惯向我递交了亲王的信件及压函礼品。我在喝茶座谈时听取了各种情况。在私下里举行会谈时又详细听取了带来的口信。与上次来的信使相同，他们都是担任军事要职的人，所以给予了优厚的礼品。②

通过五世达赖这一叙述可知，吴三桂两次派遣的使者均为军事将领，并且通过私下口信会谈，更进一步说明吴三桂来使的目的很明确，即在军事方面说服西藏以为自己叛清的呼应。

一年之后吴三桂再次派人与西藏方面联系。康熙十四年（1675）正月十四日，吴三桂使臣来到拉萨，《五世达赖喇嘛传》记：

---

① 五世达赖喇嘛阿旺洛桑嘉措：《五世达赖喇嘛传》下册，第149页。
② 五世达赖喇嘛阿旺洛桑嘉措：《五世达赖喇嘛传》下册，第151页。

……平西亲王通过打箭炉向我送来黄金二十两，给达赖汗送黄金十两以及书信等，我回赠了珍宝等礼品，并很快遣回了信使。①

吴三桂使臣此时能够"通过打箭炉"来与西藏方面取得联系，显得极为特殊。早在固始汗时代，和硕特蒙古已经基本荡平康区北部地区，并将这一区域交由青海部落管理。至康熙十三年"木虎年事件"，与拉萨、青海诸台吉意见相左的罕都台吉被杀，康区南部的中甸、木里一带也统一归入青海蒙古管辖范围之内。因此，此时康区南北通道大部分地区均在蒙古人控制之下。打箭炉作为连通康区的枢纽地带，也应在蒙古势力范围之内。通过吴三桂使者的路线可以知道，吴三桂积极拉拢蒙藏双方的重点也在康区，目的就是解除可能来自四川和康区等区域的军事压力。在吴三桂的走动下，蒙藏双方虽未给予支持，但中立的态度使得吴三桂在与清廷的对抗中在康区开辟了一个相对宽松的通道。

清廷对于和硕特蒙古军队的调动虽未能实现，但仍可以看出，清廷给蒙古方面指定的行军路线即青海—松潘—打箭炉—云南一线，这一点从康熙十六年五世达赖致清廷信中得到了体现：

达赖巴特尔匆忙到此，问及军队可否从内地经过。秋冬天气寒冷，军队如从陕西走，最为适宜，因走云南，恐水土不服；走四川，恐松潘地方交通不便；从边外走，又恐马力不足。一切事宜，皆由达赖巴特尔奏明。

另，令乌力吉图巴特尔台吉去内地，希对圣上事业有所裨益。但内地气候炎热，且蒙古军队人数不多，难以有所成就。加以人骑供养困难，很难持久。又，云南地方行军困难，厄鲁特内部又互相劫掠，因此以达赖巴特尔为首之西藏军民，只好坚守所辖地方，而无法远征矣。②

《圣武记》也记载"三桂反，诏青海蒙古兵由松潘入川"。③ 可见清廷

---

① 五世达赖喇嘛阿旺洛桑嘉措：《五世达赖喇嘛传》下册，第166页。
② 中国第一历史档案馆、中国藏学研究中心编《清初五世达赖喇嘛档案史料选编》，第74页。
③ 魏源：《圣武记》，第204页。

和吴三桂都在争取由青海经康区到云南一线。然而清廷希望蒙藏方面由青海出兵镇压吴三桂的计划，被五世达赖以四川、云南等地皆不宜行军为由而拒绝，最终"以达赖巴特尔为首之西藏军民，只好坚持所辖地方，而无法远征"。

西藏方面与吴三桂的联系一直没有间断，并且双方一度在打箭炉开市。康熙十七年（1678），清廷在给五世达赖喇嘛的诏书中说："今又闻，吴三桂与达赖喇嘛于四川打箭炉以茶马互易。"可以看出，吴三桂将康区作为重要的战略地带，并将此地作为连通西藏和蒙古的中间地带。该诏书同时指出：

> 前辰年（康熙十五年——引者注）吴三桂曾遣海潮龙等见尔事，已奏闻在案。与其同往者有布贵绷之二兰占巴及头人等四十余人。副兰占巴前来报曰：吴三桂以花言巧语应酬，未吐实情。前年吴三桂遣使带金银财物等，便无音信矣。[①]

由此可见，西藏方面也曾较大规模地派遣使团出使云南。以五世达赖喇嘛为首的蒙藏联合集团在清廷和吴三桂之间，巧妙地保持了政治平衡。显然，清廷方面对西藏与吴三桂之间的交往情况已经基本掌握。就在这封诏书之后，五世达赖喇嘛专门致书清廷，对上述海潮龙来访和打箭炉互市做了解释：

> 吴来使言，土伯特、蒙古已应允协同举事。小僧言，蒙古、土伯特不可能同彼协同举事。若彼等能，小僧等亦不能……
>
> 尔后吴使海潮龙携来金、银、茶叶等礼品颇多，对军事方面则毫未涉及。小僧想吴馈赠礼物甚多，不应无偿收受，遂遣哲蚌寺之二兰占巴携珊瑚、琥珀等礼品回赠。前曾将此事奏明在案，并非宣扬吴三桂所赠厚礼。将一切事件如实奏报，此乃土伯特应尽之职责。尔后虽有使人

---

① 《谕达赖喇嘛班禅及达赖汗》（康熙十七年二月十五日），中国藏学研究中心、中国第一历史档案馆、中国第二历史档案馆、西藏自治区档案馆、四川省档案馆编《元以来西藏地方与中央政府关系档案史料汇编》第2册，中国藏学出版社1994年版，第255页。

来，但并未带礼品。虽将哲蚌寺之大兰占巴遣回，但今年并未派人前
来……

　　四川打箭炉地方，土伯特人养马匹不多，故马贩去者寥寥。西宁有
茶商经营茶叶贸易，蒙古人为买茶，常派马贩携马与之交易。所有汉、
土伯特、蒙古商人，都为获利而来，非为助吴三桂而来也。①

对于五世达赖喇嘛的辩白，清廷似乎并未轻信，至康熙十九年（1680）
五月，清廷仍发出"移文各路大将军、督、抚、提、镇等，凡有平定云贵
恢复城池者，俱令察访吴三桂与达赖喇嘛相通札书，随得随缴"的指令，
并对双方都看重的康区打箭炉地区进行侦察。②

魏源《圣武记》记载，吴三桂之孙吴世璠在清军围困的情况下仍在联
系西藏："及大兵围吴世璠于云南，世璠通书西藏，割中甸、维西二地，求
援于青海，其书亦为我军所获，朝廷不之问也。"③由此可见，吴三桂及其
孙吴世璠，自叛清起一直到最终失败，都在努力争取西藏方面的支持。

第二节　"西炉之役"与清廷控制打箭炉

早在顺治九年（1652），打箭炉一带土司长河西、宁远、鱼通、天全六
番等即"各缴前朝敕印以降"表示归附。④但由于此时清廷入关不久，政权
尚需巩固，对于康区东部诸土司并未进行实际的管理。同时，这一时期也是
蒙古和硕特部罕都台吉率军征略康区的时期。在吴三桂举兵之前，蒙古势力
已经于17世纪60年代占领中甸一带。"木虎年事件"之后，巴塘、理塘、
中甸等康区，乃至打箭炉等地区都转入扎什巴图尔手中。同时，博硕克图济
农在康北地区发展蒙古势力，并逐步控制了松潘、茂州等地。所以康区大部
分地区统治权都掌握在和硕特部手中。

在吴三桂叛乱期间，康熙帝曾派人到打箭炉地区"侦查贼情"，并嘱咐

---

① 中国第一历史档案馆、中国藏学研究中心编《清初五世达赖喇嘛档案史料选编》，第77—78页。
② 《西藏研究》编辑部编辑《清实录藏族史料》第1集，西藏人民出版社1982年版，第44页。
③ 魏源：《圣武记》，第204页。
④ 《清世宗实录》卷66，顺治九年七月辛卯条。

尤其要注意吴三桂和达赖以及蒙古人之间的关系。这说明清廷已经对蒙古在这一地区的活动加以注视。①

康熙十二年至二十年，吴三桂等叛清期间对西藏及蒙古和硕特部展开了长期的拉拢工作，并一度在打箭炉一带与蒙藏双方秘密进行茶马互市。但由于此时清廷面临北方准噶尔蒙古这一心腹大患，为了顾全和稳定大局而采取"捍准夷而扶持和硕特"的政策，对于和硕特在康区的扩张并未采取军事措施，而是多以政治手段解决。② 因此当康熙二十年八月清廷得知吴三桂势力与蒙古在打箭炉互市后，只是下诏"兹命唐古特、蒙古等仍在原先经商之西宁等地经商，不得在金沙江等地经商。现在金沙江等地若有经商之人，著概行撤回"，③ 而未采取进一步措施。但这仍反映出清廷已经开始着手将蒙古势力挤出康区。吴三桂叛乱期间，清廷数次派人对打箭炉一带进行侦察。正是在这一过程中，康区东部的打箭炉逐渐引起清廷的注意。这一地区在战略位置上的重要性逐渐凸显。

三藩之乱肃清后，清廷在西南地区局势渐稳，对康区的态度也逐渐开始转变。康熙三十二年（1693），第巴·桑结嘉措以五世达赖喇嘛之名上书康熙皇帝，请求在打箭炉开市。但康熙帝认为这并非第巴的真实目的。其真实意图乃是在打箭炉屯兵，言外之意即第巴想要在打箭炉做军事战略上的部署。为此康熙帝回奏曰：

> 今天下太平，并无一事，尔喇嘛与我朝往来通使历有年所，何嫌何疑？尔喇嘛如设立驻防，我内地必量增戍守，中外俱劳。况我内定兵丁约束甚严，非奉朕旨，何敢私出边境！尔喇嘛但须严禁属下，不使妄行，有何衅之可开？戍兵之设，似无用也。④

此时，清廷方面严正提出西藏方面不得在打箭炉地区设防，并且暗示如

---

① 曾现江：《胡系民族与藏彝走廊——以蒙古族为中心的历史考察》，第 147 页。

② 赵心愚：《清初康区的政治军事格局与世纪之交的"西炉之役"》，《中国藏学》2017 年第 1 期。

③ 中国第一历史档案馆、中国藏学研究中心编《清初五世达赖喇嘛档案史料选编》，第 90 页。

④ 《清圣祖实录》卷 158，康熙三十二年二月己丑条。

果西藏方面仍一意孤行，清廷将采取对等军事措施。此后三年内，西藏方面再无任何与打箭炉相关的请求。

很显然，清廷禁止西藏方面在打箭炉开市的要求，说明其已认识到打箭炉在控驭西藏和青海方面的重要性。在此背景下，清廷开始了对打箭炉的经营。康熙三十五年（1696），清廷派遣钦差兵部郎中金图等会同四川巡抚于养志勘察打箭炉地界。对这项工作，时四川巡抚于养志上疏云：

> 臣遵旨会同乌思藏喇嘛营官等查勘打箭炉地界，自明季至今，原系内土司所辖之地，宜入版图。①

这段话已透露清廷勘察打箭炉地界的意图，就是要把"土司所辖之地"纳入版图。于养志在上疏中还说：

> 番人藉茶度生，居处年久，且达赖喇嘛曾经启奏，皇恩准行，应仍使贸易。番人之事应行文达赖喇嘛，使晓谕营官遵行管理；关系土司之事，著土司管理，勿致生事。至打箭炉四交界之地，该抚细查报部，编入一统志可也。②

在这段文字中，于养志明显在劝说朝廷，请求在打箭炉开市。清廷既然在康熙三十二年已拒绝了第巴·桑结嘉措以五世达赖喇嘛之名请求在打箭炉开市的要求，于养志此时再次提出，显然冒了很大风险。于养志之所以敢向朝廷提出此要求，可能出于一己之私。因为后来事情的发展表明，于养志在这次勘界活动中存在与蒙古方面私通，私将内附土地交给蒙古，损害清廷利益之情况。

康熙三十八年（1699），打箭炉地方"番蛮忽生狡变"，需要调动化林营兵进行镇压。在这一事件上四川巡抚于养志与提督岳升龙互相攻讦，这年五月，于养志奏报"番蛮"占领打箭炉地区擦道的情况时说道："事关边

---

① 《清圣祖实录》卷176，康熙三十五年九月癸亥条。
② 《清圣祖实录》卷176，康熙三十五年九月癸亥条。

情，理应文武会商，而提臣岳升龙刚愎自用，并不使臣与闻，遽行调遣官兵，阻遏商旅，禁绝茶米，以致军民惶惑。"① 七月，岳升龙上奏辩白，提出了巡抚于养志在三十五年勘界过程中"私通外番"，② 并更加详细地对打箭炉情形做了描述，他说道：

> 打箭炉原系本朝版图，竟被乌斯藏强行侵占。康熙三十五年，钦差兵部郎中金图等会同四川巡抚于养志查勘后，仍霸踞如初，吞占蛮地数千里，侵夺番民数万户。又在木鸦私造铳炮，屯聚粮草。臣因化林营兵单汛广，移参将驻防。不意彼处喋吧昌侧集烈等擅发蛮兵数千，占住河东擦道、若仪等堡，不放客商来往。③

随后岳升龙对"番人"霸占土地的情况做了进一步调查，并指出了造成这一结果的原因：

> 臣查打箭炉各处地方，向系藏人霸占，抚臣从前查勘，受贿通同，不问侵占地方，止议贸易。目今诡谋密计，买嘱藏番撤兵，仍将经制弁员送与藏番为质。臣又查打箭炉通商卖茶，抚臣行私自便，每年发茶八十余万包，私受茶税数万两，现有荥经县私票，并各茶商可证。④

至此，康熙三十五年勘界时隐匿的事实暴露出来。清廷由此知道打箭炉虽已划界，但仍有蒙古势力盘踞于此。同时，刑部公文对打箭炉的情况做了更进一步的说明，掌握了"打箭炉土司蛇蜡喳吧地方被营官占据，不行奏明"这一情况，并探知"督将营官殴死蛇蜡喳吧"这一事件。⑤ 通过岳升龙和刑部的描述，我们对打箭炉的情况可以得出如下几点认识。

首先，根据清廷官员奏报，至康熙三十八年，西藏方面已经实际占领打

---

① 《清圣祖实录》卷 193，康熙三十八年五月丁亥条。
② 《清圣祖实录》卷 194，康熙三十八年七月庚辰条。
③ 《清圣祖实录》卷 194，康熙三十八年七月庚辰条。
④ 《清圣祖实录》卷 194，康熙三十八年闰七月庚子条。
⑤ 《清圣祖实录》卷 198，康熙三十九年三月庚子条。

箭炉地区河东岸的擦道、若仪等处，并已经"在木鸦私造铳炮""屯兵草"，形成了军事工事；其次，康熙三十九年（1700），发生了打箭炉营官喋吧昌侧集烈将打箭炉地方内附土司蛇蜡喳吧打死的恶性事件，引起朝廷的关注，成为朝廷出兵的一个直接原因；最后，清廷官方虽未在打箭炉设边市，但该地实际已有大量的私人茶贸易。

打箭炉地区的上述状况显然出乎清廷预料，尤其是内附土司被打死和在木雅地方"造铳炮""屯兵草"，碰触了清廷的底线，也让康熙帝认识到了打箭炉的重要性。康熙三十九年六月川陕总督席尔达上书："明正长河西土官蛇蜡喳吧被喇嘛营官喋吧昌侧集烈打死，应敕第巴拿解。并将化林营移驻打箭炉，以资弹压。"[①] 康熙帝采纳了这一意见，命令将化林营官兵移驻打箭炉，同时给第巴·桑结嘉措下了一道态度强硬的敕谕，要求其对打箭炉所发生的事情做出处理：

> 边境向有定处，尔纵放营官喋吧昌侧集烈，将四川打箭炉内土司蛇蜡喳吧居住地方恃强尽行霸占，渐次侵踞河东乌泥、若泥、凡州三处，潜有窥伺嘉庆擦道之意。又因内土司蛇蜡喳吧漏言，遂致于死。种种狂悖，实难宽假。川陕总督席尔达已经具题。据此，岂非尔私示所属人等侵犯边境生事？边境地方岂可让与寸地？此等事情，尔俱违悖妄行！敕旨一到，将渐次侵占打箭炉及版图内土司地方，俱著退还。打死内土司蛇蜡喳吧之营官，即拿解送。不然，生事之罪，归于尔身，彼时悔之不及矣！[②]

从这道态度强硬的敕谕已可见清廷对打箭炉的重视程度。

不过，清廷在将化林营兵移往打箭炉过程中，却遭到了"炉番"的攻击和阻拦。康熙三十九年十月，川陕总督席尔达上疏曰：

> 官兵渡泸河之西，不意炉番甚为狂悖，将修路之兵丁杀死，拆毁偏

---

① 《清圣祖实录》卷199，康熙三十九年六月辛未条。
② 《清圣祖实录》卷199，康熙三十九年六月辛卯条。

桥，阻截官兵。又探得在木鸦等处抽兵，有欲抢夺沿河一带之信。随咨商四川提督唐希顺，暂为巡防，以取进止。①

对于"炉番"这一行为，康熙帝一方面仍命令第巴处理，令其"将杀死兵丁、拆毁偏桥之番蛮速行查拿解送"；② 另一方面令提督唐希顺"亲领兵丁巡查，固守三渡口，不致截断我兵后尾。如不将罪犯解送，仍前妄行及侵犯沿河地方，即行奏闻"。③

尽管此时双方未开战，但清廷已经开始调集辎重，参战人马已抵达河东，并以重兵控制通往打箭炉的交通要道。清廷已做好开战准备。④

同年十一月，席尔达汇报打箭炉情况称："烹坝已被炉蛮侵占，辄敢渡河，不但侵犯擦道，意在断我官兵归路。"⑤ 得知此情况后，康熙同意发兵进剿，并同意四川抚臣贝和诺此前的建议：

> 将来取炉，非三路进兵不可。三路齐进之外，更宜令拨官兵，一路由宁番，一路由鱼通，一路由宁越，则渠魁亦可擒献。臣思炉蛮如此狂悖，提臣唐希顺已经亲至化林营汛，抽调各镇、营官兵，应否直前剿逐，擒拿渠魁。⑥

清廷拟派两千名荆州满兵前去支援，由此清廷正式向打箭炉用兵。总体来看，战役进展较为顺利，康熙三十九年十二月席尔达奏称："炉蛮狂悖屡率丑类攻突我官兵营盘。兹据署四川提督中军参将马尔值，右营游击张自成相机奋勇击败蛮兵，乘胜追逐，复得河东末威、处坝二处地方。"⑦ 康熙四十年（1701）二月理藩院侍郎满丕和唐希顺合奏："康熙三十九年十二月二十日，臣等兵分三路攻打箭炉，杀蛮兵五千余人，斩磨西营官喋吧昌侧集烈

---

① 《清圣祖实录》卷 201，康熙三十九年十月己巳条。
② 《清圣祖实录》卷 201，康熙三十九年十月己巳条。
③ 《清圣祖实录》卷 201，康熙三十九年十月己巳条。
④ 赵心愚：《清初康区的政治军事格局与世纪之交的"西炉之役"》，《中国藏学》2017 年第 1 期。
⑤ 《清圣祖实录》卷 202，康熙三十九年十一月戊午条。
⑥ 《清圣祖实录》卷 202，康熙三十九年十一月戊午条。
⑦ 《清圣祖实录》卷 202，康熙三十九年十二月丙子条。

及大冈营官笼送等。"①《清史稿》记战役过程云：

> 贼复攻围烹坝、冷竹关，希顺檄各路兵赴化林，密疏闻。上命侍郎满丕统荆州满洲兵进剿，并诏希顺相机行事。蛮兵五千余，立营四十，在磨西面及磨冈等处。希顺雪夜渡泸水，分兵三路进攻：一自子牛攻哪吒顶，一自烹坝攻大冈，一自督兵出咱威攻磨西面及磨冈。别遣兵自头道水登山，驰下夹攻。战五日，各路俱捷，歼蛮兵五千余，斩喋巴昌侧集烈，遂复打箭炉。②

至此，营官昌侧集烈被正法，被侵占的土地基本收回，"西炉之役"基本结束。

"西炉之役"对康区各部落产生了极大震慑和影响，开始确立清廷对这一地区的管辖。战后诸多"番民"归附。据康熙四十年二月唐希顺奏报：

> 正月十三日，臣抵打箭炉，有商民、喇嘛、番民等归顺。又有木鸦头目错王端柱等首先归顺。今来附者共一万二千余户，赏给银币、鞍马，令其各回安业。③

康熙四十一年（1702），打箭炉都统满丕奏称：

> 鸦陇江瞻对地方策冷滚布等，及喇滚地方喇嘛布木等，各带领所属人口投诚，缴明代印信。请授为五品安抚使之职，换给印信，仍令管辖瞻对喇滚之地。……打箭炉、木鸦一带地方归顺番民一万九千余户。④

《清史稿·唐希顺传》也记载：

---

① 《清圣祖实录》卷203，康熙四十年二月乙丑条。
② 《清史稿》卷257《唐希顺传》，中华书局1977年版，第9811—9812页。
③ 《清圣祖实录》卷203，康熙四十年二月丙戌条。
④ 《清圣祖实录》卷208，康熙四十一年闰六月甲午条、辛丑条。

喇嘛、番民俱降。寻抵木鸦，番目错王端柱等缴敕印，归附喇嘛、番民万二千余户。[1]

此外，任乃强在《康藏史地大纲》中概述道："平打箭炉之乱，收抚蕃民 50 余落，以隶四川，是为'西炉'。"[2] 可以看到，"西炉之役"后有大量番民归附。

康熙四十五年（1706）四月，对随清廷出征的地方土司进行封赏，加渴瓦寺安抚使坦彭吉卜、天全招讨使高一柱复还原职，董卜韩胡宣慰使雍中七立授署都督佥事，天全副招讨使杨自唐授宣慰使。清廷初步确立了对这一地区的管辖权。

"西炉之役"后，清廷在康区力量大幅度向西推进，基本上控制了雅砻江以东地区，但雅砻江以西地区，仍主要由和硕特蒙古控制。

第三节　泸定桥建成与打箭炉的兴起和繁荣

"西炉之役"后，清廷收复打箭炉地方，对归附的土司授以官职，编入清廷管理体系。同时，清廷也加强了对打箭炉地方的控制。

康熙四十一年闰六月，四川巡抚贝和诺上疏："打箭炉、木鸦一带地方归顺番民一万九千余户，应添设安抚使五员、副安抚使二员、土百户四十五员，以专管辖。"[3] 朝廷予以批准。

随后，清廷开始在打箭炉地区驻兵，正式将化林营移驻打箭炉。自此，打箭炉开始成为从汉地通往西藏大道上的重要据点。

不过，清廷经营打箭炉最重要的举措乃是在大渡河上修建了泸定桥。关于泸定桥的兴建，《御制泸定桥碑记》作了如下详细记叙：

蜀自成都行七百余里，至建昌道属之化林营。化林所隶曰沈村、曰烹坝、曰子牛，皆泸河旧渡口，而入打箭炉所经之道。考《水经注》，

---

① 《清史稿》卷 257《唐希顺传》，第 9812 页。

② 任乃强：《康藏史地大纲》，西藏古籍出版社 2000 年版，第 3 页。

③ 《清圣祖实录》卷 208，康熙四十一年闰六月辛丑条。

泸水源出曲罗，而未明指何地，按：《图志》，大渡河水，即泸水也。大渡河水源出吐番，汇番境诸水，至鱼通河而合流入内地，则泸水所从来远矣。打箭炉未详所始，蜀人传汉诸葛武乡侯亮铸军器于此，故名。元设长河西宣慰等司，明因之，凡藏番入贡及市茶者，皆取道焉。

自明末蜀寇乱番人窃踞西炉，迄本朝犹阻声教，顷者黠番肆虐，戕害我明正土官，侵逼河东地，罪不容诬。康熙三十九年，各遣发师旅三路俎征。四十年春，师入克之，土壤千里，悉入版图。锅庄木鸦万二千余户，接踵归附，西炉之道遂通顾。入炉必经泸水，向无桥梁，巡抚能泰奏言，泸河三渡口高崖夹峙，一水中流，雷奔矢激，不可施舟楫，行人援索悬渡，险莫甚焉。兹偕提臣岳升龙相度形势，距化林营八十余里，山址坦平，地名安乐，拟即其处。仿铁锁桥规制，建桥以便行旅，朕嘉其意，诏从所请是鸠工构造。桥东西长三十一丈一尺，宽九尺，施索九条，索之长视桥身余八丈而赢，覆板于上，而又翼以扶栏，镇以梁柱，皆熔铁以庀事。桥成，凡命使之往来，邮传之络绎，军民商贾之车徒负戴，咸得安驱疾驰，而不致病于跋涉。绘图来上，流惬朕怀，爰赐桥名曰泸定。任事著劳诸臣，并优诏奖叙，仍申命设兵戍守。夫事无大小，期于利民，功无难易，贵于经久。今既肇建兹举，俾去危而就安，继自今岁时缮修，协力维护，皆官斯土者责也，尚永保勿坏，以为斯民贻无穷之利。是为记。①

泸定桥始建于康熙四十四年（1705），于次年落成。泸定桥的建成使清朝势力得以有效地延伸和扩展到大渡河以西，并逐渐控制了以打箭炉为中心的雅砻江以东、大渡河以西的大片地区。康熙四十五年闰六月，四川巡抚能泰上疏："泸河安乐地方建铁索桥告成，请移化林营沈村防守千总一员、兵一百名镇守。"② 这样清廷即牢牢控制了康区连接汉地的东大门。这也为清廷开拓从汉地经打箭炉通向西藏的道路提供了可能。

泸定桥的建成带来的一个直接结果是，作为汉藏茶叶贸易中心的打箭炉

① 《西藏研究》编辑部：《卫藏通志》，西藏人民出版社1982年版，第133—134页。
② 《清圣祖实录》卷225，康熙四十五年六月甲寅条。

的兴起。自唐代以来，青藏道（唐蕃古道）即是连接和沟通汉藏官方往来的主要交通路线。川藏道仅作为入藏茶道起着辅助通道作用。到明代中后期，青藏道屡遭劫掠，道路梗阻。西北的茶马互市又日趋废弛。更为重要的是，面对西北蒙古诸部的威胁，明廷为实施"隔绝蒙番"的政策，开始允准和鼓励藏区僧俗朝贡使团改由川藏道往返。[①] 成化三年，明廷规定，"进贡番僧自乌思藏来者皆由四川，不得迳赴洮、岷，著为例"。[②] 成化六年又定立乌思藏贡使"由四川路入"的则例。[③] 川藏道开始取代青藏道在汉藏政治交往中的地位，成为沟通汉地与西藏的正式官道。此后汉藏使员及商旅往来于西藏与汉地逐渐络绎于川藏道，皆途经打箭炉。打箭炉的交通咽喉地位开始凸显。

　　川藏道官道地位的确立进一步刺激了明代后期四川南路汉藏边茶贸易的发展。[④] 汉藏茶叶贸易市场开始逐渐从大渡河以东向大渡河以西的打箭炉转移。唐宋以来，由汉藏茶马互市发展起来的四川南路边茶贸易市场始终集中在大渡河东岸的雅州（今雅安）、碉门（今天全）、黎州（今汉源）等地。[⑤] 到明初，由于"番商往复迁远，而给茶太多"，明廷在邻近大渡河东岸的岩州（今泸定岚安）置茶马司。[⑥] 但出于"以茶驭番"的考虑，明朝实施严厉的茶禁政策，仍主要将茶叶贸易地点局限在碉门、黎州。明代中期以后，四川南路私茶贸易屡禁不绝，茶禁控制力度减弱，汉藏贸易日趋繁盛。大渡河东岸的沈边（今沈村）、冷边（今冷碛）发展为明代后期重要的汉藏贸易集镇。[⑦] 明末，蜀地屡罹兵燹之灾，特别是张献忠入蜀，使不少蜀人西迁避险。《荒书》记："成都残民多逃雅州，采野菜而食，亦有流入土司者。"[⑧]

---

① 赵毅：《明代内地与西藏的交通》，《中国藏学》1992 年第 2 期；李淮东：《明代汉藏交通的兴衰演变——以明朝使臣入藏活动为中心的探讨》，《中国边疆史地研究》2017 年第 2 期。

② 王圻：《续文献通考》卷 29，浙江古籍出版社 1988 年版，第 3069 页。

③ 《明宪宗实录》卷 78，成化六年四月乙丑条。

④ 四川边茶分"南路边茶"和"西路边茶"两种。"南路边茶"指产于雅安、荥经、天全、名山、邛崃一带并经打箭炉销往藏区的茶；"西路边茶"指产于灌县、安县、平武、大邑、什邡等地经理县、茂县、松潘销往藏区的茶。

⑤ 贾大泉：《汉藏茶马贸易》，《中国藏学》1988 年第 4 期。

⑥ 《明史》卷 80《食货四·茶法》，第 1948 页。

⑦ 任乃强：《泸定考察记》，《任乃强藏学文集》上册，中国藏学出版社 2009 年版，第 208、240 页。

⑧ 费密：《荒书》，浙江古籍出版社 1985 年版，第 165 页。

所谓"流入土司者"，指不少蜀人越过大渡河进入土司管辖地区。乾隆《雅州府志》记："自明末流寇之变，商民避兵过河，携茶贸易，而乌斯藏亦适有喇嘛到炉，彼此交易，汉番杂处。"① 由此，汉藏贸易市场逐步跨越大渡河，西移至打箭炉。史载："汉贾远售求价，自沈、冷、嘉、岩，渐止打箭炉焉。"② 打箭炉逐渐成为川茶输藏的主要贸易市场，并得到清廷官方认定和重视。康熙三十五年，四川巡抚于养志在查勘打箭炉地界后，即奏请朝廷"准许诸番照旧居处贸易"，③ 随后遣员往打箭炉地方监督贸易。

打箭炉作为汉藏新兴的茶叶贸易市场地位，在清初康熙年间"西炉之役"，尤其是泸定桥建成后得以确立和强化。"西炉之役"后，清廷势力延伸到打箭炉以西雅砻江流域。打箭炉作为由川入藏咽喉，战略地位日益重要。泸定铁索桥在康熙四十五年建成后，交通的改善导致大批汉人商民进入打箭炉。雍正七年随清军入藏的吴廷伟在《定藏纪程》中称："西安府作买卖人在此（打箭炉）甚多。"焦应旂的《藏程纪略》亦记1716—1717年间打箭炉，"今设兵戍守其地，番汉咸集，交相贸易，称闹市焉"。④ 打箭炉作为清初新兴的汉藏茶叶贸易核心市场的地位得到确立。

自吐蕃时代起，汉、藏之间形成以大渡河为分界的传统。⑤ 唐建中四年（783），唐蕃清水会盟约定双方南界以"剑南西山、大渡河东，为汉界……抵剑南西界磨些诸蛮、大渡水西南，为蕃界"。⑥《建炎以来系年要录》记宋初赵匡胤"宋挥玉斧"的典故云："艺祖皇帝（指宋太祖——引者注）鉴唐之祸，乃弃越巂诸郡，以大渡河为界。"⑦ 南宋士人的描述亦称："黎州（今

---

① 曹抡彬、曹抡翰等纂辑乾隆《雅州府志》卷10《筹边》，台北：成文出版社1969年版，第249页。

② 蒋廷锡等：《古今图书集成》卷646《方舆汇编·职方典·天全番部》，中华书局、巴蜀书社1988年版，第13566页。

③ 黄廷桂等监修，张晋生等编纂雍正《四川通志》卷18下《边防》，《景印文渊阁四库全书》第560册，第68页。

④ 吴丰培辑《川藏游踪汇编》，第15、32页。

⑤ "自唐宋以来……华夏、西番名以大渡河为界，实以河东雪山脉为界"。参见任乃强《开办康泸丹三县茶务计划书》，《边政》第2期，1929年。

⑥《旧唐书》卷196下《吐蕃下》，第5247页。

⑦ 李心传：《建炎以来系年要录》卷105，中华书局1988年版，第1713页。

汉源）大渡河外，弥望皆是蕃田。"① 汉地郡县制推行区域亦大抵以大渡河为界。元廷所封"碉门鱼通黎雅长河西宁远等处军民安抚使司"冠以"长河西"，清楚表明大渡河以西乃为"番地"。元明两代汉、藏界域以大渡河为分界的格局仍然延续，汉藏茶马互市的地点也主要集中在大渡河东岸。但是到明末清初，因"西炉之役"、泸定桥建成和清廷控制打箭炉以及汉藏茶叶贸易市场的西移等事，汉、藏之间以大渡河为传统分界的格局被打破。汉藏分界向西推移，跨越大渡河，移至打箭炉地区。

第四节　"打箭炉"：汉藏交融下的地名、传说与信仰

　　"打箭炉"地名最早见于汉文文献记载，可追溯至明朝洪武年间。不过当时典籍一律将其写作"打煎炉"。《明太祖实录》洪武十五年七月乙卯条载："故元四川分省左丞瓦剌蒙遣理问高惟善等，自西番打煎炉、长河西来朝，上故元所授银印。诏赐文绮四匹，帛如之，钞二十锭，衣一袭。"② 《明史》亦载："洪武时，其地打煎炉、长河西土官元右丞剌瓦蒙遣其理问高惟善来朝，贡方物，宴赉遣还。"③ "长河西"指大渡河以西。"西番打煎炉"指今康定一带。这说明在明人眼中，"打煎炉"为"西番"之地。《元史》载，元朝曾在管辖康区的"土蕃等路宣慰使司都元帅府"（简称"朵甘思宣慰司"）之下设"碉门鱼通黎雅长河西宁远等处军民安抚使司"。此即清代管辖大渡河以西、雅砻江以东"明正土司"之前身。据任乃强考证，明初"打煎炉"之地仅有常住居民10余户，系一小村落。④ 元明更替之际，可能因土官元右丞剌瓦蒙遣理问高惟善"自西番打煎炉长河西来朝，上故元所授银印"，使明廷知晓"打煎炉"地名。⑤

　　洪武以后，"打煎炉"地名在很长时间内不见于史载。直到清康熙年

---

　　① 《宋会要稿》蕃夷五记，参见刘建丽、汤开建辑校《宋代吐蕃史料集》（二），四川民族出版社1989年版，第259页。

　　② 《明太祖实录》卷146，洪武十五年七月乙卯条。

　　③ 《明史》卷331《西域三》，第8590页。

　　④ 任乃强：《西康图经》，第71页。

　　⑤ 高惟善之后担任明朝礼部主事，曾建议明廷经营大渡河两岸。参见《明太祖实录》卷188，洪武二十一年二月壬戌条。

间，此地名才重见于史籍。清初和硕特蒙古控制康区时，三藩之乱爆发。割据云南的吴三桂势力延伸至滇西北，且与西藏多有来往。[①] 这引起清廷不安。康熙十九年，清廷发出《谕遣能员往打箭炉侦察防御并著各处督抚搜查吴三桂与达赖喇嘛交通书札》，谕令称：

> 又，刑部侍郎遣冯甦能员赴打折卢地方侦贼情形，仍移书达赖喇嘛，令勿纳残贼入其境内……打折卢地方应移文四川总督，令选贤能人员，不时侦探防御。上曰：此事即如所议行。打折卢等处地方应选堪用之员，如喇都浑其人者，遣往彼地，不时侦探……[②]

谕令将"打煎炉"写作"打折卢"。可见，该地名在早期文献记载中，主要存在"打煎炉"和"打折卢"两种写法，并不写作"打箭炉"。"打煎炉"或"打折卢"显然不存在任何汉文字面含义。相反，这两种不同写法清楚地揭示出一个事实：该地名应源自藏语地名的译音，属汉字记音词语。对此，学界已有较为一致的看法：该词"系藏语'打折多'之译音"。[③] 藏语称两水交汇处为"多"（mdo）。打箭炉正好处于源自折多山之折曲（即折多河，曲为河）与源自大炮山之大曲（打曲，即雅拉河）交汇处，故被藏人称作"打折多"（dar rtse mdo）。[④] 事实上，明代和清代早期文献中出现的"打煎炉"或"打折卢"两种不同写法，正是藏语"打折多"的译音。

但是《御制泸定桥碑记》却出现这样的记载："打箭炉未详所始，蜀人传汉诸葛武乡侯亮铸军器于此，故名。"[⑤] 这是"打箭炉"地名写法出现之始。自此，"打箭炉"地名的写法趋于固定，再无"打煎炉"或"打折卢"

---

① 邓锐龄：《结打木、杨打木二城考》，《中国藏学》1988 年第 2 期。
② 中国第一历史档案馆、中国藏学研究中心编《清初五世达赖喇嘛档案史料选编》，第 82—83 页。该谕令摘录自《内阁起居注》。谕令名称中的"打箭炉"系编者添加，原文应作"打折卢"，与文中的"打折卢"相一致。
③ 陈渠珍著，任乃强校注《艽野尘梦》，重庆出版社 1982 年版，第 9 页。
④ 马月华：《打箭炉的传说及地名刍议》，《西南民族学院学报》1987 年第 3 期。
⑤ 《西藏研究》编辑部：《卫藏通志》，第 133 页。

之异写。且凡涉及"打箭炉"地名由来者，也大多征引此传说。① 毫无疑问，首先将"打煎炉""打折卢"变成"打箭炉"的正是汉人。诚如《御制泸定桥碑记》所言，"蜀人传汉诸葛武乡侯亮铸军器于此"。这是出自蜀人的传说。所谓"蜀人"，乃指从蜀地迁入的汉人。

需要注意的是，康熙十九年，清廷谕令中尚称该地为"打折卢"，为何时隔多年后的《御制泸定桥碑记》却突然变为"打箭炉"？且附上"汉诸葛武乡侯亮铸军器于此"得名之传说？其实，从 1680 年至 1708 年，恰好是清廷经营打箭炉取得重要突破，从而使打箭炉局势发生根本改变，并导致蜀地汉人移民大量迁入的时期。这无疑成为汉人移民把藏语译音地名变为"打箭炉"，进而依据字面含义建构出"汉诸葛武乡侯亮铸军器于此"传说的社会历史背景。

不过，汉人移民对"打箭炉"地名的塑造并未就此止步，而是朝着细节更为生动、内涵更加丰富的方向继续演绎。雍正十年（1732），途经打箭炉进藏的王世睿在《进藏纪程》中留下这样的记载："昔诸葛亮武侯征蛮，曾于此地造箭，遣一军人监之，厥后成神，立庙享祀，此打箭炉之所由名也。"② 在此记载中，"打箭炉"传说被进一步细化。其一，诸葛亮"铸军器"变成"造箭"；其二，"造箭"非由诸葛亮本人所为，而是"遣一军人监之"，并且产生造箭军人"厥后成神，立庙享祀"的说法。这位造箭"军人"是谁？乾隆四年（1739）成书的《雅州府志》提供了答案："郭达山，炉东一里，昔名沙哇纳，因武侯七擒孟获，命郭达于此造箭，因名。"③ 乾隆末年，周霭联在《西藏纪游》中亦记："打箭炉土人云：昔武侯征孟获时，令麾下将郭达于沙哇纳安炉造箭，故名。今山上尚有炉鞴故址。城中有

———————

① 吴廷伟《定藏纪程》、王世睿《进藏纪程》、允礼《西藏往返日记》、孙士毅《百一山房赴藏诗集》、徐瀛《西征日记》、黄懋材《西辐日记》、吴崇光《川藏哲印水陆记异》，吴丰培辑《川藏游踪汇编》，第 33、62、98、189、266、288、338 页；曹抡彬、曹抡翰等纂辑乾隆《雅州府志》卷 3《古迹》，第 88 页；佚名：乾隆《打箭炉志略》，张羽新主编《中国西藏及甘青川滇藏区方志汇编》第 40 册，第 2 页；周霭联：《西藏纪游》卷 2，张江华、季垣垣点校，中国藏学出版社 2006 年版，第 44 页；《西藏研究》编辑部：《卫藏通志》，第 222 页；黄沛翘：《西藏图考》，第 84 页；刘廷恕：光绪《打箭炉厅志》，《中国地方志集成·四川府县志辑》第 66 册，巴蜀书社 1992 年版，第 983、987 页；刘赞廷：民国《康定县图志》，《中国地方志集成·四川府县志辑》第 67 册，第 69 页。

② 吴丰培辑《川藏游踪汇编》，第 62 页。

③ 曹抡彬、曹抡翰等纂辑乾隆《雅州府志》卷 3《古迹》，第 88 页。

郭将军庙，甚著灵异。"① 查《三国志》等相关史籍，诸葛亮同时代人物中并无"郭达"其人。故可肯定"郭达"并非真实历史人物，应出自后人之虚构。

关于"郭达"的来历，有两方面提供了关键线索：一是打箭炉城外有"郭达山"，一是打箭炉城中有"郭达庙"。

乾隆《雅州府志》在描述郭达山时，有这样一段记载："（郭达山）时有青羊绕山而行，夷人敬畏，不敢轻至。"② "夷人"指当地藏人。"夷人敬畏，不敢轻至"表明，郭达山与当地藏人的信仰应有密切关联，应是其崇拜与祭祀的对象。民国时期，任乃强在描述郭达山时指出："西康村镇附近，必有一山被指为其村镇之神山。打箭炉之神山，即郭达山也。"③ 可见，当地藏人"敬畏"郭达山，原因在于郭达山是他们敬奉的"神山"。1936年冬，旅居西康的贺觉非与曾言枢登顶郭达山，尚见山顶竖立一"经杵"。④此"经杵"应是藏地神山上常见的以嘛呢箭杆插成的"拉资"（即藏文 lha rtse，蒙古语称"俄博"或"敖包"obuγ-a）。在藏地，神山顶一般均有"拉资"。"拉资"是藏人崇拜神山的重要方式。"绕山而行"即"转山"，同样是藏人崇奉和供祀神山的重要活动。⑤ 由这两点可以断定，所谓"郭达山"正是当地藏人敬奉的"神山"。

神山崇拜是藏地一种普遍的文化现象，是藏族在严酷高原环境中看待和处理人与自然关系的一种独特观念与文化传统。一般来说，神山崇拜大多是区域性的，有某一个或数个村寨敬奉的神山，有某一条沟谷、地理单元及局部区域敬奉的神山，也有一个比较大的区域内人们共同敬奉的神山。郭达山（btsan brag）显然应是打箭炉地方藏人敬奉的一座神山。

关于郭达神山的内涵，我们从打箭炉城中的"郭达庙"可进一步见其端倪。前引文称，打箭炉"城中有郭将军庙，甚著灵异"。郭达庙今已无

① 周霭联：《西藏纪游》卷 2，第 44 页。
② 曹抡彬、曹抡翰等纂辑乾隆《雅州府志》卷 3《古迹》，第 88 页。
③ 任乃强：《西康图经》，第 555 页。
④ 贺觉非：《西康纪事诗本事注》，林超校，西藏人民出版社 1988 年版，第 97 页。
⑤ 丹珠昂奔：《藏族神灵论》，中国社会科学出版社 1990 年版，第 18—21 页。

存。① 但有关郭达庙的性质、特点与文化面貌，我们在相关史志文献中仍不难觅见其真相。《西康图经》记，民国时期康定"每岁新正，有人来此祈年，新其封识。一般市民祷山神者，不必赴此，但祷于城内之将军庙"。②"祷山神者"可"祷于城内之将军庙"，充分说明郭达庙所供奉的神与郭达山神应为同一性质。乾隆年间的学人李元亦记："山有神灵因而敬畏之，汉贾至者从而礼拜，造为武侯征孟获，命将军郭达造箭之说。"③ 任乃强曾描述郭达庙所供神像："庙中塑神相，甚狞丑，骑独角羊。有木牌署'敕封某爵汉朝郭达将军神位'。"④ 格勒的《甘孜藏族自治州史话》也描述道："（郭达庙）将军的神像造形狞严，骑在一只泥塑的独角山羊背上，身着长袍。神像是由坚硬的木料雕刻而成。神像前，牌位上用汉文写着：'敕封□□大帝汉朝郭达将军之位'。"⑤

　　从以上描述看，除汉文牌位外，庙中的郭达将军神像形容古怪、面目狰狞，坐骑为独角山羊，与汉式庙中神像迥然有别。清末吴崇光在《川藏哲印水陆记异》中，还记录了藏人对郭达庙神像的反应："相传武侯造箭于此，其匠人郭姓，所乘之羊已仙去。炉有庙，形容古怪，夷人敬而畏之。"⑥

　　神像既然是汉郭达将军，"夷人"为何"敬而畏之"？事实上，据学者调查研究，将军庙中供奉的神像，在当地藏人心目中乃是护法神"当钦"（dam can）。传说中的"当钦"是铁匠出身，骑羊，手持皮火筒（藏族烧篝火用的一种工具）。藏传佛教信徒称之为"骑羊护法"（藏名 dam can mgar ba nag po，mgar ba 意为铁匠，nag po 是黑色之意；dam can mgar ba nag po 即黑铁匠护法神）。⑦ 另据康定籍的杨嘉铭教授见告，原康定城中的将军庙，当地藏民称作"噶达拉康"（mgar ba lha kang），是祭拜当地护法山神的神

---

① 郭达将军庙毁于 20 世纪 60 年代后期。郭达将军神像迁存于跑马山吉祥禅院的偏殿中。

② 任乃强：《西康图经》，第 555、557 页。

③ 李元：《蜀水经》卷 8，第 459—460 页。

④ 任乃强：《西康图经》，第 557 页。

⑤ 格勒：《甘孜藏族自治州史话》，第 34 页。

⑥ 吴丰培辑《川藏游踪汇编》，第 338 页。

⑦ 来作中、江安西、邓珠娜姆、韦刚：《甘孜藏族自治州各县藏汉名称的由来及其历史沿革》，《四川省甘孜藏族自治州文史资料选辑》第 2 辑，中国人民政治协商会议四川省甘孜藏族自治州委员会 1984 年版，第 3 页。格勒称，该护法神，骑着山羊，戴着圆盘帽，称"大玛吉"（dam can），所以郭达庙又有"大玛吉拉康"（dam can lha kang）之称。参见格勒《甘孜藏族自治州史话》，第 36 页。

庙。"噶达"（mgar ba）是山神的名称。庙内所供"噶达"山神面呈黑红色，怒相，额有纵目，头戴金黄色的藏式圆盘帽，身着藏式绣花袍，右手持铁火锤，左手执火皮囊，骑双角青羊。[①] 关于"噶达"山神的来历，当地藏人的传说称，相传很久以前，一铁匠在西藏习法，奉命来打箭炉，修成正果，幻化为铁匠化身的神。藏语"噶达"为"铁匠"之意。[②]

　　由此我们可以明白，汉人语境中的"郭达"，其实源自当地藏人心目中的山神"噶达"。而汉人所谓"郭达将军庙"，亦脱胎于当地藏人祭祀山神的"噶达拉康"。对于这一点，民国时期的学者已基本形成共识。1936年，考察康定的四川大学教授李思纯就明确指出："按所谓郭达，即为藏音之噶达，乃山神之名，非人名。"[③] 任乃强也指出，郭达乃是"噶达"的转音。[④]其实，除读音相近外，尚有三点可确证汉人之"郭达"原型来自当地藏人的山神"噶达"。其一，汉人传说中"郭达"的身份是铸箭或铸造兵器的将军，这与藏族山神的"铁匠"身份吻合。正如民国时期学者王登在《打箭炉》一文中所言："汉人旅居康定者，询知郭达为铁匠之意，又以大折诺音近打箭炉，遂附会其说，谓孔明南征，曾命郭达将军造箭于此。"[⑤] 其二，汉人传说郭达铸箭后"乘羊仙去"，与郭达庙内供奉的山神骑独角羊吻合。其三，"青羊绕山而行"的记载，与藏人神山崇拜之传统"转山"习俗契合。[⑥]

　　因此，清代民国时期汉人语境中的"打箭炉"地名、"郭达将军造箭"传说及"郭达将军庙"等，无一不是出自汉人的主观建构与附会。

---

　　① 访谈时间：2008年8月25日，地点：西南民族大学。笔者于2010年7月在康定调查访谈时，在城郊观音阁主殿内见一暂存的神像，经当地人指认，即"噶达大王"。在藏传佛教诸多护法神中，此种化身形象者应是其誓善金刚多吉来巴（dam can rdo rje legs pa）为最高等级的世间护法神之一，在藏文祈愿文中常被称为"大战神"。其主要化身的噶瓦那保或"具铁匠标志者"，同样是铁匠身份，被西藏的铁匠尊为行业保护神。参见内贝斯基·沃杰科维茨《西藏的神灵和鬼怪》，谢继胜译，西藏人民出版社1993年版，第175—177、178页。

　　② 格勒：《甘孜藏族自治州史话》，第36页。

　　③ 李思纯：《康行日记》，陈廷湘、李德琬主编《李思纯文集·论文小说日记卷》，巴蜀书社2009年版，第1128页。

　　④ 任乃强：《西康图经》，第558页。

　　⑤ 王登：《打箭炉》，《康导月刊》第5卷第2—3期合刊，1943年。

　　⑥ 刘亚玲：《朝圣与转山——丹巴藏族转山考察》，《中南民族大学学报》2009年第2期。

这是自康熙末年汉人移民大量进入打箭炉后产生的一个耐人寻味的文化现象。

对此现象，清代民国的文人学士大多从传统史学立场出发，认为这些传说纯属"齐东野语"、荒谬不经，故多持不屑与否定态度。清末黄懋材认为："（打箭炉之名）附会无稽。愚按唐宋之世，吐蕃入寇，斯为要道，或尝造箭于此，至于丞相南征，由僰入益。程途各别，非所经行也。"[1] 任乃强也指出："清乾隆时，始有人捏造武侯遣将军郭达造箭于此之说。世多仍之，荒谬之甚矣。"[2] 对郭达其人，历史学家李思纯亦云："余按：陈寿《三国志》无郭达之名。今康定城外有郭达山，城内复有将军庙及将军桥，似若可信，其实皆有意附会也。"[3] 毫无疑问，清康熙以来汉人围绕"打箭炉"所进行的一系列主观建构，是近代汉藏大规模交融背景下出现的一个生动而有趣的文化案例。那么，汉人的主观建构究竟有何意义？产生这些主观建构的社会文化土壤是什么？这些建构发挥了什么样的社会功能与作用？

首先，汉人移民将藏语地名"打折多"变为有字面意义的"打箭炉"，自然是望文生义，表面上看很牵强且不高明。但是，此地名的塑造对于清代大量进入打箭炉的汉人移民而言，却有着不同寻常的寓意。雅安第七代藏茶传人甘某的藏茶厂宣传栏上有这样一段文字：

> "雅安"是藏语，意思是牦牛的尾巴。如果把青藏高原比作一头牦牛，雅安就是这头牦牛的尾巴。由此可见雅安是当时藏区的边沿。三国时，诸葛亮南征与孟获交战，就在雅安。七擒七纵使孟获心服口服，双方商定，孟获退一箭之地。谁料这一箭却从雅安"射"到了200多公里以外的康定。这是诸葛亮谋略过人，早已暗中派人在康定安炉造箭，然后将所造之箭插在一个山顶上，孟获吃了哑巴亏，无奈还雅安于蜀国，退到了康定以西，所以康定会取名为"打箭炉"。

① 黄懋材：《西辎日记》，吴丰培辑《川藏游踪汇编》，第288页。
② 陈渠珍著，任乃强校注《艽野尘梦》，第9页。
③ 李思纯：《康行日记》，陈廷湘、李德琬主编《李思纯文集·论文小说日记卷》，第1128页。

　　这是一个典型的民间传说版本。称"诸葛亮南征与孟获交战，就在雅安"和把孟获与打箭炉相联系等均是违反历史常识的无稽之谈。但此传说的核心，是把汉地民间广为流传的体现诸葛亮智慧的"退一箭之地"传说移植于打箭炉。① 甘某祖辈均从事藏茶生产，现已传第七代，若按 30 年一代计，大体可上溯至 18 世纪初的乾隆时期。甘某自称此传说系祖辈所传。因清代藏茶主要经打箭炉销往藏地，这一传说在当年打箭炉应流传颇广。此传说的类似版本，也见于民国时期驻打箭炉英国领事孔贝的《藏人言藏：孔贝康藏闻见录》一书。该书记录了打箭炉藏人智慧保罗（汉名"谢国安"）② 讲述的一则传说：

　　　　在经过几番艰苦较量之后，孔明把这些蛮人赶出了崇州地区。为了使这场旷日持久的战争有一个令人满意的结局，作为一个足智多谋的将军，他订出和平的条件，即他射出一枝箭，箭射到哪里，蕃（Bod）人就要把这块地盘割让给他。这些蕃人同意了，孔明于是拉弓搭箭，那弓十分有力，射出的箭远远地向西边飞去，在场众人都不知它落到何处。最后，几经搜寻，终于在萨木扎格山（Dsamdrag）找到了它，而萨木扎格山可以俯瞰其北方的打箭炉。原来是孔明的密使偷偷地把箭插到那儿的。藏人以为孔明一定是个无所不能的神仙，他们只得遵守承诺，把崇州到萨木扎格山的所有地区都让给了孔明。③

　　传说中所说的"萨木扎格山"（Dsamdrag）应即郭达山。与前述传说相比，此传说的对象从孟获变成了"蕃人"（或"藏人"），但核心内容仍然是打箭炉系当年诸葛亮约定"退一箭之地"的地界。从此传说出自民国时期打箭炉藏人智慧保罗之口来看，清代及民国时期该传说在打箭炉地方流传甚广。

---

　　① 　Peng Wenbin, "Ethnic Memory and Space: Legends of Zhuge Liang on Sino-Tibetan Frontiers," 王铭铭主编《中国人类学评论》第 19 辑，世界图书出版公司 2011 年版。
　　② 　智慧保罗原名多杰卓巴（Dorjie zodba），系康北霍尔地区的藏人，曾长期游历拉萨、甘托克及川渝各地，因英语好而同国外传教士过从甚密。后定居打箭炉，娶藏妻从商。
　　③ 　孔贝：《藏人言藏：孔贝康藏闻见录》，邓小咏译，中国社会科学出版社、四川民族出版社 2002 年版，第 115—116 页。

自此，我们不难理解汉人移民塑造"打箭炉"地名的深意。事实上，真正支撑"打箭炉"地名的并非诸葛亮"造箭"，核心内容乃是诸葛亮凭谋略与智慧的"退一箭之地"传说。诸葛亮是汉人话语中孺妇皆知的人物，被民间视作智慧的化身。对打箭炉的汉人移民来说，"诸葛亮"更是一个寓意极强的汉人符号。当时迁入打箭炉的汉人大多来自蜀地，而蜀地民间对诸葛亮与少数民族发生关系的"征南中"等事迹与传说十分熟悉且津津乐道，这些背景与因素均是促成汉人移民塑造"打箭炉"地名并附会与之相应的诸葛亮"退一箭之地"传说的缘由。

将诸葛亮"退一箭之地"传说移植于打箭炉虽然毫无史实依据，且破绽百出，但对民间普通民众而言，史实的真实性并不重要，重要的是如何按照自己的需要来记忆与选择历史。事实上，这个传说对打箭炉的汉人移民来说非常重要。它明确强调和隐喻了一个事实：打箭炉并非"异乡"，早在诸葛亮时代就已是汉人的地界。其实，清初打箭炉汉人移民中产生这样的传说，目的并不是要与当地藏人争地盘，而是要以此排解自身的心理不适应感。自吐蕃以来，汉藏之间传统上大抵是以大渡河为界，以东为汉地，以西为土司管辖的番地。康熙末年，随着汉藏边界推移到大渡河以西和茶叶贸易市场向打箭炉转移，大量汉人移民进入打箭炉。由于长期活动于大渡河以东的历史惯性，汉人移民对打箭炉海拔更高的高原环境、物产和人文风貌颇感陌生和疏离。汉人移民群体主要面临两大问题。一是对高原"番地"的不适应感，易生"思乡之愁"。正如旅康汉人在诗词中咏叹："番歌四起，回首乡关何处，认归路。"[①] 这颇能反映汉人客居异域的心境。二是同藏人的语言隔阂与文化差异造成的交流障碍，也加深了汉人移民在跨文化接触中的心理劣势和不安全感。而"打箭炉"地名的塑造，及在此基础上演绎出的诸葛亮在此"造箭"及"退一箭之地"等传说，对汉人移民来说，可在心理上起到化"番地"为"故乡"、化"陌生"为"熟悉"的作用。这些自然成为化解汉人移民客居他乡"思乡之愁"和疏导其心理的一剂良方。

如果说，"打箭炉"地名塑造及诸葛亮"退一箭之地"传说，主要是为了解决汉人自身的乡愁和不适应感，那么，接下来，汉人移民由"打

---

① 刘衡如：《康城十咏·西平乐》，《康导月刊》第 6 卷第 1 期，1944 年。

箭炉"地名延伸的一系列建构，却是朝着与当地藏人"求同"和发生联系的方向发展。这就是以当地藏人山神"噶达"为媒介，把"噶达"变为"郭达将军"，把"噶达神山"变成郭达的造箭地点"郭达山"，最后又把打箭炉城内的"噶达拉康"变成"郭达将军庙"。这样，汉人移民的主观建构，即形成一个环环相扣的逻辑链。这个逻辑链大体由以下三个环节组成。

第一，先将藏语地名"打折多"变为有字面含义的"打箭炉"，再将"打箭炉"的由来阐释为三国时代诸葛亮造箭之地。这就隐喻并强调了一个事实：早在诸葛亮时代，打箭炉就是汉人的地界。

第二，为使该阐释更加逼真和鲜活，汉人又以当地藏人山神名称"噶达"为媒介，演绎出诸葛亮当年曾派"郭达"将军到打箭炉造箭的情节，视藏人的"噶达神山"（即郭达山）为造箭的地点。当地藏人传说中"噶达"的铁匠出身，又恰好与造箭的郭达将军身份契合。

第三，汉人进一步演绎出郭达将军死后"厥后成神，立庙享祀"，这样就把打箭炉城内藏人的"噶达山神庙"变为受汉人崇拜的"郭达将军庙"，从而在信仰层面最终实现与藏人的"共享"。

此逻辑链层层递进、环环相扣，着实令人叹服。可以断定，这样一个逻辑链乃是逐步形成和完善起来的。它应是清初以来汉人移民与藏人长期共居一城，在经济和社会生活各方面频繁互动、文化相互杂糅和彼此交融的结果。但这样一个纯粹出于主观建构的逻辑体系，无疑展现出汉人移民在融入当地社会及同藏人的整合过程中所持的积极姿态与心理取向。值得注意的是，在汉人移民的一系列主观建构中，我们不难发现一个事实，无论是把当地藏语地名"打折多"变为"打箭炉"，把藏人的山神名"噶达"变为汉人将军"郭达"，还是把藏人敬奉的"山神庙"变为汉人的"将军庙"，均遵循一个基本原则，这就是"借用"。也就是说，汉人一律"借用"藏人的地名、山神名和庙名来注入自己的阐释与文化意义。这种借用藏人已有"概念"来装入自己的内涵，从而将其同时变为自己概念的做法，贯穿整个建构的始终。尽管把"打折多"变为"打箭炉"颇显荒诞，把藏人的"噶达"变为"郭达将军"亦毫无史实依据，但汉人移民绝不"另起炉灶"，而是一律采取"借用"藏人地名、山神名和庙名来进行建构的做法。

　　汉人移民的各种建构为何始终遵循"借用"的原则？这自然涉及这些建构的初衷与目的。前已提到，打箭炉的汉人移民与藏人存在交流障碍。这使得他们在与藏人的接触中存在一定程度的陌生感。汉藏交流的隔阂与障碍根源在文化差异，如语言不同、服饰有别、生活方式有差异，但更重要的是信仰和价值观不一样。这种文化差异，显然不可能在短期内加以改变。在此情形下，汉人整合汉藏关系，使之更亲密、更融洽的有效途径和策略，即是尽可能在地名、人物与信仰上与藏人实现"共享"。而要实现与藏人的"共享"，最有效的办法就是"借用"。"借用"既能满足汉人化"陌生"为"熟悉"的心理需要，又能在尊重藏人固有文化的前提下达成与藏人的"共享"，起到整合与密切汉藏关系的作用。倘若不是"借用"而是"另起炉灶"，则会完全丧失这样的功能与作用，同时还会与藏人的既有概念发生冲突、产生疏离。事实上，"借用"原则在打箭炉汉人移民中相当普遍。例如，打箭炉城有所谓"跑马山"，该山藏人称"帕姆山"。"帕姆"（phag mo）意为"仙女"，"帕姆山"即藏语中的"仙女山"。因清代明正土司每年农历五月十三日在山腰台地供奉山神，举行赛马会，汉人乃依其音将"帕姆山"称为"跑马山"。[①] 这才有了《康定情歌》中唱的"跑马溜溜的山"。《康南纪游》亦记，"折多塘在折多山麓，是康定的著名温泉之一，村子以此得名，最可笑的是有人把它叫做蜘蛛塘，说是猪八戒被困于蜘蛛精的地方"。[②] 类似事例不胜枚举。所以，"借用"正是打箭炉汉人移民与藏人进行整合，又满足自身心理需要而广泛运用的一种文化策略与民间智慧。

　　一个有趣的现象是，汉人"借用"藏人概念来植入自己的内容，自然免不了妥协与容纳。最典型的例子是"郭达庙"。正如前文所述，庙内所供神像"造形狞严，骑在一只泥塑的独角山羊背上，身着长袍"，明显呈藏式

---

　　① 贺觉非：《西康纪事诗本事注》，第100页；四川省康定县志编纂委员会编纂《康定县志》，四川辞书出版社1995年版，第462、572页。当地藏族传说8世纪中叶莲花生大师弟子毗卢遮那到此传法，见此处山形酷似仙女挺立，撰写《拉姆则》一文赞颂，因此得名"拉姆则"。"拉姆则"是明正土司的神山。

　　② 冯明心：《康南纪游》，《康导月刊》第5卷第7—8期合刊，1943年。

风格，与汉式庙宇供奉的神像相去甚远，一望即知是藏人的神像，且庙中还有藏式的大转经筒。但汉人佯装不知，仍在神像前置"敕封某爵汉朝郭达将军神位"的木牌。事实上，对庙中神像的异质性，汉人并非不知情，而是心知肚明，所以采取"毫不在意"的态度，乃因"借用"使然。既然"借用"的目的是要与藏人达成"共享"，就不得不对庙中浓厚的藏式特点与异质性采取容纳和妥协态度。此正如曾任康定第一完全小学校长的黄启勋在回忆中指出：

> 我幼小时所见庙中住持，常年是一年老喇嘛，加之郭达神像着藏式服装、骑山羊，与喇嘛称之为骑羊护法神的"当钦"酷似一人，这以汉式庙宇，塑藏式菩萨，汉藏民族共敬一人，恐怕也是打箭炉为藏汉杂居之地，宗教感情融通的地方特点的反映。[1]

那么，藏人对于汉人的"借用"持什么态度？有意思的是，迄今为止，我们在藏、汉文献中，并未发现藏人对汉人的"借用"存在抵制或反感的记载。原因在于，当时打箭炉的藏人同样有着向汉人及其文化靠拢，以便密切藏汉关系的愿望与需求。如乾隆十七年（1752），管辖打箭炉地区的明正土司曾率先"改归汉制之衣冠"，[2]"为父母建立坟茔，并延师课其子侄，习读汉书"，使"土民耳濡目染，日清华风"。[3] 清代民国时期，打箭炉城内有48家作为汉藏贸易特殊中介的"锅庄"。[4] 藏人锅庄主大多取汉姓汉名，在生活方式、家庭观念等方面均遵从汉俗。[5] 由于打箭炉是汉藏贸易之地，融

---

[1]　黄启勋：《郭达随笔》，《康定县文史资料选辑》第 3 辑，中国人民政治协商会议甘孜藏族自治州康定县委员会 1989 年版，第 146 页。

[2]　学者曾昭抡 1940 年踏访康定城郊榆林宫，亲见明正土司祖坟墓志铭刻有"乾隆十七年，改归汉制之衣冠"。参见曾昭抡《西康日记（九九）》，《大公报》（香港）1940 年 6 月 4 日。

[3]　佚名：乾隆《打箭炉志略》，张羽新主编《中国西藏及甘青川滇藏区方志汇编》第 40 册，第 20 页。

[4]　任汉光：《康市锅庄调查报告书》，《西康建省委员会公报》第 3 期，1936 年。

[5]　谭英华：《说"锅庄"》，赵心愚、秦和平编《清季民国康区藏族文献辑要》上册，四川民族出版社 2003 年版，第 648—650 页。包家锅庄女主人包云嬝太太因受汉人习惯影响过深，"对于（子孙）被选为活佛的光宠，似不感兴趣，言语之间大有宁愿儿女克家，承欢膝下，不愿一子成佛、阖家升天的神气"。参见梁瓯第《打箭炉》，《文讯》第 3 卷第 2 期，1942 年。

洽汉藏关系乃是双方贸易之基础。故密切汉藏关系不仅是汉人的愿望和需求，也是藏人的愿望和需求。在此背景下，我们就不难理解藏人对汉人的"借用"做法所持的态度。前已提到，康定城内略通汉话的藏人，如智慧保罗对汉人的"打箭炉"地名传说耳熟能详，却丝毫未表现出反感与嘲弄之意。由此我们也可理解，为何藏人能够容忍在其宗教信仰场所掺入诸多的汉文化元素，又为何在藏、汉文献中见不到藏人对汉人的各种"借用"有任何的抵制与反感。这意味着藏人对于汉人的"借用"同样采取了充分容纳和欢迎的态度。造成此局面的根本原因在于，"借用者"（汉人）与"被借用者"（藏人）之间存在着共同的意愿与需求——即整合汉藏关系，使之更亲密、融洽。

此外，打箭炉藏人也将"噶达拉康"视作藏传佛教寺院的护法神殿即"贡康"（mgon khang），故汉人敬奉该庙，亦被视作崇祀佛教。这为藏人所乐见，无形中也淡化了两者间的文化生疏感，成为当地藏人乐意同汉人信众"共享"庙宇的重要前提。

打箭炉汉人移民"借用"藏人的地名、山神名和庙名进行的一系列主观建构，产生了一个奇妙效果，就是使汉藏双方最终在信仰层面实现了"共享"。信仰是文化的核心，也是文化整合最高、最完美的层次。由于汉人移民将藏人"噶达山神庙"同时视为自己的"郭达将军庙"，使汉藏民族在信仰层面上产生连接与共鸣。后来由此衍生出来的"将军会"，进一步发展成为打箭炉城内汉藏民族"同祀共欢"和文化整合的最高形式。

汉人移民在建构"郭达将军庙"的同时，也对藏人的"噶达拉康"进行了一番汉式"再造"。史载，"噶达山神庙"建于雍正四年（1726），坐落于打箭炉城折多河西。① 咸丰年间，汉人官员候选李文陛以原庙为基础建祠，名曰"郭达将军庙"。光绪二十七年（1901），该庙又经李文陛之孙李天祺重修。② 后期的两次重修显然由地方汉人官绅资助和主导。到1941年，因庙殿年久失修，由当地士绅、锅庄主、秦晋商贾及藏人信众再次集资重

---

① 刘廷恕：光绪《打箭炉厅志》，《中国地方志集成·四川府县志辑》第 66 册，第 986 页。
② 刘赞廷：民国《康定县图志》，《中国地方志集成·四川府县志辑》第 67 册，第 69 页。

修，新造转经房，重建戏台。① 两年后，新葺的将军庙一度被西康省府"划拨为建立忠烈祠之用"，"以崇祀忠贞，昭示来者"。② 尽管汉人对郭达庙进行了一系列"再造"，在庙内建有戏台、惜字库；庙的后殿也另供观音菩萨、李老君、川主神像等汉式神祇，庙的外观亦呈汉式檐斗建筑式样，但庙内汉、藏文化因素的混搭布局，丝毫未影响藏人对"噶达山神"的供祀和虔信。原因是，尽管增加了汉人信仰因素与文化特点，但庙内大殿始终供奉藏式山神像，并特置藏式转经筒。这些均说明，在庙内供奉藏式山神的特殊做法，一直得到当地汉人官绅及民众的维护与认可。

　　汉人在对郭达庙进行汉式"再造"过程中，始终保留和兼顾庙内的藏式特点。1939 年，西康建省后，西康省主席刘文辉还特地安排康定城内的南无寺、安却寺两大格鲁派寺院担负轮流看管郭达庙香火的职责。③ 这说明，尽管汉人将该庙视作"郭达将军庙"，且加以修葺与"再造"，却十分清楚其同时也是藏人的信仰场所，故特意委托藏传佛教寺院来管理香火。因汉人对庙中藏人神像及其特点给予充分尊重与容纳，"郭达庙"日益成为打箭炉城内汉藏双方共同表达信仰的场所，也成为汉藏在信仰上发生连接的重要纽带。清末任职川边的查骞已注意到，打箭炉"汉夷民讼有不决于心者，两造各设油鼎汤釜，赴将军庙叩决，理曲者多却退。夷民过庙前，必拜而后趋越"。④ 可见，至清末，该庙在藏人和汉人心目中已具有同样的神圣性和约束力。

　　不过，"郭达将军庙"在整合打箭炉汉藏关系方面发挥的最大功能，是以此为基础发展出来的"将军会"。"将军会"始于何时已不得而知。但是至少在民国时期，已成为康定城内一年一度盛大的宗教活动与节日庆典。会期为每年农历六月十五日。据传这一天是郭达将军诞辰之日。有人曾对

---

① 李成富：《将军庙前后》，《康定县文史资料选辑》第 8 辑，中国人民政治协商会议甘孜藏族自治州康定县委员会 1998 年版，第 11 页。李成富的高祖父是李文陞，伯伯是李天祺。

② 《为呈报本所所址暨泰宁巴安所务情形祈鉴核祇遵由》，全宗号：19，案卷号：18，四川省档案馆藏；《西康省民政厅施政报告》，全宗号：205，案卷号：74，四川省档案馆藏。

③ 李成富：《将军庙前后》，《康定县文史资料选辑》第 8 辑，第 13 页。此前噶达拉康侍奉香火者是汉人杨洪章父子一家。

④ 查骞：《边藏风土记》卷 1，《西藏学文献丛书别辑》第 6 函，中国藏学出版社 1995 年版，第 6 页。

1931 年康定城举行"将军会"的盛况作如下记叙：

> 昨日为此间郭达将军诞辰，俗呼将军会。是日午后一钟，神驾出行，前列各项戏剧平台，杂以鼓乐，次为香花、水果、茶食、宝珠衣等供养，又次为火牌、执事持香，妇女与念经或奏番乐之喇嘛以及画装之剑印二使者，鱼贯而行，终则以四人肩抬将军神像，尾随其后，沿街铺户，秉烛焚香，燃烧柏枝，全城香风馥馥，观者塞途，一时颇称热闹。①

"将军会"主要是抬着"将军神像"巡游康定全城。② 此活动虽由汉人"会首"向汉、藏民众募捐费用并具体组织和承办，却是由藏、汉信众共同参与的盛大活动。活动遵循的原则是，抬着神像巡游的必须是 4 位身着藏装的藏人青年。而念经、法事活动由汉人端公和藏人喇嘛共同完成。恰如史料所记："每年农历六月十五日是郭达将军骑青羊仙去之日，藏汉民族于是日举行迎神赛会……出驾的依仗阵容也不亚于娘娘会。所不同者抬菩萨之人，皆为藏族青年。"③ "将军会"成为一年一度藏、汉民众同祀共欢的盛大宗教庆典。"将军会"会期三日，其间，"整个康定城都沉浸在欢乐气氛之中，其热闹程度是康定历年各庙会之最"。④ 其繁华欢乐情景，正如民国时人所记："是日将军行身出驾。笙箫鼓乐，旗锣幡伞，扮高桩，演平台，以及各种游戏，装鬼扮神，陆离满目，绕场过市，万人空巷，亦一时之壮观也。"⑤ 该活动虽被冠以具有汉人信仰色彩的"将军会"名称，却丝毫不影响藏人的参与热情，如史料所言："农历六月十五日，相传为郭达将军生日，藏、汉群众都虔诚信仰，尤以藏族信者为多。"⑥ 至此，我们可以清楚看到，由"郭达将军庙"发展出来的"将军会"，其性质既非完全汉式，亦非单纯的

---

① 《西康消息》，《西康公报》第 20 期，1931 年。
② "先赴将军庙迎郭达将军神像，抬游全市，观者如堵。游毕，送神回庙。" 参见《康定社会概况调查》，《西康统计季刊》第 7 期，1948 年。
③ 《康定县炉城镇志（初稿）》，康定县志编纂领导小组 1990 年版，第 143 页。
④ 李成富：《将军庙前后》，《康定县文史资料选辑》第 8 辑，第 13 页。
⑤ 杨仲华：《西康纪要》，商务印书馆 1937 年版，第 459 页。
⑥ 四川省康定县志编纂委员会编纂《康定县志》，第 464 页。

藏式，而是汉、藏信仰因素杂糅的混合体。但正是通过这种汉、藏信仰因素杂糅的宗教活动与庙会庆典，康定城内的汉、藏民族最大限度地实现了"同祀共欢"。"将军会"亦成为整合当地汉藏关系最有效的仪式与节日庆典。

或许正是因"郭达将军庙"及由此衍生的一年一度的"将军会"，康定城汉藏之间的关系才得到充分整合。特别是通过"将军会"的"同祀共欢"，极大消弭了汉藏双方的文化生疏感，使汉藏文化界限趋于模糊。这一点在民国时期的记载中已有充分反映。康定城汉藏人数大致各居其半，但在社会生活各个领域相互濡染、相互接纳的情形十分普遍。民国时期的记叙称，当地汉人子女多有"习于穿蛮装的"，"在这地方生长的小孩，差不多没有一个不会说蛮话、唱蛮歌的。其中有的一口蛮话，和康人没有分别"。[1]康定藏人则多能说汉话，"富家生活也很优裕，家里用具，多同汉人"。[2] 以致当时有汉人发出"多数康人已经汉化，或是少数汉人已经康化"的感慨。[3]

自清代迄于民国，打箭炉这座位于汉藏之间的"边城"，一直以汉藏民族关系的和谐著称于世，堪称汉藏交融与文化整合的典范，被时人形象地誉为"汉藏两族的分野和交流地"。[4]

第五节　"驱准保藏"中清廷对由打箭炉入藏道路的开拓

促使清廷进一步向康区扩展势力，特别是向打箭炉以西开拓的一个重要因素，是康熙五十六年（1717）发生的新疆准噶尔部策妄阿拉布坦侵入西藏事件。

康熙五十六年，驻牧新疆的蒙古准噶尔部策妄阿拉布坦派遣策凌敦多布率领一支6000人的军队，从今新疆南下，这支军队选择了一条极为偏僻

① 董兆孚：《徼外旅痕》，《边政》第4期，1930年；曾昭抡：《西康日记（八五）》，《大公报》（香港版）1940年5月8日，第5版。
② 钱逎仙：《西陲重镇的康定》，《新华日报》（重庆版）1939年3月28日。
③ 石工：《西康问题特辑：康定剪影》，《川康建设》第1卷第2—3期，1943年。
④ 黄绍颜：《康定的轮廓》，《新西康》第1卷第2期，1938年。

难走的路线。他们翻越人烟稀少的昆仑山脉，经过艰苦的行军，出其不意地攻入拉萨。统治西藏的和硕特蒙古汗王拉藏汗被杀，西藏局势陷入一片混乱。

面对策妄阿拉布坦突然入侵西藏可能造成的对整个藏区局势的威胁，康熙帝于同年九月向派往青海的诺尔布、色楞、布达理下达敕谕：

> 尔等俱往来青海，路途已熟，所以派往。今拉藏若能败策妄阿喇布坦之兵，信到，即可调回尔等。倘拉藏被策妄阿喇布坦所败，尔等即与青海台吉等协力征讨，明白晓谕，务令合而为一，使伊等绝无猜疑，不致生变方善。或拉藏与策妄阿喇布坦之兵会合，欲征戴青和硕齐，须谕知青海众台吉等云："策妄阿喇布坦与我大军为敌，今拉藏与之合一，是显为仇敌。圣主始终仁爱，保护顾什汗之子孙直至于今，实系圣祖天高地厚之恩，此时正当奋发报效，与我并力而行，甚易易也。今四川、西宁等处边界之兵有十万，见在又调荆州满兵二千，在成都豫备，调太原等处满兵，在西宁豫备，我兵实不可胜用。"①

从这则敕谕看，康熙帝显然希望拉藏汗能抵挡住策妄阿拉布坦的进攻，但如果拉藏汗抵挡不住或被策妄阿拉布坦拉拢，则需由青海诸和硕特台吉配合清军进剿。此外，康熙帝已考虑作调兵进藏的准备，已有从西宁、成都两个方向进兵西藏的打算。

不过，清廷首先启动的是从西宁进兵的方案。

准噶尔军是在 1717 年 10 月攻入拉萨的。在同年 8 月清廷已收到拉藏汗发出的求救信。康熙皇帝接到此信后立即作出反应，命总督额仑特、都统色楞率兵从西宁出发，前往西藏。② 总督额仑特、都统色楞从西宁出发的时间是 1718 年 5 月③，同年 9 月，额仑特、色楞统领的清军在藏北地区喀喇乌苏

---

① 《清圣祖实录》卷 274，康熙五十六年九月壬子条。
② 《清圣祖实录》卷 277，康熙五十七年二月壬辰条。
③ 《胤禛密奏额仑特阵亡之战役详情折》，中国第一历史档案馆编《康熙朝满文朱批奏折全译》，中国社会科学出版社 1996 年版，第 1392 页。

（黑河）与准噶尔军队遭遇，双方发生交战，结果是这支近 4000 人[①]的清军全军覆灭。[②] 消息传至京城，朝廷上下大为震动。尽管事后抚远大将军允禵的调查把清军失败原因归结为粮草不济（清军马匹有很多被准噶尔截去）和将帅失和，[③] 但这次惨败的根本原因，却在于清廷的轻敌和对进兵西藏的严峻性与特殊性认识不足。[④] 喀喇乌苏之战是清廷军队首次深入青藏高原腹地作战，故对高原地区的气候、环境及行军之严峻性缺乏必要的认识。对这一点，康熙帝在后来的检讨中已有醒悟，指出：

> 春季青草萌发，夏秋草变黄，马畜渐瘦，送粮路山梁被雪阻截，且冬季瘴气益烈，人不得食，始冻，全身肿胀即亡。此特为不晓天时地利所致。[⑤]

将喀喇乌苏之战的惨败归咎于"不晓天时地利"，暗示清廷已充分反省和认识到了进兵西藏的严峻性与特殊性。由此检讨可见康熙帝见识之高明。显然，正是喀喇乌苏之战的惨败使清廷充分意识到了进兵西藏的特殊性与严峻性。此后清廷对进兵西藏"驱准保藏"的所有准备与筹划，均在此背景下展开。

事实上，在康熙五十六年九月敕谕中康熙皇帝已言："今四川、西宁等处边界之兵有十万，见在又调荆州满兵二千，在成都豫备，调太原等处满

---

① 对于此次清廷损失的士兵人数，康熙皇帝曾言，"今值冬季，因气候尔兵亦死多半，对抗之兵亦多被杀，共亡二千余兵"。色楞所统领满洲、绿旗、土司之兵及自西宁调往之兵 2400 名，加上额仑特等处绿旗兵 2000 名，合计 4400 名，这其中有 400 余人被俘，后准噶尔人将其遣回青海或释放。宝音特古斯亦考证此次清廷伤亡约 4000 人，指出清廷为了粉饰战争，而虚报此次阵亡的士兵数量。参见《康熙帝为平定准噶尔所发上谕一道》，中国第一历史档案馆编《康熙朝满文朱批奏折全译》，第 1356 页；《清圣祖实录》卷 278，康熙五十七年三月癸亥条；宝音特古斯：《十八世纪初期卫拉特、西藏、清朝关系研究——以"六世达赖喇嘛事件"为中心》，博士学位论文，内蒙古大学，2009 年，第 110 页；赵珍：《论康熙末年清军两次入藏的战略选择》，《清史研究》2002 年第 4 期。

② 《清圣祖实录》卷 281，康熙五十七年九月甲辰条。

③ 《传问西路来人额仑特阵亡详情奏折》，吴丰培辑《抚远大将军允禵奏稿》卷 2，全国图书馆文献缩微复印中心 1991 年版，第 33—36 页。

④ 周远廉：《喀喇乌苏惨败考》，《清史论文集》，社会科学文献出版社 2015 年版，第 199 页。

⑤ 《康熙帝为平定准噶尔所发上谕一道》，中国第一历史档案馆编《康熙朝满文朱批奏折全译》，第 1356 页。

兵，在西宁豫备，我兵实不可胜用。"从"在成都豫备……在西宁豫备"来看，康熙皇帝已有从西宁、成都两个方向出兵西藏的打算。自喀喇乌苏之战惨败后，尽管有朝臣对出兵西藏持消极态度，[①] 但康熙最终力排众议，仍决定出兵西藏，以实现"驱准保藏"之目标。

不过，使清廷最终选择从成都—打箭炉和西宁分南、北两个方向进兵西藏，并积极展开对由打箭炉入藏道路的探察、谋划与准备的，还有一个重要背景，这就是入据西藏的准噶尔部已呈现向康区扩张的迹象。

《清实录》记："策妄阿喇布坦遣策零敦多卜等前往西藏之时，曾有令伊等剿灭拉藏，即在藏驻扎，彼复身至西藏，再攻取危、藏、巴尔喀木之人等语。"[②] 拉藏汗在准噶尔攻入拉萨后写给清廷的求援信中亦云："若将喀木、危、藏之地被伊踞去，将使黄教殄灭。"[③] 上文中的"危"即卫，指前藏地区；"藏"指后藏日喀则地区；"巴尔喀木""喀木"则指康区。这有可能是仿效当年由新疆南下的固始汗不仅占领卫、藏，也进而占据康区之先例。有史料表明，准噶尔占领西藏后，确有向康区渗透的迹象：

> 闰八月初四日，有碟巴达节属下之彭跐达几及伊跟随之人九名，潜至中甸贸易。碟巴达节系投顺策妄阿喇布坦，委为藏内副王之人……[④]
>
> 策零敦多卜等将被截取藏之五百名兵丁，自巴尔喀木一路送来。其或确实送来，或借送来之便，相度地势，探听信息，俱未可定。[⑤]
>
> 贼（指准噶尔部——引者注）复诱里塘营官喇嘛归藏，于是巴塘、察木多、乍雅、巴尔喀木皆为所摇惑矣。[⑥]

这些来自前方的奏报说明，准噶尔在占领西藏后确已向康区渗透，且理塘、巴塘、中甸（今云南迪庆香格里拉）、察木多（今昌都）、乍丫（今察雅）一带均成为其关注目标。在准噶尔部的引诱下，当地一些营官已有暗

---

① 《清圣祖实录》卷 281，康熙五十七年十月甲子条。
② 《清圣祖实录》卷 277，康熙五十七年二月壬辰条。
③ 《清圣祖实录》卷 277，康熙五十七年二月庚寅条。
④ 《清圣祖实录》卷 281，康熙五十七年十月甲戌条。
⑤ 《清圣祖实录》卷 283，康熙五十八年三月辛巳条。
⑥ 《清史稿》卷 525《藩部八》，第 14538 页。

通并投向准噶尔的苗头。得到这些奏报后，康熙皇帝意识到此情况可能产生的严重后果，指出：

> 自西宁至四川、云南，内外土番杂居一处，西藏之人皆系土番，伊等俱是一类，倘藏地被策零敦多卜占据，则藏兵即是彼之兵丁，而边疆土番岂能保全！①

康熙皇帝显然已意识到需要从整个藏区角度来考虑准噶尔入据西藏将产生的严重后果。此背景，也坚定并增强了清廷从四川、云南即由南路康区进兵西藏的决心。

此外，康熙皇帝之所以选择以打箭炉作为南路进兵西藏的路线，还有一个重要条件和基础，这就是此前清廷通过"西炉之役"已完全控制打箭炉，并将势力延伸到雅砻江以东地区。康熙四十五年泸定桥建成后清廷又在打箭炉驻兵，使打箭炉进一步成为由成都通往藏地的门户与咽喉。这一切，均为清廷从打箭炉向西开拓进兵西藏的道路提供了条件和基础。加之，喀喇乌苏之战惨败使清廷充分认识到进兵西藏的严峻性与不确定性，在此背景下，除北路由西宁进兵西藏外，从南路即由四川、云南方向同时进兵，就成为清廷确保"驱准保藏"军事行动取得成功的重要保障。

康熙五十六年八月，在得到策凌敦多布领兵入侵西藏的消息后，② 康熙皇帝即紧急调遣湖北荆州满洲兵 2000 名前往成都予以防备。③ 与此同时，四川当地绿旗兵也为远征西藏开始做准备。但康熙依然认为，"在成都驻扎之满洲兵止有二千，为数甚少"，并于次年十月下令："将荆州之满洲兵再派一千，前往成都驻扎预备。此满洲兵俱令都统法喇管辖。"④ 清廷向成都派兵三千，说明其高度重视准噶尔军占领西藏的严峻局势，并采取了在成都集结军队之防备措施。清廷最初紧急调兵于成都，主要是出于防备之目的。这在

---

① 《清圣祖实录》卷 286，康熙五十八年十二月丙辰条。
② 康熙五十六年八月，康熙皇帝接到西宁驻扎侍读学士查礼浑等奏报："据西边拉藏汗咨文云：'策旺阿拉布坦遣兵于七月初四日掠其纳克禅边内波木宝一部人众，且言又令策凌敦多卜领兵万人，前来征取拉藏'等语。"参见《清圣祖实录》卷 273，康熙五十六年八月丁未条。
③ 《清圣祖实录》卷 273，康熙五十六年八月丁未条。
④ 《清圣祖实录》卷 281，康熙五十七年十月甲子条。

康熙五十七年八月年羹尧的上疏中也得到体现：

> 川省地居边远，内有土司番人聚处，外与青海、西藏接壤，最为紧要，虽经设有提镇，而选取兵丁别省人多，本地人少，以致心意不同，难于训练。见今驻扎成都之荆州满洲兵丁与民甚是相安，请将此满洲兵丁酌量留于成都省城西门外空地，造房，可驻兵一千，若添设副都统一员管辖，再将章京等官照兵数量选留驻，则边疆既可宣威，内地亦资防守。①

在这段话中，年羹尧陈述了在四川驻兵的重要性，称"川省地居边远，内有土司番人聚处，外与青海、西藏接壤，最为紧要"，但从"边疆既可宣威，内地亦资防守"的表述看，当时向成都调兵的意图主要还是"宣威"边疆，以资防守。年羹尧的建议得到朝廷采纳，这也是清廷在成都及西南地区常设驻防满兵之始，并成为日后"成都将军"之滥觞。② 清廷在成都常设驻防满兵不但标志着四川边疆地位的上升，同时也表明四川的战略地位因与西藏事务紧密相连而得到凸显和增强。③

康熙五十七年（1718），康熙皇帝显然已萌生由四川向西藏进兵的念头。年羹尧在同年三月的奏报中言："打箭炉地方外通西域，内皆高山峻岭，实为天设之险。皇上救援西藏，令护军统领温普带领满兵五百赴炉驻扎。"④

从"皇上救援西藏"一语，已可见康熙皇帝有从打箭炉进兵的打算。同年十月，康熙帝作出一个重要的人事安排，将时任四川巡抚年羹尧升为四川总督，授予其"督兵责任"。⑤ 时年羹尧任四川巡抚已经九年，熟悉四川

---

① 《清圣祖实录》卷 280，康熙五十七年八月庚寅条。

② Yingcong Dai, *The Sichuan Frontier and Tibet-Imperial Strategy in the Early Qing*, University of Washington Press, 2009, p. 85.

③ Yingcong Dai, *The Sichuan Frontier and Tibet-Imperial Strategy in the Early Qing*, University of Washington Press, 2009, p. 84.

④ 《清圣祖实录》卷 278，康熙五十七年三月丙寅条。

⑤ 年羹尧升为四川总督，同时还兼管巡抚事宜，直到康熙六十年这一安排才被取消。参见《清史稿》卷 295《年羹尧传》。

情况，且在准噶尔军入藏后的成都防备与筹谋上表现出较好的战略远见，"甚为实心效力，殊属可嘉"。① 这一安排也意味着将过去受川陕总督节制的四川分离出来，单独设立四川总督，这不但意味着年羹尧个人的升职，也表明四川行政级别及地位的提升。从这一制度及人事安排看，康熙皇帝至迟在康熙五十七年十月已经下定从四川进兵"救援西藏"的决心。

不过，经四川打箭炉进兵西藏，面临着极大的困难和不确定性。第一，此道路穿越青藏高原东部的横断山脉地区，沿途皆崇山峻岭，山高路险，清人吴廷伟在《定藏纪程》中言："从藏起至成都，一路山沟窄，山高石大，多无人家处，难走。"② 正因为打箭炉以西山大谷深，道路险峻，吐蕃时期吐蕃军队进攻蜀地主要从北面草原经松潘南下，或是南下绕道滇西北再由大渡河一带北上。③ 自宋、元、明以来，此路线虽因汉藏茶马贸易而逐渐被利用，但主要是民间道路，且以藏人的通行为主。大规模的军队经此道路进藏从未有过。第二，由于沿途道路险峻，大规模军队通行所面临的粮草转运存在极大难度。第三，从打箭炉入藏沿途所经大部分地区，当时并不在清廷直接控制之下。雍正二年五月，年羹尧在平定罗卜藏丹津叛乱后在《条陈西海善后事宜折》中曾言道："乃罗卜藏丹尽倡逆，西番蜂起，一呼百应，俨然与官兵为敌，止知有蒙古，而不知有厅卫，不知有镇营，此非一日之积矣。"④ "西番"即指康区一带藏人，据此记载，足见康熙时期对康区的控制十分有限。

正是鉴于清军由打箭炉入藏面临极大困难和不确定性，清廷为确保由此道路进兵西藏的成功，主要采取了以下三个措施。

（一）派先头部队逐段向西推进，对沿途进行招抚和威慑，以疏通进兵道路

1718 年，清廷按年羹尧的奏请，"令护军统领温普带领满兵五百赴炉驻扎"。⑤ 这是满兵由成都向西移驻打箭炉之始。

---

① 《清圣祖实录》卷 278，康熙五十七年三月丙寅条。
② 吴廷伟：《定藏纪程》，吴丰培辑《川藏游踪汇编》，第 33 页。
③ 王海兵：《唐蕃西川战争及相关路线考辨》，《江汉论坛》2008 年第 1 期。
④ 《条陈西海善后事宜折》（雍正二年五月十一日），季永海、李盘胜、谢志宁翻译点校《年羹尧满汉奏折译编》，第 285 页。
⑤ 《清圣祖实录》卷 278，康熙五十七年三月丙寅条。

同年五月，统领满兵的都统法喇又向朝廷建议，"在打箭炉挑选满兵一百名，令前锋参领伍林帕等带领，再选绿旗马兵一百名、鸟枪兵三百名，令化林协副将赵弘基等率领，一同前往里塘"。① 都统法喇的这一建议，主要是鉴于当时探知到准噶尔已向理塘、巴塘、察木多等地渗透的情况而作出的。康熙五十七年五月，都统法喇向朝廷的奏报称：

> 打箭炉之外，地名里塘，向系拉藏所辖。而里塘之外为巴塘，近闻策零敦多卜暗通密信与里塘营官喇嘛，诱伊归藏。臣等恐被其摇惑，是以行咨员外郎巴特麻等速往宣布圣主威德。今已辑服。续据里塘之喇嘛格隆阿旺拉木喀云："准噶尔五百人已至叉木多地方，现今里塘有察罕丹津所遣之寨桑居住，与准噶尔暗自通谋。"又据护军统领温普密信云："窥探堪布之心，尚在未定，理应准备。"②

都统法喇派兵取理塘的建议，乃是在获知准噶尔向察木多渗透并与理塘营官有勾结的情况后，同当时已进驻打箭炉的护军统领温普密商之后作出的，此建议得到朝廷批准。康熙五十八年（1719）春，法喇遂命永宁副将岳钟琪带兵2000人移驻理塘。③ 对岳钟琪率兵进入理塘的情况，《里塘志略》载：

> 达哇朗章巴阴谋把持二营官，遂有逆，甫驻计诱达哇朗章巴及二营官至营擒以正法，革去堪布喇嘛，于是里塘头人百姓咸凛军威，各举素相悦服之人议立堪布并正副营官开造本营大小堡寨十五处头人三十名，百姓五千三百二十户，大小喇嘛寺院四十五座，喇嘛三千二百余众，倾心投诚，输纳贡赋，承应差使，而附近里塘之瓦述崇喜毛丫、毛茂丫、长坦、曲登五处酋长亦各呈户口，上纳粮马革面来归。④

---

① 《清圣祖实录》卷279，康熙五十七年五月壬申条。
② 《清圣祖实录》卷279，康熙五十七年五月壬申条。
③ 此2000人包括成都满洲兵500名，绿旗提标兵1000名，化林、永宁兵500名。参见《清圣祖实录》卷283，康熙五十八年二月辛未条。
④ 陈登龙编《里塘志略》卷上《建制》，台北：成文出版社1970年版，第9—10页。

由于岳钟琪果断将理塘达哇朗章巴及二营官正法，当地各头人俱畏惧军威，遂"倾心投诚，输纳贡赋，承应差使"。这样，理塘被纳入清廷的直接管辖和控制之下。

岳钟琪招抚理塘之后，清廷按照年羹尧的建议，设置了从打箭炉到理塘的驿站："自打箭炉以至里塘，应添十站，每站设马六匹，照打箭炉养马之例，倍付草料，另拨银两支给。"① 这样，清廷就完全控制了打箭炉至理塘一线之地域。

岳钟琪在理塘的招抚行动，对邻近的巴塘产生极大震慑。史料记："巴塘第巴惧，献户籍。"② 雍正《四川通志》载：

> 五十八年冬，总统四川绿旗官兵至巴塘该地碟巴头人僧俗百姓迎师，倾心投诚，愿作天朝子民，开呈本管地方寨堡三十三处，头人三十九名，百姓六千九百二十户，大小喇嘛二千一百一十众，按年上纳粮赋，承应差徭，挽运军糈。③

清廷招抚理塘、巴塘之后，即安排官兵2700名驻守。④

除了上述地区以外，康区木里一带也被清廷所招抚。康熙五十七年七月，年羹尧上奏：

> 原任提督岳升龙剿抚打箭炉之时，阿王滚住克曾献墨里地方，岳升龙恐系拉藏所属，未准。今拉藏已被准噶尔之兵杀害，而鄂穆布年扎卜将所属墨里地方诚心投顺，应收纳给印，于建昌边境地方有益。应如所请。从之。⑤

---

① 《清圣祖实录》卷 279，康熙五十七年六月辛丑条。
② 《清史稿》卷 296《岳钟琪传》，第 10368 页。
③ 黄廷桂等监修，张晋生等编纂雍正《四川通志》卷 21《西域》，《景印文渊阁四库全书》第 560 册。
④ 《清圣祖实录》卷 285，康熙五十八年九月己丑条。
⑤ 《清圣祖实录》卷 280，康熙五十七年七月己未条。

清代所置建昌道，辖雅州、宁远、嘉定三府及眉、耶二州等地，^① 从这一范围看，奏书中所记"墨里"当指"木里"。木里为格鲁派在康区的重地，木里地方的诚心投顺，起到了稳定清廷进军道路南部地区的作用。

康熙五十八年九月，乍丫、察木多、嚓哇（今西藏察隅）三处呼图克图相继归诚，并于次年愿输纳钱粮，其钱粮暂留在军前支用。^② 清廷颁给呼图克图印信，仍令其管辖这一带地域以保证稳定。^③

所以，至康熙五十八年末，清廷已将打箭炉以西理塘、巴塘、乍丫、察木多等地成功招抚，这就为其由此线路进军西藏奠定了坚实基础。

在对进兵沿线进行招抚方面，清廷还采取了一项特殊措施，即利用理塘为六世达赖转世灵童家乡这一因素，来招抚当地百姓。最早提出此动议的是都统法喇，其在康熙五十七年五月的上奏中言道：

> 又闻自里塘以外，直至西藏，敬信胡必尔汗有如神明。今胡必尔汗生长里塘，其父现在西宁之宗喀巴庙。应传谕其父，令伊遣人转谕营官喇嘛及居民人等，使知驻兵里塘乃圣主保护胡必尔汗之本乡，不使贼人惊扰，并无他故。^④

清廷显然采纳了此建议。在抚远大将军允禵的奏文中，我们发现一份理塘灵童晓谕康区喇嘛、居民的文告，全文如下：

> 驻锡古木布木庙小呼弼勒罕谕传知巴尔喀木地方首领等，现在准噶尔人背逆无道，混乱佛教，贻害杜伯特生灵，上天圣主目不忍睹，扫除

①　段木干主编《中外地名大辞典》，人文出版社1981年版，第2419页。

②　《清圣祖实录》卷285，康熙五十八年九月己丑条。

③　雍正《四川通志》载：乍丫，"自康熙五十八年，大兵进取西藏之后均受圣朝所封，颁给苦图克兔印信（其印系阐讲黄教那门汗之印，清字蒙古字夷字三样篆文），正苦图克兔住坐乍丫寺院，副苦图克兔住坐卡撒顶寺院"。察木多"在布政司西南三千五百二十五里，东至乍丫五百三十里，西至类伍齐二百二十里，南至结党北至隆庆里数无考"，"自康熙五十八年，大兵进取西藏始受圣朝所封，颁给正苦图克兔印信（其印系阐讲黄教额尔德尼那门汗之印，清字蒙古字夷字三样篆文）住坐又木多大寺，其副苦图克兔住坐边坝之西甲喇大喇嘛寺"。参见黄廷桂等监修，张晋生等编纂雍正《四川通志》卷21《西域》，《景印文渊阁四库全书》第560册。

④　《清圣祖实录》卷279，康熙五十七年五月壬申条。

准噶尔人，收复藏地，以兴黄教，使杜伯特众生太平如恒，特派皇子封
为大将军，不分轸域，率领大兵至西宁驻扎，不日大军由各路进讨。鄙
自驻锡古木布木庙以来，仰蒙圣主重视黄教，举凡衣服饮食无不受恩甚
重。今大将军王钦奉上谕，来至西宁，不日亲临本庙会见，受恩尤深。
况圣上振兴黄教，普济杜伯特众生，溯念厚恩，尤当尽力报效。圣主军
事，再以雄壮兵一队，由打箭炉前进，驻扎喀木、里塘、巴塘等处。此
军之举，藉期仰副圣主振兴黄教，普救天下众生深仁之至意。大军所到
之处，凡土伯特人众皆一致顺从，妥为辅助，仍旧安居，断不至有所骚
扰。此举确为杜伯特众生，尔等尚不知此中情节，兹恐尔等畏惧，以致
妄行躲避天兵，故特遣使速为晓谕尔众。勉之！勉之！①

该文告以理塘达赖喇嘛转世灵童的名义颁布。晓谕沿途康区民众不要躲
避，要诚心辅助由此进藏"扫除准噶尔人，收复藏地，以兴黄教"的清廷
军队。这一举动对争取沿途民心起到了重要作用，使得康区民众由于对转世
灵童的虔诚信仰而对清廷的进军予以极大支持。

（二）积极筹措和准备粮草，保障沿途的粮草供给

俗话说"兵马未动，粮草先行"。清军能否顺利由打箭炉入藏的一个重
要条件，在于能否保障沿途的粮草供给。由打箭炉入藏沿线的粮草主要由年
羹尧调拨统筹。康熙五十七年三月，年羹尧已经开始筹划粮草运送，奏
报曰：

臣以炉地素不产米，山路险远，粮运为难。动支库银，买米一万
石，遴选人员，先运六千石抵炉，余米收贮雅州。如有需用，再行酌
运。所需草料，亦委官采买，运送支给。自此源源买运，必不迟误
军需。②

年羹尧派人先运送粮草至打箭炉，余粮收贮于雅州，为清军进兵做

---

① 《译小呼弼勒罕告示》，吴丰培辑《抚远大将军允禵奏稿》卷 1，第 31 页。
② 《清圣祖实录》卷 278，康熙五十七年三月丙寅条。

准备。康熙五十八年末，理塘、巴塘、乍丫、察木多等地均被招抚，年羹尧奏请在沿途设置台站，以保障信息畅通与粮草继续向西运行。① 康熙五十九年（1720）二月，年羹尧在呈送的奏报中，就如何保障进藏军队粮草供给做了详细周密的安排。考虑到从打箭炉至察木多道路狭窄，年羹尧指出："今每兵止给驼马一匹，自打箭炉起行，不必多带口粮，里塘、巴塘现有捐运米石，随处支给，足资饱腾。即巴塘裹带，亦约计可至叉木多而止。裹粮既少，则马力裕如，蓄力前进，可无疲乏。"② 理塘、巴塘一带既经招抚，开始向清廷输纳粮赋，这些粮赋留在军前支用，另外，当地藏人也开始帮助清廷运输粮草，这使打箭炉至巴塘段的粮草供应得到保障。

察木多为从打箭炉进藏的适中之地，为进一步解决自巴塘向西至察木多段的粮草运送问题，年羹尧又自打箭炉派兵 600 名"将巴塘之米预为运贮叉木多"。③ 年羹尧认为，待进藏大军到达察木多后，这些巴塘之米可以为其提供两个月口粮，而他又将竭力筹措四个月口粮随军挽运，则"直抵西藏军糈可以无误"。④

事实证明，年羹尧的安排非常妥善，不仅保障南路大军粮草供应不断，而且使南路大军进藏之后粮草仍有剩余。康熙五十九年十一月，在大军准备自拉萨返回之际，年羹尧奏报："臣查凯旋之兵所带口粮，按日计之，尚属有余，不必随路接济。"⑤

（三）加强对道路及分支路线的探察

年羹尧从康熙五十八年正月起，先后两次派人对四川进藏道路进行探察。同年正月十三日，年羹尧在《预备进藏兵数折》中详细奏报了从打箭炉进藏道路的情况：

---

① 四川省巴塘县志编纂委员会编纂《巴塘县志》，四川民族出版社 1993 年版，第 9 页。

② 《奏陈遣兵弹压叉木多规画进剿折》（康熙五十九年二月初十日），季永海、李盘胜、谢志宁翻译点校《年羹尧满汉奏折译编》，第 209 页。

③ 《奏陈遣兵弹压叉木多规画进剿折》（康熙五十九年二月初十日），季永海、李盘胜、谢志宁翻译点校《年羹尧满汉奏折译编》，第 209 页。

④ 《奏陈遣兵弹压叉木多规画进剿折》（康熙五十九年二月初十日），季永海、李盘胜、谢志宁翻译点校《年羹尧满汉奏折译编》，第 209 页。

⑤ 《清圣祖实录》卷 290，康熙五十九年十一月壬午条。

至打箭炉进兵，由里塘、由巴塘、由乍丫、由叉木多、由擦瓦岗、由书班多而至招地，此南路也。道迂山险，蛮客往来皆由此路者，因利沿途居民为换买口粮，雇觅驮脚之故。又自打箭炉由霍耳、由得尔革、由春料儿、由诏乌、由春科纳鲁、由索克赞丹滚庙、由那出而至招地，此北路也。路平，近有水草，少居民，虽云无柴而皆言牛马粪可烧。①

从该奏折内容可知，年羹尧已经侦察到从打箭炉进藏有南北两条线路，其中南路路途较远，是当地客商经常通行之路，沿途居民较多，便于粮草补给；而北路距离相对较近，沿途人烟稀少，但是水草丰美，有牛马粪作燃料。为确认信息的准确性，年羹尧曾于该年正月初九日，派遣贡生马光、千总马凌云前往上述地方实地探察，二人于三月返回，其所得情况与年羹尧奏折所言大致吻合，唯有南路"以西至书班多（硕般多，今洛隆县硕督镇）地方，闻有贼人把守盘诘，不能前进"，二人认为，"南路远而险，北路近而平，叉木多为适中要隘……目下贼人于叉木多、乍丫两处皆遣人与营官商议，欲以买茶为名至炉探听信息而未敢遽来"。② 二人的探察不仅再一次确认年羹尧所探知的康区进藏南、北二路之路线，而且摸清了占领西藏的准噶尔部向察木多与乍丫渗透的情况，为清军的路线选择提供了重要信息。

第六节　清廷对由滇入藏道路的开拓

需要指出，准噶尔入侵西藏后，在清廷筹划由南路进兵西藏的计划中，还包括了一条重要支线，这就是由滇入藏的路线。其实，在由南路进兵西藏的计划中，清廷从一开始就决定不仅从成都、打箭炉一线派兵入藏，同时也由云南发兵，从中甸方向入藏，并让由滇入藏军队与由川入藏军队在察木多一带会合，再共同向西藏进发。清廷之所以决定从云南发兵，是因为通过17世纪以来中甸一带事件频发，尤其是吴三桂与西

---

① 《预备进藏兵数折》（康熙五十八年正月十三日），季永海、李盘胜、谢志宁翻译点校《年羹尧满汉奏折译编》，第203页。

② 《奏明进藏路径番信情形折》（康熙五十八年三月十三日），季永海、李盘胜、谢志宁翻译点校《年羹尧满汉奏折译编》，第206页。

藏的联系等，认识到"云南之丽江、中甸一带地方，为西藏通衢，最系紧要"。① 为此，康熙五十七年清廷即派出六位满族将领到云南训练士兵及进行战事准备。康熙五十八年，康熙又命满洲将领副都统吴纳哈、噶锡带领江宁、杭州等地 2000 名满洲兵陆续起程，前往云南中甸驻扎。② 同年，康熙帝又派满洲将领都统武格抵达中甸，总揽从中甸进兵西藏事务。

武格到达中甸后，即令前锋参领曼丕、侍卫张柱等考察进藏所经路线。二人考察后回奏："扎杂口乃通西之路，奔杂拉渡口乃通金沙江之渡口。此二口俱系通西最要之路。"③ 武格从驻扎中甸的 200 名绿营兵中，每口派兵 20 名进行防守。为进一步了解滇藏的地理环境，武格本人亦"遍视石鼓、剑川、永北等处之后，前赴云南省城，与地方官会商"。④ 在此基础上，时人对由中甸入藏道路的了解和认识也更加详尽。清人《藏行纪程》载：

> 自中甸进藏有两路，由天竺寨义（察）木多一路，道宽而远，多夹巴（坝）高山大川，为滇蜀会兵孔道；由卜自立（按：即奔杂拉）阿墩子、擦瓦崩达（今昌都八宿县一带）、洛龙宗一路，高坡峻岭，鸟道羊肠，几非人迹所到，然颇近。⑤

为准备从中甸出兵西藏，清廷还在云南建立了驿站：

> 云南巡抚甘国璧疏言：云南省迤西一带，向未设立驿站，今因大兵出口，自安宁州起至塔城止，请添设二十一站。应如所请，从之。⑥

康熙五十九年二月，都统武格、副都统吴纳哈领满兵 1000 名，鹤丽

---

① 《清圣祖实录》卷 287，康熙五十九年三月己丑条。
② 《清圣祖实录》卷 285，康熙五十八年七月癸酉条。
③ 《清圣祖实录》卷 286，康熙五十八年十二月庚戌条。
④ 《清圣祖实录》卷 286，康熙五十八年十二月庚戌条。
⑤ 杜昌丁：《藏行纪程》，方国瑜主编《云南史料丛刊》第 12 卷，云南大学出版社 2001 年版，第 169 页。
⑥ 《清圣祖实录》卷 288，康熙五十九年七月丁卯条。

镇总兵赵坤、永宁镇总兵马会伯领绿营兵 1500 名及丽江麽些兵 500 名出金沙江。① 清军由云南中甸奔杂拉、阿墩子一路向察木多进发。不过，由中甸出兵，粮草补给是一个难题。正如都统武格奏称：

> 云南进藏兵丁须接运三月口粮，云南山高路狭，艰于运送，请以四川所运之米支给。

鉴于中甸一带钱粮皆集中在云南丽江，清廷曾将中甸及理塘、巴塘划归丽江土府管辖。② 其后年羹尧奏称：

> 虽归蜀归滇，莫非王土，但四川见在用兵，一切运粮调遣之事，道经巴塘、里塘，关系紧要。拨归土司则呼之不应，移咨滇省则往返迟延，请仍归四川管辖，有济军务。③

朝廷也意识到这一点，认为"滇、蜀两省俱各进兵，而蜀省进兵七千，滇省进兵三千，多寡悬殊。恐蜀省所运之粮不足供滇省之用"。④ 后清廷采纳年羹尧的建议。川滇进藏军队会师后，若云南兵粮未能送到，则暂拨四川余粮支给。与此同时，清廷派原云贵总督蒋陈锡与巡抚甘国璧速运粮草。但二人因粮草运送迟误，延误军机被夺职。可见由滇入藏，道路虽较近，但由于山高路狭，粮草补给成为较大难题。

第七节　川藏道开辟与清廷治藏重心的南移

从康熙五十六年到五十九年，经过为时三年多的筹备，康熙五十九年四月，清廷的南、北两路大军分别从成都、西宁同时向西藏进发。

由成都—打箭炉方向进藏的南路大军由定西将军噶尔弼率领。噶尔弼先

---

① 倪蜕辑《滇云历年传》，第 223 页。
② 《清圣祖实录》卷 287，康熙五十九年四月壬寅条。
③ 《清圣祖实录》卷 287，康熙五十九年四月壬寅条。
④ 《清圣祖实录》卷 287，康熙五十九年四月壬寅条。

派岳钟琪率领 4000 名清军驻守察木多。在行军途中，岳钟琪探知准噶尔军队要派兵占据察木多西南的绕耶三八桥，该桥为自川进藏必经之路，如被占领则难以进藏。岳钟琪趁对方军队尚未集结迅速占领该桥。[①] 六月，岳钟琪与噶尔弼所率南路清军主力同由云南中甸进藏官兵在察木多会合。[②]

《定西将军噶尔弼平定西藏碑记》记录了噶尔弼的进藏路线：

> 自成都拜疏起程，由蜀之打箭炉、里塘、巴塘，以至乍丫、察木多，会集官兵，整队进发。一由类乌齐、结结树、冰噶、三达奔卡为正兵。一由洛隆宗、硕板多、达隆宗、沙工拉、鲁工拉为奇兵。订期会取拉里、墨竹工卡一带地方。宣布天朝恩威，晓以顺逆大义，抚归戮叛，败散贼番，降服准噶尔委授之藏达格咱第巴阿角喇布坦，兵不血刃，于八月十三日直抵昭地。[③]

噶尔弼所率大军是沿打箭炉—理塘—巴塘—察木多一线进发的，而此道路正是此前岳钟琪对理塘、巴塘、乍丫、察木多等地进行招抚的基础之上打通的。而在察木多"会集官兵"后，则分兵两路，主力即所谓"正兵"是从类乌齐、结结树、冰噶、三达奔卡抵达拉里（今嘉黎县）；另一路所谓"奇兵"则由洛隆宗、硕板多、达隆宗（即边坝）、沙工拉、鲁工拉抵达拉里，两路军队"订期会取拉里、墨竹工卡一带地方"。两路军队在拉里会合后，再由"拉里、墨竹工卡一带地方"向拉萨进发。据史料记载，清军自察木多向西进发过程中，一路较为顺利，洛隆宗、硕板多、达隆宗、拉里等

---

① 岳炜：《岳襄勤公行略》，《清史资料》第 4 辑，中华书局 1983 年版，第 173 页。
② 清廷"驱准保藏"的行动由南、北两路大军组成，其中南路包括从四川打箭炉及云南出发的两支队伍。此次云南一路进藏士兵共 3000 名，包括满洲兵 1000 名、绿旗兵 1500 名及丽江麽些兵 500 名，由都统武格、副都统吴纳哈率领。云南路官兵于康熙五十九年二月自中旬出发，经阿墩子、六月至察木多，与四川打箭炉路官兵会合一同进藏，所以，实际上此次清廷"驱准保藏"行动不仅打通了打箭炉入藏通道，也首次开通了云南经中甸—阿墩子—察木多进藏的路线。参见倪蜕辑《滇云历年传》，第 564 页；杜昌丁《藏行纪程》，方国瑜主编《云南史料丛刊》第 12 卷，第 169 页。
③ 《定西将军噶尔弼平定西藏碑记》，《西藏研究》编辑部：《卫藏通志》，第 350 页。文中所书八月十三日直抵昭地，有误，实际为八月二十三日，参见《噶尔弼疏报领兵克取拉萨折》（康熙五十九年十月十七日），中国藏学研究中心、中国第一历史档案馆、中国第二历史档案馆、西藏自治区档案馆、四川省档案馆编《元以来西藏地方与中央政府关系档案史料汇编》第 2 册，第 335 页。

地亦相继归诚。① 噶尔弼所率南路大军在"兵不血刃"即未遇大的抵抗的情况下，于康熙五十九年八月二十三日顺利抵达拉萨。从成都出发算起，历时4个月抵达拉萨。而其抵达拉萨的时间比由西宁出发的北路大军提前了21天。

噶尔弼所率南路大军经打箭炉进藏的各站路线如下。

1. 打箭炉进藏南线

（1）打箭炉—理塘—巴塘—乍丫—察木多

（2）云南中甸入藏道路：中甸—阿墩子（德钦）—察木多

2. 察木多进藏路线

（1）察木多—类乌齐—结结树—冰噶—三达奔—拉里—墨竹工卡—拉萨

（2）察木多—洛隆宗—硕板多—达隆宗—沙工拉—鲁工拉—拉里—墨竹工卡—拉萨

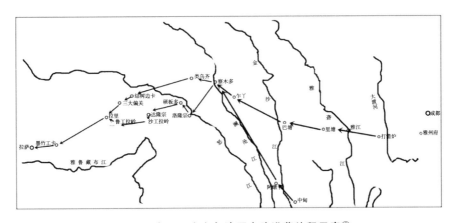

图 9-1　康熙五十九年清军南路进藏站程示意②

此次清廷南路大军由打箭炉经康区并分川、滇两路进藏，是前无先例的一次大胆尝试，却出奇地成功，这是清廷始料未及的。首先，在未遇到任何

---

① 黄廷桂等监修，张晋生等编纂雍正《四川通志》卷21《西域》，《景印文渊阁四库全书》第560册。

② 结结树、冰噶和三达奔即结结树边卡及三大偏关。参见《西藏研究》编辑部《卫藏通志》，第169页。

抵抗即"兵不血刃"的情况下率先抵达拉萨，这让入侵拉萨的准噶尔部措手不及、毫无防备，原因是准噶尔部未曾预料清廷军队会选择由此崎岖山路进藏。噶尔弼所率大军进抵墨竹工卡时，这一带的准噶尔军队已经去藏北一带抵挡由北路进藏的延信军队，所以噶尔弼未遇到任何抵抗，直抵拉萨。进入拉萨后，噶尔弼令清军在"西藏附近重地扎营立寨，拨兵固守，截准噶尔之往来行人及运粮要路"，[①] 这奠定了清军取胜的基础。其次，南路大军由康区分川、滇两路进藏，虽然路途艰险，但好处也十分明显。其一，如年羹尧所言："打箭炉内皆腹地，外环土司。"沿途基本没有能与清军相抗衡的力量，故年说"南路可以无虞"。[②] 正因为如此，南路大军一路上几乎未遭遇什么抵抗，"兵不血刃"，一路顺畅地率先抵达拉萨。其二，南路气候条件相对较好，同时沿途村寨较多，清廷先行对沿途土司等势力进行招抚并在理塘、巴塘、察木多等地储粮，又有当地民众帮助运送粮草，使粮草补给得到保障，这些均保证了南路大军的顺利通行。

相比而言，由西宁进藏的北路大军却面临颇多困难。首先是"未入藏前，先经蒙古草地千五百里"。[③] 很多地方"无人迹往来，无番夷住址，深山穷谷，罔识道途"，[④] 加之因海拔高，"瘴气独盛"（所谓"瘴气"，实为高原反应），"兵丁人等得病，吐淡红血水，不过两日必死，百无一生"；[⑤] 另外，西宁一路经常遭遇土匪出没，"番夷狡悍，剽掠成风，百十为群，潜匿幽僻，昼则夺物，夜则劫营"，大军刚过喀喇乌苏，"驮马抢去已尽"，令大军苦不堪言。[⑥]

南路经打箭炉进藏道路的开辟，使清军尝到甜头。清军在平定准噶尔叛乱从西藏返回汉地时，其南、北两路大军"俱欲从巴尔喀木（即指康区）一路行走"。[⑦] 抚远大将军允禵于康熙六十年（1721）二月二十三日在《据

---

① 《噶尔弼疏报领兵克取拉萨折》（康熙五十九年十月十七日），中国藏学研究中心、中国第一历史档案馆、中国第二历史档案馆、西藏自治区档案馆、四川省档案馆编《元以来西藏地方与中央政府关系档案史料汇编》第 2 册，第 336 页。

② 《清圣祖实录》卷 284，康熙五十八年六月丁未条。

③ 黄沛翘：《西藏图考》，第 78 页。

④ 焦应旂：《藏程纪略》，吴丰培辑《川藏游踪汇编》，第 12 页。

⑤ 吴廷伟：《定藏纪程》，吴丰培辑《川藏游踪汇编》，第 27 页。

⑥ 焦应旂：《藏程纪略》，吴丰培辑《川藏游踪汇编》，第 12 页。

⑦ 《清圣祖实录》卷 290，康熙五十九年十一月壬午条。

延信禀报彻驿改设折》中向朝廷正式提出此要求，并对南、北两路利弊作了如下阐释：

> 又闻由青海来蒙古等告称，本年雪大而冷，由木鲁乌苏驻驿马匹多有损伤，许多地方住在驿皆断等语。是以令延信共商由藏至西宁，其间地极远，格尔侧郭洛特等唐古忒人等妄行夺取马匹，致驿路中断，我们陆续咨行在路耽延……将军噶尔弼来路驻驿，由藏至打箭炉，此路居人不断，而烧柴丰富，唐古忒人等又帮送递，并无耽误。①

这是对当时南、北两路进藏之利弊的客观描述。事实上，康熙皇帝也为由打箭炉进藏的便捷与顺利而大感意外，故同意由南、北两路进藏的清军均由打箭炉一线撤回。

此后，清廷大军陆续经康区打箭炉撤离，仅留兵3000人驻守西藏。② 在清军撤离中还出现一个小插曲。康熙皇帝认为，留藏守军中没有满洲兵，特派都统武格、副都统吴纳哈领云南驻守满洲兵500名和四川绿旗兵500名再次由康区前往西藏，并令原任云南总督蒋陈锡、巡抚甘国璧接应粮饷以赎罪效力。③ 因延信自西藏返回时将"平逆将军"印信带回，康熙皇帝认为，西藏官兵无将军统辖实不妥当。此时延信刚到达四川，准备回西宁上任，清廷命其停止前往西宁，带着将军印信前往西藏，但延信称病未能前往西藏。清廷又令噶尔弼带"定西将军"印进藏，时噶尔弼行至泸定桥亦重病，未能前往。清廷只好将将军印信带入西藏，交由策旺诺尔布，命其署理驻藏清军。这表明，在清军经由康区进藏之后，康区已成为清廷进出西藏的便捷和主要通道。

事实上，此次"驱准保藏"军事行动所导致的对打箭炉入藏道路的开拓，很大程度上成为清廷治理藏区取得重要进展的一个转折和标志，这突出体现为以下两点。

---

① 《据延信禀报彻驿改设折》，吴丰培辑《抚远大将军允禵奏稿》卷14，第241页。

② 留守西藏的3000名士兵包括扎萨克兵500名、额驸阿宝兵500名、察哈尔兵500名、云南兵300名、四川兵1200名，供策旺诺尔布总统管辖。参见《清圣祖实录》卷291，康熙六十年二月己未条。

③ 《清圣祖实录》卷291，康熙六十年三月己丑条。

第一，打箭炉入藏道路的开拓，使清廷进藏道路由过去以西宁一路为主开始转向以南路为主，这成为清廷治理西藏和藏区战略依托及重心逐渐向康区转移的一个标志。

长期以来，汉地人士以及中央王朝方面皆认为打箭炉入藏道路山高路狭、险峻难行，故一般多选择由西宁方向作为主要入藏道路。在"驱准保藏"行动中，清廷之所以选择打箭炉入藏道路进兵西藏，一是鉴于喀喇乌苏之战的惨败，二是准噶尔入据西藏对清廷事关重大，可能影响到整个蒙、藏格局，必须确保军事行动取得成功。故清廷选择由打箭炉向西藏进兵，既是迫不得已，也是希冀出奇制胜的一着险棋。为保万无一失，清廷进行了近三年的筹措、准备。但大大出乎清廷意料的是，由打箭炉一路的进兵出奇的成功，不但便捷、安全，而且与西宁一路相比，"此路居人不断，而烧柴丰富，唐古忒人等又帮送递"，[1] 这使清廷开始充分意识到打箭炉一路作为入藏通道的价值。所以，在南路大军进藏之后，清廷自打箭炉至拉里共设置塘汛66站，留驻绿营军与土兵共计1900名，[2] 驻防西藏清军的粮饷及公文传送均由打箭炉一线的塘汛负责。塘汛的作用得到地方大员的认可，一度被保留下来。[3] 此后，朝廷要员、驻藏大臣等往返西藏与汉地也大多经由这一道路。[4] 此局面也使得康区在治理西藏中的地位与作用越来越重要。雍正时期藏区划界把康区的大部分划入四川，1904年针对英军进入拉萨及西藏危局采取的"固川保藏""治藏必先安康"等策略，乃至民国时期西康建省等，无不基于经打箭炉进出西藏之川藏交通在沟通汉地与藏区之间所具有的重要战略意义。

第二，在开辟由打箭炉入藏道路过程中，清廷以此为契机逐渐控制了康区，并使康区日渐成为清廷治藏的前沿与依托。

在开拓由打箭炉经理塘、巴塘、乍丫、察木多、洛隆宗进藏道路以及由云南中甸经阿墩子、察木多进藏道路的过程中，清廷对道路沿途诸土司、部落等地方势力进行了招抚，沿途土司、部落等也多附归于清廷。这样，通过

① 《据延信禀报彻驿改设折》，吴丰培辑《抚远大将军允禵奏稿》卷14，第241页。
② 《清圣祖实录》卷299，康熙六十一年九月戊子条。
③ 邹立波：《清代前期康区塘汛的设置及其作用与影响》，《西藏研究》2009年第3期。
④ 任乃强：《西康图经》，第89页。

对康区地域中川藏、滇藏交通道路的开拓及建立塘汛，清廷实际上已控制了康区大部分地方。

从更大的地理空间和较长时段来看，我们不难发现，"驱准保藏"不但是清廷在藏驻军并直接统治西藏的一个开端，而且由此带来的对由康区打箭炉入藏道路的开拓，对清廷同样意义重大。它不仅让清廷在原由西宁入藏道路外又发现并增加了一条更完全、更便捷的入藏道路，而且更重要的是，这条道路的开拓使清廷对进藏道路的使用逐渐由过去以西宁一路为主转向以南路为主，同时通过此道路的开拓与维护，清廷加强了对川、滇等东部藏区即康区的控制，从而使康区逐渐转变为清朝后期治藏的依托与重心。

第 十 章
雍正时期全面控制康区与康藏划界

第一节 清廷阻止罗卜藏丹津叛乱向康区蔓延

在"驱准保藏"后，清廷为防范准噶尔再度进犯西藏，留下 3000 人的军队驻守卫藏地方。抚远大将军允禵则率兵驻守西北甘肃、吐鲁番等地，防止准噶尔内犯。1723 年，因康熙皇帝忽然驾崩和雍正皇帝继位，清廷驻藏官兵从西藏撤回，抚远大将军允禵亦受命回京奔丧。这样，清廷在西北与西藏两个方向的驻防均大为空虚，对西北与西藏的控制有所削弱。在此背景下，曾配合和参与清廷"驱准保藏"行动的青海和硕特蒙古亲王罗卜藏丹津，[①] 因不满清廷"驱准保藏"后取缔封和硕特首领为"藏王"的传统做法，发动了反清叛乱。

雍正元年（1723）六月，罗卜藏丹津起兵叛乱后，青海、康区各部喇嘛、番族纷纷响应，"远近风靡，游牧番子刺麻等二十余万同时骚动"。[②] 康区出现重新归入青海蒙古统治的迹象。

随着罗卜藏丹津叛乱，康区打箭炉、理塘、巴塘一线以及云南中甸都出现了支持叛乱的迹象。因和硕特蒙古的势力占据康区百余年，罗卜藏丹津起兵叛乱后，对康区局势构成严重威胁。虽然在罗卜藏丹津叛乱前清廷势力已经深入康区，但其控制主要以川藏大道沿途为主，尚不深入。若罗卜藏丹津进入康区，联合当地力量，将对清廷刚刚在康区建立的统治造成极大冲击。

---

① 《侍郎常寿奏报王察罕丹津所报罗卜藏丹津之情折》（雍正元年四月十二日），中国第一历史档案馆译编《雍正朝满文朱批奏折全译》上册，黄山书社 1998 年版，第 77 页。

② 魏源：《圣武记》，第 139—140 页。

所以，清廷需要防范罗卜藏丹津叛乱对康区的威胁。

关于罗卜藏丹津叛逆，最早的奏报来自云贵总督高其倬。雍正元年四月初五日，高其倬奏报，策旺诺尔布之族兄在青海住的台吉诺颜哈什罕等寄来蒙古文密信，译出的内容为青海罗卜藏丹津等欲会盟的情况，其中"呼呼脑儿台吉巴尔朱儿拿碗的人罗卜藏丹津王传集会盟之处，他本身跟着听的话，告诉我说，若自打箭炉至喀木藏卫俱行占取，还有侵害我等的人么等语"。① 诺颜哈什罕的密信特别提到"若自打箭炉至喀木藏卫俱行占取"，可见罗卜藏丹津欲"恢复先人霸业"，不仅要重新控制西藏，同时也企图控制康区，效仿固始汗时期由和硕特蒙古占据西藏并遥管青海及康区的旧例。

对于罗卜藏丹津叛乱可能对康区造成的影响，清廷保持了高度警惕。雍正元年四月二十四日，四川提督岳钟琪奏：

> 窃臣于本年四月十六日接准督臣年羹尧咨移令臣带兵前往松潘侦探防御，臣因奉行，派拨察母道驻防兵丁一千名，现今西海有蠢动之信，急宜遣发，以为巴尔喀木一带地方弹压声援，故星驰摘调附近各营驼马，正拟两路兵一同起行。②

五月初九日，岳钟琪又报：

> 臣窃思罗卜藏丹津等若果生悖逆之心，则巴尔克木地方更属紧要，随于四月十一日选差外委千总冶大雄等持赏前往的革宣布皇恩，并令该寨头目遣亲信之人前往罗卜藏丹津所属之霍耳一带地方，密行探听。③

数次奏报中提及的"巴尔喀木"均指康区。雍正元年十二月，高其倬奏报中甸之情形，云：

---

① 《云贵总督高其倬奏陈筹备滇省防务由折》（雍正元年四月初五日），台北"故宫博物院"编《宫中档雍正朝奏折》第 1 辑，台北"故宫博物院"1977 年版，第 166 页。
② 《四川提督岳钟琪奏闻游击张元左密禀折》（雍正元年四月二十四日），台北"故宫博物院"编《宫中档雍正朝奏折》第 1 辑，第 206 页。
③ 《四川提督岳钟琪奏陈西海附近目前情形折》（雍正元年五月初九日），台北"故宫博物院"编《宫中档雍正朝奏折》第 1 辑，第 236—238 页。

查中甸为云南西南藩篱，向系丽江土知府木氏所属之地，自吴逆驻扎云南之时，遂听任西海占去。近来虽经招抚，从前地方大吏因循含混，未能如四川之里塘、巴塘料理明白，显令归属。故彼地古宗，仍以为系罗卜藏丹津管，心怀两歧。其地所产铅子、竹箭、弓面、鞍板、鸟枪壳子，皆军器所需。又每岁纳银一千三百两，麦二、三千石，除供给中甸喇嘛外，存剩者汇解与罗卜藏丹津。[①]

可见，中甸番众依然听从罗卜藏丹津的号令，不但为其提供军需，而且还纳税纳粮，支援罗卜藏丹津的反叛。雍正二年正月，云贵总督高其倬又疏报"中甸地方原系丽江所属，后被青海占去，领逆贼罗卜藏丹津伪札。臣遵旨令提督郝玉麟带兵驻扎中甸，其番夷人等随即投缴伪札，归诚纳土"。[②]中甸受罗卜藏丹津伪札，足以表明罗卜藏丹津在叛乱后曾联络中甸一带。另有记载显示，此时中甸噶丹松赞林寺喇嘛也参与了叛乱。[③]

雍正元年十月，岳钟琪奏报："臣复查里塘、巴塘一带，切近西炉，乃通藏之要路，且罗卜藏等所属唐古忒番部杂处其中。"[④]打箭炉、理塘、巴塘一线以及云南中甸都出现了支持叛乱的迹象。正如年羹尧所奏："罗卜藏丹尽倡逆，西番蜂起，一呼百应，俨然与官兵为敌……"[⑤]

因此，清廷在平定罗卜藏丹津叛乱中，采取的一个重要措施即是防范叛乱向康区蔓延。其采取的具体措施主要有两项：一是对康区各紧要之地派兵驻守；二是对康区各地的番众进行广泛招抚。

一 在打箭炉—理塘—巴塘—察木多沿线驻兵和招抚番众行动

雍正元年，深谙藏区事务的年羹尧认为："叉木多系通藏大路，应于四

---

① 《云贵总督高其倬奏报云南中甸情形折》（雍正元年十二月二十日），台北"故宫博物院"编《宫中档雍正朝奏折》第2辑，台北"故宫博物院"1977年版，第184页。

② 《清世宗实录》卷16，雍正二年二月丙寅条。

③ 云南省中甸县地方志编纂委员会编纂《中甸县志》，云南民族出版社1997年版，第8页。

④ 《岳钟琪奏为预防罗卜藏丹津已咨令周瑛带兵赴藏折》（雍正元年十月初六日），中国藏学研究中心、中国第一历史档案馆、中国第二历史档案馆、西藏自治区档案馆、四川省档案馆编《元以来西藏地方与中央政府关系档案史料汇编》第2册，第343页。

⑤ 《条陈西海善后事宜折》（雍正二年五月十一日），季永海、李盘胜、谢志宁翻译点校《年羹尧满汉奏折译编》，第285页。

川绿旗兵内挑选一千驻防。"① 根据年羹尧的建议，雍正皇帝命四川松潘总
兵官周瑛率领 1000 名四川绿旗前往察木多驻守。② 此外，清廷将分驻岚州
（今泸定岚安）之化林协守备移驻通藏要隘雅龙江（按：今之雅砻江，清朝
时期史料多称雅龙江）中渡河口，建立土城，拨把总 1 员、兵 200 名，随往
分防。③ 这样，清廷在地处要冲的中渡河口与察木多仍有驻兵 1200 名。雍正
元年五月初九日，四川提督岳钟琪奏报应该防备罗卜藏丹津叛乱波及康区，
并指出泸定桥亦属紧要，应加派驻兵，清廷令"华林协副将张成隆，带兵
四百名，更调拨黎雅、茂边两营兵丁各二百名，并调木坪土司兵五百名俱交
该署副将带领，于泸定桥驻扎防探"。④

雍正元年十月，年羹尧被封为抚远大将军，负责对罗卜藏丹津进剿事
宜。年羹尧受封后所做的第一个安排即派驻防察木多之总兵官周瑛带领士兵
1000 名⑤前往西藏，以防止罗卜藏丹津等偷偷前往，"先为固守，安定人
心"。十二月十八日，周瑛抵达西藏。⑥ 十一月，年羹尧又令化林协副将张
成龙领兵 500 人前往防守巴塘，另外将四川抚标兵 300 名增派理塘进行防
守，理塘原有驻兵 200 名，此时也达 500 人。⑦ 康区两路进藏的适中之地察
木多，原来由四川松潘总兵官周瑛率 1000 名士兵在此驻守，周瑛带兵被派
往西藏后，察木多由云南提督郝玉麟于十二月由中甸带兵 2000 名前往驻

---

① 《清世宗实录》卷 5，雍正元年三月甲申条。
② 《清世宗实录》卷 5，雍正元年三月甲申条。
③ 《清世宗实录》卷 5，雍正元年三月甲申条。
④ 《四川提督岳钟琪奏陈西海附近目前情形折》（雍正元年五月初九日），台北"故宫博物院"编
《宫中档雍正朝奏折》第 1 辑，第 236—238 页。
⑤ 对于周瑛所带进藏兵丁的数量，史料记载并不一致。据岳钟琪的奏报显示，周瑛此次带兵 1000
人进藏，但据《西藏志》，周瑛带兵 2000 名自打箭炉出口进藏，从史料的性质来看，岳钟琪所奏内容应
更为可信，疑《西藏志》所载周瑛带兵数量为周瑛自松潘带领前往察木多驻防兵丁之数量，雍正元年十
月，周瑛进藏可能只是带走了察木多驻防士兵中的 1000 名。参见季永海、李盘胜、谢志宁翻译点校《年
羹尧满汉奏折译编》，第 22 页；《西藏研究》编辑部《西藏志》，西藏人民出版社 1982 年版，第 4 页。
⑥ 季永海、李盘胜、谢志宁翻译点校《年羹尧满汉奏折译编》，第 22 页；《周瑛奏报领兵抵藏日
期及安定人心缘由折》（雍正元年十二月十九日），中国藏学研究中心、中国第一历史档案馆、中国第二
历史档案馆、西藏自治区档案馆、四川省档案馆编《元以来西藏地方与中央政府关系档案史料汇编》第
2 册，第 344 页。
⑦ 《清世宗实录》卷 13，雍正元年十一月己亥条。

扎。① 这样，罗卜藏丹津叛乱期间，康区进藏南路之中渡、理塘、巴塘、察木多等重要关口即有官兵约 4400 名驻守。

表 10-1　罗卜藏丹津叛乱期间清廷在康区驻兵简况

驻兵地点	领兵将领	兵丁人数（名）	兵丁来源
中渡	把总一员	200	将原分驻岚州之化林协守备移驻雅龙江中渡河口
泸定桥②		500	雍正元年五月，清廷调入化林协兵 400 名，黎雅、瓤边两营兵丁各 200 名，并调木坪土司兵 500 名，共计 1300 名，十一月调 800 名往理塘、巴塘二地
巴塘	化林副将张成龙	500	从泸定桥处调兵 500 名
理塘	化林副将张成龙	500	理塘原有士兵 200 名，后从泸定桥调入 300 名
察木多	云南提督郝玉麟	2400	周瑛进藏时曾留兵 400 名在此驻守，③另由云南中甸派往 2000 名

资料来源：《清世宗实录》卷 13，雍正元年十一月己亥条。

此外，年羹尧在康区南路沿途地区对支持罗卜藏丹津叛乱的番众进行招抚，断绝了罗卜藏丹津在康区的后援。雍正二年三月初八日，年羹尧在其《奏闻招抚唐古特番子折》中曰：

> 在巴尔喀木唐古特番子内，有罗卜藏丹津所属交纳贡赋之部落。去年罗卜藏丹津叛乱，我军弹压逃窜后，臣我曾因罗卜藏丹津穷尽已极，向此等人征收贡赋以接续力量，或避往彼等之处，亦未可定，故行文巴塘地方办理事务之文武官员及领兵驻防之副将张成龙，命开导晓谕招抚罗卜藏丹津属下唐古特番子人等。今副将张成龙报称：巴木、古树、南

---

① 《清世宗实录》卷 13，雍正元年十一月己亥条；《奏闻剿贼诸事折》（雍正元年十一月十四日），季永海、李盘胜、谢志宁翻译点校《年羹尧满汉奏折译编》，第 38 页。

② 泸定桥虽不在康区范围之内，但是在泸定桥驻防对于清廷防守康区非常重要，所以本书也将泸定桥的驻兵情况列在此处，特此说明。

③ 《周瑛奏在藏防范抚绥诸事折》（雍正二年六月二十九日），中国藏学研究中心、中国第一历史档案馆、中国第二历史档案馆、西藏自治区档案馆、四川省档案馆编《元以来西藏地方与中央政府关系档案史料汇编》第 2 册，第 361 页。

登、总石、达喇、姜喀尔、纳龙、石板沟、阿布拉塘、里寿、普纳等地方部落之罗卜藏丹津所属唐古特番子皆来归，他们亲自杀牛，佩刀蔺蒭盟誓告曰：罗卜藏丹津者，大国所封之王，今伊既背负主人之恩叛变，今后唯向汗主子纳贡。罗卜藏丹津若派人来，人少则立即捉拿送给大臣；人若多，则报告大臣，派兵捉拿等语。[1]

《卫藏通志》记载，巴木、古树、南登、总石、达喇、姜喀龙、纳龙、石板沟、阿布拉塘、里寿、普衲等地方在察木多、巴塘附近。[2] 明末至康熙末年，康区理塘、巴塘及察木多周围很大一片区域，受和硕特蒙古的统治近80年之久。虽然巴塘、理塘等入藏重要关口，此时已经被清廷招抚并派兵驻守，但是这些地区周围的很多部族仍听命于罗卜藏丹津，并向其缴纳赋税，提供武器等物资支持。年羹尧担心罗卜藏丹津继续向理塘、巴塘等地番人索取赋税以接续力量，所以派驻防二地之副将张成龙对周围进行招抚。

此外，西藏方面也有向理塘、巴塘等地渗透之意。雍正二年六月，礼部尚书塞尔图奏报关于理塘堪布圆寂的消息，并言："臣驻藏时看得，达赖喇嘛仍有遣其喇嘛等往里塘、巴塘主管之心。今既有军务之际，不可令达赖喇嘛属下人居住。所以臣赶紧咨行驻里塘之文武官员曰：'告诉彼处第巴等，将堪布喇嘛圆寂之事，不得报西藏，等候大将军年羹尧料理。'等情。一面行文大将军会知。"[3] 对于西藏方面的企图，清廷也一并以招抚之策应对，切断了罗卜藏丹津在康区的一部分武器、钱粮的来源，由此杜绝了叛乱经由理塘、巴塘等战略要地向康区蔓延，并保障了康区进藏南路的稳定与安全。

二　在霍尔—德格一线的招抚行动

除对理塘、巴塘等地番众进行招抚外，在康区北部的霍尔、德格一带，依然有未招抚番众，这里离青海较近，防止罗卜藏丹津叛乱蔓延至康区，此

---

[1] 《奏闻招抚唐古特番子折》（雍正二年三月初八日），季永海、李盘胜、谢志宁翻译点校《年羹尧满汉奏折译编》，第 94 页。

[2] 《卫藏通志》载：上述地方基本上都位于巴塘与察木多之间。参见《西藏研究》编辑部《卫藏通志》，第 233 页。

[3] 《礼部尚书塞尔图奏报里塘堪布喇嘛圆寂折》，雍正二年六月二十日，中国第一历史档案馆译编《雍正朝满文朱批奏折全译》上册，第 847 页。

处也是关键之地，因此清廷也展开了招抚行动。

雍正元年三月，清廷升周瑛为四川松潘总兵官，并令其带兵前往察木多驻扎。《西藏志》载："至雍正元年，青海罗卜藏丹津犯顺，恐其扰藏，时抚远大将军年羹尧遣松潘镇总兵官周瑛领川兵两千余名，由打箭炉出口，自霍耳、甘孜一带招抚未顺番夷。一抵西藏，年羹尧又遣云南提督郝玉麟统领云贵官兵千余员名，驻扎察木多以为声援。"① 《西藏志》记载，罗卜藏丹津叛乱后，年羹尧遣周瑛率军自打箭炉出口，前往西藏。但是据年羹尧奏折来看，雍正元年十月年羹尧令周瑛进藏时，周瑛在察木多驻防。② 从雍正元年十月初六日岳钟琪所奏言"须移文驻防察母道（按：即察木多）松潘镇周瑛带兵进藏，先为固守，安定人心"一句来看，雍正元年十月，周瑛确在察木多，《西藏志》所载此时周瑛自打箭炉出口有误。而雍正二年五月，据年羹尧奏报："打箭炉外霍耳、得尔格、瓦述（道孚一带），乃西海通炉之要道，久存向化之心。雍正元年松潘镇臣周瑛出口时，曾亲往招抚，俱已归诚。"③ 可见，周瑛的确是从打箭炉出口由霍尔—德格一路前往西藏。那么由此推测，周瑛应该是在雍正元年三月受封为松潘总兵官后经打箭炉—霍尔—德格前往察木多，并沿途招抚番夷。其中在雍正元年五月，周瑛已经招抚了德格一带，并令德格头人前往霍尔一带探查敌情。④ 最晚至雍正元年十月，周瑛已经抵达察木多。由打箭炉出口经霍尔、德格至察木多进藏是康区进藏的另一条道路，与打箭炉—理塘—巴塘经察木多进藏一路位置相比更靠北，被称为康区进藏北路。而此次周瑛经打箭炉出口正是招抚了康区进藏北路沿途的番族，这对于防止罗卜藏丹津的渗透，保障康区整体稳定具有重要的意义。

到西藏后，周瑛得知"纳克树、余树等一带住牧番彝，多有罗卜藏丹

---

① 《西藏研究》编辑部：《西藏志》，第4页。

② 季永海、李盘胜、谢志宁翻译点校《年羹尧满汉奏折译编》，第22页。

③ 《年羹尧奏陈平定罗卜藏丹津善后事宜十三条折》（雍正二年五月十一日），中国藏学研究中心、中国第一历史档案馆、中国第二历史档案馆、西藏自治区档案馆、四川省档案馆编《元以来西藏地方与中央政府关系档案史料汇编》第2册，第355页。

④ 《四川提督岳钟琪奏陈西海附近目前情形折》（雍正元年五月初九日），台北"故宫博物院"编《宫中档雍正朝奏折》第1辑，第236—238页。

尽部属"。① 因此，为配合清廷平叛，周瑛命令颇罗鼐从拉萨出发，行至江
塘岗，经念青唐古拉山，在朵那同指挥官洛桑达结（blo bzang dar rgyas）的
军队会合，经雅脱卡勒至那曲河畔，越过索曲河（按：位于聂荣与巴青之
间），与当地参与反叛的青海蒙古军队展开战斗。②《颇罗鼐传》记载：

> 　　这一带大小各地诸如那霄（nags shud，黑河东南广大地区）、玉树
> （yul shul，青海玉树）、霍尔四部（hor kha bsha，藏北蒙古部落）、上
> 下仲巴（'krong pa stod sngad，阿里专区）、多需（rdo shul，康区蒙古地
> 区一山名）、黑白黄三穷布（khyung po dkar ser nag gsum，昌都三十六
> 族）等二万余户，全都归附了皇上和达赖。蒙古部落谋反者的坐骑、
> 护身铠甲、作战兵器，进行收缴。对这一带文武并举，开导有方，彻底
> 完成了征讨大业，如愿以偿。③

颇罗鼐在进军途中收复了包括藏北那克树、玉树在内的霍尔三十九族居
住地的广大区域。霍尔三十九族所在地域自元代以来就一直掌管着中央政府
由察木多至拉里的进藏驿站。④ 陈渠珍所著《艽野尘梦》对三十九族一带的
气候、地理情况记述较为详尽，曰："三十九族在昌都西北，气候高寒，较
类乌齐尤甚。重峦叠嶂，峻极于天，弥望白雪，灿如银堆，平地亦雪深尺
许。"⑤ 可见，这一地域气候恶劣，行军艰难，所以清军进藏过程中察木多
至拉里段道路的畅通，很大程度上取决于沿途驿站的作用，特别是沿途部族
的支持。颇罗鼐对这一地区沿途进行招抚，实现了对霍尔三十九族的有效控
制。这次征服之后，原听命于和硕特蒙古的霍尔三十九族即成为清廷管辖下

---

① 《周瑛奏在藏防范扶绥诸事折》（雍正二年六月二十九日），中国藏学研究中心、中国第一历史
档案馆、中国第二历史档案馆、西藏自治区档案馆、四川省档案馆编《元以来西藏地方与中央政府关系
档案史料汇编》第 2 册，第 361 页。
② 多卡夏仲·策仁旺杰：《颇罗鼐传》（汉文版），汤池安译，西藏人民出版社 1988 年版，第
218—219 页。
③ 多卡夏仲·策仁旺杰：《颇罗鼐传》（汉文版），第 221 页。此外，文中所列地名的对照参见李
凤珍《试论罗卜藏丹津叛乱与西藏》，《西藏民族学院学报》1983 年第 2 期。
④ 《西藏研究》编辑部：《卫藏通志》，第 258—259 页。
⑤ 陈渠珍著，任乃强校注《艽野尘梦》，第 33 页。

的三十九族。颇罗鼐对藏北霍尔三十九族的招抚不仅削弱了罗卜藏丹津的势力，而且使得清廷能够有效控制康区进藏北路及沿线地区。

三 在中甸至察木多一线的驻兵与招抚行动

雍正元年四月初五日，云贵总督高其倬得到罗卜藏丹津意图叛乱之消息，并着手安排云南一带的防御。云南中甸、阿墩子为通藏要路，此处原有提标游击刘宗魁、刘国侯各带兵 200 名分别驻防。高其倬指出："而中甸、里塘、巴塘稍近，彼处猡猔人民（按：对云南地区藏族人的一种旧称①）虽系土白忒所属，其管地方之营官亦服呼呼脑儿管辖，此处尤为紧要。"可见，中甸一带与青海声息相通，所以高其倬调鹤丽镇剑川协兵丁 300 名增派至中甸防御，由此"并中甸、阿墩子现有之兵丁七百名总令其统率，相机接应"。②对于各地驻守士兵的粮草，高其倬的安排如下：

> 至彼处军粮，奴才前同抚臣杨名时商酌，于去冬今正已令鹤庆知府白允运米一千石至阿墩子，又令顺宁知府范溥买青稞一千石，又令运米八百石至中甸，足供支应，但中甸之米尚宜多备，现又会商顺宁知府范溥再运米一千石以备兵石。③

由此，阿墩子与中甸驻兵的粮草得到了保障。

除此以外，高其倬还命令永北镇秘密预备士兵 300 名、楚姚镇预备 200 名，鹤丽镇 500 名一应预备肃齐，听候调遣，由总兵郝玉麟统领驻防中甸，以备不时之需。④这一年的十一月，郝玉麟收到抚远大将军年羹尧的命令后，带领这支军队前往察木多驻防。据郝玉麟奏报：

---

① 《云南辞典》编辑委员会编辑《云南辞典》，云南人民出版社 1993 年版，第 475 页。
② 《云贵总督高其倬奏陈筹备滇省防务由折》（雍正元年四月初五日），台北"故宫博物院"编《宫中档雍正朝奏折》第 1 辑，第 167—168 页。
③ 《云贵总督高其倬奏陈筹备滇省防务由折》（雍正元年四月初五日），台北"故宫博物院"编《宫中档雍正朝奏折》第 1 辑，第 167—168 页。
④ 《云贵总督高其倬奏陈筹备滇省防务由折》（雍正元年四月初五日），台北"故宫博物院"编《宫中档雍正朝奏折》第 1 辑，第 167—168 页。

提臣遵旨前往叉木多驻扎，一面起程，一面密查各处有无呼呼脑儿贼人在彼处煽惑骚扰之处，以便剿擒。随据各处报称，俱各安静。惟擦哇冈番目报称：正月二十五日，有呼呼脑儿差扎石等到奔打一带，要夺地方。大话恐吓说，青草出时，有兵前来，且索要马匹、硝磺，番民甚是恐惧。随遣游击李君贤带兵前往擒拿，惟恐走脱，提臣亦带兵前往，于三月初七、初九等日，在擦哇冈等处共拿获结松翁、布扎石等一十三名，搜出小番字信纸一张，译出系呼呼脑儿贼人寨桑、七里敦鲁令结松翁、布扎石二人探听打箭炉、中甸有多少兵马进来，速令寄知之信。随将十三人细加讯问，内有九人，实系呼呼脑儿遣来奸细，随即行正法，其四人系本处跟随不知情之人，已经保释。再奔打至薄须、常川一带地方，有四百余里，其间黑账房之人向服呼呼脑儿管辖，交纳钱粮。[1]

从郝玉麟的奏报内容可见，高其倬、年羹尧等对于中甸一带局势的估计是准确的。奔打，应为察木多八宿县一带，"呼呼脑儿"即指青海，罗卜藏丹津所属和硕特蒙古已经进入奔打一带要夺取这一地方，此外还威胁当地番人交马匹、硫黄等物，贡献接续罗卜藏丹津叛乱所用。擦哇岗（今察隅县察瓦龙）一带也发现有部族之人为罗卜藏丹津探听消息。奔打至薄须、常川一带地方也有番族向罗卜藏丹津缴纳税赋。这些都说明中甸至察木多一路及周边的情况非常危急。在此种情形下，郝玉麟在率兵由中甸进入察木多的途中，对沿途部族进行招抚。具体情形据郝玉麟奏报：

提臣宣布皇上圣德神功、中外一体至意，夷民惧喜交集。有木鲁敦巴地方头人素囊工波、常川地方头人奔特之、竹墨巴工卡地方头人弥纳等皆到营门叩首，情愿归顺天朝，开报户口三处，共五百五十三户。又巴树地方喇嘛处丕松及火头扎机等投状，内称原是达赖喇嘛的人，五年未纳钱粮，未投四川，亦未投云南。但呼呼脑儿时常骚扰，情愿为圣主

① 《云贵总督高其倬奏报常川一带黑账房夷人俱各叩首归降折》（雍正二年四月十六日），邹建达、唐丽娟主编《清前期云南督抚边疆事务奏疏汇编》卷1，社会科学文献出版社2015年版，第124—125页。

子民，开报喇嘛一百八十名，户口二百一十户。提臣已经逐一安抚，并呈报抚远大将军年羹尧，作何料理，候酌定而行。①

郝玉麟招抚木鲁敦巴地方、常川地方、竹墨工卡地方、巴树地方等。《西康疆域溯古录》载，木鲁敦巴地方在察木多以东，常川地方在察木多东北，竹墨工卡地方、巴树地方在察木多西北。② 所以，郝玉麟应是沿途招抚了云南中甸至察木多以及察木多周围的未顺番族。

雍正二年二月，郝玉麟从察木多返回云南在中甸驻守，并将中甸原听命于罗卜藏丹津的番族予以招抚，令其禁止将沿边各地特产铅子、竹箭等可供军器之物资出口，阻断青海蒙古之补给。③ "其番夷人等随即投缴伪札，归诚纳土。"④ 据统计，郝玉麟共招抚藏番三千五百户，男妇一万七千五百人及喇嘛一千零一十四人，⑤ 基本上瓦解了和硕特蒙古在中甸的统治，和硕特蒙古统治中甸的历史宣告结束。另外，雍正元年，清廷在丽江进行了"改土归流"。云贵总督高其倬曾言"丽江地方，外控中甸，内临鹤剑……实为要路"。⑥ 要确保中甸稳定，必须先控制丽江，清廷此举对于保障滇藏交通的畅通具有重要意义，同时也有利于保障西藏及整个藏区的稳定。⑦

由此，通过驻兵与沿入藏要路进行招抚，加上丽江的"改土归流"，云南一路完成了阻止罗卜藏丹津进入滇藏大道并肃清其势力的重要任务。

总体上来看，在平定罗卜藏丹津叛乱的战略安排上，清廷对罗卜藏丹津形成了一个环状的包围圈。正如雍正二年四月郝玉麟所说："则陕西、西

---

① 《云贵总督高其倬奏报常川一带黑账房夷人俱各叩首归降折》（雍正二年四月十六日），邹建达、唐丽娟主编《清前期云南督抚边疆事务奏疏汇编》卷1，第124—125页。

② 胡吉庐：《西康疆域溯古录》，商务印书馆1928年版。

③ 《云贵总督高其倬奏报中甸情形折》（雍正元年十二月二十日），台北"故宫博物院"编《宫中档雍正朝奏折》第2辑，第184页。

④ 《清世宗实录》卷16，雍正二年二月丙寅条。

⑤ 《清世宗实录》卷16，雍正二年二月丙寅条。

⑥ 管学宣、万咸燕纂修乾隆《丽江府志略》卷下《艺文略》，《中国地方志集成·云南府县志辑》第41册，凤凰出版社2009年版，第276页。

⑦ 赵心愚：《罗卜藏丹津反清与丽江的改土归流——试析雍正初丽江改土归流的主要原因》，《西藏大学学报》2008年第1期。

藏、四川、云南四面皆严，罗卜藏丹津败残之众，如鱼游釜中，计日授
首。"① 清廷用了不到两个月的时间将叛乱平定，罗卜藏丹津仓皇逃往准噶
尔策妄阿拉布坦处。

由此可见，在罗卜藏丹津叛乱中，为了阻止叛乱向康区蔓延，清廷在康
区采取了一系列切实有效的防范和加强控制措施，不但加强了在中甸、巴
塘、理塘以及康北地区的军事部署，而且对康区各地民众进行了广泛招抚，
树立起了清廷的统治权威。从某种程度上说，罗卜藏丹津叛乱实际上为清廷
进一步控制康区提供了良好契机。所以，应对叛乱的过程，反而促成了清廷
力量大幅度挺进康区，这也成为康熙末年控制康南地区之后清廷力量又一次
大规模挺进康区，从而开启了清廷全面控制康区的时代。

第二节　和硕特蒙古势力在康区的终结

年羹尧在《条陈西海善后事宜折》中，对和硕特蒙古统治康区时期的
情况作了如下描述：

> 查古什罕之子孙占居西海未及百年，而西番之在陕者，东北自甘、
> 凉、庄浪，西南至西宁、河州以及四川之松潘、打箭炉、里塘、巴塘与
> 云南之中甸等处，沿边数千里，自古及今，皆为西番住牧。其中有黑
> 番、有黄番、有生番、有熟番，种类虽殊，世为土著，并无迁徙，原非
> 西海蒙古所属，实足为我藩篱。自明季以来，失于抚驭，或为喇嘛佃
> 户，或纳西海添巴，役属有年，恬不为恃，卫所镇营，不能过问。西海
> 之牛羊驴马，取之于番；麦豆青稞，取之于番；力役征调，取之于番。
> 番居内地，而输赋于蒙古，有是理乎？乃罗卜藏丹尽倡逆，西番蜂起，
> 一呼百应，俨然与官兵为敌，止知有蒙古，而不知有厅卫，不知有镇
> 营，此非一日之积矣。西宁、凉、庄各处番子，贼来而番为之导，贼去

---

① 《云贵总督高其倬奏报常川一带黑账房夷人俱各叩首归降折》（雍正二年四月十六日），邹建达、
唐丽娟主编《清前期云南督抚边疆事务奏疏汇编》卷1，第124—125页。

　　而番之劫掠久久不息，西番之为害不让于西海也。①

　　自固始汗南下康区以来，康区逐渐成为蒙古和硕特部的地盘。这种局面延续了近80年，造成康区番众"止知有蒙古，而不知有厅卫，不知有镇营"的局面。可见和硕特蒙古在康区统治根基颇深。这也正是罗卜藏丹津叛乱过程中，清廷所以要采取严厉措施防范叛乱向康区蔓延的原因。

　　由于在平定罗卜藏丹津叛乱中，清廷对康区各紧要之地均派兵驻守并对康区各地番众广泛进行招抚，故在罗卜藏丹津叛乱平定后，康区整体政治格局发生了重要变化，和硕特蒙古在康区的势力基本被驱逐，其对康区的影响力也大为下降，康区各地番众纷纷向清朝纳税称臣。

　　但和硕特蒙古势力毕竟盘踞康区近80年，其影响力不容低估。所以，如何彻底肃清和硕特蒙古在康区的影响，以防止其卷土重来，是清廷在平定罗卜藏丹津叛乱之后要考虑的首要问题。

　　罗卜藏丹津叛乱平定之初，年羹尧上奏《禁约青海十二事》以及《平定罗卜藏丹津善后事宜十三条》，对平叛的善后措施作了系统陈述，清廷基本采纳了其建议。其中有关彻底肃清和硕特蒙古在康区的影响以防止其卷土重来和全面加强清廷对康区控制的举措主要有以下几个方面。

　　第一，清廷以盟旗制改造和硕特蒙古，杜绝了蒙古势力再次控制康区的可能。

　　和硕特蒙古之所以能够兴起并最终形成叛乱，主要是由于其游牧生产方式的移动性，易于形成部落之间的联合，并造成对外的军事扩张。年羹尧指出：

　　　　西海未编佐领，强者每行抢夺，弱者势不能支。罗卜藏丹尽世为盟
　　　　长，凡其同枝异派，得以颐指气使，所以逆首一呼，群犬同吠。②

---

　　① 《条陈西海善后事宜折》（雍正二年五月十一日），季永海、李盘胜、谢志宁翻译点校《年羹尧满汉奏折译编》，第285页。

　　② 《条陈西海善后事宜折》（雍正二年五月十一日），季永海、李盘胜、谢志宁翻译点校《年羹尧满汉奏折译编》，第283页。

和硕特蒙古能够控制整个康区并形成深厚的影响力，主要原因也在于此。罗卜藏丹津叛乱虽然主要发生于青海境内，但是在叛乱过程中得到了康区部众不同程度的支持。所以，要杜绝青海蒙古再次控制康区，就要从根本上消除其移动性以及形成这种移动性的社会组织基础。

叛乱平定后，年羹尧提出《禁约青海十二事》，意在对青海蒙古进行改造以限制其活动①：

> 因其地方之险易，量其户口之众寡，配其势力之均故而安插之……各家部落悉照北边蒙古之例，编立佐领……如此既便稽查，亦杜侵占。每年盟会，不许自称盟长，必择其老成忠顺者，听候谕旨点定，使其主盟，盟讫各散，固不许干犯内地，并不许同类相侵也。……朝贡互市宜各有期而定章程也。②

基于均势考量，清廷对青海蒙古各部落势力进行重新安排，仿照北方蒙古推行扎萨克制度（盟旗制），编制佐领，安置属民，分给牧地，划定旗界，严格控制各个盟旗之间的移动，③并废止盟长制度，设置西宁办事大臣进行管理，将青海各部收为内藩。这样，青海蒙古部落再次叛乱的根源被消除了，同时也彻底失去了再次统治康区的可能性。

第二，设置官职，册封土司，加强对康区番族的管理。

从年羹尧所称"贼来而番为之导，贼去而番之劫掠久久不息，西番之为害不让于西海也"来看，其对安抚康区民众的重要性显然有充分认识。

因在平定罗卜藏丹津叛乱过程中，清廷已招抚了大部分康区部族，故在平定叛乱后，清廷主要采取了如下加强康区管理的措施。

（1）添设卫所，进行直接统治，对巴塘、理塘、乍丫、察木多、中甸等早已归附的地方，清查户口，并征收赋税。

---

① 《清世宗实录》卷 20，雍正二年五月戊辰条。
② 《条陈西海善后事宜折》（雍正二年五月十一日），季永海、李盘胜、谢志宁翻译点校《年羹尧满汉奏折译编》，第 283—284 页。
③ 《条陈西海善后事宜折》（雍正二年五月十一日），季永海、李盘胜、谢志宁翻译点校《年羹尧满汉奏折译编》，第 283 页。

（2）册封土司，使其内属，在当地选择有威信的头目，封土千百户或土巡检等职衔，给予印信，使其在附近道厅卫所的管辖之下管理本地区部众。① 此外，对于康区边远番众，清廷令其内属，予以教化，以此巩固边圉。②

（3）设置塘汛，添设镇营，清廷在清军入藏驱逐准噶尔的过程中，自打箭炉至拉里一路沿途设驿站66站，而后留兵1900名防守。③ 在平定罗卜藏丹津叛乱时，清廷在康区进藏南线重要地点设置塘汛，以保障粮草供应。这样，由康区打箭炉至西藏沿线的塘汛初具规模。平定罗卜藏丹津叛乱过程中，清朝对康区的番部进行了收抚，并给予印信，册封土司，但是由于各番部历来相互争持，易于引发内乱。叛乱平定后，年羹尧提出为使"蒙古等不敢觊觎，番民等亦有所依仗"，④ 在打箭炉外木鸦、中渡、理塘、鄂洛、巴塘以及松潘镇合坝、两河口等地设总兵、副将等官，率兵驻守，"添镇营而资弹压也"。⑤ 事实上，清廷设置的塘汛与镇营，在地点上大部分是重合的，虽然在功能上分别指向维护康藏道路的通畅与统治康区的番众，但这两方面在整体上加强了清廷对康区的控制与统治。

（4）限制西藏特别是格鲁派对康区的影响。有关西藏对康区的影响，年羹尧曾言：

> 盖达赖喇嘛、班禅喇嘛遣人至打箭炉贸易，自叉木多、乍丫、巴塘、里塘所住之喇嘛，每货一驮，收银一钱五分或三钱不等，名为鞍子钱，至打箭炉而后输税，此从前之例也。臣已行查达赖喇嘛、班禅喇嘛，每岁赴炉贸易，共货物若干驮，叉木多以东，不许收其鞍子钱，仍

---

① 《年羹尧奏陈平定罗卜藏丹津善后事宜十三条折》（雍正二年五月十一日），中国藏学研究中心、中国第一历史档案馆、中国第二历史档案馆、西藏自治区档案馆、四川省档案馆编《元以来西藏地方与中央政府关系档案史料汇编》第2册，第350页。

② 《年羹尧奏陈平定罗卜藏丹津善后事宜十三条折》（雍正二年五月十一日），中国藏学研究中心、中国第一历史档案馆、中国第二历史档案馆、西藏自治区档案馆、四川省档案馆编《元以来西藏地方与中央政府关系档案史料汇编》第2册，第351页。

③ 《清圣祖实录》卷299，康熙六十一年九月戊子条。

④ 《清世宗实录》卷20，雍正二年五月戊辰条。

⑤ 《条陈西海善后事宜折》（雍正二年五月十一日），季永海、李盘胜、谢志宁翻译点校《年羹尧满汉奏折译编》，第290页。

令打箭炉税差免其货税。再每岁赏给茶叶五千斤，班禅则半之，而茶叶务令雅州、荥经县择其最佳者，动正项钱粮购买，运炉充赏，以明扶持黄教之意。①

自从固始汗打败白利土司占领康区以来，得到和硕特蒙古支持的藏传佛教格鲁派在康区的势力空前强盛，对康区僧俗的影响也与日俱增。而藏传佛教与蒙古各部特别是和硕特蒙古之间有着密切的联系，因此藏传佛教在康区的影响在一定意义上也是蒙古各部的影响。达赖喇嘛在打箭炉、巴塘、理塘、察木多、乍丫等地收取鞍子钱，这虽然可以视为对达赖喇嘛的供施，但实际上是具有税赋的性质。在这些地区已被清廷招抚的情况下，再向达赖喇嘛缴纳鞍子钱显然是不合适的，因此清廷决议加以取缔。为此，年羹尧奏请每年赏给达赖喇嘛茶叶五千斤，班禅二千五百斤，以取代所征收的鞍子钱。这既能安抚达赖喇嘛等，又能打消西藏继续染指康区的企图。②

（5）招佃垦荒。除了年羹尧提出的系统善后举措，罗卜藏丹津叛乱平定后，云贵总督高其倬也提出了善后事宜，主要集中于中甸地方。雍正二年十一月，高其倬条奏中甸善后事宜：

> 一、中甸开垦，商民日增，请设抚番清饷同知及经历巡检等官管理。一、番目旧有营官神翁列宾名目，听堪布喇嘛指使，请给外委守备千把总札付，听中甸文武官辖。一、中甸向行滇茶，请照打箭炉例，设引收课，由丽江府收报。一、中甸沿江数百里及山谷旷土甚多，请给牛种房屋，招佃开垦，三年后起科，供增驻官兵岁糈。③

从高其倬的建议来看，对中甸地方的善后事宜主要有设官安抚番民、派兵驻守、设关征税以及招募垦荒等，这些举措事实都是旨在充实中甸

---

① 《条陈西海善后事宜折》（雍正二年五月十一日），季永海、李盘胜、谢志宁翻译点校《年羹尧满汉奏折译编》，第286页。

② 任新建：《康巴历史与文化》，巴蜀书社2014年版，第347页。

③ 蒋良骐：《东华录》卷26，雍正二年十一月条，中华书局1980年版，第427页。

地方力量，加强管理并使之内属。在政策指向上，与年羹尧的建议异曲同工。

以上这些措施，大幅度加强了清廷对康区的直接管理和控制。这些措施不仅标志着和硕特蒙古势力在康区的终结，也标志着清廷开始进入全面管理和控制康区的时代。

第三节　清廷在康北地区大规模设置土司行动

一　"卫藏战争"期间清廷对康区进藏北路沿途部落的再次招抚

1727 年，西藏贵族噶伦之间因权力争夺而发生冲突，主持藏政的首席噶伦康济鼐被杀，"卫藏战争"爆发。为维护西藏政局的稳定，确保对西藏的统治，清廷经反复权衡，最终于雍正五年（1727）十一月初一日下令出兵西藏，以平息前、后藏贵族之间的冲突与战事。

从战略部署来看，清廷此次出兵是仿照康熙末年"驱准保藏"之例，派北、南两路大军分别从西宁、川滇进藏。其中北路大军由西宁出发，由查郎阿、迈禄等率领；南路大军由四川路与云南路两路组成。四川路由四川提督周瑛统率，云南路由开化总兵南天祥指挥，两路约定在察木多会合后一同进藏。

但与前一次出兵西藏相比，此次四川路进兵有一处与之前不同，即此次清廷四川路出兵大队人马走的是藏北霍尔—甘孜一路，而将理塘—巴塘—察木多一路作为运粮道路。

早在雍正四年十二月，岳钟琪即奏：

> 若自革达、里塘俱由霍耳走春科一路至查木多，不过半月可到，较之巴塘、乍丫一路实近十余日。且春科一路，道路平坦，水草俱好，又系新抚之南称、巴卡等二十二处，番民联络居住，人烟稠密，粮运颇便。①

---

① 《岳钟琪遵旨奏陈拟在察木多等处设兵应援事折》（雍正四年十二月三十日），中国藏学研究中心、中国第一历史档案馆、中国第二历史档案馆、西藏自治区档案馆、四川省档案馆编《元以来西藏地方与中央政府关系档案史料汇编》第 2 册，第 375 页。

岳钟琪所指的霍耳①—春科②一路，即康区经道孚、炉霍、甘孜、德格一线进藏之北路。年羹尧在康熙五十八年正月探察进藏道路时曾云："自打箭炉由霍耳、由得尔革（即德格）、由春料儿、由诏乌、由春科纳鲁、由索克赞丹滚庙、由那出而至招地，此北路也。"并指出此路"路平，近有水草，少居民，虽云无柴而皆言牛马粪可烧"。③ 但是，清廷在康熙末年进藏中并未从北路行走。雍正元年，周瑛率兵进藏防范罗卜藏丹津，就曾对霍尔—甘孜一路进行招抚，④ 但是清廷并没有在此路驻兵、设置土司、征收赋税等。至雍正四年，炉霍、道孚、甘孜、德格等北路的重要关口都划归四川管辖。这就意味着康北霍尔—甘孜进藏道路此时已经在清廷的直接控制之下。

雍正五年九月，岳钟琪令四川千总吴镇"带领兵丁，由察木多一路按程递设塘站。并令吴镇将叉木多以内塘站安毕，仍以安站为名，径抵西藏"。⑤ 这之后吴镇曾带回颇罗鼐的密信，可见吴镇完成了这项任务，即察木多以内之塘站安设完成。这为此次四川路进兵打下了基础。

雍正六年四月初六日，周瑛奏请："拟带兵由霍耳一路前进，留里塘、巴塘一路办理粮务，似于军行挽运，均有裨益。"从之后的行军路线来看，周瑛的奏请得到了清廷的允准。雍正六年五月初六日，周瑛率军2800名⑥自打箭炉一线出兵西藏。周瑛曾奏："臣于上年进剿郭罗克时，曾差人踩至霍

<hr />

①　清雍正七年曾设置霍耳竹窝安抚司（今炉霍县与甘孜县之朱倭镇）、霍耳章谷安抚司（今炉霍县境内）、霍耳甘孜孔撒安抚司（今甘孜县与道孚县之孔色乡）、霍耳甘孜麻书安抚司（今甘孜县麻书乡与道孚县之麻孜乡）、霍耳咱安抚司（今甘孜德格之间上下杂科地）、霍耳白利长官司（今甘孜县白利乡）、霍耳东科长官司（今甘孜县之东谷镇），从上述霍尔七土司的地域范围来看，清代文献中霍尔（耳）的范围应该指今甘孜州炉霍、甘孜、道孚一带地域。参见曹抡彬、曹抡翰等纂辑乾隆《雅州府志》卷11《土司》，第286—288页；任乃强《西康图经·境域篇》，《任乃强藏学文集》上册，第21—25页。

②　春科，在德格西北，原为林葱土司辖地，民国时期的邓科县，1978年邓科县撤销，并入德格。参见四川省德格县志编纂委员会《德格县志》，四川人民出版社1995年版，第1页。

③　《预备进藏兵数折》（康熙五十八年正月十三日），季永海、李盘胜、谢志宁翻译点校《年羹尧满汉奏折译编》，第203页。

④　《西藏研究》编辑部：《西藏志》，第4页。

⑤　《岳钟琪奏呈颇罗鼐密寄藏文文书折》（雍正六年三月初四日），中国藏学研究中心、中国第一历史档案馆、中国第二历史档案馆、西藏自治区档案馆、四川省档案馆编《元以来西藏地方与中央政府关系档案史料汇编》第2册，第403页。

⑥　此次四川路进兵共4000名，其中1200名由松潘经青海果洛一带，在春科河与打箭炉入口清军会合进藏。

耳地方，俱有路径相通，揆其形势，约近千里，而沿途食用，于阿坝、郎堕等处，亦足资采买应用。"① 所以，松潘军队应是出黄胜关之后至霍尔春科河口，与四川打箭炉一路会合。阿坝、郎堕等地俱在松潘西南，② 郭罗克即今青海果洛地区，"其地北界青海蒙古，东界上中下三阿坝，东南界色达，南界甘孜，西南界石渠县，其治分上中下三郭罗克"。③ 所以此次四川一路进兵中，还包括由松潘—郭罗克—霍尔—春科河与打箭炉一路会合的清军。这些都反映了康区划归内地管辖之后，清廷可以在整个康区内进行军事调度，以实现最优组合。

与康熙末年清军首次进藏相比，此次四川路进藏的粮草筹备容易很多。据周瑛奏报：

> 臣庸愚末见，议以每兵只给驼马一匹。将二兵合给三马及鞍屉、草干银两，俱折领价值，沿途设有所损，便于购买雇倩，以利军行。至每兵裹带两个月口粮，臣今既由霍耳一路前进，此地牛羊、炒面均可备买，议令各官兵出口时，只裹带一个月口粮，照价折给一个月银两，饬令各兵就便采买，足以供沿途之用。如此则驼载较轻，而于挽运亦为省便。④

周瑛带兵由康北霍尔一路行走，每兵只带一个月口粮，另外将一个月口粮折为银价，在沿途购买牛羊、炒面等。这足见在康北地区划归清廷管辖之后，经康区进兵西藏要方便许多。另据周瑛奏报：

> 臣领兵于打箭炉出口之时，巴尔喀木一带番目俱各远迎道左，竟以牛羊、马匹、狐皮等件匍匐呈送。臣见各番远迎意诚，无非感戴皇上恩

---

① 《周瑛奏报川陕进藏官兵起程日期折》（雍正六年四月初六日），中国藏学研究中心、中国第一历史档案馆、中国第二历史档案馆、西藏自治区档案馆、四川省档案馆编《元以来西藏地方与中央政府关系档案史料汇编》第 2 册，第 406 页。

② 黄廷桂等监修，张晋生等编纂雍正《四川通志》卷 22《兵制》，《景印文渊阁四库全书》第 560 册。

③ 严正德、王毅武主编《青海百科大辞典》，中国财政经济出版社 1994 年版，第 829 页。

④ 《周瑛奏报川陕进藏官兵起程日期折》（雍正六年四月初六日），中国藏学研究中心、中国第一历史档案馆、中国第二历史档案馆、西藏自治区档案馆、四川省档案馆编《元以来西藏地方与中央政府关系档案史料汇编》第 2 册，第 405—406 页。

德遐敷之所至，臣拣其大部落如霍耳、叠尔格（按：即德格）等处，酌量受其马一匹、狐皮一二张、牛羊数只，随即犒赏官兵讫，仍以大缎、银牌、绫布、烟茶等物，赏给各番，奖励回巢，众番无不欢欣鼓舞，额手而归。①

可以看出康北一带部族此时对清廷已经非常恭顺。这一方面保障了此次进兵的顺利，另一方面也预示着之后设置土司有着较好的基础。

理塘—巴塘一路作为康熙末年"驱准保藏"开通的重要道路，在此次进兵中主要承担了运粮的重任。《西征记》记："时川省总理西藏粮务刘公驻炉及藏，若里塘、巴塘、乍丫、昌都、洛隆宗、说板多、拉里西招处处贮粮至察木多。"② 至大军行至察木多前，"贮察（即察木多）饷余八万，粮积三千，按月供支，颇无违误"。③ 此次运粮，使得理塘、巴塘、察木多、拉里四处粮台正式设立。

雍正六年六月，四川路 4000 名兵丁与云南中甸出发之 3000 名兵丁在察木多会合。④ 十七日，周瑛奏报四川、云南路官兵到达察木多之情形，云：

> 细察川省之兵，人马尚属可观，皆缘沿途水草便利，又兼乌拉得宜，是以稍有余力，驼载马匹尚有多半可任驱策者。惟滇省之兵，因沿途山高积雪，兼之过溜筒江险，而水草缺乏，不惟兵容稍索，而马匹十分之内，倒毙七八，只存一二嬴瘦者，再历长途，恐难倚重。⑤

---

① 《周瑛奏报进藏情况并请处阿尔布巴等极刑折》（雍正六年六月十七日），中国藏学研究中心、中国第一历史档案馆、中国第二历史档案馆、西藏自治区档案馆、四川省档案馆编《元以来西藏地方与中央政府关系档案史料汇编》第 2 册，第 410 页。

② 《西征记》，王锡祺编《小方壶斋舆地丛钞》第 3 帙，上海著易堂铅印本，第 25 页。

③ 《西征记》，王锡祺编《小方壶斋舆地丛钞》第 3 帙，第 25 页。

④ 此次进兵南路由四川路与云南路两路共同组成，其中云南路出兵 3000 名，由开化总兵南天祥率领，六月至察木多与四川路人马会合，因"卫藏战争"已经结束，周瑛带领川兵 2000 名进藏，南天祥率兵 1000 名于察木多驻守，雍正六年十一月二十三日，撤回云南。参见《清世宗实录》及《元以来西藏地方与中央政府关系档案史料汇编》第 2 册相关内容。

⑤ 《周瑛奏报进藏情况并请处阿尔布巴等极刑折》（雍正六年六月十七日），中国藏学研究中心、中国第一历史档案馆、中国第二历史档案馆、西藏自治区档案馆、四川省档案馆编《元以来西藏地方与中央政府关系档案史料汇编》第 2 册，第 410 页。

可见，在此次进兵中，康区打箭炉进藏南、北两路相互配合，清兵经北路轻装入藏，而南路负责粮草的转运，使得此次四川路进兵人员、马匹等的损耗都相对较少。周瑛等到察木多后，"卫藏战争"已经结束，周瑛只率川兵1000名、护饷兵500名以及沿途安设塘站之兵500名进藏。雍正六年八月初一日清军进入拉萨。

此次清廷再次经由康区派军入藏，至少有两个方面的重要意义。第一，清廷在此次进藏过程中对康北地区土司又重新进行招抚。这为雍正七年清廷在康北地区大规模设置土司奠定了重要基础。第二，此次清军南路入藏，四川路由打箭炉—霍尔—甘孜—德格一路与松潘—郭罗克—霍尔—春科河一路会合后在察木多与云南中甸—阿墩子—察木多路之兵丁会合，而打箭炉—理塘—巴塘—察木多一路负责备办粮草事宜。这是康区在划归内地管辖后第一次四路协调进兵。这实际上意味着由康区进藏的道路已经连接成为一个体系，康区联结汉地与西藏的功能已经相对完备，其在清廷治藏战略中的地位更加凸显。这使得清廷更加注重对康区的经营与统治，而其中最为重要的表现，就是清廷在康区大规模设置土司。

二 清廷在康北地区设置土司的情况

雍正七年，清廷第二次大规模在康区册封土司，这使得其在康区的土司制度得以重新确立。[①] 关于此次土司的设立，早在雍正二年五月，川陕总督年羹尧就提出设想，云："查打箭炉外霍儿、得尔格、瓦述乃西海通炉之要道，久存向化之心。雍正元年，松潘镇臣周瑛出口时，曾亲往招抚，俱已归诚。值兹平定西海，凡系巴尔喀木地方皆当收取……使为内地土司。"[②] 继任川陕总督的岳钟琪继续推进。雍正三年十一月，岳钟琪上奏："应将原系内地土司所属之中甸、里塘、巴塘，再沿近之得尔格特、瓦舒霍耳地方，俱归内地，择其头目，给与土司官衔，令其管辖。"[③] 这一主张是岳钟琪在提出划分

① 周伟洲：《清代川康藏区土司建制及其社会组织》，《西北民族论丛》第9辑，中国社会科学出版社2013年版。

② 《条陈西海善后事宜折》（雍正二年五月十一日），季永海、李盘胜、谢志宁翻译点校《年羹尧满汉奏折译编》，第290页。

③ 《清世宗实录》卷38，雍正三年十一月乙未条。

川滇藏界线设想时提出的。其后周瑛等前往勘察边界也应对此进行了探察。
雍正七年四月，岳钟琪对于设置土司的品级、员数等做汇总性奏报，认为此
次共需设立土司 55 员。① 到雍正十年，清廷在康区设置土司的行动基本
完成。

　　但是从《雅州府志》的记载来看，这一时期清廷在康区共册封大小土司 65
员。其中包括里塘、巴塘宣抚司二员，副宣抚司二员；安抚司十一员，分别为
瓦述余科安抚司、霍耳五安抚司②、叠尔格安抚司③、春科安抚司、林葱安抚
司、上纳夺安抚司、下瞻对安抚司等；长官司十一员，分别为五瓦述长官司④、
色他长官司、霍耳白利长官司、霍耳东科长官司、春科日长官司、瞻对茹长官
司、蒙葛结长官司等；土千户四员，分别为瓦述焉达土千户、瞻对瓦述峪土千
户、上纳夺土千户及纳夺黎窝土千户；另清廷此次还设置土百户三十五员⑤。

　　考察此次清廷所册封土司地域范围可发现，十一员安抚司所处的地域位
于今炉霍、道孚、甘孜、德格、白玉、石渠等县。长官司十一员中除五瓦述
长官司为理塘粮台所属外，⑥ 其余分布于甘孜、瞻对（今新龙）、炉霍等地。
土千户四员主要分布在今新龙县境内。土百户中除上、下临卡石土百户，上
苏阿土百户、百苏阿土百户，郭布土百户等为巴塘粮台所属外，⑦ 其余分布
在今炉霍、道孚、新龙、石渠、白玉等地。综合上述，我们发现此次清廷设

　　① 《清世宗实录》卷80，雍正七年四月丙戌条。

　　② 霍耳五安抚司即霍耳竹窝安抚司、霍耳章谷安抚司、霍耳甘孜孔撒安抚司、霍耳甘孜麻书安抚
司及霍耳咱安抚司。

　　③ 叠尔格安抚司，即德格安抚司，德格头人丹巴七立雍正七年投诚后，清廷颁给其安抚司印信，
雍正十年，德格奉旨加封宣慰司职衔。参见曹抡彬、曹抡翰等纂辑乾隆《雅州府志》卷11《土司》，第
288 页。

　　④ 五瓦述长官司包括瓦述崇喜长官司、瓦述毛丫长官司、瓦述长坦长官司、瓦述曲登长官司、瓦
述更平长官司。

　　⑤ 此次设置的三十五员土百户分别为纳夺黎窝土百户、瓦述毛茂丫土百户、更平东撒土百户、瓦
述色他土百户、瓦述更平东撒土百户、瓦述更平土百户、瓦述墨科土百户、科则土百户、革赍土百户
（江科）、东署土百户（徒巴）、下革赍土百户（策交他）、霍耳图根满碟土百户、上革赍土百户、革赍
土百户（六枯）、革赍土百户（拉龙）、革赍土百户（囊皆邦）、杂竹吗竹卡土百户、杂竹卡土百户（巴
秃）、杂竹卡土百户（药克汪保）、龙坝土百户、云多土百户、仪盖土百户、上临卡石土百户、下临卡石
土百户、桑隆石土百户、上苏阿土百户、百苏阿土百户、郭布土百户、下革赍土百户（翁布）、东署土
百户（夺川他）、麻林土百户等。参见曹抡彬、曹抡翰等纂辑乾隆《雅州府志》卷11《土司》。

　　⑥ 任乃强：《西康图经·境域篇》，《任乃强藏学文集》上册，第 24 页。

　　⑦ 任乃强：《西康图经·境域篇》，《任乃强藏学文集》上册，第 25 页。

置的土司除理塘、巴塘粮台所辖土司之外，主要分布在康北之道孚、炉霍、甘孜、德格、白玉、石渠等地，即主要沿康区入藏北线分布。

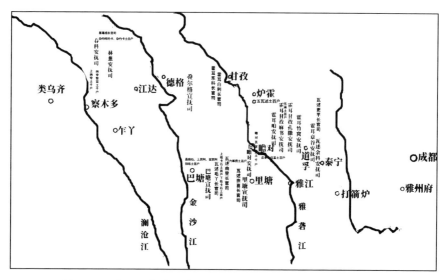

图 10-1　雍正七年清廷在康区第二次大规模设置土司情况示意

资料来源：曹抡彬、曹抡翰等纂辑乾隆《雅州府志》卷 11《土司》，第 289—297 页；谭其骧主编《中国历史地图集》（八），清朝时期四川全图（嘉庆二十五年）。

表 10-2　雍正七年清廷在康区第二次大规模设置土司情况

归顺土司	所属地域	番民户数（户）	税收情况
里塘（正、副）宣抚司	今理塘	5311	每岁认纳青稞五百石，每石折征银九钱，共折银四百五十两，又每岁供给土官喇嘛衣单口粮银六百两九钱四分，杂粮一千七百五十四石，大小牛四百七十头，酥油九百五十八斛
巴塘（正、副）宣抚司	今巴塘	3769	每岁认纳银马共征银一千九百一十五两四钱五分，又每岁供给正副土官口粮银五百八十一两零，杂粮四百三十五石，水银一千六百一十五两零七钱，麻布二百三十把，红白盐三百九石零，又供给巴塘蛮兵八十名口粮杂粮三百二十石，又供给巴塘喇嘛寺衣单口粮银八百四十九两零，杂粮七百五十六石，蜂蜜三百六十九斛，酥油八斛

续表

归顺土司	所属地域	番民户数（户）	税收情况
瓦述余科安抚司	今道孚县之鱼科乡	646	每年贡马三匹，每匹折银一十二两，共折银三十六两
霍耳竹窝安抚司	今炉霍县与甘孜县之朱倭乡	1665	每岁贡马四匹，每匹折银一十二两，青稞六十石，每斗折银一钱，马匹青稞共折银一百零八两
霍耳章谷安抚司	今炉霍县	1800	每岁贡马四匹，每匹折银一十二两，青稞一百五十石，每斗折银一钱，马匹青稞共折银一百九十八两
霍耳甘孜孔撒安抚司	今甘孜县与道孚县之孔色乡	922	每岁贡马四匹，每匹折银一十二两，青稞三十五石，每斗折银一钱，狐皮六张，每张折银五钱，马匹青稞狐皮折银八十六两
霍耳甘孜麻书安抚司	今甘孜县麻书乡与道孚县之麻孜乡	665	每岁贡马四匹，每匹折银一十二两，青稞一十五石，每斗折银一钱，马匹青稞共折银六十三两
霍耳咱安抚司	今甘孜德格之间上下杂科地	711	每岁贡马四匹，每匹折银一十二两，青稞八石，每斗折银一钱，马匹青稞共折银五十六两
叠尔格宣抚司	今德格、邓科、白玉、同普、石渠五县	7721	每岁贡马十二匹，每匹折银一十二两，青稞一百五十石，每斗折银一钱，狐皮一十二张，每张折银五钱，马匹青稞狐皮共折银三百两
春科安抚司	今邓科县西北，近青海	588	每岁贡马两匹，每匹折银一十二两，青稞三十石，每斗折银一钱，马匹青稞共折银五十四两
林葱安抚司	今德格县北，邓科东部	1096	每岁贡马三匹，每匹折银一十二两，青稞四十石，每斗折银一钱，马匹青稞共折银七十六两
上纳夺安抚司	今同普县西境	650	每岁贡马两匹，每匹折银一十二两，共折银二十四两
下瞻对安抚司	今新龙县内	349	认纳夷赋
瓦述崇喜长官司	今雅江县东北	308	每岁贡马两匹，每匹折银一十二两，牛五头，每头折银二两，共折银三十四两
瓦述毛丫长官司	今理塘之北	370	每岁贡马三匹，每匹折银一十二两，牛六头，每头折银二两，共折银四十八两
瓦述长坦长官司		221	每岁贡马三匹，每匹折银一十二两，牛两头，每头折银二两，共折银四十两
瓦述曲登长官司		243	每岁贡马一匹，每匹折银一十二两，牛两头，每头折银二两，共折银一十六两

续表

归顺土司	所属地域	番民户数（户）	税收情况
瓦述更平长官司	今新龙县北境，道孚、炉霍南境	300	每岁认纳狐皮二十张，每张折银五钱，共折银十两
色他长官司	今炉霍县东北部	250	每岁认纳狐皮一十五张，每张折银五钱，共折银七两五钱
霍耳白利长官司	今甘孜县白利乡	315	每岁贡马一匹，每匹折银一十二两，青稞一十石，每斗折银一钱，马匹青稞共折银二十二两
霍耳东科长官司	今甘孜县东谷乡	348	每岁认纳狐皮五十张，每张折银五钱，共折银二十五两
春科日长官司		282	每岁贡马一匹，每匹折银一十二两，青稞一十五石，每斗折银一钱，马匹青稞共折银二十七两
瞻对茹长官司	今新龙县东北境	428	每岁认纳赋银二十二两
蒙葛结长官司	今石渠县东北	304	每岁贡马一匹，每匹折银一十二两，青稞一十五石，每斗折银一钱，马匹青稞共折银二十七两
瓦述焉达土千户		200	每岁认纳狐皮三十张，每张折银五钱，共折银一十五两
瞻对瓦述峪土千户	今新龙县谷日村	206	每岁贡马一匹，折银一十二两
上纳夺土千户	今同普县西部	150	每岁贡马一匹，折银一十二两
纳夺黎窝土千户	今同普县西部	80	每岁认纳赋银一十二两
纳夺黎窝土百户	今同普县西部	30	每岁认纳赋银四两
瓦述毛茂丫土百户	约在今理塘县南境	74	每岁贡马一匹，折银一十二两
更平东撒土百户	今炉霍县境内	40	每岁认纳狐皮一张，折银五钱
瓦述色他土百户	今炉霍县境内	50	每岁认纳狐皮四张，每张折银五钱，共折银二两
瓦述更平东撒土百户	今炉霍县境内	40	每岁认纳狐皮五张，每张折银五钱，共折银二两五钱

续表

归顺土司	所属地域	番民户数（户）	税收情况
瓦述更平土百户	今炉霍罗科马地方	50	每岁认纳狐皮五张，每张折银五钱，共折银二两五钱
瓦述墨科土百户	今新龙县之麦科村	50	每岁认纳狐皮四张，每张折银五钱，共折银二两
科则土百户		50	每岁认纳青稞四石，每斗折银一钱，共折银四两
革贲土百户（江科）	今甘孜县与道孚县之麻孜乡境内	13	无贡赋
东署土百户（徒巴）	今甘孜县与道孚县之麻孜乡境内	93	每岁认纳狐皮七张，每张折银五钱，共折银三两五钱
下革贲土百户（策交他）	革贲地在今白玉与新龙之间	80	每岁认纳狐皮六张，每张折银五钱，共折银三两
霍耳图根满碟土百户		71	每岁认纳赋银五两，青稞一石五斗，每斗折银一钱，两项共折银六两五钱
上革贲土百户	革贲地在今白玉与新龙之间	50	每岁认纳牛五头，每头折银二两，共折银一十两
革贲土百户（六枯）	革贲地在今白玉与新龙之间	15	每岁认纳牛一头，折银二两
革贲土百户（拉龙）	革贲地在今白玉与新龙之间	15	每岁认纳狐皮二张，每张折银五钱，共折银一两
革贲土百户（囊皆邦）	革贲地在今白玉与新龙之间	40	每岁认纳牛四头，每头折银二两，共折银八两
杂竹吗竹卡土百户	今石渠县境内	40	每岁认纳狐皮五张，每张折银五钱，共折银二两五钱
杂竹卡土百户（巴秃）		22	每岁认纳狐皮五张，每张折银五钱，共折银二两五钱
杂竹卡土百户（药克汪保）		60	每岁认纳狐皮十张，每张折银五钱，共折银五两
龙坝土百户		40	每岁贡马一匹，折银一十二两

续表

归顺土司	所属地域	番民户数（户）	税收情况
云多土百户	今新龙县境内	23	认纳夷赋
仪盖土百户	今新龙县境内	16	认纳夷赋
上临卡石土百户	今巴塘县东北	92	认纳夷赋
下临卡石土百户	今巴塘县境内	77	认纳夷赋
桑隆石土百户	今巴塘县东北	20	认纳夷赋
上苏阿土百户	今巴塘县东北	14	认纳夷赋
百苏阿土百户		28	认纳夷赋
郭布土百户	今巴塘县境内	96	认纳夷赋
下革赉土百户（翁布）	革赉地在今白玉与新龙之间	20	认纳夷赋
东署土百户（夺日他）	今甘孜县与道孚县之麻孜乡境内	60	认纳夷赋
麻林土百户		20	认纳夷赋

资料来源：依据乾隆《雅州府志》卷11《土司》中"新附口外土司"制作，其中第二列"所属地域"一栏，参见任乃强《西康图经·境域篇》"建昌道建昌镇辖"一节。参见曹抡彬、曹抡翰等纂辑乾隆《雅州府志》卷11《土司》，第289—297页；任乃强《西康图经·境域篇》，《任乃强藏学文集》上册，第21—25页。

　　理塘、巴塘两地早在康熙末年"驱准保藏"由康区打箭炉进藏时已经完成招抚。雍正六年，清廷又一次进军西藏，巴塘、理塘因办理粮饷，特设粮台，成为川藏道上粮草筹备运送的重要节点，因此在理塘、巴塘周围设置土司应为保障二地的稳定。而其余各土司基本上是沿康区入藏北路分布。这应是清廷为保障康北入藏道路畅通及沿线稳定而采取的重要措施。

　　为了对康区旧有及新设之土司进行管理，雍正八年（1730），"清朝新设分驻打箭炉雅州府同知管理口内沈边、冷边、明正司以及口外旧附新抚各土司地方"。[①] 此次新设土司 65 员，共管辖番民 31287 户，认纳赋税折银 3760 两余，番民所纳钱粮"赴打箭炉同知衙门上纳，充拨泰宁协

———————

① 乾隆《打箭炉志略》，乾隆年间抄本。

营兵饷"。①

从征税银的数量来看，此次从土司地方征收的税银要较"西炉之役"后在康东地区所设土司的高很多。此次新设土司中，巴塘土司纳税银最多，"每岁认纳银马共征银一千九百一十五两四钱五分……又每岁供给正副土官口粮银五百八十一两零，杂粮四百三十五石，水银一千六百一十五两七钱，麻布二百三十把，红白盐三百九石零，又供给巴塘蛮兵八十名口粮杂粮三百二十石……又供给巴塘喇嘛寺衣单口粮银八百四十九两零，杂粮七百五十六石，蜂蜜三百六十九斛，酥油八斛"。② 理塘土司次之，"每岁认纳青稞五百石，每石折征银九钱，共折银四百五十两……又每岁供给土官喇嘛衣单口粮银六百两九钱四分，杂粮一千七百五十四石，大小牛四百七十头，酥油九百五十八斛"。③ 而"西炉之役"后所设置的土司 55 员以及复设之明正土司，总共每年缴纳银两才约一百六十二两。④ 其中纳税最多的咱里土千户，只需交税"十两八钱"，大部分土司缴纳赋税的额度非常之小，甚至如瞻对等土司则无须缴纳。

之所以出现这种相差如此之明显的情形，主要是由于当时的局势，特别是清廷对土司的定位与期望不同。"西炉之役"后，清廷急需稳定打箭炉周围的局势，希望得到土司的臣服，并不着眼于征收赋税。年羹尧曾言："或贡马或输粮，虽征纳有限，亦足存远人贡赋之意。"⑤ 而雍正七年清廷所设立的土司情况则大不相同，此时清廷已经牢固地对康区实现了控制，不仅要求土司在象征意义上臣服，而且还要其承担一定的义务，"催办钱粮，抚戢夷众"。⑥ 此时，康区土司每年缴纳赋税达四千零九两八钱五分之多。⑦ 可见

---

① 曹抡彬、曹抡翰等纂辑乾隆《雅州府志》卷 11《土司》，第 285 页。

② 曹抡彬、曹抡翰等纂辑乾隆《雅州府志》卷 11《土司》，第 286 页。

③ 曹抡彬、曹抡翰等纂辑乾隆《雅州府志》卷 11《土司》，第 285—286 页。

④ 黄廷桂等监修，张晋生等编纂雍正《四川通志》卷 21《西域》，《景印文渊阁四库全书》第 560 册。

⑤ 《四川巡抚年羹尧奏陈川康交界各族土司生事真实缘由折》（康熙四十九年九月二十六日），中国第一历史档案馆编《康熙朝汉文朱批奏折汇编》第 3 册，档案出版社 1984 年版，第 90 页。

⑥ 曹树翘：《滇南杂志》，转引自吴永章《中国土司制度渊源与发展史》，四川民族出版社 1988 年版，第 225 页。

⑦ 黄廷桂等监修，张晋生等编纂雍正《四川通志》卷 21《西域》，《景印文渊阁四库全书》第 560 册。

缴纳赋税已经成为新设土司一项不可推卸的责任。

此次设置土司还有不同于以往的一个显著特点，就是在"照流官例"设置土司，因地制宜地采取"流土结合"的管理方式。雍正七年四月，川陕总督岳钟琪奏报："四川里塘、巴塘等处，请授宣抚司三员，安抚司九员，长官司十二员，给与印结号纸；副土官四员，千户三员，百户二十四员，给以职衔，以分职守。内巴塘、里塘正副土官，原无世代头目承袭，请照流官例。如有事故，开缺题补。"① 康熙五十八年，岳钟琪进抵理塘时，将理塘营官就地正法，并选立两位新营官。岳钟琪奏请清廷保留此二地营官，并授予正、副宣抚司职衔。这就确定了理塘、巴塘土司与其他土司完全不同的承袭制度及其流官性质。② 乾隆《雅州府志》载："新附口外大小土司共六十五员，内里塘、巴塘、霍耳、春科四处正副土司八员俱属流缺，其余土司均系世职承袭。"③ 可见，除理塘、巴塘外，霍尔、春科等土司也为流官。流官体制的引入，是清廷实现对康区进一步直接控制的重要表现。理塘、巴塘、霍尔、春科作为康藏道上的重要节点，清廷在上述四地选择流官体制，可见对康区治藏前沿与依托地位之重视。

在这一时期，清廷将七世达赖喇嘛移驻康区惠远寺，为保障达赖喇嘛驻锡地的安全，清廷也在附近新设土司。经过这一次的土司设置，加上康熙年间"西炉之役"后设立的土司 56 员，康区共有大小土司 120 余员。康区雅砻江以东的区域，理塘、巴塘一带，以及康北大片区域都纳入土司制度的管辖之下，理塘、巴塘、德格与之前设立的明正土司逐渐发展为康区四大土司。清廷此次在康区大规模设立土司，是在整个西南土司"改土归流"的大背景下进行的，在康区选择设置土司实际上是充分考虑了康区的现状，又与川滇藏划界密切结合起来一同推进。这些土司的设置是清廷在康区控制加强的表现与结果，同时又使得清廷在康区的控制与统治进一步加强。④ 通过这些土司，清廷不仅保障了康区入藏道路的畅通，而且还在军队驻守、粮饷

---

① 《清世宗实录》卷 80，雍正七年四月丙戌条。

② 来作中：《清王朝在川边藏区的土司设置》，中国人民政治协商会议甘孜藏族自治州委员会编《甘孜州文史资料》第 11 辑，1990 年，第 113 页。

③ 曹抡彬、曹抡翰等纂辑乾隆《雅州府志》卷 11《土司》，第 297 页。

④ 赵心愚：《雍正时期清政府在川西高原设置土司的行动及特点》，《中山大学学报》2018 年第 3 期。

筹集等方面获得不少助益。与历史上的羁縻制度相比，设置土司是更加指向边疆内地化的举措，这样清廷进一步控制了康区并使之内属，使其成为治理西藏真正的前沿与依托。

第四节　雍正时对藏区行政界域的划分

要真正加强对康区的统治，除了采取上述种种措施外，还需要在行政建制上有所作为。所以，平定罗卜藏丹津叛乱后，清廷还在藏区采取了一项意义重大和影响极为深远的措施，这就是对藏区行政区划的划分。这一划界措施，不但对清廷治理藏区产生了重大影响，而且也基本奠定了今四川、云南、西藏、青海四省涉藏地区的分界格局及其行政区划。

一　康藏划界过程及划定范围

"驱准保藏"过程中，清廷开通了由康、滇入藏的道路，控制了重要的节点及其周边区域，但是还谈不上对康区的全面统治和管理，也无法清除与隔绝蒙古及西藏对康区的影响。罗卜藏丹津叛乱为清廷进一步控制康区提供了契机，在平叛过程中采取的举措在一定程度上驱逐了蒙古的力量。为了进一步实现对康区的全面统治，清廷开始谋划康藏划界并将之付诸实践。

雍正三年十一月，雍正皇帝曾云：

> 皇考遣兵征剿完毕后，原拟详查地情，封赐尔喇嘛。然因防守卫藏之将士凯归，未及详查。继而青海罗卜藏丹津叛乱，故悬宕至今。兹西部诸事业已办毕，朕作为大施主，既为释教不惜遣师数万名、赐银数（百）万两，焉能收回尔等为释教服务之寺庙庄园乎？且今吾等乃一家之人，拉萨叛乱，既属朕域，朕绝无内外亲疏之意。惟念仅卫藏赋税，不敷尔喇嘛之费用，故应赐尔之地域，经详查后随即赏赐。[①]

---

① 《谕达赖喇嘛赏赐土地及委任噶伦》（雍正三年十一月），中国藏学研究中心、中国第一历史档案馆、中国第二历史档案馆、西藏自治区档案馆、四川省档案馆编《元以来西藏地方与中央政府关系档案史料汇编》第 2 册，第 365 页。

根据雍正皇帝的说法，康熙末年，清廷即已经准备勘察地界，详查要赏赐给达赖喇嘛的封地，罗卜藏丹津叛乱后这件事情要提上日程。这里虽然是以赏赐达赖喇嘛封地为主要目的，但是勘察地界实际上就是要划定较为明确的界线，这也说明清朝皇帝早已形成康藏划界的想法。

在清朝前期的蒙藏事务上，年羹尧作为统领发挥着举足轻重的作用，很多筹划安排与对策建议都是他提出的，康藏划界一事亦是如此。① 年羹尧在康熙末年清军由康区南线进藏时的一些举措，就表明其对康藏划界已经形成了一些初步的看法。康熙五十七年，拉藏汗被杀，时任四川总督的年羹尧就奏请要将原属西藏的巴塘顺势纳入管辖，派兵前往驻扎并沿途设立驿站。② 康熙五十八年，都统法喇派岳钟琪带兵进入理塘，进行招抚，③ 随之巴塘、乍丫、察木多、嚓哇等地也相继归诚。④ 这样，巴塘、理塘等地事实上就归于四川的控制之下。而在此前巴塘、理塘原是云南木氏土司的辖地，后被和硕特蒙古占领，所以在清廷控制巴塘、理塘后，木氏土司请求云贵总督蒋陈锡代为上奏朝廷，要求仍将理塘、巴塘收归云南管辖，此奏得到了雍正皇帝的首肯。⑤ 但是在同年四月，年羹尧上奏："四川见在用兵，一切运粮调遣之事，道经巴塘、里塘，关系紧要。拨归土司，则呼之不应；移咨滇省，则往返迟延。请仍归四川管辖，有济军务。"⑥ 基于对军事行动的考虑，清廷同意了年羹尧的建议，重新将理塘、巴塘二地划归四川管辖。邓锐龄指出"此后清军进藏撤回多次利用这条拉萨至打箭炉中间经过巴塘、里塘的路线，经验证明年羹尧具有远见"。⑦ 虽然理塘、巴塘的归属争论主要发生在云南与四川之间，且清廷裁定也是基于军事考虑，但是这也表明康区这些关键区域的归属有着全局性的影响，因此需要在行政上有明确划分。在之后的康藏划界中，理塘、巴塘的归属及其争论提供了重要的借鉴。

平定罗卜藏丹津叛乱后，雍正二年五月十一日，年羹尧提出了对康区地

① 参见邓锐龄《年羹尧在雍正朝初期治藏政策孕育过程中的作用》，《中国藏学》2002 年第 2 期。
② 《清圣祖实录》卷 279，康熙五十七年六月辛丑条。
③ 《清圣祖实录》卷 284，康熙五十八年六月丁巳条。
④ 《清圣祖实录》卷 285，康熙五十八年九月己丑条。
⑤ 《清圣祖实录》卷 287，康熙五十九年二月甲子条。
⑥ 《清圣祖实录》卷 287，康熙五十九年四月壬寅条。
⑦ 邓锐龄：《年羹尧在雍正朝初期治藏政策孕育过程中的作用》，《中国藏学》2002 年第 2 期。

域划分的建议，云：

> 洛笼宗以东，凡喀木之地，皆纳添巴于西海诸王、台吉者也；其洛笼宗以西，藏、卫两处，昔日布施于达赖喇嘛与班禅喇嘛，以为香火之地，是知洛笼宗以东巴尔喀木一路，皆为西海蒙古所有。今因西海悖逆而取之，当分属于四川、云南无疑矣。救十数万之番民，使出水火之中而登之衽席，其词正，其义严，并非取达赖喇嘛香火田地，未可因此而借口也。（雍正皇帝朱批：若此，妙不可言）①

年羹尧的这份奏折是史料所见最早关于康藏划界的叙述。根据年羹尧的想法，只有洛隆宗以西才是早年和硕特蒙古布施于达赖喇嘛及班禅喇嘛之地，而从怒江流域以东开始，包括理塘、巴塘、察木多等地原为和硕特蒙古管辖之地，如今罗卜藏丹津被清廷打败，那么其原辖地毋庸置疑应该纳入清朝的管辖。这事实上在历史溯源上确立了康藏划界的基本原则。因此，上述地区归附清廷管辖，分属川、滇两省，是合情合理的安排。对年羹尧的奏请，雍正皇帝表示高度认同。

雍正三年四月，年羹尧被贬往杭州改任将军，岳钟琪继而代理川陕总督一职，成为此次划界的实际指挥者。关于康藏划界，岳钟琪提出不同的意见。雍正三年十一月，岳钟琪奏报雍正皇帝云：

> 打箭炉界外之里塘、巴塘、乍丫、叉木多，云南之中甸，叉木多之外罗隆宗、嚓哇、坐尔刚、桑噶、吹宗、衮卓等部落，虽非达赖喇嘛所管地方，但罗隆宗离打箭炉甚远，若归并内地，难以遥制。应将原系内地土司所属之中甸、里塘、巴塘，再沿近之得尔格特、瓦舒霍耳地方，俱归内地，择其头目，给与土司官衔，令其管辖；其罗隆宗等部落，请赏给达赖喇嘛管理，特遣大臣前往西藏，将赏给各部落之处，晓谕达赖喇嘛知悉。……画定内地疆界、给与达赖喇嘛地方晓谕番人之事，着遣

---

① 《年羹尧奏陈平定罗卜藏丹津善后事宜十三条折》（雍正二年五月十一日），中国藏学研究中心、中国第一历史档案馆、中国第二历史档案馆、西藏自治区档案馆、四川省档案馆编《元以来西藏地方与中央政府关系档案史料汇编》第 2 册，第 351 页。

副都统宗室鄂齐、学士班第、扎萨克大喇嘛格勒克绰尔济前往，会同提督周瑛，详细办理。①

岳钟琪认为，察木多以西的洛隆宗（今西藏洛隆）、嚓哇、坐尔刚（今左贡）、桑噶吹宗（今察隅北）、衮卓（今贡觉）等地，因距离打箭炉遥远，应该赏给达赖喇嘛管理。也即是，大致以怒江流域为界，将怒江流域的大部分地域赏给西藏，但怒江以东察木多、乍丫、类乌齐、江卡等部落仍属于清廷直接管辖。与年羹尧的主张相比，内属范围实际上压缩至金沙江西岸地区。

岳钟琪举荐周瑛与郝玉麟负责勘界一事。雍正三年七月二十九日，周瑛率同员外郎常保自西藏启程，至察木多与云南提督郝玉麟会面，共同沿途勘察地界。雍正《四川通志》载：

> 雍正四年十月，云南提督郝玉麟、四川提督周瑛俱在西藏旋师至巴塘地方，会勘归川归滇疆界，次年三月，副都统鄂齐、内阁学士班第、四川提督周瑛前往巴塘、乂木多一带指授赏给达赖喇嘛地方疆界，五月抵巴塘会勘，巴塘邦木与赏给西藏之南登中有山名宁静，拟于山顶立界碑，又喜松工山与达拉两界山顶亦立界石，山以内均为内地巴塘所属，山以外悉隶西藏达赖喇嘛所管。②

此记载即是此次康藏划界的最终结果。可以看出，此次主要是以两处为准划定疆界。界线之一为宁静山，宁静山是金沙江与澜沧江的分水岭，在巴塘之西约200里，藏人称为"邦拉"，因邦水塘而得名，宁静山为汉人命名。据任乃强描述，此处之界碑"高二尺余，在山顶平坦处"。③ 界线之二位于喜松工山与达拉（di la）之间，喜松工山在巴塘之西，是巴塘与江卡旧

---

① 《清世宗实录》卷38，雍正三年十一月乙未条。
② 黄廷桂等监修，张晋生等编纂雍正《四川通志》卷21《西域》，《景印文渊阁四库全书》第560册。
③ 任乃强：《西康图经·境域篇》，《任乃强藏学文集》上册，第87页。

界，^① 达拉在盐井西南。此处树立界碑，对于此界碑雍正《四川通志》以及《卫藏通志》均有记载，但界碑内容在史料中未见。

据岳钟琪奏报，此次康藏划界，"赏给达赖喇嘛地方自南登起至硕般多止，共计大小地方二十三处，营官喋吧头人共三十名总计，管辖番众一万一千八百零二户。……自里塘、巴塘起至叠尔革、上纳夺、林葱、霍尔、东署止共计大小地方三十八处，土官三十名，土目十八名，户口三万三千二百六十七户，皆系接壤相连应收入内地管辖"。^② 由此看来，康藏划界的实际范围应大抵是以金沙江一线为界，金沙江以东归内地管辖。与之前年羹尧的想法相比，划界范围由怒江流域东移到金沙江以东。

其中需要指出的是，位于澜沧江两岸的察木多、乍丫、类乌齐以及八宿为四大呼图克图属地，其中察木多由强巴林寺的帕巴拉呼图克图管辖，类乌齐由类乌齐帕曲呼图克图管辖，乍丫地区由乍丫切仓罗登西饶呼图克图管辖，八宿一带由达察济隆呼图克图管辖。自康熙五十八年，康熙皇帝册封察木多帕巴拉呼图克图，并令"尔等管辖的寺庙和百姓仍归尔管理。任何人不得侵犯"。^③ 除此之外，清廷还对这些呼图克图进行封赏：雍正三年，雍正皇帝赏赐帕巴拉名号和印信；^④ 康熙五十八年，康熙皇帝赐封乍丫切仓罗登西饶呼图克图"讲习黄教那门汗之印"；^⑤ 雍正元年，对类乌齐的帕曲呼图克图"赏给诺门汗名号，印信，敕书及寺庙匾额"；^⑥ 而八宿的达察济隆呼图克图是康区四大呼图克图最早被册封的。^⑦ 四大呼图克图受封，实际上就意味着归附清廷并接受清廷的统治。在清廷"驱准保藏"与平定罗卜藏丹津叛乱行动中，这些呼图克图都曾帮助清军挽运粮草，毫不懈怠。所以，此次划界清廷将察木多、乍丫、八宿、类乌齐交由呼图克图管辖，有其历史

---

① 胡吉庐：《西康疆域溯古录》，第46页。

② 《周瑛谨奏为微臣查边事竣恋主情殷恭请陛见事折》（雍正四年七月十九日），台北"故宫博物院"藏，编号：09258。

③ 西藏自治区档案馆藏藏文档案，由巴夏加译出，转引自土呷《昌都清代的四大呼图克图》，《中国藏学》2001年第4期。

④ 张柏桢：《西藏大呼毕勒罕考》，中州古籍出版社1986年版，第29页。

⑤ 李亦人：《西康综览》，正中书局1946年版，第138页。

⑥ 张柏桢：《西藏大呼毕勒罕考》，第29页。

⑦ 参见土呷《昌都清代的四大呼图克图》，《中国藏学》2001年第4期。

渊源。但是四大呼图克图都有印信号纸，受内地节制，不为西藏统辖。所谓这些地区赏给达赖喇嘛，主要是指在宗教上的联系，在政治上仍然是内属的。

直到雍正五年，四川与云南之间的界线才最终划定。《滇云历年传》载："云南、四川委员会勘疆界，以红石崖为分址。凡江外中甸，江内其宗、喇普、阿墩子等地方，俱还滇辖。而理塘、巴塘直至查木道，俱归四川。"① 红石崖即今云南德钦县佛山乡与盐井交界的吐茂。从理塘、巴塘的归属可以看到，川滇界线在一定程度上遵循了年羹尧的建议。

四川与青海、西藏的界线则到雍正十年才正式划定。其中，川、藏、青交界处的大片区域，雍正时期被称为"七十九族"。② 《卫藏通志》对藏北"七十九族"地区的划界，有翔实记载，曰：

> 雍正九年，新抚南称巴彦等处番民七十九族。查，其地为吐番地，居四川、西藏、西宁之间，昔为青海、蒙古奴隶，自罗卜藏丹津变乱之后，渐次招抚。雍正九年，西宁总理夷情散秩大臣达鼐，奏请川陕派员，勘定界址，分隶管辖。十年夏，西宁派出员外郎武世齐、笔帖式齐明、侍卫济尔哈朗、游击来守华、都司周秉元，四川派出雅州府知府张植、游击李文秀，西藏派出主事纳逊额尔赫图、守备和尚，会同勘定。近西宁者，归西宁管辖，近西藏者，暂隶西藏。其族内人户，千户以上，设千户一员，百户以上，设百户一员，不及百户者，设百长一员，俱由兵部颁给号纸，准其世袭。千百户之下，设散百长数名，由西宁夷情衙门发给委牌。③

清廷派四川、西宁、西藏等大臣会同勘察地界，对霍尔"七十九族"地界进行划分。其中，以唐古拉山为界，北路的巴彦、南称等四十族（即

---

① 倪蜕辑《滇云历年传》，第 589 页。
② 对于藏北这一大片区域，雍正时期称为"七十九族"，乾隆时期称为"三十九族"，任乃强曾指出，雍正时期称七十九族，"盖就招抚投诚之数言也"，后经过划界，其中三十九族归西藏后由驻藏大臣直接管辖，所以乾隆时期称"三十九族"。参见任乃强《西康图经·境域篇》，《任乃强藏学文集》上册，第 95 页。
③ 《西藏研究》编辑部：《卫藏通志》，第 505—506 页。

青海玉树四十族）划归青海，由钦差总理青海蒙古番子事务大臣即乾隆元年以后所称的西宁办事大臣管辖。而南路当拉岭东南，怒江上游直抵类乌齐之三十九族，划归西藏，并由驻藏大臣直接管辖，清廷设"理藩院司员一员，管理达木蒙古八旗官兵、三十九族番民事务，承办驻藏大臣衙门清文稿案，三年更换"。① 至此，清朝自雍正三年开始实施的川、青、滇、藏划界行动宣告完成。

二 康藏划界的特点及其理念

经过年羹尧的筹划以及岳钟琪、周瑛的实践，清廷完成了康藏划界。在清廷治理西藏乃至整个藏区的历史上，这一举动有标志性意义，它意味着清廷对西藏的治理进入以行政建制进行规范的阶段，同时也意味着康区作为一个相对独立的区域在清廷治藏战略中发挥重要作用。虽然康藏划界在意义上如此宏大，但是具体的操作十分繁复且充满争议，其中在何处划界、要考虑何种因素都直接决定了划界本身的特点。事实上，作为一个意义重大的行动，在划界的安排与指向上会在不同层面呈现出清廷的目标，但是最终的指向则是以行政区划的方式清除并隔绝蒙藏对康区的影响，实现清廷对康区的全面控制。

1. 康藏划界以隔绝蒙藏为基本理念

无论是准噶尔入藏还是罗卜藏丹津叛乱，都在一定程度上波及康区，因此在"驱准保藏"中选择从南路进藏以及阻止罗卜藏丹津进入康区，都体现了清廷力图避免康区受到蒙藏影响与支配的努力。康区在地缘上的重要性，决定了其归属在很大程度上影响着清廷在西南地区的进退。经过"西炉之役"、"驱准保藏"以及平定罗卜藏丹津叛乱，清廷直接控制了康区的大部，康区在清廷治藏策略中的地位得以凸显。因此，清廷要以此为基础进一步控制康区，而其中一个重要举措就是进行康藏划界。

雍正元年，年羹尧曾云：

> 臣羹尧敬读谕旨，内有沿边番回必属内地，方是平静西海永远之良

---

① 《西藏研究》编辑部：《卫藏通志》，第335页。

图 10-2 雍正年间康藏划界

资料来源：任乃强绘"康境之变迁"图，参见任乃强《西康图经·境域篇》，《任乃强藏学文集》上册，第 47 页。

策数句，臣既中心凛服，又不胜其骇异。臣与岳钟琪两人皆留心十数年方敢有此见，而我圣主临御万机，一年之间，川陕边地情形洞如观火，片言扼要，筹边之策尽于此矣。①

年羹尧所提及的谕旨笔者未曾找到，但就年羹尧的回奏可以看出，雍正皇帝此时已经形成了"沿边番回必属内地"也就是将康区内属的想法，而

---

① 《附奏料理川陕边地事宜片》（雍正元年），季永海、李盘胜、谢志宁翻译点校《年羹尧满汉奏折译编》，第 328 页。

这也正是年羹尧、岳钟琪等人在经营康藏数十年后所得出的结论，君臣不谋而合，这就意味着清廷上下已经形成共识，即使康区内属并清除蒙藏之影响。而这一共识的政策实践则是康藏划界。

平定罗卜藏丹津叛乱后，雍正二年五月十一日，年羹尧就理塘、巴塘、察木多等地归属提出建议，认为洛隆宗以西才是早年和硕特蒙古布施于达赖喇嘛及班禅喇嘛之地，而从怒江流域以东开始，包括理塘、巴塘、察木多等地原为和硕特蒙古管辖之地，清廷平定罗卜藏丹津叛乱，理应将这些地方纳入管辖。这事实就是严肃了西藏方面的势力范围。雍正皇帝对此深表认同。

但是后来年羹尧获罪被免，康藏划界在岳钟琪的指导下得以开展。与年羹尧的主张不同，岳钟琪认为，察木多以西的洛隆宗、嚓哇、坐尔刚、桑噶吹宗、衮卓等地，因距离打箭炉遥远，应该赏给达赖喇嘛管理。也即是，大致以怒江流域为界，将怒江流域的大部分地域赏给西藏，但怒江以东察木多、乍丫、类乌齐、江卡等部落仍属于清廷直接管辖，这样康区的内属范围实际上压缩至金沙江西岸地区。对于岳钟琪的主张，后人颇有评论，其中任乃强曾言："周瑛出入康藏，具知其地难治之状；时方受任四川提督，职在征剿，故乐于随势划出川外，以轻职责。"应该说，任乃强的评论不无道理，但也难免偏颇。虽然内属范围被压缩，但是清廷划界以隔绝蒙藏对康区影响的初衷没有改变。

雍正三年三月十四日，岳钟琪上奏雍正皇帝，奏报察罕丹津要求将其在卫、藏、喀木的属地归还，并希望雍正皇帝下旨"吩咐喀木、藏、卫番子仍令苦苦脑儿诸台吉各照旧管辖收取添巴"。[①] 对此，雍正皇帝朱批回应道：

> 若插汉丹进等既得喀木、藏、卫原管番子，势必又讨伊等边内原管旧番，彼时将何词谢绝，不可不行预料。边内番族向因役属青海不沾王化，所以内外交通扰乱地方拒敌官兵，今甫经平定安心内附，岂可缘伊等不得添巴之故，更开衅端耶。此等处俱应计及。倘虑插汉丹进等向达赖喇嘛请讨不与，今理藩院侍郎鄂赖现住西宁，可密与之商筹。……此

---

① 《附谕岳钟琪密与鄂赖商筹》（雍正三年三月十四日），台北"故宫博物院"编《宫中档雍正朝奏折》第4辑，台北"故宫博物院"1977年版，第48页。

一事已谕年羹尧酌改矣，尔其确议密奏以闻。①

据《西宁府新志》，添巴即是每岁所征赋税。② 和硕特蒙古在康区征收赋税以养青海，而达赖喇嘛也借此在康区收取鞍子钱，这实际上是蒙藏在康区发挥影响的突出表现。对于此时已经控制了康区大部的清廷来说，这是断然不许的。

从回复来看，雍正皇帝的态度十分明确，那就是拒绝察罕丹津的请求，消除并杜绝蒙藏对康区施加的影响。对这一问题，清廷采取了变通做法，取消达赖喇嘛所收的鞍子钱，以银两的方式对其进行补偿，这样就避免了西藏向康区渗透的可能。

从以上种种事件来看，虽然在范围上有所变动、在处理与蒙藏关系的方式上有所变通，但是清廷的态度很明确，那就是消除并杜绝蒙藏在康区的影响。这也是清廷不遗余力地推进康藏划界最重要的原因。康藏划界之后，清廷加强了对康区的统治，康区完全内属，并成为治藏之前沿。

2. 康藏划界以保障川藏道路畅通为优先目标

康藏划界的提议固然指出了基本的地域界线，但是在具体的操作中特别是地点的选择上确实要考虑多种因素，其中保障刚开通不久的入藏道路的畅通则是关键之一。

早在雍正二年五月十一日，年羹尧就理塘、巴塘的归属曾提出看法，认为为保障打箭炉进藏道路的畅通，"倘有兵马行走之事，挽运兵粮，互相接济，此为第一要务"，③ 应该将两地划归四川而非云南。而真正实现划界中保障入藏通道畅通的，则是康藏划界的实际操作者岳钟琪、周瑛与郝玉麟。

雍正三年十二月初二日《云南提督郝玉麟奏报会勘边界折》对云南提督郝玉麟与四川提督周瑛考察地界的详细过程进行了描述：

---

① 《附谕岳钟琪密与鄂赖商筹》（雍正三年三月十四日），台北"故宫博物院"编《宫中档雍正朝奏折》第 4 辑，第 48 页。

② 杨应琚编纂《西宁府新志》卷 19《武备志·番族》，青海人民出版社 1988 年版。

③ 《条陈西海善后事宜折》（雍正二年五月十一日），季永海、李盘胜、谢志宁翻译点校《年羹尧满汉奏折译编》，第 290 页。

窃臣遵奉谕旨会同四川松潘总兵官今升四川提督臣周瑛踏勘地界，臣与提臣周瑛会勘得察木多久归四川。自康熙五十九年用兵西藏以来，川省驻防官兵一切挽运夫马番民甚是驯熟，且程途离云南六十余站，离四川五十余站，若归入云南分兵防守，不特供运购买较川省所费较多，且附近察木多如擦哇岗、洛龙宗、类五齐、硕般多等处地方亦久属四川征收钱粮，云南势难越界，遥为控制，即番民亦复呼应不灵，臣与四川提臣周瑛会议察木多自应仍归四川方为妥便，至臣于雍正二年春奉旨带兵驻扎察木多扬威协剿，西海所属南称巴卡索妈蒙古揭毕利，并附近小地土番赴臣营盘投诚，计二十七处，臣节次造册，报明年羹尧并汇疏题名在案，后奉年羹尧令谕命臣就近委川滇两省文武查勘，量其远近，秉以至公，应归何省管辖，臣随檄行察木多两省文武会勘确实，去后随文奉年羹尧令谕行令奋威将军岳钟琪查明投诚各地方应归何省管辖，据奋威将军复称，南称巴卡索妈蒙古揭毕利四处，俱与四川相近，应归四川，至于小地土番皆系僻壤，未经亲历，应俟云贵督提呈覆，至日仰请衡夺等因前来。臣又据川滇两省文武会详内称，会查得杂处卡各地方皆与擦哇岗、察木多二处相近，离云南之中甸甚远，今南称巴卡四处奋威将军现议归川，而杂处卡各处虽非大道，然与南称巴卡四处均属相通，卑职等会查各地方俱在察木多之东北西北，与察木多相通，似应并归四川，庶为画一等情，详复到臣，臣据情呈报年羹尧在案。今臣与川提臣周瑛又复会查察木多既归四川，则南称巴卡并各处小地土番俱应归入四川，便于管辖。再乍丫离察木多七站，为巴塘、里塘之要路，而巴塘、里塘系打箭炉之门户，久入四川版图，用兵以来四川皆有官兵防汛，仍归四川，不特番民土俗素所熟悉，即地方亦易于照看，臣与川提臣周瑛各处亲至其地会勘，确实并无异议。抑臣与川提臣周瑛再查中甸贴近云南，臣奉旨驻扎之日该番民首先投顺，臣前已缮折奏明，经云贵督臣高其倬现在议设官兵归入滇省版图。今查云南鹤丽镇所属之阿喜汛，过金沙江至中甸奔子栏抵阿墩子计十五站路，在金沙江之内，一由云南剑川协所属之拖枝汛走为西出浪沧江八站至阿墩子，一由云南鹤丽镇所属之塔城汛出其宗喇普十三站至阿墩子，路在金沙江之外。以上三路，程途不相上下，而为西、其宗喇普、奔子栏等处，皆交错于中甸之腹里，紧接于滇省之汛防，而总通于阿墩子，则阿墩子实中甸之门户，自用兵以来滇省官兵驻防直至今日，虽其地近于云南而番民系昔年四川招抚，臣奉旨会勘地方，议原有近川归川，近滇归滇之语，臣与川提臣周瑛确查其宗喇普、为西、奔子栏至阿墩子近于云南，应归云南。则在川鞭长莫及，在滇实为近便，易于管辖。①

此奏折虽以郝玉麟的名义上报，但是由于主要是处理川滇划界，所以其中对归川归滇等都进行了梳理，可以代表川滇双方之意见。其中，察木多是川、滇两省会兵的重要地点，但是距离四川较近且粮草运送方便，因此主张察木多及其附近的"擦哇岗、洛龙宗、类五齐、硕般多"等地都归四川管辖；乍丫为巴塘、理塘之要路，而巴塘、理塘系打箭炉之门户，三地都是由打箭炉入藏通道的关键节点，应该划入四川管辖以保障道路畅通；中甸是云南一路入藏通衢，"塔城汛出其宗喇普十三站，至阿墩子，路在金沙江之外，以上三路，程途不相上下，而为西、其宗喇普、奔子栏等处，皆交错于中甸之腹里"，而"阿墩子实中甸之门户"，虽然上述地方原被四川招抚，但是因其在云南入藏通道上的重要地位，所以应划归云南管理；而"杂处卡各处虽非大道，然与南称巴卡四处均属相通……与察木多相通"，对保障打箭炉入藏通道的畅通有重要意义，因此杂处卡各处应划归四川管辖。从对以上这些地点归属的讨论可以发现，川、滇之间划界主要考虑的是保障其入藏道路的畅通。虽然最终的划界没有完全依照这些意见，但其极为明确地呈现了划界的指向。

周瑛与郝玉麟关于川滇划界的主张得到了岳钟琪的赞同。在上奏朝廷的奏章中，岳钟琪指出：

> 巴塘系打箭炉之门户，久入川省版图，至中甸贴近滇省，久入滇省版图。附近中甸之奔杂拉、祁宗、喇普、维西等处，虽系巴塘所属之地，向归四川，而其界紧接滇省汛防，总通于阿墩子，阿墩子乃中甸之

门户。请改归滇省管辖，设官防汛，与川省之里塘、打箭炉彼此犄角，足以各收臂指，控制番民矣。①

此处岳钟琪对奔杂拉、祁宗、喇普、维西等处的归属提出了自己的看法，认为这些地方对云南阿墩子、中甸的汛防意义重大，因此应该改归滇省管辖。这样中甸与理塘、打箭炉可互为掎角，从而保障这一地区的稳定。而这一地区事实上也分别是川、滇入藏通道的关键节点，合理划分归属，有助于军事协调与相互支援。

此外，四川与青海、西藏的界线于雍正十年正式划定。其中，对康区西北部的那克树、余树、霍尔、锁戎等处，四川提督周瑛曾上奏朝廷要将上述地方划归西藏"赏给达赖喇嘛为香火之地"，并交由噶伦隆布鼐管辖。② 但清廷的回复是"查此数部落地方，俱系自西宁进藏必由之路，不可视为寻常"，令周瑛与鄂齐等前往查勘。③ 可见，清廷在这些地方的归属上，所着眼的依然是保障入藏道路之畅通。最终经过勘察，清廷以唐古拉山为界，北路的巴彦、南称等四十族（即青海玉树四十族）划归青海，由西宁办事大臣管辖；而南路之三十九族划归西藏，并由驻藏大臣直接管辖。④ 这样，就保障了这些进藏道路之要地归于清廷管辖。

梳理划界的过程，可以发现清廷的一个明确指向，就是要根据实际合理划分各处归属，以保障入藏道路的畅通。经过细致考察、审慎考虑，清廷达成了这一目标。

3. 康藏划界以番民内属程度为重要依据

在划界中，清廷虽然有隔绝蒙藏的意图，且以保障入藏通道的畅通为优先选项，但是也不得不考虑康区的现状，其中康区番民的内属程度是一个重

①《清世宗实录》卷43，雍正四年四月癸亥条。
②《周瑛奏请升赏管理西藏官员并恳随钦差入藏料理事宜折》（雍正三年十二月二十一日），中国藏学研究中心、中国第一历史档案馆、中国第二历史档案馆、西藏自治区档案馆、四川省档案馆编《元以来西藏地方与中央政府关系档案史料汇编》第2册，第367—368页。
③《周瑛奏报与钦差鄂齐赴藏宣旨指授疆界折》（雍正四年二月二十八日），中国藏学研究中心、中国第一历史档案馆、中国第二历史档案馆、西藏自治区档案馆、四川省档案馆编《元以来西藏地方与中央政府关系档案史料汇编》第2册，第371页。
④《西藏研究》编辑部：《卫藏通志》，第335页。

要考量依据。

在"驱准保藏"行动和平定罗卜藏丹津叛乱时，清廷都在行军沿途对番众进行了招抚，并考量其内属程度决定划界的范围。在《条陈西海善后事宜折》中，年羹尧就番众问题提出了建议：

> 西番之在陕者，东北自甘、凉、庄浪，西南至西宁、河州以及四川之松潘、打箭炉、里塘、巴塘与云南之中甸等处，沿边数千里，自古及今，皆为西番住牧。其中有黑番、有黄番、有生番、有熟番，种类虽殊，世为土著，并无迁徙，原非西海蒙古所属，实足为我藩篱。……如蒙俞允，臣当酌议，另疏题请，务使沿边数千里川、陕、云南三省西番，咸令内属。其非附近我边，或住帐房就水草住牧者，仍听旧俗，则边围巩固，或亦内安外攘之一法也。[1]

在年羹尧看来，这些西番"原非西海蒙古所属，实足为我藩篱"，可以"使沿边数千里川、陕、云南三省西番，咸令内属"，除了进行招抚之外，更为重要的是要加强行政管理，而其前提则是进行划界。在年羹尧的善后事宜对策中，招抚番民事实上是和划界联系在一起的。

之后的划界实践，实际上是岳钟琪、周瑛等人勘察并主导的。与年羹尧主张将洛隆宗以东的大片区域都划归清廷直接管辖不同，周瑛主张将金沙江以西地区赏给西藏，这样划界范围由怒江流域东移到金沙江以东。对此，任乃强曾言："周瑛出入康藏，具知其地难治之状；时方受任四川提督，职在征剿，故乐于随势划出川外，以轻职责。"其中关键之处在于"知其地难治之状"。与年羹尧不同，周瑛深入藏区深知其地形与民风，因此在划界的范围上着眼于番民内属程度及其治理难度。

根据当时出入西藏人士所著的游记，也可以大概了解怒江流域至金沙江以西的地理、风俗等情况。《西藏志》记载了由巴塘至察木多沿途之状况：

---

[1]　《条陈西海善后事宜折》（雍正二年五月十一日），季永海、李盘胜、谢志宁翻译点校《年羹尧满汉奏折译编》，第285—286页。

（宁静山过九十里）至江卡儿，有人户柴草，有夹坝。一百里过大山至黎树，有人户柴草，有烟瘴夹坝。五十里过漫山至阿窄拉塘，有人户柴草，路稍平。四十里过二小山至石板沟，有人户柴草。五十里过大漫山至阿足，有人户柴草烟瘴。五十里过二小山至谷家宗，有人户，柴草微。九十里至乍丫，多人户，有大寺院，驻粮台防兵，少柴有草，路崎岖多石，其番人性野好盗。三十里至两撒塘，路稍崎岖有人户柴草，此塘系西藏安设。九十里过大雪山至昂地，有人户柴草，有烟瘴，山高陡险崎岖，积雪。九十里过大山至王卡儿，有人户柴草，有热水二道。五十里至巴贡，有人户柴草。一百里过二大山至奔地，有草无柴，少人户，多烟瘴。八十里过大山五十里至蒙布塘，有人户柴草，路崎岖有瘴。五十里过大山至昌都，有人户、柴草、大寺院，驻官兵粮台，又名康名，乃川滇藏交界处，又通玉树纳克书等处，山高陡峻，有烟瘴，自巴塘至此一带番性狼狈好盗，又有桑昂邦官角上下瞻对等族，夹坝出没其间，抢劫行路人物。五十里至恶洛藏，有人户柴草，路稍平。五十里至过脚塘，有人户柴草。六十里过脚脚大雪山至拉贡，有人户柴草，山高积雪，烟瘴。六十里至恩达，人有户柴草，路险窄。一百四十里过九合大雪山，至九合塘，有人户柴草，此山相连者四雪山，瘴最狼，历来毙人颇多。四十里过大山至麻里，有人户柴草。四十里过大山至三巴桥，又名假夷桥，有人户柴草，山虽陡，不险。八十里过地贡大山至洛隆宗，有人户、柴草、寺院，并正、副营官，山高陡路险窄。①

从这一记载可以发现，自巴塘向西一路走来，不是山高陡险崎岖、有烟瘴，就是番民性野好盗、有夹坝。《藏程纪略》载洛隆宗以东之情况，云："洛龙宗之怪石巉岩，到处左盘右折，昌都多胜概，形连二水环龙，瞻对有奇观，势若千军驻马。曰阿布喇，曰黎树，村村盗薮；曰夹坝，曰江噶，处处贼窝。凡属行役征夫，罔不惊心丧胆。"② 清人济南王世睿于雍正十年进藏，其《进藏纪程》载："江卡，图域褊小，番蛮悍野，以剽窃为事，与邻

① 《西藏研究》编辑部：《西藏志》，第50—51页。
② 焦应旂：《藏程纪略》，吴丰培辑《川藏游踪汇编》，第14页。

番合谋截劫，名曰夹坝，其性殊不易驯……乍丫，番蛮悍野，惟事剽窃，较江卡尤甚，且路多支沟，易于藏匿，过者宜倍加慎焉。"[1] 任乃强亦指出乍丫一带民风犷悍，且与附近江卡、贡觉等部相连，同恶。[2] 这些实际上都说明此时番民并未内属。

周瑛驻藏将近两年，对划界的地域都有详细勘察，对当地的实际状况应该最为了解，提出将洛隆宗以东的大片地域划归西藏管辖，应主要是因为他认识到康区的番民没有内属，如果将之划入四川，可能要付出较多的治理成本；而如果将之归于西藏，那么实际上就可以划定界线，隔绝西藏的影响。对周瑛的安排，岳钟琪没有表示异议。而年羹尧之前也提出，"其洛笼宗、叉木多等处相距甚远，不便设立营汛，止令其每年贡马贡粮以为羁縻之法而已"。[3] 事实上，也是说明了这一带番民治理难度较大，将之划归给西藏，也是基于现实的选择。

综上，可以看出，清廷在康藏划界中，考虑了多种要素，既要控制主要节点以保障入藏通道的畅通，又要隔绝蒙藏的影响，在划界实践中还要考虑当地番民的内属情况。这些使得划界成为一个复杂的工程，自雍正三年开始，到雍正十年才结束。最终，确定了康区与西藏之间的界线，也在行政上确定了康区的地位。

三　康藏划界的意义与价值

从雍正二年正式开始提出划界至雍正十年川、青、藏的界线最终确定，康藏划界持续近 8 年的时间。清廷上下对于这一行动都予以了密切的关注，就界线划定的地点、范围以及可能产生的后果，进行了反复细致的讨论，从而最终确定了康区四川、云南、青海与西藏之间的界线。

从历史事件的发展逻辑来看，康藏划界有其必然性。经过"驱准保藏"与平定罗卜藏丹津叛乱，清廷基本上肃清了蒙古与西藏地方势力在康区的影响，在行政建制上进一步保障成果就成为必然的选择。而且，此时清廷在康

---

① 王世睿：《进藏纪程》，吴丰培辑《川藏游踪汇编》，第 67 页。
② 王世睿：《进藏纪程》，吴丰培辑《川藏游踪汇编》，第 67 页。
③ 《条陈西海善后事宜折》（雍正二年五月十一日），季永海、李盘胜、谢志宁翻译点校《年羹尧满汉奏折译编》，第 290 页。

区的实力已经今非昔比，并且取得了对蒙古与西藏实质上的直接统治，这就使得清廷有实力根据自身的意愿来扩大在康区的势力。康藏划界正是在这样的背景下展开的由清廷主导的行动。通过划界过程中的勘界等行为，清廷对康区的地形、族群、民风等有了进一步的了解，从而为全面控制康区准备了条件。

康藏划界虽然是一个旨在在行政上进行地域划分的行动，但是这一行动却产生了十分深远的影响，特别是对清廷治理整个藏区而言，可以说是一个重要转折点。从此清廷实现了对康区的全面控制，并且使之成为治藏的前沿与依托。具体而言，康藏划界对清廷治藏战略主要有以下重要意义。

第一，康藏划界将康区大部分直接划归四川省，彻底阻断了青海蒙古和西藏地方势力对康区的觊觎。

自明末清初以来，康区就不断被蒙古各部落进入与统治，而且蒙藏之间的联盟使得西藏在康区也有着重要的影响。清前期对蒙藏政策的一个重要指向就是驱逐蒙古在西藏的势力，直接控制西藏以安众蒙。这其中在地理上就涉及康区，康区在很大程度上成为清廷与蒙藏之间角力的场域。经过"驱准保藏"与平定罗卜藏丹津叛乱，清廷驱逐了在西藏与康区的蒙古势力，实现了对西藏的直接统治，但是这并不意味着从此蒙古便不会觊觎西藏与康区，而且蒙藏之间的联盟也意味着对康区的渗透。因此，清廷就必然会采取措施隔绝蒙藏对康区可能产生的影响。这就是康藏划界被赋予的主要使命。

从后来的历史来看，这一行动有着十分深远的影响。1880 年，当在康区发生瞻对藏官纵容所辖查录头人肆行纠掳理塘时，四川总督丁宝桢的一席话再次确证了康藏划界的重要意义。"惟臣等以为欲杜侵凌之渐，必严疆界之分。溯查雍正年间前川陕总督臣岳钟琪等会勘界址，奏明以邦木、南墩适中之宁静山为界，并于喜松工、达拉两山各立界牌，且有邦木系通宗鄂城大道，不可使藏界包入川界之议。昔人深思远虑，具有先见。"①

第二，康藏划界使得清廷得以全面控制康区，使康区真正成为清廷治藏

---

① 《丁宝桢等奏请勘明内地与瞻对界址以杜侵凌之渐片》（光绪七年正月初一日），中国藏学研究中心、中国第一历史档案馆、中国第二历史档案馆、西藏自治区档案馆、四川省档案馆编《元以来西藏地方与中央政府关系档案史料汇编》第 4 册，第 1270 页。

的前沿与重要依托。

康藏划界最终确定了康区的归属，而之后清廷进一步加强了对康区的控制与统治，推进了康区的内地化进程。这使得康区在清廷治藏战略中的地位得以凸显，并成为治藏前沿与依托。

从"西炉之役"开始，清廷开启控制康区的历程。"驱准保藏"过程中开通了由康入藏的通道，平定罗卜藏丹津叛乱则使清廷全面控制了康区。清廷对康区的控制在很大程度上是围绕着对西藏的治理而逐步推进的，在这一过程中，康区地位不断凸显，在清廷治藏战略中的作用也越来越大。在清廷对康区的控制过程中，康藏划界有着关键性的作用。因为在行政上界线的划定，使得清廷可以在康区进行有针对性的施政，从而使康区的内地化进程加快，之后的设立土司以及"改土归流"，都是以康藏界线为空间范围。

康藏划界的主要目的是消除和硕特蒙古与西藏在康区的势力，防止蒙藏联盟对康区的渗透与影响，同时也意在加强对康区的控制，所以在划界过程中，清廷着眼于保障由康入藏道路的畅通。此外，康区番民内属程度也使划界过程充满争议，但是最终经过8年时间，康藏界线划定。

康藏划界对清廷在藏区的治理具有重要意义。通过划界隔绝蒙藏地方势力的影响，就避免了康藏之间发生纠纷、产生争端，同时也使得清廷完全控制了康区并使之内地化，这样康区就作为一个相对独立的区域凸显出来并成为清廷治理西藏的前沿与依托，深刻地影响了其后历史的进程。

第 十 一 章

七世达赖喇嘛移驻康区惠远寺

七世达赖喇嘛于 18 世纪二三十年代驻锡康区，为颇罗鼐·硕南多杰（又译为索朗多杰、索南多杰，1689—1747）总理西藏事务铺平道路，使西藏在这一时期远离准噶尔的侵扰，从而为西藏提供了一个较稳定的和平发展环境。这不仅是西藏历史上的一个重要事件，[1] 也是对康区历史产生重大影响的事件之一。这一时期是清廷全面控制康区后第一次深入治理康区，加强对康区统治的重要阶段，也是确立康区作为治理西藏依托地位的关键时期。因此，这一事件对达赖喇嘛与康区和西藏地方政府[2]间的关系，以及清廷对康区的统治产生了深远的影响。

第一节　七世达赖喇嘛在理塘的转世及认定

七世达赖喇嘛（1708—1757）出生之时，西藏正面临重重危机。1705年，和硕特蒙古首领拉藏汗（1677—1717）与西藏第悉（Sde srid，又译为第斯或第司）桑结嘉措（1653—1705）之间发生了战争。后者被击败，因而由后者选定并扶持的六世达赖喇嘛仓央嘉措（1683—1706）自然也就在劫难逃。事发后，拉藏汗上书康熙帝，奏称六世达赖喇嘛仓央嘉措不守清

---

① Luciano Petech, *China and Tibet in the Early ⅩⅧ Century：History of the Establishment of Chinese Protectorate in Tibet*, Leiden：Brill, 1972, p. 158；伯戴克：《十八世纪前期的中原和西藏》，周秋有译，西藏人民出版社 1987 年版，第 191 页；柳陞祺：《1727—1728 年卫藏战争前后清中央的治藏方策》，《民族研究》2004 年第 1 期；星全成：《"卫藏战争"与七世达赖迁居康区》，《青海民族学院学报》2005 年第4 期；张虎生：《御制惠远庙碑文校注——兼说七世达赖喇嘛移居惠远寺》，《中国藏学》1994 年第 3 期。

② 又称为"西藏噶厦政府"或"噶厦政府"。

规，是假达赖，请予"废立"。① 1706 年，康熙帝准拉藏汗所奏，决定将仓央嘉措解送北京，予以废黜。② 但是，同年 12 月在递解进京的途中，六世达赖喇嘛因病圆寂。③ 于是，这激化了各有关方面的矛盾。

六世达赖喇嘛圆寂后，1707 年 2 月拉藏汗将其子意希嘉措（又译为益西嘉措，也有说是乞丐之子）选定为六世达赖喇嘛。④ 但蒙藏各界皆未认同。1710 年 3 月，在拉藏汗、五世班禅额尔德尼·罗桑益西贝桑布（1663—1737）的一再要求下，康熙帝才正式承认意希嘉措为六世达赖喇嘛，但仍未得到包括青海和硕特诸部在内的蒙古各部以及拉萨三大寺等的认可。

1708 年藏历 7 月 19 日，一个叫格桑嘉措的孩子出生在今甘孜州理塘县的理塘寺山脚下。其父索南达吉（又译为索朗达吉、索诺木达尔扎）系山南琼结人，自幼出家为僧，后随哲蚌寺大僧官噶居顿丹旺波来到理塘寺，负责处理当地俗人的各种事务，并在当地还俗。其母洛桑群措为理塘当地人。⑤ 格桑嘉措出生后不久，⑥ 当地一位被称为保护神沃德噶布（又译作奥丹噶布，'Od ldan dkar po）⑦ 附体的僧人宣称其为六世达赖喇嘛的转世。⑧ 这一消息逐渐传开后，引起了蒙藏各方的关注。1712 年，青海蒙古和硕特部首领亲王巴图尔台吉派人朝拜该灵童，表明承认其地位。⑨ 1712 年和 1714 年，拉藏汗也派使者前来调查该灵童的情况。⑩ 1714 年，其父母担心有人会

---

① 《清圣祖实录》卷 227，康熙四十五年十二月丁亥条。
② 《清圣祖实录》卷 227，康熙四十五年十二月丁亥条。
③ 《清圣祖实录》卷 227，康熙四十五年十二月庚戌条。
④ 《清圣祖实录》卷 236，康熙四十八年正月己亥条；卷 241，康熙四十九年三月戊寅条。
⑤ 章嘉·若贝多杰：《七世达赖喇嘛传》（藏文版）上册，中国藏学出版社 2010 年版，第 16—18 页；章嘉·若贝多杰：《七世达赖喇嘛传》（汉文版），蒲文成译，中国藏学出版社 2006 年版，第 7 页。
⑥ 章嘉·若贝多杰：《七世达赖喇嘛传》（藏文版）上册，第 20 页；章嘉·若贝多杰：《七世达赖喇嘛传》（汉文版），第 11 页。
⑦ 又称多杰奥丹噶布，本名多杰扎丹，也叫拉钦奥丹噶布和乃穷护法，为原西藏地方政府哲蚌寺的主要护法神。
⑧ 章嘉·若贝多杰：《七世达赖喇嘛传》（藏文版）上册，第 24 页；章嘉·若贝多杰：《七世达赖喇嘛传》（汉文版），第 11 页。
⑨ 章嘉·若贝多杰：《七世达赖喇嘛传》（藏文版）上册，第 29 页；章嘉·若贝多杰：《七世达赖喇嘛传》（汉文版），第 13 页。
⑩ 章嘉·若贝多杰：《七世达赖喇嘛传》（藏文版）上册，第 26、30 页；章嘉·若贝多杰：《七世达赖喇嘛传》（汉文版），第 12、14 页。

加害于他，于是带他逃往德格避难。① 在那里，德格土司登巴泽仁（1678—
1738/1739）热情地款待理塘"灵童"一行，并向其敬献厚礼。② 1715 年，
青海蒙古和硕特诸部首领派使者组成朝拜团到德格向格桑嘉措致敬，赠送书
信礼品。然后他们遣兵取道德格，迎理塘"灵童"至青海。于是，格桑嘉
措一行在蒙古兵及虔诚信徒们的簇拥下，浩浩荡荡地离开德格，前往
青海。③

理塘"灵童"在格鲁派和青海蒙古诸部中的影响力越来越大，震动了
清廷，引起了康熙帝的高度重视。1712 年，康熙帝闻报理塘"灵童"一事
后，即派扎萨克喇嘛格勒群佩等前往扎什伦布寺询问五世班禅喇嘛。当时五
世班禅喇嘛慑于拉藏汗的权威，不敢承认格桑嘉措为"真灵童"。④ 而青海
蒙古各部上奏清廷，陈述理塘"灵童""实系达赖喇嘛转世"情由，"恳求
册封"。康熙帝因其"与藏中（即拉藏汗）所奏互相是非"，怕"其弟兄内
部或起争端"，故一面令将理塘"灵童""送京亲看"，一面又派人进藏询问
五世班禅喇嘛"此胡必尔汗之真假"，⑤ 同时派侍卫阿齐图前往看视。但是，
和硕特部首领等不同意"亲往班禅处问其真假"之策，还吁请康熙帝准许
"灵童"暂缓进京。他们奏称"灵童"年幼，尚未出疹痘，故不宜出行，并
于 1715 年初将"灵童"移置在黄河对岸山上。⑥ 康熙帝认为上述首领所奏
言之有理，乃命将"灵童"暂于西宁口内寺庙（红岩寺）居住。⑦ 同年藏历
8 月 20 日，由拉萨三大寺及各地僧人捐资新建寺院。"灵童"赐名"南杰扎

---

① 章嘉·若贝多杰：《七世达赖喇嘛传》（藏文版）上册，第 30—33 页；章嘉·若贝多杰：《七世
达赖喇嘛传》（汉文版），第 14 页。

② 章嘉·若贝多杰：《七世达赖喇嘛传》（藏文版）上册，第 32 页；章嘉·若贝多杰：《七世达赖
喇嘛传》（汉文版），第 15 页。

③ 章嘉·若贝多杰：《七世达赖喇嘛传》（藏文版）上册，第 33 页；章嘉·若贝多杰：《七世达赖
喇嘛传》（汉文版），第 15—16 页。

④ 参见《五世班禅传》，第 263 页，转引自洛丹《七世达赖喇嘛的确认、册封、坐床》，《西藏研
究》1990 年第 2 期。

⑤ 《清圣祖实录》卷 263，康熙五十四年四月辛未条。

⑥ 章嘉·若贝多杰：《七世达赖喇嘛传》（藏文版）上册，第 36 页；章嘉·若贝多杰：《七世达赖
喇嘛传》（汉文版），第 18、21 页；《清圣祖实录》卷 263，康熙五十四年四月辛未条。

⑦ 《清圣祖实录》卷 263，康熙五十四年四月辛未条。

仓"（Rnam rgyal graw tshang）。① 同年，康熙帝谕令将"灵童"暂时移入塔尔寺安榻供养。② 同年 3 月 16 日，青海和硕特诸部奉旨将格桑嘉措迎请到塔尔寺驻锡。③ 之后，康熙帝先后两次赐旨赏恩，承认格桑嘉措为"达赖喇嘛转世"，④ 并派兵前往布防、保护。在前往德格、青海途中以及驻锡塔尔寺期间，四方僧俗敬信格桑嘉措"有如神明"。⑤ 蒙藏各地诸部族、土司头人、寺院等遣使竭诚朝拜献物、尽心供奉。⑥ 塔尔寺一时成为一个朝拜中心。清廷令格桑嘉措移置塔尔寺，对于安抚蒙藏地区在战略上起到了重要作用。

1717 年，卫拉特蒙古准噶尔部率军侵扰西藏。当时准噶尔军队散布谣言说他们是青海戴青和硕齐（即察罕丹津）的军队，是由多康护送观世音化身达赖喇嘛至雪域。⑦ 这使众多西藏百姓信以为真，甚至前往欢迎。加之，当时大量藏人僧俗对拉藏汗废黜六世达赖喇嘛不满，纷纷倒戈，反对拉藏汗。准噶尔军队乘机顺利攻入拉萨，拉藏汗被杀，意希嘉措被废黜。达孜巴·拉杰热丹（清史作"达克咱"，统治时期为 1718—1720 年）被任命为西藏摄政第悉。至此，和硕特部蒙古在西藏的统治结束。

1718 年 3 月 12 日，康熙帝才收到拉藏汗恳求救兵的奏疏，即令西安将军总督额仑特率军自穆鲁乌苏（通天河）出击，但不幸于喀喇乌苏全军覆灭。清廷为之震动，康熙帝认为"西藏屏蔽青海、滇、蜀，苟准夷盗据，将边无宁日"，⑧ 为了驱逐在西藏的准噶尔军队，决定借重格桑嘉措，再派大军征讨，并护送格桑嘉措由青海入藏。1719 年初，康熙十四子允禵被任命为抚远大将军，坐镇西宁，指挥进藏大军。抚远大将军一到任，随即前往

---

① 章嘉·若贝多杰：《七世达赖喇嘛传》（藏文版）上册，第 45 页；章嘉·若贝多杰：《七世达赖喇嘛传》（汉文版），第 21 页。

② 《达赖喇嘛生世及皇帝赐予历辈达赖喇嘛奖品的两份登记单》，西藏历史档案馆藏藏文文献，全宗号：004-14，目录号：2，文件号：177，转引自洛丹《七世达赖喇嘛的确认、册封、坐床》，《西藏研究》1990 年第 2 期。

③ 《清圣祖实录》卷 268，康熙五十五年闰三月己卯条。

④ 章嘉·若贝多杰：《七世达赖喇嘛传》（藏文版）上册，第 38、54 页；章嘉·若贝多杰：《七世达赖喇嘛传》（汉文版），第 25、40 页。

⑤ 《清圣祖实录》卷 279，康熙五十七年五月壬申条。

⑥ 章嘉·若贝多杰：《七世达赖喇嘛传》（藏文版）上册，第 30—38、50—104 页；章嘉·若贝多杰：《七世达赖喇嘛传》（汉文版），第 14—15、16—46 页。

⑦ 多卡夏仲·泽仁旺杰：《颇罗鼐传》（藏文版），四川民族出版社 2002 年版，第 198—199 页。

⑧ 魏源：《圣武记》，第 205—206 页。

塔尔寺朝拜格桑嘉措。1719 年，康熙帝颁旨于 1720 年护送格桑嘉措入藏坐床。[①] 1720 年藏历 3 月 20 日，康熙帝正式册封格桑嘉措为"宏法觉众第六辈达赖喇嘛"，由允禵亲自送来康熙帝赐给格桑嘉措的金印、金册。[②] 1720年藏历 4 月 20 日，格桑嘉措在允禵的陪同下，从塔尔寺动身前往拉萨。达赖喇嘛及护送大军在所经之地，受到了当地大小领主、土司头人、僧俗民众的热烈欢迎和竭诚朝拜。[③] 此次清军以护送达赖喇嘛的名义进军西藏时，不仅得到青海和硕特诸蒙古部落的大力支持，而且原属拉藏汗旧臣康济鼐·索南杰布（又名岱青巴图尔,？—1727）、颇罗鼐及阿尔布巴·多吉杰布（又译为阿沛巴·多吉杰布）也纷纷响应，从阿里、日喀则、工布江达等地抗击准噶尔军队，使得后者在西藏几乎全军覆灭。1720 年藏历 9 月 15 日，格桑嘉措在布达拉宫坐床。同年藏历 11 月 5 日，五世班禅喇嘛为七世达赖喇嘛授了沙弥戒，取法名为洛桑格桑嘉措。[④]

第二节　"卫藏战争"与七世达赖喇嘛移驻惠远寺

清廷将准噶尔部驱逐出西藏后，任命康济鼐等五人为噶伦，共同掌管西藏地方政权，处理西藏地方日常政务。但诸噶伦却分成了三股势力，即以康济鼐和颇罗鼐为代表的后藏世俗贵族势力、以阿尔布巴和隆布鼐·扎西杰布为代表的前藏世俗贵族势力以及以扎尔鼐·洛珠杰布为代表的达赖喇嘛势力集团。[⑤] 这引发了严重的内乱。1727 年 8 月，阿尔布巴、隆布鼐和扎尔鼐杀

①　《清圣祖实录》卷 285，康熙五十八年九月乙未条；章嘉·若贝多杰：《七世达赖喇嘛传》（藏文版）上册，第 94—95 页；章嘉·若贝多杰：《七世达赖喇嘛传》（汉文版），第 43—44 页。

②　章嘉·若贝多杰：《七世达赖喇嘛传》（藏文版）上册，第 102—103 页；章嘉·若贝多杰：《七世达赖喇嘛传》（汉文版），第 45 页。

③　章嘉·若贝多杰：《七世达赖喇嘛传》（藏文版）上册，第 104—119 页；章嘉·若贝多杰：《七世达赖喇嘛传》（汉文版），第 46—52 页。

④　章嘉·若贝多杰：《七世达赖喇嘛传》（藏文版）上册，第 123—124 页；章嘉·若贝多杰：《七世达赖喇嘛传》（汉文版），第 53、55 页。

⑤　详情参见黄全毅《甘孜名人：七世达赖喇嘛格桑嘉措》，《四川民族学院学报》2013 年第 3 期，第 1—6 页；Luciano Petech, *China and Tibet in the Early XVIII Century: History of the Establishment of Chinese Protectorate in Tibet*, Leiden: Brill, 1972, p. 114；伯戴克：《十八世纪前期的中原和西藏》，第 141—142 页。

死了康济鼐，① 于是爆发了前后藏间的卫藏战争。当颇罗鼐带兵征讨阿尔布巴时，清廷支持了颇罗鼐。② 经过近一年的战斗，1728 年 7 月初颇罗鼐直抵拉萨，不久驻藏大臣马喇、僧格宣判阿尔布巴等三人有罪，并将他们正法，③ 同时封颇罗鼐为贝子，总理西藏政务。④

　　卫藏战争一结束，雍正帝一面令颇罗鼐总理西藏政务，一面下令七世达赖喇嘛移驻康区。究其原因，主要有以下三点。首先，1723—1724 年青海和硕特蒙古部罗卜藏丹津反叛清廷，⑤ 被击败后逃到了准噶尔部。⑥ 准噶尔蒙古一直是影响和威胁西藏政局的一大隐患，这使清廷担忧准噶尔部再次进军西藏。清廷清楚地意识到准噶尔部屡屡窥伺、入侵西藏，目的是企图劫持和操纵达赖喇嘛。对准噶尔部而言，将格鲁派首领达赖喇嘛控制在自己手中，在宗教和政治上均能获得非凡影响。这样他们在蒙古人和藏人中就会有极大的号召力，并能控制蒙藏各部。⑦ 1727 年，准噶尔部首领策妄阿拉布坦逝世。其子噶尔丹策楞继任可汗后，奏请清廷允许他前往西藏为其父亲礼祭熬茶布施，并宣称意欲将先前所掠拉藏汗的儿子送回西藏。这进一步加深了清廷对准噶尔部再次侵扰西藏的忧虑，因此，清廷决议将七世达赖喇嘛迁到康区，远离准噶尔部的威胁，并将其牢牢掌握在中央政府手中。⑧

　　其次，七世达赖喇嘛移驻康区是清廷处理西藏内乱善后事宜的措施之一，为颇罗鼐总理西藏事务铺平道路。在卫藏战争中，七世达赖喇嘛之父也

---

　　① 《清世宗实录》卷 59，雍正五年七月癸酉条；多卡夏仲·泽仁旺杰：《颇罗鼐传》（藏文版），第 392—396 页。

　　② 《清世宗实录》卷 62，雍正五年十月己亥条。

　　③ 《清世宗实录》卷 73，雍正六年九月丁丑条。

　　④ 《清世宗实录》卷 76，雍正六年十二月丁酉条。1731 年 11 月，颇罗鼐被封为贝勒，1739 年 12 月被封为郡王。

　　⑤ 关于罗卜藏丹津叛乱的详情，参见 Kato Naoto, "Lobsang Danjin's Rebellion of 1723: With a Focus on the Eve of the Rebellion," *Acta Asiatica: Bulletin of the Institute of Eastern Culture* 64 (1993): 57—80。

　　⑥ 清廷担心杀死康济鼐的阿尔布巴和隆布鼐，会与罗卜藏丹津内外"勾结"，对其统治构成威胁。参见《清世宗实录》卷 78，雍正七年二月癸巳条。

　　⑦ 拉藏汗废黜仓央嘉措时，准噶尔部首领策妄阿拉布坦曾派人到西藏，迎请仓央嘉措前往伊犁。那时康熙皇帝认为"蒙古素崇佛教，有达赖喇嘛之名皆倾向之，倘为策旺阿拉布坦迎去，则西藏、蒙古皆向策旺阿拉布坦"。参见祁韵士《皇朝藩部要略》卷 17，《西藏学汉文文献汇刻》第 3 辑，全国图书馆文献缩微复制中心 1993 年版，第 259 页。

　　⑧ 《清世宗实录》卷 145，雍正十二年七月癸巳条。

卷入其中。他本身是卫藏琼结人，又娶隆布鼐之女为妾，[①] 而且也是阿尔布巴的母舅，[②] 自然同阿尔布巴等联合。[③] 他被认为是此次内乱的幕后策划人，并站在前藏贵族立场上干涉西藏政务。[④] 再者，由于七世达赖喇嘛年幼，西藏的政务被其父亲等操纵。[⑤] 清廷担心颇罗鼐与七世达赖喇嘛发生争端，于是"议迁达赖喇嘛于理塘，以杜衅端"。[⑥] 这一决定是为颇罗鼐主持西藏政务减少阻力，同时也避免再次引发西藏地方的权力斗争。

最后，我们可以在《御制惠远庙碑》[⑦] 中清楚地了解到促使雍正帝将七世达赖喇嘛移驻康区的真正目的。碑文的具体内容如下：

> 近边之番彝，离藏遥远，皆有皈依佛法之心……是以广布黄教，宣讲经典，使番彝道俗崇法慕义，亿万斯年永跻仁寿之域，则于佐助王化实有裨益……[⑧]

这一观点也在雍正帝颁布的另一道圣旨中有所反映。该圣旨命令 2000 官兵驻镇理塘，护持噶达：

> 俾佛教振兴，西陲一带喇嘛、古宗，皆得瞻慈，云以求度脱，息杀机

---

① 《清世宗实录》卷 52，雍正五年正月丁巳条。

② 参见中国西南民族研究学会《藏族学术讨论会论文集》编辑组编《藏族学术讨论会论文集》，西藏人民出版社 1984 年版，第 182 页。

③ 拉藏汗死后，其部属千人尚留在藏北的当雄一带，归七世达赖喇嘛的父亲统率。清廷担心一旦蒙古准噶尔部侵犯西藏，拉藏汗的遗部可能会成为准噶尔蒙古可以依靠的潜在力量。清廷明确规定，在达赖喇嘛活着时，其父兄等人不许干政。

④ Luciano Petech, *China and Tibet in the Early XVIII Century: History of the Establishment of Chinese Protectorate in Tibet*, Leiden: Brill, 1972, p. 151; 伯戴克：《十八世纪前期的中原和西藏》，第 182 页；黄全毅：《甘孜名人：七世达赖喇嘛格桑嘉措》，《四川民族学院学报》2013 年第 3 期，第 1—6 页。

⑤ 《清世宗实录》卷 62，雍正五年十月己亥条。

⑥ 《清世宗实录》卷 75，雍正六年十一月己巳条。

⑦ 该碑现立于惠远寺二门到外边的左侧。碑身正面刻两种文字，右边汉文，左边蒙古文，各占一半，皆竖行由右向左书写。参见张虎生《御制惠远庙碑文校注——兼说七世达赖喇嘛移居惠远寺》，《中国藏学》1994 年第 3 期。

⑧ 《御制惠远庙碑》，四川省道孚县志编纂委员会编纂《道孚县志》，四川人民出版社 1998 年版，第 573 页。

而生善念。边境常享敉宁之福，庶不负我圣祖仁皇帝柔远爱人之意。①

　　如果清廷意欲利用藏传佛教来约束统治蒙古人和藏人，首先必须处理好与藏传佛教首领间的关系。清廷通过让达赖喇嘛移驻到一个精心设计的、有自己足够支持和保护的驻锡地，使其得到妥善安置。②

　　在雍正帝以前的80年里，清廷主要采用怀柔政策。采取的措施包括怀柔羁縻、抬高格鲁派地位等。1728年，鉴于西藏内乱的教训，雍正帝正式任命钦差马喇和僧格为驻藏大臣，并建立了驻藏大臣衙门，以便进一步加强和巩固对西藏的治理与施政。同年，清廷决定将2000川陕兵留驻拉萨，在昌都留驻滇军千人，在紧急情况下"作为声援"。③ 同时，清廷也竭力将西藏势力加以分化、削弱，比如将打箭炉、巴塘、理塘等划归四川管辖，将结塘（今中甸）、阿墩子（今德钦）、巴龙（今维西）等置于云南统治之下，④将拉孜、昂仁、彭措林等划归班禅喇嘛统辖。⑤

　　1. 选择理塘为暂驻地、噶达为达赖喇嘛驻锡地——理塘的特殊地理位置

　　1727年2月22日，在奏呈的《准噶尔若侵藏预筹保护达赖喇嘛折》中，四川提督岳钟琪详细分析了当时西藏的局势。为了防止达赖喇嘛落入准噶尔部手中，他奏请皇帝"将达赖喇嘛保护送入内地"。⑥ 雍正帝也颁旨，邀请达赖喇嘛赴内地会晤。⑦ 但是，达赖喇嘛没有去北京，而是先在理塘暂驻，然后定居在噶达（Mgar thar，即"泰宁"）。清廷做这样的决定有两个原因。一个原因是那时西藏的内乱刚被平息，如果此时达赖喇嘛迁居北京的

---

① 毛振翻：《毛振翻西征记》，《西藏艺文考》（下），《西藏图考》，第233页。

② 嘉庆《理塘志略》，全国人民代表大会民族委员会办公室编《甘孜藏区社会调查资料汇辑》，1957年油印本，第40页。

③ 《清世宗实录》卷75，雍正六年十一月己巳条。

④ 《清世宗实录》卷43，雍正四年四月癸亥条。

⑤ 恰白·次旦平措、诺昌·吴坚：《西藏简明通史·松石宝串》（藏文版）下册，西藏藏文古籍出版社2016年版，第63页。

⑥ 《岳钟琪奏准噶尔若侵藏预筹保护达赖喇嘛折》（雍正五年二月二十二日），中国藏学研究中心、中国第一历史档案馆、中国第二历史档案馆、西藏自治区档案馆、四川省档案馆编《元以来西藏地方与中央政府关系档案史料汇编》第2册，第378页。

⑦ 多卡夏仲·泽仁旺杰：《颇罗鼐传》（藏文版），第492页；多卡夏仲·策仁旺杰：《颇罗鼐传》（汉文版），第346页。

话，会使卫藏的民众焦虑不安，不利于局势的稳定。① 相反，让达赖喇嘛迁居康区至少不会引起卫藏人的疑虑，因此，让他留在了"近边地方，以便照看"。②

另一个原因是理塘所处的特殊地理位置。理塘远离拉萨，暂驻其地能达到不让达赖喇嘛卷入西藏地方政治斗争的目的，同时也能使达赖喇嘛远离准噶尔蒙古部。这将使蒙古人胁迫达赖喇嘛变得困难，更不会威胁到他的人身安全。理塘已划归四川管辖，且离四川省府成都较近，四川军队也能有效地保护达赖喇嘛。何况理塘是七世达赖喇嘛的家乡，在此暂驻理所当然。

1728 年 11 月，七世达赖喇嘛接到雍正帝要接见他的圣旨。达赖喇嘛奏称"目前，我要学经习法，不得空闲。我还没有出过天花，因此，暂时不便赴京"，③ 但认为"朵麦（康区）地区宏法利众时机已至，遂悦意领受大皇帝圣旨"。④ 同年 12 月，达赖喇嘛与护送他的官兵一道沿川藏道南路贸易通道（又称官道）出行，经过了工布江达、嘉里、边坝、硕板多、洛隆、巴塘等地。⑤ 达赖喇嘛受到沿途各地僧俗民众迎送及顶礼膜拜。他也向沿途大小寺院赐放布施。⑥ 1729 年初，达赖喇嘛一行抵达昌都和察雅，⑦ 得到了六世帕巴拉帕巴济美丹贝嘉措（又作帕巴晋美丹巴嘉措，1714—1754）、四世察雅切仓罗桑朗杰（又作罗桑朗结，1693—1750）和三世察雅穷仓罗桑丹贝（1683—1739）的精心照料和供养。为了让达赖喇嘛安全移驻

① 星全成：《"卫藏战争"与七世达赖迁居康区》，《青海民族学院学报》2005 年第 4 期，第 13—16 页。

② 《清世宗实录》卷 145，雍正十二年七月癸巳条。

③ 多卡夏仲·泽仁旺杰：《颇罗鼐传》（藏文版），第 492 页；多卡夏仲·策仁旺杰：《颇罗鼐传》（汉文版），第 346—347 页。

④ 章嘉·若贝多杰：《七世达赖喇嘛传》（藏文版）上册，第 216 页；章嘉·若贝多杰：《七世达赖喇嘛传》（汉文版），第 93 页。

⑤ 章嘉·若贝多杰：《七世达赖喇嘛传》（藏文版）上册，第 222—226 页；章嘉·若贝多杰：《七世达赖喇嘛传》（汉文版），第 96—97 页。嘉色活佛晋美益西扎巴被委任为摄政，在达赖喇嘛去康区期间管理教务。

⑥ 章嘉·若贝多杰：《七世达赖喇嘛传》（藏文版）上册，第 222—226 页；章嘉·若贝多杰：《七世达赖喇嘛传》（汉文版），第 96—98 页。

⑦ 行至中途，传来谕令催促达赖喇嘛一行加速前往理塘。我们从中可见当时的情况是何等的紧急。参见章嘉·若贝多杰《七世达赖喇嘛传》（藏文版）上册，第 224 页；章嘉·若贝多杰《七世达赖喇嘛传》（汉文版），第 96 页。

理塘，雍正帝命令几位副都统率领 2000 士兵"前去迎接"。① 1729 年 3 月，达赖喇嘛被护送到理塘。为了保证达赖喇嘛的人身安全，雍正帝再次颁旨"副都统马喇着留驻理塘，同萧格照看达赖喇嘛"，② 同时令清军在重要关卡、隘口设兵驻防，严密护卫。1729 年，哲蚌寺果芒堪布阿旺南卡转雍正帝给达赖喇嘛的谕旨中写道："喇嘛来理塘甚好，慑于内地痘疹不能迎请，等皇帝巡视外地时会晤，计划理塘附近新建驻锡寺院。"③ 七世达赖喇嘛回奏"后闻有令瞻仰天颜之谕旨，即欲星驰前来，因尚未出痘，不能亲叩金阙"。④

在暂驻理塘的一年多时间里，七世达赖喇嘛接到雍正帝赐给的大量宫廷礼物，种类繁多。⑤ 其间，雍正帝也谕令达赖喇嘛之父进京觐见，封其为辅国公。⑥ 后来，总理西藏政务的贝子颇罗鼐遣人向达赖喇嘛敬献白银四百两。同时，德格土司登巴泽仁也派人献黄金、绸缎、马牛等财物。⑦ 理塘第巴阿本扎西、巴塘彭吉岭寺僧、乡城桑披岭寺僧、稻城雄登寺喇嘛与僧人、稻城贡噶岭寺僧、得荣龙绒地方的扎噶庙僧人、云南奔子栏甘丹东竹林寺僧、阿墩子德钦林寺僧、中甸松赞林寺僧以及木里喇嘛等也各按财力向达赖喇嘛敬献丰厚的祈寿礼物。⑧ 达赖喇嘛也数次为当地及远道而来的数千僧俗民众摩顶赐福，并讲授佛法教义。⑨

2. 噶达的军事贸易地位

噶达位于由"多康六岗"之一的木雅热岗环绕的一个圆形平地上，是

---

① 《清世宗实录》卷 76，雍正六年十二月辛卯条。

② 《清世宗实录》卷 78，雍正七年二月壬寅条。

③ 章嘉·若贝多杰：《七世达赖喇嘛传》（藏文版）上册，第 230—231 页；章嘉·若贝多杰：《七世达赖喇嘛传》（汉文版），第 99 页。

④ 《允礼奏与达赖喇嘛相见情形折》（雍正十三年闰四月初一日），中国藏学研究中心、中国第一历史档案馆、中国第二历史档案馆、西藏自治区档案馆、四川省档案馆编《元以来西藏地方与中央政府关系档案史料汇编》第 2 册，第 451 页。

⑤ 章嘉·若贝多杰：《七世达赖喇嘛传》（藏文版）上册，第 228 页。

⑥ 章嘉·若贝多杰：《七世达赖喇嘛传》（藏文版）上册，第 231 页；《清世宗实录》卷 82，雍正七年六月丁丑条。

⑦ 章嘉·若贝多杰：《七世达赖喇嘛传》（藏文版）上册，第 230 页；章嘉·若贝多杰：《七世达赖喇嘛传》（汉文版），第 99 页。

⑧ 章嘉·若贝多杰：《七世达赖喇嘛传》（藏文版）上册，第 227 页；章嘉·若贝多杰：《七世达赖喇嘛传》（汉文版），第 98 页。

⑨ 章嘉·若贝多杰：《七世达赖喇嘛传》（藏文版）上册，第 233、236 页；章嘉·若贝多杰：《七世达赖喇嘛传》（汉文版），第 99—100 页。

一个拥有悠久历史的古老城镇。根据当地的传说，松赞干布的大臣噶尔·东赞从长安返回西藏途中，抵达该地时得以摆脱唐朝的追兵。因此，该地在藏语中被称为"噶达"，意为"噶尔逃脱的地方"。但是，我们只能将该地区有记载的历史追溯到 1265 年，[①] 即元廷为了加强其在该地的戍军力量，而建立了噶达（又写作哈达、匣达或合达）城。"假道吐蕃进攻四川"和"斡腹之谋"（即假道吐蕃、大理，发起进攻南宋的大迂回战术）等策略与元廷加强其对藏东地区的控制密切相关。1252 年，忽必烈发起对大理国的军事远征。[②] 忽必烈亲率中路军，武力借道康区一些地区前往大理。[③] 1254 年，元朝征服大理国后，开始将注意力转向武力控制东部藏区。忽必烈成为元朝皇帝后的 14 年中，使沿大渡河一带的各藏人部族归顺元廷，并给这些部族的首领分封名号和官职。由于噶达地势险要，元代朵甘思哈答李唐（理塘）鱼通等处钱粮总管府所在地应为噶达。[④] 元廷将噶达视作重镇，1274 年移碉门（今天全）之兵戍守该城。[⑤] 1276 年，元廷又派 500 名士兵驻防该地，以加强当地的军事力量，同年为了增强当地统治机构的力量，还将哈达镇升为宁远府。[⑥] 综上所述，早在 13 世纪，噶达已是一个十分重要的具有军事防御能力的要塞。

明代噶达城处于贸易古道的分岔路口，即川藏道北路贸易通道，翻过折多山（Rgyu la）后，途径噶达、道孚（达坞）、炉霍（章谷）等地，最后抵达拉萨。噶达"其地为控扼诸藏要区"，[⑦] 距离川藏道南线的理塘、打箭炉都非常近，为连通康区进藏的南北两路重要的交通中转站。由于该贸易古道也被用作驿路，明朝不得不多次维修贸易古道上的诸多驿站，使该城发展成为沿北路贸易通道的一个重要贸易中心。

康熙和乾隆年间，清廷派兵入西藏驱逐准噶尔部，并平定西藏众噶伦间

---

① 《元史》卷 6《世祖本纪三》。

② 程文海：《平云南碑》，方国瑜主编《云南史料丛刊》第 6 卷，云南大学出版社 2000 年版，第 326 页。

③ 姚燧：《牧庵集》卷 19，《丛书集成初编》本，商务印书馆 1936 年版，第 245 页。

④ 张云：《元代吐蕃等路宣慰司史地考证》，《民族研究》1994 年第 6 期。

⑤ 《元史》卷 8《世祖本纪五》。

⑥ 《元史》卷 9《世祖本纪六》。

⑦ 允礼：《西藏往返日记》，吴丰培辑《川藏游踪汇编》，第 89 页。

的内乱，噶达城成为重要的军事重镇。清廷征服理塘、噶达和川藏道南路沿线的其他地区后，在 1719 年或 1720 年通过给这些地区的首领授予名号和官位，使之处于自己的严密控制之下。正如岳钟琪奏折中所言"附近番民俱系久附版图，颇知守法"。① 罗卜藏丹津叛乱曾波及康北一带，当时的抚远大将军年羹尧在受命征讨罗卜藏丹津的过程中，曾在噶达留驻重兵防守。② 次年，四川巡抚王景灏下令在原有的噶达城基础上修建了噶达"土城"，并建有营房。③ 新建的城为汉式，建有城楼和城墙，筑于东山脚下。④ 城墙由黄土筑成，据传有九米高，宽可容八匹骏马并行。⑤ 城墙绕城一周，形如一只巨大的脚印，南北宽阔，而东西狭仄。⑥ 该城有四道门（即东门、南门、西门和北门），城内建有营房、集市、演武厅及一座关帝庙。⑦ 噶达有雅砻江作天然屏障，可以据守雅砻江三渡之险，⑧ 地形又十分开阔，可以驻扎大军。⑨ 因此，噶达是移驻七世达赖喇嘛的理想之地。

第三节　达赖喇嘛的驻锡地——惠远寺的修建

泰宁选址。1729 年，接到为达赖喇嘛新建一座驻锡寺的谕旨后，负责建寺的官员和高僧开始着手选择寺址。根据当地的传说，负责建寺的清廷官

---

① 《岳钟琪奏复预筹于泰宁地方修建庙宇备达赖喇嘛移驻折》（雍正六年十月初四日），中国藏学研究中心、中国第一历史档案馆、中国第二历史档案馆、西藏自治区档案馆、四川省档案馆编《元以来西藏地方与中央政府关系档案史料汇编》第 2 册，第 431 页。

② 四川省道孚县志编纂委员会编纂《道孚县志》，第 2 页。

③ 曹抡彬、曹抡翰等纂辑乾隆《雅州府志》卷 3《关城》，第 69 页。

④ 允礼：《西藏往返日记》，吴丰培辑《川藏游踪汇编》，第 86 页。

⑤ 现仍能看见部分城墙的遗址。

⑥ 允礼：《西藏往返日记》，吴丰培辑《川藏游踪汇编》，第 86 页。根据当地的传说，噶达镇的平面图是仿照清朝官员官靴的鞋底样子修建的，与通常的汉式城的方形结构不同。

⑦ 在南围墙外，有一大片草地，是原来的练武场。

⑧ 《岳钟琪奏复预筹于泰宁地方修建庙宇备达赖喇嘛移驻折》（雍正六年十月初四日），中国藏学研究中心、中国第一历史档案馆、中国第二历史档案馆、西藏自治区档案馆、四川省档案馆编《元以来西藏地方与中央政府关系档案史料汇编》第 2 册，第 431 页。

⑨ 岳钟琪指出在康区各地，只有理塘和噶达适合驻军。参见《岳钟琪遵旨奏陈拟在察木多等处设兵应援折》（雍正四年十二月三十日），中国藏学研究中心、中国第一历史档案馆、中国第二历史档案馆、西藏自治区档案馆、四川省档案馆编《元以来西藏地方与中央政府关系档案史料汇编》第 2 册，第 375 页。

员按照汉人的习惯，邀请了一位汉人堪舆家，选择一个风水好的寺址。七世达赖喇嘛也指定了一位藏人高僧卜卦，为新寺选址。当他们在建寺的地方相遇时，堪舆家扔了一枚铜币，而僧人则抛出一根银针。这时，奇迹发生了：卜卦师的银针神奇地插入了堪舆家扔的铜币。因此，他们两人都认为这个地方是一个风水宝地。新寺地址就这样选定了。① 该地位于噶达城的西北。《七世达赖喇嘛传》的作者章嘉·若贝多杰也赞颂该寺院所在地是一个吉祥圆满的圣地。② 当地人称之为"莲花圣地"。一个被称为"噶拉孜"（Mgar la btsas）的噶氏家族敬奉山神的处所也在该寺附近。③ 东面当地著名的神山夏扎噶波（Zhag bra/brag dkar po，雅拉神山）的山嘴上有一座大寺院的遗址以及著名译师毗卢遮那的修行洞。故当地人认为它是一个被诸多高僧大德加持而具有功德的圣地。④ 该圣地状如莲花。其地形和位置也有利于在此建造寺院。其中部平坦，四周被茂密森林覆盖的状如八瓣莲花般的山脉所包围。圣地中心曾有一座"恶湖"。⑤ 当地传说有一恶龙住在湖中，常常出来伤害生灵。四周村民无不谈龙色变。有一天当雅拉山神降服此龙后，取出一朵莲花，放在湖中央。莲花渐渐变大，变成了四周状如八瓣莲花的小山。左边山形像四大天王，右边山形像十八罗汉。恶湖四周也得到了平静。当地人能够安居乐业了。于是仿建大昭寺的先例，填湖建寺。⑥

　　融合藏汉风格的寺院建筑。 在噶达修建一宏大寺庙，一则表示清廷对达

---

　　① 根据章嘉呼图克图的叙述，一汉人和尚于湖中钉了一个金刚橛，约一人高，然后填湖修建寺院。参见章嘉·若贝多杰《七世达赖喇嘛传》（藏文版）上册，第238—239页；章嘉·若贝多杰《七世达赖喇嘛传》（汉文版），第102—103页。

　　② 章嘉·若贝多杰：《七世达赖喇嘛传》（藏文版）上册，第238页；章嘉·若贝多杰：《七世达赖喇嘛传》（汉文版），第102—103页。

　　③ 章嘉·若贝多杰：《七世达赖喇嘛传》（藏文版）上册，第238页；章嘉·若贝多杰：《七世达赖喇嘛传》（汉文版），第102页。"噶拉孜"距松赞干布时期建立的百座镇肢寺和镇节寺的最后一座雍卓绕岗拉康不远。参见年叙·降央扎巴《多康木雅绕岗起源简史》（藏文版），2012年（内部出版），第261页；志玛青措《惠远寺简史》（藏文版），民族出版社2012年版，第3页。

　　④ 章嘉·若贝多杰：《七世达赖喇嘛传》（藏文版）上册，第238页；章嘉·若贝多杰：《七世达赖喇嘛传》（汉文版），第103页。

　　⑤ 章嘉·若贝多杰《七世达赖喇嘛传》（藏文版）上册，第238页；章嘉·若贝多杰：《七世达赖喇嘛传》（汉文版），第103页。

　　⑥ 章嘉·若贝多杰《七世达赖喇嘛传》（藏文版）上册，第239页；章嘉·若贝多杰《七世达赖喇嘛传》（汉文版），第103页。

赖喇嘛此行的重视，二则彰显清廷声势，使得达赖喇嘛能够常驻此处。[①] 清廷派遣官员，会同驻打箭炉官员等依照哲蚌寺样式建造该寺。[②] 1729 年 5 月18 日（雍正七年四月十一日），惠远寺动工。四川藩库与四川布政司预拨白银 8 万余两，[③] 雇用省城汉人以及天全高土司、杨土司及明正土司属民约428 人参与建造。[④] 明正土司自愿将其在噶达的领地献出来，以供修建惠远寺及作为卫兵营地用。[⑤] 1730 年 3—4 月（雍正八年二月），惠远寺建成。[⑥]

　　该寺占地总面积为 500 亩，建殿堂楼房 1000 余间，平房 400 余间。[⑦] 建筑雄伟壮观，风格融合了藏、汉建筑传统。正门属汉式大框架造型，装饰有藏式的雕刻和彩绘。该寺还建有三排三道门，皆为釉子屋脊。围绕三排的每一排都有一堵围墙，即内、中、外围墙。大门外墙由 108 座佛塔组成。在碑亭正中有三道门，中间的一道门是给高僧大德进出专用，右边常年开着的门供普通僧侣和朝圣者用，而左边的门则是"违规"僧侣被逐出寺院后所走的通道。正对着大门建有一个照壁，是按照汉式风格修建。在康区所有寺院中，惠远寺可能是唯一一座建有照壁的寺院。惠远寺的布局设计，包括其照壁、大门以及在大殿四角修建的诸多建筑物都属于单檐歇山顶式。这是用来

　　① 《岳钟琪奏复预筹于泰宁地方修建庙宇备达赖喇嘛移驻折》（雍正六年十月初四日），中国藏学研究中心、中国第一历史档案馆、中国第二历史档案馆、西藏自治区档案馆、四川省档案馆编《元以来西藏地方与中央政府关系档案史料汇编》第 2 册，第 431 页。

　　② 《岳钟琪奏报于泰宁建造达赖喇嘛移驻庙宇动工日期及料估银两折》（雍正七年四月十八日），中国藏学研究中心、中国第一历史档案馆、中国第二历史档案馆、西藏自治区档案馆、四川省档案馆编《元以来西藏地方与中央政府关系档案史料汇编》第 2 册，第 438 页；拉巴平措、陈庆英总主编，邓锐龄、冯智主编《西藏通史·清代卷》（上），第 166 页。

　　③ 《岳钟琪奏报于泰宁建造达赖喇嘛移驻庙宇动工日期及料估银两折》（雍正七年四月十八日），中国藏学研究中心、中国第一历史档案馆、中国第二历史档案馆、西藏自治区档案馆、四川省档案馆编《元以来西藏地方与中央政府关系档案史料汇编》第 2 册，第 438 页。清廷预拨白银 8 万两，最终惠远庙的修建只用白银 4 万两余。参见中国第一历史档案馆编《雍正朝汉文朱批奏折汇编》第 14 册，江苏古籍出版社 1989 年版，第 513 页；第 15 册，第 105—108 页；第 17 册，第 692 页。而《七世达赖喇嘛传》（藏文版）则宣称建寺所花费的 14 万两银子均由清廷国库支付。鉴于此，《七世达赖喇嘛传》（汉文版）中建寺所花费的 40 万两银子均由清廷的国库支付这一说法有误。参见章嘉·若贝多杰《七世达赖喇嘛传》（藏文版）上册，第 239 页；章嘉·若贝多杰《七世达赖喇嘛传》（汉文版），第 103 页。

　　④ 中国第一历史档案馆编《雍正朝汉文朱批奏折汇编》第 15 册，第 105—108 页。

　　⑤ 四川省道孚县志编纂委员会编纂《道孚县志》，第 503 页。

　　⑥ 章嘉·若贝多杰：《七世达赖喇嘛传》（藏文版）上册，第 238—239 页；章嘉·若贝多杰：《七世达赖喇嘛传》（汉文版），第 102 页。

　　⑦ 《御制惠远庙碑》，四川省道孚县志编纂委员会编纂《道孚县志》，第 573 页。

修建皇家寺院的建筑风格。照壁前的院落里有 1731 年刻制的蒙文和汉文合璧的"御制惠远寺碑"、1735 年竖立的汉文"惠远寺果亲王命令碑"以及"果亲王诗碑"。①

寺庙主殿是一座具有独特建筑风格的三层土木结构楼房，坐西朝东，由四川工匠建造。走廊也像拉萨大昭寺那样，巨大的柱子需要约十人才能抬得动。② 大殿的中央屋顶为汉式歇山顶，而周围的建筑则采用藏式平屋顶。在主殿大门的正上方，有九头形态各异、面貌各不相同的狮子，象征着七世达赖喇嘛。而大门四周雕刻的九条龙则代表着清朝皇帝。九为阳极之数。因此，刻在大门上的"九龙九狮"也代表惠远寺享有的崇高地位。在该寺大门外面有六幅壁画，最边上有一幅噶达地区各大小保护神的壁画，即山神图。居中的山神是噶达地区最著名的山神"雅拉神山"，是"世界形成之九神山"之一的阿尼玛卿山之子。它被其父亲留在噶达地区保护当地人民安定生活。戴灰色毡帽、骑一头白色牦牛的那位山神叫"扎西农戈"，是十一世达赖喇嘛的保护神。

惠远寺的一个主要建筑叫都冈楼（'Du khang，意为集会大楼），坐北朝南，是一座拥有金顶的三层楼房。1733 年当雍正帝得知噶达地区频繁发生地震后，便下令修建了另外一座拥有皇家园林风格的四方形平坦院落。③ 该院落位于主殿的西面，为达赖喇嘛的寝宫。屋顶上有一呈锯齿状的短墙，那里挂着经幡，窗户按藏式风格修建，都非常小，"前辟一门，西南隅翼以小户，内皆露柱，无间隔。惟置天井以来白光。楼上有复道通西楼，别建小室数楹，达赖喇嘛居之"。④ 许多当地土司属民参与了寺院的修建工作。该寺建成后，雍正帝赐了一块亲自题写的"惠远寺"匾额。⑤ 该寺的藏文名字是"噶达强巴林"（Mgar thar bymas pa gling，意为"弥勒之洲"）。

1730 年 1 月，达赖喇嘛奉皇命离开理塘，由四川重庆总兵官任国荣率

---

① 该寺还有一通题为《泰宁惠远寺碑记》的碑文。这是由四川候补道台史致康于 1865 年所立。

② 章嘉·若贝多杰：《七世达赖喇嘛传》（藏文版）上册，第 239 页；章嘉·若贝多杰：《七世达赖喇嘛传》（汉文版），第 103 页。

③ 章嘉·若贝多杰：《七世达赖喇嘛传》（藏文版）上册，第 263 页；章嘉·若贝多杰：《七世达赖喇嘛传》（汉文版），第 113 页。

④ 允礼：《西藏往返日记》，吴丰培辑《川藏游踪汇编》，第 86 页。

⑤ 四川省道孚县志编纂委员会编纂《道孚县志》，第 503 页。

领的 2000 名士兵护送，前往惠远寺。同年 2 月 3 日，举行了庆祝达赖喇嘛迁居惠远寺的宴会，有诸位钦差参加。钦差萧格向达赖喇嘛敬献了雍正帝所赐的数千两银子。后者感激地收下了这一礼物，并向皇帝上书，表达其对皇帝的感激之情。① 同时，雍正帝也颁发谕旨，命令被派去照看达赖喇嘛的萧格、马喇和其他人，为了让达赖喇嘛高兴，应该恭敬地优待后者。②

为了保障达赖喇嘛驻锡地噶达周围地区的稳定，清廷于 1729 年在康区理塘、巴塘、炉霍、道孚、瞻对（今新龙）、甘孜、德格、白玉、邓科、石渠等地区展开了大规模的土司设置行动，共册封大小土司 67 员。③ 这也是清初以来清廷在康区第二次大规模设置土司。上述地区大多是康区进藏南路及北路所经过的重要关口及周边地域。这些土司的设置对于惠远寺周边及整个康区的稳定有重要的意义，为七世达赖喇嘛在康区的驻锡提供了安定的环境。再者，为了保护七世达赖喇嘛，清廷裁撤了驻今泸定县境内的化林协，在噶达设立了泰宁协，由 1800 名士兵驻防。泰宁协的总部位于噶达，其中中营和右营分别驻防噶达附近地区。为了保护噶达地区，清廷又在打箭炉设阜和营，在中渡（今雅江县）设德靖营，在道孚设宁安营。④ 噶达以西吹音堡驻兵 100 名，加上理塘、巴塘粮台的驻守兵丁近 800 名，此时清廷在康区的驻兵已经超过 2500 名。⑤ 这是清代在康区长驻兵丁人数最多的一个时期。此外，雅砻江三渡设有关卡，对往来人员进行严格的稽查。⑥ 1731 年，清廷在成都设立专门的四川总督，来处理西藏事务以及办理征剿准噶尔所需军需。⑦

---

① 章嘉·若贝多杰：《七世达赖喇嘛传》（藏文版）上册，第 238 页；章嘉·若贝多杰：《七世达赖喇嘛传》（汉文版），第 102 页。

② 中国第一历史档案馆藏《朱批奏折：民族类》，转引自冯智《七世达赖喇嘛噶桑嘉措的政教业绩》，《中国藏学》1989 年第 3 期。

③ 曹抡彬、曹抡翰等纂辑乾隆《雅州府志》卷 11《土司》，第 289—297 页。

④ 允礼：《西藏往返日记》，吴丰培辑《川藏游踪汇编》，第 86 页。泰宁营详情，参见姜连富《泰宁协始末》，政协四川省道孚县委员会编《道孚文史资料选辑》第 3 辑，1991 年，第 27—30 页。

⑤ 甘孜州志编纂委员会编纂《甘孜州志》上册，四川人民出版社 1997 年版，第 721—722 页。

⑥ 《陕西总督奏报噶达添拨官兵分设汛防折》（雍正七年五月二十二日），台北"故宫博物院"编《宫中档雍正朝奏折》第 13 辑，台北"故宫博物院"1977 年版，第 223—226 页。

⑦ 《清世宗实录》卷 110，雍正九年九月壬午条。

第四节 达赖喇嘛驻锡惠远寺及返藏情况

泰宁成为佛教中心。1730—1735 年，七世达赖喇嘛在惠远寺驻锡期间，主要致力于学习佛教经典和闭关修行，并修习密宗的许多佛教教义。经师阿旺曲丹（1677—1751）为其进行了灌顶，并且后来成为第五十四任甘丹赤巴。在这一时期，七世达赖喇嘛赢得了格鲁派最伟大密宗大师之一的名声。他有关密集金刚密宗的坛城（曼陀罗）及灌顶仪式的广注是最有影响力的作品之一，并在格鲁派密宗注疏的代表性著作中赢得了一席之地。①

此外，随着达赖喇嘛移驻惠远寺，西藏佛教的中心也随之从拉萨移到了这里。他为聚集在惠远寺请求摩顶祝福的人们讲经说法，并撰写与藏传佛教有关的著作。那时，有许多人到惠远寺学习或朝拜达赖喇嘛，惠远寺得到佛教徒极大的支持。比如打箭炉、理塘、巴塘、康北地区的霍尔五地区、德格、林葱、玉树、中甸、嘉绒地区及其他地区的土司都来朝拜七世达赖喇嘛，并向他敬献了大量的礼物。② 同时，清廷官员、西藏的僧俗官员以及蒙古各部人员也前来朝拜达赖喇嘛，并敬献厚礼。③ 达赖喇嘛也被康区的主要寺院所尊崇和供养，其中包括昌都强巴林寺、木里大寺、中甸（结塘）松赞林寺、甘孜寺、道孚灵雀寺、炉霍寿宁寺（章谷甘丹朗杰岭）、炉霍格潘庙、甘孜扎科桑珠寺、甘孜扎科扎觉寺、甘孜大金寺、木雅古瓦寺、木雅高尔寺、木雅日库寺、木雅塔公寺、得荣龙绒寺以及朱倭的两个苯教寺院等诸多各教派寺院。④ 尽管七世达赖喇嘛驻锡在理塘和噶达地方，但仍然积极地参与蒙古地区和西藏的宗教活动。比如 1729 年，青海的蒙古人和藏人极其尊崇的三世察

---

① 具体情况可参见 http：//treasuryoflives. org/Biographies/view/Seventh—Dalai—Lama—Kelzang—Gyatso/3107。

② 章嘉·若贝多杰：《七世达赖喇嘛传》（藏文版）上册，第 240—243、248、250—251、256、259—262、270—272、286 页；章嘉·若贝多杰：《七世达赖喇嘛传》（汉文版），第 103、104、107、109—118、122、125 页。

③ 章嘉·若贝多杰：《七世达赖喇嘛传》（藏文版）上册，第 240—241、246—249 页；章嘉·若贝多杰：《七世达赖喇嘛传》（汉文版），第 103、105—111、113、115—126 页。

④ 章嘉·若贝多杰：《七世达赖喇嘛传》（藏文版）上册，第 240、242—243、250、254 255、262、286 页；章嘉·若贝多杰：《七世达赖喇嘛传》（汉文版），第 103—104、107—109、112 页。

汗诺门罕圆寂后，七世达赖喇嘛为其举行了超度仪式。①

　　七世达赖喇嘛也曾多次向康区的寺院发放布施，为广大僧俗民众讲解显、密经典，主持包括超度法事在内的各种仪式，并为他们摩顶祝福。比如 1730 年冬至、1732 年和 1734 年，达赖喇嘛为结塘、木雅、康北霍尔五土司等地附近所有寺院做法事，散发布施。② 达赖喇嘛还为中甸甘丹松赞林寺和霍尔孔萨土司的德拉康经堂撰写有关围绕寺院及其三所依转经次数的规定及转经功德的文本，③ 为炉霍寿宁寺和那雪秀塘寺颁赐其撰写的寺规。④ 1730 年，三岩巴色喇嘛居美贤潘伦珠禀告达赖，三岩民众请求达赖下令制止土匪盗寇危害地方，遂如请颁令，自此南北交界地带盗匪灾害平息。⑤ 达赖喇嘛与理塘寺一直有着十分密切的关系，特别是该寺喇嘛噶瓦桑杰群培到卫藏学经后，与七世达赖喇嘛结为师徒关系。噶瓦喇嘛回到理塘寺后，禀告七世达赖喇嘛由西藏派堪布到理塘寺任职，由于路途非常遥远，迎来送往有诸多不便，加之历任堪布任期届满后，将其间所获的供奉物均运回卫藏地区，对本寺无任何益处，遂请求达赖喇嘛允许今后理塘寺自己任命堪布，得到达赖喇嘛应允。从第十六任堪布起由理塘寺自行任命。⑥ 另外，达赖喇嘛驻锡噶达期间，也与木雅古瓦寺的第三任活佛桑杰仁青建立了密切的关系，曾给该活佛颁发了表示尊崇的文书，还给他授予作为康区的"四位夏仲"（"夏仲"通常指服侍过高

---

　　① 章嘉·若贝多杰：《七世达赖喇嘛传》（藏文版）上册，第 232 页；章嘉·若贝多杰：《七世达赖喇嘛传》（汉文版），第 113 页。1722 年七世达赖喇嘛仍在拉萨时，三世察汗诺门罕前去谒拜他。1723 年 1 月，七世达赖喇嘛邀请三世察汗诺门罕参加新年庆祝晚会。参见章嘉·若贝多杰《七世达赖喇嘛传》（藏文版）上册，第 155—156 页；章嘉·若贝多杰《七世达赖喇嘛传》（汉文版），第 68—69 页。

　　② 章嘉·若贝多杰：《七世达赖喇嘛传》（藏文版）上册，第 249、257—258、275 页；章嘉·若贝多杰：《七世达赖喇嘛传》（汉文版），第 106、110—112、115—116、118、122、125 页。

　　③ 章嘉·若贝多杰：《七世达赖喇嘛传》（藏文版）上册，第 255、272 页；章嘉·若贝多杰：《七世达赖喇嘛传》（汉文版），第 109、116 页。关于为松赞林和德拉康所撰写的转经次数的规定及转经的功德详情，参见格桑嘉措《三所依转经次数规定及转经功德汇集篇》，《七世达赖喇嘛格桑嘉措文集》第 3 卷，锡金甘托克顿珠桑杰出版，1975—1983 年，第 174—203 页。

　　④ 章嘉·若贝多杰：《七世达赖喇嘛传》（藏文版）上册，第 262、265 页；章嘉·若贝多杰：《七世达赖喇嘛传》（汉文版），第 112、114 页。在其文集中，还有他为甘丹松赞林撰写的寺规。详情参见《七世达赖喇嘛格桑嘉措文集》第 3 卷，第 559—584 页。

　　⑤ 章嘉·若贝多杰：《七世达赖喇嘛传》（藏文版）上册，第 243 页；章嘉·若贝多杰：《七世达赖喇嘛传》（汉文版），第 104 页。

　　⑥ 中国藏学研究中心历史宗教研究所、中国藏语系高级佛学院、甘孜州宗教局、甘孜州编译局编著《甘孜州藏传佛教寺院志》第 2 册，甘孜州宗教局 1999 年版，第 10 页。

僧大德的侍从僧人的转世活佛。旧时音译为"沙布隆"）之一的名号。①

达赖喇嘛与康区土司间的互动。七世达赖喇嘛一直与德格土司及其家族保持密切的联系。德格土司家族与七世达赖喇嘛家族曾两代联姻，且被当作至亲对待。1732 年夏天，得到雍正帝的许可后，七世达赖喇嘛的妹妹次仁（卒于 1751 年）嫁给德格土司登巴泽仁之子索南工布为妻。雍正帝特别赏赐给这对新婚夫妇 3500 两银子和几百匹绸缎。② 1756 年，七世达赖喇嘛将其侄女扎西旺姆嫁给德格土司洛珠嘉措（1723—1774）为妻。达赖喇嘛会见了不久将要成婚的侄女以及德格土司家族派来的迎亲队伍成员。③

七世达赖喇嘛也受到了明正土司及其属下包括萨噶果巴（Sa dkar 'go pa，大院坝罗家锅庄）在内的诸头人的极力尊奉，并与他们有密切的联系。早在 1712 年，明正土司及其属下的各头人即十分关照格桑嘉措，共同派遣萨噶果巴雅如丹增次旺等前往德格拜见他。④ 在达赖喇嘛前往噶达途中，明正土司再次派遣萨噶果巴雅如拉丹前往雅江为渡江事宜做准备。⑤ 打箭炉的堪布和明正土司等前往高日山脚迎接达赖喇嘛。明正土司还为达赖喇嘛设汉式宴席，并敬奉大批贡物。⑥ 1731 年，萨噶果巴家族请达赖喇嘛为过世的阿加贡布在打箭炉做超度法事，但由于达赖喇嘛正在静修，遂派其经师阿旺曲丹前去主持法事。⑦ 1732 年新春以及 1734 年，萨噶果巴与明正土司的管家觐见了达赖喇嘛，后来明正土司和其他首领也分别觐见达赖喇嘛，向他敬献

---

① 中国藏学研究中心历史宗教研究所、中国藏语系高级佛学院、甘孜州宗教局、甘孜州编译局编著《甘孜州藏传佛教寺院志》第 3 册，甘孜州宗教局 1999 年版，第 69 页。

② 章嘉·若贝多杰：《七世达赖喇嘛传》（藏文版）上册，第 256 页；章嘉·若贝多杰：《七世达赖喇嘛传》（汉文版），第 110 页。

③ 章嘉·若贝多杰：《七世达赖喇嘛传》（藏文版）上册，第 371 页；章嘉·若贝多杰：《七世达赖喇嘛传》（汉文版），第 370 页。七世达赖喇嘛于 1757 年圆寂，但其弟弟贡噶旦增及其侄子格桑旦增朗杰和扎西朗杰曾先后任噶伦。在这一时期，德格土司家族一直与西藏地方政府保持着密切的联系。

④ 章嘉·若贝多杰：《七世达赖喇嘛传》（藏文版）上册，第 30 页；章嘉·若贝多杰：《七世达赖喇嘛传》（汉文版），第 14 页。

⑤ 章嘉·若贝多杰：《七世达赖喇嘛传》（藏文版）上册，第 237 页；章嘉·若贝多杰：《七世达赖喇嘛传》（汉文版），第 102 页。

⑥ 章嘉·若贝多杰：《七世达赖喇嘛传》（藏文版）上册，第 237 页；章嘉·若贝多杰：《七世达赖喇嘛传》（汉文版），第 102 页。

⑦ 中国藏学研究中心历史宗教研究所、中国藏语系高级佛学院、甘孜州宗教局、甘孜州编译局编著《甘孜州藏传佛教寺院志》第 3 册，第 48—49 页。

贡物，并聆听其讲经说法。① 1733 年和 1734 年，达赖喇嘛分别为过世的明正土司坚赞达吉和萨噶果巴女主人做超度法事。② 1734 年，明正女土司阿噶及仆从 40 人向达赖喇嘛供奉财物。达赖喇嘛为他们做长寿灌顶。③ 1735 年初，明正女土司阿噶、打箭炉安觉寺、明正土司管家南杰次仁等各献大批的送行礼，喇嘛向彼等赠舍利等重要信仰神物。④ 1735 年，明正女土司、打箭炉南无寺（Lha mo rtse，拉摩则）喇嘛与僧人等数万信徒为达赖喇嘛返回卫藏送行。⑤

达赖喇嘛移驻惠远寺后，雍正帝对他十分满意，给其经师阿旺曲丹"阿齐图诺门罕"（意为"慈悲的法王"）的称号。⑥ 雍正帝十分关心达赖喇嘛。1730 年，当雍正帝得知七世达赖喇嘛生病后，立刻派了两名御医到惠远寺为达赖喇嘛治病。⑦ 1732 年，为了嘉奖七世达赖喇嘛的父亲和德格土司登巴泽仁忠心耿耿服务于达赖喇嘛，雍正帝分别特赐给他们两人3500 两银子。⑧

达赖喇嘛返藏。由于达赖喇嘛久驻惠远寺，"其随来之弟子人等久离乡土，未免怀归"，他们都想回到故乡。⑨ 那时五世班禅喇嘛也年迈有疾，加之准噶尔部已遣使求和，"定界息兵"；蒙古人对西藏的威胁解除；另外，

---

① 章嘉·若贝多杰：《七世达赖喇嘛传》（藏文版）上册，第 254—255、271—272 页；章嘉·若贝多杰：《七世达赖喇嘛传》（汉文版），第 109、115—116 页。

② 章嘉·若贝多杰：《七世达赖喇嘛传》（藏文版）上册，第 264、271 页；章嘉·若贝多杰：《七世达赖喇嘛传》（汉文版），第 113、116 页。

③ 章嘉·若贝多杰：《七世达赖喇嘛传》（藏文版）上册，第 275 页；章嘉·若贝多杰：《七世达赖喇嘛传》（汉文版），第 117 页。

④ 章嘉·若贝多杰：《七世达赖喇嘛传》（藏文版）上册，第 293—294 页；章嘉·若贝多杰：《七世达赖喇嘛传》（汉文版），第 122、125 页。

⑤ 章嘉·若贝多杰：《七世达赖喇嘛传》（藏文版）上册，第 294 页；章嘉·若贝多杰：《七世达赖喇嘛传》（汉文版），第 125—126 页。

⑥ 土观·确吉尼玛：《章嘉·若必多吉传》（藏文版），甘肃民族出版社 1989 年版，第 155 页。

⑦ 章嘉·若贝多杰：《七世达赖喇嘛传》（藏文版）上册，第 248 页；章嘉·若贝多杰：《七世达赖喇嘛传》（汉文版），第 106 页。

⑧ 章嘉·若贝多杰：《七世达赖喇嘛传》（藏文版）上册，第 256 页；章嘉·若贝多杰：《七世达赖喇嘛传》（汉文版），第 110 页。在雍正帝的影响下，皇四公主等皇亲贵人也很崇拜七世达赖喇嘛。1732 年，皇四公主将她的一个精制的宝盒以及绣有南海普陀山和观世音像的丝绣唐卡献给七世达赖喇嘛，表达了对达赖喇嘛的一片敬意。

⑨ 《清世宗实录》卷 145，雍正十二年七月癸巳条；魏源：《圣武记》，第 214 页。

也有可能是清廷为了节省每年支给达赖喇嘛及其随从的 3000 余两银子的费用，而这尚不包括清廷屡加恩赏的费用；① 于是，1734 年夏，雍正帝下旨命令达赖喇嘛返藏。②

1734 年底，雍正帝派遣当时主管理藩院事务的果亲王允礼和章嘉呼图克图，前往惠远寺处理达赖喇嘛返藏事宜。果亲王在惠远寺共停留了 41 天，一直住到 1735 年 2 月 3 日。果亲王转降谕旨，对七世达赖喇嘛、其随从以及周围的土司、头人等厚加赏赐，并数次宴请他们。③ 同时，他抵达噶达后，向达赖喇嘛行弟子礼，以示尊崇。他也曾多次在七世达赖喇嘛座前聆听佛法，并接受七世达赖喇嘛的灌顶，与七世达赖喇嘛建立了深厚的友谊。④ 同年 4 月，三世章嘉呼图克图、副都统福寿等率领官兵 500 人护送达赖喇嘛回藏。⑤ 达赖喇嘛一行于闰七月抵达拉萨，终于结束了在泰宁 5 年多的驻锡生活。

1735 年达赖喇嘛返藏后，惠远寺不复旧观，冷寂多了，即不再享有像达赖喇嘛驻锡期间那样的荣耀和繁荣景象。达赖喇嘛离开后，泰宁营就被裁撤，所属左营和右营调防泸定的化林坪，先前新设的德靖营和宁安营也裁撤后重组。考虑到惠远寺是御建寺院，加之有些僧人仍然住在寺里，清廷决定在此建立噶达汛，仅由打箭炉卑和营派一名把总，率 30 名士兵驻守该地。⑥

遵照雍正帝的谕令，达赖喇嘛让帕绷喀呼图克图洛桑格勒任惠远寺堪布，在该寺建了一个新的扎仓，70 名僧人留驻该寺。这些僧人的饷银是由内库支付。其中 20 人负责照料堪布的生活起居。其余的 50 人则成为新建扎仓的僧人。这 50 名僧人是从木雅各寺抽调的，本来都来自噶达附近地区，

---

① 《萧格奏请达赖喇嘛可否返藏安置折》（雍正十二年六月十八日），中国藏学研究中心、中国第一历史档案馆、中国第二历史档案馆、西藏自治区档案馆、四川省档案馆编《元以来西藏地方与中央政府关系档案史料汇编》第 2 册，第 448 页。

② 《清世宗实录》卷 145，雍正十二年七月癸巳条；章嘉·若贝多杰：《七世达赖喇嘛传》（藏文版）上册，第 276、284 页；章嘉·若贝多杰：《七世达赖喇嘛传》（汉文版），第 118、121 页。

③ 允礼：《西藏往返日记》，吴丰培辑《川藏游踪汇编》，第 86—89 页。

④ 章嘉·若贝多杰：《七世达赖喇嘛传》（藏文版）上册，第 278—286 页；章嘉·若贝多杰：《七世达赖喇嘛传》（汉文版），第 119—122 页。关于允礼与藏传佛教的关系，参见苏发祥《允礼与藏传佛教》，《中国藏学》2009 年第 1 期，第 195—201 页。

⑤ 章嘉·若贝多杰：《七世达赖喇嘛传》（藏文版）上册，第 294 页；章嘉·若贝多杰：《七世达赖喇嘛传》（汉文版），第 125 页。

⑥ 《清世宗实录》卷 155，雍正十三年闰四月戊戌条。

且在拉萨的三大寺获得了"噶居绕降巴"（Dka'bcu rab 'byams pa）的学位。①
以前就在惠远寺的僧人则由四川布政使拨款供养。此外，根据雍正帝的谕令，明正土司属下的 51 户人家也被安排继续为留在该寺的僧人供役。② 从此以后，西藏地方政府选派一名哲蚌寺僧人来任惠远寺的堪布，主持寺务。因而该寺直属拉萨哲蚌寺。惠远寺历任堪布和僧人被认为试图影响、干预和控制噶达以及康区其他地区的地方事务。由西藏地方政府派哲蚌寺僧人任惠远寺堪布的做法一直延续到 1920 年。这年时任堪布由于康藏划界，惧不自安，携款潜逃。于是该寺僧人自选堪布主持寺务，与哲蚌寺脱离隶属关系。③

综上所述，1730 年七世达赖喇嘛移驻噶达惠远寺，对稳定西藏局势，增强其在康区的威望，加强清廷对康区统治产生了重大的影响。他与康区各土司、各寺院以及僧俗群众间的互动扩大了格鲁派在康区的影响，也增强了康区僧俗群众对达赖喇嘛的信仰。七世达赖喇嘛移驻噶达，一方面使清廷在康区的军事重心从化林坪向西推进至噶达，另一方面实施的驻兵、巡查等保护达赖喇嘛的措施，客观上加强了清廷对康区的控制。再者，清廷于 1731

---

① 西藏自治区档案馆、中国藏学研究中心编《西藏档案资料选编》，中国藏学出版社 1997 年版，第 486 页；章嘉·若贝多杰：《七世达赖喇嘛传》（藏文版）上册，第 283 页；章嘉·若贝多杰：《七世达赖喇嘛传》（汉文版），第 121 页。"噶居"或"噶居巴"指通过高僧课程的初步考试的学问僧，即掌握十部经论者，为藏传佛教僧人学经制度中的第三级学位；"绕降巴"指掌握十三部玄学与哲学大论和哲学大论及十八部重要经典的僧人，为藏传佛教僧人学经制度中的第四级学位。

② 西藏自治区档案馆、中国藏学研究中心编《西藏档案资料选编》，第 486 页。

③ 四川省道孚县志编纂委员会编纂《道孚县志》，第 503 页。张虎生根据《藏文典籍目录》（第 2 册，民族出版社 1997 年版，第 256 页）的记载，认为在九世达赖喇嘛时期（1805—1815），当惠远寺的僧人要求从本寺的僧人中选择堪布时，由西藏地方政府派堪布这一做法就停止了。这有可能是与四川总督孙士毅在 1811 年发生地震后，向嘉庆帝上书要求仅留两名僧人住寺，其余的僧人分派到附近各寺去修行有关。《藏文典籍目录》的作者可能没有看到 1841 年嘉庆帝颁发的允许该寺按先例修复的谕旨，因而以为 19 世纪初就停止了派堪布的做法。此外，藏文资料《惠远寺历史》可能是根据口传资料，宣称大约在 1760 年由于哲蚌寺派的堪布比较严厉，当地人无法忍受，要求停止派堪布。此后，堪布就由该寺自行选任。但是，根据任乃强《康区视察报告》以及《道孚县志》的相关记载，该寺堪布于 1920 年回西藏后，由寺僧公推二人为当家喇嘛。另一份藏文资料《惠远寺简史》根据经师年叙杰阔的叙述，声称 1909 年在哲蚌寺学经的巴塘丁宁寺拉嘎喇嘛（又名包昂武）被任命为惠远寺堪布。尽管他计划建立讲经院和修行院，但由于个别浪荡僧要求哲蚌寺更换堪布，未能实现这一计划。这从侧面也说明直到 20 世纪初叶，该寺的堪布都是由哲蚌寺选派的。参见《惠远寺历史》（藏文版），中国藏学研究中心历史宗教研究所、中国藏语系高级佛学院、甘孜州宗教局、甘孜州编译局编著《甘孜州藏传佛教寺院志》第 2 册，第 627—628 页；志玛青措编《惠远寺简史》（藏文版），民族出版社 2012 年版，第 35 页。

年专门设置四川总督来处理关于西藏的事务。这表明在清廷眼中四川更准确地说是康区在治理西藏过程中的依托地位愈加凸显出来，而且开始在行政上得到确认，是之后"治藏必先安康""固川保藏"的重要前提。[①]

1735年，达赖喇嘛离开惠远寺后，该寺仍然是康北的一个文化中心，也是佛教徒众心目中的圣地，起到了教化远离政治中心的邻近地区的作用。由于直到1920年为止该寺的堪布均由拉萨哲蚌寺委派，该寺历任堪布与驻瞻藏官一道，尽力干预和控制噶达以及康区其他地区的地方事务，以扩大西藏地方政府在康区的影响。

第 十 二 章

清代的"瞻对问题"与工布朗结
在康区的崛起

瞻对（lcgas mdud，今四川省甘孜州新龙县）位于康区中部，地处雅砻江中游高山峡谷地带。在 18 世纪及 19 世纪初期的瞻对，一方面各土司控制的地区间持续不断地发生内斗及仇杀，另一方面当地土司同清廷频繁发生冲突。瞻对一直被视为难以控制的"多事之地"。清廷曾被迫先后七次用兵瞻对，其中两次用兵正是进剿瞻对的工布朗结（Mgon po rnam rgyal）。本章主要探讨工布朗结兴起的原因及其对康区历史、汉藏关系的影响，还将探讨雍正至乾隆朝的三次瞻对之役对康区历史所起的作用。此外，本章也将讨论西藏地方政府通过新龙总管（Nyag rong spyi khyab，又译作驻瞻藏官、新龙基巧、梁茹基巧）机构在康区行使权威，是如何影响康区当地土司间的权力网络，以及怎样影响清廷与西藏地方政府间的关系。

第一节　工布朗结崛起的历史源头：雍正至乾隆朝的
三次瞻对之役

清廷试图控制瞻对与瞻对土司的抗争行为，是 18 世纪至 19 世纪早期瞻对历史上的重要主题。两者之间的紧张关系主要源于清廷试图消灭瞻对"夹坝"（jag pa，"盗匪"）对川藏沿线的劫掠行为，以及由此引发的进剿战事。在工布朗结崛起之前，清廷被迫针对瞻对土司发动了三次大的军事行动。

1728 年，由于下瞻对（Nyag smad）土司策冷滚布属下频繁在汉藏贸易通道上进行劫掠活动，四川总督以"土匪抢劫"为由，派黎雅营游击高奋志率兵赴瞻对，诱杀下瞻对安抚司策冷滚布。^① 这引起了瞻对民众的反抗，数百清兵被杀，高奋志败逃。^② 1730 年，四川总督为回击瞻对的反抗，派遣副将马良柱率领 12000 余名官兵前往瞻对征剿。下瞻对民众拆毁当地一座横跨雅砻江的大桥，清兵受阻于江东。马良柱无计可施，只好议和，在获得保障停止一切劫掠活动的甘结后便匆忙撤兵。这便是清廷在瞻对发动的第一次重大军事行动。^③

　　清廷于 1745 年对瞻对发起的第二次军事行动是针对下瞻对班滚。班滚是策冷滚布之子，于 1737 年继承土司名号，成为下瞻对安抚司。^④ 由于策冷滚布之死，班滚对清廷已极不信任，时常率领属下袭击清廷的汛兵。1745 年驻藏兵弁在换防返川途中，行李物件遭班滚统治的下瞻对"夹坝"抢掠一空。^⑤ 同年农历四月，四川巡抚派千总饬令班滚交出劫掠物品及肇事者，遭到拒绝。农历六月，清廷降旨发兵征剿班滚。^⑥ 农历七月，四川提督李质粹率领 1 万多清军官兵分三路进攻瞻对，形成三面围剿之势。农历十月，川陕总督庆复亲临督战。^⑦ 在 1746 年初，清廷又调兵丁 2 万余名，拨饷银百万两，进剿瞻对。班滚及其同父异母的兄弟自知寡不敌众，令其属下暗中转

　　① 详情参见《朱批奏折：民族类》，全宗号：1334，转引自 John Herman，"National Integration and Regional Hegemony：The Political and Cultural Dynamics of Qing State Expansion，1650-1750," PhD. diss.，University of Washignton，1993。

　　② 详情参见《朱批奏折：民族类》，全宗号：1413，转引自陈一石《清代瞻对事件在藏族地区的历史地位与影响（一）》，《西藏研究》1986 年第 1 期。策冷滚布被杀后，高奋志很快回到打箭炉，只在理塘留下少量营兵守卫，以便防范和抵抗策冷滚布两个儿子及其下属的攻击。

　　③ 《清世宗实录》卷 108，雍正九年七月己巳条。

　　④ 《清高宗实录》卷 39，乾隆二年三月戊午条；四川省甘孜藏族自治州新龙县志编纂委员会编纂《新龙县志》，四川人民出版社 1992 年版，第 27 页。

　　⑤ 《清高宗实录》卷 233，乾隆十年正月壬寅条。一些早期的奏折谈到班滚于 1737 年行军到理塘一事，以及清廷官员如何阻止其行军。详情参见《朱批奏折：民族类》，全宗号：1310.1，转引自 John Herman，"National Integration and Regional Hegemony：The Political and Cultural Dynamics of Qing State Expansion，1650-1750," PhD. diss.，University of Washignton，1993，p. 237。

　　⑥ 陈一石：《清代瞻对事件在藏族地区的历史地位与影响（一）》，《西藏研究》1986 年第 1 期；《清高宗实录》卷 239，乾隆十年四月己巳条。

　　⑦ 庆复的奏折指出李质粹有关取胜的奏报都是虚假的。参见陈一石《清代瞻对事件在藏族地区的历史地位与影响（一）》，《西藏研究》1986 年第 1 期；《清高宗实录》卷 260，乾隆十一年三月丙子条。

移，潜入密林中，并自焚官寨。① 由于清军未能击败班滚，庆复不得不向乾隆帝假报班滚在大火中被烧毙。在答复庆复奏折的谕旨中，乾隆帝对班滚是否被烧毙表示怀疑。但是由于没有证据证实，最终乾隆帝不得不根据各自的"功绩"对征剿官弁进行奖励。② 然而，1747 年新任川陕总督张广泗揭发了庆复的谎言，当时清军在集中全力征剿金川，无力再行回师瞻对。于是，次年清廷颁发谕旨将庆复等处死。1749 年，清廷最终不得不接受班滚的主动投降，不予惩处。③

清廷于 1815 年发动的第三次军事行动是针对中瞻对（Nyag sked）的首领，即工布朗结之父罗布七立（又作洛布七力或诺布次仁）。在 18 世纪末和 19 世纪早期，中瞻对变得日益强大。中瞻对的首领罗布七立及其子工布朗结频繁地卷入与邻近土司争夺草场或土地的纠纷中。其属下也常常进行劫掠活动。特别是由于章谷土司（又名炉霍土司）的家人先前杀死了工布朗结的大哥，中瞻对家族及其属下对章谷土司怀恨在心。于是，中瞻对频繁地攻打章谷土司辖区。④ 1814 年，当中瞻对属民劫掠章谷土司辖区时，驻扎在麻书地区的清军外委邓启龙试图阻止，结果中瞻对"夹坝"将其误伤。⑤ 清廷派去调查该事件的武弁认为罗布七立及其属下有抵抗清廷的意图。朱倭（朱窝）、麻书、孔萨、白利等土司也趁机呈请清廷剿捕罗布七立。于是 1815 年初，清廷又命令发动一次针对瞻对的军事行动。⑥ 同年农历四月，总兵罗声皋带汉、土官兵近万名围剿罗布七立。六月，清军压境，罗布七立兵退雅砻江以西地区，和属下头人率众在深谷林间与清廷官兵周旋。清军无可

① 《朱批奏折：民族类》，全宗号：1315.2、1315.6，转引自 John Herman, "National Integration and Regional Hegemony: The Political and Cultural Dynamics of Qing State Expansion, 1650–1750," PhD. diss., University of Washignton, 1993, p. 246；《清高宗实录》卷 247，乾隆十年八月己巳条。

② 《清高宗实录》卷 268，乾隆十一年六月丁卯条。

③ 乾隆十二年（1747）九月，新任川陕总督张广泗上书称班滚仍然活着："现［班滚及其属下］各安据旧巢，所有战碉，非只未经拆毁，且复倍加高厚，益为预备之计，是班滚之土地，人民，同伙凶恶，各安全如旧。"参见《朱批奏折：民族类》，全宗号：1328.1，转引自陈一石《清代瞻对事件在藏族地区的历史地位与影响（一）》，《西藏研究》1986 年第 1 期。

④ 喜绕俄热：《新龙工布朗结兴亡史》，《甘孜藏族自治州文史资料选辑》（藏文版）第 1 辑，1981 年，第 12 页。

⑤ 《清仁宗实录》卷 305，嘉庆二十年四月壬午条；常明：《中瞻对奏疏》，转引自陈一石《清代瞻对事件在藏族地区的历史地位与影响（一）》，《西藏研究》1986 年第 1 期。

⑥ 《清高宗实录》卷 239，乾隆十年四月己巳条。

奈何，仅攻获各空寨，以"焚毙贼首"告捷收兵。四川总督常明匆忙将中
瞻对土司领地分奖给出力有功的当地头人。然而，两年后，常明对皇帝的欺
骗行为又被揭露了。① 因而，在瞻对当地人眼中，清廷未能有效地处理过去
在瞻对发生的动乱，这自然损害了清廷的权威，而且当地的形势也对工布朗
结后来的崛起越来越有利。

第二节　西藏助剿工布朗结与瞻对归藏

19 世纪 20 年代末期至 40 年代，清廷、西藏地方政府和康区的主要政
体都被各自内部的危机所困扰。而这些危机又因其各自统治权威的衰落而加
剧。此时罗布七立、工布朗结父子却在积极恢复其家族对中瞻对的控制，并
非常活跃地对整个瞻对地区进行兼并活动，积极地在康区进行扩张。

统一瞻对全境。清廷针对工布朗结之父罗布七立的第三次军事行动并没
有从根本上削弱中瞻对的势力与权威。清军撤离后，罗布七立、工布朗结父
子便从被清军暂时击败的窘境中恢复过来，大约在 1817 年前后夺回了中瞻
对被清廷划归上、下瞻对土司统属的领地，恢复了对其领地的管辖。② 罗布
七立通过将六个女儿嫁给上、下瞻对六个小头人家族而建立的婚姻联盟网络
起到了重要作用。③ 之所以成功地重新控制其领地，同与之有姻亲关系的家
族对中瞻对家族的忠诚和支持有莫大关系。在接下来的 20 多年间，随着成
长为一位勇敢、足谋多智、精明果断且能够独当一面的首领，工布朗结非常
活跃地对整个瞻对地区进行兼并活动。他具有超凡魅力的领导风格和坚强不
屈的个性，成功地获得民众支持并打败敌人。其间，工布朗结进一步扩大了
中瞻对家族的婚姻联盟网络。其七个女儿分别嫁入了中瞻对和上瞻对
（Nyag stod）土司属下的头人家庭以及邻近的林葱、朱倭、理塘和道孚地区

---

① 喜绕俄热：《新龙工布朗结兴亡史》，《甘孜藏族自治州文史资料选辑》（藏文版）第 1 辑，第
13 页。详情参见常明《中瞻对奏疏》，转引自陈一石《清代瞻对事件在藏族地区的历史地位与影响
（一）》，《西藏研究》1986 年第 1 期。

② 喜绕俄热：《新龙工布朗结兴亡史》，《甘孜藏族自治州文史资料选辑》（藏文版）第 1 辑，第
9、14—15 页。

③ 喜绕俄热：《新龙工布朗结兴亡史》，《甘孜藏族自治州文史资料选辑》（藏文版）第 1 辑，第
9 页。

有权有势的家庭。① 父子两代逐步建立起的一系列婚姻联盟，使工布朗结拥有了一个能够听命于其权威的广泛的亲属网络。再者，瞻对独特的社会环境和文化资源不仅使工布朗结获得了许多追随者，而且得到亲属和族人的绝对忠诚，为其征服活动提供了大量忠诚的战士。

在进攻上瞻对土司前，工布朗结致力于征服上瞻对土司领地附近地区的独立部落首领们或附近地区的头人们，从而逐步控制了上瞻对土司领地的周围地区。② 工布朗结下令将新征服的村寨或部落的属民迁往异地定居。这些定居村寨或部落的首领们及其随从再流亡到另外的地方，被迫离开故土，失去赖以生存的根基。此外，在这一时期，工布朗结的声名和实力是如此强大，以至于与中瞻对家族历来不和的上瞻对家族决定与其联姻，将上瞻对土司顿珠旺杰的女儿扎西卓玛嫁给工布朗结的大儿子其美工布。③ 做好上述准备后，大约在1845年前后，工布朗结打算进攻上瞻对土司。

此时，因软弱无能且惧内的上瞻对土司顿珠旺杰自杀身亡，④ 其弟即仲堆寺丹增活佛一直负责处理上瞻对的有关事务，但土司的遗孀即下瞻对土司的女儿白珍及其亲信小团体迫使丹增活佛流亡他乡，⑤ 于是上瞻对土司家族内部的权力斗争，以及缺乏合法的土司，给工布朗结提供了一个干涉该家族内部事务的机会。中瞻对军队包围仲堆寺，并切断大盖村里的水源，约十天后，当地头人向中瞻对投降。因此，工布朗结得以将上瞻对土司的驻地大盖

---

① 玉勒·楚臣：《瞻对工布朗结简史》，藏文手抄本，第5页。

② 玉勒·楚臣：《瞻对工布朗结简史》，第5—6页；喜绕俄热：《新龙工布朗结兴亡史》，《甘孜藏族自治州文史资料选辑》（藏文版）第1辑，第15—16页；喜绕俄热：《新龙工布朗结兴亡史》，《甘孜州文史资料选辑》（汉文版）第3辑，1985年，第4—5页。

③ 玉勒·楚臣：《瞻对工布朗结简史》，第6页；喜绕俄热：《新龙工布朗结兴亡史》，《甘孜藏族自治州文史资料选辑》（藏文版）第1辑，第20页；喜绕俄热：《新龙工布朗结兴亡史》，《甘孜州文史资料选辑》（汉文版）第3辑，第8页。

④ 玉勒·楚臣：《瞻对工布朗结简史》，第8页；喜绕俄热：《新龙工布朗结兴亡史》，《甘孜州文史资料选辑》（汉文版）第3辑，第8页；喜绕俄热：《新龙工布朗结兴亡史》，《甘孜藏族自治州文史资料选辑》（藏文版）第1辑，第20页。

⑤ 玉勒·楚臣：《瞻对工布朗结简史》，第8页。流传的口传资料对丹增活佛被流放一事的详情有不同的叙述。喜绕俄热的藏文和汉文文章都对上瞻对土司死后的一些情况做了详细描述。但这两篇文章间有一些不同之处。参见喜绕俄热《新龙工布朗结兴亡史》，《甘孜州文史资料选辑》（汉文版）第3辑，第8页；喜绕俄热《新龙工布朗结兴亡史》，《甘孜藏族自治州文史资料选辑》（藏文版）第1辑，第20—21页。

村纳入其领地。① 占据大盖后,为巩固统治,工布朗结将那些素来亲近上瞻对土司和在逃的十五家头人的亲属,分别迁往属地色威、卡娘和切依,而将效忠者迁到大盖。工布朗结不仅要求上瞻对土司统治下的部落和村寨臣服于自己,还要求那些与中瞻对有婚姻联盟的部落和村寨对其绝对忠诚。工布朗结难以容忍这些姻亲作出任何损害其利益的事情。当这些姻亲对其统治造成威胁时,他会毫不留情地将之除掉。②

随后,工布朗结将进攻的矛头指向与之有世代仇恨的下瞻对土司家族。后者因其先祖谋杀工布朗结曾曾祖父小班滚以及祖父贡布丹而与中瞻对家族结仇。正如后来工布朗结为报杀兄之仇而进攻章谷土司时得到当地人的认可和支持那样,在瞻对这样血仇不断的社会,其复仇行动是被大家认可的,而且在崇奉男子汉气概的瞻对社会,也是受人敬重的。因而,工布朗结的军事行动得到了其属下及亲属的大力支持。当时下瞻对土司继承人普巴工布尚年幼,与其母亲阿扎娜姆和奶奶乌坚娜姆三人共同执掌权力。为防御工布朗结的进攻,乌坚娜姆召集属下头人商议,决定分别将所属武装力量集中起来保卫土司官寨。当工布朗结得知上述情况后,决定先发制人,在下瞻对家族的武装尚未组织好之前,便发动进攻,包围了下瞻对土司官寨。下瞻对家族请求被工布朗结尊为主要上师的名叫杰措桑丹和给杰甲通的两位著名喇嘛,与中瞻对商讨有关投降的条件,提出一个投降的先决条件是要保证家人安全。工布朗结接受了这一条件。③ 但不久他就对下瞻对土司家族食言了。他将普巴工布扔到河里淹死,又将乌坚娜姆和阿扎娜姆分别流放到了甲斯村的卡恰颇章和曲囊村,④ 还任命其子东德工布为茹龙首领,并任命了一位辅佐其子统治该地区的头人。⑤ 为了彻底消除下瞻对土司家族的权力和影响,他还在

---

① 玉勒·楚臣:《瞻对工布朗结简史》,第8页;喜绕俄热:《新龙工布朗结兴亡史》,《甘孜藏族自治州文史资料选辑》(藏文版)第1辑,第22页;喜绕俄热:《新龙工布朗结兴亡史》,《甘孜州文史资料选辑》(汉文版)第3辑,第9页。

② 玉勒·楚臣:《瞻对工布朗结简史》,第10页;喜绕俄热:《新龙工布朗结兴亡史》,《甘孜藏族自治州文史资料选辑》(藏文版)第1辑,第13—14页;喜绕俄热:《新龙工布朗结兴亡史》,《甘孜州文史资料选辑》(汉文版)第3辑,第30—32页。

③ 喜绕俄热:《新龙工布朗结兴亡史》,《甘孜藏族自治州文史资料选辑》(藏文版)第1辑,第25—26页;喜绕俄热:《新龙工布朗结兴亡史》,《甘孜州文史资料选辑》(汉文版)第3辑,第11页。

④ 玉勒·楚臣:《瞻对工布朗结简史》,第16页。

⑤ 玉勒·楚臣:《瞻对工布朗结简史》,第16页。

下瞻对地区安置了头人们来协助统治，并派遣有四五百名士兵的军队驻守该地。①

之后，由于一些原本属于上、下瞻对两土司的部落以及瞻对地区的一些富有而有影响力的喇嘛家族仍然不承认其统治，工布朗结下令征服了诸如上瞻对地区日巴头人的村寨，以及原本为下瞻对土司附属部落的下坝、噶坝、君坝三部落。② 而且，为了避免下瞻对地区的这些喇嘛家族损害其权威，工布朗结下令将他们除掉，③ 从而控制了绝大部分瞻对地区。

1849 年清廷发动的军事进剿。 工布朗结的上述行动及其对康区其他土司统治造成的威胁，导致流亡在外的瞻对各土司、头人以及康区其他土司于1848 年向路过理塘、康定等地的驻藏大臣琦善求救。④ 琦善命令明正、德格、理塘及康北白利、孔萨、麻书、朱倭、章谷等霍尔五土司集结各自的军队，向工布朗结发起进攻。同时，琦善奏请道光帝派兵进剿工布朗结。在奏疏中，琦善特别指出工布朗结扩张行为的意图是要阻断通向西藏的大道。⑤ 于是，1848 年农历四月，受命集结的土司军队开始兵分三路向瞻对进发，但遭到瞻对军队的激烈抵抗。双方间的战斗和冲突一直持续到藏历九月，直到工布朗结最终击退了各土司的军队，迫使后者撤退。⑥ 这些被击败的土司再次向

---

① 玉勒·楚臣：《瞻对工布朗结简史》，第 16 页；喜绕俄热：《新龙工布朗结兴亡史》，《甘孜藏族自治州文史资料选辑》（藏文版）第 1 辑，第 27 页；喜绕俄热：《新龙工布朗结兴亡史》，《甘孜州文史资料选辑》（汉文版）第 3 辑，第 11—12 页。

② 玉勒·楚臣：《瞻对工布朗结简史》，第 16、23 页；喜绕俄热：《新龙工布朗结兴亡史》，《甘孜藏族自治州文史资料选辑》（藏文版）第 1 辑，第 12—13 页；喜绕俄热：《新龙工布朗结兴亡史》，《甘孜州文史资料选辑》（汉文版）第 3 辑，第 27—29 页。

③ 喜绕俄热：《新龙工布朗结兴亡史》，《甘孜州文史资料选辑》（汉文版）第 3 辑，第 36 页。

④ 参见驻藏大臣琦善于道光二十九年（1849）二月上奏的奏疏《四川省琦统兵进攻奏稿》，四川省档案馆馆藏《巴县档案》，转引自陈一石《清代瞻对事件在藏族地区的历史地位与影响（二）》，《西藏研究》1986 年第 2 期；喜绕俄热：《新龙工布朗结兴亡史》，《甘孜州文史资料选辑》（汉文版）第 3 辑，第 14 页；喜绕俄热：《新龙工布朗结兴亡史》，《甘孜藏族自治州文史资料选辑》（藏文版）第 1 辑，第 33 页。

⑤ 喜绕俄热：《新龙工布朗结兴亡史》，《甘孜藏族自治州文史资料选辑》（藏文版）第 1 辑，第 33 页；喜绕俄热：《新龙工布朗结兴亡史》，《甘孜州文史资料选辑》（汉文版）第 3 辑，第 14 页；玉勒·楚臣：《瞻对工布朗结简史》，第 17 页。参见驻藏大臣琦善于道光二十九年二月上奏的奏疏《四川省琦统兵进攻奏稿》，四川省档案馆馆藏《巴县档案》，转引自陈一石《清代瞻对事件在藏族地区的历史地位与影响（二）》，《西藏研究》1986 年第 2 期。

⑥ 玉勒·楚臣：《瞻对工布朗结简史》，第 18 页。

琦善等官员控诉工布朗结在康区的所作所为。① 因而，为了确保川藏交通要道的畅通，清廷于1849年不得不派当时已改任四川总督的琦善攻打瞻对。

　　琦善于1849年农历二月二十一日率领松潘等地屯兵4300余名，并征调明正等十五路土兵6000余名，前往炉霍，与集结的土司会合，停留了整整一个月来准备此次进攻。② 由于琦善认为不可能轻而易举地赢得这场战争，便策划了适用于长期作战的策略。首先，随着清军逐渐向瞻对进发，一节一节地设立防御工事。然后，为了确保交通畅通，并为军队提供稳定的给养，积极发动当地民众来修路。③ 琦善将军队分为三路，命令他们分别从甘孜、炉霍以及道孚往北进发，进攻瞻对。④ 但征剿的军队均遭到瞻对的顽强抵抗，未能前进多少。⑤ 工布朗结还充分利用清军士兵不熟悉瞻对地区地形的弱点，采取"兵进则彼伏而不出，兵撤又复乘间窃取"的避实就虚战术，使其军队发挥出很大的机动优势。因而，双方僵持了两个月，拖得清军精疲力竭，伤亡甚大。当形势进一步恶化时，清军被迫为撤退做准备。琦善为了掩盖失利，通过赏赐工布朗结六品长官司虚衔而将其"招安"，然后于同年闰四月二十日撤离瞻对。⑥ 很快，工布朗结就对主要分布在今新龙县河西地区的未被征服的地方发起军事行动，最终将瞻对其余独立的牧民部落和村寨全部置于自己的统治之下，⑦ 真正地控制了整个瞻对地区。

　　征服康区。 成功击退清军不仅极大地增强了工布朗结在当地的权力和威望，也激发其进一步向康区其他土司领地扩张的野心。于是他先后于1850年攻占甘孜、章谷之地，⑧ 1855年又挥师理塘，遇天花暂时受挫，次年攻取理塘。但随即攻取巴塘受挫，继而于1857年攻打明正土司辖地获胜。因而，在19世纪50—60年代，工布朗结征服了霍尔五土司、德格土司、理塘土司

① 玉勒·楚臣：《瞻对工布朗结简史》，第18页。
② 喜绕俄热：《新龙工布朗结兴亡史》，《甘孜藏族自治州文史资料选辑》（藏文版）第1辑，第37页。
③ 喜绕俄热：《新龙工布朗结兴亡史》，《甘孜州文史资料选辑》（汉文版）第3辑，第16页。
④ 喜绕俄热：《新龙工布朗结兴亡史》，《甘孜州文史资料选辑》（汉文版）第3辑，第16页。
⑤ 喜绕俄热：《新龙工布朗结兴亡史》，《甘孜州文史资料选辑》（汉文版）第3辑，第18—19页。
⑥ 《清宣宗实录》卷467，道光二十九年五月庚戌条。
⑦ 玉勒·楚臣：《瞻对工布朗结简史》，第22页。
⑧ 玉勒·楚臣：《瞻对工布朗结简史》，第22—24页；喜绕俄热：《新龙工布朗结兴亡史》，《甘孜藏族自治州文史资料选辑》（藏文版）第1辑，第40—45页；喜绕俄热：《新龙工布朗结兴亡史》，《甘孜州文史资料选辑》（汉文版）第3辑，第18—20页。

及康区其他土司的领地，并侵犯和劫掠了明正土司、巴塘土司领地以及其他地区。此外，果洛、色达等地由于畏惧工布朗结的权势和军事力量，主动归降。① 工布朗结于1862年控制了连接西藏和汉地的南路贸易通道，阻塞了邮路，并阻滞了驻藏官兵粮饷的运送。同年，工布朗结发兵攻打德格，并于次年占领了德格土司的整个辖区。② 1863年，工布朗结的势力延伸到西藏地方政府直接管辖下的昌都和察雅地区，积极为向金沙江以西的地区扩张做准备。

西藏助剿工布朗结。工布朗结的崛起是对清廷和西藏地方政府权威的一种挑战。在1863年的鼎盛时期，工布朗结已经占领了康区的大部分地区。部分证据显示工布朗结已做好逐步向金沙江以西的地区及东部明正土司辖地扩张的准备。作为对工布朗结扩张行为的回应，康区土司、第巴及地方首领向清廷和西藏地方政府寻求紧急军事援助。当时清廷正忙于镇压太平天国起义，只能派出四川总督属下的少量官兵前往康区支援各土司。与此形成鲜明对比的是，西藏地方政府对康区的形势非常关心，并发动了一次卓有成效的军事行动来阻止工布朗结的扩张。这次军事行动以1865年工布朗结被击败而告终。

康区各土司向西藏地方政府请求军事援助并不是西藏地方政府干涉的唯一原因。工布朗结于1862年控制了西藏与汉地间的贸易大道，尤其是西藏和汉地间茶叶贸易的阻断对西藏的影响非常大。工布朗结抢夺由西藏地方政府的贸易代表（Mdo sgar dpon，"多噶本"）负责运送的最好茶叶这件事也起了很重要的作用。③ 由于这造成了西藏茶叶的匮乏，而茶叶又是西藏日常生活中不可或缺的商货，因此，西藏地方政府不得不设法处理这件事情。工布朗结的活动对经济的影响在十二世达赖喇嘛给驻藏大臣的公函中有所反映："因瞻逆窜扰起衅，藏汉番民均各衣食维艰，实在愁苦莫极。"④

---

① 玉勒·楚臣：《瞻对工布朗结简史》，第25—26页。

② 到1863年1月，德格被征服。参见江衮·工珠洛珠塔耶《江衮·工珠洛珠塔耶传》（藏文版），康卓地区比尔，1973年，第287页。

③ 据说工布朗结抢夺了运往西藏的被称为"孜加"和"卓加"的上等茶叶。参见夏格巴·旺曲德典《西藏政治史》（藏文版）下册，噶伦堡夏格巴寓所，1976年，第42—43页。

④ 《朱批奏折：民族类》，全宗号：1335.5，转引自陈一石《清代瞻对事件在藏族地区的历史地位与影响（二）》，《西藏研究》1986年第2期。

工布朗结的存在对西藏地方政府的权威是一个非常大的挑战。这不仅仅是因为他被视为一位反叛者，对藏传佛教而言，他的观点也被认为是异端学说。工布朗结的言行也表明其有意向清廷与西藏地方政府管辖区域扩张的野心。工布朗结成功地征服了康区邻近地区后，开始越来越明确地表现出这种野心。因而，西藏地方政府于1863年初派兵进剿工布朗结。

在康区各土司的帮助下，西藏地方政府重新占领了江达、白玉、德格、理塘、甘孜和炉霍地区。同时，被瞻对控制区域的人质纷纷逃逸，反抗工布朗结的统治。这削弱了工布朗结的权势，也减弱了其抗击西藏地方政府军队的能力。与此形成鲜明对比的是，四川总督却根本未能关注这件事。事实上，四川总督骆秉章责怪西藏地方政府派出的藏军在巴塘地区制造了麻烦，并请求清廷饬令其撤退。但是正是西藏地方政府派遣的藏军包围了瞻对，最终导致工布朗结的覆亡。

瞻对归藏。工布朗结覆灭后，清廷随即宣布长达百年的边乱最终得到解决。1866年1月30日清廷颁旨，批准四川总督骆秉章将"三瞻"（Nyag rong stod smad bar gsum）赏给达赖喇嘛的奏章，下令将瞻对地区置于达赖喇嘛及西藏地方政府管辖之下。[①] 正如清廷的官方资料显示的那样，当时清廷并没有人对骆秉章将瞻对置于西藏地方政府管辖之下这一建议提出异议。西藏地方政府与清廷间的瞻对之争是后来发生的。四川总督鹿传霖责怪西藏地方政府"借词乞赏"，并要求清廷"赏地"。[②]

尽管西藏地方政府确实要求清廷补偿其瞻对之役所费粮饷等费用，但并没有证据显示其要求将瞻对置于自己的管辖之下。根据驻藏大臣景纹的奏折，十二世达赖喇嘛要求清廷偿付藏军瞻对之役所花费的"口食钱粮军火药铅等项"费用，"藏番初无意要地，我带兵之员史某与藏番来往数次，则曰此非我兵之功也，勿与相争"。[③]

骆秉章也预料到西藏地方政府会用击败工布朗结作为借口，要求支付瞻对之役中藏军官兵花费的饷款。因此，由此看来，西藏地方政府在军事行动

---

① 《清穆宗实录》卷163，同治四年十二月乙巳条。
② 《藏瞻奏稿序》，吴丰培辑《清代藏事奏牍》，中国藏学出版社1994年版，第968页。
③ 张继：《定瞻厅志略·叛逆篇》，张羽新主编《中国西藏及甘青川滇藏区方志汇编》第40册，第109页。

后要求偿付粮饷等费用似乎是一种通常的做法。

清廷决定将瞻对地区置于西藏地方政府管辖之下有如下原因。由于在进剿工布朗结的军事行动中投入了大量的人力和物力，而且在最终击败工布朗结过程中起到举足轻重的作用，因此，西藏地方政府希望得到清廷的承认和补偿也是不足为怪的。从这个角度来讲，鹿传霖宣称四川当局甚至没有足够的财力来补偿自己的军队，因而被迫要求清廷将瞻对"赏"给西藏地方政府，这种说法也是有一些道理的。确实，彼时四川官府正忙于对付太平军，无暇顾及其他。除了四川的经济困难外，清廷作出此决定似乎还出于另一个考虑。作为一个地势险峻的偏远地区，过去瞻对一直是清廷无法进行有效管辖的地区。同时，瞻对民众以强悍好战著称。瞻对一直被认为是一个难以控制的"多事"之地，以致清廷曾被迫先后多次用兵瞻对。鉴于历史上瞻对地区土司大多桀骜不驯且难以控制，清廷完全意识到即使分封其他的土司来统治这一地区，也不一定能保证他们不像工布朗结那样在康区进行领土扩张。因此，将瞻对地区置于西藏地方政府管辖之下，是清廷解决这一"多事"地区管辖问题的一种办法。同时，清廷也希望西藏地方政府能通过在该地区建立格鲁派寺院，进而教化这一地区。①

第三节　驻瞻藏官的构衅与康区纠纷

驻瞻藏官的统治。西藏地方政府获得瞻对的管辖权后，任命总管来管辖该地区。曾参加过征剿工布朗结军事行动的粮官（phogs dpon，"颇本"）彭绕巴次仁班丹由于军功被任命为第一任驻瞻藏官。② 这样，瞻对地区就被直接置于西藏地方政府管辖之下。流亡在外的土司、土酋以及属下的头人们都被召回到各自领地，以便能够重新管辖被工布朗结占领的地区和属民。目前没有档案材料能使我们确认驻瞻藏官管辖的具体地区。1880 年四川总督丁宝桢上奏的奏折中，历届驻瞻藏官被指控企图挑战清廷的权威，并逐步蚕

---

① 考虑到对边疆地区采取的历史悠久的"以夷治夷"统治策略，清廷试图通过利用西藏的军事力量和宗教影响来控制瞻对。

② 西藏军队的总司令普龙巴到瞻对，并任命彭绕巴为首任驻瞻藏官。参见夏格巴·旺曲德典《西藏政治史》（藏文版）下册，第 45 页。

食四川总督管辖下的领地。驻瞻藏官彭绕巴被控强迫理塘曲登土司臣服于他，并每年交 50 两银子作为地租。丁宝桢进一步指出，瞻对以北及以西的一些土司和人民只是"很不情愿"地臣服于驻瞻藏官索康色。朱倭由于畏惧藏官的权威，很不情愿地为其支差纳税。①

西藏三大寺以及西藏地方政府的僧俗官员在禀复驻藏大臣联豫申诉瞻对仍须归藏管理时，宣称德格土司及其他一些土司由于西藏地方政府将他们从工布朗结的占领中"解放"出来，非常感激西藏地方政府。尽管这些土司没有被直接置于西藏地方政府管辖之下，但其要求被允许像西藏地方政府的其他属民一样来回报西藏地方政府的"恩情"。因此，答复进一步指出，瞻对周边的土司担心如果他们不协助藏官守御，瞻对民众会像以前一样起事，并再次骚扰、劫掠。因此，这些土司不得不主动地遵守以前所签的条约。条约内容包括支付守御瞻对士卒的薪俸和饮食所需费用。②

1866 年《驻瞻藏官向德格土司颁布的规则》规定，德格土司应继承德格地区的传统，并重新振兴该地区。③ 该规则中的十条详述土司及其下属官员应如何管辖德格地区，并恢复其悠久的传统。其中尤为有趣的是第三条。该条提醒德格土司及其下属官员要记住西藏地方政府将他们从工布朗结的暴虐统治中"解放"出来的恩情。该规定还要求德格土司严格遵守签署的效忠于西藏地方政府的誓约，并真心实意地听从藏官的指挥。④ 该誓约可能是指前一年德格土司与霍尔五土司共同签署的合约。特别重要的是德格土司专门指出德格的"聂钦"（gnyer chen，"大管家"）和"强佐"（phyag mdzod，"总管"，又译为"相子"）将由西藏地方政府任命，而且德格土司本人和其他一些土司将为守御瞻对地区的军队所需的军费提供

---

① 丁宝桢：《请敕驻藏大臣堪明内地疆域划界立碑片》，吴丰培辑《清代藏事奏牍》，第 507—508 页。

② 《附一：西藏三大寺及僧俗官员等禀复联豫申诉瞻对仍须归藏管理》，《清末川滇边务档案史料》中册，中华书局 1989 年版，第 370—375 页。

③ 该规则的全文被收录在降洛、格来彭措编《德格土司传记汇编》（藏文版），四川人民出版社 2021 年版，第 1144—1153 页。

④ 降洛、格来彭措编《德格土司传记汇编》（藏文版），第 1144—1153 页。该规则第九条规定德格土司及其下属应继承有关服饰等的传统习俗，而不应该模仿瞻对或康北霍尔地区的服饰或语言。这表明工布朗结对德格地区的短期统治对德格社会有某些影响。

帮助。①

从上述这些资料中我们可以推断，除了管辖瞻对地区本身以外，驻瞻藏官确实在霍尔五土司统治地域、德格以及工布朗结征服的临近地区分散的一些村寨里享有一定的权威。

对西藏地方政府与康区土司之间关系的影响。西藏地方政府任命驻瞻藏官加强了其在康区的权威。从设立驻瞻藏官起，藏官就开始将瞻对作为西藏地方政府将其势力范围扩大到康区各处的根据地。那时，康区各大土司及土酋已经意识到驻瞻藏官所拥有的权力。这就是为什么康区的一些土司和土酋在与其他土司发生纠纷时会求助于藏官。结果，驻瞻藏官深陷于康区各土司间的利益纷争中。

四川总督丁宝桢于1880年农历六月上奏的奏折中指出，背后有藏官支持的查录人劫掠了理塘地区，于是双方发生了武装对峙。清廷被迫明确划分驻瞻藏官管辖区域及川省下辖的区域。② 在这次划界后，四川官府将继续拥有夏巴、噶巴和降巴三村寨的控制权，并要求各村寨继续像以往那样支差纳税。而且，查录地区被置于四川管辖之下，但被要求每年向清政府缴纳百两地租税。③

康区的一些土司因与其他土司之间产生纷争，而请求驻瞻藏官裁决。驻瞻藏官往往乐意自愿参与处理此类纠纷。藏官深陷于这些冲突中。比如1875年孔萨地区内部发生了一次大规模的争夺土司职位的斗争，藏官从中调解，并有效地制止了武装械斗。④ 然而，后来当藏官被要求裁决孔萨与章谷、麻书土司的纷争时，藏官及其属下却成为这次纷争的积极参与者。

1883年，章谷土司之子的联姻问题引起孔萨与章谷、麻书土司间的激烈纷争。章谷土司本人是从麻书土司家入赘到章谷土司家后成为章谷土司的。而孔萨土司是前者的大舅子，希望其外甥，即章谷土司之子娶朱倭土司

---

① 英国印度事务部档案，卷号：MSS EUR F80/177。

② 丁宝桢：《野番勾串瞻夷攻围官寨查办情形折》，吴丰培辑《清季筹藏奏牍》第1册，全国图书馆文献缩微复制中心2009年版，第30—32页。

③ 色楞额：《瞻对查录之案秉公判结请奖出力人员折》，吴丰培辑《清代藏事奏牍》，第474—475页。

④ 甘孜县志编纂委员会编纂《甘孜县志》，四川科学技术出版社1999年版，第8页。

的女儿。由于章谷土司本人并没有安排这场婚姻，因此，其父亲麻书土司命令他的孙子解除这个婚约，让孙子与势力强大的嘉绒土司之一绰斯甲土司的女儿订婚。孔萨和朱倭土司都感到遭受羞辱，遂成为章谷土司不共戴天的仇敌。当与事土司请驻瞻藏官霍康色调解时，藏官命令章谷土司不要让其子娶这两个女人，并让他与上述两位土司和解。但是身为章谷土司父亲的麻书土司，拒绝解除他的孙子与绰斯甲土司女儿间的婚约。因此，孔萨与朱倭、麻书土司间发生了武装冲突。而双方也从他们各自的亲戚和盟友处寻求帮助。于是两派发生了激烈的武装冲突。驻瞻藏官带着军队参与了战斗。后来，四川当局派了一名将领带着军队前来控制了局势。[①]

然而，康区北部霍尔地区土司间的纷争并没有停息，藏官再一次被要求裁决章谷土司与麻书土司间为争夺清廷颁发的印信、号纸而起的冲突。而且，藏官又再一次积极地参与到这场争端中。1893年，章谷土司旺钦占堆去世后，其子扎西旺杰承袭麻书土司和章谷土司职位。扎西旺杰与妻子朱倭土司女儿不和，其妻就将章谷土司的印信、号纸带回娘家。虽然清廷的文武官员命令朱倭土司归还印信、号纸，但遭到拒绝。扎西旺杰派兵攻打朱倭后，朱倭土司与瞻对僧官一起派兵回击章谷。扎西旺杰上书给四川总督，控告瞻对僧官和朱倭土司派兵袭扰。最后，四川当局派兵攻打朱倭土司和驻瞻僧官带领的军队。[②] 在明正、麻书、白利和孔萨土司等土兵的帮助下，清军击败了朱倭土司和驻瞻僧官。[③]

1896年，本属于革什扎土司的三个村寨的归属问题引起了武装冲突。根据驻藏大臣恭寿、四川总督鹿传霖有关这次纠纷的奏折所述，三村寨原为革什扎土司的游牧之地，当时并无村落。后来这三个村寨被工布朗结占领。藏官驻瞻对后，革什扎土司及其属民便开始听从驻瞻藏官彭绕巴的命令。起初，三个村寨的属民协助藏官守寨，但后来藏官将这三个村寨据为己有。此时，村寨属民拒绝服从藏官的命令，自愿投靠明正土司。明正土

---

① 丁宝桢：《土司构衅查办完结案》，吴丰培辑《清代藏事奏牍》，第513—516页。

② 西藏地方政府也派了一名僧官（孜仲）协助，被称为"梁茹基巧"。

③ 《恭寿鹿传霖奏朱窝藉瞻对为护符与章谷构衅并瞻对滋扰明正等案现在办理情形折》（光绪二十二年四月初四日），中国藏学研究中心、中国第一历史档案馆、中国第二历史档案馆、西藏自治区档案馆、四川省档案馆编《元以来西藏地方与中央政府关系档案史料汇编》第4册，第1287—1289页。

司每年向新龙总管缴纳 40 两或 50 两银子作为粮税。很快要缴纳的税额就被增加到 70 两或 80 两。1894 年春季，明正老土司去世，而小土司尚未承袭，没有缴纳上述粮税。因此，驻瞻藏官对堆多吉及其属下要求三村寨臣服，但村寨属民再次反抗。于是藏官派其属下到村寨内，要求属民提供马匹、劳力及口粮。村寨属民逃到明正土司辖地藏起来。当藏官派兵到明正土司辖地去搜寻时，明正土司调兵反击藏兵的侵扰。藏官抢夺明正土司属下的 300 户人家，并拒绝归还。后来，虽然清廷负责调查此事的官员命令双方撤退，但藏官及其属下拒绝这么做，当他们听到驻藏大臣从该地经过时才撤退。①

　　驻瞻藏官在康区的部分地区施行其权威，很快遭到当地人的挑战和反抗。纠纷的原因通常与驻瞻藏官要求民众支差纳税有关。虽然汉文资料一般倾向于强调历任藏官对属民的强取豪夺和剥削是导致纠纷的直接原因，但这似乎与清廷和后来的西藏地方政府所实行的不同税制有更大的关系。与当时藏官要求缴纳的税额相比，过去清廷所收的税额几乎可以忽略不计。因而瞻对民众抗议藏官繁重的差役和赋税要求是可以理解的。西藏地方政府的权威直接强加于瞻对，很快导致了民众的不满。1866 年瞻对基巧成立不久，驻瞻藏官就命令瞻对民众维修其官寨。下瞻对一位名为大盖·色布的土酋挑动数百名属民包围了藏官的官寨。根据驻藏大臣的奏折，大盖·色布以藏官征收繁重的差役和赋税为由，在瞻对聚众"闹事"。民众将藏官的官寨包围了一个多月后，由于五名当地土酋属民跟随大盖·色布起事，要求调解这场纠纷。结果，众人散去，大盖·色布也不得不逃离瞻对。②

　　同样，一些清廷官员认为 1875 年藏官强占理塘的一些人户，引起了理

---

　　① 《恭寿鹿传霖等奏瞻对藏官越界滋扰及现拟查办情形折》（光绪二十一年十二月），中国藏学研究中心、中国第一历史档案馆、中国第二历史档案馆、西藏自治区档案馆、四川省档案馆编《元以来西藏地方与中央政府关系档案史料汇编》第 4 册，1284—1286 页。

　　② 1866 年驻藏大臣景纹在打箭炉逗留期间，得知大盖·色布暗中投靠了云南回民起义的领袖杜文秀。后来在搜查该土酋的房子时，景纹找到了被认定为杜文秀颁发的一块铜印和三块牌子。但是由于驻藏大臣已经提醒驻瞻藏官大盖·色布已投靠杜文秀，清廷做好了充分的准备来应付可能发生的变乱。尽管大盖·色布号召的众人将藏官的官寨包围了一个多月，但他们未能占领官寨。参见《下瞻对番目暗投云南杜文秀纠众谋衅当即扑灭折》，吴丰培辑《清代藏事奏牍》，第 377—378 页。

塘僧俗民众的反抗。理塘寺的两位名为格顿贝杰和仁钦绕丹的僧人集合了近万人驻扎在理塘寺周围，在寺内也聚集了 2000 多名僧俗人众。四川当局主要担心这会影响康区的安定，于是便派员带兵攻打聚集在理塘寺及其周围的僧俗民众。最后，格顿贝杰在一场大火中自杀，而仁钦绕丹则被处决。同时，藏官为引发理塘地区这场纷乱承担责任而遭解职。①

1889 年，瞻对民众再次起来反抗藏官的统治。② 在瞻对一位名为撒拉·雍珠（又写作三那攸珠）的小头人兼有名铁匠的带领下，瞻对民众起来反抗藏官及其属下征收繁重的差税，并成功将之赶出瞻对。撒拉·雍珠曾派人向四川总督投递了一份"夷禀"，宣称瞻对民众将工布朗结的孙子工布确邛带回瞻对来做土司，并请求将中瞻对纳入四川的管辖之下。③ 认真梳理了引起上述反抗活动原因的有关资料后，笔者发现多数材料将频繁的乌拉差役和沉重的赋税作为引起当地民众多次反抗的主要原因。有的证据显示，与其他藏官相比，钦绕次贝任藏官期间，曾向瞻对民众征收更为繁重的差税。④ 这正是瞻对民众要求将自己置于四川管辖之下的根本原因。再者，反抗的首领

---

① 《清德宗实录》卷 13，光绪元年七月己亥条。《理塘县志》的记载迥然相异，据称驻瞻藏官彭绕巴支持的理塘寺的一名僧人，在理塘寺周围聚集了一万多名民众，威胁理塘土司，并迫使土司拆毁驿站。在得到理塘土司的请求后，四川总督派兵平息此次事件。参见《理塘县志》，四川民族出版社 1993 年版，第 8 页。

② 陈一石、曾文琼合著的文章记载，在 1879 年瞻对还发生了一次由当地喇嘛加堆米古领导的反对瞻对藏官的斗争，但仅提到参加撒拉·雍珠所领导的另一名起义领袖巴巴垫曾参加这次斗争，失败被捕后被流放到孔撒牧区，没有提供详细情况。参见陈一石、曾文琼《略论 1889 年川边藏族地区撒拉雍珠领导的农奴起义》，《西南民族学院学报》1984 年第 3 期。

③ 王彦威纂辑，王亮编《清季外交史料》第 82 卷，书目文献出版社 1987 年版，第 24 页。撒拉·雍珠领导的起义的领袖之一是巴宗。据说巴宗是工布朗结外室所生的儿子。工布朗结被镇压后，巴宗藏在当地的一座寺院里。根据附在驻藏大臣长庚的补充报告中的"巴宗供词"，在撒拉·雍珠起事时，据说工布朗结的儿子对堆工布在工布朗结被处决后逃到了果洛地区。据说对堆工布"须发半白"，在当地能号召数千人。因此，巴宗到果洛请对堆工布回到瞻对来领导起义。据称对堆工布对巴宗说"伊由京回转，奉有大皇帝谕旨，赏给翎带，准回瞻对，业归旧主，有字样可凭"，并给巴宗印文夷札百数十张，先回瞻对散给各头人。后来对堆工布感到大局未定，叫巴宗在起事成功以后将在附近山上放羊的东德工布的儿子工布确邛带回瞻对，"暂立为主"。对堆工布答应一旦瞻对的形势稳定后，将属下全部带到瞻对。参见长庚《巴宗供词》（1890 年记录），《边藏档案资料》（手稿），以及《瞻民叛藏查办情形折》（长庚，1896 年），转引自陈一石、曾文琼《略论 1889 年川边藏族地区撒拉雍珠领导的农奴起义》，《西南民族学院学报》1984 年第 3 期。

④ 《清德宗实录》卷 279，光绪十五年十二月戊戌条；卷 280，光绪十六年正月乙巳条。

与时任藏官索康色间的嫌隙也是激起反抗的原因之一。① 最后，这次动乱被
四川总督派去的军队平息。虽然瞻对民众表达再次成为四川"属民"的意
愿，清廷仍将瞻对置于西藏地方政府的管辖下。鉴于此时西藏地方政府已开
始反抗清廷的权威，与此同时外国势力尤其是英国正侵略西藏，因此，为了
不损害与西藏地方政府的关系，清廷对此事的处理比较谨慎。

　　对清廷和西藏地方政府之间关系的影响。 当西藏地方政府试图将瞻对作
为根据地来扩大其在康区的影响时，便损害了其与清廷的关系。从清廷的角
度来看，驻瞻藏官只拥有对瞻对的管辖权，无权管辖康区的其他任何地方。
这一立场在许多有关驻瞻藏官的管辖权及其介入康区事务的奏折中明确地反
映出来。②

　　驻藏大臣倾向于责怪驻瞻藏官干涉某些土司内部的事务，支持一个土
司来反对另一个土司，或由于领土纷争直接与其他的土司发生纠纷和冲
突。其他地方大吏对历任驻瞻藏官的活动也表达了同样的忧虑。③ 在清廷
地方大吏的眼中，藏官对康区北部大部分地区以及与瞻对接壤的康南地区
部分分散村寨的控制，是对四川正当权威的损害。驻瞻藏官对康区各土司
事务的介入自然会影响清廷在康区的权威。而且这也成为清廷担心的一个
重要问题。

第四节　瞻对归属之争

　　由于忧心驻瞻藏官在康区不断增强的权威对自己在康区的统治造成威

---

　　① 根据撒拉·雍珠在"夷票"中自述，驻瞻藏官索康色被控因与前任藏官彭绕巴不睦，迁怒于曾
在彭绕巴任内当差的小头人阿噶，将小头人阿噶同阿噶之叔及小头人撒拉·雍珠拘囚三年。参见《长庚
奏藏以武健之人驭瞻对致有不睦片》（光绪十六年三月初二日），中国藏学研究中心、中国第一历史档案
馆、中国第二历史档案馆、西藏自治区档案馆、四川省档案馆编《元以来西藏地方与中央政府关系档案
史料汇编》第4册，第1275—1276页。
　　② 《长庚奏妥筹瞻对善后事宜并条陈应禁苛政八款折》（光绪十六年十月十一日），中国藏学研究
中心、中国第一历史档案馆、中国第二历史档案馆、西藏自治区档案馆、四川省档案馆编《元以来西藏
地方与中央政府关系档案史料汇编》第4册，第1278—1283页。
　　③ 《鹿传霖奏派营严防窜回并预筹收回瞻对折》（光绪二十二年四月十九日），中国藏学研究中心、
中国第一历史档案馆、中国第二历史档案馆、西藏自治区档案馆、四川省档案馆编《元以来西藏地方与
中央政府关系档案史料汇编》第4册，第1290—1291页。

胁，清廷及地方大吏曾多次试图将瞻对置于四川管辖之下，并任用流官，以取代当地土司。

西藏地方政府与清廷有关瞻对归属问题的第一次争议发生在 1889 年，是在清廷平息一次瞻对民众反抗藏官事件后。瞻对民众赶走驻瞻藏官后，请求将瞻对置于四川的管辖之下。当时驻藏大臣申泰正在仁钦岗与英属印度就西藏和锡金的边界进行协商。清政府不支持西藏地方政府在隆吐山的边卡派驻藏军，这引起了西藏地方政府的不满。为了避免因将瞻对置于四川管辖之下而引起更多的怀疑，同时也为了缓和事态的发展，清廷决定将其仍置于西藏地方政府的管辖下。之后，清廷批准了驻藏大臣长庚的建议，即试图严禁驻瞻藏官听取并决断康区部分土司提出的诉讼。长庚建议不要允许土司请求藏官决断他们之间的纠纷，也不应允许土司在未经清廷许可的情况下派兵攻打其他土司。① 长庚同时建议规定应该由打箭炉厅及理塘的文武官员共同监管藏官及其属下官员。而且，为了抑制藏官的"暴政"，长庚提出八项相关政策。② 然而，从此后的史料来看，这些规定似乎仅流于形式而已。驻瞻藏官继续扩张并实施对康区的影响。当清廷颁布其对康区的管辖政策时，西藏地方政府却准备采取一些更具体的措施。西藏地方政府派了一名僧官来协助驻瞻藏官，并派了 800 名士兵驻守瞻对。这样就大大地增强了驻瞻藏官的势力。③ 正如前面已经提到的那样，在 19 世纪 90 年代后期，驻瞻藏官不仅与明正土司直接发生冲突，而且强有力地干涉了朱倭土司和章谷土司间的纷争。

1896 年，当西藏地方政府与以驻藏大臣和四川总督为代表的清廷之间的对抗不断升级时，有关瞻对归属问题的争议再次出现。当时以鹿传霖为代表的部分官员意识到，由于驻瞻藏官对瞻对拥有管辖权，加之其对康区北部

---

① 《长庚奏妥筹瞻对善后事宜并条陈应禁苛政八款折》（光绪十六年十月十一日），中国藏学研究中心、中国第一历史档案馆、中国第二历史档案馆、西藏自治区档案馆、四川省档案馆编《元以来西藏地方与中央政府关系档案史料汇编》第 4 册，第 1278—1283 页。

② 《长庚奏妥筹瞻对善后事宜并条陈应禁苛政八款折》（光绪十六年十月十一日），中国藏学研究中心、中国第一历史档案馆、中国第二历史档案馆、西藏自治区档案馆、四川省档案馆编《元以来西藏地方与中央政府关系档案史料汇编》第 4 册，第 1278—1283 页。

③ 《鹿传霖等奏瞻对藏官先开兵端朱窝助逆迭次攻剿获胜及现筹进兵等情折》（光绪二十二年七月十五日），中国藏学研究中心、中国第一历史档案馆、中国第二历史档案馆、西藏自治区档案馆、四川省档案馆编《元以来西藏地方与中央政府关系档案史料汇编》第 4 册，第 1294—1299 页。

大部分地区的实际控制，这对清廷构成了严重威胁。因此，鹿传霖等提议派流官管辖康区，进而将康区置于清廷的直接管辖之下。① 康区位于西藏和四川之间，历史上成为清廷对西藏施政的后方。此外，由于所处的独特地理位置，康区也被认为是中国西南边疆的"自然屏障"。新龙总管机构的设立及其势力对康区的扩张，不断地削弱了清廷在康区的统治，从而挑战了清廷的权威。尤其在西方列强干涉西藏政务之后，情况变得更为严峻。因此，鹿传霖等官员将没有强有力的控制康区视作对西南边疆国防的一种威胁。但是，由于当时清廷还未重视瞻对的归属问题，于是在1896年至1897年发生了所谓的"收回瞻对之争"。

1896年，当拒绝罢免直接介入朱倭土司与章谷土司间纠纷的驻瞻藏官和僧官时，西藏地方政府与清廷地方大吏间的矛盾进一步加深。四川总督鹿传霖将历任驻瞻藏官介入的纠纷，均视为在临近土司的辖区内不受惩罚地"制造混乱"。因此，在和驻藏大臣联名上奏的弹劾奏疏中，鹿传霖等要求罢免驻瞻藏官对堆多吉和僧官益西土登的职务。但西藏地方政府却无视清廷的命令，拒绝罢免这两名官员。② 在这份奏折中，鹿传霖强调如果不对驻瞻藏官及其属下官员挞伐的话，康区的土司将会依附他们，"边事将不可收拾"。③

鹿传霖对局势的估量说服了清廷。于是，清廷对鹿传霖用武力将瞻对收回的建议表示赞同。最终，清军收复瞻对，驻瞻藏官及其属下逃回西藏。④ 1896年末，当清廷即将宣告其收回瞻对的军事行动取得胜利之际，鹿传霖再次上书清廷，极力主张在瞻对进行"改土归流"，即用流官取代当地土司

① 《鹿传霖奏派营严防窜回并预筹收回瞻对折》（光绪二十二年四月十九日），中国藏学研究中心、中国第一历史档案馆、中国第二历史档案馆、西藏自治区档案馆、四川省档案馆编《元以来西藏地方与中央政府关系档案史料汇编》第4册，1290—1291页。

② 《鹿传霖等奏三瞻一律肃清现在筹办善后折》（光绪二十二年十月），中国藏学研究中心、中国第一历史档案馆、中国第二历史档案馆、西藏自治区档案馆、四川省档案馆编《元以来西藏地方与中央政府关系档案史料汇编》第4册，第1306—1309页。

③ 《鹿传霖奏瞻对藏官带兵现复越界侵扰派兵筹办情形折》（光绪二十二年六月初六日），中国藏学研究中心、中国第一历史档案馆、中国第二历史档案馆、西藏自治区档案馆、四川省档案馆编《元以来西藏地方与中央政府关系档案史料汇编》第4册，第1291—1292页。

④ 《鹿传霖等奏瞻对藏官先开兵端朱窝助逆迭次攻剿获胜及现筹进兵等情折》（光绪二十二年七月十五日），中国藏学研究中心、中国第一历史档案馆、中国第二历史档案馆、西藏自治区档案馆、四川省档案馆编《元以来西藏地方与中央政府关系档案史料汇编》第4册，第1294—1299页。

的统治。①

　　由于清廷既没有收到西藏地方政府对驻藏大臣发送的官方文件的答复，达赖喇嘛也没有将驻瞻藏官及其属下召回西藏，清廷不知道达赖喇嘛对其重新收回瞻对的想法。于是，清廷命令鹿传霖派官员到西藏探明达赖喇嘛的明确答复。清廷强调西藏的安全比四川的更为重要，② 鹿传霖再次上奏了一份奏疏，建议为了直接控制瞻对，应进行"改土归流"，即直接派流官代替土司管辖。③ 鹿传霖的建议遭到其他官员和达赖喇嘛的反对，也在康区民众中引起了广泛的不安。

　　此时英国的军队开始侵略西藏领土，西藏当局表现出一种摆脱清廷管辖的倾向。为此，清廷的地方大吏感到不得不在康区进行"改土归流"，来加强对康区的控制。这些官员认为对康区的有效管辖将有利于与西藏保持密切关系，也有助于巩固西南边疆的国防。这一行动结束了西藏地方政府对瞻对的管辖。

　　然而，新龙基巧对瞻对的管辖及对康区北部地区的控制，实际持续到20世纪初，其仍然对川藏界务的纷争有相当大的影响。在后来争夺控制康区管辖权的冲突中，西藏地方政府利用新龙基巧管辖康区期间建立的与当地土司的历史关系，来进一步扩大其在康区的影响，并保护驻瞻藏官以及与新龙基巧关系密切的土司、头人等的既得利益。康区的各大土司也根据与西藏地方政府及中央政府的历史关系，决定是依附西藏地方政府，还是接受中央政府的控制。在1917—1918年康藏冲突中，由于西藏地方政府与康区北部地区有密切的历史关系，而且很可能得到当地民众的支持，西藏地方政府轻而易举地就占领了这些地区。同时，在《边藏停战退兵条约》中，康区的

　　① 《鹿传霖奏遵旨再陈瞻对必须收回章谷朱窝也宜改流折》（光绪二十二年十二月初五日），中国藏学研究中心、中国第一历史档案馆、中国第二历史档案馆、西藏自治区档案馆、四川省档案馆编《元以来西藏地方与中央政府关系档案史料汇编》第 4 册，第 1310—1312 页。

　　② 《清德宗实录》卷 399，光绪二十二年十二月庚辰条。

　　③ 《鹿传霖为请代奏瞻对收归内属达赖喇嘛不敢生衅事致总署电》（光绪二十二年十月十三日），中国藏学研究中心、中国第一历史档案馆、中国第二历史档案馆、西藏自治区档案馆、四川省档案馆编《元以来西藏地方与中央政府关系档案史料汇编》第 4 册，第 1301—1302 页。

部分地区被指定为藏军驻防之地。① 1930 年"大白事件"的川藏冲突也清楚
地显示出康区地方势力如何游移于西藏地方政府和川康地方政府、中央政府
之间。1930 年，甘孜大金寺僧人与白利土司因白利土司属下的一个小寺院
而发生冲突。此时，白利土司请求川康地方政府的军队支援。与之相反，大
金寺却向西藏地方政府求救。于是，康区地方冲突演变成了西藏与川康地方
政府间的战事。②

　　驻瞻藏官的设立使得西藏地方政府得以利用瞻对为据点，将其势力影响
范围延伸到康区北部地区。然而，新龙基巧对瞻对的管辖及其对康区北部事
实上的控制，却对康区的权力关系产生了很大的影响。一方面，新龙基巧的
设立使得康区各土司间的关系变得更为复杂，而且有时新龙基巧甚至直接介
入康区土司间因辖地问题而发生的纠纷。另一方面，新龙基巧在康区的活动
也使得西藏地方政府与清廷的关系进一步恶化。这种局势使得清廷的封疆大
吏主张实施重新收回瞻对的政策，以便加强对康区的控制。瞻对的纠纷是与
清末包括康区和西藏在内的川边政策密切相关的。四川总督鹿传霖在其提议
的"经营川边以保川图藏"政策指导下，不仅敦促清廷收回瞻对，并派流
官来管辖该地区，而且为了将该地区直接置于清廷管辖之下，还建议对该地
区实施"改土归流"，建立起一种新的政治控制方式。然而，由于十三世达
赖喇嘛直接请求皇帝将瞻对置于西藏地方政府的管辖之下，清廷担心收回瞻
对会使其与达赖喇嘛的关系变得更为紧张，并会在康区民众中引发极大的不
安和恐慌，因此，清廷将其官员和军队从瞻对召回，并将瞻对的管辖权归还
西藏地方政府。1904 年英国侵入西藏后，西藏地方政府变得弱小无力，而
且十三世达赖喇嘛也不得不先流亡于蒙古地区，然后又流亡到内地。尽管西
藏地方政府对瞻对的管辖在 1911 年赵尔丰实施"改土归流"时就结束了，
但是在 20 世纪前三十年，西藏地方政府重新对康区北部部分地区建立起事
实上的管辖。这是工布朗结扩张这一地方性事件在国家层面的重大影响，其
结果不仅改变了汉藏关系和各方对康区的管辖权，也对西藏乃至整个中国的
历史都产生了不可估量的影响。

---

① 四川省档案馆、四川民族研究所编《近代康区档案资料选编》，四川大学出版社 1990 年版，第
414—428 页。

② 四川省档案馆、四川民族研究所编《近代康区档案资料选编》，第 428—456 页。

参考文献

一 古籍史料

阿底峡尊者发掘，卢亚军译注《西藏的观世音》，甘肃人民出版社 2001 年版。

阿芒·贡却群派：《汉蒙藏史略》，贡巴才让译，青海人民出版社 1988 年版。

阿梅阿旺衮噶索朗：《阿旺贡嘎索朗文集》第 1 辑，西藏藏文古籍出版社 2012 年版。

阿旺贡噶索南：《萨迦世系史》，陈庆英等译，西藏人民出版社 1989 年版。

阿旺贡噶索南：《萨迦世系史》，陈庆英、高禾福、周润年译注，西藏人民出版社 2002 年版。

阿旺朗杰：《教法惊奇海》（藏文版），西藏藏文古籍出版社 1992 年版。

阿旺钦饶：《木里政教史》，鲁绒格丁等译，四川民族出版社 1993 年版。

巴卧·祖拉陈哇著，黄颢译注《〈贤者喜宴〉摘译》，《西藏民族学院学报》1980 年第 4 期。

巴卧·祖拉陈哇著，黄颢译注《〈贤者喜宴〉摘译（二）》，《西藏民族学院学报》1981 年第 1 期。

巴卧·祖拉陈哇著，黄颢译注《〈贤者喜宴〉摘译（三）》，《西藏民族学院学报》1981 年第 2 期。

巴卧·祖拉陈哇著，黄颢译注《〈贤者喜宴〉摘译（九）》，《西藏民族学院学报》1982 年第 4 期。

巴卧·祖拉陈瓦著，周润年、塔娜译《〈贤者喜宴——噶玛噶仓〉译注

（十一）》，《西藏民族学院学报》2012 年第 6 期。

巴卧·祖拉陈瓦：《贤者喜宴》（藏文版），资料来源：Buddhist Digital Resource Center（佛教数字资源中心），编号：W7499：2：571。

班钦索南查巴：《新红史》，黄颢译，西藏人民出版社 2002 年版。

贝瓦尔·却美多杰：《萨迦教法史》（藏文版），资料来源：Buddhist Digital Resource Center（佛教数字资源中心），编号：W1PD90704：1：0。

薄音湖、王雄编辑点校《明代蒙古汉籍史料汇编》第 1 辑，内蒙古大学出版社 2006 年版。

布顿大师：《佛教史大宝藏论》，郭和卿译，民族出版社 1986 年版。

蔡巴·贡嘎多吉：《红史》，陈庆英、周润年译，西藏人民出版社 1988 年版。

曹抡彬、曹抡翰等纂辑乾隆《雅州府志》，台北：成文出版社 1969 年版。

曹学佺：《蜀中广记》，《景印文渊阁四库全书》第 591 册，台北：台湾商务印书馆 1986 年版。

陈重为：《西康问题》，中华书局 1930 年版。

陈登龙编《里塘志略》，台北：成文出版社 1970 年版。

陈渠珍著，任乃强校注《芜野尘梦》，重庆出版社 1982 年版。

陈子龙：《明经世文编》，中华书局 1962 年版。

达仓宗巴·班觉桑布：《汉藏史集》，陈庆英译，西藏人民出版社 1986 年版。

大司徒·绛求坚赞：《朗氏家族史》，赞拉·阿旺、佘万治译，西藏人民出版社 1989 年版。

戴元表：《剡源文集》，《文渊阁四库全书》本，上海古籍出版社 2002 年版。

道宣：《释迦方志》，中华书局 1983 年版。

第悉·桑结嘉措：《格鲁派教法史——黄琉璃宝鉴》，许德存译，西藏人民出版社 2009 年版。

弟吴贤者：《弟吴宗教源流》，许德存译，西藏人民出版社 2013 年版。

dpal ldan bla ma dam pa kar ma bstan 'phel gyi rnam pa thar pa grub pa'i ro rtsed，资料来源：Buddhist Digital Resource Center（佛教数字资源中心），编号：W22202-1。

董浩等编《全唐文》，中华书局1983年版。

董逌：《广川画跋》，《翠琅玕馆丛书》本，1916年。

杜佑：《通典》，中华书局1988年版。

段绶滋纂修《民国中甸县志稿》，《中国地方志集成·云南府县志辑》第83册，凤凰出版社2009年版。

多杰杰博整理《五部遗教·王者遗教》，民族出版社1986年版。

多卡夏仲·策仁旺杰：《颇罗鼐传》（汉文版），汤池安译，西藏人民出版社1988年版。

多卡夏仲·泽仁旺杰：《颇罗鼐传》（藏文版），四川民族出版社2002年版。

樊绰撰，向达校注《蛮书校注》，中华书局2018年版。

范承勋、张毓碧等修，谢俨等纂《云南府志》，康熙三十五年刊本。

范晔：《后汉书》，中华书局1965年版。

方国瑜主编《云南史料丛刊》第12卷，云南大学出版社2001年版。

费密：《荒书》，浙江古籍出版社1985年版。

傅恒等纂《钦定皇舆西域图志》，乾隆四十七年武英殿刻本。

F. W. 托玛斯：《敦煌西域古藏文社会历史文献》，刘忠、杨铭译注，民族出版社2003年版。

傅嵩炑：《西康建省记》，中华印刷公司1932年版。

噶玛丹培：《朵康巴噶玛丹培传》（藏文版），资料来源：Buddhist Digital Resource Center（佛教数字资源中心），编号：W22202-1。

噶玛泽旺衮恰：《噶玛噶仓传承仁波切的传记》，云南民族出版社1998年版。

《噶玛让琼多吉文集》（藏文版），资料来源：Buddhist Digital Resource Center（佛教数字资源中心），编号：W30541：003：0002。

《格萨尔王传——非人银国》（藏文版），资料来源：Buddhist Digital Resource Center（佛教数字资源中心），编号：W1KG1791：1：354。

贡嘎·罗追：《萨迦世系史续编》，王玉平译，中国藏学出版社2005

年版。

谷应泰：《明史纪事本末》，中华书局 1977 年版。

顾炎武：《天下郡国利病书》，上海古籍出版社 2012 年版。

管学宣、万咸燕纂修乾隆《丽江府志略》，《中国地方志集成·云南府县志辑》第 41 册，凤凰出版社 2009 年版。

'Gyur med rnam rgyal. Lha thog rgyal rbas. The Sung rab Nyamso Gyun pel ParkjangTashijong Craft Community Tashijong，Palampur H. P（India），1971.

贺觉非：《理化县志稿》，1945 年铅印本。

贺觉非：《西康纪事诗本事注》，林超校，西藏人民出版社 1988 年版。

胡吉庐：《西康疆域溯古录》，商务印书馆 1928 年版。

黄布凡、马德：《敦煌藏文吐蕃史文献译注》，甘肃教育出版社 2000 年版。

黄沛翘：《西藏图考》，西藏人民出版社 1982 年版。

黄廷桂等监修，张晋生等编纂雍正《四川通志》，《景印文渊阁四库全书》第 560 册，台北：台湾商务印书馆 1986 年版。

《惠远寺历史》（藏文版），中国藏学研究中心历史宗教研究所、中国藏语系高级佛学院、甘孜州宗教局、甘孜州编译局编著《甘孜州藏传佛教寺院志》第 2 册，甘孜州宗教局 1999 年版。

季永海、李盘胜、谢志宁翻译点校《年羹尧满汉奏折译编》，天津古籍出版社 1995 年版。

江衮·工珠洛珠塔耶：《江衮·工珠洛珠塔耶传》（藏文版），康卓地区比尔，1973 年。

蒋良骐：《东华录》，中华书局 1980 年版。

蒋廷锡等：《古今图书集成》，中华书局、巴蜀书社 1988 年版。

廓诺·迅鲁伯：《青史》，郭和卿译，西藏人民出版社 2003 年版。

李东阳：《大明会典》，上海古籍出版社 1995 年版。

李心传：《建炎以来系年要录》，中华书局 1988 年版。

李亦人：《西康综览》，正中书局 1946 年版。

李延寿等：《北史》，中华书局 1974 年版。

李元：《蜀水经》，巴蜀书社 1985 年版。

刘健：《庭闻录》，沈云龙主编《近代中国史料丛刊三编》第 26 辑，台北：文海出版社 1987 年版。

刘建丽、汤开建辑校《宋代吐蕃史料集》（二），四川民族出版社 1989 年版。

刘立千译《续藏史鉴》，成都华西大学 1945 年版。

刘廷恕：光绪《打箭炉厅志》，《中国地方志集成·四川府县志辑》第 66 册，巴蜀书社 1992 年版。

刘昫等：《旧唐书》，中华书局 1975 年版。

罗桑丹津：《蒙古黄金史》，色道尔吉译，蒙古学出版社 1993 年版。

洛珠加措、俄东瓦拉译《莲花生大师本生传》，青海人民出版社 1990 年版。

洛桑喜饶：《昌都文献宝积》（藏文版），德里出版，资料来源：Buddhist Digital Resource Center（佛教数字资源中心），编号：W23745-1。

麦克唐纳：《敦煌吐蕃历史文书考释》，耿昇译，王尧校，青海人民出版社 1991 年版。

毛奇龄：《蛮司合志》，会稽徐氏铸学斋光绪十六年刻本。

《明实录》，台北中研院历史语言研究所 1962 年校印本。

《木氏宦谱》，《中国少数民族社会历史调查资料丛刊》修订编辑委员会编《纳西族社会历史调查》（一），民族出版社 2009 年版。

倪蜕辑《滇云历年传》，李埏校点，云南大学出版社 1992 年版。

娘·尼玛韦色：《教法源流·花蜜精粹》（藏文版），西藏藏文古籍出版社 2012 年版。

欧阳修等：《新唐书》，中华书局 1975 年版。

祁韵士：《皇朝藩部要略》，《西藏学汉文文献汇刻》第 3 辑，全国图书馆文献缩微复制中心 1993 年版。

《清实录》，中华书局 1986 年版。

瞿九思：《万历武功录》，中华书局 1962 年版。

饶然·阿旺登贝坚赞：《智者颈饰——王统宗教源流晶鉴》（藏文版），《西藏史籍五部》，西藏藏文古籍出版社 1990 年版。

萨囊彻辰：《新译校注〈蒙古源流〉》，道润梯步译校，内蒙古人民出版社 1980 年版。

　　色多·罗桑崔臣嘉措：《塔尔寺志》，郭和卿译，青海人民出版社 1986
年版。

　　邵伯温：《邵氏闻见录》，李剑雄、刘德权点校，中华书局 1983 年版。

　　师范：《滇系》，云南通志局光绪十三年刻本。

　　释迦拉旺：《尊者噶举不共教法史》（藏文版），西藏古籍出版社 2001
年版。

　　司马光：《资治通鉴》，中华书局 2007 年版。

　　司马迁：《史记》，中华书局 1982 年版。

　　四川省档案馆、四川民族研究所编《近代康区档案资料选编》，四川大
学出版社 1990 年版。

　　Sngon phu dga' yangs can gyi gdong deb ' dud ' jo' i bum bzang gi mgo
brjod，Rgyal thang gi lo rgyus tsags dpyad gshi phyogs bsgrigs，yun nan mi rigs dbe
skrun khang，2003.

　　松巴堪布·益西班觉：《如意宝树史》，蒲文成、才让译，甘肃民族出
版社 1994 年版。

　　松巴·益西班觉：《世界广论》（藏文版），青海民族出版社 2013 年版。

　　松巴·益西班觉：《青海历史（一）》，谢健、谢伟译，《青海民族学院
学报》1983 年第 4 期。

　　松秀清、松永丽摘译《历辈噶举派活佛高僧传》，《中甸县志通讯》
1994 年第 4 期。

　　宋濂等：《元史》，中华书局 1973 年版。

　　苏晋仁、萧錬子校证《〈册府元龟〉吐蕃史料校证》，四川民族出版社
1981 年版。

　　索南坚赞：《西藏王统记》，刘立千译注，西藏人民出版社 1985 年版。

　　台北"故宫博物院"编《宫中档雍正朝奏折》，台北"故宫博物院"
1977 年版。

　　Thub bstan phun tsogs. Sde dge'i lo rgyus spyin don zla ' od gsar pa'i mi
long，2007.

　　佟锦华、黄布凡译注《拔协》，四川民族出版社 1990 年版。

土观·罗桑却吉尼玛：《土观宗派源流》，刘立千译注，民族出版社2000年版。

土观·罗桑却季尼玛：《土观宗派源流》，刘立千译注，西藏人民出版社1985年版。

脱脱等：《宋史》，中华书局1985年版。

王宝仪修，杨金和、杨金铠纂《鹤庆州志》，光绪二十年刻本。

王圻：《续文献通考》，台北：文海出版社1979年版。

王钦若等：《册府元龟》，中华书局1960年版。

王锡祺编《小方壶斋舆地丛钞》第3帙，上海著易堂铅印本。

王象之：《舆地纪胜》，中华书局2003年版。

王彦威纂辑，王亮编《清季外交史料》，书目文献出版社1987年版。

王尧编《吐蕃金石录》，文物出版社1982年版。

王尧、陈践译注《敦煌本吐蕃历史文书（增订本）》，民族出版社1992年版。

王尧、陈践译注《敦煌古藏文文献探索集》，上海古籍出版社2008年版。

王尧、陈践译注《敦煌吐蕃文献选》，四川民族出版社1983年版。

魏收：《魏书》，中华书局1974年版。

魏源：《圣武记》，韩锡铎、孙文良点校，中华书局1984年版。

魏征等：《隋书》，中华书局1973年版。

伍非百编《清代对大小金川及西康青海用兵纪要》，1935年铅印本。

吴丰培辑《川藏游踪汇编》，四川民族出版社1985年版。

吴丰培辑《抚远大将军允禵奏稿》，全国图书馆文献缩微复印中心1991年版。

吴丰培辑《清代藏事奏牍》，中国藏学出版社1994年版。

吴丰培辑《清季筹藏奏牍》，全国图书馆文献缩微复制中心，2009年版。

五世达赖喇嘛阿旺洛桑嘉措：《一世—四世达赖喇嘛传》，陈庆英、马连龙等译，中国藏学出版社2006年版。

五世达赖喇嘛阿旺洛桑嘉措：《五世达赖喇嘛传》，陈庆英、马连龙、马林译，中国藏学出版社 2006 年版。

五世达赖喇嘛：《西藏王臣记》，刘立千译注，民族出版社 2000 年版。

西藏自治区档案馆、中国藏学研究中心编《西藏档案资料选编》，中国藏学出版社 1997 年版。

杨应琚编纂《西宁府新志》，青海人民出版社 1988 年版。

义净著，王邦维校注《大唐西域求法高僧传校注》，中华书局 1988 年版。

佚名：乾隆《打箭炉志略》，张羽新主编《中国西藏及甘青川滇藏区方志汇编》第 40 册，学苑出版社 2003 年版。

玉勒·楚臣：《瞻对工布朗结简史》，藏文手抄本。

余庆远：《维西见闻纪》，商务印书馆 1936 年版。

乐史：《太平寰宇记》，王文楚等校，中华书局 2007 年版。

岳炯：《岳襄勤公行略》，《清史资料》第 4 辑，中华书局 1983 年版。

《云南辞典》编辑委员会编辑《云南辞典》，云南人民出版社 1993 年版。

查骞：《边藏风土记》，《西藏学文献丛书别辑》第 6 函，中国藏学出版社 1992 年版。

札巴孟兰洛卓：《奈巴教法史——古潭花鬘》，王尧、陈践译，《中国藏学》1990 年第 1 期。

章嘉·若贝多杰：《七世达赖喇嘛传》，蒲文成译，西藏人民出版社 1989 年版。

章嘉·若贝多杰：《七世达赖喇嘛传》（藏文版），中国藏学出版社 1994 年版。

张泓：《滇南新语》，商务印书馆 1936 年版。

张继：《定瞻厅志略》，张羽新主编《中国西藏及甘青川滇藏区方志汇编》，学苑出版社 2003 年版。

张廷玉等：《明史》，中华书局 1974 年版。

张勇：《张襄壮奏疏》，出版地、出版时间不详。

赵尔巽等：《清史稿》，中华书局 1977 年版。

郑晓：《皇明四夷考》，国学文库本，1933 年重印本。

智观巴·贡却乎丹巴绕吉：《安多政教史》，吴均等译，甘肃民族出版社 1989 年版。

志玛青措：《惠远寺简史》（藏文版），民族出版社 2012 年版。

中国第一历史档案馆编《雍正朝汉文朱批奏折汇编》，江苏古籍出版社 1989 年版。

中国第一历史档案馆编《康熙朝汉文朱批奏折汇编》，档案出版社 1984 年版。

中国第一历史档案馆编《康熙朝满文朱批奏折全译》，中国社会科学出版社 1996 年版。

中国第一历史档案馆、中国藏学研究中心编《清初五世达赖喇嘛档案史料选编》，中国藏学出版社 2000 年版。

中国第一历史档案馆译编《雍正朝满文朱批奏折全译》，黄山书社 1998 年版。

中国社会科学院语言研究所、中国社会科学院民族学与人类学研究所、香港城市大学语言资讯科学研究中心编《中国语言地图集（第 2 版）·少数民族语言卷》，商务印书馆 2012 年版。

中国藏学研究中心等编《元以来西藏地方与中央政府关系档案史料汇编》，中国藏学出版社 1994 年版。

周霭联：《西藏纪游》，张江华、季垣垣点校，中国藏学出版社 2006 年版。

周汝诚编《纳西族史料编年》，《中国少数民族社会历史调查资料丛刊》修订编辑委员会编《纳西族社会历史调查》（二），民族出版社 2009 年版。

邹建达、唐丽娟主编《清前期云南督抚边疆事务奏疏汇编》，社会科学文献出版社 2015 年版。

台北中研院历史研究所藏内阁大库档案。

英国印度事务部档案。

二　著作

白翠琴：《瓦剌史》，广西师范大学出版社 2006 年版。

伯戴克：《十八世纪前期的中原和西藏》，周秋有译，西藏人民出版社

1987年版。

查尔斯·巴克斯：《南诏国与唐代的西南边疆》，林超民译，云南人民出版社1988年版。

陈观胜、安才旦主编《常见藏语人名地名词典》，外文出版社2004年版。

陈世松、贾大泉主编《四川通史》，四川人民出版社1970年版。

陈庆英等：《历辈达赖喇嘛生平形象历史》，中国藏学出版社2006年版。

陈庆英、高淑芬主编《西藏通史》，中州古籍出版社2003年版。

陈小平：《唐蕃古道》，三秦出版社1989年版。

崔永红、张得祖、杜常顺主编《青海通史》，青海人民出版社1999年版。

丹珠昂奔：《藏族神灵论》，中国社会科学出版社1990年版。

邓锐龄、冯智主编《西藏通史·清代卷》，中国藏学出版社2016年版。

东噶·洛桑赤列编纂《东噶藏学大词典》（藏文版），中国藏学出版社2002年版。

东嘎·洛桑赤列：《论西藏政教合一制度》，陈庆英译，民族出版社1983年版。

杜齐：《西藏中世纪史》，李有义、邓锐龄译，中国社会科学院民族研究所1980年版。

段木干主编《中外地名大辞典》，人文出版社1981年版。

多杰仓·阿丹：《康区历史传说：新龙古老的传说》（藏文版），达兰姆萨拉：阿尼玛钦研究院1993年版。

范文澜：《中国通史简编（修订本）》第3编第2册，人民出版社1965年版。

方国瑜：《彝族史稿》，四川民族出版社1984年版。

方国瑜：《中国西南历史地理考释》，中华书局1987年版。

冯敏：《扎巴藏族——21世纪人类学母系制社会田野调查》，民族出版社2010年版。

甘肃省文物考古研究所编著《秦安大地湾：新石器时代遗址发掘报告》，文物出版社2006年版。

甘孜县志编纂委员会编纂《甘孜县志》，四川科学技术出版社1999

年版。

甘孜州志编纂委员会编纂《甘孜州志》上册，四川人民出版社 1997年版。

格勒：《甘孜藏族自治州史话》，四川民族出版社 1984 年版。

格勒：《康巴史话》，四川美术出版社 2014 年版。

格勒：《论藏族文化的起源形成与周围民族的关系》，中山大学出版社 1988 年版。

更敦群培：《更敦群培文集精要》，格桑曲批译，周季文校，中国藏学出版社 1996 年版。

郭大烈、和志武：《纳西族史》，四川民族出版社 1994 年版。

何耀华总主编《云南通史》，中国社会科学出版社 2011 年版。

黑格尔：《历史哲学》，王造时译，上海书店出版社 1999 年版。

降洛、格来彭措编《德格土司传记汇编》（藏文版），四川人民出版社 2021 年版。

康定民族师专编写组编纂《甘孜藏族自治州民族志》，当代中国出版社 1994 年版。

孔贝：《藏人言藏：孔贝康藏闻见录》，邓小咏译，中国社会科学出版社、四川民族出版社 2002 年版。

拉巴平措、陈庆英总主编《西藏通史》，中国藏学出版社 2015 年版。

李光文、杨松、格勒主编《西藏昌都：历史·传统·现代化》，重庆出版社 2000 年版。

李绍明：《李绍明民族学文选》，成都出版社 1995 年版。

李绍明：《藏彝走廊民族历史文化》，民族出版社 2008 年版。

李绍明、刘俊波编《尔苏藏族研究》，民族出版社 2007 年版。

李文漪：《中国第四纪植被与环境》，科学出版社 1998 年版。

李星星：《长江上游四川横断山区生态移民研究》，民族出版社 2007年版。

林俊华：《康巴历史与文化》，天地出版社 2002 年版。

刘勇、冯敏等：《鲜水河畔的道孚藏族多元文化》，四川民族出版社 2005 年版。

马长寿：《氐与羌》，上海人民出版社1984年版。

《民族问题五种丛书》云南省编辑委员会编《纳西族社会历史调查》，云南民族出版社1983年版。

内贝斯基·沃杰科维茨：《西藏的神灵和鬼怪》，谢继胜译，西藏人民出版社1993年版。

彭文斌主编《康巴研究的新视角：空间、历史与族群》，美国华盛顿大学出版社2006年版。

恰白·次旦平措、诺昌·吴坚：《西藏简明通史·松石宝串》（藏文版），西藏藏文古籍出版社2016年版。

恰白·次旦平措、诺章·吴坚、平措次仁：《西藏通史——松石宝串》，陈庆英、格桑益西、何宗英、许德存译，西藏社会科学院、中国西藏杂志社、西藏古籍出版社2008年版。

全国人民代表大会民族委员会办公室编《甘孜藏区社会调查资料汇辑》，1957年油印本。

任新建：《康巴历史与文化》，巴蜀书社2014年版。

任乃强：《西康图经》，西藏古籍出版社2000年版。

任乃强：《康藏史地大纲》，西藏古籍出版社2000年版。

任乃强：《任乃强藏学文集》（上、中、下册），中国藏学出版社2009年版。

任乃强：《西康图经·民俗篇》，新亚细亚学会1934年版。

石硕：《西藏文明东向发展史》，四川人民出版社1994年版。

石硕主编《藏彝走廊：历史与文化》，四川人民出版社2005年版。

石硕：《藏族族源与藏东古文明》，四川人民出版社2001年版。

石硕：《藏彝走廊：文明起源与民族源流》，四川人民出版社2009年版。

石硕、李锦、邹立波：《交融与互动：藏彝走廊的民族、历史与文化》，四川人民出版社2014年版。

石泰安：《西藏的文明》，耿昇译，王尧审订，中国藏学出版社2005年版。

四川省巴塘县志编纂委员会编纂《巴塘县志》，四川民族出版社1993年版。

四川省道孚县志编纂委员会编纂《道孚县志》，四川人民出版社 1998 年版。

四川省德格县志编纂委员会编纂《德格县志》，四川人民出版社 1995 年版。

四川省甘孜藏族自治州新龙县志编纂委员会编纂《新龙县志》，四川人民出版社 1992 年版。

谭其骧主编《中国历史地图集》（五），中国地图出版社 1982 年版。

谭其骧主编《中国历史地图集》（七），中华地图学社 1975 年版。

汤惠生：《青藏高原古代文明》，三秦出版社 2003 年版。

陶玛士：《南语——汉藏民族走廊的一种古代语言》，玉文华、杨元芳译，云南丽江普米文化研究室编印，2003 年。

王尧、陈庆英主编《西藏历史文化辞典》，西藏人民出版社、浙江人民出版社 1998 年版。

王恒杰：《迪庆藏族社会史》，中国藏学出版社 1995 年版。

王开队：《康区藏传佛教历史地理研究》，四川大学出版社 2011 年版。

王晓燕：《官营茶马贸易研究》，民族出版社 2004 年版。

王兴先：《〈格萨尔〉论要》，甘肃民族出版社 1991 年版。

王忠：《新唐书南诏传笺证》，中华书局 1963 年版。

吴安其：《汉藏语同源研究》，中央民族大学出版社 2002 年版。

吴永章：《中国土司制度渊源与发展史》，四川民族出版社 1988 年版。

西藏昌都地区地方志编纂委员会编《昌都地区志》，方志出版社 2005 年版。

《西藏研究》编辑部：《卫藏通志》，西藏人民出版社 1982 年版。

西藏自治区文物管理委员会、四川大学历史系：《昌都卡若》，文物出版社 1985 年版。

夏格巴：《西藏政治史》，李有义译，中国社会科学院民族研究所 1978 年版。

谢廷杰、洛桑群觉编著《西藏昌都史地纲要》，西藏人民出版社 2000 年版。

严正德、王毅武编《青海百科大辞典》，中国财政经济出版社 1994

年版。

　　杨铭：《唐代吐蕃与西北民族关系史研究》，兰州大学出版社 2012 年版。

　　杨铭：《吐蕃统治敦煌与吐蕃文书研究》，中国藏学出版社 2008 年版。

　　杨学政：《藏族、纳西族、普米族的藏传佛教——地域民族宗教研究》，云南人民出版社 1994 年版。

　　杨毓骧编《伯舒拉岭雪线下的民族》，云南大学出版社 2000 年版。

　　云南省中甸县地方志编纂委员会编纂《中甸县志》，云南民族出版社 1997 年版。

　　《藏族简史》编写组编《藏族简史》，西藏人民出版社 2006 年版。

　　泽波、格勒主编《横断山民族文化走廊——康巴文化名人论坛文集》，中国藏学出版社 2004 年版。

　　曾现江：《胡系民族与藏彝走廊——以蒙古族为中心的历史学考察》，四川人民出版社 2007 年版。

　　张柏桢：《西藏大呼毕勒罕考》，中州古籍出版社 1986 年版。

　　张怡荪主编《藏汉大辞典》，民族出版社 1998 年版。

　　张云：《元朝中央政府治藏制度研究》，黑龙江教育出版社 2013 年版。

　　张云：《元代吐蕃地方行政体制研究》，中国社会科学出版社 1998 年版。

　　赵心愚：《纳西族与藏族关系史》，四川人民出版社 2004 年版。

　　赵心愚、秦和平编《清季民国康区藏族文献辑要》上册，四川民族出版社 2003 年版。

　　中国科学院考古研究所、陕西省西安半坡博物馆编《西安半坡：原始氏族公社聚落遗址》，文物出版社 1963 年版。

　　中国科学院《中国自然地理》编辑委员会：《中国自然地理·动物地理》，科学出版社 1979 年版。

　　中国社会科学院考古研究所、西藏自治区文物局编著《拉萨曲贡》，中国大百科全书出版社 1999 年版。

　　中国藏学研究中心历史宗教研究所、中国藏语系高级佛学院、甘孜州宗教局、甘孜州编译局编著《甘孜州藏传佛教寺院志》，甘孜州宗教局 1999 年版。

　　周伟洲：《唐代吐蕃与近代西藏史论稿》，中国藏学出版社 2006 年版。

周伟洲：《藏史论考》，兰州大学出版社 2010 年版。

周伟洲、周源主编《西藏通史（民国卷）》，中国藏学出版社 2008 年版。

佐藤长：《チベット历史地理の研究》，岩波书店 1978 年版。

Ahamd, Zehiruddin, *Sino-Tibetan Relations in the Seventeenth Century*, Rome：Istituto Italiano per il Medio ed Estremo Oriente, 1970.

Alexander P. Gardner, *The Twenty-Five Great Sites of Khams：Religious Geography, Revelation, and Nonsectarianism in Nineteenth-Century Eastern Tibet*, University of Michigan, 2006.

Epstein, Lawrence, ed., *Khams Pa Histories：Visions of People, Place and Authority*, Leidon · Boston · Koln：Brill, 2002.

Geoffrey Samuel, *Civilized Shamans：Buddhism in Tibetan Societies*, Smithsonian, 1995.

Gruschke, Andreas, *The Cultural Monuments of Tibet's Outer Provinces：Kham*, 2 vols, Bangkok：White Lotus Press, 2004.

Luciano Petech, *China and Tibet in the Early XⅧ Century：History of the Establishment of Chinese Protectorate in Tibet*, Leiden：Brill, 1972.

van Spengen, Wim and LamaJabb, eds., *Studies in the History of Eastern Tibet*, PIATS, 2006.

Xiuyu Wang, *China's Last Imperial Frontier：Late Qing Expansion in Sichuan's Tibetan Borderlands*, Lanham, MD：Lexington Books, 2011.

Yingcong Dai, *The Sichuan Frontier and Tibet-Imperial Strategy in the Early Qing*, University of Washington Press, 2009.

Yudru Tsomu, *The Rise of Gonpo Namgyel in Kham：The Blind Warrior of Nyarong*, Lexington Books, 2015.

三　论文

艾米·赫勒：《公元 8—10 世纪东藏的佛教造像及摩崖刻石》，杨莉译，《国外藏学研究译文集》第 15 辑，西藏人民出版社 2001 年版。

巴桑旺堆：《吐蕃石刻文献评述》，《中国藏学》2013 年第 4 期。

白日吉美旺嘉：《白利王权势兴衰简论》（藏文版），*Studies in the History of Eastern Tibet*，edited by Wim Van Spengen and Lama Jbb，IITBS GmbH，2009.

彼德·史卫国：《清代白利土司顿月多吉小传》，才旺南加译，《西藏民族学院学报》2001 年第 1 期。

彼德·史卫国：《西藏东部贵族噶斯家族世系史》，才旺南加译，《西藏研究》2000 年第 4 期。

才让太：《古老象雄文明》，《西藏研究》1985 年第 2 期。

才让太：《再探古老的象雄文明》，《中国藏学》2005 年第 1 期。

岑仲勉：《从女国地位再讨论附国即吐蕃（附任乃强答案）》，《康藏研究》第 10 期，1947 年。

岑仲勉：《〈隋书〉之吐蕃——附国》，《民族学研究集刊》第 5 期，1946 年。

陈得芝：《元代乌思藏宣慰司的设置年代》，《元史及北方民族史研究集刊》第 8 辑，1984 年。

陈光军：《试论建设科学的康巴文化研究学科体系》，《康定民族师范高等专科学校学报》2009 年第 3 期。

陈乃加初：《外国传教士在巴塘》，《巴塘志苑》（内部刊物）1989 年第 1、2 期。

陈楠：《吐蕃与南诏及洱河诸蛮关系丛考》，《藏史丛考》，民族出版社 1998 年版。

陈楠：《明代乌思藏"五教王"考》，苍铭主编《民族史研究》第 9 辑，中央民族大学出版社 2010 年版。

陈楠：《吐蕃的"尚"与"论"》，《藏史丛考》，民族出版社 1998 年版。

陈庆英：《〈白狼歌〉新探》，《江河源文化研究》1992 年第 2 期。

陈庆英：《明代甘青川藏族地区的政治述略》，《西藏研究》1999 年第 2 期。

陈庆英：《元朝在藏族地区设置的军政机构》，《西藏研究》1992 年第 3 期。

陈一石：《清代瞻对事件在藏族地区的历史地位与影响（一）》，《西藏研究》1986 年第 1 期。

陈一石、曾文琼：《略论 1889 年川边藏族地区撒拉雍珠领导的农奴起义》，《西南民族学院学报》1984 年第 3 期。

陈宗祥、邓文峰：《〈白狼歌〉研究述评》，《西南师范学院学报》1979 年第 4 期。

陈祖军：《西南地区的石棺墓分期研究——关于"石棺葬文化"的新认识》，四川省文物考古研究所编《四川考古论文集》，文物出版社 1996 年版。

褚俊杰：《吐蕃远古氏族"恰""穆"研究》，《藏学研究论丛》第 2 辑，西藏人民出版社 1990 年版。

戴刚：《试论康巴文化与建立康巴学研究》，《康定民族师范高等专科学校学报》2006 年第 3 期。

邓锐龄：《结打木、杨打木二城考》，《中国藏学》1988 年第 2 期。

邓锐龄：《年羹尧在雍正朝初期治藏政策孕育过程中的作用》，《中国藏学》2002 年第 2 期。

方国瑜：《麽些民族考》，《民族学研究集刊》第 4 期，1944 年。

费孝通：《关于我国民族的识别问题》，《中国社会科学》1980 年第 1 期。

冯汉骥：《岷江上游的石棺葬文化》，《成都工商导报》"学林副刊" 1951 年 5 月 20 日。

冯汉镛：《唐代西蜀经吐蕃通天竺路线考》，《西藏研究》1985 年第 4 期。

冯智：《木氏土司与理塘寺》，《中甸县志通讯》1992 年第 3 期。

盖培、王国道：《黄河上游拉乙亥中石器时代遗址发掘报告》，《人类学学报》1983 年第 1 期。

甘肃省博物馆文物工作队、武威地区文物普查队：《永昌鸳鸯池新石器时代墓地的发掘》，《考古》1974 年第 5 期。

甘孜考古队：《四川巴塘、雅江的石板墓》，《考古》1981 年第 3 期。

高琳：《17 世纪中叶—19 世纪格鲁派史籍中的康地》，《西藏大学学报》2013 年第 1 期。

格勒：《古代藏族同化、融合西山诸羌与嘉戎藏族的形成》，《西藏研究》1988 年第 2 期。

根旺：《麦·辛饶桑布与昌都绛巴林寺》，《西藏研究》2000 年第 3 期。

根旺：《藏区多康古地名诠释（一）》，《西藏民族学院学报》2000 年第 5 期。

古瑟普·詹纳：《西藏拉萨出土的古人类遗骸》，杨元芳、陈宗祥译，《中国藏学》1990 年第 4 期。

故宫博物院、四川省文物考古研究院：《2005 年度康巴地区考古调查简报》，《四川文物》2005 年第 6 期。

故宫博物院、四川省文物考古研究院：《四川石渠县洛须"照阿拉姆"摩崖石刻》，《四川文物》2006 年第 3 期。

韩官却加：《简述蒙古族在多康地区的历史活动》，《西北民族学院学报》1989 年第 1 期。

韩儒林：《吐蕃之王族与宦族》，《中国文化研究所集刊》第 1 卷第 1 期，1941 年。

贺先枣：《试谈建立"康巴学"学科体系的意义》，《康定民族师范高等专科学校学报》2006 年第 2 期。

华青道尔杰：《吐蕃高僧益西央考辨》，《青海民族研究》2017 年第 1 期。

黄布凡：《川西藏区的语言关系》，《中国藏学》1988 年第 3 期。

黄启勋：《郭达随笔》，《康定县文史资料选辑》第 3 辑，中国人民政治协商会议甘孜藏族自治州康定县委员会 1989 年版。

黄维忠、王维强：《藏文 mdo gams 和 mdo khmas 考》，《民族研究》2004 年第 1 期。

黄显铭：《文成公主入藏路线初探》，《西北民族大学学报》1980 年第 1 期。

黄显铭：《文成公主入藏路线再探》，《西藏研究》1984 年第 1 期。

霍巍：《论卡若遗址经济文化类型的发展演变》，《中国藏学》1993 年第 3 期。

霍巍：《青藏高原东麓吐蕃时期佛教摩崖造像的发现与研究》，《考古学报》2011 年第 3 期。

霍巍：《藏东吐蕃佛教摩崖造像背景初探》，《民族研究》2015 年第 5 期。

贾大泉：《川藏道的兴起与川藏关系的发展》，杨岭多吉编《四川藏学研究》第 4 辑，四川民族出版社 1997 年版。

贾大泉：《汉藏茶马贸易》，《中国藏学》1988 年第 4 期。

贾大泉、尉艳芝：《浅谈茶马贸易古道》，《中华文化论坛》2008 年第 S2 期。

贾兰坡：《中国细石器的特征和它的传统、起源与分布》，《古脊椎动物与古人类》1978 年第 2 期。

姜连富：《泰宁协始末》，政协四川省道孚县委员会编《道孚文史资料选辑》第 3 辑，1991 年。

开封地区文管会、新郑县文管会：《河南新郑裴李岗新石器时代遗址》，《考古》1978 年第 2 期。

开封地区文物管理委员会等：《裴李岗遗址一九七八年发掘简报》，《考古》1979 年第 3 期。

来作中：《清王朝在川边藏区的土司设置》，中国人民政治协商会议甘孜藏族自治州委员会编《甘孜州文史资料》第 11 辑，1990 年。

来作中、江安西、邓珠娜姆、韦刚：《甘孜藏族自治州各县藏汉名称的由来及其历史沿革》，《四川省甘孜藏族自治州文史资料选辑》第 2 辑，中国人民政治协商会议四川省甘孜藏族自治州委员会 1984 年版。

郎树德：《大地湾遗址房屋遗存的初步研究》，《考古与文物》2002 年第 5 期。

郎树德：《大地湾遗址的发现和初步研究》，《甘肃社会科学》2002 年第 5 期。

李晨升：《工珠与伏藏》，《青海民族研究》2014 年第 4 期。

李晨升：《利美运动中的工珠和钦则》，《中央民族大学学报》2015 年第 6 期。

李成富：《将军庙前后》，《康定县文史资料选辑》第 8 辑，中国人民政治协商会议甘孜藏族自治州康定县委员会 1998 年版。

李淮东：《明代汉藏交通的兴衰演变——以明朝使臣入藏活动为中心的探讨》，《中国边疆史地研究》2017年第2期。

李敬洵：《七至九世纪川西高原部族考》，《中国藏学》1989年第1期。

李淼、李海鹰：《炉霍的打制石器》，《六江流域民族综合科学考察报告之二：雅砻江上游考察报告》，中国西南民族研究学会、甘孜藏族自治州人民政府编印本，1985年。

李绍明：《康南石板墓族属初探》，《思想战线》1981年第6期。

李绍明、任新建：《康巴学简论》，《康定民族师范高等专科学校学报》2006年第2期。

李绍明：《唐代西山诸羌考略》，《四川大学学报》1980年第1期。

李映辉：《唐代高僧驻锡地的地理分布》，《中国历史地理论丛》1999年第2期。

林俊华：《关于康巴学几个基本概念的认识》，《康定民族师范高等专科学校学报》2007年第2期。

刘亚玲：《朝圣与转山——丹巴藏族转山考察》，《中南民族大学学报》2009年第2期。

刘勇：《"藏族传统史学"学科概念分析》，《中国藏学》2006年第2期。

刘正刚、唐伟华：《清代移民与川西藏区开发》，《西藏研究》2002年第1期。

刘正刚、唐伟华：《清前期藏区驻军与地方经济的发展》，《西藏研究》2004年第4期。

柳陞祺：《1727—1728年卫藏战争前后清中央的治藏方策》，《民族研究》2004年第1期。

罗开玉：《川滇西部及藏东石棺墓研究》，《考古学报》1992年第4期。

洛丹：《七世达赖喇嘛的确认、册封、坐床》，《西藏研究》1990年第2期。

马长寿：《嘉戎民族社会史》，《民族学研究集刊》1945年第4期。

马继贤：《汉源县狮子山新石器时代遗址》，《中国考古学年鉴（1991）》，文物出版社1992年版。

马月华：《打箭炉的传说及地名刍议》，《西南民族学院学报》1987年第 3 期。

Ngag dbang kun dga' bsod nams//A myes zhabs nga dbang kun dga' bsod nams kyi gsung 'bum bzhugs so// si khrun bod yik dpe rnying myur skyob 'tshol khang// 2000（4）.

恰白·次旦平措：《论工布地区第穆摩崖文字》，何宗英译，《中国藏学》1988 年第 3 期。

秦和平、张晓红：《近代天主教在川滇藏交界地区的传播——以"藏彝走廊"为视角》，《西南民族大学学报》2009 年第 2 期。

青格力：《罕都台吉在康区的活动探析》，《欧亚学刊》新 2 辑，商务印书馆 2015 年版。

潘发生：《丽江木氏土司向康藏扩充势力始末》，《西藏研究》1999 年第 2 期。

Peng Wenbin, "Ethnic Memory and Space: Legends of Zhuge Liang on Sino-Tibetan Frontiers," 王铭铭主编《中国人类学评论》第 19 辑，世界图书出版公司 2011 年版。

任汉光：《康市锅庄调查报告书》，《西康建省委员会公报》第 3 期，1936 年。

任新建：《凤全与巴塘事变》，《中国藏学》2009 年第 2 期。

任乃强：《德格土司世谱》，《任乃强藏学文集》下册，中国藏学出版社 2009 年版。

任乃强：《附国非吐蕃——质岑仲勉先生》，《康藏研究月刊》第 4 期，1947 年。

任乃强：《四川第十六区民族之分布》，《任乃强民族研究文集》，民族出版社 1990 年版。

任乃强、泽旺夺吉：《"朵甘思"考略》，《中国藏学》1989 年第 1 期。

任乃强、曾文琼：《〈吐蕃传〉地名考释（二）》，《西藏研究》1982 年第 2 期。

任乃强、曾文琼：《〈吐蕃传〉地名考释（五）》，《西藏研究》1983 年第 4 期。

若松宽：《明末内蒙古土默特人向青海地区的扩张——火落赤诺颜的事

迹》，《蒙古学资料与情报》1989 年第 1 期。

桑木丹·噶尔美：《"黑头矮人"出世》，郑炳林主编，耿昇译《法国藏学精粹》（1），甘肃人民出版社 2011 年版。

桑木旦·噶尔美（卡尔梅·桑丹坚参）：《〈五册史〉披露的第一位藏王出身的神话（上）》，李登贵、仓决卓玛译，《西藏研究》1992 年第 2 期。

山口瑞凤：《白兰 Sum Pab Ylans 氏》，《东洋学报》第 52 卷，1969 年。

单之蔷：《横断山与东南亚》，《中国国家地理》2006 年第 4 期。

沈卫荣：《元明两代朵甘思灵藏王族历史考证》，《中国藏学》2006 年第 2 期。

沈仲常、李复华：《石棺葬文化中所见的汉文化因素初探》，《考古与文物》1983 年第 4 期。

石硕：《川西北嘉绒藏人与象雄琼氏渊源关系探讨》，《民族研究》2017 年第 3 期。

石硕：《从唐初的史料记载看"附国"与"吐蕃"》，《民族研究》2003 年第 4 期。

石硕：《从新石器时代文化看黄河上游地区人群向藏彝走廊的迁徙》，《西南民族学院学报》2008 年第 10 期。

石硕：《附国与吐蕃》，《中国藏学》2003 年第 3 期。

石硕：《关于"康巴学"概念的提出及相关问题——兼论康巴文化的特点、内涵与研究价值》，《西藏研究》2006 年第 3 期。

石硕：《〈格萨尔〉与康巴文化精神》，《西藏研究》2004 年第 4 期。

石硕：《关于唐以前西藏文明若干问题的探讨》，《西藏艺术研究》1992 年第 4 期。

石硕：《汉代的"筰都夷"、"旄牛徼外"与"徼外夷"——论汉代川西高原的"徼"之划分及部落分布》，《四川大学学报》2004 年第 4 期。

石硕：《〈旧唐书·东女国传〉所记川西高原女国的史料篡乱及相关问题》，《中国藏学》2009 年第 3 期。

石硕：《聂赤赞普"天神之子入主人间"说考》，《民族研究》1998 年第 3 期。

石硕：《女国是苏毗吗？——论女国与苏毗之差异及女国即苏毗说之缘

起》,《西藏研究》2009 年第 3 期。

石硕:《青藏高原碉楼的起源与苯教文化》,《民族研究》2012 年第 5 期。

石硕:《试论康区藏族的形成及其特点》,《西南民族学院学报》1993 年第 2 期。

石硕:《藏传佛教与藏民族的形成》,《四川大学学报》1997 年第 3 期。

石硕:《藏族三大传统地理区域形成过程探讨》,《中国藏学》2014 年第 3 期。

石应平:《卡若遗存若干问题的研究》,《西藏考古》第 1 辑,四川大学出版社 1994 年版。

四川省文物管理委员会、甘孜藏族自治州文化馆:《四川甘孜县吉里龙古墓葬》,《考古》1986 年第 1 期。

四川省文物考古研究所、甘孜藏族自治州文化局:《丹巴县中路乡罕额依遗址发掘简报》,四川省文物考古研究所编《四川考古报告集》,文物出版社 1998 年版。

隋浩昀:《罕都事件及其对清初川滇藏区的影响》,《中国藏学》1996 年第 3 期。

孙宏开:《川西民族走廊地区的语言》,中国西南民族研究会编《西南民族研究》,四川民族出版社 1983 年版。

陶玛士:《南语——选自〈敦煌南语文本简介〉》,玉文华、杨元芳译,《西藏研究》1992 年第 4 期。

汤开建:《〈隋书〉之附国非吐蕃》,《思想战线》1986 年第 4 期。

唐嘉弘:《吐蕃族源及相关问题》,《中国藏学》1988 年第 2 期。

田晓岫:《吐蕃王族族源新考》,《中国藏学》1994 年第 1 期。

童恩正:《四川西北地区石棺葬族属试探——附谈有关古代氐族的几个问题》,《思想战线》1978 年第 1 期。

童恩正:《近年来中国西南民族地区战国秦汉时代的考古发现及其研究》,《考古学报》1980 年第 4 期。

童恩正:《试论我国从东北至西南的边地半月形文化传播带》,《文物与考古论集》,文物出版社 1986 年版。

童恩正、冷健：《西藏昌都卡若新石器时代遗址的发掘及相关问题》，《民族研究》1983 年第 1 期。

土呷：《昌都清代的四大呼图克图》，《中国藏学》2001 年第 4 期。

王海兵：《唐蕃西川战争及相关路线考辨》，《江汉论坛》2008 年第 1 期。

王继光：《明代必里卫新考》，《西北民族研究》1993 年第 1 期。

王静如：《东汉西南夷白狼慕汉歌诗本文语译证》，《西夏研究》第 1 集，1930 年。

王尧：《萨迦班智达公哥监藏致蕃人书》，《元史及北方民族史研究集刊》第 3 辑，1978 年。

王尧：《云南丽江吐蕃古碑释读札记》，《唐研究》第 7 卷，北京大学出版社 2001 年版。

闻宥：《论所谓南语》，《民族语文》1981 年第 1 期。

乌云毕力格、道帷·才让加：《〈持教法王谕〉令考释》，《满蒙档案与蒙古史研究》，上海古籍出版社 2014 年版。

吴均：《安定、曲先、罕东、必里等卫地望及民族琐议》，《青海师范学院学报》1988 年第 3 期。

吴均：《明代在玉树地区建置初考》，《中国藏学》1989 年第 4 期。

吴平：《青海省玉树、果洛藏族自治州考古调查简报》，《西藏考古》第 1 辑，四川大学出版社 1994 年版。

西藏文管会文物普查队：《西藏小恩达新石器时代遗址试掘简报》，《考古与文物》1990 年第 1 期。

喜绕俄热：《新龙工布朗结兴亡史》，《甘孜藏族自治州文史资料选辑》（藏文版）第 1 辑，1981 年。

喜绕俄热：《新龙工布朗结兴亡史》，《甘孜州文史资料选辑》（汉文版）第 3 辑，1985 年。

谢继胜：《川青藏交界地区藏传摩崖石刻造像与题记分析——兼论吐蕃时期大日如来与八大菩萨造像渊源》，《中国藏学》2009 年第 1 期。

星全成：《"卫藏战争"与七世达赖迁居康区》，《青海民族学院学报》2005 年第 4 期。

杨成志：《云南保罗族的巫师与经典》，《史学集刊》第 2 期，1936 年。

杨建新、王东春：《明代蒙古部落大批入据青海考论》，《中国边疆史地研究》2007 年第 2 期。

杨铭：《敦煌藏文文献所见的南诏及其与吐蕃的关系》，《敦煌研究》2008 年第 2 期。

杨铭：《有关藏文史料 nam "难磨" 的记载补正》，《藏学学刊》第 5 辑，四川大学出版社 2010 年版。

杨正刚：《苏毗初探（一）》，《中国藏学》1989 年第 3 期。

杨正刚：《苏毗初探（续）》，《中国藏学》1989 年第 4 期。

叶拉太：《西藏噶玛巴活佛系统与多康藏区关系考述》，《青海民族研究》2013 年第 1 期。

赞拉·阿旺措成：《浅谈嘉绒研究》，甘孜州文化体育和广播电视局、中共丹巴县委、丹巴县人民政府编《2012 中国首届嘉绒文化研讨会文集》，2013 年铅印本。

曾现江：《康北霍尔人的来源及历史演变蠡测》，《民族研究》2006 年第 5 期。

曾现江：《明代中晚期东蒙古部落在康区的活动及其影响》，《西藏研究》2008 年第 2 期。

张鸿翔：《明代必里卫考》，《北京师范大学学报》1963 年第 1 期。

张鸿翔：《明史中丙兔宾兔辨》，《北京师范大学学报》1957 年第 1 期。

张虎生：《御制惠远庙碑文校注——兼说七世达赖喇嘛移居惠远寺》，《中国藏学》1994 年第 3 期。

张强禄：《试论白龙江流域新石器文化与川西、川北新石器文化的关系》，《四川大学考古专业创建三十五周年纪念文集》，四川大学出版社 1998 年版。

张强禄、赵朝洪：《武都大李家坪新石器时代遗址》，《中国考古学年鉴（1997 年）》，文物出版社 1999 年版。

张云：《古代藏族 "四氏族"、"六氏族" 传说的形成及其文化内涵问题》，《唐代吐蕃史研究论集》，中国藏学出版社 2014 年版。

张云：《元代吐蕃等路宣慰司史地考证》，《民族研究》1994 年第 6 期。

赵橹：《南诏北臣吐蕃发微》，《西藏研究》1990 年第 4 期。

赵世瑜：《卫所军户制度与明代中国社会——社会史的视角》，《清华大学学报》2015 年第 3 期。

赵心愚：《和硕特部南征康区及其对川滇边藏区的影响》，《云南民族学院学报》2002 年第 3 期。

赵心愚：《略论丽江木氏土司与噶玛噶举派的关系》，《思想战线》2001 年第 6 期。

赵心愚：《罗卜藏丹津反清与丽江的改土归流——试析雍正初丽江改土归流的主要原因》，《西藏大学学报》2008 年第 1 期。

赵心愚：《清初康区的政治军事格局与世纪之交的"西炉之役"》，《中国藏学》2017 年第 1 期。

赵心愚：《雍正时期清政府在川西高原设置土司的行动及特点》，《中山大学学报》2018 年第 3 期。

赵毅：《明代内地与西藏的交通》，《中国藏学》1992 年第 2 期。

赵云田：《清末川边改革新探》，《中国藏学》2002 年第 3 期。

赵珍：《论康熙末年清军两次入藏的战略选择》，《清史研究》2002 年第 4 期。

周华：《藏族历史上的白日及白利土司考辨》，《中国藏学》（藏文版）2012 年第 2 期。

周远廉：《喀喇乌苏惨败考》，《清史论文集》，社会科学文献出版社 2015 年版。

周伟洲：《清代川康藏区土司建制及其社会组织》，《西北民族论丛》第 9 辑，中国社会科学出版社 2013 年版。

周伟洲：《苏毗与女国》，《边疆民族历史与文物考论》，黑龙江教育出版社 2000 年版。

周伟洲、黄颢：《白兰考》，《青海民族学院学报》1983 年第 2 期。

周智生：《明代丽江木氏土司藏区治理策略管窥》，《中国边疆史地研究》2013 年第 4 期。

祝启源：《明代藏区行政建置史迹钩沉》，《祝启源藏学研究文集》，中国藏学出版社 2002 年版。

宗冠福、陈万勇、黄学诗:《四川省甘孜藏族自治州炉霍县发现的古人类与旧石器材料》,《史前研究》1987 年第 3 期。

邹立波:《略论明代董卜韩胡、杂谷二土司之争——兼论硗碛嘉绒藏族文化中的羌文化因素》,《阿坝师范高等专科学校学报》2006 年第 4 期。

邹立波:《清代前期康区塘汛的设置及其作用与影响》,《西藏研究》2009 年第 3 期。

佐藤长:《明代西藏八大教王考 (上、中、下)》,邓锐龄译,《西藏民族学院学报》1987 年第 3、4 期,1988 年第 4 期。

Herman, John, "National Integration and Regional Hegemony: The Political and Cultural Dynamics of Qing State Expansion, 1650 - 1750," PhD. diss., Seattle: University of Washington, 1993.

Jackson, David P., "Sakay Pandita's Letter to the Tibetans : A Late and Dubious Addition to His Collected Works," *The Tibetan History Reader*, New York: Columbia University Press, 2013.

Naoto, Kato, "Lobsang Danjin's Rebellion of 1723: With a Focus on the Eve of the Rebellion, " *Acta Asiatica: Bulletin of the Institute of Eastern Culture* 64 (1993): 57-80.

索　引